统计年鉴2017

QINGHAI STATISTICAL YEARBOOK 2017

(总第33期 No.33)

中国统计出版社
China Statistics Press

图书在版编目(CIP)数据
青海统计年鉴. 2017 : 汉英对照 / 青海省统计局，国家统计局青海调查总队编.
— 北京 : 中国统计出版社，2017.8
ISBN 978-7-5037-8250-3

Ⅰ.①青…　Ⅱ.①青…②国…　Ⅲ.①统计资料—青海—2017—年鉴—汉、英　Ⅳ.①C832.44-54

中国版本图书馆 CIP 数据核字(2017)第 182693 号

青海统计年鉴-2017

作　　者/青海省统计局　国家统计局青海调查总队
责任编辑/佘竞雄
责任校对/陈宇祺
装帧设计/杨学文
出版发行/中国统计出版社
地　　址/北京市丰台区西三环南路甲 6 号
邮政编码/100073
电　　话/邮购(010)63376909　书店(010)68783171
网　　址/http://www.zgtjcbs.com
印　　刷/青海省统计局印刷厂
经　　销/新华书店
开　　本/890mm×1240mm　1/16
字　　数/1100 千字
印　　张/42
版　　别/2017 年 8 月第 1 版
版　　次/2017 年 8 月第 1 次印刷
定　　价/400.00 元　Price:400.00(RMB)

本书附同版本 CD-ROM 一张，光盘内容以书面文字为准。

如有印装差错，由本社发行部调换。

编 辑 说 明

《青海统计年鉴2017》是一本全面反映青海省国民经济和社会发展情况的资料工具书。本书收录了2016年青海经济和社会各方面的统计数据,同时又增加了体现经济和社会协调发展反映资源与环境变化的资料。

全书内容分23个篇目,即:特载、综合、国民经济核算、人口、就业人员和工资、固定资产投资、对外经济贸易、能源与环境、财政、价格指数、人民生活、农业、工业、建筑业、运输和邮电、国内贸易、旅游、金融业、教育和科技、卫生和社会服务、文化和体育、公共管理、社会保障和其他、全国各地区主要经济指标。

统计表中使用符号:"…"表示数据不足本表最小单位;"空格"表示无该项指标数据或该项指标数据不详;"#"表示总指标的其中项数据。读者在使用统计资料时,凡与本年鉴有出入的,均以本年鉴为准。

本《年鉴》是青海省统计局和国家统计局青海调查总队共同努力的结果,也是全省各条战线上广大统计干部辛勤劳动的成果,是集体智慧的结晶。在编辑出版、印刷、发行过程中,得到了中国统计出版社等许多单位及有关同志的大力支持,在此一并表示衷心感谢!

《青海统计年鉴》公开出版以来,受到了国内外广大读者的关心和支持,对本年鉴的内容和编辑工作提出了许多宝贵的意见,对此我们深表谢意。由于我们水平有限,疏误之处在所难免,欢迎各界人士随时对不足之处给予批评和指正,帮助我们进一步提高和改进统计年鉴的编辑水平,更好地为广大读者服务。

《青海统计年鉴-2017》编辑委员会

Editor's Explanatory Notes

Qinghai Statistical Yearbook 2017 is an annual statistical publication, which reflects comprehensively the economic and social development of Qinghai . It covers data for 2016 in various aspects of economic and social statistics, at the same time, increases information of resources and environmental changes reflected economic and social harmonious development.

The Yearbook contains twenty – three chapters : Special Articles, General Survey, National Accounts, Population, Employment and Wages, Investment in Fixed Assets, Foreign Trade and Economic Cooperation, Energy and Environment, Government Finance, Prices, People's Living Conditions, Agriculture, Industry, Construction, Transport, Postal and Telecommunication, Domestic Trade, Tourism, Financial Intermediation, Education, Science and Technology, Public Health and Social Services, Culture and Sports, Public Management, Social Security and Others, Main Economic Indicators of Different Regions of the Country.

Notations used in the yearbook :"…" indicates that the figure is not large enough to be measured with the smallest unit in the table; (blank space) indicates data are unknown, or are not available; "#" indicates a major breakdown of the total. When readers use statistical information, they should be based in this Yearbook if there is difference from this Yearbook.

The "Yearbook" is outcome of joint efforts of Qinghai Bureau of Statistics and Survey Organization of National Bureau of Statistics, is fruit of the hard work of majority of statistics cadres on all fronts of the province, and is the crystallization of collective wisdom. In editing and publishing, printing, distribution process, the yearbook has received great support from China Statistics Press, many units and comrades. We acknowledge their help to the book.

Qinghai Statistical Yearbook has received concern and support of the readers at home and abroad for the content and edit of the Yearbook of many valuable suggestions since published, which we are grateful. Because of our limited level, Mistakes are inevitable. Welcome people from all walks of life to give us the criticism and correction for our inadequacies at any time in order to help us further enhance and improve the editorial level of statistical yearbook, and served readers better.

Qinghai Statistical Yearbook 2017 **Editorial Board**

《青海统计年鉴－2017》编辑委员会

QINGHAI STATISTICAL YEARBOOK – 2017
NAME LIST OF EDITORIAL BOARD

一、特载
Special Articles

二、综合
General Survey

三、国民经济核算
National Accounts

六、固定资产投资

Investment in Fixed Assets

七、对外经济贸易

Foreign Trade and Economic Cooperation

八、能源与环境

Energy and Environment

九、财政

Government Finance

十、价格指数

Prices

十一、人民生活

People's Living Conditions

十二、农业

Agriculture

十三、工业

Industry

十四、建筑业

Construction

十五、运输和邮电

Transport, Postal and Telecommunication

十六、国内贸易

Domestic Trade

十七、旅游

Tourism

十八、金融业

Financial Intermediation

十九、教育和科技

Education, Science and Technology

二十、卫生和社会服务

Public Health and Social Services

二十一、文化和体育

Culture and Sports

二十二、公共管理、社会保障和其他

Public Management, Social Security and Others

二十三、全国各地区主要经济指标

Main Economy Indices and Order of the Different Parts of the Country

第 1 篇
CHAPTER 1

特　　载
Special Articles

政府工作报告

——2017年1月15日在青海省第十二届人民代表大会第六次会议上

代省长　王建军

各位代表：

现在，我代表省人民政府，向大会报告工作，请予审议，并请各位政协委员提出意见。

一、2016年工作回顾

2016年对青海来讲具有里程碑意义。3月10日，习近平总书记参加十二届全国人大四次会议青海代表团审议，8月22日至24日，又亲临青海视察指导工作，充分体现了以习近平同志为核心的党中央对青海工作的高度重视和对青海各族人民的亲切关怀。一年来，我们坚决贯彻落实党中央国务院决策部署，在省委的坚强领导下，紧紧依靠全省各族人民，扎实推进改革发展稳定各项工作，全省经济社会发展总体平稳、稳中有进。全省实现地区生产总值2572.49亿元，比上年增长8%；地方公共财政收入同口径增长8.3%；全社会固定资产投资增长10.9%；社会消费品零售总额增长11%；全体居民人均可支配收入增长9.4%，完成了省十二届人大五次会议确定的主要目标任务，实现了“十三五”良好开局。盘点过去一年的工作，有以下六个鲜明特点：

（一）经济结构持续优化。我们坚持调整存量、优化增量，提升质量，推动发展动能转换。供给侧结构性改革初见成效，全面落实“三去一降一补”，化解59万吨钢铁、煤炭过剩产能，商品住房库存面积下降25.6%。重点企业债务风险得到有效化解。落实减税降费政策，累计降低企业各类成本近60亿元。加大基本公共服务领域投入力度，补短板取得明显成效。产业结构不断优化，工业向规模化、集群化发展，新能源稳步发展，新材料、装备制造业分别增长14.8%、35.1%，园区集聚效应明显增强。农牧业向特色化、优质化发展，注重培育高原绿色、有机、富硒农畜产品品牌，种植业结构逐步向粮经饲三元结构转变，生态畜牧业试验区建设取得新成效。服务业向专业化、新型化发展，新业态不断涌现，对经济增长贡献率首次超过工业，消费呈较快增长态势，旅游总收入突破300亿元大关。投资结构日益改善，一产投资增长7.4%，三产投资增长31.5%、比重达到58.6%，民间投资增长9.4%、实现由负转正。通过创新适应新需求有效供给，实现了结构更优、质量更高、效益更好的发展。

（二）基础设施持续加强。我们坚持立足当前、着眼长远，聚焦薄弱环节，加快补齐基础设施短板。综合交通运输体系加快形成，9个重点公路项目建成通车，格敦铁路饮马峡至马海段开通运营，“畅通西宁”工程进展顺利，果洛机场通航，曹家堡机场总体规划获批。水利工程建设实现重大突破，引大济湟调水总干渠开闸通水，西干渠和北干二期开工建设，蓄集峡水利枢纽、黄河干流防洪、拉西瓦灌溉等重点水利工程全面推进。绿色能源示范省建设正式启动，清洁能源首度跨省消纳，光伏装机接近700万千瓦。果洛三县联网工程圆满完成，“电力孤岛”并网，实现了全省大电网县域全覆盖。信息化建设全面提速，宽带青海建设加快推进，西宁入选“宽带中国”示范城市，全国首个藏文搜索引擎“云藏”上线。所有这些都进一步增强了经济社会发展的支撑和后劲。

（三）协调发展持续提升。我们坚持城乡一体、区域协同，因地制宜、分类指导，推动协调发展。城镇化水平继续提高，户籍制度改革深入推进，城乡一体化进程提速升级，县域经济向多极化方向发展。16个美丽城镇、300个高原美丽乡村建设年度任务全面完成，群科镇、茶卡镇入选首批中国特色小镇。城乡发展更趋协调，新建改建农村公路7000公里。农村饮水安全巩固提升工程全面启动，39.4万群众饮水标准显著提高。率先在全国推行城乡居民基本医疗保险省级统筹。完成151个村基层综合性文化服务中心建设。区域格局不断优化，东部城市群龙头带动作用持续增强，海绵城市、地下综合管廊试点顺利推进。支持海西转型发展40条举措落地见效。环湖、青南地区生态产业加快发展，平安与振兴工程持续推进。优势互补、彰显特色、竞相发展的城乡区域格局正在形成。

（四）生态环境持续向好。我们坚持生态保护与制度建设同抓、工程治理与自然修复并重，驰而不息推进生态文明建设。三江源国家公园体制试点全面展开，省州县乡村五级管理实体完成组建，“点成线、网成面”的管护体系正在形成，年度任务圆满完成。生态文明制度体系加快构建，制定生态文明建设目标评价考核办法，开展国家重点生态功能区自然资源资产负债表编制试点，具有青海特色的“四梁八柱”生态文明制度体系不断健全。重大生态工程扎实推进，三江源二期、祁连山、退耕还林、天然林保护等重点生态工程加快实施，生态状况日益好转。重点生态环境整治成效明显，木里矿区生态环境整治完成阶段性任务，主要城市空气质量优良天数比例达到 75.5%，湟水河出省断面Ⅳ类水质比例达 83.3%，预计全省单位生产总值能耗下降6%左右，主要污染物减排目标全面完成。各族群众守望蔚蓝天空、呼吸清新空气、喝上干净水的愿望正在一步步变为现实，绿色获得感不断提升。

（五）改革开放持续深化。我们坚持夯基垒台、立柱架梁，以三大"国字号"改革为牵引，着力抓好重要领域和关键环节改革。"放管服"改革纵深推进，加快政府职能转变，削减和下放行政审批 409 项，省市（州）县行政服务中心全部建成运行，政府部门权责清单全面公布。商事制度改革有力有序，实现省市县三级"五证合一、两证整合、一照一码"，推行"双随机、一公开"监管，新增市场主体超过 7.3 万户。创新驱动发展战略深入实施，确定建设创新型青海"三步走"目标，全面启动青海大学综合实力提升工程，健全品牌质量监测体系。三江源生态与高原农牧业、藏药新药开发国家重点实验室的建成，填补了我省空白。国资国企改革不断深化，出台国企发展混合所有制经济等政策意见，省国投公司、盐湖股份改革试点取得阶段性成果，省属国有资产保值增值率达到 101.1%，国资国企实现提质增效。财税金融改革稳步推进，整合安排财政资金，支持设立 10 个政府引导基金，有效撬动了社会资本投入。全面推开"营改增"，完成资源税改革任务，实现税制平稳转换。直接融资突破 600 亿元。普惠金融综合示范区落户我省。开放带动战略深入实施，开通西宁飞往东京、吉隆坡的航线，国际航线达到 6 条，航空旅客吞吐量突破 500 万人次。首趟中欧班列青海号顺利投运，曹家堡保税物流中心正式封关运营。精心组织青洽会、环湖赛等重大经贸文体活动，招商引资到位资金 755 亿元，增长 10.8%。对口援青合作取得新成效。各领域标志性、支柱性改革举措相继推出，为青海的发展增添了新动能。

（六）民生福祉持续增进。我们坚持把保障和改善民生作为一切工作的出发点和落脚点，以小财政办大民生，民生支出占财政总支出的 75.5%。脱贫攻坚首战告捷，全方位构建和落实"1 + 8 + 10"政策体系，建立驻村帮扶"123"工作机制，易地搬迁扶贫项目开工率和工程进度均居全国前列。东西部扶贫协作与对口援青层次不断提升。6 个县、400 个村、11 万人实现"脱贫摘帽"。海西州率先在全省实现脱贫清零。就业形势保持稳定，新增城镇就业 6.35 万人，农牧区劳动力转移就业 119 万人次，城镇登记失业率控制在 3.1%，高校毕业生总体就业率达 89%，建成各类创业孵化基地、创业园 34 家。社会事业加快发展，15 年免费教育稳步实行，青海师范大学新校区、三江源民族中学、省级文化"三馆"和安多藏语译制中心建成投用，广播电视综合人口覆盖率达到 98.2%。"健康青海 2030"行动计划启动实施，综合医改持续攻坚，各族群众"看病贵、看病难、看病远"的状况明显改善。妇女儿童发展纲要和规划实现中期目标。实施城镇棚户区住房改造 8.06 万套、农牧民危旧房改造 6.5 万户。公共安全水平巩固提升，食品药品和安全生产形势平稳，重特大事故得到有效遏制。及时妥善处置门源、杂多地震，做好救灾恢复工作。深入推进社会治理创新，社会大局和谐稳定。物价涨幅得到有效控制，居民消费价格涨幅控制在 1.8%，为近十年来最低。随着民生福祉水平的持续提升，各族群众的幸福感不断增强。

各位代表，在省十二届人大五次会议上，我们向全省人民承诺的民生 10 件实事已全部兑现，城乡基本养老、医疗、低保等 13 项民生指标调标任务已全部完成。

一年来，我们坚定自觉地在思想上政治上行动上同以习近平同志为核心的党中央保持高度一致，政府法治建设、机关效能和作风建设取得新进步。自觉接受人大的法律监督、工作监督和政协民主监督，向省人大常委会提交地方性法规草案 6 件，制定政府规章 4 件，办理省人大代表建议 457 件、省政协委员提案 316 件。深入开展民族团结进步创建活动，平等团结互助和谐的社会主义新型民族关系得到巩固发展。积极支持国防和军队现代化建设，军政军民关系更加紧密。扎实开展"两学一做"学习教育，加强廉洁政府建设，坚决查办了一批违纪违法腐败案件。狠抓重大政策措施的落实，多次开展专项督查，有力促进了各项工作措施落地见效。

各位代表，过去一年，我们经受住多重困难和压力挑战，取得了来之不易的成绩。这是党中央、国务院坚强领导、亲切关怀的结果，是省委统揽全局、科学决策的结果，是省人大、省政协有效监督、鼎力支持的结果，是全省各族人民团结拼搏、积极作为的结果，也是国家部委、各援青省市和各方面真心相助、真情帮扶的结果。在此，我代表青海省人民政府，向全省各族人民，向人大代表、政协委员，向各民主党派、工商联、人民团体和社会各界人士，向中央驻青单位、驻青解放军和武警官兵，向所有关心和支持青海发展的海内外朋友，致以崇高的敬意和衷心的感谢！

各位代表，在看到成绩的同时，我们更要看到前进中的困难和挑战：经济下行压力较大，结构调整任务依然艰巨；部分企业盈利空间收窄，实体经济发展依然困难；民间投资活力不强，投资增长支撑和后劲依然不足；财政收支压力加大，居民增收渠道依然不宽；脱贫攻坚难度很大，需要补齐的短板依然较多；政府自身建设存在薄弱环节，效率不高、作风不实等问题依然存在，等等。我们要正视困难，直面问题，始终保持忧患意识，保持战略定力，不忘初心、继续前进，努力做好各项工作。

二、2017 年工作总体安排

今年是实施"十三五"规划的重要一年，是供给侧结构性改革的深化之年，也是决胜全面建成小康社会、推动"四个扎扎实实"重大要求落地生根、建设富裕文明和谐美丽新青海的关键一年。做好今年政府工作，对于巩固经济社会发展良好势头，以优异成绩迎接党的十九大和省第十三次党代会胜利召开，具有十分重大的意义。

当前，青海的发展已经站在一个新的起点上。习近平总书记对青海提出"扎扎实实推进经济持续健康发展，扎扎实实推进生态环境保护，扎扎实实保障和改善民生、加强社会治理，扎扎实实加强和规范党内政治生活"的重大要求，省委提出"努力实现从经济小省向生态大省、生态强省的转变，从人口小省向民族团结进步大省的转变，从研究地方发展战略向融入国家战略的转变，从农牧民单一的种植、养殖、生态看护向生态生产生活良性循环的转变"的治青理政新思路，为我们推进各项工作指明了前进方向。全省各族人民对美好生活的追求和向往，坚定了我们加快发展的信心和决心。我们要始终牢记习总书记对青海工作的谆谆嘱托，大力推进"四个扎扎实实"落地落实，努力实现"四个转变"，不断开创全省经济社会发展的新局面。

今年政府工作的总体要求是：全面贯彻党的十八大和十八届三中、四中、五中、六中全会精神和中央经济工作会议精神，以习近平总书记系列重要讲话精神为指导，坚持适应把握引领经济发展新常态，牢固树立和贯彻落实新发展理念，牢牢把握稳中求进工作总基调，统筹推进"五位一体"总体布局和协调推进"四个全面"战略布局，聚焦"四个扎扎实实"重大要求，持续推进生态文明先行区、循环经济发展先行区、民族团结进步先进区建设，着力深化供给侧结构性改革，着力推动绿色发展，着力深化创新驱动，着力补齐发展短板，着力保障和改善民生，着力严肃党内政治生活，推动决胜全面建成小康社会、建设富裕文明和谐美丽新青海取得新成效，以优异成绩迎接党的十九大胜利召开。

按照上述总体要求，经济社会发展的主要预期目标是：生产总值增长 7.5% 左右，在实际工作中争取更好的结果。全社会固定资产投资增长 10%，社会消费品零售总额增长 10% 以上，地方公共财政收入同口径增长 8%，进出口总值增长 5%，旅游总收入增长 20% 以上，城乡居民人均可支配收入增长 9%，新增城镇就业 6 万人，农牧区劳动力转移就业 105 万人次，物价涨幅控制在 3% 以内，全省空气质量优良天数比例达到 84%，主要城市空气质量优良天数比例达到 76%，湟水河出省断面Ⅳ类水质比例保持在 83.3% 以上，节能减排控制在国家规定目标以内。上述主要预期目标，既注重了与"十三五"规划的衔接，又把握了稳增长与调结构的平衡点，突出了"量"和"质"的关键点，符合现阶段我省经济社会发展的实际，体现了辩证思维、底线思维和战略思维，经过努力是能够办得到、办得好的。

做好今年政府工作，有三个方面需要用心把握：一是把握好改革发展稳定的平衡点。改革是动力，发展是目的，稳定是前提，三者是有机联系的整体。我们要坚持以改革来推动发展，以发展来维护稳定，以稳定来提供保障，牢牢把握改革发展稳定的主动权。要始终把改革创新贯彻到治青理政的各个环节，不断推进制度创新、科技创新、文化创新以及其他各方面创新。要始终坚持以经济建设为中心，遵循经济规律推动科学发展，遵循自然规律推动可持续发展，遵循社会规律推动包容性发展。要始终守牢稳定这条底线，持续深化平安法治青海建设，持续深化社会主义核心价值观的宣传践行，持续巩固发展最广泛的爱国统一战线，持续坚持和完善民族区域自治制度，持续开展民族团结进步创建活动。二是把握好民生民心民力的结合点。民生连着民心，民心凝聚民力。青海发展基础薄弱，贫困人口和贫困地区面积占比都在高位，保障和改善民生是一项事关全局的工作。我们必须坚持以人民为中心的发展思想，关注民生、顺应民心、体现民力，既坚持以小财政办大民生，从各族群众最关心、最直接、最现实的利益问题出发，紧盯民生领域新变化新问题，着力补齐基础设施、公共服务等短板；又充分考虑经济社会发展阶段和现实条件，坚持普惠性、保基本、均等化、可持续，合理引导预期，使改革发展成果不断惠及各族群众，让民生民心民力相互促进、相得益彰。还要切实增强"四个自信"特别是文化自信，大力弘扬青藏高原精神，团结带领各族群众自力更生、艰苦奋斗，不断激发各族群众用勤劳双手创造美好生活的内生动力，让劳动光荣、创业光荣、奋斗光荣成为时代的主旋律。三是把握好生态生产生活的关键点。生态是人们生产、生活的基本条件，是经济和社会发展的基础。保护生态，人是关键和决定因素。要大力推进生态生产生活联动，全面落实国家主体功能区规划，科学布局生产空间、生活空间、生态空间，把生态文明渗透到群众的日常生产生活全过程，把人们的生产生活活动建立在环境保护和生态改善上，提高生产力发展与生态建设的联动效应，促进人与自然和谐相处，努力在保护生态、发展生产、改善生活的实践中，探索走出一条青海绿色崛起之路。

三、需要抓好的重点工作任务

今年，政府工作任务很重、责任很大。必须统筹兼顾，协调推进，重点做好七个方面的工作：

（一）进一步推进改革创新，促进体制机制更加充满活力。

深化供给侧结构性改革。严格执行环保、能耗、质量、安全等法律法规和标准，抓好企业兼并重组、债务重组或破产清算，压减132万吨煤炭产能。研究制定分类处置僵尸企业政策，妥善安置企业分流职工。按照“房子是用来住的，不是用来炒的”定位，坚持“低端有保障、中端有市场、高端可调控”原则，把去库存同促进人口城镇化有机结合起来，合理安排土地供给和房地产开发布局，扩大棚改货币化安置比例和保障房以购代建规模，注重消化商业房地产库存，培育发展住房租赁市场。盘活企业存量资产，优化债务结构，推进企业资产证券化和市场化、法治化债转股，支持政府性融资担保机构和各类产业基金、股权投资基金发展，促进企业扩大股权融资。加大减税降费力度，力争全年降低企业成本50亿元以上。深入推进农牧业供给侧结构性改革，狠抓农畜产品标准化生产、品牌创建，推动优胜劣汰、质量兴农。

统筹推进重点领域改革。按照“总体渐进、重点突破”的要求，在继续抓好三大“国字号”改革的同时，深入推进重点领域和关键环节改革。深化“放管服”改革，以转变职能、优化服务为目的，继续抓好“三张清单一张网”建设，开展“减证便民”专项行动，推进关联、相近类别审批事项“全链条”取消或下放，完善事中事后监管，实现“双随机、一公开”监管全覆盖，努力降低制度性交易成本。深化商事制度改革，扩大“证照分离”试点，推行多证合一、证照联办，加紧推行工商登记全程电子化，把该“放”的果断放开，把该“清”的彻底清除，把该“管”的坚决管好，营造活而有序的创新创业环境。加快财税金融改革，健全财力稳定增长机制，创新财政投入方式，明确事权支出责任，推进预算绩效管理，深化税收征管改革，强化债务风险管控。持续深化投融资体制改革，抓好普惠金融示范区建设，推进“双基联动”合作贷款模式和“两权”抵押试点，推广“政银担”“政银保”合作及风险共担机制，引导交易信贷资金进入实体经济，激发民间投资活力。深化国资国企改革，实施国企国资提质增效工程，完善现代企业制度和公司法人治理结构，健全以管资本为主的国有资产监管体制，推进混合所有制改革、员工持股和规范企业董事会建设试点，尽快剥离国有企业办社会职能。同时，进一步降低门槛、完善政策、放开领域、营造环境，放手发展民营经济。抓好农村牧区改革，完成土地承包经营权确权登记颁证，完善“三权分置”办法，建立土地增值收益合理分配机制。深化农牧区集体产权制度改革，抓好农村土地征收、集体经营性建设用地入市、宅基地制度改革三项试点。推进养老保险制度改革，积极落实养老保险全国统筹、完善个人账户制度等改革任务。加强养老保险基金管理运营，加快标准化养老服务设施建设，积极发展企业年金、职业年金、商业养老保险。

深入实施创新驱动发展战略。扎实推进“百项创新攻坚”、“重点产业科技支撑”、科技“小巨人”计划、“双倍增”工程和工业强基工程，推进光电新材料、光伏制造、生物医药等领域重大科技专项，突破N型太阳能电池、新型合金等一批核心关键技术。组织实施“1020”生态农牧业重大科技支撑工程。加大国家重点实验室建设力度。坚持多予放活的原则，赋予高校和科研院所更大的科研自主权。全面落实中央深化人才发展体制机制改革的意见和我省实施意见，培养使用好各类人才。实施高端创新人才“千人计划”、“高精尖缺”人才绿卡制度。支持青海大学人才特区建设。持续优化人才政策环境，营造尊重人才、见贤思齐的社会环境，鼓励创新、宽容失败的工作环境，待遇适当、无后顾之忧的生活环境，公开平等、竞争择优的制度环境。开展“青海人才工作伯乐奖”评选活动，广开进贤之路，广纳有志之士，努力形成人人皆可成才、人人尽展其才的生动局面。

（二）进一步扩大项目投资，促进支撑保障更加强劲有力。

加大有效投资力度。积极跟进国家推进“一带一路”战略、支持藏区发展等重大项目规划，加强沟通协调和衔接工作，争取国家重大项目和政策支持更多地向青海倾斜。立足比较优势，选准投资方向，借智借脑，精心谋划，推出一批起点高、带动作用强的重点投资板块，加大项目储备和滚动推进力度。盯紧有利于调结构、补短板、惠民生的项目，拓展资金来源，加大省级统筹，用好用活中央和省级预算内资金以及地方政府债券，增强政府投资的精准性和有效性。全面放宽民间投资的领域范围，稳妥推进政府和社会资本合作等投融资模式。大力加强诚信体系建设，努力营造良好投资环境，依靠改革的“力度”、暖商的“温度”来提升民间投资的“热度”。

统筹实施一批重大基础设施建设工程。着眼于打基础、利长远、增后劲，加快推进“十三五”规划重大项目落地。着力构建综合交通运输体系，全面建成花石峡至久治高速公路，力促格敦铁路、祁连机场、格尔木机场改扩建工程竣工，加快格库铁路建设，抓紧西宁机场三期扩建，开工建设西成铁路、曹家堡铁路物流基地、格尔木铁路交通枢纽等重点工程。启动环西宁市交通路网体系升级改造，加大西宁城市轨道交通1号线前期工作力度，继续实施“畅通西宁”工程。加快绿色能源示范省建设，推进两个“千万千瓦级”可再生能源基地建设，新安排太阳能光伏装机100万千瓦、风电装机100万千瓦以上，加快国家确定的4个光热发电项目建设，扩大新能源就地消纳和省外输送规模。加快新一轮农网改造升级。推进重大水利工程建设，尽早建成积石峡灌区、黄河干流防洪等工程，全面推开引大济湟西干渠、北干二期等工程建设，开工建设那棱格勒河水利枢纽工程，加快推进蓄集峡水利枢纽、拉西瓦灌溉工程建设，加快中小型水库工程建设。持续实施农村饮水安全巩固提升工程。加快“宽带青海”和“数字青海”建设，推进第四代移动通信网络建设，实现“提速降费”，打造以西宁为中心、辐射周边的“宽带无线城市群”。实施一批基础传送网、数据中心、数字政务、中小企业信息化、物联网等信息化工程，着力推动工业化和信息化深度融合，强化信息安全保障，提升全社会信息化水平。

（三）进一步强化生态文明，促进绿色发展更加扎实有效。

加强生态文明制度建设。有序推进三江源国家公园体制试点工作，高质量完成30项重大任务和10亿元基础设施项目。抓紧完成三江源国家公园条例立法基础工作。加强资源有偿使用、生态文明评价考核等制度建设。完成环保机构监测执法垂直管理改革试点。开展碳排放权交易。落实新一轮草原生态保护补助奖励政策。依据国家生态功能区定位，划定并颁布生态保护红线，抓好自然资源产权保护试点，确保经济社会发展有“边界”、有“规矩”。推进重大生态治理工程。抓好三江源二期、祁连山保护建设、南北山绿化等重大生态工程的实施，启动环湖地区生态保护与治理二期工程，抓好“三滩”引水综合治理等项目前期，推进“山水草林田湖”自然生态系统保护和修复，完善“一屏两带”生态格局，维护高原生物多样性和生态良性循环。加强环境综合整治。以“碧水蓝天”和“家园美化”行动为抓手，全面推进水、大气、土壤污染防治行动计划。落实“河长制”，谋划实施湟水河全流域综合治理。完善区域大气污染联防联控，推进清洁取暖。巩固木里矿区生态环境综合整治成果，推进建立长效机制。实施500个村庄的农村环境综合整治，启动重点行业排污许可管理，促进生态环境改善。扎实开展“三线四边”环境整治和绿化行动，为大美青海增绿添彩。

大力发展高原特色现代生态农牧业。加快推进全国草地生态畜牧业试验区建设，着力打造畜禽养殖、粮油种植、果蔬和枸杞沙棘“四个百亿元”产业，增加绿色、有机、安全、高品质农畜产品生产供应。壮大新型经营主体，培育新型职业农牧民，探索农村一二三产业融合发展模式，构建和延伸“接二连三”产业链和价值链，提高农牧业全产业链收益。建好“菜园子”，丰富“菜篮子”，布好“菜摊子”，规范“菜贩子”，解决农民卖菜难、群众买菜贵问题，确保市场价格稳定。切实加强食品药品安全监管，强化农产品安全有效供给，让群众吃得起、吃得安全、吃得放心。做大做强做优工业经济。坚持绿色循环低碳方向，深入实施《中国制造2025青海行动方案》，推进盐湖化工、有色冶金、能源化工、特色轻工、建筑材料等传统产业改造升级，加快盐湖锂、镁等资源综合开发利用，促进产业链延伸融合。构建“八大绿色产业技术体系”，培育新能源、新材料、信息技术、生物医药、高端装备制造等新兴产业，打造全国有影响力的锂电产业基地和光伏制造中心。加大重点地区资源勘探力度，为绿色发展提供可持续支撑。提升现代服务业层次和水平。着力发展现代物流、工业设计、节能环保服务、电子商务等生产性服务业，以工业消费品和食品为重点，深入开展增品种、提品质、创品牌专项行动，着力提升中高端消费品供给能力。开展商贸物流标准化专项行动，推进冷链物流信息化、标准化和基础设施建设，提高流通效率。适应家庭小型化、人口老龄化趋势，加快发展家政服务，打造更多满足社会需求的精细化、人性化、个性化服务品牌，让老年人得到温馨照料和陪护，让婴幼儿得到细心看护和抚育，让年轻人从繁杂的家务劳动中解脱出来，安心干事创业。提升旅游业发展能力和水平，大力发展全域旅游，促进旅游业与文化、体育、康养等产业深度融合，向世人更多地展示美轮美奂的青海印象、青海风采。扎实做好可可西里申报世界自然遗产冲刺工作，力争申遗成功。

（四）进一步统筹城乡区域，促进全域青海整体功能更加协调。

加快推进以人为核心的新型城镇化。认真落实新型城镇化建设等四个“实施意见”，抓好新型城镇化综合试点，全面实行居住证制度，推进城镇基本公共服务常住人口全覆盖。加快发展特色小城镇，加紧报批海西区划调整方案，加快共和、同仁、贵德、海晏、玛沁等县撤县建市和湟中县撤县建区步伐，推动门源、民和、互助等三个民族自治县规划、建设、管理向城市体制转变。建设16个美丽城镇和300个高原美丽乡村。加大历史文化名城名镇和传统村落保护。统筹地上地下建设，持续推进海绵城市、地下综合管廊、智慧城市试点，促进城镇生活更加宜人、更加宜业、更加宜居。

优化城乡公共资源配置。推动基础设施、基本公共服务均衡配置，加快城镇道路、垃圾处理、供水供热等基础设施向农牧区延伸，扩大垃圾分类处置覆盖范围。统筹推进县域内城乡义务教育一体化改革发展，实施边远贫困地区、民族地区人才支持计划，选派城镇教师到边远地区、贫困地区、民族地区支教，鼓励公立大医院医师到农村牧区和街道社区开展诊疗服务。

提升区域协调发展水平。推动兰西城市群发展规划编制工作。落实“一核两带一圈”新布局，促进东部城市群提速扩容、转型升级。落实加快海西发展促进经济转型的意见，实施一批新能源、新材料产业补链项目。推进环湖地区特色种养、加工、旅游等产业发展。加大青南地区基础设施、公共服务、生态环境保护建设力度。进一步实施好青甘川三省交界地区平安与振兴发展规划。支持各县（市、区）结合资源禀赋和区位优势错位发展，优化产业空间布局和功能定位，提高县域经济在全省发展格局中的贡献率。

增强各类产业园区竞争力。进一步明确各类产业园区发展定位，进一步理顺各类产业园区体制机制，赋予各类产业园区更多的管理权和自主权，突出创新、循环、示范功能，集聚主导产业，激发各类产业园区动力和活力。通过实施一批供排水、电力、道路、燃气等项目，提升产业园区承载能力和综合功能。同时，统筹解决好园区外产业发展的问题，推动区内区外产业良性互动、竞相发展，不断筑牢企业创造财富的根基。

（五）进一步保障和改善民生，促进社会更加和谐稳定。

推进脱贫攻坚，破解民生"难点"。打好精准扶贫、精准脱贫"1+8+10"组合拳，创新扶贫机制，继续输血、强化造血、防止失血，巩固住脱贫攻坚成果，组织好易地扶贫搬迁，因地制宜发展后续产业，切实把扶贫扶在点上、扶在根上，确保11个贫困县摘帽、500个贫困村退出、14万贫困人口脱贫。当前，城市低保边缘人群和农村贫困边缘人群问题日益凸显，需要引起高度重视，并采取针对性强的措施，有计划、分步骤地妥善解决。促进就业增收，稳定民生"支点"。突出高校毕业生、城乡"两后生"、去产能分流职工、就业困难人员等重点就业群体，深入实施高校毕业生就业创业促进计划、城乡"两后生"劳动技能培训计划和去产能分流职工再培训计划，狠抓特色劳务品牌打造，鼓励引导农牧区劳动力有序转移，稳住就业"基本盘"。坚持发展经济与增加收入并重，进一步深化收入分配制度改革，依法保护增加财产性、经营性收入，更好体现发展依靠人民、发展为了人民、发展成果人民共享。加快社会事业发展，回应民生"热点"。启动实施学前教育第三期三年行动计划，继续实施义务教育全面改薄工程，落实好15年免费教育政策，大力发展现代职业教育，推进高职院校与产业园区有效对接。不断提升高校学科建设水平，更好服务经济社会发展。加大健康青海建设力度，积极开展健康教育，全面落实综合医改试点各项重点任务，探索医养结合发展模式，满足群众日益增长的健康与养老需求。提升基层医疗卫生服务水平，进一步缓解群众看病难、看病贵的压力。加快推进医保跨省异地就医即时结算，方便群众转诊就诊。健全社会保障体系，完善社会救济救助制度，保障各类人群有尊严地生活。实施文化惠民工程，倡导全民阅读，推进广播电视村村通向户户通升级，改造提升一批乡镇文化站和村文化服务中心。大力开展全民健身活动。创新社会治理，消除管理"盲点"。深入推进民族团结进步先进区创建，促进各民族交往交流交融，维护各族人民团结的生命线。坚持宗教中国化方向，依法管理宗教事务，积极引导宗教与社会主义社会相适应。深入开展社会治安综合治理，做好信访、人民调解和行政调解工作，有效预防和化解矛盾纠纷。落实主体责任，排查安全隐患，打击违法犯罪，确保人民生命财产安全。深入开展双拥共建，促进军民融合。大力弘扬社会主义核心价值观，管好文化场所，净化网络空间。以"五星级文明户"创建为载体，实施文明细胞工程，让社会主义核心价值观在家庭生根，让好家庭家教家风支撑每个公民安全健康美好的生活。

顺应群众新期待，今年我们将继续办好民生10件实事：城乡劳动力技能培训8万人次，高校毕业生就业率保持85%以上，完成机关事业单位招考5000人左右；取消义务教育学校社会实践及校外活动收费项目，将公用经费补助标准提高50元，新建及改扩建75所公办幼儿园；落实社保提标和各项强农惠农政策措施，调整最低工资标准；将城乡居民基础养老金月人均标准提高15元、城市低保月人均标准提高50元、农村低保年人均标准提高350元；继续实施婴幼儿营养改善、孕产妇住院分娩补助和农牧区妇女"两癌"免费检查项目；提高城乡居民基本医疗保险筹资标准、基本公共卫生服务人均补助和村医报酬，为200所学校配齐配强卫生室，免费治疗结核病2000例，筛查包虫病重点人群100万人，综合施策，最大限度解决疾病给人民健康造成的困难和痛苦；改扩建农村公路6000公里，建成便民桥涵200座，取消全省政府还贷二级公路收费；将高龄补贴月人均标准提高20元，新建30个社区老年人日间照料中心和10个医养融合服务机构；实施700个基层综合性文化服务中心建设项目；实施5.6万户棚户区改造和6万户农牧区危旧房改造项目。同时，强化"软件"建设，加强运营管理，提高综合效益。相信随着这些实事的办成、办好，会进一步提升各族人民群众的幸福指数。

（六）进一步增强内外联动，促进开放合作更加充满生机活力。

深化"一带一路"务实合作。与周边省区协同争取国家重大工程布局，力争开通国际货运包机，谋划打造向西开放的大型物流集散地，推动中欧班列常态化。加快综合保税区建设，加强与沿海沿边地区通关一体化合作。实施青藏国际陆港项目，完善西宁机场口岸配套，推进跨境电商建设。深化国际产能合作，鼓励更多的青海企业"走出去"，让世界认识青海，让青海走向世界。

加强与内地的合作交流。抓住用好对口援青、东西部扶贫协作机遇，跟进落实赴援青省市考察成果。有效提升我省市州与国内发达城市间的合作交流层次。坚持自力更生与争取国家支持相结合，持续加大向上汇报争取力度。以绿色理念继续办好青洽会、环湖赛等展会赛事，讲好青海故事，办好青海事情。积极构建"亲""清"新型政商关系，推动招商引资和选商择资上台阶。

促进外贸稳定增长。实施培育千万美元潜力企业、外贸自主品牌行动计划，重点打造特色轻工、农畜产品、新能源等三个出口基地，加大枸杞、沙棘等企业出口资质认证培育，支持高原特色和优势产品出口，稳定机电设备等进口规模，实现外贸稳健发展。

（七）进一步加强自身建设，促进政府工作更加公正务实有为。

全面贯彻落实中央、省委决策部署。切实增强“四个意识”,把讲政治放在首位,坚决在思想上政治上行动上同以习近平同志为核心的党中央保持高度一致,坚决在思想上政治上行动上与省委保持高度一致,坚决把中央和省委的决策部署落实到政府各项工作中,做良好政治生态的建设者、践行者、维护者。

忠诚干净担当履行法定职责。落实国家法治政府建设实施纲要和我省实施方案,完善政府立法工作机制,深化行政执法体制改革,做好行政复议工作,实施“七五”普法规划。自觉接受人大及其常委会法律和工作监督,主动接受政协民主监督,严格执行人大及其常委会决定,认真办理人大代表建议和政协委员提案,广泛听取民主党派、工商联、无党派人士、人民团体意见,自觉接受社会监督和舆论监督,让行政权力始终在法治轨道和阳光下运行。

努力建设人民满意的公正务实有为政府。牢固树立以人民为中心的发展思想,坚持问政于民、问需于民、问计于民,从人民伟大实践中汲取智慧和力量。坚持实干富民、实干兴邦、敢于开拓、勇于担当,多干让人民满意的好事实事。坚持艰苦奋斗、勤俭节约,牢固树立过“紧日子”的思想,全面落实中央八项规定和省委省政府21条措施,全面落实从严治党主体责任,下气力改进会风文风,着力整治庸政懒政怠政,着力强化督查和问责,建设人民满意的服务型政府。

各位代表,做好今年的政府工作,责任重大,使命光荣。让我们更加紧密地团结在以习近平同志为核心的党中央周围,在省委的坚强领导下,进一步解放思想、进一步真抓实干、进一步奋力追赶,加快推进富裕文明和谐美丽新青海建设,以经济社会发展的优异成绩迎接党的十九大和省第十三次党代会胜利召开!

青海省2016年国民经济和社会发展计划执行情况与2017年计划草案的报告

——2017年1月15日在青海省第十二届人民代表大会第六次会议上

青海省发展和改革委员会

受省人民政府委托，现将2016年国民经济和社会发展计划执行情况与2017年计划草案提请省十二届人大六次会议审议，并请政协各位委员和列席会议的同志提出意见。

一、2016年全省国民经济和社会发展计划执行情况

一年来，在省委的坚强领导下，各地区、各部门坚决贯彻党中央、国务院决策部署，以习近平总书记系列讲话特别是对青海的重要讲话为指引，统筹推进“五位一体”总体布局和协调推进“四个全面”战略布局，全面落实“四个扎扎实实”重大要求，坚持稳中求进工作总基调，坚持生态文明理念协调推进经济社会发展，以推进供给侧结构性改革为主线，在稳增长、调结构、惠民生、促改革、防风险等方面做了大量扎实有效的工作，经济运行总体平稳、稳中有进，呈现更多积极变化，完成了省十二届人大五次会议确定的目标任务，实现了“十三五”良好开局。

经济运行总体平稳。完成地区生产总值2572.49亿元，增长8%，其中一产增长5.4%，规上工业增长7.5%，三产增长8%。三大需求平稳回升，投资增长10.9%、社会消费品零售总额增长11%，进出口总额降幅持续收窄。就业大局稳定，城镇新增就业6.35万人，城镇登记失业率3.1%，农牧区劳动力转移就业119万人次，高校毕业生总体就业率达89%。价格走势稳中趋缓，全年CPI涨幅1.8%，为近十年最低。

增长动能加快转换。以新能源、新材料为代表的新兴工业快速成长，光伏发电装机接近700万千瓦，清洁能源首度跨区外销。锂电、新材料、光伏光热和盐湖资源综合利用4个千亿元产业加快发展，园区集聚效应明显增强。服务业占比超过40%，对经济增长贡献率首次超过工业，旅游总收入达到310.3亿元，增长25.1%，机场旅客吞吐量突破500万人次。粮食产量实现“十一连增”，种植业结构进一步向粮经饲三元结构转变，生态畜牧业试验区建设取得新进展，冷水养殖势头强劲，绿色、有机、富硒和规模经营成为农牧业转型升级的主旋律。

基础设施显著改善。格敦铁路饮马峡至马海段开通运营，格库铁路、青藏铁路格拉段扩能改造工程加快推进。茶格高速、德香高速等9个重点公路项目建成通车，新改建农村公路7000公里，“畅通西宁”五大工程进展顺利。果洛机场正式通航，祁连机场和格尔木机场改扩建工程全面开工。投入运行我国首座10MW具备规模化储能的塔式光热电站，大河家和石头峡水电站并网发电，果洛联网工程圆满完成，实现了国家电网县域全覆盖。引大济湟总干渠正式通水，西干渠、北干二期开工建设，蓄集峡水利枢纽等进展顺利。数字青海、宽带青海加快推进，全国首个藏文搜索引擎“云藏”上线。

绿色发展成效显现。三江源国家公园体制试点全面展开，组建五级管理体系，“一年夯实基础”工作圆满完成。制定生态文明建设目标评价考核办法，开展国家重点生态功能区自然资源资产负债表编制试点，启动省以下环保监测监察执法垂管改革试点。三江源二期、祁连山等重点生态工程进展顺利，大美青海、青海湖、中国夏都等绿色品牌影响力明显提升。全省湿地面积达到814.4万公顷，居全国首位。木里矿区环境综合整治完成阶段目标。单位GDP能耗下降6%左右，主要城市空气质量优良天数比例达到75.5%，湟水河出省断面Ⅳ类水质比例为83.3%。民生福祉达到新水平。民生支出占财政总支出的75.5%，民生十件实事圆满完成，向全省人民的承诺全部兑现。落实银川会议精神，打好“1+8+10”组合拳，构建“四位一体”扶贫大格局，投入扶贫资金73.4亿元，如期实现11万人、400个村、6个县脱贫摘帽，精准扶贫首战告捷。13项民生指标调标工作完成，全体居民人均可支配收入增长9.4%。15年免费教育稳步实行，师大新校区、三江源民族中学和省级文化“三馆”投入使用，城乡各类保障房建设完成年度目标。门源地震灾区住房重建和加固完成，杂多地震灾区群众得到妥善安排。食品药品和安全生产形势平稳，全省民族团结进步，社会和谐稳定。

在外部环境复杂严峻情况下，取得这些成绩是省委省政府科学决策、周密部署的结果，是全省各族人民齐心协力、共同努力的结果。一年来，全省上下坚定信心不动摇，加快发展不松劲，改善民生不停步，干字当头不懈怠，牢牢把握了工作主动权。坚持大局意识、核心意识，认真贯彻中央决策部署，特别是贯彻总书记“3·10”、“8·24”重要讲话，明确定位、增强自信，努力开创青海工作新局面。坚持目标导向、问题导向，及时召开经济工作视频会议，强化抓早、抓准、抓实、抓好，加强督查，有效促进各项工作落实。坚持牢固树立生态保护优先的理念，健全完善制度体系，全力推进生态保护和建设工作，进一步筑牢国家生态安全屏障。坚持以人民为中心的发展思想，着力脱贫攻坚、办好实事、引导预期，让人民有更多的获得感、幸福感。重点抓了以下工作：

一是抓调整优供给。把推进供给侧结构性改革放在突出位置，强化创新驱动，统筹推进重点任务，有力促进结构调整和动能转换。技术创新投入持续增加，光伏逆变器、盐湖提锂等技术达到国内领先水平。提前完成50万吨钢铁和9万吨煤炭年度压减任务，妥善安置分流转岗人员1088人。商品房库存面积下降25.6%，去化周期降至13个月。着力化解重点企业债务风险，债务总体处于安全区域。落实财税和行政收费减免等政策，推进电力直接交易，实施天然气和运价优惠政策，累计降低企业各类成本近60亿元。二是抓投资稳增长。从我省阶段性发展特征出发，以扩大有效投资为牵引，实现了稳增长、调结构、惠民生、增后劲的有机统一。大力开展“三促一抓一推动”活动，提前启动一批“十三五”重大项目，完成全社会固定资产投资3533.2亿元，落实中央预算内投资114.5亿元、专项建设基金193亿元。实施项目前期突破工程，青海湖机场、湟水北干二期等重大项目取得突破性进展。出台“1+3+5”政策措施，民间投资逐月回升，全年增长9.4%。三是抓统筹促协调。分类指导，研究出台差别政策，促进了城乡区域错位发展、格局优化。召开海西工作座谈会，实施支持海西加快发展转型的40条举措，推进408项重大项目建设，海西经济企稳回升。研究进一步促进西宁、海东加快发展的政策措施，西宁、海东经济增速领跑全省。争取落实“十三五”藏区规划项目138个，总投资4859亿元，召开果洛工作会议，推进平安振兴工程，一批项目稳步实施。出台推进新型城镇化建设的政策意见，美丽城镇、高原美丽乡村年度建设任务全面完成。四是抓财金强支撑。强化财政金融协调联动，创新方式，破解难题，多措并举防范风险，有效支撑实体经济发展。公共财政支出1522.6亿元，设立10支政府性引导基金，有效撬动了社会资本投入。地方公共财政收入238.4亿元，同口径增长8.3%，总财力达到1694亿元。人民币存款余额5570.2亿元，增长6.9%；贷款余额5579.8亿元，增长11.9%；直接融资突破600亿元，增长27.3%；成功实现正平路桥主板上市、晶珠藏药“新三板”挂牌、藏格钾肥借壳上市，全国普惠金融综合示范区落户我省。五是抓改革扩开放。突出重点，协同推进，加强合作，进一步激发市场活力和动力。生态文明制度、医改、司法三大“国字号”改革进展顺利，“放管服”、投融资、国资国企、财税金融领域改革取得成效，新增市场主体超过7.3万户。积极融入“一带一路”建设，“青洽会”、环湖赛等重大节会成功举办，双向合作投资发展提速，曹家堡保税物流中心正式封关运营，首列中欧班列成功开通，新开辟西宁至东京、吉隆坡两条国际航线。实施“十三五”对口援青规划，落实援青资金14.1亿元，赴援青省市学习考察达成一批重要成果，对口援青层次全面提升。比亚迪锂电项目等重大招商项目开工，招商到位资金755亿元，增长10.8%。

二、2017年经济社会发展环境和主要目标

2017年是“十三五”时期非常重要关键的一年，做好全年各项工作，意义重大，责任重大，信心不可动摇，困难不容低估。新的一年，宏观经济环境仍然复杂多变。全球经济仍将处于缓慢复苏进程中，但复杂性、不稳定性、不确定性进一步凸显。我国经济运行保持在合理区间，缓中趋稳、稳中向好，但结构性矛盾突出，有效需求增长乏力，实体经济困难较多，经济发展希望与困难并存。当前，我省发展有着重大的政策机遇，有着明显的后发优势，有着较好的发展基础。特别是习总书记“四个扎扎实实”重大要求为我们在国家战略中赢得一席之地创造了难得机遇，青海在全国大局中的战略地位日益凸显。加之省委省政府在推进供给侧结构性改革、保护生态环境、促进科技创新、推动脱贫攻坚、深化省际合作上采取了一系列针对性、实效性强的办法和措施，这些重大举措将持续显效。同时应该看到，我省经济发展仍处于爬坡过坎、转型升级的关键时期，新老问题叠加，工业传统支柱产业发展仍很困难，新经济新动能尚在培育，投资持续增长乏力，财政收支压力不减，城乡居民持续增收困难。综合研判，2017年我省发展环境与2016年大体相当，有利因素在增多，但风险挑战不容低估，要坚定信心，做充分准备，争取最好结果。

在综合研判国内外发展形势、分析增长动力、兼顾发展需要和可能的基础上，省委十二届十三次全会研究提出了2017年全省经济社会发展主要预期目标：生产总值增长7.5%左右，在实际工作中争取更好的结果。全社会固定资产投资增长10%，社会消费品零售总额增长10%以上，地方公共财政收入同口径增长8%，进出口总值增长5%，旅游总收入增长20%以上，城乡居民人均可支配收入增长9%，新增城镇就业6万人，农牧区劳动力转移就业105万人次，物价涨幅控制在3%以内，全省空气质量优良天数比例达到84%，主要城市空气质量优良天数比例达到76%，湟水河出省断面Ⅳ类水质比例保持在83.3%以上，节能减排控制在国家规定目标以内。以上指标既把握了稳增长和调结构的平衡点，又突出了发展“质”和“量”的关键点，是充分考虑经济发展规律，权衡各种因素慎重提出的。实现这些目标是有难度的，需要付出极大的艰辛和努力，我们要增强“稳”的责任感和“进”的紧迫感，确保完成目标任务。

三、2017年全省国民经济和社会发展主要任务和措施

2017年经济社会发展任务重、头绪多、要求高，必须统筹兼顾，抓住关键点，进一步落实习总书记“四个扎扎实实”重大要求，深入贯彻省委提出的“努力实现从经济小省向生态大省、生态强省的转变，从人口小省向民族团结进步大省的转变，从研究地方发展战略向融入国家战略的转变，从农牧民单一的种植、养殖、生态看护向生态生产生活良性循环的转变”的发展思路。在工作中，强化统筹城乡发展，抓好基础设施建设、基本公共服务、基础产业培育壮大，以改革为先、以创新为核、以生态为基、以项目为主、以投资为要、以工业为重、以民生为本，推动各项政策举措落地见效。重点抓好以下方面：

（一）深化供给侧结构性改革培育绿色发展新动能

全面提高创新供给能力。实施好“1020”生态农牧业重大科技支撑工程、“百项创新攻坚工程”、“重点产业科技支撑工程”、科技“小巨人”计划和“双倍增”工程，财政科技投入增长20%，构建新能源、新材料、先进制造等八大绿色产业技术体系。加快搭建新材料产业创新研究院、藏药新药开发国家重点实验室等科研平台。启动工业强基工程，组建太阳能综合利用产业技术创新联盟，突破N型太阳能电池、新型合金等一批核心关键技术，以技术创新带动产业升级。建立绿色科技支撑保障和应用推广机制，加快绿色科研成果转移转化和示范推广。推动青海国家高新区与大学科技园融合发展。鼓励支持“双创”，打造更大平台，新建一批“双创”示范基地和专业化众创空间。注重人才支撑，探索引智引才新模式，实施好高端创新人才“千人计划”和职工素质提升工程，弘扬“工匠”精神。

加快发展互联网经济、大数据产业。拓展新一代信息技术与各领域的深度融合，运用大数据推动发展。加力实施云计算基础设施，建设高原大数据灾备中心和云上青海平台，实施民生云、政务云、生态云“三大示范工程”。与信息化龙头企业合作建设云计算数据中心，推进现有政务信息系统向政务云平台迁移。实施“互联网+”专项行动计划，深化制造业和互联网融合发展，促进制造业研发、生产、管理、服务等模式变革，开展智能制造示范试点。引进行业龙头企业参与我省制造业创新中心、电子商务、绿色制造等工程，在河湟地区全面搭建农村电商和物流平台。

加速培育绿色发展新引擎。启动国家绿色能源示范省建设，稳步打造两个“千万千瓦级”可再生能源基地，推进特高压外送通道前期工作，建设国家重要的新型能源产业基地。促进电站建设与光伏制造业协调发展，组建锂电产业创新研究院，扩大碳酸锂、磷酸铁锂、锂电池产能，实施比亚迪锂电池等项目，构建动力电池全产业链，打造全国有影响力的锂电产业基地和光伏制造中心。大力发展新材料产业，以铝基、镁基、钛基等新型轻金属合金材料重点，推进北捷隔膜材料、诺德高档电解铜箔等项目建设。发展特色生物资源精深加工，以健康制品和药品为方向，构建特色生物产业链。加快高端数控机床等前沿技术和装备研发，实施好华泰新能源汽车制造、广东明阳风电光伏制造等项目，促进专用汽车、环卫设备、现代农业机械制造升级换代。

推动传统优势产业循环化发展。落实建设国家循环经济发展先行区行动方案，把园区循环化布局和改造作为主阵地，进一步推进企业循环式生产、产业循环式组合、“三废”循环利用，同步抓好农业、服务业和社会层面的循环发展。坚持“走出钾、抓住镁、发展锂、整合碱、优化氯”的战略布局，引导盐湖化工企业重组整合，提升全产业链竞争力。通过产业链延长、资源综合利用、循环化改造等举措，提高有色冶金、化工、特色轻工、建材等传统产业技术、能效、环保等水平。支持西部矿业、黄河水电等5户销售收入超百亿的龙头企业做优做强，培育15户销售收入超30亿的骨干企业。

深入推进农牧业供给侧结构性改革。把增加绿色优势农产品供应放在突出位置，加快发展藏羊、牦牛等有机畜产品，巩固湟水河流域“菜篮子”生产能力，提高沿黄流域及柴达木地区蔬菜基地产能，打造沿黄冷水养殖适度开发带。推进农牧业绿色发展，新建10个生态牧场、30个有机畜产品生产基地，培育30个特色农牧业品牌。适应消费升级的需要，大力发展农产品精深加工，狠抓标准化生产、品牌创建、质量安全监管，扩大中高端市场占有率。向开发农业多种功能要潜力，构建“接二连三”的产业链条，推动农村一、二、三产业融合发展，抓好农村电商、休闲农业、乡村旅游、都市农业等新业态，培育30个休闲观光农牧业示范点。实施好现代农业示范区、生态畜牧业试验区等工程，支持发展适度规模经营。

持续抓好“三去一降”重点任务。因业施策、因企施策，严格执行环保、能耗、质量、安全等法律法规和标准，推进企业兼并重组、债务重组和破产清算，压减煤炭产能132万吨，继续淘汰低效落后产能。把去库存与促进人口城镇化结合起来，扩大棚改房、保障房货币化安置规模，发展旅游、休闲、养老等跨界地产，推动符合条件的开发项目向众创空间和楼宇产业转型。有效防范金融风险，加大呆坏账核销处置力度，鼓励外资、民资有效参与不良资产处置，推进市场化法治化方式债转股。建立债务风险预警制度，强化企业预算约束，防止过度举债，确保省属出资企业负债率控制在66%以内。落实降成本措施，推进结构性减税降费，清理垄断型中介服务收费，开展涉企收费专项整治。降低企业用能、物流成本，推进直购电交易，用好“一口价”运价下浮、“高速绿色通道”、天然气价格优惠等政策。继续开展联企帮扶活动，引导企业眼睛向内，降本增效，提升市场竞争能力。

（二）推进生态文明建设迈出新步伐

深化生态文明制度改革。全面贯彻全国生态文明建设工作推进会议精神，把生态文明建设纳入制度化、法治化轨道。制定三江源生态保护条例，建立三江源生态保护标准体系，建成生态环境监测体系和大数据平台。强化主体功能定位，出台生态功能区产业准入负面清单，引导产业、人口向重点开发区和条件适宜区域集聚。划定并颁布青海生态保护红线，推动经济社会发展有“规矩”、有“边界”。制定对各市州的生态文明建设目标评价考核办法，做好自然资源产权保护试点，推进资源有偿使用、生态文明评价考核、领导干部自然资源资产离任审计等制度建设。积极探索生态环保综合执法，加大监督检查力度。

加快三江源国家公园各项试点。实施好《三江源国家公园总体规划》，加快编制“三个园区”规划，对各园区实施差别化的保护修复措施、利用方式和管控策略。整合生态保护工程项目，统筹推进三江源二期等重大生态工程，完成10亿元基础设施等启动项目。充分发挥好管理局及3个园区管委会职能，统一行使自然资源资产管理和国土空间用途管制，实行综合执法。完善公园范围内乡镇国家公园组织管理职责，统一归并生态管护公益岗位，建立牧民群众生态保护业绩与收入挂钩机制。加强生态保护建设合作，倡导建立长江、黄河、澜沧江流域省份协同保护三江源生态环境共建共享机制，探索设立保护和建设基金。组建三江源国家公园科研机构和专家咨询委员会，争取与知名国家公园建立协作关系，筹划国家公园建设高层论坛。围绕“看”字做文章，制作宣传影视、研发创意产品、开发参与项目，建立共建共享机制，吸引国内外各方面广泛参与。

实施五大板块生态治理工程。加快实施山水草林田湖自然生态系统的保护和修复方案。推进三江源二期，实施好黑土滩治理、封山育林等项目，完成投资9亿元。加快祁连山生态保护与建设综合治理工程。启动环湖地区生态保护与环境综合治理二期工程。完成柴达木和东部干旱山区生态保护与综合治理前期。继续实施“三北”五期、天然林保护等项目。谋划实施湟水河全流域综合治理，统筹兼顾造林增绿、河道治理、垃圾污水处理、景观打造等重点任务，着力打造湟水沿岸宜居带、景观带和生态走廊。做好可可西里申报世界自然遗产冲刺工作，力争申遗成功。加大环境综合治理力度。抓好大气污染防治，联防联控、协同治理，不断提高空气质量优良率。扎实开展“三线四边”环境整治和绿化行动，加强三江源地区水源涵养功能维护和面源污染控制，打造西宁市“三河六岸”绿色景观生态廊道。深入开展“碧水蓝天”和“家园美化”两大专项行动，开展建材等15个重点行业治污减排专项治理，推进重点行业清洁生产和技术改造，建设可再生资源收集处理中心，完善城镇污水收集处理系统，推动国家低碳工业园试点建设。巩固木里矿区生态环境综合整治成果，建立长效管护机制。整治农业面源和畜禽养殖污染，实施500个村庄的农村环境综合整治。

强化落实生态理念。切实把生态优势、资源优势转化为产业优势、发展优势，深度挖掘三江源国家公园、大美青海、原子城、中国夏都等绿色品牌，扩大影响力，增强生态旅游业带动力。发展生态农牧业，扶持林下经济、做强草产业。将绿色田园作为推进城镇化的核心部分，建设绿色城市、培育特色城镇、打造美丽乡村。推进污染第三方治理，加快发展节能环保产业。优先调度清洁能源上网发电，提高清洁能源消费比重。

（三）着力提高投资有效性和精准度

持续加力扩大有效投资。选准方向，聚焦重大项目，围绕盐湖资源开发、新能源新材料、生态环境保护、“一带一路”、新型城镇化、创新驱动等重大战略部署，推出一批起点高、带动作用强的重点投资板块，加大生产性投资力度，在推动当前发展的同时为长远发展奠定基础。积极争取，有效对接国家20个领域精准投资补短板实施方案，抓住国家建立重大项目快速审批通道的机会，加大“跑部”力度，争取一批重大项目立项实施，力争落实国家各类资金不低于上年水平。以产业投资和民间投资为重点，力促新兴产业培育、技术改造和招商已签约工业投资项目落地。集中力量，加大省级统筹力度，用好用活中央预算内、地方政府债券、省级预算内、各类基金平台等资金，聚焦重点领域关键环节投入，防止碎片化。抓住时机，打时间差，变冬闲为冬忙，扎实开展“百日攻坚行动”，提前启动一批项目，为完成全年目标任务奠定基础。

加快补齐基础设施短板。交通。基本建成格敦铁路和青藏铁路格拉段扩能改造工程，加快推进格库铁路建设，开工建设西成铁路、西宁曹家堡铁路物流基地、格尔木铁路交通枢纽，推进西宁城市轨道交通1号线前期工作。续建扎麻隆至倒淌河高速等30个公路项目，全面建成花石峡至久治高速公路，新开工西海至察汗诺等高等级公路6项、二级公路6项，以及一批乡村、旅游道路和“畅通西宁”工程。确保格尔木机场改扩建工程竣工投运，基本建成祁连机场，开工建设西宁机场三期、曹家堡综合交通枢纽，力争开工建设贵德、都兰等通用机场，加快青海湖机场前期工作。能源。进一步打造全国最大的水、光、风互补清洁能源基地，全面建成石头峡水电站，推进玛尔挡等水电站建设。新安排太阳能光伏装机100万千瓦、风电装机100万千瓦以上，加快国家确定的4个光热发电项目建设，建成柴达木2×300兆乏调相机工程、海西至青海主网输电通道能力提升等项目，扩大新能源外送区域和规模。水利。基本建成马什格羊水库、积石峡灌区、黄河干流防洪等项目，加快推进蓄集峡水利枢纽、拉西瓦灌溉工程，全面展开引大济湟西干渠、湟水北干二期，开工建设那棱格勒水利枢纽，新增高效节水灌溉面积16万亩、治理水土流失面积190平方公里。持续实施农村饮水安全巩固提升工程。通信。推进第四代移动通信网络建设，实现“提速降费”，打造以西宁为中心、辐射周边的“宽带无线城市群”。实施一批基础传送网、数据中心、数字政务、中小企信息化、物联网等信息化工程，加强信息安全保障，提升全社会信息化水平。

下大力气激活民间投资活力。深化投融资体制改革，制定投资核准事项清单，推行项目多评合一、多审合一、多图联审、联合验收等新模式。做实财政引导基金平台，启动公共基础设施建设基金等，构建多元化融资机制。大力推广运用PPP模式，尽快出台具体配套措施，合理确定项目运营收费标准，增强项目吸引力。全面实行“一站式”网上并联审批，认真落实促进民间投资政策措施，建立公平竞争的市场机制，提供高效优质的政府服务，不断营造亲商、安商、稳商的环境。

（四）深入挖掘消费需求潜力

推动消费加快升级。抓好十大扩消费行动，推动服务模式创新、跨界融合、多维拓展，对接服务多元化供给与多元化需求。支持社会力量举办非基本医疗服务，积极开拓医养结合、健康管理、康复护理等新服务。推动学校、企事业单位体育设施向社会开放。以工业消费品和食品为重点，深入开展增品种、提品种、创品牌专项行动，扩大内外销产品“同线同标同质”实施范围，增加高质量、高水平产品的有效供给。完善产品质量追溯体系和惩罚性赔偿制度。加强消费基础设施建设，解决停车难、充电桩少、冷链物流能力不足等问题。

增加居民收入提高消费能力。贯彻国家激发重点群体活力带动城乡居民增收实施意见，瞄准技能人才、新型职业农民、科技人员等七大群体，促进智力、技术等要素参与分配，着力增加中等群体收入。增加城镇居民工资性收入，落实艰边津贴制度，深化事业单位绩效工资改革，完善覆盖城乡社会保障体系，提高基本养老金、低保待遇标准。落实各项强农惠农政策措施，增加农牧民经营收入和资产流转收入，提高农牧民财产性和转移性收入比重。

提升现代服务业发展层次。高起点谋划，力促服务业优质高效发展，进一步提升服务业比重和贡献率。强化旅游业龙头带动作用，大力实施旅游三年行动计划，重点建设10个影响力大、竞争力强的知名景区，打造10个区域性旅游名县。推进“智慧旅游”建设，促进“旅游+”深度发展，加大坎布拉等重点景区旅游基础设施建设，支持海北创建全域旅游示范州。创意策划把青海湖建设成为世界一流景区，坚持大手笔规划、高起点建设、高水平运营，不断提高层次水平。发展现代物流，实施好冷链物流、青藏高原东部国际商贸城等项目，推进物流托盘标准化。改造提升商贸服务、文化体育、社区服务等生活性服务业，引进建设城市文化娱乐综合体。促进生产性服务业专业化发展、向价值链高端延伸，为制造业升级提供支撑。

（五）提高财政金融要素支撑力

实施更加积极有力的财政政策。围绕重大项目，加大公共财力投入力度，积极争取扩大地方债务规模。继续采取预算安排、盘活存量、预拨资金、整合专项等措施予以重点保障，巩固和扩大财政投资对经济增长的拉动作用。进一步落实结构性减税和普遍性降费政策，大力培育市场主体和税收增长点。增加科技创新引导基金规模，建立稳定支持和竞争性支持相协调的投入机制。强化政府引导基金运营管理，真正发挥作用。牢固树立“过紧日子”思想，精打细算，减少一般性支出。

增强金融对实体经济的支持。落实金融支持供给侧改革20条措施，引导银行落实差别化信贷政策支持工业产业升级，加大对高新技术企业、重大技术装备、工业强基工程等领域投入。贷款规模保持12%的增速，直接融资保持在600亿元以上，社会融资总量突破1600亿元。发挥好政策性银行、地方银行作用，加大对小微企业、“三农”、社会事业等的支持。强化政银企协作，建立重大项目融资需求项目库，着力解决信贷信息不对称问题。推动股权和债券融资，推进青运集团、聚能钛业、盐湖机电等企业加快上市，提高直接融资比重。推动政府投融资平台转型，提高市场化融资能力。

继续强化财政金融联动。探索建立政府购买服务贷款机制。依托财政资金引导金融资金先期投入，放大财政资金倍数，加大对重大公益性建设项目的支持力度。建立银行财政"垫付"性贷款机制，将分散投资整合为集中投资。通过财政贴息、风险补偿、股权投资等方式，撬动信贷和社会资金加大对经营性领域和战略性新兴产业的支持力度。进一步推动财保融合，强化财政奖补资金引导作用，对特色农业保险给予一定风险补偿。完善国库资金运营管理制度，充分调动金融机构的积极性。

（六）促进区域城乡协调发展

进一步促进东部地区率先发展。加强与兰西城市群规划的对接，落实"一核两带一圈"新布局，实现东部城市群提速扩容、转型升级。支持西宁加快从首位度高向影响大、辐射远、带动强转变，建成至周边1小时的产业圈、物流圈、旅游圈、生态圈、交通圈，构建大发展格局。支持海东继续围绕定位抓好基础设施建设、产业布局、民生改善、生态保护等重点工作，与西宁市实现错位、协同、互补发展。西宁、海东周边7个县，按照"卫星城市"的总体布局，拓宽思路、找准定位、突出特色、发挥优势，以生态保护优先理念协调推进经济社会发展。

加快藏区协调发展步伐。深入落实国家支持藏区发展政策，稳步实施藏区"十三五"项目规划，促进藏区经济社会又好又快发展。柴达木地区，深入落实加快海西发展促进经济转型的意见，实施一批新能源、新材料产业补链项目，建设全国重要的循环经济示范区、新型工业化基地和城乡发展一体化示范区。环湖地区，推进特色化发展，发展种养、加工、旅游等特色产业，建设全省生态旅游、现代生态畜牧业发展示范区。青南地区，加大基础设施、公共服务、生态环境保护建设力度，继续推进青甘川交界地区平安和振兴工程，落实好支持果洛发展的政策措施，抓好三江源国家生态保护和建设综合试验区各项工作，努力建成国家重要的绿色生态产品供给地、国家生态安全屏障、特色文化体验旅游目的地。

提升重点园区竞争力。加强省级层面对工业园区发展的统筹力度，结合城市群建设合理布局生产力、重点产业，实现错位发展。进一步增强行业集中度，逐步提高工业比重、主导产业比重。提高园区承载力，完善基础设施，实施一批园区供排水、电力、道路、热力、燃气等项目，搭建园区公共信息服务平台。规范整治，摘掉一批有名无实的开发区牌子。推动园区改革，进一步理顺体制机制，创新管理模式，赋予园区更多的管理权和自主权，重构园区活力动力，打造改革开放新高地、创新发展新龙头。落实支持县域经济发展实施意见，优化空间布局和功能定位，错位发展特色优势产业，打造多元化经济增长极。

加快推进新型城镇化。落实好推进新型城镇化建设等四个"实施意见"，统筹抓好新型城镇化综合试点，全面实行居住证制度，推进城镇基本公共服务常住人口全覆盖。培育新兴城市，紧抓国家启动设市工作政策机遇，加紧海西西部三行委行政区划调整工作，推进共和、同仁、玛沁、贵德、海晏等撤县建市和湟中县撤县建区步伐，促进门源、民和、互助等三个民族自治县规划、建设、管理向城市体制转变。组织好年度16个美丽城镇和300个美丽乡村建设，再规划建设一批特色城镇。统筹城市地上地下建设，推进海绵城市、地下综合管廊、智慧城市试点，实施一批市政补短板工程。优化城乡公共资源配置，推动教育、卫生、文体等公共资源协调、均衡配置，推动城镇道路、垃圾处理、供水热水等向农牧区延伸，提高垃圾分类制度覆盖范围。实施边远贫困地区、民族地区人才支持计划。

（七）深化重要领域和关键环节改革

深入推进"放管服"改革。加大放权力度，系统梳理，确保关联、相近类别审批事项"全链条"取消或下放，全面清理各种行业准入证、生产许可证。探索创新企业投资项目承诺制，推进格尔木审批权限内工业项目不再审批试点。深化商事制度改革，制定前置审批事项清单和后置经营许可清单，扩大"证照分离"试点，推行多证合一、证照联办。强化事中事后监管，推动"双随机一公开"监管方式全覆盖。推进综合执法改革，健全跨部门、跨区域执法协作机制。全面实施统一社会信用代码制度，加强信用监管。推动"互联网+"政务服务，建成互通共享网上服务平台。开展"减证便民"专项行动，全面清理各种证明和手续。落实价格体制改革实施意见，做好输配电价改革、农业水价综合改革、道路运输价格管理体制改革，对政府定价收费项目全面实行目录清单管理。

推进财税金融体制改革。围绕四项重点任务稳步推进财税改革，抓好中期财政规划、统筹整合财政资金、规范举债融资机制等重点工作。公开预决算，打造阳光财政，监督资金使用，倒逼沉淀资金盘活。跟进国家税制改革，研究营改增新问题，完善具体政策措施。落实中央与地方收入划分总体方案，完善转移支付分配办法，明确省与市州财政事权和支出责任。大力发展普惠金融、绿色金融，推进"双基联动"合作贷款、"两权"抵押贷款，推广"政银担"、"政银保"合作机制。推进农信社改革和县域村镇银行设立，支持青海银行增资扩股。培育服务中小企业的区域性股权市场。拓宽保险资金支小支农和参与基础设施建设渠道。

深化国资国企改革。落实《深化出资企业重点改革工作的实施意见》，把混合所有制改革作为国企改革的重要突破口，加强产权保护，激发和保护企业家精神，推动各种所有制经济相互促进、共同发展。实施国企国资提质增效工程，加快剥离国有企业办社会职能和解决历史遗留问题。完善现代企业制度和公司法人治理结构，加强监事会建设，探索市场化选聘经营者制度，推进员工持股和规范企业董事会建设试点。完善以管资产为主的国有资产监管体制，完成省投资集团改革改组任务，提高国有资本运行和配置效率。落实好国家石油、天然气、电力体制改革方案。完善食盐储备和监察机制，保证食盐安全稳定供应。

深化科技体制改革。建立行政决策和科技咨询相结合的科技决策机制，制定重点研发与转化计划管理办法、重大科技专项管理办法，改革科技项目遴选机制和科研经费使用方式。实行以增加知识价值为导向分配政策，提高科技成果转化收益分享比例，允许科研人员和教师依法依规适度兼职兼薪。加强重大科技专项、基础研究与创新平台、百项创新攻坚工程的对接，设立科技成果转化投资基金，引导社会力量投入。理顺青海国家高新区体制机制，明确省级高新区发展定位、建设要求和认定条件。

深化农村牧区改革。提前一年全面完成土地承包经营权确权颁证，完善适合农牧区特点的“三权分置”办法，建立土地增值收益合理分配机制。统筹推进农村土地征收、集体经营性建设用地入市、宅基地制度改革试点，但不能违背用途管制、分类管理的原则。建立农牧民合作社规范化和社会化服务机制，制定支农资金因素法分配办法，完善涉农资金统筹整合长效机制。全面完成国有农垦改革，深入推进供销合作社和国有林场改革。

推动养老保险制度改革。从增强公平性、适应流动性、保障可持续性出发，完善养老保险制度。落实国家养老保险制度改革方案，完善个人账户制度，推动职工基础养老金全国统筹进程，提高制度覆盖面，划转部分国有资本充实社保基金。理清政府、企业、个人责任，建立健全激励约束机制，加强精算和服务能力建设等基础性工作。加强养老保险结余基金投资运营，积极发展企业年金、职业年金、商业养老保险。

（八）以“一带一路”建设为统领拓展开放空间

更加积极融入“一带一路”建设。扩大视野，抢抓战略机遇，主动跟进国家推进的重点区域、主要领域和关键环节，积极对接长江经济带建设，加强与开放大省之间的合作，形成协同开放新机制，由向东开放末梢加快转变为向西开放前沿。推进通道建设，与周边省份协同争取国家重大工程布局，实施好格库铁路、格敦铁路、新青川大通道公路等骨干项目，开通西宁至西安高铁，谋划打造向西开放的大型物流集散地。促进外贸创新发展，重点打造特色轻工、农畜产品、新能源等三个出口基地，加大枸杞企业等出口资质认证培育，支持地毯、磷酸铁锂等产品出口。加快综合保税区建设，加强与沿海沿边地区通关一体化合作，实施青藏国际陆港项目，完善西宁机场口岸基础配套，推进跨境电商建设，努力实现中欧班列常态化运营。积极参加国家“一带一路”国际高峰论坛，把青洽会、环湖赛、文化旅游节、藏毯展等展会赛事与“一带一路”建设有效对接起来，提升层次，扩大影响力。打造招商引资新优势，出台集资源配置、要素价格、项目服务等为一体的招商指导意见，推进一批新招商项目落地。

促进对口援青升级加力。深化细化援受双方地区、部门、单位间的结对帮扶关系，变有限为无限、变一极为多极，与援青省份携手共走“一带一路”，全面提升合作水平。统筹对口援青和东西扶贫协作，落实中央进一步加强东西部扶贫协作工作的指导意见，抓紧研究制定我省实施意见。抓好已确定项目和任务的落实，加紧落实《省党政代表团赴对口援青省市学习考察等有关落实事项的分工意见》，把考察成果落到实处。实施好对口援青“十三五”规划。强化城市合作，有效提升与武汉、成都、南京、无锡等城市的合作层次，拓展产业发展、城市管理等领域的对接合作，推动融合互补发展。

（九）进一步织密扎牢民生保障网

深入推进精准脱贫攻坚。加快实施“八个一批”、十个行业扶贫方案，重点抓好安居脱贫、教育培训等十大工程，落实各类专项扶贫资金100亿元，确保年度11个贫困县摘帽、500个贫困村退出、14万贫困人口脱贫。加大重点贫困群体帮扶，实施好24万人到户产业扶贫、13个县扶贫产业园、50个村的旅游扶贫等项目。以提高贫困人口受教育年限和劳动者技能为重点，提升各级各类教育普及程度，加强职业教育和实用技术培训。全面建成脱贫攻坚综合信息平台，实现扶贫对象动态管理。出台脱贫攻坚责任制实施细则，严格落实督查巡查、奖优罚劣制度。

继续实施好民生实事工程。落实基本公共服务清单，把更多资金投向贫困和偏远地区公共服务领域，使有限的资源发挥最大效益。落实好15年免费教育政策，统一城乡“两免一补”政策，将公用经费补助标准提高50元，新建和改扩建75所公办幼儿园。统筹好县域内城乡义务教育，通过改造薄弱学校、扩大优质教育资源覆盖面等措施，均衡配置资源，方便就近上学。巩固提升职校基础能力。落实全省健康大会部署，推进“健康青海2030”行动计划，完善基本医疗服务机制，加快全民健康保障工程建设，实现跨省异地就医即时结算。召开文化产业促进大会，组建出版集团、广视传媒集团、电影集团，实施700个基层综合性文化服务中心建设项目。强化保障房管理运营，实施5.6万户棚户区改造和6万户农牧民危旧房改造建设项目，搞好配套设施建设，提高入住率，避免闲置。改扩建农村公路6000公里，建成便民桥涵200座，取消全省政府还贷二级公路收费。将高龄补贴月人均标准提高20元，新建30个社区老年人日间照料中心。实施“数字民生”重点工程，发展远程医疗、远程教育，运用互联网手段提升民生领域服务便捷性。继续推进乡镇政府“八有工程”。抓好安全生产，加强食药品监管，堵塞漏洞，确保社会和谐稳定。

扎实做好就业托底工作。开展就业援助专项行动，加强公共职业技能实训基地建设，完成机关事业单位招考5000人左右，实施8万人次城乡劳动力技能培训。深入实施高校毕业生就业创业计划，高校毕业生就业率保持在85%以上。开展精准帮扶，确保零就业家庭动态清零。拓宽去产能职工分流安置渠道，加强转岗再就业帮扶，发挥失业保险援企稳岗作用。做好军队转业干部和退役士兵的接收安置工作。提升农牧民转移就业层次，发展拉面经济等特色劳务品牌，加强劳务输出与输入的有效对接，提高转移输出的数量和质量。

持续稳控市场价格。继续推进“菜篮子”工程，新建日光温室2000栋、舍饲畜棚5000幢，扶持建设100个标准化养殖场，增加自产农产品供给。建设规模大、覆盖面广、公益性强的大型蔬菜批发市场，优化中小型蔬菜批发市场布局。抓好市场价格检查和反价格垄断执法，整治规范流通环节秩序。落实社会救助标准与物价上涨挂钩联动机制。

各位代表，完成2017年的经济和社会发展预期目标，意义重大、任务艰巨繁重。让我们在省委的正确领导下，牢牢把握“四个扎扎实实”重大要求，认真贯彻落实党的十八大、十八届三中、四中、五中、六中全会和省委十二届十二次、十三次全会精神，坚定信心，迎难而上，群策群力，扎实工作，促进经济社会持续健康发展，以优异成绩迎接党的十九大和省第十三次党代会胜利召开。

青海省2016年财政预算执行情况和2017年财政预算草案的报告

——2017年1月15日在青海省第十二届人民代表大会第六次会议上

青海省财政厅

受省人民政府委托，现将2016年财政预算执行情况和2017年财政预算草案的报告提请省十二届人大六次会议审议，并请政协各位委员和列席会议的同志提出意见。

一、关于2016年全省预算执行情况

2016年，国内外环境错综复杂，全省经济多难问题凸显，下行压力依然较大，在省委的坚强领导下，在各级人大及其常委会的监督指导下，全省各级财政部门深入贯彻落实党的十八大和十八届三中、四中、五中、六中全会及习近平总书记“3·10”、“8·24”重要讲话精神，按照省委十二届十一次、十二次全体会议部署，统筹稳增长、促改革、调结构、惠民生、防风险，全省经济运行保持了总体平稳，稳中有进，进中向好的良好态势，财政改革发展有序推进，预算执行情况较好。

（一）一般公共预算

1. 全省执行情况。全省地方一般公共预算收入238.4亿元，为预算的107.6%，考虑营改增中央与地方五五分享因素后，比2015年同口径增长8.3%。

全省一般公共预算支出1522.6亿元，为预算的96.5%，比上年增加7.4亿元，增长0.5%。其中，一般公共服务121.5亿元，增长3.5%；公共安全71亿元，增长20.3%；教育171.4亿元，增长5%；科学技术10.9亿元，下降2.8%；文化体育与传媒33.3亿元，下降0.8%；社会保障和就业196.3亿元，增长3.7%；医疗卫生与计划生育103.2亿元，增长3.8%；节能环保73.4亿元，下降16%；城乡社区119.7亿元，下降6.8%；农林水事务229.1亿元，增长12.1%；交通运输178.7亿元，下降13%；住房保障69.6亿元，增长6.7%。

全省预算执行结果，总财力为1694亿元，增加35亿元，增长2.1%。其中，地方一般公共预算收入238.4亿元，中央补助收入1066亿元，新发地方政府债券127亿元，使用上年结余结转32.8亿元，调入预算稳定调节基金87.1亿元，调入历年财政存量资金及政府性基金等142.7亿元。另外，发行置换债券199.7亿元。全省一般公共预算支出1522.6亿元，债务还本支出207.5亿元，安排预算稳定调节基金116.2亿元，上解支出1.5亿元。收支相抵后，年终结余为45.9亿元，全部为结转下年支出。

2. 省本级执行情况。省本级地方一般公共预算收入73.3亿元，为预算的122.2%，同口径增加1.6亿元，增长2.3%。

省本级一般公共预算支出498.1亿元，为预算的91.3%，减少11.1亿元，下降2.2%。其中，一般公共服务25.9亿元，下降3.3%；公共安全35亿元，增长70.6%；教育24亿元，下降1.9%；科学技术5.5亿元，增长5.7%；文化体育与传媒11.4亿元，下降17.3%；社会保障和就业64.5亿元，增长8.6%；医疗卫生与计划生育20.1亿元，下降7.4%；节能环保19.3亿元，下降27.7%；城乡社区0.5亿元，下降61.1%；农林水事务32.5亿元，增长27%；交通运输169.9亿元，下降12.7%；住房保障6.1亿元，下降11.4%。省本级一般公共预算部分支出增幅较小或下降的主要原因是，为提高资金使用效率，将部分原列为省级支出的项目资金，下达给市州，由市州列支，以及2015年中央安排一次性支出因素所致。

省本级预算执行结果，总财力为642.2亿元，增加23.2亿元，增长3.7%。其中，地方一般公共预算收入73.3亿元，中央补助收入253亿元（中央补助收入1066亿元，扣除对市州补助813亿元），使用地方政府债券收入113.5亿元（全省发行127亿元，转贷市州级13.5亿元），上年结余22.8亿元，调入预算稳定调节基金70亿元，调入历年财政存量资金及政府性基金等109.6亿元。另外，使用置换债券112.3亿元（全省199.7亿元，转贷市州级87.4亿元）。省本级一般公共预算支出498.1亿元，债务还本支出112.3亿元，安排预算稳定调节基金100亿元，上解支出1.5亿元。收支相抵后，结转下年支出42.5亿元，实现了当年收支平衡。

（二）政府性基金预算

全省政府性基金收入137.7亿元。其中，当年完成收入69.7亿元，中央补助收入10.3亿元，上年结转33.7亿元，新发专项债券24亿元。另外，发行专项置换债券73.8亿元。政府性基金支出85.3亿元，调入一般公共预算19.4亿元，债务还本支出73.8亿元，结转下年支出33亿元。

省本级政府性基金收入61.3亿元。其中，当年完成收入26.3亿元，中央补助收入－2.6亿元（中央补助收入10.3亿元，补助给市州12.9亿元），上年结转27.6亿元，使用专项债券收入10亿元（全省24亿元，转贷市州级14亿元）。另外，发行专项置换债券165万元（全省753738万元，转贷市州753573万元）。政府性基金支出完成22.8亿元，债务还本支出165万元，调入一般公共预算10亿元，结转下年支出28.5亿元。

（三）国有资本经营预算

全省国有资本经营预算收入0.65亿元，国有资本经营预算支出0.55亿元。省本级国有资本经营预算收入0.5亿元，国有资本经营预算支出0.47亿元。

（四）社会保险基金预算

全省社会保险基金收入完成269.8亿元，增加73.6亿元，增长37.5%；社会保险基金支出完成272.2亿元，增加85.4亿元，增长45.7%。省本级社会保险基金收入完成196.6亿元，增加69亿元，增长54.2%；社会保险基金支出完成209.7亿元，增加80亿元，增长61.6%。

需要说明的问题：一是关于地方一般公共预算收入完成情况。在确定2016年预算收入目标时，考虑到全面推开营改增改革以及增值税实行中央和地方"五五"分享政策，我们对2015年收入基数按同口径作了调整，收入增长预期目标设定为6%。预算执行中，坚持自我加压，采取有力措施，确保新税制平稳运行，加大欠税清缴力度，超额完成了年初既定目标。但与2015年实际完成数相比减收28.7亿元。二是关于超收情况。年度执行中省本级一般公共预算超收13.3亿元，按照预算法和财政部关于建立跨年度预算平衡机制的有关规定，全部用于补充省本级预算稳定调节基金。三是关于地方政府债务预算管理情况。按照财政部要求，2016年全省新发地方政府债券151亿元全部纳入了预算管理，分别在一般公共预算和政府性基金预算中作了反映。财政部核定我省2016年地方政府债务限额1481.9亿元，截至2015年末，全省政府债务余额1236.4亿元，加上2016年财政部新增政府债务限额151亿元，利用自有资金偿还46.8亿元，2016年底，全省地方政府债务余额为1339.1亿元，债务率为47.3%（其中：一般债务率44.6%，专项债务率80.5%）。

各位代表，过去的一年，全省财政部门认真把握新常态下财政工作的规律和特点，更加注重目标和问题导向，加大改革创新力度，狠抓收支管理，创新投入方式，强化风险管控，夯实基础工作，着力打造可持续财政，努力促进全省经济社会平稳较快发展。主要做了以下工作：

一是多措并举抓收支。面对异常严峻的收入形势和愈加突出的预算平衡压力，及时召开全省财政工作座谈会、财税形势分析会等专门会议，科学研判，综合施策，力促年度财政收支目标的顺利完成。地方自有收入平稳增长。在经济下行压力加大、税源不足的大环境下，各级财税部门积极克服营改增、资源税改革及清理涉企收费基金等减收因素的不利影响，及时量化分解任务，坚持月度分析通报制度，深入开展税收质量大检查，加快支出进度以支促收，增强了地方收入的稳定性和可持续性。争取中央专项取得新实效。紧抓国家政策机遇，强化组织协调，加大对接落实力度，积极适应竞争性分配改革，特别是在海绵城市、地下综合管廊城市、冷链物流发展、小微企业创业创新基地城市示范及全国居家和社区养老服务改革试点等专项争取实现了突破。全年共争取中央各类补助资金1066亿元，同比增长10.1%。另外，争取地方政府债券额度469亿元，较上年增长43%，落实对口援青资金13.2亿元，争取国际金融组织和外国政府贷（赠）款16亿元。支出进度和均衡性进一步增强。落实月度支出责任，采取加快预算批复下达进度、盘活存量资金、加快政府采购进度等有效措施，狠抓支出进度管理。紧盯全省项目实施黄金期，强化资金和项目对接管理，安排预拨垫支资金160亿元，财政支出均衡性大大改善，支出进度明显加快，与全省重点项目实施进度更加契合、更相匹配，有效发挥了财政支出对经济增长的拉动作用。

二是坚定不移稳增长。主动适应经济发展新常态，牢固树立新发展理念，实施积极财政政策，发挥财政精准调控优势，着力推进供给侧结构性改革，全力支持经济平稳增长。加大对重点基础设施的投入力度。安排资金346.7亿元，支持交通、水利、东部城市群、藏区基础设施以及"美丽城镇"、"美丽乡村"等重大项目建设，有效发挥了财政投资对稳增长的关键作用。支持供给侧结构性改革。全面落实减税降费政策，重点推进营改增、资源税改革等，取消、停征、缓（免）征行政事业性收费和政府性基金7项，全年共减免税费76.3亿元。出台17条财政支持供给侧结构性改革的政策措施，安排专项资金0.6亿元，支持推进重点领域技术创新、钢铁煤炭等困难企业化解过剩产能，妥善解决退出产能企业人员安置。积极促进生态建设和环境保护。按照扎扎实实推进生态保护和建设的重大要求，切实加大财政投入力度，安排资金74.9亿元，支持推进重点生态工程、三江源国家公园体制试点、完善生态补偿机制、地质环境恢复治理和重点城市大气污染防治工程，促进生态环境改善。支持现代农牧业发展。加大涉农资金统筹整合力度，安排资金86.2亿元，全力支持农牧业提质增效、农业基础设施建设、林业生态发展和农村公益事业建设，促进农牧业与二三产业融合发展，有效拓宽了农牧民增收渠道。推动服务业加快发展。安排资金

18.9亿元，支持实施现代服务业，电子商务、商贸流通、民族贸易等项目，开展新一轮服务业综合改革试点示范，加大政府向社会购买服务力度，积极培育新的经济增长点，扩大消费需求。

三是强化联动增效应。充分发挥财政资金引导撬动作用，最大限度激活社会资本投入发展。加快组建各类基金（平台）。省财政当年出资46亿元，挂牌成立产业基金，采取股权投资、债权投资等方式，带动社会资本、金融机构和基金管理团队出资200多亿元，重点支持循环经济、产业转型升级、脱贫攻坚、交通旅游和中小企业发展等领域，支持组建了华融昆仑、农牧业信贷担保等新型投融资平台。大力推广运用政府与社会资本合作模式。出台了加快推广PPP模式等实施意见，召开全省PPP项目工作会议，健全制度体系，完善PPP项目库。海东市乐都区污水处理等5个PPP项目签约实施，总投资38亿元，其中社会资本投资约20亿元，推广运用PPP模式的良好发展格局初步形成。积极推进财政资金统筹使用。制定出台了推进财政资金统筹使用实施方案，通过重点科目资金和跨部门整合协调，以及加大政府性基金预算滚存结余调入一般公共预算力度等措施，有序推进财政资金优化配置，全年财政存量资金规模大幅压减，盘活各领域财政沉淀资金取得明显进展。

四是完善机制保民生。认真落实中央和省委、省政府的决策部署，统筹整合资金，强化协调督导，千方百计加大财政投入，有效动员社会力量积极参与，政府工作报告确定的扶贫、教育、就业等民生十件实事全面完成，城乡养老等13项民生指标调标如期实现。加大对精准脱贫的投入，支持实施产业扶贫、易地搬迁、连片特困地区特色优势产业发展，全年共投入扶贫资金42.1亿元，比上年增长31.2%。支持开展统筹整合使用财政涉农资金试点，30个重点县涉及资金119.5亿元，探索解决长期以来资金使用“碎片化”等问题，初步形成“多个渠道进水、一个池子蓄水、一个口子放水”的统筹整合使用机制。支持增加城乡居民收入，落实城乡养老、城乡医保、机关事业单位人员基本工资调标等政策，拉动城镇居民收入增长8.15%。推动教育改革发展，安排资金49.2亿元，支持六州所有学生和西宁、海东两市贫困家庭学生实施15年免费义务教育，实施学前教育三年行动计划、高等教育和职业教育综合实力提升计划，加快改善义务教育薄弱学校基本办学条件。支持社会保障和就业工作，安排资金88.5亿元，推进社会保险、低保、老年人、残疾人等工作，织牢织密社会保障网，落实就业创业政策。支持深化医药卫生体制改革，安排资金42亿元，实施全民参保计划、调整城乡医保人均筹资、基本公共卫生服务人均补助等标准，支持公立医院和基层医疗卫生改革，建立有序分级诊疗格局，完善公共卫生服务体系，健全完善公立医院经费补偿机制。加大文化旅游投入，支持农村基层综合文化服务中心建设，加强公共文化服务体系建设，调整省广播电视台经费保障政策，增加省级旅游发展专项引导资金，提升重点景区基础设施建设，支持打造高端旅游品牌。

五是强化担当推改革。聚焦制约财政改革发展、履职尽责的体制机制“短板”，坚持以深化改革促发展、增活力，在关键环节上精准发力，各项重点改革任务有序推进。全面推开“营改增”试点，推进资源税从价计征改革，顺利实现了税制平稳转换。出台了国地税征管体制改革方案，推进“互联网＋税务”，积极搭建窗口办税、网上办税、自助办税三位一体的全方位办税服务平台。改革省级财政科研项目资金管理办法，赋予科研单位更大的预算调剂权限，加大绩效激励力度，激发科研人员的积极性和创造性。完善省对下转移支付制度，跟进调整均衡性转移支付办法相关因素和权重，新型市民化挂钩机制初步建立。统筹支持司法体制和公安改革，省以下法院检察院财物实现省级财政统一管理。强化预算管理改革，实施零基预算，严控一般性支出。积极试编中期财政规划，有计划、分步骤安排项目支出。强化绩效目标管理，完善省对下财政管理综合绩效考评机制，扩大省级部门预算管理综合绩效考评范围，拓宽重点专项支出绩效评价广度和深度，重点专项支出再评价的财政资金达到350.6亿元。加强政府性债务管理，健全政府债务限额管理和风险预警管控制度，将政府债务纳入市（州）、县领导班子年度目标责任考核体系。出台营改增后增值税划分过渡方案，明确了省和市（州）增值税收入分享范围及比例，保持现有财力格局总体不变，调动省和市（州）两个积极性。

六是注重实效强管理。坚持标本兼治，着眼源头治理，探索建立长效机制，依法理财、规范管理能力不断提升。切实扎紧专项资金管理制度笼子。按照“一个专项一个管理办法”的要求，共制定出台和修订完善112项专项资金管理办法，细化明确了绩效目标、使用范围、管理职责、执行期限、申报程序、信息公开等内容，初步建立了“部门管项目、财政管资金、资金跟着项目走、监督跟着资金走”的专项资金监管体系。夯实财政财务管理基础。继续深化部门预算编制改革，扩大国库集中支付范围，完善非税收入收缴和政府采购管理机制，清理整合财政专项资金，规范和改进财政预决算公开工作。扎实开展全省行政事业单位资产清查，配合有关部门推进省直机关公务用车制度改革，进一步规范了公车管理。落实预算部门预算编制执行的主体责任，强化协调和前期准备工作，加快资金拨付。强化财政监督检查。以重大财税政策落实和教育、支农、生态环保项目资金为重点，加大预算执行监督、会计监督、非税收入检查和重点专项资金检查力度，确保财政资金安全、规范、有效使用。健全内控机制，强化内部监督，制定法律政策实施、预算编制执行等8个风险防控管理办法。

各位代表,2016年财政工作取得的新进展,是省委坚强领导、科学决策的结果,是各级人大、政协及代表和委员们监督指导的结果,是财政部大力支持的结果,也是全省上下协同配合、奋发拼搏的结果。同时,我们也清醒地看到,随着税制转换和减税降费政策效应的逐步显现,财政收入增速进一步放缓;财政支出结构僵化问题依然突出,刚性支出有增无减,支出效益有待提高,财政平衡压力越来越大;财政资金统筹集合和即期效应发挥的仍不够明显,一些重大投资项目开工不及时、建设推进慢,部门沉淀资金规模依然较大,资金使用的安全性、有效性仍需提高;财政干部的思想观念和理财能力同引领新常态的要求还不相适应。我们将正视这些问题,持续深化改革、强化举措,切实加以解决。

二、关于2017年全省和省本级预算草案

2017年,我国面临的经济环境复杂多变,我省经济企稳趋好的可持续性还不够强,下行压力依然较大。反映在财政收支上,一方面,由于经济增速趋缓,工业品出厂价格低位徘徊,政策性减税降费效应继续显现,以及受非即期基数影响,全年地方收入增长乏力;中央转移支付增长有限,清理整合专项资金,扩大项目资金的竞争性分配,使得争取中央支持难度进一步加大。另一方面,财政支出刚性较强,积极的财政政策加力提效,支持供给侧结构性改革以及脱贫攻坚、生态环境保护等增支需求较大。总体上看,2017年财政形势更加严峻,平衡收支面临极大压力。

根据面临的财政经济形势,2017年全省预算编制和财政工作的总体要求是:全面贯彻落实党的十八大和十八届三中、四中、五中、六中全会、中央经济工作会议、习近平总书记系列重要讲话特别是视察青海时的重要讲话精神,按照省委十二届十三次全会部署,坚持稳中求进工作总基调,牢固树立五大发展理念,准确把握“四个扎扎实实”重大要求,践行“四个转变”新发展思路,实施积极的财政政策并加力提效,更好发挥财政政策在稳增长和调结构中的重要作用;以推进供给侧结构性改革为主线,着力补齐扶贫脱贫短板、生态环境短板、优势产业短板、基础设施短板和科技创新短板,保障基本公共服务,强化民生托底;深化财税体制改革,坚持依法理财,继续完善预算管理制度,调整优化支出结构,创新财政投入方式,加大财政资金统筹盘活整合使用力度,落实支出管理责任,牢固树立过“紧日子”的思想,压缩一般性支出,强化政府债务管理,促进全省经济社会持续健康发展。

(一)2017年主要支出政策

支持企业供给侧结构性改革方面。综合运用预算安排、产业发展基金、循环经济发展基金等,推进传统产业转型升级,支持发展新兴产业,培育壮大新业态,支持化解过剩产能。加大企业技术创新投入力度,发挥好中小企业发展、外经贸发展等基金作用,支持实施“百项改造提升工程”和“中小微企业创新能力提升”等,推动融入“一带一路”发展。支持生产性服务业发展,培育新兴服务业,改造提升生活性服务业。

生态保护与建设方面。牢固树立生态保护优先理念,保障重大生态工程资金需求,支持加快实施三江源二期、祁连山综合治理、湟水河全流域、南北山绿化等工程,以及中国三江源国家公园体制试点、可可西里申遗等工作。建立健全生态保护补偿机制,继续实施草原生态保护补助奖励政策。支持开展东部城市群大气污染治理,加大天然林保护和大气、水、土壤污染治理力度,巩固木里矿区生态环境综合整治成果。全面落实节能减排、可再生能源发展、新能源汽车推广等方面的财税政策。

脱贫攻坚方面。加大扶贫资金投入,较大幅度增加财政扶贫资金,并通过政府购买服务、贷款贴息、农牧业信贷担保等方式,大力推进精准扶贫、精准脱贫。统筹整合资金,支持易地扶贫搬迁、产业扶贫、资产收益扶贫等扶贫开发重点工作。加快实施教育脱贫攻坚,免除普通高中建档立卡等家庭经济困难学生学杂费,加快改善贫困地区义务教育薄弱学校基本办学条件。继续支持推进农村危旧房改造工程,加大对低保户、分散供养特困人员、贫困残疾人家庭和建档立卡贫困户等四类重点对象的支持力度。全面推开贫困县统筹整合使用财政涉农资金试点。

科技创新方面。支持实施创新驱动发展战略,大幅度增加政府财政科技投入,扩大科技创新引导基金规模,建立稳定支持和竞争性支持相协调的投入机制。改革科研经费使用和管理方式,采取简化预算编制、下放预算调剂权限、提高间接费用比重、放宽结转结余留用资金处理方式,取消绩效支出和劳务费比例限制、改进高校和科研院所科研仪器设备采购、完善会议管理等措施,加快促进形成充满活力的科技管理运行机制。

重大基础设施建设方面。发挥好财政投资对经济增长的支撑作用,优化投资结构,着力补齐基础设施短板。推广运用PPP模式,在基础设施和公用事业等重点领域,积极推进政府与社会资本合作。继续实施保障性安居工程,支持提高棚改房货币化安置比例,推动化解房地产库存。

农牧业发展方面。围绕农牧业增效、农牧民增收和农牧区经济发展,完善支农政策,整合支农资金,优化支出结构,支持高原现代农牧业生产发展,推进农田水利、土地整治、中低产田改造和高标准农田等基础设施建设,促进农牧业生态资源环境的保护与发展。落实强农惠农政策,健全农业支持保护体系。加快推进农牧区综合改革,深入开展一事一议财政奖补工作,加大对村级公益事业等支持力度,着力提高农牧区发展活力。

教育方面。加大教育经费投入力度，稳步扩大普惠性学前教育资源，促进义务教育均衡发展，提升特殊教育办学水平，推进普及高中阶段教育，加快发展现代职业教育，完善高校预算拨款制度，推动各类教育协调发展。

社会保障和就业方面。落实就业创业扶持政策，继续推进创业孵化基地和就业实训基地建设，培育和扶持“拉面经济”等特色劳务品牌，促进重点群体就业创业。完善城乡居民基本养老保险制度、职工养老保险个人账户制度，调整提高企业和机关事业单位离退休人员养老金标准。加强社会救助制度与扶贫开发政策的有效衔接，完善社会救助体系建设，建立特困人员救助供养制度，适当提高城乡低保财政补助标准。

医药卫生方面。推进“健康青海2030”行动计划，深化公立医院改革，落实经费补偿机制，提升省级公立医院服务能力。调整提高城乡居民医疗保险筹资标准，加大个人缴费占比。完善城乡居民医疗救助政策和大病保险制度，适当提高基本公共卫生服务和村医报酬补助标准。建立计划生育特殊家庭住院陪护保险政策，加大重大地方传染病防治工作，支持包虫病防治和农牧区妇女“两癌”筛查工作。

文化旅游方面。加强公共文化服务体系建设，支持基层综合性文化服务中心建设，继续保障博物馆、纪念馆、图书馆、文化馆免费开放和大型体育赛事活动，支持实施中央广播电视节目无线数字化覆盖，促进文物、非物质文化遗产保护工作。继续注资支持文化、旅游产业发展基金，加快重点景区配套基础设施建设，推动文化体育经贸与旅游的深度融合，做强旅游支柱产业，提升旅游综合服务能力。

金融改革发展方面。认真落实财政支持金融改革发展政策措施，加快地方金融市场体系建设，引导金融机构扩大信贷投放，更好服务实体经济发展。综合运用业务奖励、费用补贴、贷款贴息、以奖代补等方式，加快建立普惠金融服务和保障体系。继续扩大农业保险规模，增强“三农”抵御风险的能力。发挥PPP引导基金及奖补资金作用，助推更多项目落地。

（二）2017年收入和支出安排

按照预算编制要求和支出政策，2017年全省及省本级一般公共预算、政府性基金预算、国有资本经营预算、社会保险基金预算安排如下：

1. 一般公共预算。全省年初总财力1288.2亿元。其中，地方一般公共预算收入安排243亿元，中央补助收入755.2亿元，纳入地方政府债券收入120亿元，统筹调入各类资金124.1亿元，动用上年结余结转45.9亿元。需要说明的是，按照国家全面推开营改增试点后，考虑2016年1－4月份原由我省全留地方的营业税改征增值税，并实行中央与地方五五分享因素，相应将我省2016年地方一般公共预算收入基数调整为224.9亿元，按增长8%安排为243亿元。

全省一般公共预算支出安排1287.9亿元，比上年年初预算增长6.1%。主要安排：一般公共服务96.6亿元，增长12.4%；公共安全59.5亿元，增长17.8%；教育165.5亿元，增长8.6%；科学技术12.6亿元，增长20%；文化体育与传媒24.6亿元，增长9.3%；社会保障和就业169.5亿元，增长3%；医疗卫生与计划生育57.1亿元，增长8.8%；节能环保80.6亿元，增长12.8%；交通运输138亿元，增长2.4%；住房保障支出66.5亿元，增长1.5%；农林水事务171亿元，增长3.6%；其他各项支出246.4亿元，增长3.3%。上解支出0.3亿元。

省本级年初预算总财力安排为584.1亿元。其中，地方一般公共预算收入80亿元，同口径增长8%。中央补助收入280亿元（中央补助755.2亿元，扣除对市州补助475.2亿元），纳入地方政府债券收入120亿元，统筹调入各类资金104.1亿元（包括动用预算稳定调节基金100亿元，政府性基金存量等资金4.1亿元）。再加上上年结转42.5亿元后，总财力为626.6亿元。

省本级一般公共预算支出为626.3亿元，比上年年初预算增长11.3%。具体安排为：一般公共服务25.85亿元，增长10%；公共安全41.5亿元，增长19.3%；教育41.3亿元，增长16.5%；科学技术7亿元，增长20.1%；文化体育与传媒8.8亿元，增长10%；社会保障和就业50.5亿元，增长7.9%；医疗卫生与计划生育27.5亿元，增长10%；节能环保40.5亿元，增长15.7%；交通运输135亿元，增长3.4%；住房保障支出38.1亿元，增长5.8%；农林水事务50.9亿元，增长14.4%；其他各项支出159.3亿元，增长15.9%。上解支出0.3亿元。

2. 政府性基金预算。全省政府性基金收入安排67.8亿元，政府性基金支出安排94.8亿元。省本级政府性基金收入安排23亿元，政府性基金支出安排36.7亿元。

3. 国有资本经营预算。全省国有资本经营收入安排0.5亿元，国有资本经营支出安排0.66亿元。省本级国有资本经营收入安排0.36亿元，国有资本经营支出安排0.45亿元。

4. 社会保险基金预算。全省社会保险基金收入安排302亿元，社会保险基金支出安排302.5亿元。省本级社会保险基金收入安排221亿元，社会保险基金支出安排235亿元。

以上预算安排的具体情况详见《青海省2016年财政预算收支执行情况及2017年预算安排情况表》。

三、切实做好2017年的各项财政工作

2017年是巩固和发展“十三五”良好开局的关键一年，也是夯实全面建成小康社会基础承上启下的重要一年。财政工作要围绕中心，服务大局，积极进取，奋发有为，充分发挥好职能作用,为党的十九大和省第十三次党代会胜利召开创造良好环境。

(一)持续增强财政保障能力。继续坚持“两手抓”、“两条腿走路”的方针,一方面,狠抓自有收入组织。密切关注国家税制改革动向,健全完善税收保障机制,创新非税收入征缴制度,支持执收部门加大稽查、强化征管,依法依规组织收入,确保应收尽收。落实财税优惠政策,扶持重点产业、行业和企业加快发展,涵养财源,增强财政发展的可持续性。另一方面,准确把握国家政策导向和支持重点,着力在均衡性转移支付、重点生态功能区补助、新发地方政府债券额度,以及扶贫、生态环保、科技创新、工业结构调整和山水林田湖生态修复保护工程等方面加大争取力度。跟进中央专项竞争性分配方式改革,选取部分省级专项资金进行竞争性分配试点,引导各地各部门适应新形势、增强竞争力。落实部门争取中央专项任务,夯实项目库储备,做实做细项目,健全项目滚动推进机制,盯紧跟进,协同发力,力促中央各类补助持续增加,确保财力总量稳定增长。

(二)全力以赴支持经济发展。围绕青海经济发展新常态,全面落实减税降费政策,支持壮大实体经济,加大对各类产业园区的扶持力度,强化放水养鱼意识,减轻税负、培育税基、激发活力。深化供给侧结构性改革,支持盐湖化工、有色冶金等传统产业转型升级,发展壮大新能源、新材料等战略性新兴产业,培育节能环保、信息技术应用等新业态,淘汰退出落后低效产能,推动工业经济提质增效。支持现代流通等生产性服务业发展,培育电子商务、售后服务等新兴服务业,改造提升健康、养老、旅游等生活性服务业,扩大有效需求。支持农牧业供给侧改革,推进种养植结构调整,优化农牧区区域布局,发展适度规模经营,加快高原特色现代生态农牧业发展步伐,不断提升农牧业综合生产能力。支持实施创新驱动发展战略,全面落实创新驱动政策措施,加大财政投入,促进特色产业、新材料加快发展,实施重大创新工程。优化投资结构,落实财政支持区域协调发展的政策措施,重点支持东部城市群、海西经济转型、环湖地区特色发展、藏区公益性项目、美丽城镇、重大水利交通和新型城镇化建设,发挥财政投资拉动作用。

(三)调整优化财政支出结构。全面落实优化财政支出结构的政策措施,调整存量、优化增量,加快建立支出合理、结构优化、规范有效的现代财政制度运行机制。健全完善民生保障机制,继续支持实施好民生实事工程,进一步破解民生难题、回应社会关切、满足民生需求。注重加大投入和完善制度、健全机制并举,妥善处理好民生诉求与财力许可的关系,渐进提高保障水平,合理均衡政府、单位和个人负担,鼓励社会力量参与,增强财政可持续性。清退长期固化和非急需的支出项目,加强对支出政策的定期评估,特别是集中清理常年安排、用途固化的支出,对其中绩效不高、资金沉淀的,减少或不再安排预算。清理整合专项转移支付,严格控制同一方向或领域的专项数量,取消政策到期、预定目标实现、绩效低下等专项,整合政策目标相似、资金投入方向类同、资金管理方式相近的项目。逐步取消竞争性领域专项,确需保留的,积极推进“由补变投”,转为基金等市场化模式运作。加大财政资金统筹使用力度,综合采取“收、调、减、控”等措施盘活存量资金,推进部门内部、跨部门和重点科目资金的统筹整合。牢固树立过“紧日子”的思想,继续压减一般性支出,严格控制“三公”经费,压缩会议费等非急需、非刚性支出。

(四)加快推进财税体制改革。继续深化政府预算体系、预决算信息公开、跨年度预算平衡等改革,深入推动已出台改革举措的落地见效。全面落实零基预算制度,夯实部门预算编制基础,完善公用经费分类、分档定额标准,推进项目支出定额标准体系建设,从严控制专项设置和资金规模,加快建立“能出能进”的财政资金分配机制。推进中期财政规划管理,做好拟出台的增支事项与中期财政规划的衔接,制定延续性政策要统筹考虑以后若干年度。加大 PPP 模式推广运用力度,完善融资支持、财政资金奖补等措施,促进 PPP 项目规范运作、加快落地。加快健全政府引导基金制度体系和管理架构,完善政策体系,强化政策引导,筛选出发展前景良好的企业和项目,做好项目对接和服务工作。积极落实营改增、资源税从价计征等改革,巩固全面取消省定涉企行政事业性收费成果,跟进环境保护税改革,最大限度地释放财税政策的减负作用,助推“降本增效”。加快推进支出责任划分改革,按照中央统一部署,科学合理划分省以下财政事权和支出责任,促进各级政府更好履职尽责。

(五)着力提升财政管理水平。硬化预算执行约束,强化源头控管,坚持防止虚列支出、转移或套取资金、超范围和超标准列支费用等问题的发生。强化支出管理,加快预算批复、资金下达进度,加强资金和项目的对接,提高政府采购的执行效率,推动及早形成实物工作量,避免出现新的存量资金。严格地方政府债务管理,加强限额管理,建立应急处置机制,强化风险预警,妥善处理或有债务,加大风险预警和考核问责力度,坚决控制隐性债务增长,确保政府债务风险总体可控。做好地方政府存量债务置换发行工作,规范置换债券使用,按时完成置换工作。强化预算绩效目标管理,把所有财政资金纳入绩效目标管理,强化评价结果运用,督促部门切实提高预算管理水平。完善省对下财政管理综合绩效考评,客观评价各级财政管理水平。拓宽专项支出绩效评价领域范围,从单一的项目支出绩效评价向财政政策、制度等重点领域延伸。加强会计基础工作,积极推进会计改革,强化会计服务行业管理,提升会计信息质量和服务水平,认真开展监管政府资产试点工作。强化财政监督职能，围绕重大财税政策落实和民生领域重点专项资金，扩大覆盖范围，加大监督检查力度，提升监督质量。创新监督方式，推进“双随机”制度落实，注重监督检查结果运用，切实维护财经秩序。

各位代表，2017 年全省财政改革发展的任务十分繁重艰巨。我们将认真落实本次大会决议，按照中央和省委、省政府部署要求，坚定信心，真抓实干，锐意进取，改革创新，努力使财政管理在分配上更加科学、在执行上更加高效、在监管上更加严谨、在资金使用上更有绩效，为推动全省经济社会持续健康发展做出新的贡献！

青海省2016年国民经济和社会发展统计公报[1]

青　海　省　统　计　局

国家统计局青海调查总队

2017年2月23日

2016年，面对错综复杂的经济运行环境及各种挑战，省委、省政府带领全省各族人民砥砺前行、攻坚克难，深入贯彻落实党中央国务院决策部署和习近平总书记视察青海时的重要讲话精神，深刻把握“四个扎扎实实”重大要求，牢固树立新发展理念，主动适应经济发展新常态，坚持稳中求进工作总基调，全省经济总体平稳、稳中向好。

一、综合

年末全省常住人口593.46万人，比上年末增加5.03万人。按城乡分，城镇常住人口306.40万人，占总人口的比重为51.63%，比上年末提高1.33个百分点；乡村常住人口287.06万人，占48.37%。少数民族人口283.14万人，占47.71%。全年人口出生率14.70‰，比上年低0.02个千分点；人口死亡率6.18‰，比上年高0.01个千分点。全年人口自然增长率8.52‰，比上年低0.03个千分点。全省人户分离的人口[2]为100.73万人，其中流动人口[3]83.81万人。年末全省户籍人口579.66万人，其中城镇户籍人口238.01万人，占总户籍人口的41.06%；乡村户籍人口341.65万人，占58.94%。

表1　2016年年末常住人口数及构成

指标名称	人口数（万人）	比重（%）
常住人口	593.46	100
#城镇	306.40	51.63
乡村	287.06	48.37
#男性	302.43	50.96
女性	291.03	49.04
#0－14岁	117.50	19.80
15－64岁	431.21	72.66
65岁及以上	44.75	7.54
#少数民族人口	283.14	47.71

初步核算，全年全省地区生产总值[4]2572.49亿元，按可比价格计算，比上年增长8.0%。分产业看，第一产业增加值221.19亿元，增长5.4%；第二产业增加值1249.98亿元，增长8.5%；第三产业增加值1101.32亿元，增长8.0%。第一产业增加值占全省地区生产总值的比重为8.6%，第二产业增加值比重为48.6%，第三产业增加值比重为42.8%。人均地区生产总值43531元，比上年增长7.1%。

图1　2016年地区生产总值增长速度

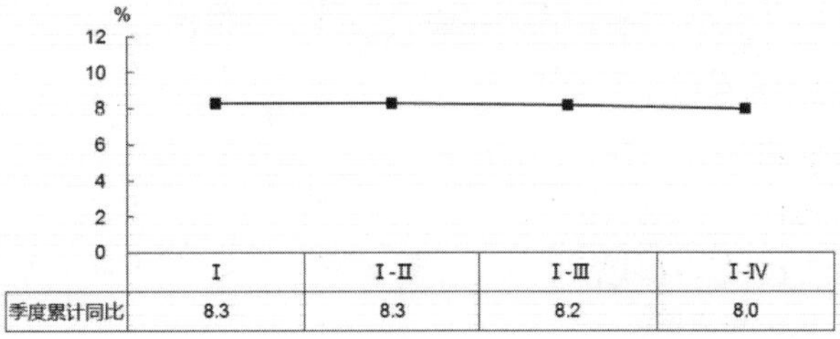

	Ⅰ	Ⅰ-Ⅱ	Ⅰ-Ⅲ	Ⅰ-Ⅳ
季度累计同比	8.3	8.3	8.2	8.0

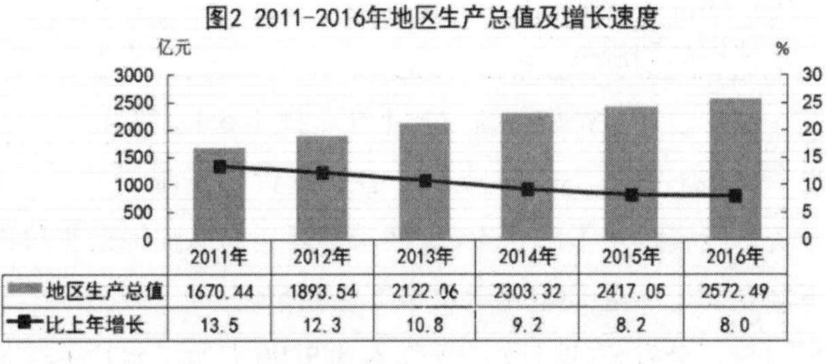

图2 2011-2016年地区生产总值及增长速度

全年全省城镇新增就业人员6.35万人，比上年增加0.11万人。年末城镇登记失业率为3.1%，比上年末下降0.1个百分点。全年农牧区劳动力转移就业119万人次，比上年增加1万人次。

全年全省居民消费价格[5]总水平比上年上涨1.8%。其中，城市上涨1.8%，农村上涨1.8%。

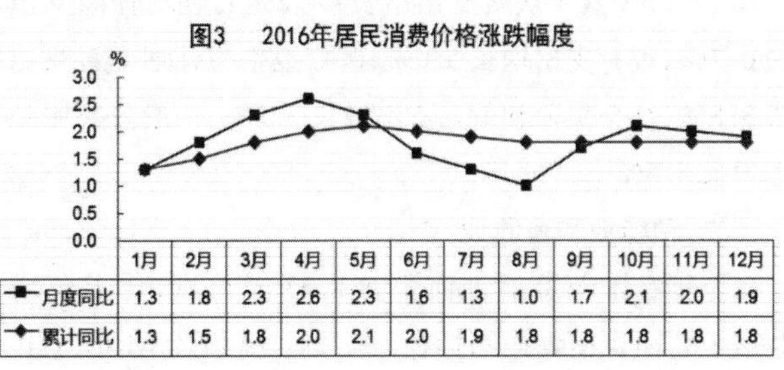

图3　2016年居民消费价格涨跌幅度

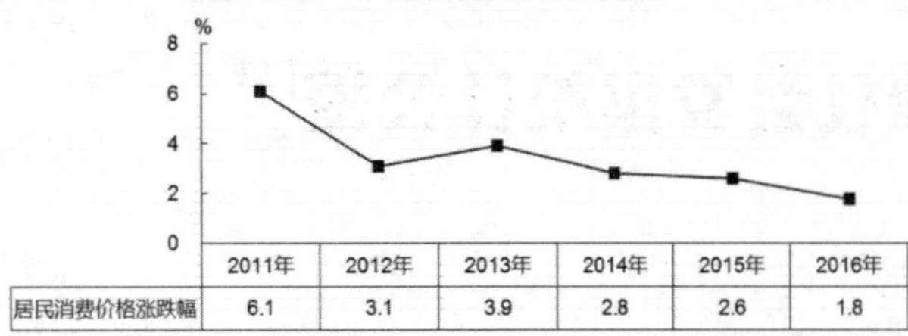

表2 2016年居民消费价格比上年涨跌幅度

指标名称	涨跌幅度(%)
居民消费价格	1.8
食品烟酒	2.3
#食品	2.4
#粮食	1.2
菜	9.0
畜肉类	3.9
蛋类	-3.6
干鲜瓜果类	-2.3
烟酒	1.2
在外餐饮	2.3
衣着	1.2
居住[6]	5.2
生活用品及服务	0.4
交通和通信	-2.7
教育文化和娱乐	0.6
医疗保健	2.6
其他用品和服务	2.4

全年农业生产资料价格比上年上涨1.5%。工业生产者出厂价格下降1.5%,工业生产者购进价格下降3.8%。固定资产投资价格下降0.4%。西宁市新建商品住宅销售价格下降0.2%,二手住宅销售价格下降0.5%。

全年全省公共财政预算收入359.96亿元,比上年增长7.7%。其中,地方公共财政预算收入238.43亿元,增长8.3%;上划中央收入121.54亿元,增长6.6%。在公共财政预算收入中,增值税99.18亿元,增长28.8%;营业税57.58亿元,增长69.1%;企业所得税42.62亿元,下降18.6%;个人所得税16.02亿元,增长12.4%。全省公共财政预算支出1522.55亿元,比上年增长0.5%。其中,农林水支出比上年增长12.1%(其中扶贫支出增长44.2%),住房保障支出增长6.7%,教育支出增长5.0%,医疗卫生与计划生育支出增长3.8%,社会保障和就业支出增长3.7%,一般公共服务支出增长3.5%。

二、种植业和畜牧业

全年农作物总播种面积561.33千公顷,比上年增加2.94千公顷。粮食作物播种面积281.05千公顷,比上年增加3.99千公顷。其中,小麦86.27千公顷,减少1.94千公顷;青稞45.43千公顷,增加2.23千公顷;玉米26.62千公顷,减少0.88千公顷;豆类28.50千公顷,增加1.70千公顷;马铃薯93.11千公顷,增加2.99千公顷。经济作物播种面积177.40千公顷,比上年增加0.38千公顷。其中,油料142.61千公顷,减少2.26千公顷;枸杞31.90千公顷,增加2.31千公顷。蔬菜及食用菌播种面积50.36千公顷,比上年增加0.71千公顷。全年粮食产量103.45万吨,比上年增长0.7%。

表3 2016年主要农产品产量及增长速度

指标名称	产量(万吨)	比上年增长(%)
粮食	103.45	0.7
#小麦	33.06	-3.1
青稞	9.73	4.1
玉米	18.07	-3.0
豆类	6.02	7.3
马铃薯	36.34	4.5
油料	30.04	-1.5
枸杞	6.56	11.7
蔬菜及食用菌	170.02	2.2
水果	1.29	-14.0
水产品	1.21	13.9

年末全省牛存栏483.68万头,比上年末增长6.2%;羊存栏1390.69万只,下降3.1%;猪存栏123.60万头,增长4.4%;家禽存栏299.85万只,增长7.6%。全年全省牛出栏125.23万头,比上年增长8.4%;羊出栏676.22万只,增长3.0%;猪出栏138.34万头,增长0.6%;家禽出栏463.33万只,增长7.8%。全年全省猪牛羊肉产量34.67万吨,增长3.9%。

表4 2016年主要畜产品产量及增长速度

指标名称	产量(万吨)	比上年增长(%)
猪牛羊肉	34.67	3.9
#猪肉	10.51	1.8
牛肉	12.18	6.0
羊肉	11.98	3.6
牛奶	33.00	4.8
禽蛋	2.39	5.8
羊毛	1.88	0.7
#羊绒(吨)	435	3.1

三、工业和建筑业

全年全省全部工业增加值901.68亿元,按可比价格计算,比上年增长7.4%。规模以上工业[7]增加值比上年增长7.5%。在规模以上工业中,按轻、重工业分,轻工业增长13.6%,占规模以上工业增加值的19.1%,比重比上年提高

1.7 个百分点；重工业增长 6.2%，占 80.9%。按经济类型分，股份制企业增长 7.4%，国有企业增长 9.6%，股份合作企业增长 20.2%，集体企业下降 9.3%，外商及港澳台商投资企业增长 5.7%。按门类分，制造业增长 9.7%，采矿业增长4.3%，电力、热力、燃气及水的生产和供应业增长 0.8%。

图5　2016年规模以上工业增加值增长速度

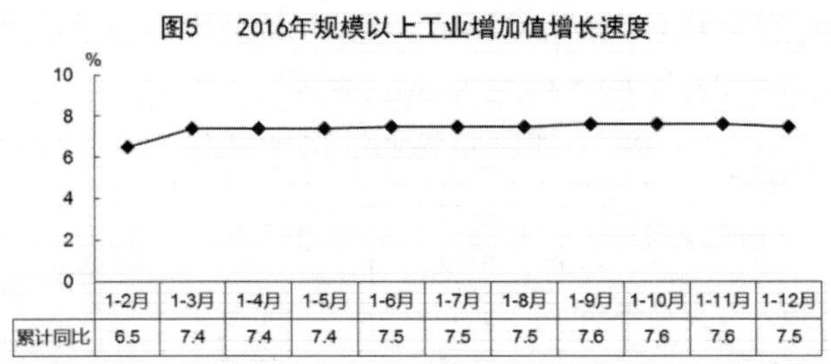

图6　2011-2016年规模以上工业增加值增长速度

全年全省规模以上工业 37 个行业中，26 个行业增加值比上年增长。

表 5　2016 年规模以上工业主要行业增加值增长速度

指标名称	比上年增长(%)
有色金属冶炼和压延加工业	4.9
电力、热力生产和供应业	0.7
化学原料和化学制品制造业	12.1
石油和天然气开采业	3.6
石油加工、炼焦业	3.6
非金属矿物制品业	13.6
黑色金属冶炼和压延加工业	-4.7
电气机械和器材制造业	47.5
农副食品加工业	18.1
酒、饮料和精制茶制造业	24.8
有色金属矿采选业	4.1
医药制造业	-11.0
文教、工美、体育和娱乐用品制造业	20.7
食品制造业	26.8
非金属矿采选业	1.6
纺织服装、服饰业	3.7
煤炭开采和洗选业	12.4
纺织业	7.2
通用设备制造业	64.9

规模以上工业中，新能源产业增加值比上年增长4.3%、新材料产业增长 14.8%、盐湖化工产业增长 11.8%。装备制造业[8] 增加值比上年增长 35.1%，占规模以上工业增加值的 6.5%，比重比上年提高 1.8 个百分点。高技术产业[9] 增加值比上年增长 16.0%，占规模以上工业增加值的6.4%，比重比上年提高 0.7 个百分点。

规模以上工业中，资源类行业[10] 增加值比上年增长 4.3%，占规模以上工业增加值的 13.6%，比重比上年下降 3.1 个百分点。六大高耗能行业[11] 增加值比上年增长 4.9%，占规模以上工业增加值的 62.5%，比重比上年下降 0.3 个百分点。

表 6　2016 年主要工业产品产量及增长速度

指标名称	计量单位	产量	比上年增长(%)
原油	万吨	221	-0.9
天然气	亿立方米	60.81	-0.9
原盐	万吨	205.82	-28.1
鲜、冷藏肉	万吨	9.56	5.9
乳制品	万吨	19.38	-2.2
饮料酒	万千升	13.31	2.9
服装	万件	656	-9.3
原油加工量	万吨	147.02	-3.2
纯碱	万吨	367.73	5.5
单晶硅	吨	9828.97	107.3
多晶硅	吨	17501.67	57.6
中成药	吨	1806	-0.1
水泥	万吨	1874.61	7.6
平板玻璃	万重量箱	411.88	5.1
商品混凝土	万立方米	832.36	10.2
粗钢	万吨	114.87	-4.7
铁合金	万吨	177.29	-17.7
原铝(电解铝)	万吨	221.54	1.4
黄金	千克	5990	-12.1
铜材	万吨	6.15	-52.6
铝材	万吨	142.79	35.8
金属切削机床	台	238	-29.6
光电子器件	万只(片、套)	560	44.8
发电量	亿千瓦小时	487.07	-10.0
#水力发电量	亿千瓦小时	279.46	-19.1
火力发电量	亿千瓦小时	120.90	-0.9
太阳能发电量	亿千瓦小时	78.83	17.1
风力发电量	亿千瓦小时	7.88	21.4
钾肥(实物量)	万吨	887.57	4.8
制帽	万顶	22630	53.9
机制地毯挂毯	万平方米	3162	24.9

全年规模以上工业企业实现利润 76.94 亿元，比上年增长 8.1%。其中，股份制企业实现利润 70.33 亿元，增长 6.2%；国有企业实现利润 1.85 亿元，增长 4.0 倍；外商及港澳台商投资企业实现利润 4.45 亿元，增长 7.7%。

全年全省建筑业增加值348.67亿元，按可比价格计算，比上年增长11.5%。注册地在省内的具有资质等级的总承包和专业承包建筑企业412个，实现利润13.37亿元。

四、固定资产投资[12]

全年全省完成全社会固定资产投资3533.19亿元，比上年增长10.9%，其中民间投资[13]1212.08亿元，增长9.4%。按产业分，第一产业投资159.56亿元，增长7.4%；第二产业投资1302.67亿元，下降10.9%，其中工业投资1193.44亿元，下降8.5%；第三产业投资2070.96亿元，增长31.5%。全年基础设施投资[14]1419.13亿元，增长21.4%。

图7　2016年全社会固定资产投资增长速度

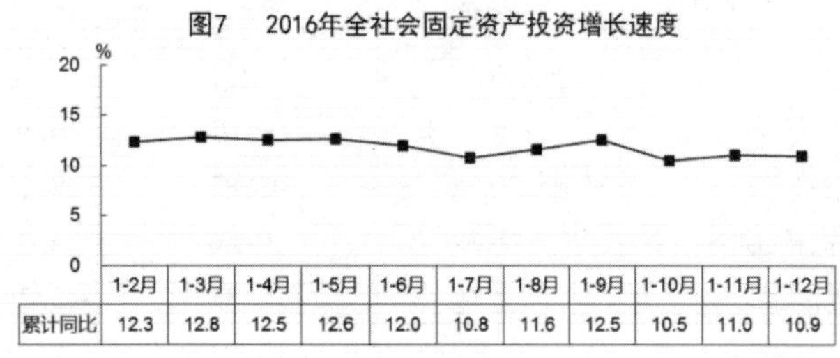

图8　2011-2016年全社会固定资产投资及增长速度

表7　2016年分行业50万元及以上项目固定资产投资及增长速度

指标名称	投资额（亿元）	比上年增长（%）
农林牧渔业	159.56	7.4
采矿业	97.52	-52.2
制造业	649.91	0.2
电力、热力、燃气及水的生产和供应业	446.01	-1.2
建筑业	109.23	-30.7
交通运输、仓储和邮政业	596.47	40.4
信息传输、软件和信息技术服务业	76.78	-4.7
批发和零售业	29.48	-11.8
住宿和餐饮业	33.37	70.9
金融业	4.85	189.9
租赁和商务服务业	43.04	-6.4
科学研究和技术服务业	40.16	230.0
水利、环境和公共设施管理业	338.27	39.5
居民服务、修理和其他服务业	6.40	23.4
教育	73.25	22.5
卫生和社会工作	28.25	6.2
文化、体育和娱乐业	46.72	66.3
公共管理、社会保障和社会组织	175.51	8.5

在50万元及以上工业项目固定资产投资中，新能源产业投资335.69亿元，比上年增长19.7%；新材料产业投资85.39亿元，增长12.3%；盐湖化工产业投资126.05亿元，增长15.3%；生物产业投资97.26亿元，增长56.7%。

全年全省房地产开发投资396.92亿元，比上年增长18.1%。其中，商品住宅投资227.78亿元，增长13.1%；商业营业用房投资96.02亿元，增长48.6%。

表8　2016年房地产开发和销售

指标名称	计量单位	绝对数	比上年增长（%）
房地产开发投资额	亿元	396.92	18.1
#住宅	亿元	227.78	13.1
房屋施工面积	万平方米	2847.71	10.1
#住宅	万平方米	1753.44	6.3
竣工房屋面积	万平方米	386.67	-14.9
#住宅	万平方米	231.21	-27.9
商品房销售面积	万平方米	437.85	11.4
#住宅	万平方米	373.03	13.1

五、国内贸易

全年全省社会消费品零售总额767.30亿元，比上年增长11.0%。按经营地分，城镇消费品零售额666.31亿元，增长11.0%，其中城区消费品零售额392.83亿元，增长11.1%；乡村消费品零售额100.99亿元，增长11.3%。按消费形态分，商品零售705.34亿元，增长11.1%；餐饮收入61.96亿元，增长9.9%。

图9　2016年社会消费品零售总额增长速度

	1-2月	1-3月	1-4月	1-5月	1-6月	1-7月	1-8月	1-9月	1-10月	1-11月	1-12月
累计同比	9.1	10.8	10.5	10.1	10.7	10.6	10.9	11.2	11.0	11.0	11.0

图10　2011-2016年社会消费品零售总额及增长速度

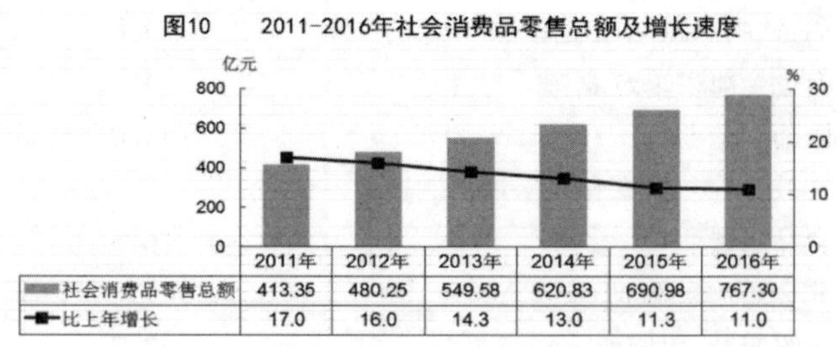

在限额以上批发零售企业[15]商品零售额中，粮油、食品类零售额比上年增长14.5%，汽车类增长20.7%，饮料类增长18.7%，石油及制品类增长9.2%，化妆品类增长8.2%，服装、鞋帽、针纺织品类增长6.9%，烟酒类增长6.1%，日用品类增长6.2%，家用电器和音像器材类下降0.3%，金银珠

宝类下降9.7%,中西药品类下降18.1%。

六、对外经济

全年全省货物进出口总额[16]100.78亿元,比上年下降15.9%。其中,出口额90.29亿元,下降11.2%;进口额10.49亿元,下降42.1%。

表9 2016年货物进出口额及增长速度

指标名称	绝对数(亿元)	比上年增长(%)
出口	90.29	-11.2
#一般贸易	90.07	-10.8
#机电产品	22.68	-27.2
#高新技术产品	1.70	-28.3
进口	10.49	-42.1
#一般贸易	10.36	-40.9
#机电产品	2.64	-40.7
#高新技术产品	0.45	31.1

表10 2016年主要商品进出口额及增长速度

指标名称	绝对数(亿元)	比上年增长(%)
出口	90.29	-11.2
#服装及衣着附件	16.47	105.6
#针织或钩编的服装	7.80	181.3
纺织纱线、织物及制品	11.68	14.7
#地毯	3.64	28.5
鞋类	4.78	35.1
金属制品	7.99	-31.4
电器及电子产品	5.13	-5.8
钢材	1.93	11.0
铁合金	3.05	-49.9
进口	10.49	-42.1
#氧化铝	3.73	-16.8
煤及褐煤	2.97	-57.9

表11 2016年对主要国家和地区进出口额及增长速度

指标名称	绝对数(亿元)	比上年增长(%)
出口	90.29	-11.2
#韩国	11.81	50.5
吉尔吉斯斯坦	9.18	128117
美国	8.45	-18.1
巴基斯坦	5.56	4.6
中国香港	4.89	13.8
进口	10.49	-42.1
#澳大利亚	3.20	-41.2
印尼	3.00	-44.9
韩国	1.13	9867

全年新批外资项目6个。合同使用外商直接投资金额0.96亿美元,实际使用外商直接投资金额0.15亿美元。全年对外承包工程业务完成营业额3.09亿美元,对外劳务合作派出各类劳务人员713人。

七、交通、邮电和旅游

年末全省铁路营运里程2274公里,与上年末持平,其中高速铁路[17]218公里;公路通车里程78579公里,比上年末增加2986公里;其中高速公路[18]3500公里,增加377公里;民航通航里程120057公里,增加27368公里。

表12 2016年各种运输方式完成客货运输量[19]及增长速度

指标名称	计量单位	运输量	比上年增长(%)
货物运输量[20]	万吨	17091.68	5.7
铁路	万吨	2833.72	3.8
公路	万吨	14047.20	6.1
民航	吨	25348.40	8.8
管道	万吨	208.23	-0.9
旅客运输量	万人	6444.20	6.8
铁路	万人	994.06	6.2
公路	万人	4873.30	6.0
民航	万人	510.70	17.8
水路	万人	66.14	-5.4

年末全省民用汽车保有量89.61万辆,比上年末增长12.8%,其中私人汽车保有量73.90万辆,增长14.8%。民用轿车保有量43.95万辆,增长13.1%,其中私人轿车保有量38.26万辆,增长14.3%。

全年全省邮电业务总量[21]155.20亿元,比上年增长46.7%。其中,邮政业务量4.83亿元,增长29.7%;电信业务量150.37亿元,增长47.3%。全年邮政业完成函件业务321.53万件,包裹业务15.93万件,快递业务量1078.56万件,快递业务收入3.00亿元(比上年增长64.7%)。年末电话用户总数641.80万户,比上年末增长0.05%,其中移动电话用户539.80万户,增长0.4%;固定电话用户102.07万户,减少1.9%。电话普及率109.07部/百人。固定互联网宽带接入用户[22]99.66万户,比上年末增长34.0%。移动宽带用户[23]384.00万户,比上年末增长9.8%,其中,4G移动电话用户[24]279.30万户,增长1.3倍。

全年接待国内外游客2876.92万人次,比上年增长24.3%。其中,国内游客2869.91万人次,增长24.3%;入境游客7.01万人次,增长6.8%。实现旅游总收入310.30亿元,增长25.1%,其中,国内旅游收入307.24亿元,增长25.1%;旅游外汇收入4415.67万美元,增长13.9%。

八、金融

年末全省金融机构人民币各项存款余额5570.17亿元，比年初增加357.27亿元，同比增长6.9%。其中，境内住户存款余额2002.42亿元，增长10.2%；境内非金融企业存款余额1642.42亿元，增长0.6%。金融机构人民币各项贷款余额5579.76亿元，比年初增加591.74亿元，同比增长11.9%。其中，境内住户贷款余额518.38亿元，增长15.2%；境内非金融企业及机关团体贷款余额5059.92亿元，增长11.5%。

全年保险公司原保险保费收入[25]68.73亿元，比上年增长22.1%。其中，寿险保费收入28.84亿元，增长27.3%；财产险保费收入29.64亿元，增长13.5%；健康险和意外伤害险保费收入10.24亿元，增长36.4%。全年保险赔付额27.38亿元，比上年增长34.7%。其中，寿险赔付额7.72亿元，增长74.2%；财产险赔付额14.89亿元，增长23.2%；健康险和意外伤害险赔付额4.76亿元，增长25.3%。

九、人民生活[26]和社会保障

全年全省全体居民人均可支配收入[27]17302元，比上年增长9.4%。其中，人均工资性收入10235元，比上年增长11.4%；人均经营净收入2629元，增长7.5%；人均财产净收入863元，增长7.5%；人均转移净收入3575元，增长6.0%。全年全体居民人均生活消费支出14775元，比上年增长8.6%。

图11　2016年居民人均可支配收入增长速度

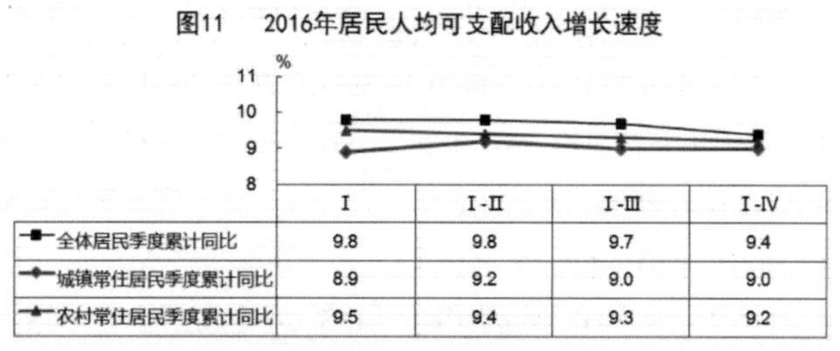

图12　2011-2016年全体居民人均可支配收入及增长速度
（2011-2013年数据为回溯数据）

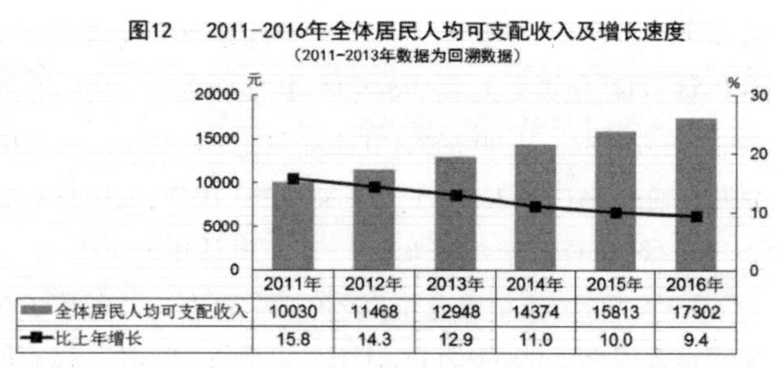

图13　2016年全体居民人均生活消费支出及构成

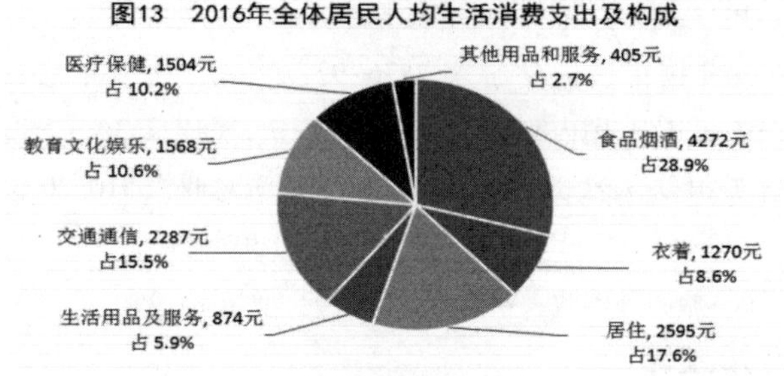

全年全省城镇常住居民人均可支配收入26757元，比上年增长9.0%。其中，人均工资性收入18741元，比上年增长10.9%；人均经营净收入2008元，增长13.7%；人均财产净收入1451元，增长9.0%；人均转移净收入4558元，增长0.2%。全年城镇常住居民人均生活消费支出20853元，比上年增长8.6%。

全年全省农村常住居民人均可支配收入8664元，比上年增长9.2%。其中，人均工资性收入2464元，增长10.3%；人均经营净收入3197元，增长4.5%；人均财产净收入325元，下降0.2%；人均转移净收入2678元，增长15.7%。全年农村常住居民人均生活消费支出9222元，比上年增长7.7%。

年末全省养老保险参保人数[28]367.52万人，比上年末增加33.97万人。其中，城镇企业职工基本养老保险参保人数103.13万人，增加3.06万人；机关事业单位养老保险参保人数29.18万人；城乡居民基本养老保险参保人数235.21万人，增加1.73万人。全省医疗保险参保人数552.49万人，比上年末增加1.71万人。其中，城镇职工基本医疗保险参保人数97.88万人，增加2.29万人；城乡居民医疗保险参保人数[29]454.61万人，减少0.58万人。全省失业保险参保人数40.77万人，比上年末增加0.66万人，其中农民工参保人数0.18万人。全省工伤保险参保人数59.75万人，比上年末增加1.75万人，其中农民工参保人数8.62万人。全省生育保险参保人数49.65万人，比上年末增加1.68万人。年末全省享受城镇最低生活保障人数16万人，享受农村最低生活保障人数52万人。

全省年末实有贫困人口42万人，当年减少贫困人口11.6万人。

十、教育、科学技术和文化体育

全年全省学龄儿童入学率99.8%，与上年持平；普通初中毛入学率110.6%，比上年提高1.4个百分点。全年全省研究生教育招生1319人，在校生3508人，毕业生990人。普通高等教育招生2.48万人，在校生7.46万人，毕业生1.99万人。中等职业教育招生2.69万人，在校生7.41万人，毕业生1.93万人。普通高中招生4.26万人，在校生12.03万人，毕业生3.80万人。初中学校招生6.96万人，在校生20.79万人，毕业生6.97万人。普通小学招生8.18万人，在校生45.79万人，毕业生7.23万人。特殊教育招生694人，在校生3747人，毕业生349人。幼儿园在园幼儿19.98万人。

全年全省取得省部级以上科技成果470项，比上年增加25项，其中，基础理论成果80项，应用技术成果365项，软科学成果25项。专利申请3284件，比上年增加694件，其中发明专利申请1381件，增加278件。专利授权1357件，比上年增加140件,其中发明专利授权271件,增加64件。签订技术合同986项,比上年增加33项;成交金额56.9亿元,比上年增长21.3%。年末全省共有天气雷达观测站点11个,县级以上卫星云图接收站点52个,地震台站122个,地震遥测台网3个。

年末全省有艺术表演团体12个;文化馆46个,公共图书馆49个,博物馆23个;广播综合人口覆盖率98.2%,比上年末提高0.2个百分点;电视综合人口覆盖率98.2%,比上年末提高0.2个百分点。全年出版杂志301万册、报纸9352万份、图书1128万册(张),其中少数民族文字图书307万册(张)。

年末全省有等级运动员381人,其中,国家级运动健将5人,一级运动员93人,二级运动员283人。全年销售体育彩票6.40亿元。

十一、卫生

年末全省医疗机构[30]909个,床位3.44万张。其中,医院199个,床位2.86万张;乡镇卫生院405个,床位4106张;社区卫生服务中心(站)235个,采供血机构9个,妇幼保健机构55个。医疗卫生技术人员3.44万人,其中,执业(助理)医师1.20万人,注册护士1.38万人。

十二、资源、环境和安全生产

年末全省有自然保护区11个,面积2177万公顷,其中国家级自然保护区7个,面积2074万公顷。森林面积452万公顷,森林覆盖率6.3%。湿地面积[31]814.36万公顷,其中自然湿地面积800.1万公顷。国家重点公益林管护面积496.1万公顷,天然林保护面积367.8万公顷。全年全民义务植树1500万株。当年治理水土流失面积205.8平方公里。

全年全省各类生产安全事故死亡[32]342人,比上年减少10人。道路交通事故1023起,比上年减少13起;死亡529人,比上年减少2人。火灾1379起,比上年减少151起。

注释:

[1]本公报中2016年数据均为初步统计数,增速按同口径计算。个别数据因四舍五入的原因,存在与分项合计不等的情况。

[2]人户分离的人口是指居住地与户口登记地所在的乡镇街道不一致且离开户口登记地半年以上的人口。

[3]流动人口是指人户分离人口中不包括市辖区内人户分离的人口。市辖区内人户分离的人口是指一个直辖市或地级市所辖区内和区与区之间,居住地和户口登记地不在同一乡镇街道的人口。

[4]地区生产总值、各产业增加值及人均地区生产总值按国家统计局2012年制定的《三次产业划分规定》口径统计,绝对数按现价计算,增长速度按不变价格计算。

[5]2016年居民消费价格调查目录发生变化。

[6]居住类价格包括租赁房房租、住房保养维修及管理、水电燃料和自有住房等价格。

[7]规模以上工业企业统计口径为年主营业务收入2000万元及以上的工业企业。

[8]装备制造业包括金属制品业,通用设备制造业,专用设备制造业,汽车制造业,铁路、船舶、航空航天和其他运输设备制造业,电气机械及器材制造业,通信设备计算机及其他电子设备制造业,仪器仪表制造业。

[9]我省高技术产业包括化学药品制造,中药饮品加工,中成药生产,兽用药品制造,生物药品制造,卫生材料及医药用品制造,光纤、光缆制造,锂离子电池制造,电子器件制造,电子元件制造,仪器仪表制造,信息化学品制造。

[10]资源类行业包括煤炭开采和洗选业,石油和天然气开采业,黑色金属矿采选业,有色金属矿采选业,非金属矿采选业,开采辅助活动,其他采矿业。

[11]六大高耗能行业包括石油加工、炼焦业,化学原料和化学制品制造业,非金属矿物制品业,黑色金属冶炼和压延加工业,有色金属冶炼和压延加工业,电力、热力生产和供应业。

[12]2016年固定资产投资统计中取消了农户投资。

[13]民间固定资产投资是指具有集体、私营、个人性质的内资企事业单位以及由其控股(包括绝对控股和相对控股)的企业单位建造或购置固定资产的投资。

[14]基础设施投资是指建造或购置为社会生产和生活提供基础性、大众性服务的工程和设施的支出。本文中的基础设施投资包括电力、燃气生产和供应业,交通运输和邮政业,信息传输服务业,水利、环境和公共设施管理业投资。

[15]限额以上批发业包括年主营业务收入在2000万元及以上的批发业企业(单位);限额以上零售业包括年主营业务收入在500万元及以上的零售业企业(单位);限额以上住宿、餐饮业包括年主营业务收入在200万元及以上的住宿、餐饮业企业(单位)。

[16]货物进出口额采用人民币计价。

[17]高速铁路是指最高营运速度达到200公里/小时及以上的铁路。

[18]高速公路里程中含一级公路。

[19]在客货运输量中,根据交通运输部要求,对2015年公路运输量数据按照2015年小样本抽样调查结果进行了调整,并以此为基数计算2016年公路运输量增速;2016年民航货物运输量、客运量统计口径调整为进出港数量(2015年为出港数量)。

[20]货物运输量含管道运输量。

[21]邮电业务总量按2010年不变价格计算。

[22]固定互联网宽带接入用户是指报告期末在电信企业登记注册，通过xDSL、FTTx+LAN、FTTH/0以及其他宽带接入方式和普通专线接入公众互联网的用户。

[23]移动宽带用户是指报告期末在计费系统拥有使用信息、占用3G或4G网络资源的在网用户。

[24]4G移动电话用户是指报告期末在计费系统拥有使用信息、占用4G网络资源的在网用户。

[25]原保险保费收入是指保险企业确认的原保险合同保费收入。

[26]2012年12月1日，国家统计局为推动城乡一体化、建立城乡统一的社会保障体系、逐步实现农民工市民化和城乡基本公共服务均等化等提供科学依据，对全国城乡住户正式开展城乡一体化住户调查，2013年首次发布全体居民人均可支配收入数据。根据国家统计局对分省数据发布要求，我省从2014年一季度开始发布城乡一体化调查数据，2011－2013年全体居民收入为新口径回溯推算数据。

[27]可支配收入指调查户在调查期内获得的、可用于最终消费支出和储蓄的总和，即调查户可以用来自由支配的收入。可支配收入既包括现金，也包括实物收入。按照收入的来源，可支配收入包含四项，分别为：工资性收入、经营净收入、财产净收入和转移净收入。计算方法：可支配收入＝工资性收入＋经营净收入＋财产净收入＋转移净收入。

[28]养老保险参保人数中含2016年启动的机关事业单位养老保险参保人数。

[29]城乡居民基本医疗保险参保人数下降是由于城乡系统整合，清退重复参保人员。

[30]医疗机构中不含诊所、卫生所、医务室和村卫生室。

[31]湿地面积为2012年开展的全国第二次湿地资源调查数据。

[32]2016年生产安全事故死亡人数统计口径发生变化。

资料来源：

本公报中财政数据来自省财政厅；物价、城乡居民收支、畜牧业全部数据及种植业中部分数据来自国家统计局青海调查总队；户籍人口数据来自省公安厅治安警察总队；城镇新增就业人员、城镇登记失业率、农牧区劳动力转移就业人数和社会保障数据来自省人力资源和社会保障厅；货物进出口数据来自西宁海关；外商直接投资、对外承包工程、劳务合作数据来自省商务厅；铁路营运里程及铁路客货运输量来自青藏铁路公司；公路通车里程及公路、水路客货运输量来自省交通厅；民航通航里程及民航客货运输量来自西部机场集团青海机场有限公司；管道运输量数据来自青海油田分公司和中国石油西部管道涩宁兰天然气销售分公司；民用汽车拥有量数据来自省公安厅交通警察总队车辆管理支队；邮政业务数据来自省邮政管理局和省邮政公司；电信业务量、移动电话用户数、固定电话用户数、电话普及率、互联网用户数、移动宽带用户数、4G移动电话用户数来自省通信管理局；旅游数据来自省旅游发展委员会；金融业数据来自中国人民银行西宁中心支行；保险业数据来自中国保险监督管理委员会青海监管局；贫困人口数据来自省扶贫开发局；教育数据来自省教育厅；科技数据来自省科技厅；天气雷达观测站点及县级以上卫星云图接收站点数据来自省气象局；地震台站和遥测台网数据来自省地震局；艺术表演团体、文化馆、公共图书馆、博物馆、报纸、期刊、图书出版数据来自省文化和新闻出版厅；广播、电视综合人口覆盖率数据来自省广播电视局；体育数据来自省体育局；卫生数据来自省卫生和计划生育委员会；自然保护区数据来自省环境保护厅；森林面积、湿地面积、国家重点公益林管护面积、天然林保护面积、全民义务植树数据来自省林业厅；治理水土流失面积数据来自省水利厅；生产安全事故数据来自省安全生产监督管理局；道路交通事故数据来自省公安厅交通警察总队；火灾事故数据来自省公安消防总队；其他数据均来自青海省统计局。

第 2 篇
CHAPTER 2

综　合
General Survey

每天主要社会经济活动

70479
36998
2010年
2016年
地区生产总值（万元）
6534
3020
2010年
2016年
地方财政收入（万元）

11.3
7.7
2010年
2016年
能源消费量（万吨标煤）
21022
9617
2010年
2016年
社会消费品零售额（万元）

415
216
2010年
2016年
进出口额（万美元）
192
137
2010年
2016年
国际旅游者人数（人次）

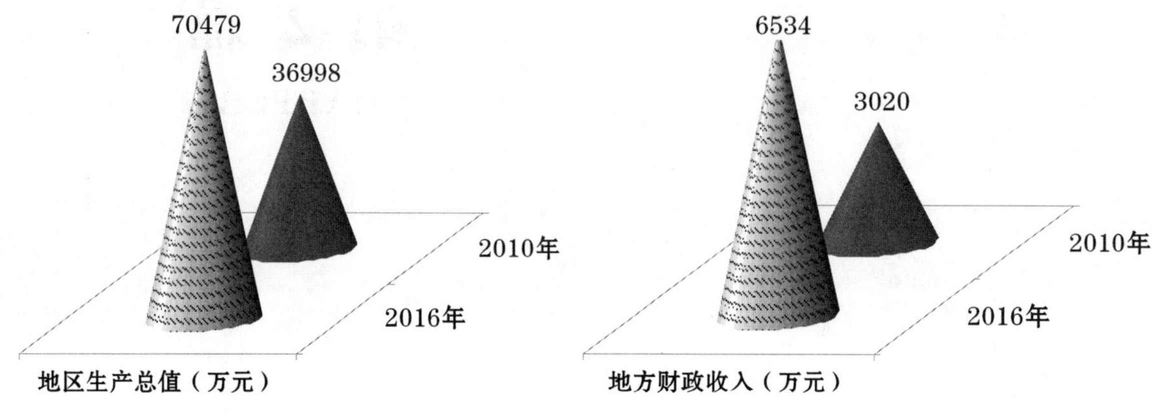

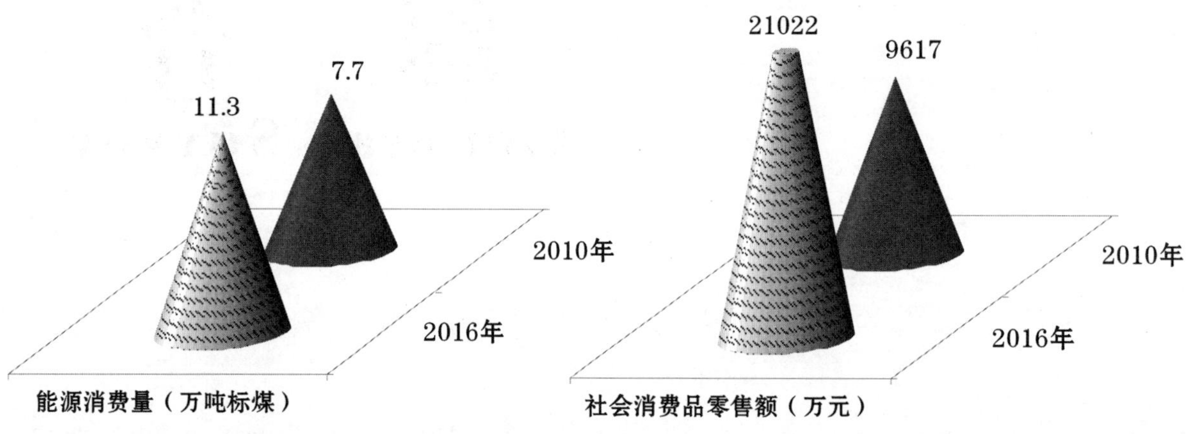

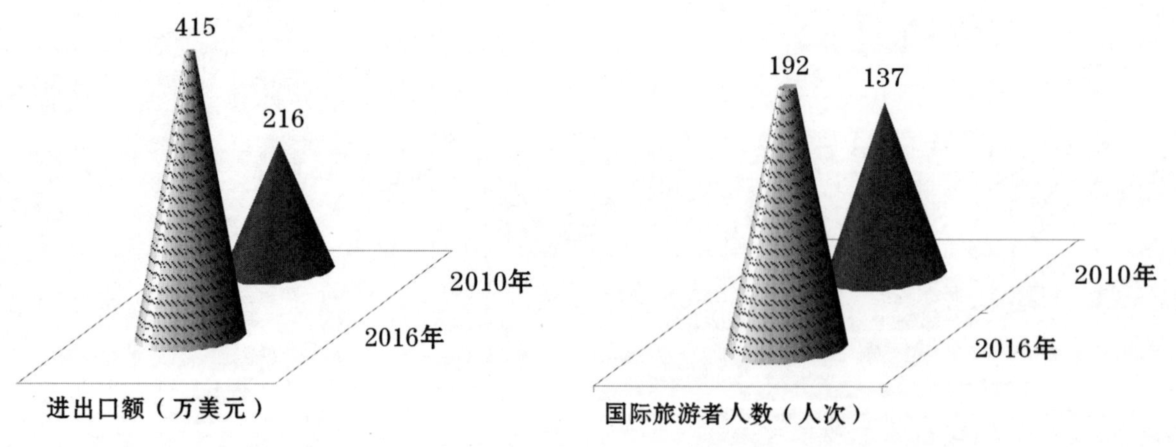

2–1 各部门机构数

Number of Agencies of Various Departments

单位：个 (unit)

部　门	Department	机构数 Number of Agencies 2015	2016	2016年比2015年增减 Increase or Decrease Over the 2015 in 2016
农村基层单位	**Rural Grass-roots Units**			
乡政府	Township Governments	225	225	持平
镇政府	Town Governments	140	140	持平
村民委员会	Village Committees	4166	4143	-23
牧业	Animal Husbandry	888	892	4
乡村户数（万户）	Number of Rural Households (10 000 Households)	96.1	97.4	1.3
规模以上工业企业	**Industrial Enterprises above Designated Size**	**575**	**593**	**18**
大型企业	Large Enterprises	23	23	持平
中型企业	Medium-sized Enterprises	96	90	-6
小型企业	Small Enterprises	456	480	24
国有及国有控股企业	State-owned and State-holding Enterprises	130	138	8
集体企业	Collective-owned Enterprises	2	2	持平
外商及港澳台商投资企业	Enterprises with Funds from Hong Kong ,Macao, Taiwan and Foreign Countries	25	25	持平
建筑业企业	**Construction Enterprises**	**419**	**412**	**-7**
卫生事业	**Health Care**	**1772**	**1787**	**15**
医院、卫生院	Hospital and Health Centers	587	603	16
妇幼保健院(所、站)	Materbity and Child Care Centers	50	55	5
教育事业	**Education**	**2925**	**2981**	**56**
普通高等学校	Regular Inststutions of Higher Education	12	12	持平
中等职业教育	Secondary Vocational Schools	39	39	持平
普通中学	Regular Secondary Schools	371	374	3
高中	Senior Secondary Schools	101	106	5
初中	Junior high Schools	270	268	-2
普通小学	Primary Schools	978	889	-89
学前教育	Pre-school Education	1525	1667	142
科技机构	**Science and Technology Institutions**	**104**	**107**	**3**
艺术事业	**Art**	**28**	**27**	**-1**
艺术表演团体	Art Performing Troupes	12	12	持平
公共图书馆	**Public Libraries**	**49**	**49**	**持平**
群众文化事业	**Mass Culture**	**414**	**414**	**持平**
群众艺术馆	Mass Art Centers	9	9	持平
文化馆	Cultural Centers	46	46	持平
文化站	Cultural Stations	359	359	持平
艺术教育事业	**Art Education Units**	**1**	**1**	**持平**
其他文化事业	**Other Cultural Units**	**9**	**9**	**持平**
艺术研究机构	Art Research Institutions	1	1	持平
文物事业	**Cultural Relics**	**55**	**55**	**持平**
博物馆	Museums	23	23	持平
文物机构	Cultural Relics Institutions	30	30	持平
广播电视台站	**Radio and Television Broadcasting Stations**	**6**	**6**	**持平**
广播电台	Radio Stations	1	1	持平
电视台	Television Stations	5	5	持平

2-2 主要年份国民经济和社会发展总量与速度指标

指 标		Item		总量指标	
				2000	2005
人口	**（万人）**	**Population**	**(10 000 persons)**		
常住人口		Population at Year-end		516.50	543.20
市镇人口		Urban		179.54	213.21
乡村人口		Rural		336.96	329.99
男性人口		Male		267.03	277.58
女性人口		Female		249.47	265.62
就业	**（万人）**	**Employment**	**(10 000 persons)**		
就业人员数		Employment		283.9	291.0
城镇		Urban		81.5	94.1
乡村		Rural		202.4	196.9
城镇登记失业人数		Registration Unemployment in Urban Areas		1.80	3.63
国民经济核算	**（亿元）**	**National Accounting**	**(100 million yuan)**		
生产总值		Gross Domestic Product		263.68	543.32
第一产业		Primary Industry		40.12	65.34
第二产业		Secondary Industry		108.83	264.61
第三产业		Tertiary Industry		114.73	213.37
支出法生产总值		Gross Domestic Product by Expenditure Approach		263.68	543.32
最终消费		Government Final Consumption Expenditure		171.70	360.72
居民消费		Household Consumption Expenditures		122.33	210.29
政府消费		Government Consumption Expenditure		49.37	150.43
资本形成总额		Gross Capital Formation		160.46	369.28
固定资本形成		Gross Fixed Capital Formation		156.97	364.08
存货增加		Changes in Inventories		3.49	5.20
固定资产投资	**（亿元）**	**Investment in Fixed Assets**	**(100 million yuan)**		
全社会固定资产投资总额		Total Investment in Fixed Asssets		154.83	367.15
国有经济		State-owned Economy		102.83	175.64
集体经济		Collective-ownedEconomy		6.61	14.50
私营个体经济		Individual and Private Economies		13.08	42.76
财政	**（亿元）**	**Government Finance**	**(100 million yuan)**		
地方财政收入		Local Government Revenue		16.58	33.82
财政支出		Government Expenditures		68.26	169.75
物价总指数	**（上年=100）**	**Price Indices**	**(preceding year=100)**		
商品零售价格总指数		Retail Price Index		99.00	100.70
居民消费价格总指数		Consumer Price Index		99.50	100.80
农业生产资料价格总指数		Price Indices of Agricultural Means of Production		100.70	106.50
利用外资	**（亿美元）**	**Utilization of Foreign Capital**	**(USD 100 million)**		
合同利用外资协议额		Signed an Agreement for Use of Foreign Capital		1.53	3.56
能源生产与消费（万吨标准煤）		**Production and Consumption of Energy(10 000 tons of SCE)**			
能源生产总量		Total Energy Production		937.90	1867.27
能源消费总量		Total Energy Consumption		897.23	1830.48

Principal Aggregate Indicators on National Economic and Social Development and Growth Rates in Main Years

Aggregate Data			速度指标(%) Index and Growth Rates						
			指数（2016年比以下各年） Index (2016 as percentage of the following years)				平均增长速度 Average Annual Growth Rate		
2010	2015	2016	2000	2005	2010	2015	2001-2016	2006-2016	2011-2016
563.47	588.43	593.46	114.90	109.25	105.32	100.85	0.87	0.81	0.87
251.98	295.98	306.40	170.66	143.71	121.60	103.52	3.40	3.35	3.31
311.49	292.45	287.66	85.37	87.17	92.35	98.36	-0.98	-1.24	-1.32
297.79	300.28	302.43	113.26	108.95	101.56	100.72	0.78	0.78	0.26
271.68	288.15	291.03	116.66	109.57	107.12	101.00	0.97	0.83	1.15
307.7	321.4	324.3	114.23	111.43	105.41	100.90	0.83	0.99	0.88
119.2	154.5	160.9	197.42	170.99	134.98	104.14	4.34	5.00	5.13
188.5	166.9	163.4	80.73	82.99	86.68	97.90	-1.33	-1.68	-2.35
4.24	4.44	4.58	254.44	126.17	108.02	103.15	6.01	2.14	1.29
1350.43	2417.05	2572.49	588.77	333.73	180.07	107.99	11.72	11.58	10.30
134.92	208.93	221.19	211.26	168.78	135.30	105.40	4.79	4.87	5.17
744.63	1207.31	1249.98	844.51	400.13	194.30	108.48	14.26	13.43	11.71
470.88	1000.81	1101.32	496.76	304.49	170.69	107.95	10.54	10.65	9.32
1350.43	2417.05	2572.49	588.77	333.73	180.07	107.99	11.72	11.58	10.30
720.57	1485.98	1676.44	578.44	300.43	194.00	112.64	11.59	10.52	11.68
410.26	888.70	989.92	489.49	306.08	202.18	110.18	10.44	10.70	12.45
310.31	597.28	686.52	800.11	292.53	182.83	116.29	13.88	10.25	10.58
1086.99	3374.09	3565.46	1467.41	704.62	296.44	106.73	18.28	19.42	19.85
1057.86	3303.61	3551.90	1484.96	708.48	302.50	108.70	18.37	19.48	20.26
29.13	70.48	13.56							
1068.73	3266.64	3533.19	2281.98	962.33	330.60	108.16	22.20	24.40	25.80
515.92	1843.39	1828.45	1778.13	1041.02	354.41	99.19	19.40	25.00	27.20
16.01	22.42	11.53	174.43	79.52	72.02	51.43	9.50	4.50	3.70
147.83	571.71	638.13	4878.67	1492.35	431.66	111.62	28.20	29.00	31.80
110.22	267.13	238.51	1438.54	705.23	216.39	89.29	18.13	19.43	13.73
743.40	1515.16	1524.80	2233.81	898.26	205.11	100.64	21.43	22.09	12.72
104.30	101.00	100.40	148.91	144.15	113.75	100.40	2.52	3.38	2.17
105.40	102.60	101.80	175.25	157.37	122.03	101.80	3.57	4.21	3.37
103.50	100.80	101.50	207.21	180.55	130.12	101.50	4.66	5.52	4.49
3.17	1.60	0.96	62.75	26.97	30.32	60.00	-2.87	-11.23	-18.03
4005.82	3298.88	3003.89	320.28	160.87	74.99	91.06	7.55	4.42	-4.68
2814.57	4134.11	4110.51	458.13	224.56	146.04	99.43	9.98	7.63	6.52

2-2 续表1

指　标	Item	总量指标	
		2000	2005
农业	**Agriculture**		
农林牧渔业从业人员 (万人)	Employed Persons of Agriculture,Forestry, Animal Husbandry and Fishery (10 000 persons)	142.25	128.73
农林牧渔业总产值(亿元)	Gross Output Value of Agriculture,Forestry, Animal Husbandry and Fishery (100 million yuan)	56.99	94.04
主要农产品产量 (万吨)	Output of Major Farm Products (10 000 tons)		
粮食	Grain	82.70	93.26
油料	Oil-bearing Crops	19.40	31.85
水果	Fruits	2.24	1.48
肉类	Meat	20.83	25.75
牛肉	Beef	6.35	7.44
羊肉	Mutton	7.00	9.16
水产品	Aquatic Products	0.12	0.09
工业	**Industry**		
主要工业产品产量	Output of Major Industrial Products		
原煤 (万吨)	Coal (10 000 tons)	145	555
原油 (万吨)	Crude Oil (10 000 tons)	200	221
发电量 (亿千瓦小时)	Electricity (100 million kwh)	134	213
粗钢 (万吨)	Crude Steel (10 000 tons)	43	51
钢材 (万吨)	Rolled Steel (10 000 tons)	36	48
原铝 (万吨)	Primary Aluminum (10 000 tons)	28	67
原盐 (万吨)	Salt (10 000 tons)	68	112
农用化肥 (万吨)	AgriculturdFertilizers (10 000 tons)	67	159
水泥 (万吨)	Cement (10 000 tons)	124	371
规模以上工业企业主要指标	**Principal Indicators of Industrial Enterprises above Designated Size**		
固定资产原价 (亿元)	Original Value of Fixed Assets (100 million yuan)	505.81	844.71
利润总额 (亿元)	Total Profits (100 million yuan)	0.79	72.82
建筑业	**Construction**		
建筑业总产值 (亿元)	Gross Output Value (100 million yuan)	44.72	90.93
施工房屋面积(万平方米)	Floor Space of Building under Construction (10 000 sq.m)	339.43	407.55
竣工房屋面积(万平方米)	Floor Space of Building Completed (10 000 sq.m)	192.90	194.02
交通运输	**Transport**		
货运量 (万吨)	Total Freight Traffic (10 000 tons)	5076	7152
铁路	Railways	833	1453
公路	Highways	4050	5491
管道	Petroleum and Gas Pipelines	193	208
民用航空	Civil Aviation		0.33
客运量 (万人)	Total Passsnger Traffic (10 000 persons)	3612	4920
铁路	Railways	352	368
公路	Highways	3250	4525
民用航空	Civil Aviation	10	27
公路通车里程 (公里)	Total Lenth of Highways (km)	18679	29719

Continued

Aggregate Data			速度指标(%) Index and Growth Rates						
			指数（2016年比以下各年）Index (2016 as percentage of the following years)				平均增长速度 Average Annual Growth Rate		
2010	2015	2016	2000	2005	2010	2015	2001-2016	2006-2016	2011-2016
120.99	116.41	115.50	81.20	89.72	95.46	99.22	-1.29	-0.98	-0.77
201.32	319.27	338.80	207.33	169.05	136.31	105.44	4.66	4.89	5.30
102.03	102.72	103.45	125.09	110.93	101.39	100.71	1.41	0.95	0.23
36.91	30.48	30.04	154.85	94.32	81.39	98.56	2.77	-0.53	-3.37
1.44	1.50	1.29	57.59	87.16	89.58	86.00	-3.39	-1.24	-1.82
27.53	34.75	36.04	173.02	139.96	130.91	103.71	3.49	3.10	4.59
8.46	11.49	12.18	191.81	163.71	143.97	106.01	4.15	4.58	6.26
9.04	11.56	11.98	171.14	130.79	132.52	103.63	3.42	2.47	4.80
0.16	1.06	1.21	1008.33	1378.13	756.25	114.15	15.54	26.93	40.10
1863	816	787	542.76	141.80	42.24	96.45	11.15	3.23	-13.38
186	223	221	110.50	100.00	118.82	99.10	0.63		2.92
457	566	553	412.69	259.62	121.01	97.70	9.26	9.06	3.23
137	121	115	267.44	225.49	83.94	95.04	6.34	7.67	-2.88
138	114	125	347.22	260.42	90.58	109.65	8.09	9.09	-1.64
147	219	222	792.86	331.34	151.02	101.37	13.82	11.51	7.11
124	286	206	302.94	183.93	166.13	72.03	7.17	5.70	8.83
313	520	552	823.88	347.17	176.36	106.15	14.09	11.98	9.92
811	1744	1875	1512.10	505.39	231.20	107.51	18.50	15.87	14.99
2026.10	4870.20	5123.97	1013.02	606.60	252.90	105.21	15.57	17.81	16.72
182.02	67.85	80.02	10129.11	109.89	43.96	117.94	33.46	0.86	-12.80
279.61	409.51	410.62	918.20	451.58	146.85	100.27	14.86	14.69	6.61
693.12	908.69	886.79	261.26	217.59	127.94	97.59	6.19	7.32	4.19
273.16	350.21	301.94	156.53	155.62	110.54	86.22	2.84	4.10	1.68
11426	16173	17090	336.68	238.95	149.57	105.67	7.88	8.24	6.94
3286	2729	2834	340.22	195.04	86.24	103.85	7.95	6.26	-2.44
7962	13233	14047	346.84	255.82	176.43	106.15	8.08	8.91	9.92
178	210	208	107.77	100.00	116.85	99.05	0.47	0.00	2.63
0.47	0.86	0.99		300.00	210.64	115.12		10.50	13.22
10997	5825	6201	171.68	126.04	56.39	106.45	3.44	2.13	-9.11
474	936	994	282.39	270.11	209.70	106.20	6.70	9.45	13.14
10439	4595	4873	149.94	107.69	46.68	106.05	2.56	0.68	-11.92
85	224	268	2680.00	992.59	315.29	119.64	22.82	23.20	21.09
62185	75593	78585	420.71	264.43	126.37	103.96	9.40	9.24	3.98

2-2 续表2

指 标		Item		总量指标	
				2000	2005
邮电通信业		**Postal and Telecommunication Services**			
邮电业务总量	(亿元)	Bussiness Volume of Postal and Telecommunication Services	(100 million yuan)	4.92	31.43
函件	(万件)	Number of Letters Delivered	(10 000 pieces)	2762	1886
报刊期发数	(万份)	Number of Newspaper and Magazines Distributed	(10 000 copies)	47	51
邮路总长度	(公里)	Length of Postal Routes	(km)	26978	23721
本地(固定)电话年末用户	(万部)	Number of Fixed Telephone Subscribers at Year-end	(10 000 subscirbers)	36.87	113.50
移动电话用户	(万户)	Number of Mobile Telephone Subscribers	(10 000 subscribers)	21.07	121.36
国内商业		**Domestic Trade**			
社会消费品零售总额	(亿元)	Total Retail Sales of Comsumer Goods	(100 million yuan)	100.26	161.59
对外经济贸易		**Foreign Trade**			
进出口总额	(亿美元)	Total Value of Exports and Imports	(USD 100 million)	1.60	4.13
出口额		Exports		1.12	3.23
进口额		Imports		0.48	0.90
旅游		**Tourism**			
旅游人数	(万人次)	Number of Tourists	(10 000 person-times)	321	637
旅游外汇收入	(万美元)	Foreign Exchange Earnings from International Tourism	(USD 10 000)	740	1102
金融保险	**(亿元)**	**Financial Intermediation and Insurance**	**(100 million yuan)**		
金融机构人民币各项存款余额		Deposits of National Banking System		280.17	733.05
金融机构人民币各项贷款余额		Loans of National Banking System		348.57	638.59
保险公司保费收入		Insurance Premium of Insurance Companies		5.13	7.86
保险公司赔款及给付金额		Indemnity Expenditure and Payment of Insurance Companies		1.19	1.99
教育		**Education**			
专任教师数	(人)	Full-time Teachers	(person)	47821	52167
普通高等学校		Institutions of Higher Education		2107	3051
中等职业学校		Secondary Vocational Schools		1363	1588
普通中学		Regular Secondary Schools		16645	20050
小学		Primary Schools		27706	27478
在校学生数	(万人)	Students Enrollment	(10 000 persons)	75.62	89.34
普通高等学校		Institutions of Higher Education		1.33	3.44
中等职业学校		Secondary Vocational Schools		1.34	2.47
普通中学		Regular Secondary Schools		22.47	32.75
小学		Primary Schools		50.48	50.68
科技		**Science and Technology**			
研究与开发经费支出	(万元)	Expenditures on Research and Development	(10 000 yuan)	13142.4	20652.0
技术合同成交额	(万元)	Volume of Transaction in Technical Markets	(10 000 yuan)	5096.0	11811.6
文化		**Culture**			
出版数量		Number of Published			
图书	(万册.张)	Books	(10 000 copies)	586	840
杂志	(万册)	Magazine	(10 000 copies)	91	204
报纸	(万份)	News Paper	(10 000 copies)	4800	4486

Continued

Aggregate Data			速度指标(%) Index and Growth Rates						
			指数（2016年比以下各年） Index (20156as percentage of the following years)				平均增长速度 Average Annual Growth Rate		
2010	2015	2016	2000	2005	2010	2015	2001-2016	2006-2016	2011-2016
122.13	105.43	72.04	4244.79	1591.97	407.72	146.70	26.40	28.61	26.39
472	371	321	11.62	17.02	68.01	86.52	-12.59	-14.87	-6.22
47	51	27	57.45	52.94	57.45	52.94	-3.41	-5.62	-8.82
43484	33661	95136	352.64	401.06	218.78	282.63	8.20	13.46	13.94
103.20	101.42	102.07	276.84	89.93	98.91	100.64	6.57	-0.96	-0.18
397.80	517.53	539.76	2561.75	444.76	135.69	104.30	22.47	14.53	5.22
351.03	690.98	767.30	765.31	474.84	218.59	111.05	13.56	15.21	13.92
7.89	19.34	15.15	946.88	366.83	192.00	78.32	15.08	12.54	11.49
4.66	16.42	13.66	1219.64	422.91	292.94	83.19	16.92	14.01	19.62
3.23	2.93	1.49	310.42	165.56	46.16	50.85	7.34	4.69	-12.09
1226	2315	2877	896.26	451.65	234.67	124.25	14.69	14.69	15.28
2045	3876	4416	596.76	400.73	215.94	113.93	11.81	13.45	13.69
2319.64	5212.80	5570.17	1988.14	759.86	240.13	106.86	20.55	20.24	15.72
1822.65	4988.01	5579.76	1600.76	873.76	306.13	111.86	18.92	21.78	20.50
25.70	56.30	68.73	1339.77	874.43	267.43	122.09	17.61	21.79	17.82
6.66	20.32	27.38	2300.84	1375.88	411.23	134.74	21.65	26.91	26.58
54634	57812	58299	121.91	111.75	106.71	100.84	1.25	1.02	1.09
3731	4127	4340	205.98	142.25	116.32	105.16	4.62	3.26	2.55
2444	2410	2457	180.26	154.72	100.53	101.95	3.75	4.05	0.09
21875	24796	25094	150.76	125.16	114.72	101.20	2.60	2.06	2.31
26584	26479	26408	95.32	96.11	99.34	99.73	-0.30	-0.36	-0.11
98.57	93.16	93.49	123.63	104.65	94.85	100.35	1.33	0.41	-0.88
6.04	7.14	7.46	560.90	216.86	123.54	104.48	11.38	7.29	3.59
7.91	7.64	7.41	552.99	300.00	93.68	96.99	11.28	10.50	-1.08
32.72	32.98	32.82	146.06	100.21	100.31	99.51	2.40	0.02	0.05
51.90	45.40	45.80	90.73	90.37	88.25	100.88	-0.61	-0.92	-2.06
83323.0	115800.0	140000.0	1065.25	677.90	168.02	120.90	15.94	19.00	9.03
114643.9	469488.7	569189.6	11169.34	4818.90	496.48	121.24	34.28	42.23	30.61
1003	1213	1128	192.49	134.29	112.47	92.96	4.18	2.72	1.98
323	299	318	349.45	155.88	98.60	106.25	8.13	4.12	-0.23
9770	10554	9574	199.46	213.42	98.00	90.71	4.41	7.13	-0.34

2-2 续表3

指 标		Item		总量指标	
				2000	2005
家庭		**Family**			
家庭总户数	(万户)	Total Number of Family Households	(10 000 households)	115.24	131.93
城镇居民平均每户家庭人口	(人)	Average Household Size in Urban Areas	(person)	3.24	3.02
农村居民平均每户家庭人口	(人)	Average Household Size in Rural Areas	(person)	5.32	5.16
居住		**Housing**			
城镇居民人均拥有住房面积	(平方米)	Per Capita Building Space in Urban Areas	(sq.m)	12.06	18.35
农村居民人均拥有住房面积		Per Capita Living Space in Rural Areas	(sq.m)	15.32	17.95
生活		**People's Living Conditions**			
城镇居民人均可支配收入	(元)	Per Capita Annual Disposable Income of Urban Households	(yuan)	5170	8058
农村居民人均可支配收入	(元)	Per Capita Disposable Income of Rural Household	(yuan)	1490	2165
城乡储蓄存款余额	(亿元)	Outstanding Amount of Saving Deposits in Urban and Rural Areas	(100 million yuan)	146.28	361.51
工资		**Wages**			
非私营单位在岗职工工资总额	(亿元)	Total Wages of Employed Persons in Non Private Units	(100 million yuan)	49.76	78.03
职工平均工资	(元)	Average Wage of Staff and Workers	(yuan)	10050	19084
卫生					
医疗机构	(个)	Number of Hospitals	(unit)	577	562
卫生技术人员	(万人)	Health Technical Personnel	(10 000 persons)	2.15	2.08
床位数	(万张)	Number of Hospital Beds	(10 000 units)	1.65	1.60
市政建设		**Municipal Works**			
自来水供水总量	(万吨)	Annual Supply of Tap Water	(10 000 tons)	14239	19569
排水管道长度	(公里)	Length of Sewer Pipelines	(km)	263	1010
城市(市区)煤气和天然气供气量	(万立方米)	Volume of Coal Gas and Natural Gas	(10 000cu.m)	15815	63606
城市(市区)液化石油气供气量	(吨)	Volume of Liquefied Petroleum Gas	(ton)	13290	14338
园林绿地面积	(公顷)	Areas of Green Land	(hectares)	1503	4092
环境、灾害		**Environment and Disaster**			
工业污染源治理施工项目完成投资额	(万元)	Actual Investment in Implementation of Projects for Pollution Treatment in the Year	(10 000 yuan)	3833	4670
治理废水		Waste Water		548	206
治理废气		Waste Gas		3285	4073
治理固体废物		Solid Wastes			12
治理噪声		Noise Pollution			
其他		Other			379
火灾发生数	(起)	Fire Accidents	(times)	670	900
火灾损失	(万元)	Economic Loss of Fire Accidents	(10 000 yuan)	475	415
交通事故发生数	(起)	Number of Traffic Accidents	(times)	1579	952
交通事故损失	(万元)	Economic Loss ofTraffic Accidents	(10 000 yuan)	667	411

Continued

Aggregate Data			速度指标(%) Index and Growth Rates						
			指数（2016年比以下各年）Index (2016 as percentage of the following years)				平均增长速度 Average Annual Growth Rate		
2010	2015	2016	2000	2005	2010	2015	2001-2016	2006-2016	2011-2016
161.85	179.99	176.89	153.50	134.08	109.29	98.28	2.71	2.70	1.49
2.99	3.01	3.04	93.83	100.66	101.67	101.00	-0.40	0.06	0.28
4.97	4.03	4.03	75.75	78.10	81.09	100.00	-1.72	-2.22	-3.43
25.90	31.20	34.10	282.75	185.83	131.66	109.29	6.71	5.80	4.69
21.44	31.40	32.90	214.75	183.29	153.45	104.78	4.89	5.66	7.40
14462	24542	26757	517.55	332.06	185.02	109.03	10.82	11.53	10.80
4028	7933	8664	581.29	400.16	215.09	109.21	11.63	13.44	13.62
943.78	1816.76	2002.42	1368.90	553.90	212.17	110.22	17.77	16.84	13.36
185.91	378.24	413.99	831.97	530.55	222.68	109.45	14.16	16.38	14.27
37182	61868	67451	671.15	353.44	181.41	109.02	12.64	12.16	10.44
734	863	899	155.81	159.96	122.48	104.17	2.81	4.36	3.44
2.39	3.43	3.69	171.69	177.73	154.48	107.49	3.44	5.37	7.52
2.01	3.42	3.52	213.06	219.52	175.54	102.79	4.84	7.41	9.83
17672	25674	25387	178.29	129.73	143.66	98.88	3.68	2.39	6.22
921	1908	2982	1134.70	295.25	323.78	156.25	16.39	10.34	21.63
162570	131872	136733	864.58	214.97	84.11	103.69	14.43	7.21	-2.84
6382	5191	6763	50.89	47.17	105.96	130.28	-4.13	-6.60	0.97
3387	5901	7982	531.09	195.07	235.68	135.27	11.00	6.26	15.36
9747	49300								
1019	13100								
8729	24800								
	8200								
	3200								
1623	1529	1380	205.97	153.33	85.03	90.26	4.62	3.96	-2.67
926	3836	1385	291.58	333.73	149.57	36.10	6.92	11.58	6.94
1206	1036	1023	64.79	107.46	84.83	98.75	-2.68	0.66	-2.71
390	614	751	112.59	182.73	192.37	122.27	0.74	5.63	11.52

2–3 主要年份国民经济和社会发展结构指标
Structural Indicators on National Economic and Social Development in Main Years

单位：% (%)

指 标	Item	1995	2000	2005	2010	2015	2016
人口	**Population**						
城乡结构	Urban and Rural Compostition						
城镇	Urban	33.90	34.76	39.25	44.72	50.30	51.63
乡村	Rural	66.10	65.24	60.75	55.28	49.70	48.37
性别结构	Sexual Compostition						
男	Male	51.20	51.70	51.10	51.78	51.03	50.96
女	Demale	48.80	48.30	48.90	48.22	48.97	49.04
就业	**Employment**						
产业结构	Industrial Compostition						
第一产业	Primary Industry	56.10	55.80	49.50	41.40	35.81	35.51
第二产业	Secondary Industry	16.90	12.60	17.40	22.60	23.00	22.86
第三产业	Tertiary Industry	27.00	31.60	33.10	36.00	41.19	41.63
国民经济核算	**National Accounting**						
生产总值产业结构	Industrial Compostition						
第一产业	Primary Industry	23.60	15.20	12.00	10.00	8.60	8.60
第二产业	Secondary Industry	38.50	41.30	48.70	55.10	50.00	48.59
第三产业	Tertiary Industry	37.90	43.50	39.30	34.90	41.40	42.81
投资	**Investment**						
全社会固定资产投资经济结构	Composition of Tatal Investment in Fixd Assets						
国有经济	State-owned Economy	81.23	66.41	47.84	48.27	56.43	51.75
集体经济	Collective Economy	9.61	4.27	3.95	1.50	0.69	0.33
私营个体经济	Private Individual Economy	7.81	8.45	11.65	13.83	17.50	18.06
其他经济	Other	1.35	20.87	36.57	36.40	25.38	29.86
资金到位来源结构	Composition of Funding Sources						
国家预算内资金	State Budget	6.17	17.04	15.79	13.56	20.16	25.47
国内贷款	Domestic Loans	39.55	24.33	16.87	17.11	21.29	21.08
利用外资	Foreign Investment	0.65	1.39	0.55	0.50	0.08	0.55
自筹和其他投资	Self-raising Funds and Other Investments	53.63	56.96	66.38	68.82	58.47	52.90
财政	**Government Finance**						
财政收入结构	Composition of Government Revenue						
中央	Central Government	49.67	36.44	46.65	46.23	29.91	33.76
地方	Local Government	50.33	63.56	53.35	53.77	70.09	66.24
能源生产与消费	**Enery**						
能源生产总量结构	Composition of Total Energy Production						
原煤	Coal	29.74	16.79	26.92	41.07	18.17	18.72
原油	Crude Oil	30.41	30.46	16.95	6.64	9.66	10.51
天然气	Natural Gas	1.36	5.06	15.86	18.63	24.74	26.92
一次电力	Hydro-power	38.49	47.69	40.27	33.67	47.43	43.84
能源消费总量结构	Composition of Total Energy Consumption						
原煤	Coal	41.64	30.18	44.20	34.14	32.53	36.28
石油	Crude Oil	8.42	18.96	8.63	7.61	8.52	9.92
天然气	Natural Gas	1.13	4.83	8.00	11.21	14.28	14.97
电力	Electric Power	48.81	46.03	39.17	47.04	44.67	38.83

2-3 续表1 Continued

单位：% (%)

指 标	Item	1995	2000	2005	2010	2015	2016
农业	**Agriculture**						
农林牧渔业产值结构	Compostition of Gross Output Value of Agriculture						
农业	Farming	48.25	46.66	38.75	45.74	45.42	45.90
林业	Forestry	2.61	3.70	1.86	1.87	2.33	2.45
牧业	Animal Husbandry	48.84	49.48	54.97	50.40	49.60	48.91
渔业	Fishery	0.30	0.16	0.07	0.06	0.87	0.96
农林牧渔服务业	Services of Agriculture			4.35	1.93	1.78	1.78
工业	**Industrty**						
规模以上工业总产值结构	Compostition of Gross Output of Industrial Enterprises above Designated Size						
大型企业	Large Enterprises	60.48	58.97	73.97	51.30	38.03	36.51
中型企业	Medinm-sized Enterprises	11.61	4.35	11.51	30.22	25.31	25.22
小型企业	Small Enterprises	27.91	36.68	14.52	18.48	36.66	38.27
建筑业	**Construction**						
建筑业总产值结构	Compostition of Gross Output Value of Construction Industry						
房屋土木工程建筑业	Civil Engineering Construction	83.35	85.53	90.13	92.59	94.71	94.23
建筑安装业	Installation Industry	15.30	13.45	8.06	5.94	4.68	5.13
建筑装饰业及其它建筑业	Construction Decoration Industry and Other Constructions	1.35	1.02	1.02	1.47	0.61	0.64
交通运输业	**Transportation**						
货运量结构	Composition of Freight Traffic						
按运输方式分	By Mode of Transport						
铁路	Railways	15.08	16.41	20.32	28.76	16.87	16.58
公路	Highways	81.80	79.79	76.78	69.68	81.82	82.19
民用航空	Civil Aviation					0.01	0.01
管道输油(气)	Pipelines	3.12	3.80	2.90	1.56	1.30	1.22
商业	**Business**						
社会消费品零售总额构成	Composition of Retail Sales of Consumer Goods						
城镇	City	85.55	85.84	88.47	86.77	86.87	86.84
乡村	Under County Level	14.45	14.16	11.53	13.23	13.13	13.16
对外经济贸易	**Foreign Trade**						
进出口总值结构	Total Value of Imports and Exports						
出口	Total Exports	85.09	70.12	78.19	59.10	84.88	90.17
进口	Total Imports	14.91	29.88	21.81	40.90	15.12	9.83
国际旅游	**International Tourism**						
来华旅游人次结构	Number of Overseas Visitor Arrivals						
外国人	Foreigners	73.90	33.33	50.00	60.00	68.18	71.43
港澳台同胞	Chinese Compatriots from Hong Kong, Macao and Taiwan	26.10	66.67	50.00	40.00	31.82	28.57

2-3 续表2 Continued

单位：% (%)

指　标	Item	1995	2000	2005	2010	2015	2016
教育	**Education**						
在校学生结构	Composition of Student Enrollment in Regular School						
大学生	College and University Students	1.11	1.76	3.85	6.13	7.67	7.98
中专生	Secondary School Students	2.06	1.77	2.76	8.03	8.20	7.93
中学生	Middle School Students	29.25	29.71	36.65	33.19	35.40	35.10
小学生	Primary School Students	67.59	66.76	56.74	52.65	48.73	48.99
专任教师结构	Composition of Full-time Teachers in Regular Schools						
大学	Colleges and Universities	3.09	4.41	5.85	6.83	7.14	7.44
中专	Secondary School	3.70	2.85	3.04	4.47	4.17	4.22
中学	Middle School	34.36	34.81	38.44	40.04	42.89	43.04
小学	Primary School	58.86	57.94	52.67	48.66	45.80	45.30
生活	**People's Living Conditions**						
城镇居民消费结构	Consumption Compostition of Urban Households						
食品类	Food	51.43	40.88	36.31	34.15	28.66	28.66
衣着类	Clothing	13.95	10.96	11.06	10.49	9.91	9.42
生活用品及其他	Household Appliances and Other	32.12	41.60	41.96	39.08	44.04	43.65
居住	Residence	3.50	6.56	10.67	16.28	17.39	18.27
农村居民消费结构	Consumption Compostition of Rural Reidents						
食品类	Food	64.99	57.89	45.14	42.48	29.93	24.44
衣着类	Clothing	9.36	7.67	8.49	6.61	7.32	6.90
用品及其他	Household Appliances and Other	15.93	24.08	30.58	34.02	45.68	52.54
居住	Residence	9.72	10.36	15.79	16.89	17.07	16.12
卫生	**Health Care**						
卫生机构技术人员结构	Composition of Medical and Technical Personnel						
执业医师	Certified Doctors	34.92	35.70	34.38	34.36	30.49	29.70
执业助理医师	Assistant Doctors	10.75	9.04	8.40	5.91	5.84	4.84
注册护士	Registered Nures	12.39	19.68	33.53	37.34	40.05	41.39
卫生机构病床结构	Beds In Health Institutions						
医院	Hospitals	81.70	84.50	83.54	78.91	82.81	83.30
卫生院	Health Centers	12.38	11.26	13.60	14.77	12.33	12.02
其他	Others	5.92	4.24	2.86	6.32	4.86	4.68
环境、灾害	**Environment and Disaster**						
工业治理污染源施工项目投资结构	Composition of Investment in the Treatment of Industrial Pollution						
治理废水	Waste Water	13.73	13.42	4.41	10.45	26.57	
治理废气	Waste Gas	84.36	80.46	87.22	89.55	50.30	
治理固体废物	Solid Wastes	1.64		0.26		16.63	
治理噪声	Noise Pollution	0.16					
其他	Others	0.11	6.12	8.11		6.50	

2-4 主要年份国民经济和社会发展比例和效益指标
Indicators on Proportions and Efficiency on National Economy and Social Development in Main Years

指 标		Item		1995	2000	2005	2010	2015	2016
人口	(‰)	**Population**	**(‰)**						
出生率		Brith Rate		22.01	19.25	15.70	14.94	14.72	14.70
死亡率		Death Rate		6.89	6.15	6.21	6.31	6.17	6.18
自然增长率		Natural Growth Rate		15.12	13.10	9.49	8.63	8.55	8.52
就业		**Employment**							
就业者负担人口	(人)	Number of Dependents per Employee(person)		1.84	1.82	1.87	1.83	1.83	1.83
三次产业从业者比例		Proportion of Employed Persons							
(以第一产业为100)		(Primary Industry = 100)							
第一产业		Primary Industry		100.00	100.00	100.00	100.00	100.00	100.00
第二产业		Secondary Industry		30.13	22.58	35.15	54.59	64.21	64.32
第三产业		Tertiary Industry		48.13	56.63	66.87	86.95	115.03	117.19
城镇登记失业率	(%)	Registered Unemployment Rate in Urban Areas	(%)	2.18	2.40	3.93	3.80	3.20	3.10
国民经济核算		**National Accounting**							
三次产业增加值比例		Proportion of The Added Value							
(以第一产业为100)		(Primary Industry=100)							
第一产业		Primary Industry		100.00	100.00	100.00	100.00	100.00	100.00
第二产业		Secondary Industry		162.99	271.26	404.97	551.90	577.85	565.10
第三产业		Tertiary Industry		160.52	285.96	326.55	349.01	479.02	497.88
全社会劳动生产率	(元/人.年)	Labor Productivity	(yuan/person.year)	6464	9363	18281	40906	75685	79325
第一产业		Primary Industry		2716	2583	4367	9872	18066	19201
第二产业		Secondary Industry		14771	28579	52523	99803	164933	168691
第三产业		Tertiary Industry		9087	13020	21954	39620	76685	81578
人均生产总值	(元)	Per Capita GDP		3513	5138	10045	24115	41252	43531
固定资产投资		**Investment in Fixed Assets**							
全社会固定资产投资相当于生产总值比例	(%)	Proportion of Investment in Fixed Assets to GDP	(%)	33.12	58.72	67.58	79.14	135.15	137.34
房屋竣工率	(%)	Housing Completion Rate	(%)	55.79	55.81	49.05	34.20	30.39	18.44
财政		**Government Finance**							
地方财政收入相当于生产总值比例	(%)	Proportion of Local Government Revenue to GDP	(%)	5.12	6.29	6.23	8.16	11.05	9.27
财政支出相当于生产总值比例	(%)	Proportion of Local Government Expendituresto GDP	(%)	17.16	25.89	31.24	55.05	62.69	59.27
地方财政收入相当于全年财政支出比例	(%)	Proportion of Local Government Revenue to Expenditures	(%)	29.85	24.30	19.92	14.83	17.63	15.65
能源生产与消费		**Energy**							
能源生产弹性系数	(%)	Elasticity Ratio of Energy Production	(%)		0.66	4.28	1.59		
能源消费弹性系数	(%)	Elasticity Ratio of Energy Consumption	(%)	1.25		2.80	0.61	0.44	
单位生产总值能耗(吨标准煤/万元)		Energy Consumption per 10 000 yuan of GDP	(ton of SCE)	4.16	3.40	3.07	2.55	1.84	1.57
规模以上工业单位增加值能耗(吨标准煤/万元)		Energy Consumption per 10 000 yuan of Value-added to Gross Industrial Output Vaule	(ton of SCE)		5.65	3.44	2.19	2.11	2.29

2-4 续表1 Continued

指 标	Item	1995	2000	2005	2010	2015	2016
农业	**Agriculture**						
农林牧渔业从业者人均农产品产量 (公斤)	Per Capita Farm Products Output of Employed Persons of Agriculture,Forestry,Animal Husbandry and Fishery (kg)						
粮食	Grain Crops	854	577	724	843	882	896
油料	Oil-bearing Crops	121	135	247	305	262	260
肉类	Meat	139	146	203	228	299	312
水产品	Aquatic Products	2	1	1	1	9	10
每公顷播种面积农产品产量 (公斤)	Output of Farm Products Per Hectare (kg)						
粮食	Grain Crops	2972	2563	3798	3717	3708	3681
油料	Oil-bearing Crops	1082	1013	1968	2109	2104	2106
工业企业效益	**Economic Benefit of Industrial Enterprises**						
规模以上企业总资产贡献率(%)	Ratio of Total Assets to Industrial Output Value of Enterprises above Designated Size (%)		5.04	11.07	11.57	4.70	4.44
规模以上企业资产负债率 (%)	Assets-Liability Ratio of Enterprises above Designated Size (%)		71.67	67.54	63.74	69.17	68.41
规模以上企业流动资产周转次数 (次/年)	Turnover of Working Capital of Enterprises above Designated Size (times/year)	0.98	0.77	1.40	1.64	1.46	1.40
建筑业	**Construction**						
技术装备率 (元/人)	Rate of Technical Equipment (yuan/person)	4356	9153	14655	23068	20322	15552
产值利润率 (%)	Profit Rate of Output Value (%)		0.85	0.63	2.20	3.28	3.64
全员劳动生产率(按总产值计算) (元/人)	Overall Labor Productivity Calculated Based on Gross Output Value (yuan/person)	33406	42284	87203	221885	318902	355038
交通运输业	**Transportation**						
铁路网密度(公里/万平方公里)	Railway Density (km/10000 sq.km)	15.28	15.28	15.24	22.92	31.54	31.88
公路网密度(公里/万平方公里)	Highway Density (km/10000 sq.km)	239.21	259.43	412.76	862.24	1048.15	1089.64
铁路货运密度 (吨/公里)	Railway Densityof Freight Transport (ton/km)	4836	7573	13245	19903	12001	12327
公路货运密度 (吨/公里)	Highway Densityof Freight Transport (ton/km)	1676	2168	1848	1280	1606	1787
邮电通信业	**Post and Telecommunication Services**						
电话普及率 (含移动电话) (部/百人)	Popularization Rate of Telephone (Include Mobile Phone (set/100 persons)	2.00	11.22	46.00	89.90	106.09	109.07
固定电话普及率	Popularization Rate of Fixed telephone	1.95	7.14	22.00	19.20	17.38	17.36
移动电话普及率	Popularization Rate of Mobile Phones	0.05	4.08	24.00	70.70	88.71	91.73
国内商业	**Domestic Trade**						
人均社会消费品零售额 (元)	Per Capita Retail Sales of Consumer Goods(yuan)	1479	1954	2987	6264	11793	12929
对外经济贸易	**Foreign Trade**						
进出口总额相当于生产总值比例 (%)	Proportion of Total Value of Imports and Exports to GDP (%)	8.08	5.02	6.23	3.96	4.96	3.91
国际旅游	**International Tourism**						
每一来青游客花费 (美元)	Expenditure per International Tourist in Qinghai (USD)	173	227	313	409	179	166

2-4 续表2 Continued

指 标	Item	1995	2000	2005	2010	2015	2016
金融保险	**Finance Intermidiation and Insurance**						
金融机构存款相当于生产总值比例 (%)	Bank Deposits as Percentage of GDP (%)	82.30	117.25	147.23	171.77	215.67	216.53
金融机构贷款相当于生产总值比例 (%)	Bank Loans as Percentage of GDP (%)	134.03	138.69	128.04	134.97	206.37	216.90
教育	**Education**						
学龄儿童入学率 (%)	Enrollment Ratio of Primary Schools (%)	87.4	94.2	97.0	99.6	99.8	99.8
小学毕业生升学率 (%)	Promotion Rate from Primary Schools to Junior Secondary Schools (%)	86.5	88.7	97.3	95.6	94.7	96.2
初中毕业生升学率 (%)	Promotion Rate from Junior Secondary Schools to Senior Secondary Schools (%)	52.5	66.4	74.6	86.5	87.5	87.7
平均每一专任教师负担学生数 (人)	Average Number of Students for Each Full-time Teacher Burden (person)						
高等学校	Regular Institutions of Higher Education	5.2	6.3	11.3	14.4	16.1	16.0
普通中学	Regular Secondary Schools	12.4	13.5	16.3	14.9	13.3	13.1
小学学校	Primary Schools	16.7	18.2	18.4	19.5	17.1	17.3
科技	**Science and Technology**						
县以上研究与开发经费支出相当于生产总值比例 (%)	R&D and Expenditures Above County Level as Percentage of GDP (%)	0.44	0.50	0.38	0.62	0.48	0.48
文化	**Culture**						
每百万人有艺术表演团体 (个)	Number of Art Performance Troupes Per Million Persons (unit)	2.91	2.71	2.21	2.50	2.05	2.03
每百万人有公共图书馆(个)	Number of Public Libraries Per Million Persons (unit)	8.52	7.36	7.92	7.86	8.36	8.29
每百万人有博物馆 (个)	Number of Museum Per Million Persons (unit)	1.67	2.71	2.76	3.21	3.93	3.89
家庭	**Family**						
少儿抚养比 (%)	Children Dependency Ratio (%)	41.70	39.15	34.52	28.74	27.36	27.25
老年抚养比 (%)	Elderly Dependency Ratio (%)	5.25	6.65	8.65	8.66	10.13	10.38
生活	**People's Living Conditions**						
城镇与农村居民收入比例(以农村居民收入指数为1)	Income of Urban and Rural Residents Ratio (Income of Rural Residents Index=1)	3.28	3.47	3.72	3.59	3.09	3.09
卫生	**Health Care**						
每万人医疗机构数 (个)	Number ofHealth Institutions per 10 000 Persons (unit)	1.23	1.12	1.03	1.30	1.47	1.52
每万人卫生技术人员数(人)	Number ofMedical Technical Personnel per 10 000 Persons (person)	42.05	41.63	38.24	42.41	58.61	62.47
每万人医疗床位数 (张)	Number ofBeds in Health Institutions per 10 000 Persons (unit)	35.67	31.99	29.52	35.59	58.45	59.61
市政建设	**Municipal Works**						
城市自来水普及率 (%)	Percentage of Population with Access to Tap Water(%)	99.79	97.29	100.00	99.87	99.06	99.21
城市燃气普及率 (%)	Percentage ofCity Population with Access to Gas (%)	2.57	48.88	64.00	90.79	85.96	87.55
人均拥有公共绿地面积 (平方米)	Per Capita Public Green Areas (sq.m)	3.00	3.74	5.03	8.53	10.48	10.78
灾害	**Disaster**						
平均每起火灾损失 (元)	The Average Loss per Fire (yuan)	9231	7090	4606	5708	25090	10036
平均每起交通事故损失(元)	The Average Loss per Traffic Accident (yuan)	4792	4224	4316	3237	5929	7338

2–5 党的“十八大”以来
青海国民经济与社会发展主要指标发展情况

指　　标		Item		2012
人　口		**Population**		
总人口	(万人)	Total Population	(10 000 persons)	573.17
少数民族	(万人)	Population of Ethnic Minorities	(10 000 persons)	271.11
人口自然增长率	(‰)	Natural Growth Rate	(‰)	8.24
少数民族占总人口比重	(%)	Percentage of Ethnic Minoritiesin Total Population	(%)	47.27
在总人口中城镇人口所占比重(%)		Percentage of Urban Populationin Total Population	(%)	47.44
就　业		**Employment**		
就业人员	(万人)	Employment Persons	(10 000 persons)	310.89
年末城镇登记失业率	(%)	Registration Unemployment in Urban Areas at Year-end	(%)	3.40
国民经济核算		**National Accounts**		
地区生产总值	(亿元)	Gross Domestic Product	(100 million yuan)	1893.54
第一产业		Primary Industry		176.91
第二产业		Secondary Industry		1092.34
第三产业		Tertiary Industry		624.29
工业		Industry		895.89
建筑业		Construction		196.45
人均生产总值	(元)	Per Capita GDP	(yuan)	33181
固定资产投资		**Investment in Fixed Assets**		
全社会固定资产投资	(亿元)	Total Investment in Fixed Assets in the Whole Country(100 million yuan)		1920.03
财　政		**National Government**		
公共财政预算收入	(亿元)	Public Budgete Revenue	(100 million yuan)	319.69
地方公共财政预算收入		Local Government Public Budgete Revenue		186.42
公共财政预算支出		Public Finance Budgete Expenditures		1159.05
物　价	**(上年=100)**	**Price Indices**	**(preceding year=100)**	
居民消费价格指数		Consumer Price Index		103.10
农　业		**Agriculture**		
农作物总播种面积	(千公顷)	Total Sown Areas of Farm Crops	(1 000 hectares)	554.21
主要农(畜)产品产量	(万吨)	Output of Major Farm Livestock Products	(10 000 tons)	
粮食		Grain		101.50
油料		Oil-bearing Crops		35.22
蔬菜及食用菌		Vegetables and Edible Fungis		158.75
牛奶		Cow Milk		27.55
肉类		Meat		30.50

Main Indicators on National Economic and Social Development Since the 18th National Congress of Communist Party of China

2013	2014	2015	2016	2013-2016 累计增长(%) Cumulative Growth Rate(%)	2013-2016 年均增长(%) Average Annual Growth Rate(%)
577.79	583.42	588.43	593.46	3.5	0.9
274.32	277.53	280.74	283.14	4.4	1.1
8.03	8.49	8.55	8.52	四年共提高0.28个千分点	
47.42	47.56	47.71	47.71	四年共提高0.44个百分点	
48.51	49.78	50.30	51.63	四年共提高4.19个百分点	
314.21	317.30	321.41	324.28	4.3	1.1
3.30	3.20	3.20	3.10	四年共下降0.3个百分点	
2122.06	2303.32	2417.05	2572.49	41.4	9.0
204.72	215.93	208.93	221.19	22.7	5.3
1151.28	1234.31	1207.31	1249.98	45.1	9.8
766.06	853.08	1000.81	1101.32	40.1	8.8
912.68	954.27	893.87	901.68	40.5	8.9
238.97	280.43	313.81	348.67	64.8	13.3
36875	39671	41252	43531	36.6	8.1
2403.90	2908.71	3266.64	3533.19	84.0	19.1
368.56	385.47	381.14	360.05	28.5	6.5
223.86	251.68	267.13	238.51	55.1	11.6
1227.89	1347.43	1515.16	1524.80	31.3	7.0
103.90	102.80	102.60	101.80	11.6	2.8
555.77	553.70	558.39	561.33	1.3	0.3
102.37	104.81	102.72	103.45	1.9	0.5
32.57	31.51	30.48	30.04	-14.7	-3.9
158.94	158.58	166.40	170.02	7.1	1.7
27.55	30.50	31.50	33.00	19.8	4.6
32.00	33.40	34.75	36.04	18.2	4.3

2-5 续表

指　　标		Item		2012
工　业(规模以上)		**Industry(Enterprises above Designated Size)**		
工业企业利润总额	(亿元)	Total Profits		168.89
主要工业产品产量		Output of Major Industrial Products		
原油	(万吨)	Crude Oil	(10 000 tons)	205
原盐	(万吨)	Salt	(10 000 tons)	177
原煤	(万吨)	Coal	(10 000 tons)	2460
发电量	(亿千瓦时)	Electricity	(100 million kwh)	556
粗钢	(万吨)	Crude Steel	(10 000 tons)	141
电解铝	(万吨)	Electrolytic Aluminum	(10 000 tons)	203
水泥	(万吨)	Cement	(10 000 tons)	1371
运输、邮电业		**Transport and Post**		
铁路营业里程	(公里)	Length of Railways in Operation	(km)	1856
公路通车里程	(公里)	Length of Highways in Operation	(km)	65988
民用航空航线里程	(公里)	Civil Aviation Routes	(km)	50273
货运量	(万吨)	Total Freight Traffic	(10 000 tons)	13680
客运量	(万人次)	Total Passenger Traffic	(10 000 person-time)	12830
民用汽车保有量	(万辆)	Possession of Civil Vehicles	(10 000 units)	51.73
邮电业务总量	(亿元)	Business Volume of Postal and Telecommunication Services	(100 million yuan)	56.91
年末固定电话用户	(万户)	Number of Fixed Telephone Subscribers at Year-end	(10 000 households)	102.50
年末移动电话用户	(万户)	Number of Mobile Telephone Subscribers at Year-end	(10 000 households)	537.20
商　业		**Domestic Trade**		
社会消费品零售总额	(亿元)	Total Retail Sales of Comsumer Goods	(100 million yuan)	480.25
对外贸易		**Foreign Trade**		
海关进出口总额	(亿美元)	Total Value of Imports and Exports	(100 million USD)	11.60
出口		Exports		7.30
金　融		**Financial Intermediation**		
金融机构人民币存款余额	(亿元)	Deposits of National Banking System	(100 million yuan)	3528.41
金融机构人民币贷款余额	(亿元)	Loans of National Banking System	(100 million yuan)	2791.68
居　住		**Housing**		
城镇居民人均拥有住房面积	(平方米)	Per Capita Gross Living Space in Cities	(sq.m)	26.1
农村居民人均拥有住房面积	(平方米)	Per Capita Net Floor Space of Rural Residents	(sq.m)	30.9
生　活		**People's Living Conditions**		
城镇居民人均可支配收入	(元)	Per Capita Annual Disposable Income of Urban Households	(yuan)	18336
农村居民人均可支配收入	(元)	Per Capita Net Income of Rural Households	(yuan)	5594
城镇居民恩格尔系数	(%)	Engle's Coefficient of Urban Households	(%)	32.64
农村居民恩格尔系数	(%)	Engle's Coefficient of Rural Households	(%)	37.15
城乡居民人均年末人民币储蓄存款余额	(元)	Outstanding Amount of RMB Saving Deposits in Urban and Rural Areas	(yuan)	22347

Continued

2013	2014	2015	2016	2013-2016 累计增长(%) Cumulative Growth Rate(%)	2013-2016 年均增长(%) Average Annual Growth Rate(%)
148.81	106.19	67.85	80.02	-52.6	-17.0
215	220	223	221	7.8	1.9
261	222	286	206	16.4	3.9
3020	1800	816	787	-68.0	-24.8
566	551	566	553	-0.5	-0.1
148	144	121	115	-18.4	-5.0
224	234	219	222	9.4	2.3
1786	1844	1744	1875	36.8	8.1
1856	2074	2274	2299	23.9	5.5
70117	72703	75593	78585	19.1	4.5
62820	92536	92689	120057	138.8	24.3
13576	14846	16173	17090	24.9	5.7
4957	5643	5825	6201	-51.7	-16.6
61.17	70.67	79.45	89.61	73.2	14.7
60.28	80.28	105.43	72.04	170.9	28.3
101.80	100.15	101.42	102.07	-0.4	-0.1
542.40	543.99	517.53	539.76	0.5	0.1
549.58	620.83	690.98	767.30	59.8	12.4
14.03	17.19	19.34	15.15	30.6	6.9
8.47	11.28	16.42	13.66	87.2	17.0
4102.54	4529.87	5212.80	5570.17	57.9	12.1
3398.17	4171.73	4988.01	5579.76	99.9	18.9
25.9	28.8	31.2	34.1	四年共增加8.0个平方米	
26.8	31.2	31.4	32.9	四年共增加2.0个平方米	
20352	22307	24542	26757	45.9	9.9
6462	7283	7933	8664	54.9	11.6
30.34	29.89	28.66	28.66	四年共降低3.98个百分点	
33.23	31.89	29.93	24.44	四年共降低12.71个百分点	
26138	28259	31007	33885	51.6	14.9

2-6 主要年份平均每天主要社会经济活动
Selected Indicators on Average Daliy Social and Economic Activities in Main Years

指　　标		Item		2000	2005	2010	2015	2016
每天创造的财富		**The Wealth Created Each Day**						
生产总值	(万元)	Gross Regional Product	(10 000 yuan)	7224	14885	36998	66221	70479
#第一产业		Primary Industry		1099	1790	3696	5724	6060
第二产业		Secondary Industry		2982	7250	20401	33077	34246
第三产业		Tertiary Industry		3143	5846	12901	27419	30173
#工业		Industry		2159	5587	16812	24490	24704
建筑业		Construction		823	1662	3588	8598	9553
交通运输、仓储和邮政业		Transport, Storage and Post		479	873	1678	2481	2602
批发和零售业		Wholesale and Retail Trades,		532	976	2231	4241	4467
住宿和餐饮业		Hotels and Catering Services		159	257	447	1185	1265
地方财政收入	(万元)	Local Government Revenue	(10 000 yuan)	454	927	3020	7319	6534
财政支出	(万元)	Government Expenditures	(10 000 yuan)	1870	4651	20367	41511	41775
粮　食	(吨)	Grain Crops	(ton)	2266	2555	2795	2814	2834
油　料	(吨)	Oil-bearing Crops	(ton)	532	873	1011	835	823
肉　类	(吨)	Meat	(ton)	571	706	754	952	987
牛肉		Beef		174	204	232	315	334
羊肉		Muttom		192	251	248	317	328
牛　奶	(吨)	Cow Milk	(ton)	565	647	718	863	904
原　煤	(吨)	Coal	(ton)	3972	15205	51041	22356	21562
发电量	(万千瓦时)	Electricity	(10 000 kwh)	3671	5836	12521	15507	15151
原　油	(吨)	Crude Oil	(ton)	5480	6055	5096	6110	6055
钢　材	(吨)	Rolled Steel	(ton)	986	1315	3781	3123	3425
原　盐	(吨)	Salt	(ton)	1863	3069	3397	7836	5644
每天消费量		**Daily Consumption**						
最终消费	(万元)	Final Consumption	(10 000 yuan)	4074	9883	19742	40712	40712
居民消费		People's Consumption		3352	5761	11240	24348	24348
农村居民		Rural		1144	1758	3346	7305	7305
城镇居民		Urban		2208	4004	7894	17043	17043
政府消费		Government Consumption		1353	4121	8502	16364	16364

2-6 续表 Continued

指 标	Item	2000	2005	2010	2015	2016
能源消费量 （万吨标准煤）	Consumption of Energy (10 000 tons of SCE)	2.46	5.02	7.71	11.33	11.26
社会消费品零售总额(万元)	Retail Sales of Consumer Goods (10 000 yuan)	2747	4427	9617	18931	21022
每天其他经济活动	**Other Economic Activities**					
资本形成总额 （万元）	Gross Capital Formation (10 000 yuan)	4396	10117	29781	92441	97684
固定资本形成	Gross Fixed Capital Formation	4301	9975	28982	90510	97312
存货增加	Changes in Inventories	96	142	798	1931	372
城镇新建住宅面积 （万平方米）	New Residential Area of Urban (10 000 sq.m)	0.14	0.20	0.66	0.88	0.63
农民个人新建住宅面积 （万平方米）	New Residential Area of Individual Farmers (10 000 sq.m)	0.54	0.55	1.81	1.68	1.74
货运量 （万吨）	Freight Traffic (10 000 tons)	13.91	19.59	31.30	44.31	46.82
客运量 （万人）	Passenger Traffic (10 000 person)	9.90	13.48	30.13	15.96	16.99
邮电业务总量 （万元）	Bussiness Volume of Postal and Telecommunication Services (10 000 yuan)	134.74	861.18	3346.10	2898.55	1973.70
进出口总额 （万美元）	Total Value of Imports and Exports(10 000 USD)	43.76	113.25	216.18	529.99	415.03
出口总额	Total Exports	30.69	88.56	127.75	449.85	374.24
进口总额	Total Imports	13.08	24.70	88.43	80.14	40.78
利用外资合同金额 （万美元）	Total Amount of Contracted Foreign Investment (10 000 USD)	41.95	97.43	86.73	43.70	26.19
国际旅游者人数 （人次）	Number of International Tourists	82	110	137	181	192
居民新增储蓄额 （万元）	Residents of New Savings (10 000 yuan)	444	1349	5190	3551	5087
每天人口变动	**Daily Population Changes**					
出 生 （人）	Birth (person)	271	233	229	236	238
死 亡 （人）	Death (person)	86	92	97	99	100

2-7　主要年份人均主要工农业产品产量
Per Capita Output of Major Industrial and Agricultural Products in Main Years

单位：千克　　(kg)

年份 Year	粮食 Grain	油料 Oil-bearing	水果 Fruits	牛奶 Cow Milk	肉类 Meat	牛羊肉 Beef and Mutton	羊毛 Woll	水产品 Aquatic Products
1978	250.3	12.5	1.8	34.7	16.6		4.5	0.9
1980	255.3	18.9	2.0	30.9	22.7	17.3	4.6	0.9
1981	210.3	16.7	2.7	32.3	22.2	15.9	4.5	0.8
1982	239.4	19.0	3.5	32.1	22.5	16.7	4.4	0.7
1983	246.7	18.4	3.0	33.2	23.0	17.4	4.1	1.0
1984	261.0	19.2	4.5	34.0	24.3	18.2	4.0	1.0
1985	248.0	24.5	4.9	38.2	27.6	20.2	3.8	1.1
1986	237.4	25.0	4.7	37.4	27.8	19.7	3.6	1.1
1987	245.3	24.4	5.0	41.2	26.8	18.4	3.6	0.5
1988	245.5	24.2	6.0	42.1	27.6	18.5	3.4	0.6
1989	253.5	24.1	5.2	45.3	28.8	18.7	3.5	0.6
1990	258.1	27.1	5.0	45.4	34.6	24.2	4.0	0.8
1991	254.2	29.3	4.7	45.1	34.9	24.1	4.0	0.9
1992	258.8	30.7	5.7	45.5	35.7	25.1	4.0	0.9
1993	255.7	31.7	5.9	40.7	34.3	23.6	3.8	0.8
1994	248.4	39.2	5.5	41.2	37.9	26.2	3.8	0.8
1995	239.1	27.1	5.6	41.9	38.5	26.0	3.7	0.5
1996	255.4	35.3	6.0	37.4	38.6	26.2	3.4	0.5
1997	259.2	37.3	5.5	37.8	40.3	26.8	3.3	0.4
1998	256.8	42.1	5.0	39.8	41.1	26.7	3.3	0.3
1999	204.6	56.3	4.8	37.6	39.8	25.1	3.1	0.3
2000	161.1	37.8	4.4	40.2	40.6	26.0	3.2	0.2
2001	198.5	44.2	3.3	41.7	42.5	28.1	3.2	0.4
2002	173.6	44.5	3.1	41.9	43.3	28.6	3.2	0.3
2003	163.4	49.3	2.7	41.7	44.6	29.3	3.3	0.2
2004	165.0	53.9	2.7	42.4	46.3	30.1	3.3	0.2
2005	172.4	58.9	2.7	43.7	47.6	30.7	3.3	0.2
2006	174.5	51.2	2.4	43.6	44.8	29.3	3.2	0.4
2007	180.2	58.3	2.5	45.5	44.3	29.1	2.8	0.3
2008	184.1	63.7	2.4	45.7	46.2	28.8	2.8	0.4
2009	184.8	65.9	2.6	45.5	48.4	30.5	2.8	0.1
2010	182.1	65.9	2.6	46.8	49.1	31.2	3.2	0.3
2011	182.7	63.7	2.4	47.6	51.0	32.9	3.4	0.6
2012	177.9	61.7	2.5	48.3	53.4	35.0	3.4	0.8
2013	177.9	56.6	2.3	47.9	55.6	36.2	3.4	1.0
2014	180.5	54.3	2.3	52.5	57.5	37.1	3.2	1.6
2015	175.3	52.0	2.6	53.8	59.3	39.3	3.2	1.8
2016	175.1	50.8	2.2	55.8	61.0	40.9	3.2	2.0

2-7 续表 Continued

单位：千克 (kg)

年 份 Year	原 盐 Salt	农用化肥 Chemical Fertilizers	原 煤 Coal	原铝(电解铝) Aluminum	原 油 Crude Petroleum Oil	发电量 (千瓦小时) Electricity (kwh)	粗 钢 Steel	水 泥 Cement
1978	108.0	33.7	679		37.8	180.7	50.4	50.5
1980	80.8	19.0	670		40.2	219.6	47.9	79.7
1981	33.7	29.3	504		44.0	203.5	45.7	57.2
1982	66.6	28.7	535		44.6	202.5	47.0	72.4
1983	65.2	29.3	558		44.7	196.1	48.7	93.2
1984	85.9	30.7	602		46.6	206.0	49.9	106.9
1985	90.2	6.1	685		49.4	281.3	51.7	119.7
1986	165.6	8.0	657		84.5	353.4	54.3	118.3
1987	338.2	9.8	645		42.1	526.5	56.7	115.9
1988	256.3	11.9	622	5.4	148.5	1063.8	67.9	125.0
1989	280.4	12.9	691	7.3	165.8	1331.2	71.2	123.5
1990	235.0	14.8	721	10.3	182.5	1591.1	72.7	115.8
1991	315.6	21.9	636	13.0	226.2	1326.2	80.4	128.1
1992	201.4	26.9	616	15.3	230.4	1088.5	83.5	154.0
1993	208.8	25.2	498	19.8	233.7	1466.7	92.4	167.0
1994	197.1	33.3	561	24.3	240.4	1554.6	97.5	133.9
1995	159.4	43.8	582	24.0	254.9	1265.1	74.4	133.6
1996	140.8	32.1	613	25.9	289.0	1273.7	84.0	157.0
1997	32.4	39.2	669	37.8	325.6	1712.6	87.7	160.8
1998	78.7	63.7	641	47.2	352.8	2013.0	87.2	206.3
1999	96.6	82.1	423	51.9	374.5	2258.4	88.2	230.6
2000	131.8	130.7	283	55.2	389.7	2607.0	83.6	241.1
2001	148.3	153.0	445	56.8	396.4	2650.4	85.2	319.4
2002	118.3	145.6	475	66.0	407.0	2652.6	79.4	502.0
2003	124.9	182.3	585	75.4	414.2	2437.5	89.9	577.9
2004	147.3	277.4	766	105.2	414.1	3134.0	88.1	636.0
2005	207.1	294.0	1026	123.9	408.6	3937.9	94.3	685.9
2006	262.2	375.9	1085	150.3	408.8	5078.4	146.7	680.2
2007	294.7	445.7	1630	172.8	402.1	5403.4	209.2	795.1
2008	426.8	446.7	2139	184.5	397.9	5534.0	208.0	828.3
2009	127.7	500.2	2310	163.7	334.7	6495.1	228.5	1097.5
2010	221.3	558.6	3324	262.3	331.9	8155.1	244.5	1447.2
2011	270.4	464.8	3466	298.7	344.6	7723.3	245.7	1843.3
2012	310.2	625.6	4311	355.7	359.2	9742.9	247.1	2402.4
2013	453.5	717.7	5248	389.2	373.6	9835.3	257.2	3103.5
2014	382.4	866.2	3100	403.0	378.9	9490.1	248.0	3176.0
2015	488.1	887.5	1393	373.8	380.1	9659.9	206.5	2976.5
2016	348.6	934.1	1332	375.7	374.0	9357.9	194.6	3172.9

2−8　2014−2016年非公有制经济基本情况

指　　标	Item	户数(个) Number of Enterprises(unit)			从业人员(人) Employed Person(person)		
		2014	2015	2016	2014	2015	2016
总计	**Total**	**284690**	**309122**	**338068**	**1065555**	**1105452**	**1185649**
按经济类型分	**By Economic Type Groups**						
股份合作企业	Cooperative Enterprises	106	131	153	2341	3058	3363
联营企业	Joint Ownership Enterprises	18	15	14	379	243	242
有限责任公司	Limited Liability Corporations	3036	3176	3488	123084	128766	129956
股份有限公司	Share-holding Corporations Limited	356	325	326	13561	19370	19426
私营企业	Private Enterprises	15710	16665	19381	333085	316071	334411
个体经济	Self-employed Individual Economy	261840	284189	309959	529734	571976	631303
港澳台商投资企业	Enterprises with Funds from	53	42	44	5096	5975	6152
外商企业	Foreign Funded Enterprises	78	74	77	7471	7478	7533
其他企业	Other Enterprises	3493	4505	4626	50804	52515	53263
按行业类别分	**Grouped by Sector**						
农林牧渔业	Agriculture,Forestry,Animal Husbandry and Fishery	5725	8417	9901	50777	64608	70535
农林牧渔服务业		238	254	327	2463	1825	1942
工业	Industry	18848	19556	21086	217728	208106	212212
建筑业	Construction	3411	3328	3626	101386	96012	101279
批发和零售业	Wholesale and Retail Trades	136138	148294	159925	294290	298748	313857
交通运输、仓储及邮政业	Transport,Storage and Post	58584	58675	60355	109394	102412	103453
住宿和餐饮业	Hotels and Catering Services	29138	34568	41366	123417	148811	169960
信息传输、软件和信息技术服务业	Information transmission, Computer services and software industry	776	875	1106	5049	6336	7952
金融业	Financial Intermediation	154	161	188	2361	2502	3208
房地产业	Real Estate	1321	1257	1391	32838	29119	37001
租赁和商务服务业	Leasing and Business Services	3807	4433	5391	34031	37448	42372
科学研究和技术服务业	Scientific research, technical services and geological prospecting industry	1126	1139	1222	13927	12573	12739
水利、环境和公共设施管理业	Management of Water Conservancy,	446	402	442	3124	2655	3233
居民服务、修理和其他服务业	Services to Households and Other Services	20334	22870	26263	53179	60378	69146
教育	Education	252	258	299	2469	2426	2766
卫生和社会工作	Health, Social Security and Social Welfare	1239	1275	1408	7105	6656	7362
文化、体育和娱乐业	Culture, Sports and Entertainment	3153	3360	3772	12017	24837	26632
公共管理、社会保障和社会组织	Public Management and Social Organizations						
按产业结构分	**By Industrial Structure**						
第一产业	Primary Industry	5725	8417	9901	50777	64608	70535
第二产业	Secondary Industry	22259	22884	24712	319114	304118	313491
第三产业	Tertiary Industry	256706	277821	303455	695664	736726	801623

注：按照2012年制定的《三次产业划分规定》，农林牧渔服务业、工业中的开采辅助活动和金属制品、机械和设备修理业划归为第三产业。

Basic ConditionS on Non-public Economy(2014-2016)

注册资金(万元) Registered Capital(10 000 yuan)			销售收入或营业收入(万元) Revenue from Principal Business(10 000 yuan)			总产出(万元) Gross Industrial(10 000 yuan)		
2014	2015	2016	2014	2015	2016	2014	2015	2016
13099288	**14223463**	**16822575**	**34307285**	**37896160**	**41444733**	**26217200**	**29858624**	**30582685**
19954	21666	38042	208390	226274	258503	222814	397078	488222
34259	37199	33892	129	140	128	116	118	105
2479461	2692247	2839511	8211774	8916506	9578586	3823370	5148954	4499811
821608	892118	894798	2415996	2623336	2573943	1813487	1469138	1349533
7482983	7925170	9945874	15821933	17824401	20276665	15231715	16573176	17120626
648651	904318	1316638	5600844	6081507	6488121	3832391	4244796	4438001
150618	163544	163859	1250593	1357918	1391514	631389	1123645	1435283
281965	306163	307108	506097	549530	559321	368591	516346	1026460
1179789	1281038	1282853	291529	316548	317952	293327	385373	224644
638103	672862	781576	1020146	1122748	1237338	1020146	1122748	1205369
36453	39581	45976	14860	15885	17372	14860	15885	16933
5791937	5888999	7135679	12344848	13404279	14629991	18261988	20830636	20804488
459291	498707	585096	1048513	1848056	2021107	1048513	1848056	1872136
2800562	3140905	3648390	15421124	16744560	18332511	1749540	1795444	2170789
208580	226480	263072	1074930	1167180	1276474	949557	954655	983662
424529	580962	674830	399705	466234	509892	399705	466234	492290
112021	121635	141288	707967	893250	976893	707967	893250	914077
1846771	2205260	2561569	989571	1074496	1175111	789571	795896	857093
217871	236569	274792	565949	501481	548439	565949	501481	545296
336842	365750	424846	149581	162418	177627	143460	147387	156872
25047	27197	31592	24710	24866	27194	24710	24866	29739
126150	136976	159107	371138	287213	314107	371138	287213	320332
3560	3866	4491	11208	12033	13160	11208	12033	14279
6543	7105	8253	57494	56863	62188	57494	56863	63402
65028	70609	82018	105541	114598	125329	101393	105976	135928
638103	672862	781576	1020146	1122748	1237338	1020146	1122748	1205369
6251228	6387706	7720775	13393361	15252335	16651098	19310501	22678692	22676624
6209957	7162895	8320224	19893778	21521077	23556297	5886553	6057184	6700692

b)According to the three industry classification standards of 2012 ,service in support of agriculture, support activities for mining and repair service of metal products, machinery and equipmen are classified as the tertiary industry.

2-9 2014-2016非公有制经济增加值构成项目

单位:万元

指 标	Item	增加值 Value added			劳动者报酬 Workers Compensation		
		2014	2015	2016	2014	2015	2016
总计	**Total**	**7844672**	**8491944**	**9176032**	**2938871**	**3262844**	**3571126**
按经济类型分	**By Economic Type Groups**						
股份合作企业	Cooperative Enterprises	90696	139122	26583	5830	8607	7425
联营企业	Joint Ownership Enterprises	56	58	56	28	27	28
有限责任公司	Limited Liability Corporations	1281670	1433785	1656805	441379	408630	430502
股份有限公司	Share-holding Corporations Limited	452688	564838	604707	165440	245514	233129
私营企业	Private Enterprises	3593726	3431838	3821334	933169	1007941	1142112
个体经济	Self-employed Individual Economy	1990946	2127163	2263799	1252175	1355675	1531513
港澳台商投资企业	Enterprises with Funds from Hong Kong, Macao and Taiwan	183557	409889	333907	31537	50391	54391
外商企业	Foreign Funded Enterprises	117677	183544	350555	24508	44783	77518
其他企业	Other Enterprises	133656	201707	118286	84805	141276	94508
按行业类别分	**Grouped by Sector**						
农林牧渔业	Agriculture,Forestry,Animal Husbandry and Fishery	419148	469694	506361	388969	435876	469903
农林牧渔服务业		8668	9266	9878	8034	8588	9155
工业	Industry	3768031	4022414	4320073	683171	847937	955016
建筑业	Construction	525035	542996	550034	354257	365936	368011
批发和零售业	Wholesale and Retail Trades	1182653	1334028	1519317	682564	711294	767352
交通运输、仓储及邮政业	Transport,Storage and Post	341034	340490	355398	197526	197720	205406
住宿和餐饮业	Hotels and Catering Services	223067	258912	286253	171172	199992	232337
信息传输、软件和信息技术服务业	Information transmission, Computer services and software industry	373529	442391	452705	68565	98000	104607
金融业	Financial Intermediation						
房地产业	Real Estate	445016	474059	496530	51348	40502	53724
租赁和商务服务业	Leasing and Business Services	236832	265785	303828	131640	148080	169096
科学研究和技术服务业	Scientific research, technical services and geological prospecting industry	67717	69492	73946	36322	37219	39467
水利、环境和公共设施管理业	Management of Water Conservancy, Environment and Public Facilities	7626	7641	9213	6547	6606	7775
居民服务、修理和其他服务业	Services to Households and Other Services	169509	175205	194887	99810	104098	116466
教育	Education	6028	6460	7621	4788	5125	6015
卫生和社会工作	Health, Social Security and Social Welfare	19966	19971	22196	17247	17167	19105
文化、体育和娱乐业	Culture, Sports and Entertainment	50813	53140	67792	36911	38704	47691
公共管理、社会保障和社会组织	Public Management and Social Organizations						
按产业结构分	**By Industrial Structure**						
第一产业	Primary Industry	419148	469694	506361	388969	435876	469903
第二产业	Secondary Industry	4293066	4565410	4870107	1037428	1213873	1323027
第三产业	Tertiary Industry	3132458	3456840	3799564	1512474	1613095	1778196

注:按照2012年制定的《三次产业划分规定》，农林牧渔服务业、工业中的开采辅助活动和金属制品、机械和设备修理业划归为第三产业。

Components of Non-public Economy Value-Added(2014-2016)

(10 000 yuan)

固定资产折旧 Depreciation for Fixed Asset			生产税净额 Production Tax Net			营业盈余 Operating Surplus		
2014	2015	2016	2014	2015	2016	2014	2015	2016
2316541	**3065674**	**1709917**	**1121541**	**1144004**	**2530329**	**1467719**	**1019422**	**1364660**
21502	99178	4864	5329	9859	5871	58035	21478	8423
8	9	8	8	9	8	12	13	12
542828	503587	458967	220628	178770	362860	76835	342798	404476
114469	199370	175722	108291	122755	136305	64488	-2801	59551
1040212	1493808	514173	682880	672545	1682821	937465	257544	482228
463834	479618	398948	19689	22158	24316	255248	269712	309022
62085	145844	92924	56774	94292	147700	33162	119362	38892
35538	95243	51948	22587	35922	165161	35044	7596	55928
36065	49017	12363	5356	7694	5287	7430	3720	6128
30179	33818	36458						
634	678	723						
1385210	2084804	743443	731662	823402	2116770	967988	266271	504844
33590	50553	41008	73887	67912	84796	63300	58595	56219
56119	37494	116475	132957	82258	83114	311012	502982	552376
109090	109433	113110	14844	15000	15288	19574	18337	21594
18435	18793	16616	13333	14379	18635	20127	25748	18665
299185	333457	335854	22861	25565	25773	-17082	-14631	-13529
295861	305339	203712	91803	71471	134992	6005	56747	104102
20291	22754	25977	20935	23444	26815	63966	71507	81940
11125	11447	12250	8508	8769	9403	11762	12057	12826
2283	2316	2830	2455	2475	3001	-3659	-3756	-4393
48106	48211	52491	5328	6336	7743	16265	16560	18187
274	296	359	466	506	620	500	533	627
1260	1209	1364	740	665	776	719	930	951
4898	5072	7247	1763	1822	2603	7241	7542	10251
30179	33818	36458						
1418800	2135357	784451	805549	891314	2201566	1031289	324866	561063
867561	896499	889008	315992	252690	328763	436430	694556	803597

b)According to the three industry classification standards of 2012 ,service in support of agriculture, support activities for mining and repair service of metal products, machinery and equipmen are classified as the tertiary industry.

2–10 法人单位及产业活动单位(2016年)
Juridical Entity and Industrial Activity Units(2016)

单位：个 (unit)

指标	Item	法人单位 Juridical	单产业 Single-Industry	多产业 Multi-Industry	产业活动单位 Industrial Activity Units	多产业所属 Multi-Industry Owned
总　计	**Total**	**65237**	**61434**	**3803**	**80041**	**18607**
按国民经济行业分组	**By Sector**					
农林牧渔业	Agriculture, Forestry, Animal Husbandry and Fishery	13060	13018	42	13229	211
采矿业	Mining	1031	1000	31	1107	107
制造业	Manufacturing	5020	4888	132	5198	310
电力、燃气及水的生产和供应业	Production and Supply of Electricity, Gas and Water	690	657	33	934	277
建筑业	Construction	2618	2496	122	3302	806
交通运输、仓储和邮政业	Transport, Storage and Post	1175	1073	102	1701	628
信息传输、软件和信息技术服务业	Information Transmission, Software and Information Technology Services	982	935	47	1475	540
批发和零售业	Wholesale and Retail Trades	11206	10733	473	13873	3140
住宿和餐饮业	Hotels and Catering Services	1378	1323	55	1585	262
金融业	Financial Intermediation	439	336	103	1865	1529
房地产业	Real Estate	1780	1658	122	2008	350
租赁和商务服务业	Leasing and Business Services	4511	4386	125	5029	643
科学研究和技术服务业	Scientific Research and Technical Services	1940	1837	103	2618	781
水利、环境和公共设施管理业	Management of Water Conservancy, Environment and Public Facilities	664	646	18	859	213
居民服务和其他服务业	Services to Households and Other Services	1221	1197	24	1328	131
教育	Education	1962	1747	215	3726	1979
卫生和社会工作	Health and Social Work	1175	1057	118	3168	2111
文化、体育和娱乐业	Culture, Sports and Entertainment	1299	1260	39	1431	171
公共管理和社会组织	Public Management and Social Organization	13086	11187	1899	15605	4418
按地区分组	**By Region**					
青海省	Qinghai Province	65237	61434	3803	80041	18607
西宁市	Xining City	29242	27859	1383	35108	7249
海东市	Haidong City	14205	13540	665	17265	3725
海北州	Haibei Zang A.P	3484	3274	210	4336	1062
黄南州	Huangnan Zang A.P	2716	2512	204	3409	897
海南州	Hainan Zang A.P	5178	4487	691	6786	2299
果洛州	Golog Zang A.P	1507	1331	176	2134	803
玉树州	Yushu Zang A.P	1882	1738	144	2442	704
海西州	Haixi Mongolian & Zang A.P	7023	6693	330	8561	1868
按机构类型分组	**By Mechanism Type**					
企业	Enterprise	41147	39707	1440	48521	8814
事业	Institution	4441	3906	535	8714	4808
机关	Organ	2924	1883	1041	4280	2397
社会团体	Social Organizations	2144	2114	30	2290	176
民办非企业单位	Private Non-enterprise Units	1222	1203	19	1203	
基金会	Foundation	16	15	1	16	1
居委会	Residents Committee	466	455	11	468	13
村委会	Village Committee	4218	3505	713	4219	714
农民专业合作社	Professional Farmers Cooperatives	1919	1918	1	1919	1
其他组织机构	Other Organizations	6740	6728	12	8411	1683

第 3 篇
CHAPTER 3

国民经济核算
National Accounts

国内生产总值增速

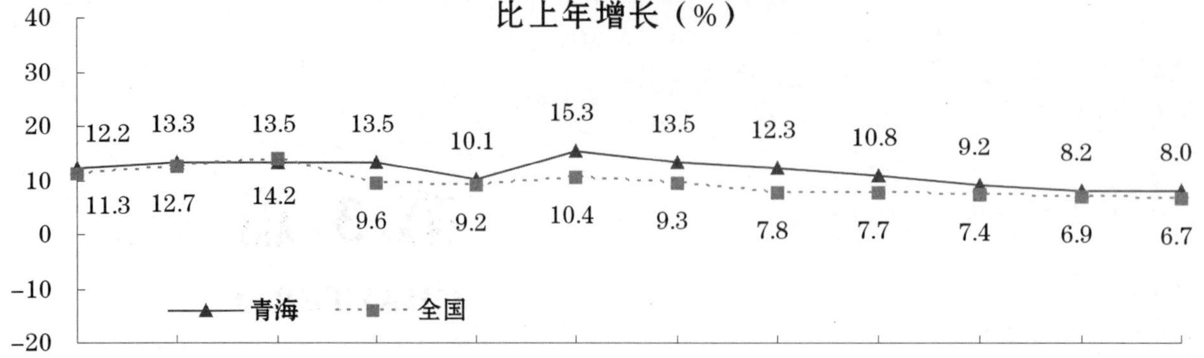

地区生产总值构成

（生产法，%）

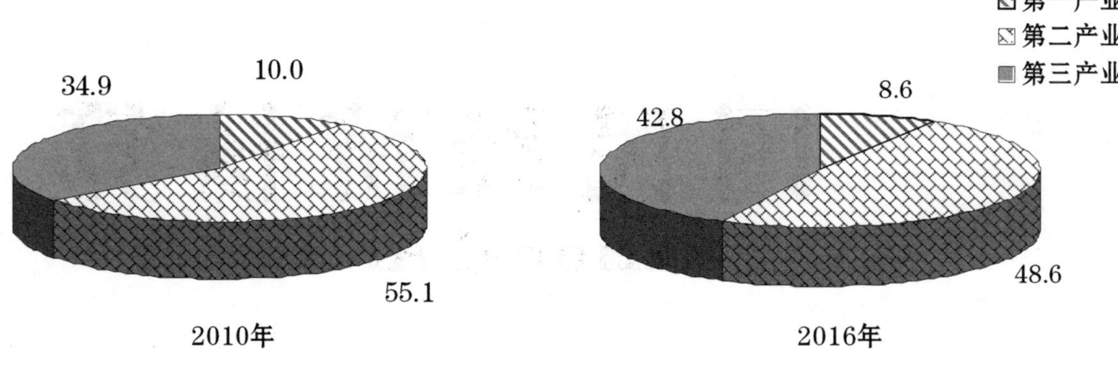

最终消费构成（%）

生产总值构成

（收入法，%）

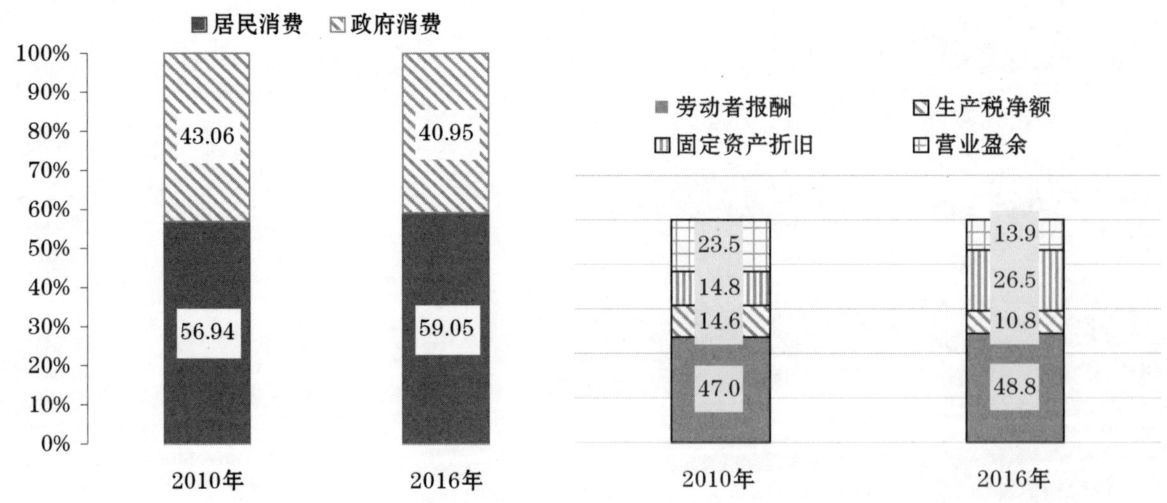

3-1 主要年份总产出
Gross Output in Main Years

按当年价格计算

Data in this table are calculated at current prices

单位：亿元 (100 million yuan)

年份 Year 地区 Region	总产出 Total Output	第一产业 Primary Industry	第二产业 Secondary Industry	第三产业 Tertiary Industry	农林牧渔业 Agriculture Forwdtry Animal Husbandry and Fishery	工业 Industry	建筑业 Construction
1952	2.39	1.61	0.32	0.46	1.61	0.26	0.06
1957	6.96	2.80	2.50	1.66	2.80	1.27	1.23
1965	9.93	4.16	3.41	2.36	4.16	2.42	0.99
1970	14.96	4.37	7.28	3.31	4.37	4.74	2.54
1975	23.96	5.63	13.35	4.98	5.63	10.16	3.19
1978	32.06	5.99	19.54	6.53	5.99	13.56	5.98
1980	37.18	7.77	21.51	7.90	7.77	14.33	7.18
1981	34.75	7.30	18.85	8.60	7.30	12.25	6.60
1982	37.84	8.36	22.71	6.77	8.36	14.73	7.98
1983	43.34	8.67	24.14	10.53	8.67	15.37	8.77
1984	50.22	10.48	27.55	12.19	10.48	17.92	9.63
1985	62.18	12.25	35.27	14.66	12.25	22.65	12.62
1986	71.17	14.11	39.49	17.57	14.11	26.79	12.70
1987	81.13	15.94	45.11	20.08	15.94	31.30	13.81
1988	101.76	19.49	59.08	23.19	19.49	42.51	16.57
1989	123.31	21.60	68.76	32.95	21.60	54.18	14.58
1990	144.62	24.53	71.29	48.80	24.53	55.25	16.04
1991	155.73	25.24	78.08	52.41	25.24	60.51	17.57
1992	183.24	28.03	95.07	60.14	28.03	68.22	26.85
1993	235.33	31.99	126.62	76.72	31.99	92.76	33.86
1994	295.40	45.99	155.88	93.53	45.99	123.49	32.38
1995	350.97	56.44	181.35	113.19	56.44	143.21	38.14
1996	392.40	57.68	199.48	135.23	57.68	147.68	51.80
1997	446.96	60.85	242.05	144.06	60.85	174.94	67.11
1998	502.96	62.87	283.07	157.03	62.87	196.81	86.26
1999	544.05	61.39	309.48	173.18	61.39	209.88	99.60
2000	621.44	59.51	362.94	198.99	59.51	240.08	122.86
2001	701.50	66.39	402.93	232.18	66.39	243.48	159.45
2002	814.12	69.34	482.26	262.53	69.34	270.61	211.65
2003	954.90	71.77	584.00	299.13	71.77	329.78	254.22
2004	1130.85	86.65	704.50	339.70	86.65	422.80	281.70
2005	1314.62	94.04	829.50	391.08	94.04	536.09	293.41
2006	1524.79	97.64	977.39	449.76	97.64	696.40	280.99
2007	1868.88	121.26	1212.88	534.74	121.26	927.57	285.31
2008	2365.80	153.40	1568.47	643.93	153.40	1260.92	307.55
2009	2465.21	157.30	1581.64	726.27	157.30	1216.82	364.82
2010	3187.75	201.30	2127.85	858.60	201.30	1653.61	474.24
2011	3927.87	230.82	2673.44	1023.61	230.82	2081.64	591.80
2012	4429.02	263.86	3015.37	1149.79	263.86	2287.79	727.58
2013	5243.40	305.38	3457.66	1480.36	310.3	2570.52	891.67
2014	5719.01	322.17	3744.47	1652.37	327.49	2702.82	1046.37
2015	5970.58	313.58	3820.23	1836.77	319.26	2653.98	1170.95
2016	6464.40	332.77	4158.33	1973.30	338.8	2871.65	1291.36
西宁市 Xining City	3156.29	72.88	2092.01	991.40	73.58	1570.01	522.79
海东市 Haidong City	1085.75	89.92	741.27	254.56	91.45	507.91	233.36
海北州 Haibei Zang A.P	196.94	25.35	103.99	67.60	25.93	62.34	41.65
黄南州 Huangnan Zang A.P	182.62	23.97	116.44	42.21	24.91	34.46	81.98
海南州 Hainan Zang A.P	344.30	48.64	237.44	58.22	49.58	125.17	112.27
果洛州 Golog Zang A.P	63.19	7.50	32.05	23.64	7.72	6.94	25.11
玉树州 Yushu Zang A.P	142.75	28.39	86.07	28.29	28.84	0.79	85.28
海西州 Haixi Mongolian & Zang A.P	989.80	43.76	708.48	237.56	44.47	650.38	58.10

注：1.1992—2004年、2005—2008年、2013年数据分别根据第一次、第二次和第三次经济普查数据进行调整和修订。
2.2013年开始按照国民经济行业分类(GB/T4754—2011)标准执行
3.1990—1993年的总产出依据第三产业普查作了统一调整。
4.1997年工业总产出等于按新口径计算工业总产值加销项税。
5.2006年第一产业数据根据农业普查数据进行了调整。

a) Data in 1992-2004,2005-2008 and 2013 were adjusted and revised based on the first, the second and the third economic census data separately.
b) It began to implement in accordance with the national economic industry classification (GB/T4754-2011) standards since 2013.
c) The total output in 1990-1993 were made a uniform adjustment based on the census of tertiary industry.
d) Industrial output in 1997 equaled to the total industrial output value calculated with new caliber added output tax.
e) Data on the primary industry in 2006 were adjusted according to agricultural census data.

3-2 主要年份总产出指数
Indices of Gross Output in Main Years

以上年为100

preceding year=100

单位：% (%)

年 份 地 区	Year Region	总产出 Total Output	第一产业 Primary Industry	第二产业 Secondary Industry	第三产业 Tertiary Industry	农林牧渔业 Agriculture Forwdtry Animal Husbandry and Fishery	工 业 Industry	建筑业 Construction
1952		100.00	100.00	100.00	100.00	100.00	100.00	100.00
1957		91.26	100.31	70.97	122.58	100.31	104.01	57.83
1965		109.47	111.00	103.78	115.89	111.00	129.21	137.64
1970		118.56	100.02	131.31	105.56	100.02	142.33	123.41
1975		114.41	99.12	121.92	104.70	99.12	115.65	132.09
1978		123.27	99.38	129.77	117.81	99.38	116.26	146.96
1980		99.83	111.02	95.95	111.38	111.02	97.48	94.74
1981		91.77	93.05	89.05	102.63	93.05	85.46	91.99
1982		117.48	107.80	120.05	113.94	107.80	119.00	120.84
1983		108.27	102.48	106.25	119.60	102.48	101.39	109.88
1984		119.47	108.94	111.61	117.75	108.94	114.23	109.81
1985		106.89	111.11	106.77	105.32	111.11	119.72	97.48
1986		102.72	104.68	101.60	105.27	104.68	111.33	93.03
1987		106.82	103.86	106.54	109.26	103.86	113.01	99.73
1988		109.16	100.27	112.30	103.43	100.27	120.57	102.41
1989		95.69	102.43	96.34	93.71	102.43	108.09	79.82
1990		116.52	104.86	102.07	173.17	104.86	103.17	99.96
1991		107.95	102.34	99.98	126.19	102.34	105.74	88.65
1992		113.60	104.10	113.70	115.70	104.10	105.30	133.50
1993		107.29	100.18	110.00	106.98	100.18	113.47	103.27
1994		106.41	103.60	105.06	110.10	103.60	112.70	88.80
1995		107.97	99.80	109.38	109.80	99.80	109.00	110.40
1996		111.12	103.90	114.31	109.40	103.90	109.70	126.60
1997		110.82	105.70	113.46	108.70	105.70	110.50	120.30
1998		111.61	104.50	115.36	108.20	104.50	110.20	126.30
1999		108.45	100.20	110.36	108.30	100.20	109.90	111.20
2000		109.54	97.40	109.56	114.00	97.40	105.60	116.80
2001		113.07	105.40	115.28	111.60	105.40	109.40	125.00
2002		112.38	103.40	114.50	111.20	103.40	108.90	122.60
2003		113.35	97.80	117.52	109.80	97.80	120.10	114.20
2004		111.93	103.80	113.58	110.60	103.80	120.30	104.50
2005		114.35	105.53	117.54	109.78	105.53	127.51	102.01
2006		110.91	103.73	111.28	111.85	103.73	118.59	97.91
2007		113.20	104.76	113.95	113.49	104.76	119.52	101.63
2008		112.93	104.26	114.31	111.81	104.26	119.66	100.38
2009		110.92	105.77	111.31	110.39	105.77	110.66	113.62
2010		119.51	106.62	123.30	113.61	106.62	123.01	124.17
2011		115.81	104.81	117.58	113.98	104.81	117.04	119.47
2012		113.73	115.35	114.96	110.25	115.35	113.57	119.70
2013		110.15	104.14	110.42	110.67	104.06	108.58	116.67
2014		109.65	105.59	110.09	109.32	105.58	108.46	115.25
2015		109.55	105.20	109.90	109.48	105.15	107.06	118.38
2016		108.84	105.47	110.12	106.78	105.44	109.84	110.73
西宁市	Xining City	109.80	105.41	110.70	108.22	105.38	109.30	115.02
海东市	Haidong City	111.03	105.56	112.36	109.33	105.57	109.86	118.03
海北州	Haibei Zang A.P	112.59	131.19	102.70	125.32	131.08	95.42	116.32
黄南州	Huangnan Zang A.P	107.24	105.15	109.46	102.41	105.09	100.46	113.82
海南州	Hainan Zang A.P	108.58	107.16	111.24	99.84	107.28	111.60	110.82
果洛州	Golog Zang A.P	102.50	100.10	95.52	117.00	100.28	73.73	104.30
玉树州	Yushu Zang A.P	101.90	104.46	96.56	116.04	104.35	103.50	96.50
海西州	Haixi Mongolian & Zang A.P	108.66	111.07	107.59	111.53	110.93	107.84	104.84

注：1.1995年工业指数与工业普查数有差距。
2.2013年开始按照国民经济行业分类(GB/T4754—2011)标准执行。
3.1992—2004年、2005—2008年、2013年数据分别根据第一次、第二次和第三次经济普查数据进行调整和修订。
4.2006年第一产业数据根据农业普查数据进行了调整。

a) There is a gap between the industrial indices in 1995 and the data of industrial census.
b) It began to implement in accordance with the national economic industry classification (GB/T4754-2011) standards since 2013.
c) Data in 1992-2004, 2005-2008 and 2013 were adjusted and revised based on the first, the second and the third economic census data separately
d) Data on the primary industry in 2006 were adjusted according to agricultural census data.

3-3 主要年份总产出指数

Indices of Gross Output in Main Years

以1952年为100

year of 1952=100

单位：% (%)

年 份 Year	总产出 Total Output	第一产业 Primary Industry	第二产业 Secondary Industry	第三产业 Tertiary Industry	农林牧渔业 Agriculture Forwdtry Animal Husbandry and Fishery	工 业 Industry	建筑业 Construction
1952	100.00	100.00	100.00	100.00	100.00	100.00	100.00
1957	282.38	147.46	659.48	513.51	147.46	386.33	1333.53
1965	374.18	187.14	921.11	670.27	187.14	789.04	2162.28
1970	717.21	196.56	2847.38	924.32	196.56	1805.23	5392.36
1975	1089.75	252.60	4669.44	1264.86	252.60	3839.48	6677.47
1978	1541.39	267.56	7165.41	1627.03	267.56	5037.37	12347.61
1980	1683.20	285.25	7782.74	1851.35	285.25	4903.07	14814.51
1981	1544.67	265.42	6930.53	1900.00	265.42	4190.16	13627.87
1982	1814.76	286.13	8320.10	2164.84	286.13	4986.29	16467.91
1983	1964.75	293.22	8840.10	2589.19	293.22	5055.60	18094.94
1984	2211.48	319.44	9866.44	3048.64	319.44	5775.01	19870.06
1985	2363.93	354.93	10534.40	3210.81	354.93	6913.85	19369.33
1986	2428.28	371.54	10702.95	3386.49	371.54	7697.18	18019.29
1987	2593.85	385.88	11402.93	3700.00	385.88	8698.59	17970.64
1988	2831.56	386.92	12805.49	3827.03	386.92	10487.79	18403.72
1989	2728.69	396.32	12336.81	3586.49	396.32	11336.25	14689.85
1990	3179.47	415.58	12592.17	6210.81	415.58	11695.61	14683.97
1991	3432.22	425.30	12589.65	7837.84	425.30	12366.94	13017.34
1992	3899.00	442.74	14314.43	9068.38	442.74	13022.39	17378.15
1993	4183.40	443.53	15745.44	9701.35	443.53	14776.50	17946.41
1994	4451.55	459.50	16542.14	10681.19	459.50	16653.12	15936.42
1995	4806.20	458.58	18093.51	11727.95	458.58	18151.90	17593.80
1996	5340.67	476.47	20682.50	12830.37	476.47	19912.63	22273.75
1997	5918.38	503.63	23466.37	13946.62	503.63	22003.46	26795.33
1998	6605.55	526.29	27069.88	15090.24	526.29	24247.81	33842.50
1999	7163.59	527.34	29873.19	16342.73	527.34	26648.35	37632.86
2000	7846.69	513.63	32728.22	18630.71	513.63	28140.66	43955.18
2001	8872.56	541.37	37727.83	20791.87	541.37	30785.88	54943.97
2002	9971.21	559.77	43196.76	23120.56	559.77	33525.82	67361.31
2003	11301.97	547.46	50764.65	25386.38	547.46	40264.51	76926.62
2004	12650.15	568.26	57660.98	28077.34	568.26	48438.21	80388.31
2005	14465.45	599.68	67774.72	30822.40	599.68	61765.82	82004.12
2006	16043.53	622.06	75418.27	34475.05	622.06	73249.34	80293.66
2007	18160.81	651.69	85938.67	39125.41	651.69	87544.11	81604.45
2008	20509.09	679.46	98232.89	43744.26	679.46	104751.53	81917.47
2009	22748.69	718.66	109343.03	48289.29	718.66	115918.05	93074.63
2010	27186.96	766.24	134819.96	54861.46	766.24	142590.79	115570.77
2011	31485.22	803.10	158521.31	62531.09	803.10	166888.26	138072.40
2012	35808.14	926.38	182236.10	68940.53	926.38	189535.00	165272.66
2013	39442.67	964.73	201225.10	76296.48	963.99	205797.10	192823.61
2014	43248.89	1018.66	221528.71	83407.31	1017.78	223207.53	222229.21
2015	47379.16	1071.63	243460.05	91314.33	1070.20	238965.99	263074.94
2016	51567.48	1130.24	268098.21	97505.44	1128.42	262480.24	291302.88

注：1.1992—2004年、2005—2008年、2013数据分别根据第一次、第二次和第三次经济普查数据进行调整和修订。
2.2013年开始按照国民经济行业分类(GB/T4754—2011)标准执行。
3.2006年第一产业数据根据农业普查数据进行了调整。

a) Data in 1992-2004, 2005-2008 and 2013 were adjusted and revised based on the first, the second and the third economic census data separately.
b) It began to implement in accordance with the national economic industry classification (GB/T4754-2011) standards since 2013.
c) Data on the primary industry in 2006 were adjusted according to the agricultural census data.

3-4 主要年份生产总值
Gross Domestic Product in Main Years

按当年价格计算

Data in this table are calculated at current prices.

单位：亿元 (100 million yuan)

年份 Year 地区 Region	生产总值 Gross Domestic Product	第一产业 Primary Industry	第二产业 Secondary Industry	第三产业 Tertiary Industry	农林牧渔业 Agriculture Forwdtry Animal Husbandry and Fishery	工业 Industry	建筑业 Construction	人均生产总值（元） Per Capita GDP (yuan)
1952	1.63	1.20	0.12	0.31	1.20	0.10	0.02	101
1957	3.95	2.13	0.78	1.04	2.13	0.40	0.38	193
1965	6.14	3.36	1.28	1.50	3.36	0.96	0.32	271
1970	8.15	3.36	2.79	2.00	3.36	2.02	0.77	303
1975	12.42	4.64	4.76	3.02	4.64	3.78	0.98	371
1978	15.54	3.67	7.71	4.16	3.67	5.57	2.14	428
1980	17.79	5.00	7.83	4.96	5.00	5.67	2.16	473
1981	17.49	4.63	7.23	5.63	4.63	5.21	2.02	459
1982	19.95	5.56	8.03	6.36	5.56	5.62	2.41	513
1983	22.45	5.90	8.98	7.57	5.90	6.38	2.60	569
1984	26.42	7.35	10.15	8.92	7.35	7.19	2.96	662
1985	33.01	8.64	13.39	10.98	8.64	8.90	4.49	808
1986	38.44	10.47	15.40	12.57	10.47	11.06	4.34	916
1987	43.38	11.74	16.61	15.03	11.74	12.09	4.52	1018
1988	54.96	14.36	23.30	17.30	14.36	17.33	5.97	1260
1989	60.37	15.73	25.29	19.35	15.73	20.07	5.22	1365
1990	69.94	17.67	26.89	25.38	17.67	21.23	5.66	1558
1991	75.10	17.96	29.84	27.30	17.96	23.49	6.35	1647
1992	87.52	19.90	36.31	31.31	19.90	26.69	9.62	1912
1993	109.68	22.21	48.13	39.34	22.21	36.67	11.46	2364
1994	138.40	32.40	57.78	48.22	32.40	46.13	11.65	2942
1995	167.80	39.62	64.58	63.60	39.62	51.62	12.96	3513
1996	184.17	40.41	70.00	73.76	40.41	53.27	16.73	3799
1997	202.79	41.80	76.63	84.36	41.80	56.90	19.73	4122
1998	220.92	42.94	85.44	92.54	42.94	62.40	23.04	4426
1999	239.38	42.03	94.03	103.32	42.03	68.63	25.40	4728
2000	263.68	40.12	108.83	114.73	40.12	78.80	30.03	5138
2001	300.13	44.74	125.09	130.30	44.74	87.02	38.07	5774
2002	340.65	47.31	144.51	148.83	47.31	97.48	47.03	6478
2003	390.20	48.47	171.92	169.81	48.47	117.18	54.74	7346
2004	466.10	60.70	211.70	193.70	60.70	153.50	58.20	8693
2005	543.32	65.34	264.61	213.37	65.34	203.94	60.67	10045
2006	648.50	67.55	331.91	249.04	67.55	265.12	66.79	11889
2007	797.35	83.41	419.03	294.91	83.41	344.52	74.51	14507
2008	1018.62	105.57	557.12	355.93	105.57	468.60	88.52	18421
2009	1081.27	107.40	575.33	398.54	107.40	470.33	105.00	19454
2010	1350.43	134.92	744.63	470.88	134.92	613.65	130.98	24098
2011	1670.44	155.08	975.18	540.18	155.08	811.73	163.45	29522
2012	1893.54	176.91	1092.34	624.29	176.91	895.89	196.45	33181
2013	2122.06	204.72	1151.28	766.06	207.59	912.68	238.97	36875
2014	2303.32	215.93	1234.31	853.08	219.03	954.27	280.43	39671
2015	2417.05	208.93	1207.31	1000.81	212.22	893.87	313.81	41252
2016	2572.49	221.19	1249.98	1101.32	224.69	901.68	348.67	43531
西宁市 Xining City	1248.16	39.15	595.64	613.37	39.56	479.39	116.41	53756
海东市 Haidong City	422.80	54.97	211.98	155.85	55.90	142.48	69.50	28999
海北州 Haibei Zang A.P	100.67	17.79	44.42	38.46	18.13	27.33	17.09	35953
黄南州 Huangnan Zang A.P	74.65	19.70	25.17	29.78	20.27	13.77	11.40	27633
海南州 Hainan Zang A.P	152.68	32.42	76.87	43.39	32.93	49.76	27.11	32754
果洛州 Golog Zang A.P	36.48	6.25	12.77	17.46	6.38	3.09	9.68	18378
玉树州 Yushu Zang A.P	61.48	26.20	22.55	12.73	26.37	0.82	21.73	15232
海西州 Haixi Mongolian & Zang A.P	486.96	28.09	326.67	132.20	28.52	279.05	47.62	95314

注：1.1992—2004年、2005—2008年、2013数据分别根据第一次、第二次和第三次经济普查数据进行调整和修订。
2.2013年开始按照国民经济行业分类(GB/T4754—2011)标准执行。
3.2006年第一产业数据根据农业普查数据进行了调整。

a) Data in 1992-2004, 2005-2008 and 2013 were adjusted and revised based on the first, the second and the third economic census data separately.
b) It began to implement in accordance with the national economic industry classification (GB/T4754-2011) standards since 2013.
c) Data on the primary industry in 2006 were adjusted according to the agricultural census data.

3-5 主要年份生产总值构成
Composition of Gross Domestic Product in Main Years

按当年价格计算

Data in this table are calculated at current prices.

单位：% (%)

年 份 Year / 地 区 Region	生产总值 Gross Domestic Product	第一产业 Primary Industry	第二产业 Secondary Industry	第三产业 Tertiary Industry	农林牧渔业 Agriculture Forwdtry Animal Husbandry and Fishery	工 业 Industry	建筑业 Construction
1952	100.0	73.6	7.4	19.0	73.6	6.2	1.2
1957	100.0	53.9	19.7	26.4	53.9	10.1	9.6
1965	100.0	54.7	20.8	24.5	54.7	15.6	5.2
1970	100.0	41.2	34.2	24.6	41.2	24.8	9.4
1975	100.0	37.4	38.3	24.3	37.4	30.4	7.9
1978	100.0	23.6	49.6	26.8	23.6	35.8	13.8
1980	100.0	28.1	44.0	27.9	28.1	31.9	12.1
1981	100.0	26.5	41.3	32.2	26.5	29.8	11.5
1982	100.0	27.9	40.3	31.8	27.9	28.2	12.1
1983	100.0	26.3	40.0	33.7	26.3	28.4	11.6
1984	100.0	27.8	38.4	33.8	27.8	27.2	11.2
1985	100.0	26.2	40.6	33.2	26.2	27.0	13.6
1986	100.0	27.2	40.1	32.7	27.2	28.8	11.3
1987	100.0	27.1	38.3	34.6	27.1	27.9	10.4
1988	100.0	26.1	42.4	31.5	26.1	31.5	10.9
1989	100.0	26.1	41.9	32.0	26.1	33.2	8.6
1990	100.0	25.3	38.4	36.3	25.3	30.4	8.0
1991	100.0	23.9	39.7	36.4	23.9	31.3	8.4
1992	100.0	22.7	41.5	35.8	22.7	30.5	11.0
1993	100.0	20.3	43.9	35.9	20.3	33.4	10.5
1994	100.0	23.4	41.7	34.8	23.4	33.3	8.4
1995	100.0	23.6	38.5	37.9	23.6	30.8	7.7
1996	100.0	21.9	38.0	40.0	21.9	28.9	9.1
1997	100.0	20.6	37.8	41.6	20.6	28.1	9.7
1998	100.0	19.4	38.7	41.9	19.4	28.2	10.4
1999	100.0	17.6	39.3	43.2	17.6	28.7	10.6
2000	100.0	15.2	41.3	43.5	15.2	29.9	11.4
2001	100.0	14.9	41.7	43.4	14.9	29.0	12.7
2002	100.0	13.9	42.4	43.7	13.9	28.6	13.8
2003	100.0	12.4	44.1	43.5	12.4	30.0	14.0
2004	100.0	13.0	45.4	41.6	13.0	32.9	12.5
2005	100.0	12.0	48.7	39.3	12.0	37.5	11.2
2006	100.0	10.4	51.2	38.4	10.4	40.9	10.3
2007	100.0	10.5	52.5	37.0	10.5	43.2	9.3
2008	100.0	10.4	54.7	34.9	10.4	46.0	8.7
2009	100.0	9.9	53.2	36.9	9.9	43.5	9.7
2010	100.0	10.0	55.1	34.9	10.0	45.4	9.7
2011	100.0	9.3	58.4	32.3	9.3	48.6	9.8
2012	100.0	9.3	57.7	33.0	9.3	47.3	10.4
2013	100.0	9.6	54.3	36.1	9.8	43.0	11.3
2014	100.0	9.4	53.6	37.0	9.5	41.4	12.2
2015	100.0	8.6	50.0	41.4	8.8	37.0	13.0
2016	100.0	8.6	48.6	42.8	8.7	35.1	13.5
西宁市 Xining City	100.0	3.2	47.7	49.1	3.2	38.4	9.3
海东市 Haidong City	100.0	13.0	50.1	36.9	13.2	33.7	16.4
海北州 Haibei Zang A.P	100.0	17.7	44.1	38.2	18.0	27.1	17.0
黄南州 Huangnan Zang A.P	100.0	26.4	33.7	39.9	27.2	18.4	15.3
海南州 Hainan Zang A.P	100.0	21.2	50.3	28.5	21.6	32.6	17.7
果洛州 Golog Zang A.P	100.0	17.1	35.0	47.9	17.5	8.5	26.5
玉树州 Yushu Zang A.P	100.0	42.6	36.7	20.7	42.9	1.3	35.4
海西州 Haixi Mongolian & Zang A.P	100.0	5.8	67.1	27.1	5.9	57.3	9.8

注：1.1992—2004年、2005—2008年、2013数据分别根据第一次、第二次和第三次经济普查数据进行调整和修订。
2.2013年开始按照国民经济行业分类(GB/T4754—2011)标准执行。
3.2006年第一产业数据根据农业普查数据进行了调整。

a) Data in 1992-2004, 2005-2008 and 2013 were adjusted and revised based on the first, the second and the third economic census data separately.
b) It began to implement in accordance with the national economic industry classification (GB/T4754-2011) standards since 2013.
c) Data on the primary industry in 2006 were adjusted according to the agricultural census data.

3-6 主要年份生产总值指数
Indices of Gross Domestic Product in Main Years

按可比价格计算

Data in this table are calculated at constant prices.

(1952=100) (year of 1952=100)

年 份 Year	生产总值 Gross Domestic Product	第一产业 Primary Industry	第二产业 Secondary Industry	第三产业 Tertiary Industry	农林牧渔业 Agriculture Forwdtry Animal Husbandry and Fishery	工 业 Industry	建筑业 Construction	人均生产总值 Per Capita GDP
1952	100.00	100.00	100.00	100.00	100.00	100.00	100.00	100.00
1957	216.67	151.20	591.67	335.48	151.20	330.00	1900.00	172.86
1965	312.26	203.62	1001.62	493.60	203.62	847.14	1600.00	224.87
1970	445.69	203.60	2460.10	689.74	203.60	2111.84	3848.76	260.14
1975	665.06	278.85	4075.30	959.28	278.85	3639.41	4899.10	324.06
1978	825.92	234.54	6501.60	1326.01	234.54	5435.19	10687.83	371.37
1980	884.25	243.25	6539.41	1389.94	243.25	5465.59	10796.77	477.00
1981	871.87	230.60	6048.95	1690.17	230.60	5049.11	10097.64	464.98
1982	974.75	261.17	6672.00	1901.44	261.17	5398.00	12045.89	509.99
1983	1078.07	279.04	7279.15	2203.77	279.04	5921.07	12995.10	555.99
1984	1224.69	318.10	8123.54	2547.55	318.10	6551.07	14794.92	623.98
1985	1357.45	343.87	9358.31	2751.36	343.87	7782.02	15845.36	675.96
1986	1467.40	375.85	10006.00	2968.72	375.85	8547.77	16095.72	714.36
1987	1551.05	387.50	10362.60	3295.28	387.50	9255.53	14246.32	743.50
1988	1670.48	385.14	12755.62	3183.57	385.14	11678.62	16045.63	782.68
1989	1690.52	395.00	12717.35	3255.85	395.00	12357.15	12595.82	781.67
1990	1753.47	411.47	12797.35	3433.62	411.47	12415.23	13745.82	798.78
1991	1835.64	415.50	13556.07	3707.62	415.50	13105.52	13565.75	824.59
1992	1971.30	432.16	14586.27	4062.07	432.16	13838.11	15877.35	872.41
1993	2161.55	429.26	16720.59	4564.95	429.26	15970.56	17777.87	943.95
1994	2337.11	444.72	18038.85	5072.32	444.72	17663.44	17475.65	1006.53
1995	2524.08	442.49	19716.46	5667.10	442.49	19341.47	18961.07	1070.55
1996	2744.18	458.87	21808.38	6213.50	458.87	20695.37	23720.30	1146.77
1997	2992.25	474.93	24120.07	6856.88	474.93	22557.96	27539.27	1232.21
1998	3259.16	491.55	26891.47	7482.17	491.55	24588.17	32909.43	1322.59
1999	3523.48	496.47	29427.34	8228.94	496.47	26801.11	36430.74	1409.81
2000	3838.48	476.61	32870.34	9182.54	476.61	29481.22	42478.24	1515.41
2001	4287.97	504.25	37843.62	10163.04	504.25	32724.15	53692.50	1671.19
2002	4805.96	526.94	44072.68	11229.29	526.94	37665.50	64269.92	1851.51
2003	5375.95	546.96	51353.49	12328.25	546.96	44106.30	74038.95	2050.18
2004	6035.58	567.96	59883.30	13596.83	567.96	53831.74	77259.64	2280.21
2005	6771.92	596.59	69374.80	14980.98	596.59	65157.94	78913.00	2536.28
2006	7669.88	617.23	80322.14	16949.49	617.23	77329.44	83687.24	2848.50
2007	8703.01	644.14	92322.27	19349.53	644.14	90707.43	88767.05	3207.41
2008	9880.53	669.26	107573.91	21706.31	669.26	108359.10	92548.53	3619.56
2009	10882.42	702.73	119772.79	23831.35	702.73	119379.22	108198.49	3966.31
2010	12550.69	744.19	142864.98	26724.48	744.19	142371.66	129156.54	4541.42
2011	14238.76	779.91	167694.91	29324.77	779.91	167628.39	149369.54	5099.56
2012	15983.01	820.47	191323.12	32571.02	820.47	190928.74	171774.97	5675.81
2013	17715.57	863.95	214779.33	35762.98	863.95	213649.26	195754.76	6238.85
2014	19347.17	908.96	236171.35	38924.43	908.88	232535.85	225431.18	6752.93
2015	20927.83	955.32	255891.66	42256.36	954.87	249720.25	253745.34	7238.47
2016	22599.96	1006.91	277591.27	45615.74	1006.43	268199.55	283027.55	7750.95

注：1.1992—2004年、2005—2008年、2013数据分别根据第一次、第二次和第三次经济普查数据进行调整和修订。
2.2013年开始按照国民经济行业分类(GB/T4754—2011)标准执行。

a) Data in 1992-2004, 2005-2008 and 2013 were adjusted and revised based on the first, the second and the third economic census data separately.
b) It began to implement in accordance with the national economic industry classification (GB/T4754-2011) standards since 2013.

3-7 主要年份生产总值指数
Indices of Gross Domestic Product in Main Years

按可比价格计算

Data in this table are calculated at constant prices.

(上年=100) (preceding year=100)

年 份 Year / 地 区 Region	生产总值 Gross Domestic Product	第一产业 Primary Industry	第二产业 Secondary Industry	第三产业 Tertiary Industry	农林牧渔业 Agriculture Forwdtry Animal Husbandry and Fishery	工 业 Industry	建筑业 Construction	人 均 生产总值 Per Capita GDP
1952	100.00	100.00	100.00	100.00	100.00	100.00	100.00	100.00
1957	97.33	100.53	74.74	114.29	100.53	100.00	61.83	91.28
1965	112.45	110.49	127.00	106.12	110.49	121.79	145.45	107.59
1970	119.57	100.34	162.50	106.87	100.34	183.59	103.31	114.79
1975	107.83	99.78	116.23	108.13	99.78	113.41	128.95	104.82
1978	114.93	96.91	128.08	122.61	96.91	116.32	173.98	111.87
1980	117.78	97.74	123.20	129.89	97.74	131.40	105.88	115.87
1981	98.60	94.80	92.50	121.60	94.80	92.38	93.52	97.48
1982	111.80	113.30	110.30	112.50	113.30	106.91	119.30	109.68
1983	110.60	106.80	109.10	115.90	106.80	109.69	107.88	109.02
1984	113.60	114.00	111.60	115.60	114.00	110.64	113.85	112.23
1985	110.84	108.10	115.20	108.00	108.10	118.79	107.10	108.33
1986	108.10	109.30	107.50	107.90	109.30	109.84	101.58	105.68
1987	105.70	103.10	103.00	111.10	103.10	108.28	88.51	104.08
1988	107.70	99.39	123.10	96.61	99.39	126.18	112.63	105.27
1989	101.20	102.56	99.74	102.27	102.56	105.81	78.50	99.87
1990	103.72	104.17	102.23	105.46	104.17	100.47	109.13	102.19
1991	104.69	100.98	104.29	107.98	100.98	105.56	98.69	103.23
1992	107.39	104.01	107.61	109.56	104.01	105.59	117.04	105.80
1993	109.65	99.33	114.63	112.38	99.33	115.41	111.97	108.20
1994	108.12	103.60	107.88	111.11	103.60	110.60	98.30	106.63
1995	108.00	99.50	109.30	111.73	99.50	109.50	108.50	106.36
1996	108.72	103.70	110.61	109.64	103.70	107.00	125.10	107.12
1997	109.04	103.50	110.60	110.35	103.50	109.00	116.10	107.45
1998	108.92	103.50	111.49	109.12	103.50	109.00	119.50	107.33
1999	108.11	101.00	109.43	109.98	101.00	109.00	110.70	106.59
2000	108.94	96.00	111.70	111.59	96.00	110.00	116.60	107.49
2001	111.71	105.80	115.13	110.68	105.80	111.00	126.40	110.28
2002	112.08	104.50	116.46	110.49	104.50	115.10	119.70	110.79
2003	111.86	103.80	116.52	109.79	103.80	117.10	115.20	110.73
2004	112.27	103.84	116.61	110.29	103.84	122.05	104.35	111.22
2005	112.20	105.04	115.85	110.18	105.04	121.04	102.14	111.23
2006	113.26	103.46	115.78	113.14	103.46	118.68	106.05	112.31
2007	113.47	104.36	114.94	114.16	104.36	117.30	106.07	112.60
2008	113.53	103.90	116.52	112.18	103.90	119.46	104.26	112.85
2009	110.14	105.00	111.34	109.79	105.00	110.17	116.91	109.58
2010	115.33	105.90	119.28	112.14	105.90	119.26	119.37	114.50
2011	113.45	104.80	117.38	109.73	104.80	117.74	115.65	112.28
2012	112.25	105.20	114.09	111.07	105.20	113.90	115.00	111.30
2013	110.84	105.30	112.26	109.80	105.30	111.90	113.96	109.92
2014	109.21	105.21	109.96	108.84	105.20	108.84	115.16	108.24
2015	108.17	105.10	108.35	108.56	105.06	107.39	112.56	107.19
2016	107.99	105.40	108.48	107.95	105.40	107.40	111.54	107.08
西宁市 Xining City	109.77	105.24	110.61	109.26	105.20	109.30	116.30	108.79
海东市 Haidong City	109.96	105.45	111.56	109.46	105.50	108.70	118.00	109.27
海北州 Haibei Zang A.P	105.85	104.71	105.34	107.03	104.70	106.00	104.29	105.10
黄南州 Huangnan Zang A.P	103.72	105.16	102.42	103.89	105.10	95.32	113.16	102.78
海南州 Hainan Zang A.P	108.02	105.32	108.70	108.97	105.30	108.00	109.98	106.94
果洛州 Golog Zang A.P	102.21	105.01	96.57	105.98	105.00	80.70	103.93	100.69
玉树州 Yushu Zang A.P	101.87	104.15	96.72	107.16	104.10	103.50	96.51	100.88
海西州 Haixi Mongolian & Zang A.P	108.54	110.73	107.01	111.95	110.60	107.40	104.84	107.73

注：1.1992—2004年、2005—2008年、2013数据分别根据第一次、第二次和第三次经济普查数据进行调整和修订。
2.2013年开始按照国民经济行业分类(GB/T4754—2011)标准执行。

a) Data in 1992-2004, 2005-2008 and 2013 were adjusted and revised based on the first, the second and the third economic census data separately.

b) It began to implement in accordance with the national economic industry classification (GB/T4754-2011) standards since 2013.

3-8 主要年份分行业增加值及增速

单位：亿元，%

行　　业	Item	2013 总量 Aggregate	2013 增速 Growth Rate
生产总值	Gross Domestic Product	2122.06	10.8
农林牧渔业	Agriculture Forwdtry Animal Husbandry and Fishery	207.59	5.3
#农林牧渔服务业	Serbices in Support of Agriculture	2.87	5.0
采矿业	Mining	267.91	13.2
#开采辅助活动	Support Activities for Mining	0.02	
制造业	Manufacturing	499.18	12.8
#金属制品、机械和设备修理业	Metal Products, Machinery and Equipment Repair Industry	0.35	3.3
电力、热力、燃气及水生产和供应业	Production and Supply of Electricity,Gas and Water	145.59	5.3
建筑业	Construction	238.97	14.0
批发和零售业	Wholesale and Retail Trades	139.08	12.5
交通运输、仓储和邮政业	Transport, Storage and Post	74.23	4.1
住宿和餐饮业	Hotels and Catering Services	34.42	2.9
信息传输、软件和信息技术服务业	Information Transmission, Software and Information Technology Services	40.42	3.1
金融业	Financial Intermediation	145.23	21.5
房地产业	Real Estate	46.21	6.1
租赁和商务服务业	Leasing and Business Services	32.27	10.8
科学研究和技术服务业	Scientific Research, Technical Services	20.40	-9.4
水利、环境和公共设施管理业	Management of Water Conservancy, Environment and Public facilities	5.15	2.1
居民服务、修理和其他服务业	Residents Services and Other Service	14.68	32.3
教育	Education	42.93	9.0
卫生和社会工作	Health and Social Work	23.69	6.1
文化、体育和娱乐业	Culture, Sports and Entertainment	13.68	13.2
公共管理、社会保障和社会组织	Public Administration, Social Security and Social Organizations	130.43	6.5

注：1.本表总量按当年价格计算，增速按可比价计算。
2.按照2012年制定的《三次产业划分规定》，农林牧渔服务业、开采辅助活动和金属制品、机械和设备修理业划归为第三产业。

Gross Domestic Product in Main Years

(100 million yuan,%)

2014		2015		2016	
总量 Aggregate	增速 Growth Rate	总量 Aggregate	增速 Growth Rate	总量 Aggregate	增速 Growth Rate
2303.32	9.2	2417.05	8.2	2572.49	8.0
219.03	5.2	212.22	5.1	224.69	5.4
3.10	4.8	3.29	2.5	3.50	5.5
223.93	-13.0	146.26	-26.5	121.12	-15.9
0.02		0.02		0.02	
576.74	18.6	609.71	18.9	639.11	13.7
0.37	9.7	0.35	8.8	0.35	8.6
153.60	5.5	137.90	1.0	141.45	4.1
280.43	15.2	313.81	12.6	348.67	11.5
150.64	6.7	154.78	-4.5	163.04	4.9
81.70	8.8	90.55	1.9	94.99	4.5
37.30	2.4	43.27	6.1	46.17	6.8
44.85	10.8	52.54	17.7	58.46	9.8
175.21	18.3	220.87	17.9	245.81	10.5
48.96	4.5	53.59	4.7	56.13	5.0
35.54	7.1	41.63	1.6	46.31	7.8
22.39	6.7	27.81	9.4	31.71	8.2
5.65	6.8	7.03	21.0	8.01	11.4
16.27	7.2	19.05	1.6	21.19	7.6
47.13	6.8	58.55	5.4	66.75	6.9
26.01	6.8	32.32	20.9	36.85	12.0
14.96	6.3	17.52	0.9	19.50	7.9
142.98	5.5	177.64	15.5	202.53	9.4

a)In this table, aggregate is calculated at current prices while growth rate is calculated at current prices.
b)According to the three industry classification standards of 2012 ,service in support of agriculture, support activities for mining and repair service of metal products, machinery and equipmen are classified as the tertiary industry.

3-9 地区分行业增加值及增速(2016年)

单位：亿元，%

指标	Intem	西宁市 Xining City		海东市 Haidong City	
		总量 Aggregate	增速 Growth Rate	总量 Aggregate	增速 Growth Rate
生产总值	Gross Domestic Product	1248.2	9.8	422.8	10.0
农林牧渔业	Agriculture Forwdtry Animal Husbandry and Fishery	39.6	5.2	55.9	5.5
#农林牧渔服务业	Serbices in Support of Agriculture	0.4	1.4	0.9	8.4
采矿业	Mining	1.5	9.3	16.0	5.0
#开采辅助活动	Support Activities for Mining				
制造业	Manufacturing	439.6	9.3	108.1	12.1
#金属制品、机械和设备修理业	Metal Products, Machinery and Equipment Repair Industry	0.2	-37.1		
电力、热力、燃气及水生产和供应业	Production and Supply of Electricity,Gas and Water	38.4	9.3	18.4	-5.7
建筑业	Construction	116.4	16.3	69.5	18.0
批发和零售业	Wholesale and Retail Trades	105.2	4.9	14.6	6.0
交通运输、仓储和邮政业	Transport, Storage and Post	48.1	6.5	17.2	5.8
住宿和餐饮业	Hotels and Catering Services	11.9	8.0	7.2	4.8
信息传输、软件和信息技术服务业	Information Transmission, Software and Information Technology Services	54.6	10.2	7.8	15.6
金融业	Financial Intermediation	140.0	14.0	11.5	17.4
房地产业	Real Estate	27.5	5.1	5.2	4.3
租赁和商务服务业	Leasing and Business Services	25.3	11.2	1.5	1.5
科学研究和技术服务业	Scientific Research, Technical Services	22.6	5.2	9.1	10.5
水利、环境和公共设施管理业	Management of Water Conservancy, Environment and Public facilities	5.8	13.0	3.9	13.5
居民服务、修理和其他服务业	Residents Services and Other Service	9.4	4.8	1.7	3.2
教育	Education	38.8	8.9	19.7	10.0
卫生和社会工作	Health and Social Work	27.2	8.7	3.3	10.0
文化、体育和娱乐业	Culture, Sports and Entertainment	14.1	18.4	0.9	1.1
公共管理、社会保障和社会组织	Public Administration, Social Security and Social Organizations	82.5	9.8	51.3	10.5

注：1.本表总量按当年价格计算，增速按可比价计算。
2.按照2012年制定的《三次产业划分规定》，农林牧渔服务业、开采辅助活动和金属制品、机械和设备修理业划归为第三产业。

Gross Domestic Product (2016)

(100 million yuan,%)

海北州 Haibei Zang A.P		黄南州 Huangnan Zang A.P		海南州 Hainan Zang A.P		果洛州 Golog Zang A.P		玉树州 Yushu Zang A.P		海西州 Haixi Mongolian & Zang A.P	
总量 Aggregate	增速 Growth Rate	总量 Aggregate	增速 Growth Rate	总量 Aggregate	增速 Growth Rate	总量 Aggregate	增速 Growth Rate	总量 Aggregate	增速 Growth Rate	总量 Aggregate	增速 Growth Rate
100.7	5.9	74.7	3.7	152.7	8.0	36.5	2.2	61.5	1.9	487.0	8.5
18.1	4.7	20.3	5.1	32.9	5.3	6.4	5.0	26.4	4.1	28.5	10.6
0.3	4.1	0.6	2.9	0.5	4.1	0.1	4.7	0.2	-3.9	0.4	2.2
11.6	8.6			2.3	-7.9	2.6	-21.3			89.3	4.7
9.4	12.9	4.1	17.6	13.7	40.2	0.3	-6.8			160.4	9.2
6.4	-7.3	9.7	-11.7	33.8	1.0	0.2	4.6	0.8	3.5	29.4	8.6
17.1	4.3	11.4	13.2	27.1	10.0	9.7	3.9	21.7	-3.5	47.6	4.8
2.8	11.7	1.5	4.4	3.3	6.5	1.3	2.0	1.2	3.8	10.5	5.4
2.4	15.3	0.7	21.8	4.2	8.0	1.3	24.7	0.7	12.3	42.5	21.2
1.8	10.9	1.6	5.6	2.3	8.0	1.5	6.5	0.4	7.8	4.4	8.2
1.2	10.0	1.2	6.0	1.7	4.8	1.5	4.0	1.5	4.6	9.5	6.0
3.2	22.5	2.3	20.5	5.3	14.7	2.4	12.3	0.2	5.5	13.0	3.4
1.0	5.1	0.8	5.0	2.2	4.4	0.4	5.0	0.1	5.0	5.1	19.5
0.9	9.8	0.2	5.1	0.4	-5.9	1.0	2.8	0.7	11.1	5.8	6.7
1.1	3.3	0.5	0.9	0.6	10.9	0.0	-71.8	0.3	6.2	3.6	15.6
0.1	3.7	0.2	2.7	0.4	11.3			0.4	12.0	0.6	10.0
0.6	9.7	0.3	5.5	0.4	8.4	0.7	1.6	0.9	11.1	3.5	3.6
2.9	4.9	2.2	2.0	5.6	6.2	1.2	6.0	0.5	15.7	5.0	8.3
1.9	3.4	1.3	1.3	3.1	10.2	1.2	6.7	0.6	12.0	4.7	10.4
1.2	9.9	0.9	6.1	0.7	4.6	1.1	3.5	0.4	14.2	3.1	12.7
17.1	2.9	15.4	1.0	12.7	10.7	3.8	1.2	4.7	4.9	20.5	9.3

a)In this table, aggregate is calculated at current prices while growth rate is calculated at current prices.
b)According to the three industry classification standards of 2012 ,service in support of agriculture, support activities for mining and repair service of metal products, machinery and equipmen are classified as the tertiary industry.

3-10 三次产业贡献率

Share of the Contribution of the Three Strata of Industry to the Increase of GDP

按可比价格计算

Data in this table are calculated at constant prices.

单位：% (%)

年 份 Year	生产总值 Gross Domestic Product	第一产业 Primary Industry	第二产业 Secondary Industry	第三产业 Tertiary Industry	工 业 Industry
1990	100.00	27.34	26.56	46.09	4.69
1991	100.00	5.60	35.60	58.80	37.68
1992	100.00	14.02	40.40	45.59	24.24
1993	100.00	-1.74	59.79	41.95	50.32
1994	100.00	10.04	41.65	48.30	43.29
1995	100.00	-1.36	47.80	53.55	40.27
1996	100.00	8.49	48.12	43.40	27.61
1997	100.00	7.39	48.29	44.33	33.69
1998	100.00	7.11	53.24	39.65	34.16
1999	100.00	2.21	50.21	47.58	37.58
2000	100.00	-7.20	56.40	50.80	38.20
2001	100.00	8.29	52.68	39.03	27.48
2002	100.00	5.93	56.98	37.09	36.37
2003	100.00	4.76	60.35	34.88	43.08
2004	100.00	4.27	61.28	34.45	56.34
2005	100.00	5.22	61.09	33.69	58.81
2006	100.00	3.14	57.96	38.90	52.87
2007	100.00	3.56	55.22	41.22	50.51
2008	100.00	2.91	61.57	35.52	58.49
2009	100.00	4.56	57.85	37.59	42.89
2010	100.00	3.40	65.80	30.80	53.80
2011	100.00	3.60	71.20	25.20	59.90
2012	100.00	3.92	65.60	30.48	53.50
2013	100.00	4.16	65.53	30.31	52.50
2014	100.00	4.56	63.50	31.94	46.35
2015	100.00	4.90	60.40	34.70	43.56
2016	100.00	5.84	52.97	41.19	34.23

注：1.产业贡献率指各产业增加值增量与GDP增量之比。
2.2006年第一产业数据根据农业普查数据进行了调整。
3.2013年根据第三次经济普查数据进行调整。
4.2013年开始按照国民经济行业分类(GB/T4754—2011)标准执行。

a) The contribution rate of industry refers to the ratio of increment of industrial added value to increment of GDP.
b) Data on the primary industry in 2006 were adjusted according to agricultural census data.
c) Data in 2013 were adjusted and revised based on the third economic census data.
d) It began to implement in accordance with the national economic industry classification (GB/T4754-2011) standards since 2013.

3-11 三次产业对生产总值增长的拉动

Contribution of the Three Strata Industry to GDP Growth

按可比价格计算

Data in this table are calculated at constant prices.

单位：百分点 (percentage points)

年 份 Year	生产总值 Gross Domestic Product	第一产业 Primary Industry	第二产业 Secondary Industry	第三产业 Tertiary Industry	工 业 Industry
1990	3.70	1.01	0.98	1.71	0.17
1991	4.69	0.26	1.67	2.76	1.77
1992	7.39	1.04	2.99	3.37	1.79
1993	9.65	-0.17	5.77	4.05	4.86
1994	8.12	0.82	3.38	3.92	3.52
1995	8.00	-0.11	3.83	4.29	3.22
1996	8.72	0.74	4.20	3.78	2.41
1997	9.04	0.67	4.37	4.01	3.05
1998	8.92	0.63	4.75	3.54	3.05
1999	8.11	0.18	4.07	3.86	3.05
2000	8.94	-0.64	5.04	4.54	3.41
2001	11.71	0.97	6.17	4.57	3.22
2002	12.08	0.72	6.88	4.48	4.39
2003	11.86	0.57	7.16	4.14	5.11
2004	12.27	0.52	7.52	4.23	6.91
2005	12.20	0.64	7.45	4.11	7.18
2006	13.26	0.42	7.69	5.15	7.01
2007	13.47	0.48	7.44	5.55	6.81
2008	13.53	0.39	8.33	4.81	7.91
2009	10.14	0.46	5.87	3.81	4.35
2010	15.33	0.52	10.09	4.72	8.25
2011	13.45	0.48	9.58	3.39	8.06
2012	12.25	0.48	8.04	3.73	6.55
2013	10.84	0.45	7.10	3.29	5.69
2014	9.21	0.42	5.85	2.94	4.27
2015	8.17	0.40	4.93	2.84	3.56
2016	7.99	0.47	4.23	3.29	2.73

注：1.产业拉动指GDP增长速度与各产业贡献率之乘积。
2.2006年数据根据农业普查数据进行调整和修订。
3.2013年根据第三次经济普查数据进行调整。
4.2013年开始按照国民经济行业分类(GB/T4754—2011)标准执行。

a) Industry driven means the product of GDP growth rate and contribution rate of industry.
b) Data in 2006 were adjusted according to agricultural census data.
c) Data in 2013 were adjusted and revised based on the third economic census data.
d) It began to implement in accordance with the national economic industry classification (GB/T4754-2011) standards since 2013.

3-12 1990-2016年生产总值构成项目

Components of Gross Domestic Product (1990-2016)

(按当年价格计算)

Data in this table are calculated at current prices.

单位：亿元 (100 million yuan)

年 份 Year	生产总值 Gross Domestic Product	劳动者报酬 Compensation of Employees	生产税净额 Net Taxes on Production	固定资产折旧 Depreciation of Fixed Assets	营业盈余 Operating Surplus
1990	69.94	39.50	8.48	9.86	12.10
1991	75.10	43.75	9.54	10.34	11.47
1992	87.52	50.21	10.87	14.34	12.10
1993	109.68	62.58	12.16	14.67	20.27
1994	138.40	76.06	14.29	19.49	28.56
1995	167.80	90.48	16.85	26.38	34.09
1996	184.17	109.03	16.46	26.03	32.66
1997	202.79	119.93	22.05	32.46	28.36
1998	220.92	124.44	21.30	35.31	39.86
1999	239.38	134.20	25.79	39.11	40.29
2000	263.68	139.39	30.74	58.48	35.07
2001	300.13	156.77	34.23	54.68	54.44
2002	340.65	172.31	40.59	59.57	68.19
2003	390.20	189.75	46.80	70.29	83.35
2004	466.10	220.30	55.00	84.70	106.10
2005	543.32	258.53	64.53	102.17	118.09
2006	648.50	314.39	80.13	103.72	150.26
2007	797.35	405.93	101.45	114.45	175.52
2008	1018.62	536.60	129.01	133.69	219.32
2009	1081.27	581.69	158.49	180.66	160.43
2010	1350.43	635.34	197.71	199.80	317.58
2011	1670.44	756.12	292.11	270.88	351.33
2012	1893.54	823.58	278.38	335.98	455.60
2013	2122.06	957.08	279.60	410.46	474.92
2014	2303.32	1071.61	304.77	559.25	367.69
2015	2417.05	1125.20	298.63	590.26	402.96
2016	2572.49	1254.75	277.66	682.69	357.39

注：1.1992-2004年、2005-2008年、2013数据分别根据第一次、第二次和第三次经济普查数据进行调整和修订。
2.2013年开始按照国民经济行业分类(GB/T4754-2011)标准执行。
3.2006年第一产业数据根据农业普查数据进行了调整。

a) Data in 1992-2004, 2005-2008 and 2013 were adjusted and revised based on the first, the second and the third economic census data separately.
b) It began to implement in accordance with the national economic industry classification (GB/T4754-2011) standards since 2013.
c) Data on the primary industry in 2006 were adjusted according to the agricultural census data.

3-13 1990-2016年支出法生产总值

Gross Domestic Product by Expenditure Approach(1990-2016)

按当年价格计算

Data in this table are calculated at current prices.

单位：亿元 (100 million yuan)

年份 Year	支出法生产总值 Gross Domestic Product by Expenditure Approach	最终消费支出 Final Consumption Expenditures	资本形成总额 Gross Capital Formation		货物和服务净出口 Net Exports of Goods and Services	资本形成率 Capital Formation Rate (%)	最终消费率 Final Consumption Rate (%)
			固定资产形成总额 Gross Fixed Capital Formation	库存增加 Change in Inventories			
1990	69.94	53.79	20.44	8.16	-12.45	40.89	76.91
1991	75.10	60.76	23.91	9.45	-19.02	44.42	80.90
1992	87.52	65.18	29.04	8.99	-15.69	43.45	74.47
1993	109.68	73.06	41.03	10.46	-14.87	46.95	66.61
1994	138.40	92.83	47.76	12.34	-14.54	43.43	67.08
1995	167.80	113.40	57.48	20.19	-23.27	46.29	67.58
1996	184.17	130.71	79.24	11.50	-37.28	49.27	70.97
1997	202.79	135.53	101.55	12.64	-46.92	56.31	66.83
1998	220.92	142.88	116.38	13.07	-51.41	58.59	64.68
1999	239.38	155.17	131.12	9.17	-56.07	58.60	64.82
2000	263.68	171.70	156.97	3.49	-68.48	60.85	65.12
2001	300.13	202.88	202.17	5.22	-110.14	69.10	67.60
2002	340.65	227.58	244.00	10.09	-141.02	74.59	66.81
2003	390.20	257.75	282.18	9.02	-158.75	74.63	66.06
2004	466.10	309.76	314.93	8.72	-167.31	69.44	66.46
2005	543.32	360.72	364.08	5.20	-186.68	67.97	66.39
2006	648.50	423.49	411.68	15.95	-202.62	65.94	65.30
2007	797.35	509.45	480.43	16.28	-208.81	62.30	63.89
2008	1018.62	593.51	583.20	59.99	-218.08	63.14	58.27
2009	1081.27	616.51	791.80	6.44	-333.48	73.82	57.02
2010	1350.43	720.57	1057.86	29.13	-457.13	80.49	53.36
2011	1670.44	859.75	1369.90	29.76	-588.97	83.79	51.47
2012	1893.54	997.36	1895.70	-176.45	-823.07	90.80	52.67
2013	2122.06	1048.49	2418.27	100.81	-1445.51	118.71	49.41
2014	2303.32	1154.40	2953.52	50.92	-1855.52	130.44	50.12
2015	2417.05	1485.98	3303.61	70.48	-2443.02	139.60	61.48
2016	2572.49	1676.44	3551.90	13.56	-2669.41	138.60	65.17

注：1.历年数据根据经济普查数据进行调整和修订。
2.2006年数据根据农业普查数据进行调整和修订。
3.2009年、2010年最终消费数据根据国家核算要求进行调整和修订.
4.2013年数据按照第三次经济普查数据调整和修订以。

a) Data in past year were adjusted and revised based on economic census data.
b) Data in 2006 were adjusted according to agricultural census data.
c) The Final Consumption Expenditures Data in 2009 and 2010 were adjusted and amended in accordance with the requirements of national accounting.
e) Data in 2013 were adjusted and revised according to the third economic census data.

3-14 1990-2016年生产总值消费额及构成
Consumption Expenditure and Its Composition of GDP(1990-2016)

按当年价格计算

Data in this table are calculated at current prices.

年 份 Year	最终消费支出(亿元) Final Consumption Expenditure (100 million yuan)	居民消费（亿元） Household Consumption (100 million yuan)		政府消费(亿元) Government Consumption (100 million yuan)	最终消费支出=100 Final Consumption Expenditures=100		人均消费水平(元/人) Per Capita Consumption Expenditure (yuan/person)		
		农村居民 Rural Households	城镇居民 Urban Households		居民消费 Household Consumption	政府消费 Government Consumption	全体居民 All Households	农村居民 Rural Households	城镇居民 Urban Households
1990	53.79	17.68	18.76	17.35	67.74	32.26	821	606	1235
1991	60.76	19.29	21.08	20.39	66.44	33.56	895	650	1367
1992	65.18	22.07	24.87	18.24	72.00	27.98	1026	732	1592
1993	73.06	24.76	29.85	18.45	74.75	25.25	1177	809	1893
1994	92.83	30.34	39.12	23.38	74.82	25.18	1477	976	2453
1995	113.40	34.82	48.01	30.57	73.04	26.96	1734	1103	2964
1996	130.71	37.56	58.80	34.35	73.72	26.28	1988	1175	3563
1997	135.53	38.98	61.51	35.03	74.15	25.85	2043	1209	3630
1998	142.88	39.75	67.09	36.04	74.78	25.22	2140	1213	3911
1999	155.17	40.79	73.64	40.73	73.75	26.25	2260	1227	4238
2000	171.70	41.74	80.60	49.37	71.25	28.75	2384	1245	4530
2001	202.88	44.06	91.00	67.82	66.57	33.43	2598	1315	4925
2002	227.58	46.33	102.36	78.89	65.34	34.66	2828	1399	5261
2003	257.75	48.70	116.22	92.83	63.98	36.02	3105	1477	5768
2004	309.76	52.33	132.28	125.15	59.60	40.40	3443	1583	6432
2005	360.72	64.15	146.14	150.43	58.30	41.70	3888	1941	6947
2006	423.49	70.51	160.18	192.80	54.47	45.53	4229	2128	7481
2007	509.45	81.36	192.28	235.81	53.71	46.29	4978	2453	8819
2008	593.51	102.75	219.65	271.11	54.32	45.68	5830	3121	9816
2009	616.51	111.91	249.43	255.17	58.61	41.39	6501	3435	10845
2010	720.57	122.14	288.12	310.31	56.94	43.06	7326	3848	11878
2011	859.75	151.32	343.45	364.98	57.55	42.45	8744	4905	13348
2012	997.36	185.56	401.61	410.19	58.87	41.13	10289	6116	15026
2013	1048.49	208.17	486.41	353.91	66.25	33.75	12070	6954	17617
2014	1154.40	236.40	549.37	368.63	68.07	31.93	13534	8285	18606
2015	1485.98	266.65	622.05	597.28	59.81	40.19	15167	9109	21217
2016	1676.44	304.38	685.54	686.52	59.05	40.95	16751	10505	22761

注：1.历年数据根据经济普查数据进行调整和修订。
2.2009年、2010年最终消费数据根据国家核算要求进行调整和修订。

a) Data in past year were adjusted and revised based on economic census data.

b) The Final Consumption Expenditures Data in 2009 and 2010 were adjusted and amended in accordance with the requirements of national accounting.

3-15 三大需求对生产总值增长的贡献率和拉动(1990-2016)
Share and Contribution of the Three Demands of GDP to the Growth of GDP(1990-2016)

按可比价格计算

Data in this table are calculated at constant prices.

年 份 Year	最终消费支出 Final Consumption Expenditure		资本形成总额 Gross Capital Formation		货物和服务净出口 Net Exports of Goods and Services	
	贡献率 (%) Share of The Contribution (%)	拉动 (百分点) Contribution Driven (percentage points)	贡献率 (%) Share of The Contribution (%)	拉动 (百分点) Contribution Driven (percentage points)	贡献率 (%) Share of The Contribution (%)	拉动 (百分点) Contribution Driven (percentage points)
1990	328.12	12.14	453.13	16.77	-681.20	-25.20
1991	126.43	5.94	60.06	2.82	-86.50	-4.07
1992	-9.45	-0.70	-3.45	-0.26	112.90	8.35
1993	19.71	1.91	27.37	2.65	52.90	5.13
1994	56.26	4.56	29.96	2.43	13.80	1.12
1995	18.47	1.48	58.31	4.66	23.20	1.90
1996	41.48	3.61	45.29	3.94	13.20	1.15
1997	-6.96	-0.63	92.84	8.36	14.10	1.27
1998	28.68	2.55	76.32	6.79	-5.00	-0.45
1999	57.89	4.69	46.22	3.74	-4.10	-0.33
2000	68.97	6.14	66.14	5.89	-35.10	-3.12
2001	75.48	8.83	140.64	16.45	-116.10	-13.58
2002	66.33	8.03	111.89	13.54	-78.20	-9.46
2003	61.29	7.29	65.31	7.77	-26.63	-3.17
2004	85.79	10.55	52.30	6.43	-38.10	-4.69
2005	91.85	11.21	75.77	9.24	-67.60	-8.25
2006	76.31	10.12	65.98	8.75	-42.29	-5.61
2007	65.76	8.86	62.77	8.45	-28.53	-3.84
2008	30.05	4.06	76.10	10.30	-6.15	-0.83
2009	7.58	0.77	179.92	18.24	-87.50	-8.87
2010	40.84	6.26	143.54	22.00	-84.38	-12.93
2011	50.02	6.73	126.58	17.02	-76.60	-10.30
2012	56.90	6.97	135.88	16.65	-92.78	-11.37
2013	3.06	0.33	378.21	41.00	-281.27	-30.49
2014	39.86	3.67	237.18	21.85	-177.04	-16.31
2015	145.21	11.86	190.40	15.56	-235.61	-19.25
2016	97.17	7.76	117.58	9.40	-114.75	-9.17

注：1.三大需求指支出法国内生产总值的三大构成项目，即最终消费支出、资本形成总额、货物和服务净出口。
2.贡献率指三大需求增量与支出法国内生产总值增量之比。
3.拉动指国内生产总值增长速度与三大需求贡献率的乘积。
4.2006年数据根据第一次农业普查数据进行了调整。
5.历年数据根据经济普查数据进行调整和修订。
6.2009年、2010年最终消费数据根据国家核算要求进行调整和修订。
7.2013年数据根据第三次经济普查进行调整和修订。

a) The three major demands means the three major conponents of GDP by expenditure approach, namely, final consumption expenditure,capital formation, net exports of goods and services.
b) The contribution rate refers to the ratio of increment of the three major demands to the increment of GDP by expenditure approach.
c) Driven by the three major demands Means the product of the growth rate of GDP and the contribution rate of the three major demands.
d) Data in 2006 were adjusted according to the first agricultural census data.
e) Historical data were adjusted and revised based on the economic census data.
f) The Final Consumption Expenditures Data in 2009 and 2010 were adjusted and amended in accordance with the requirements of national accounting.
g) Data in 2013 were adjusted and revised according to the third economic census data.

主要统计指标解释

国内生产总值(GDP) 指按市场价格计算的一个国家(或地区)所有常住单位在一定时期内生产活动的最终成果。国内生产总值有三种表现形态,即价值形态、收入形态和产品形态。从价值形态看,它是所有常住单位在一定时期内生产的全部货物和服务价值与同期投入的全部非固定资产货物和服务价值的差额,即所有常住单位的增加值之和;从收入形态看,它是所有常住单位在一定时期内创造并分配给常住单位和非常住单位的初次收入之和;从产品形态看,它是所有常住单位在一定时期内最终使用的货物和服务价值与货物和服务净出口价值之和。在实际核算中,国内生产总值有三种计算方法,即生产法、收入法和支出法。三种方法分别从不同的方面反映国内生产总值及其构成。

对于一个地区来说,称为地区生产总值或地区 GDP。

三次产业 三产业的划分是世界上较为常用的产业结构分类,但各国的划分不尽一致。根据《国民经济行业分类》(GB/T 4754 - 2011),我国的三次产业划分是:

第一产业是指农、林、牧、渔业(不含农、林、牧、渔服务业)。

第二产业是指采矿业(不含开采辅助活动),制造业(不含金属制品、机械和设备修理业),电力、热力、燃气及水生产和供应业,建筑业。

第三产业即服务业,是指除第一产业、第二产业以外的其他行业。

劳动者报酬 指劳动者因从事生产活动所获得的全部报酬。包括劳动者获得的各种形式的工资、奖金和津贴,既包括货币形式的,也包括实物形式的,还包括劳动者所享受的公费医疗和医药卫生费、上下班交通补贴、单位支付的社会保险费、住房公积金等。

生产税净额 指生产税减生产补贴后的余额。生产税指政府对生产单位从事生产、销售和经营活动以及因从事生产活动使用某些生产要素(如固定资产、土地、劳动力)所征收的各种税、附加费和规费。生产补贴与生产税相反,指政府对生产单位的单方面转移支出,因此视为负生产税,包括政策亏损补贴、价格补贴等。

固定资产折旧 指一定时期内为弥补固定资产损耗按照规定的固定资产折旧率提取的固定资产折旧,或按国民经济核算统一规定的折旧率虚拟计算的固定资产折旧。它反映了固定资产在当期生产中的转移价值。各类企业和企业化管理的事业单位的固定资产折旧是指实际计提的折旧费;不计提折旧的政府机关、非企业化管理的事业单位和居民住房的固定资产折旧是按照统一规定的折旧率和固定资产原值计算的虚拟折旧。原则上,固定资产折旧应按固定资产的重置价值计算,但是目前我国尚不具备对全社会固定资产进行重估价的基础,所以暂时只能采用上述办法。

营业盈余 指常住单位创造的增加值扣除劳动者报酬、生产税净额和固定资产折旧后的余额。它相当于企业的营业利润加上生产补贴,但要扣除从利润中开支的工资和福利等。

支出法国内生产总值 是从最终使用的角度反映一个国家(或地区)一定时期内生产活动最终成果的一种方法,包括最终消费支出、资本形成总额及货物和服务净出口三部分。计算公式为:

支出法国内生产总值 = 最终消费支出 + 资本形成总额 + 货物和服务净出口

最终消费支出 指常住单位为满足物质、文化和精神生活的需要,从本国经济领土和国外购买的货物和服务的支出。它不包括非常住单位在本国经济领土内的消费支出。最终消费支出分为居民消费支出和政府消费支出。

居民消费支出 指常住住户在一定时期内对于货物和服务的全部最终消费支出。居民消费支出除了直接以货币形式购买的货物和服务的消费支出外,还包括以其他方式获得的货物和服务的消费支出,即所谓的虚拟消费支出。居民虚拟消费支出包括如下几种类型:单位以实物报酬及实物转移的形式提供给劳动者的货物和服务;住户生产并由本住户消费了的货物和服务,其中的服务仅指住户的自有住房服务和付酬的家庭雇员提供的家庭和个人服务;金融机构提供的金融媒介服务。

政府消费支出 指政府部门为全社会提供的公共服务的消费支出和免费或以较低的价格向居民住户提供的货物和服务的净支出,前者等于政府服务的产出价值减去政府单位所获得的经营收入的价值,后者等于政府部门免费或以较低价格向居民住户提供的货物和服务的市场价值减去向住户收取的价值。

资本形成总额 指常住单位在一定时期内获得减去处置的固定资产和存货的净额,包括固定资本形成总额和存货变动两部分。

固定资本形成总额 指常住单位在一定时期内获得的固定资产减处置的固定资产的价值总额。固定资产是通过生产活动生产出来的,且其使用年限在一年以上、单位价值在规定标准以上的资产,不包括自然资产。可分为有形固定资本形成总额和无形固定资本形成总额。有形固定资本形成总额包括一定时期内完成的建筑工程、安装工程和设备工器具购置(减处置)价值,以及土地改良、新增役、种、奶、毛、娱乐用牲畜和新增经济林木价值。无形固定资本形成总额包括矿藏的勘探、计算机软件等获得减处置。

存货变动 指常住单位在一定时期内存货实物量变动的市场价值,即期末价值减期初价值的差额,再扣除当期由于价格变动而产生的持有收益。存货变动可以是正值,也可以是负值,正值表示存货上升,负值表示存货下降。存货包括生产单位购进的原材料、燃料和储备物资等存货,以及生产单位生产的产成品、在制品和半成品等存货。

货物和服务净出口 指货物和服务出口减货物和服务进口的差额。出口包括常住单位向非常住单位出售或无偿转让的各种货物和服务的价值;进口包括常住单位从非常住单位购买或无偿得到的各种货物和服务的价值。由于服务活动的提供与使用同时发生,一般把常住单位从非常住单位得到的服务作为进口,非常住单位从常住单位得到的服务作为出口。货物的出口和进口都按离岸价格计算。

Explanatory Notes on Main Statistical Indicators

Gross Domestic Product (GDP) refers to the final products at market prices produced by all resident units in a country during a certain period of time. Gross domestic product is expressed in three different perspectives, namely value, income, and products respectively. GDP in its value perspective refers to the balance of total value of all goods and services produced by all resident units during a certain period of time, minus the total value of input of goods and services of the nature of non - fixed assets; in other words, it is the sum of the value - added of all resident units. GDP from the perspective of income includes the primary income created by all resident units and distributed to resident and non - resident units. GDP from the perspective of products refers to the value of all goods and services for final demand by all resident units plus the net exports of goods and services during a given period of time. In the practice of national accounting, gross domestic product is calculated from three approaches, namely production approach, income approach and expenditure approach, which reflect gross domestic product and its composition from different angles.

For a region, it is called as Gross Regional Product(GRP) or regional GDP.

Three Strata of Industry Classification of economic activities into three strata of industry is a common practice in the world, although the grouping varies to some extent from country to country. In China, according to Industrial classification for National Economic Activities (GB/T 4754 - 2011), economic activities are categorized into the following three strata of industry:

Primary industry refers to agriculture, forestry, animal husbandry and fishery industries (not including services in support of agriculture, forestry, animal husbandry and fishery industries).

Secondary industry refers to mining and quarrying(not including support activities for mining), manufacturing(not including repair service of metal products, machinery and equipment), production and supply of electricity, heat, gas and water, and construction.

Tertiary industry refers to all other economic activities not included in the primary or secondary industries.

Compensation of Employees refers to the total payment of various forms to employees for the productive activities they are engaged in. It includes wages, bonuses and allowances, which the employees earn in cash or in kind. It also includes the free medical services provided to the employees and the medicine expenses, transport subsidies and social insurance, and housing fund paid by the employers.

Net Taxes on Production refers to taxes on production less subsidies on production. The taxes on production refers to the various taxes, extra charges and fees levied on the production units on their production, sale and business activities as well as on the use of some factors of production, such as fixed assets, land and labour in the production activities they are engaged in. In contrast to taxes on production, subsidies on production refer to the unilateral government transfer to the production units and are therefore regarded as negative taxes on production. They include subsidies on the loss due to implementation of government policies, price subsidies, etc.

Depreciation of Fixed Assets refers to the depreciation of fixed assets in a given period, drawn in accordance with the stipulated depreciation rate for the purpose of compensating the wear - and - tear loss of the fixed assets or the depreciation of fixed assets imputed in accordance with the stipulated unified depreciation rate in the national economic accounting system. It reflects the value of transfer of the fixed assets in the production of the current period. The depreciation of fixed assets in various enterprises and institutions managed as enterprises refers to the depreciation expenses actually drawn. In government agencies and institutions not managed as enterprises which do not draw the depreciation expenses, as well as for the houses of residents, the depreciation of fixed assets is the imputed depreciation, which is calculated in accordance with the stipulated unified depreciation rate. In principle, the depreciation of fixed assets should be calculated on the basis of the re – purchased value of the fixed assets. However, currently the conditions in China do not facilitate the revaluation of all the fixed assets. Therefore, only the above – mentioned methods can be adopted at present.

Operating Surplus refers to the balance of the value added created by the resident units after deducting the labourers remuneration, net taxes on production and the depreciation of fixed assets. It is equivalent to the business profit of the enterprises plus subsidies to production, but the wages and welfare expenses paid from the profits should be deducted.

GDP by Expenditure Approach refers to the method of measuring the final results of production activities of a country (region) during a given period from the perspective of final uses. It includes final consumption expenditure, gross capital formation and net export of goods and services. The formula for computation is. :

GDP by expenditure approach = final consumption expenditure + gross capital formation + net export of goods and services

Final Consumption Expenditure refers to the total expenditure of resident units for purchases of goods and services from both the domestic economic territory and abroad to meet the needs of material, cultural and spiritual life. It does not include the expenditure of non – resident units on consumption in the economic territory of the country. The final consumption expenditure is broken down into household consumption expenditure and government consumption expenditure.

Household Consumption Expenditure refers to the total expenditure of resident households on the final consumption of goods and services. In addition to the consumption of goods and services bought by the households directly with money, the household consumption expenditure also includes expenditure on goods and services obtained by the households in other ways, i. e. the so – called imputed consumption expenditure, which includes the following: (a) the goods and services provided to households by employers in the form of payment in kind and transfer in kind; (b) goods and services produced and consumed by the households themselves, in which the services refer to the owner – occupied housing and services offered by paid family employees; (c) financial intermediate services provided by financial institution.

Government Consumption Expenditure refers to the consumption expenditure spent for the provision of public services provided by the government to the whole country and the net expenditure on the goods and services provided by the government to households free of charge or at reduced prices. The former equals to the output value of the government services minus the value of operating income obtained by the government departments. The latter equals to the market value of the goods and services provided by the government free of charge or at reduced prices to the households minus the value received by the government from the households.

Gross Capital Formation refers to the fixed assets acquired less disposals and the net value of inventory, thus including gross fixed capital formation and changes in inventories.

Gross Fixed Capital Formation refers to the value of acquisitions less those disposals of fixed assets during a given period. Fixed assets are the assets produced through production activities with unit value above a specified amount and which could be used for over one year. Natural assets are not included. Gross fixed capital formation can be categorized into total tangible fixed capital formation and total intangible fixed capital formation. Total tangible fixed capital formation includes the value of the construction projects and installation projects completed and the equipment, apparatus and instruments purchased (less those disposed) as well as the value of land improved, the value of draught animals, breeding stock and animals for milk, for wool and for recreational purposes and the newly increased forest with economic value. Total intangible fixed capital formation includes the prospecting of minerals and the acquisition of computer software minus the disposal of them.

Changes in Inventories refers to the market value of the change in the physical volume of inventory of resident units during a given period, i. e. the difference between the values at the beginning and at the end of the period minus the gains due to the change in prices. The changes in inventories can have a positive or a negative value. A positive value indicates an increase in inventory while a negative value indicates a decrease in inventory. The inventory includes raw materials, fuels and reserve materials purchased by the production units as well as the inventory of finished products, semi – finished products and work – in – progress.

Net Export of Goods and Services refers to the exports of goods and services subtracting the imports of goods and services. Exports include the value of various goods and services sold or gratuitously transferred by resident units to non – resident units. Imports include the value of various goods and services purchased or gratuitously acquired resident units from non – resident units. Because the provision of services and the use of them happen simultaneously, the acquisition of services by resident units from abroad is usually treated as import while the acquisition of services by non – resident units in this country is usually treated as export. The exports and imports of goods are calculated at FOB.

第 4 篇
CHAPTER 4

人 口
Population

常住人口及自然增长率变动情况

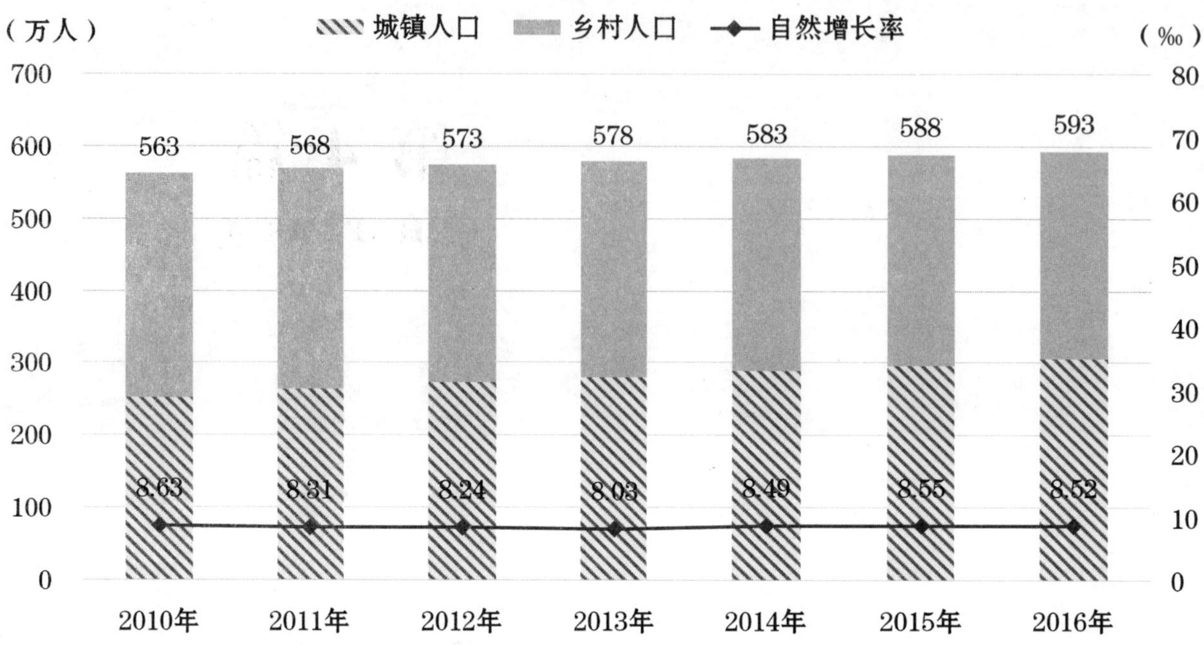

各民族人口构成

2016年

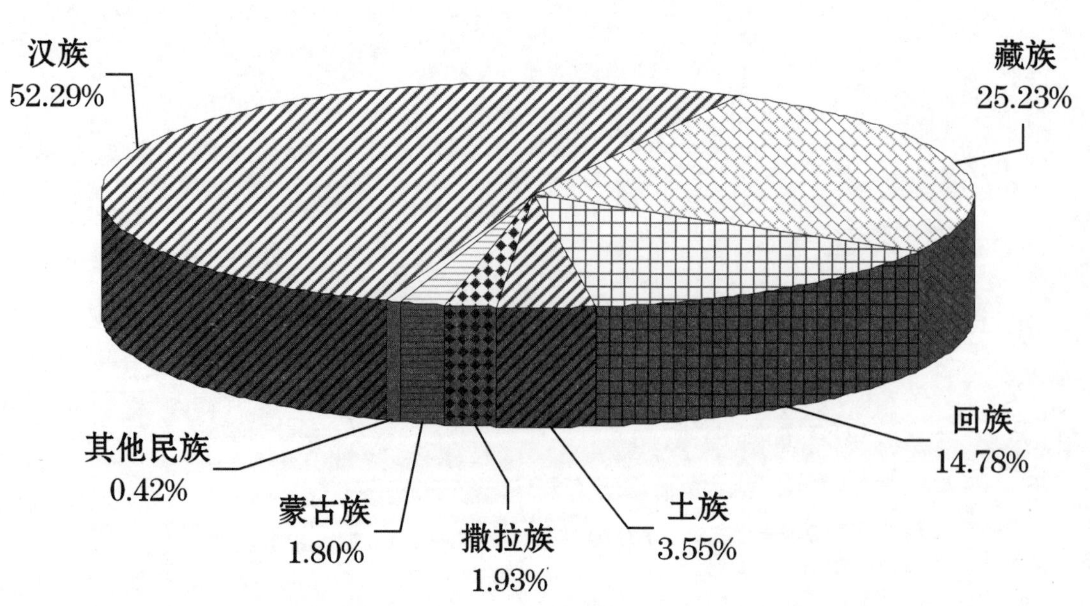

4-1 主要年份常住人口及自然变动情况
Population and Natural Changes in Main Years

年 份 Year	常住人口（万人）Total Population (10 000 persons)	自然变动情况 natural Changes					
		出生 Birth		死亡 Death		自然增加 Natural Increase	
		人数（人）Population (person)	出生率 Birth Rate (‰)	人数（人）Population (person)	死亡率 Death Rate (‰)	人数（人）Population (person)	自然增长率 Natural Growth Rate (‰)
1952	161.38	48052	30.25	22207	13.98	25845	16.27
1954	173.24	74469	44.16	22427	13.30	52042	30.86
1957	204.64	65094	32.20	21037	10.40	44057	21.78
1965	230.45	109596	48.72	20371	9.06	89225	39.66
1970	282.73	111111	40.06	20863	7.52	90248	32.54
1975	337.49	106448	31.95	27457	8.24	78991	23.71
1978	364.86	94353	26.15	24030	6.66	70322	19.49
1980	376.90	79167	21.14	21015	5.61	58152	15.53
1985	407.38	57471	14.24	18533	4.58	38938	9.63
1990	447.66	108052	24.34	33162	7.47	74890	16.87
1991	454.43	105409	23.37	37662	8.35	67747	15.02
1992	461.02	103171	22.54	37259	8.14	65912	14.40
1993	466.70	95091	20.50	38315	8.26	56776	12.24
1994	474.00	103759	22.06	32078	6.82	71681	15.24
1995	481.20	105000	22.01	33000	6.89	72000	15.12
1996	488.30	106000	21.89	35000	7.20	71000	14.69
1997	495.60	107000	21.80	34000	6.95	73000	14.85
1998	502.80	106130	21.26	33850	6.78	72280	14.48
1999	509.80	104703	20.68	34327	6.78	70376	13.90
2000	516.50	98781	19.25	31559	6.15	67222	13.10
2001	523.10	99074	19.06	33475	6.44	65599	12.62
2002	528.60	94916	18.05	33391	6.35	61525	11.70
2003	533.80	89985	16.94	32350	6.09	57635	10.85
2004	538.60	87508	16.32	34585	6.45	52923	9.87
2005	543.20	84921	15.70	33590	6.21	51331	9.49
2006	547.70	83127	15.24	34200	6.27	48927	8.97
2007	551.60	82063	14.93	33694	6.13	48369	8.80
2008	554.30	80122	14.49	33951	6.14	46171	8.35
2009	557.30	80647	14.51	34404	6.19	46243	8.32
2010	563.47	83721	14.94	35360	6.31	48361	8.63
2011	568.17	81648	14.43	34628	6.12	47020	8.31
2012	573.17	81606	14.30	34583	6.06	47023	8.24
2013	577.79	81488	14.16	35277	6.13	46211	8.03
2014	583.42	85123	14.67	35860	6.18	49263	8.49
2015	588.43	86248	14.72	36151	6.17	50097	8.55
2016	593.46	86869	14.70	36520	6.18	50349	8.52

4-2 主要年份人口变化情况

Changes of Population in Main Years

单位：万人 (10 000 persons)

年 份 Year	年末常住人口 Total Population at Year-end	按性别分 By Sex		按城乡分 By Residence	
		男 Male	女 Female	市镇人口 Urban	乡村人口 Rural
1952	161.38	81.82	79.56	8.38	153.00
1978	364.86	189.30	175.56	67.84	297.02
1979	372.02	192.25	179.77	71.06	300.96
1980	376.90	194.18	182.72	74.71	302.19
1981	381.60	196.62	184.98	76.78	304.82
1982	392.79	201.92	190.87	79.82	312.97
1983	392.57	201.64	190.93	77.25	315.32
1984	401.61	205.98	195.63	128.63	272.98
1985	407.38	208.43	198.95	137.75	269.63
1986	421.12	216.26	204.86	140.75	280.37
1987	427.90	219.16	208.74	143.00	284.90
1988	434.20	222.18	212.02	146.86	287.34
1989	440.20	225.27	214.93	150.69	289.51
1990	447.66	229.36	218.30	153.22	294.44
1991	454.43	232.80	221.63	155.11	299.32
1992	461.02	235.95	225.07	157.34	303.68
1993	466.70	238.95	227.75	158.04	308.66
1994	474.00	242.74	231.26	160.90	313.10
1995	481.20	246.37	234.83	163.13	318.07
1996	488.30	250.01	238.29	166.93	321.37
1997	495.60	252.76	242.84	171.94	323.66
1998	502.80	252.13	250.67	174.18	328.62
1999	509.80	259.29	250.51	176.33	333.47
2000	516.50	267.03	249.47	179.54	336.96
2001	523.10	266.09	257.01	190.00	333.10
2002	528.60	271.12	257.48	199.16	329.44
2003	533.80	272.33	261.47	203.80	330.00
2004	538.60	276.43	262.17	207.51	331.09
2005	543.20	277.58	265.62	213.21	329.99
2006	547.70	278.52	269.18	215.02	332.68
2007	551.60	279.50	272.10	221.02	330.58
2008	554.30	279.33	274.97	226.49	327.81
2009	557.30	280.26	277.04	233.51	323.79
2010	563.47	291.79	271.68	251.98	311.49
2011	568.17	287.55	280.62	262.62	305.55
2012	573.17	294.94	278.23	271.92	301.25
2013	577.79	292.65	285.14	280.30	297.49
2014	583.42	297.19	286.23	290.40	293.02
2015	588.43	300.28	288.15	295.98	292.45
2016	593.46	302.43	291.03	306.40	287.06

注：1990年以前数据为公安户籍统计数，其余年份数据为人口变动抽样调查推算数。1990、2000、2010年数据为年底数。

a)Data before 1990 were taken from the statistics of household registration of Qinghai Provincial Public Security Department. Data in the remaining years have been estimated on the basis of the annual national sample surveys on population changes. Data in 1990,2000 and 2010 were Population at year-end.

4-3 主要年份人口机械变动情况

Mechanical Changes of Popualtion in Main Years

单位：人、%　　(person，%)

年份 Year	迁入 Immigration		迁出 Move Out		机械增加 Machinery Increased	
	人数 Population	迁入率 Immigration Rate	人数 Population	迁出率 Move Out Rate	人数 Population	增长率 Growth Rate
1952	57027	3.59	32270	2.03	24757	1.56
1955	47126	2.62	37611	2.09	9515	0.53
1957	79101	3.91	75298	3.72	3803	0.19
1965	132814	5.90	115107	5.12	17707	0.79
1970	151266	5.45	130879	4.72	20387	0.74
1975	102755	3.08	95082	2.85	7673	0.23
1978	105991	2.94	95264	2.64	10727	0.30
1980	121385	3.24	124151	3.32	-2766	-0.07
1985	52358	1.29	33172	0.82	19186	0.47
1986	24530	0.59	27113	0.65	-2583	-0.06
1987	17493	0.41	26730	0.63	-9237	-0.22
1988	13204	0.31	33330	0.77	-20126	-0.46
1989	11910	0.27	27357	0.63	-15447	-0.36
1990	10306	0.23	24491	0.55	-14185	-0.32
1991	11201	0.25	26295	0.58	-15094	-0.33
1992	12040	0.27	27666	0.62	-15626	-0.35
1993	10824	0.23	25059	0.54	-14235	-0.31
1994	10871	0.24	19464	0.43	-8593	-0.19
1995	11439	0.25	17156	0.38	-5717	-0.13
1996	11209	0.24	17219	0.37	-6010	-0.13
1997	11043	0.24	14550	0.31	-3507	-0.08
1998	7687	0.16	12734	0.27	-5047	-0.11
1999	6872	0.15	12057	0.26	-5185	-0.11
2000	8749	0.17	17782	0.35	-9033	-0.18
2001	9789	0.19	20231	0.39	-10442	-0.20
2002	10601	0.22	19534	0.40	-8933	-0.18
2003	13736	0.28	22527	0.46	-8791	-0.18
2004	15809	0.32	22652	0.46	-6843	-0.14
2005	18097	0.36	26365	0.53	-8268	-0.17
2006	21875	0.43	24261	0.48	-2386	-0.05
2007	27418	0.53	25435	0.49	1983	0.04
2008	27365	0.52	25086	0.48	2279	0.04
2009	28328	0.51	25753	0.46	2575	0.05
2010	27719	0.49	23305	0.42	4414	0.07
2011	33348	0.59	21120	0.37	12228	0.22
2012	25663	0.45	19642	0.34	6021	0.11
2013	23920	0.42	17047	0.30	6906	0.12
2014	11850	0.20	10169	0.18	1681	0.02
2015	17298	0.30	22046	0.38	-4748	-0.08
2016	17544	0.30	14328	0.25	3216	0.05

注：1.本表数据来源青海省公安厅，下表同。
2.1985年以后的迁入迁出人口均为省际间迁入迁出。
3.1952年数据根据《中国财经出版社》出版的《中国人口·青海分册》的有关资料推算。

a) Date in this table are Annual Report data of Qinghai Provincial Public Security Department，the same below.
b)After the year of 1985,the population of Immigration and move out have been the population of provincial Immigration and move out.
c)1952 data were estimated based on "China's population in Qinghai branch" published in China Financial Publishing House.

4-4 分地区户籍统计人口数及变动情况(2016年)

单位：户、人

地 区	Region	年末数 Number at Year-end					
		总户数 Total Number of Households	总人口 Total Population			总人口中 In Total Population	
			合计 Total	男 Male	女 Female	城镇人口 Urban	乡村人口 Rural
全省	**Provincial Total**	**1768869**	**5796648**	**2936218**	**2860430**	**2380168**	**3416480**
西宁市	**Xining City**	**618468**	**2032837**	**1020730**	**1012107**	**1257030**	**775807**
城东区	Chengdong District	83990	255185	126001	129184	251112	4073
城中区	Chengzhong District	81972	244326	118854	125472	229586	14740
城西区	Chengxi District	77691	233063	113001	120062	233063	
城北区	Chengbei District	76643	225014	110212	114802	198208	26806
大通县	Datong County	123573	463841	238647	225194	192429	271412
湟中县	Huangzhong County	133799	480149	246825	233324	110504	369645
湟源县	Huangyuan County	40800	131259	67190	64069	42128	89131
海东市	**Haidong City**	**487133**	**1712919**	**880992**	**831927**	**472014**	**1240905**
乐都区	Ledu District	92896	288726	148161	140565	97211	191515
平安区	Ping'an District	42878	127422	64140	63282	56589	70833
民和县	Minhe County	112448	436313	225590	210723	116596	319717
互助县	Huzhu County	114291	400654	209698	190956	96164	304490
化隆县	Hualong County	80958	300484	153255	147229	61088	239396
循化县	Xunhua County	43662	159320	80148	79172	44366	114954
海北州	**Haibei Zang A.P**	**95469**	**295805**	**150122**	**145683**	**87134**	**208671**
门源县	Menyuan County	48077	161412	82787	78625	37652	123760
祁连县	Qilian County	17854	52018	25980	26038	20200	31818
海晏县	Haiyan County	12897	36235	18177	18058	14525	21710
刚察县	Gangcha County	16641	46140	23178	22962	14757	31383
黄南州	**Huangnan Zang A.P**	**89168**	**274766**	**138073**	**136693**	**69970**	**204796**
同仁县	Tongren County	32950	98827	49414	49413	35757	63070
尖扎县	Jianzha County	22459	61888	30956	30932	18291	43597
泽库县	Zeku County	22068	74520	37721	36799	10120	64400
河南县	Henan County	11691	39531	19982	19549	5802	33729

注：本表数据来源青海省公安厅。
a)The data in this table are from the Bureau of Qinghai Provincial Public Security .

Household Registration Statistics and Changes in Population by Region (2016)

(household，person)

年内人口变动 Changes During The Year					
出生 Birth	死亡 Death	迁入 Immigration		迁出 Move Out	
		省内 Within Province	省外 Outside Province	省内 Within Province	省外 Outside Province
94812	**36918**	**68073**	**17544**	**68069**	**14328**
23531	**12705**	**29111**	**8550**	**19226**	**6418**
2901	1641	3087	1581	545	1166
2466	1652	2754	1482	466	1175
2651	1198	14953	2069	9624	1721
2399	1381	2830	1810	693	1123
5670	2962	3350	953	4301	686
6216	3007	1684	503	2557	377
1228	864	453	152	1040	170
26720	**10137**	**11463**	**4333**	**15036**	**4209**
3119	1707	3606	937	3504	942
1508	764	1099	463	1050	316
6788	1634	948	726	1230	901
4746	2243	3929	1823	4758	1316
6869	3043	1119	233	3882	631
3690	746	762	151	612	103
3660	**2858**	**4871**	**493**	**7098**	**330**
2043	2037	2390	237	3739	194
680	361	314	158	742	58
322	187	1624	65	1881	45
615	273	543	33	736	33
5962	**1825**	**1661**	**260**	**1635**	**214**
1613	989	476	119	576	89
1190	253	373	65	336	49
2125	400	627	18	605	35
1034	183	185	58	118	41

4–4 续表

单位：户、人

地区	Region	年末数 The Numberat Year-end					
		总户数 Total Number of Households	总人口 Total Population			总人口中 In Total Population	
			合计 Total	男 Male	女 Female	城镇人口 Urban	乡村人口 Rural
海南州	**Hainan Zang A.P**	**147534**	**468984**	**235263**	**233721**	**111082**	**357902**
共和县	Gonghe County	44715	135876	68208	67668	42743	93133
同德县	Tongde County	18831	62670	31530	31140	11343	51327
贵德县	Guide County	36770	110179	55479	54700	21933	88246
兴海县	Xinghai County	22868	80730	40397	40333	12354	68376
贵南县	Guinan County	24350	79529	39649	39880	22709	56820
果洛州	**Golog Zang A.P**	**70375**	**203406**	**103052**	**100354**	**35616**	**167790**
玛沁县	Maqin County	16333	47764	24376	23388	16155	31609
班玛县	Banma County	8273	30827	15623	15204	4256	26571
甘德县	Gande County	11129	38807	19714	19093	4241	34566
达日县	Dari County	21791	43582	21978	21604	4793	38789
久治县	Jiuzhi County	6918	27351	13658	13693	2243	25108
玛多县	Maduo County	5931	15075	7703	7372	3928	11147
玉树州	**Yushu Zang A.P**	**110238**	**403656**	**202162**	**201494**	**67711**	**335945**
玉树市	Yushu City	31983	111352	55692	55660	31280	80072
杂多县	Zaduo County	14622	65810	32878	32932	6298	59512
称多县	Chengduo County	17829	61024	30685	30339	9992	51032
治多县	Zhiduo County	12206	34236	17035	17201	6262	27974
囊谦县	Nangqian County	23197	98649	49508	49141	8501	90148
曲麻莱县	Qumalai County	10401	32585	16364	16221	5378	27207
海西州	**Haixi Mongolian & Zang A.P**	**150484**	**404275**	**205824**	**198451**	**279611**	**124664**
格尔木市	Geermu City	50908	136553	69343	67210	127994	8559
德令哈市	Delingha City	26242	73620	37322	36298	47582	26038
乌兰县	Wulan County	41359	99709	51039	48670	80819	18890
都兰县	Dulan County	23958	71812	36851	34961	15131	56681
天峻县	Tianjun County	8017	22581	11269	11312	8085	14496

Continued

(household, person)

年内人口变动 Changes During The Year					
出生 Birth	死亡 Death	迁 入 Immigration		迁 出 Move Out	
		省内 Within Province	省外 Outside Province	省内 Within Province	省外 Outside Province
9301	**4138**	**5418**	**769**	**8692**	**595**
2019	966	2206	175	3712	194
1222	259	671	23	773	27
2404	1540	1076	383	688	226
1574	479	899	99	961	47
2082	894	566	89	2558	101
7739	**1391**	**4553**	**162**	**4868**	**155**
1013	251	353	48	501	68
1518	157	1660	39	1666	18
1600	160	57	14	241	29
2142	527	1277	28	1269	10
1046	177	1154	27	1145	13
420	119	52	6	46	17
12713	**1591**	**5440**	**443**	**4881**	**321**
2129	299	2263	228	2329	119
4766	76	1071	56	703	59
1264	381	25	57	83	34
601	138	1102	8	974	4
3462	344	917	79	543	86
491	353	62	15	249	19
5186	**2273**	**5556**	**2534**	**6633**	**2086**
1793	507	1468	1542	1486	1098
873	360	2042	340	2214	250
876	613	1546	493	2138	602
1268	667	387	133	689	113
376	126	113	26	106	23

4-5 主要年份少数民族人口数

单位:万人、%

民 族	Ethnic Name	2006	2007	2008
少数民族人口总计	**Total Population of Ethnic Minorities**	**254.42**	**256.96**	**258.97**
少数民族占全省人口的比重	**Percentage to Total Population of The Province**	**46.45**	**46.58**	**46.72**
藏族	Tibetan	123.00	126.61	130.04
占全省人口的比重	Percentage to Total Population of The Province	22.46	22.95	23.45
回族	Hui	85.96	85.38	84.62
占全省人口的比重	Percentage to Total Population of The Province	15.69	15.48	15.26
土族	Tu	22.12	21.71	21.24
占全省人口的比重	Percentage to Total Population of The Province	4.04	3.94	3.83
撒拉族	Salar	11.72	11.47	11.20
占全省人口的比重	Percentage to Total Population of The Province	2.14	2.08	2.02
蒙古族	Mongolian	9.61	9.70	9.76
占全省人口的比重	Percentage to Total Population of The Province	1.75	1.76	1.76
其它民族	Others	2.02	2.07	2.11
占全省人口的比重	Percentage to Total Population of The Province	0.37	0.38	0.38

注：2006—2009年数据根据第六次人口普查数据进行了调整，2010年的各民族人口比重是第六次人口普查数据，2011—2014年数据根据2015年1%人口抽样调查数据进行了调整，2015年是1%人口抽样调查结果推算数据。

Population of Ethnic Minorities in Main Years

(10 000person,%)

2009	2010	2011	2012	2013	2014	2015	2016
261.10	**264.70**	**267.90**	**271.11**	**274.32**	**277.53**	**280.74**	**283.14**
46.85	**46.98**	**47.13**	**47.27**	**47.42**	**47.56**	**47.71**	**47.71**
133.45	137.70	139.85	142.00	144.16	146.31	148.46	149.73
23.94	24.44	24.60	24.76	24.91	25.07	25.23	25.23
83.89	83.55	84.23	84.92	85.60	86.29	86.97	87.71
15.05	14.83	14.82	14.81	14.80	14.79	14.78	14.78
20.79	20.47	20.55	20.63	20.71	20.79	20.89	21.05
3.73	3.63	3.61	3.60	3.58	3.56	3.55	3.55
10.93	10.72	10.85	10.98	11.11	11.23	11.36	11.46
1.96	1.90	1.91	1.91	1.92	1.92	1.93	1.93
9.87	10.00	10.12	10.24	10.36	10.49	10.59	10.70
1.77	1.77	1.78	1.78	1.79	1.80	1.80	1.80
2.17	2.26	2.30	2.34	2.38	2.43	2.47	2.49
0.39	0.41	0.41	0.41	0.42	0.42	0.42	0.42

a)Data in 2005 were the data of 1% population sample survey. Data in 2006-2009 were estimated from the Sixth National Population Census. The proportion of people of all ethnic minorities in 2010 were from the Sixth National Population Census. Data in 2011- 2014 were estimated from 1% population sample survey in 2015. Data in 2015 were calculated by 1% population sampling survey results.

主要统计指标解释

人口数 指一定时点、一定地区范围内有生命的个人总和。

年度统计的年末人口数指每年12月31日24时的人口数。

常住人口 指在某地区实际居住半年以上的人口。

户籍人口 指公民依照《中华人民共和国户口登记条例》已在其经常居住地的公安户籍管理机关登记了常住户口的人。

城镇人口和乡村人口 城镇人口是指居住在城镇范围内的全部常住人口；乡村人口是除上述人口以外的全部人口。

出生率(又称粗出生率) 指在一定时期内(通常为一年)一定地区的出生人数与同期内平均人数(或期中人数)之比，用千分率表示。本资料中的出生率指年出生率，其计算公式为：

出生率 = 年出生人数/年平均人数 × 1000‰

式中：出生人数指活产婴儿，即胎儿脱离母体时(不管怀孕月数)，有过呼吸或其他生命现象。年平均人数指年初、年底人口数的平均数，也可用年中人口数代替。

死亡率(又称粗死亡率) 指在一定时期内(通常为一年)一定地区的死亡人数与同期内平均人数(或期中人数)之比，用千分率表示。本资料中的死亡率指年死亡率，其计算公式为：

死亡率 = 年死亡人数/年平均人数 × 1000‰

人口自然增长率 指在一定时期内(通常为一年)人口自然增加数(出生人数减死亡人数)与该时期内平均人数(或期中人数)之比，用千分率表示。计算公式为：

人口自然增长率 = (本年出生人数 - 本年死亡人数)/年平均人数 × 1000‰

= 人口出生率 - 人口死亡率

Explanatory Notes on Main Statistical Indicators

Total Population refers to the total number of people alive at a certain point of time within a given area. The annual statistics on total population is taken at midnight, the 31st of December.

Resident Population refers to the population actually living for more than half a year at a place.

Registered Population refers to the citizens who have registered their permanent residence with the public security household register authority of the location where they often live.

Urban Population and Rural Population Urban population refers to all people residing in cities and towns, while rural population refers to population other than urban population.

Birth Rate (or Crude Birth Rate) refers to the ratio of the number of births to the average population (or mid - period population) during a certain period of time (usually a year), expressed in ‰. Birth rate in the chapter refers to annual birth rate. The following formula is used:

Birth Rate = Number of Births / Annual Average Population × 1000‰

Number of births in the formula refers to live births, i. e. when a baby has breathed or showed any vital phenomena regardless of the length of pregnancy.

Annual average population is the average of the number of population at the beginning of the year and that at the end of the year. Sometimes it is substituted by the mid - year population.

Death Rate (or Crude Death Rate) refers to the ratio of the number of deaths to the average population (or mid - period population) during a certain period of time (usually a year), expressed in ‰. Death rate in the chapter refers to annual death rate. The following formula is used:

Death Rate = Number of Deaths / Annual Average Population × 1000‰

Natural Growth Rate of Population refers to the ratio of natural increase in population (number of births minus number of deaths) in a certain period of time (usually a year) to the average population (or mid - period population) of the same period, expressed in ‰. The following formula is applied:

Natural Growth Rate of Population = (Number of Births - Number of Deaths) / Annual Average Population × 1000‰

Natural Growth Rate of Population = Birth Rate - Death Rate

第 5 篇
CHAPTER 5

就业人员和工资
Employment and Wages

三次产业就业人员

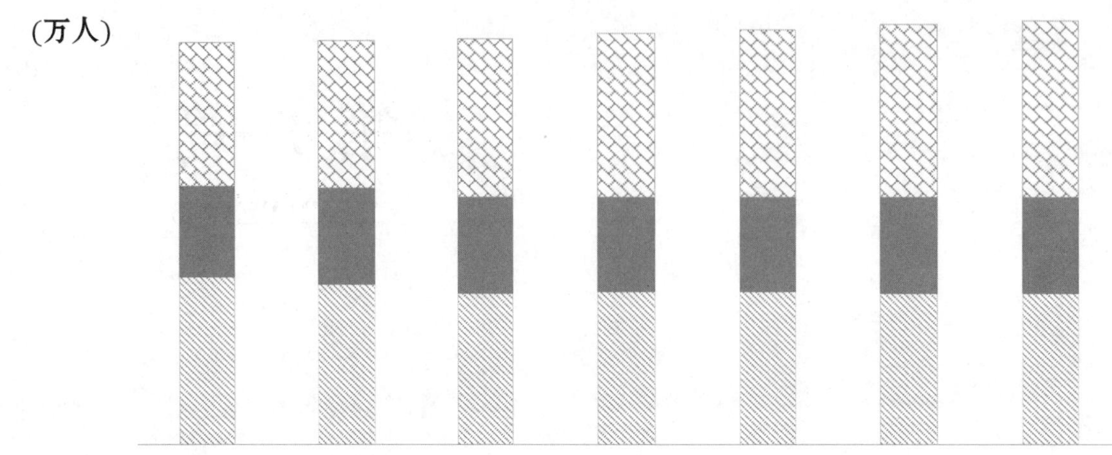

	2010年	2011年	2012年	2013年	2014年	2015年	2016年
第三产业	111	113	121	125	129	132	135
第二产业	70	74	75	73	72	74	74
第一产业	127	122	115	117	116	115	115

城乡就业构成（%）

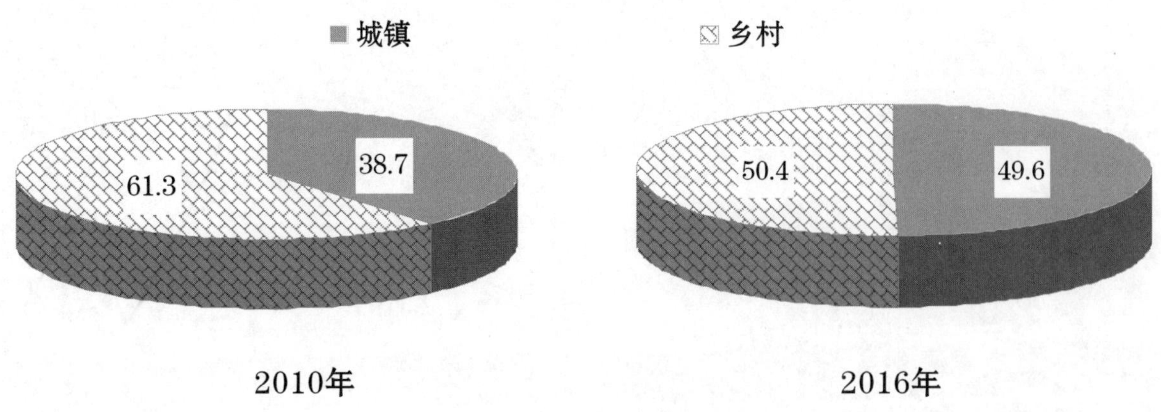

5−1 主要年份就业基本情况

Basic Conditions of Employment in Main Years

项　目	Item	2010	2011	2012	2013	2014	2015	2016
就业人员总计　（万人）	**Total Number of Employed Persons (10 000 persons)**	**307.7**	**309.2**	**310.9**	**314.2**	**317.3**	**321.4**	**324.3**
第一产业	Primary Industry	127.4	121.8	115.1	116.6	116.2	115.1	115.2
第二产业	Secondary Industry	69.5	73.9	74.5	72.8	72.5	73.9	74.1
第三产业	Tertiary Industry	110.8	113.5	121.3	124.8	128.6	132.4	135.0
就业人员构成(合计=100)	**Composition of Employed Persons(total=100)**							
第一产业	Primary Industry	41.4	39.4	37.0	37.1	36.6	35.8	35.5
第二产业	Secondary Industry	22.6	23.9	24.0	23.2	22.9	23.0	22.9
第三产业	Tertiary Industry	36.0	36.7	39.0	39.7	40.5	41.2	41.6
按城乡分就业人员(万人)	**Number of Employed Persons by Urban and Rural Areas (10 000 persons)**							
城镇就业人员	Urban Employed Persons	119.2	127.3	132.9	141.5	148.2	154.5	160.9
国有单位	State-owned Units	37.9	41.6	43.8	34.8	34.4	34.2	34.8
城镇集体单位	Urban Collective-owned Units	1.7	1.9	1.6	1.3	1.2	1.1	1.1
股份合作单位	Cooperative Units	0.6	0.6	0.4	0.3	0.3	0.4	0.4
有限责任公司	Limited Liability Corporations	8.4	12.8	11.4	16.2	16.6	16.2	16.4
股份有限公司	Share-holding Corporations Ltd.	1.9	2.1	2.6	9.7	9.2	9.2	8.6
私营企业	Private Enterprises	22.8	21.7	20.1	12.7	14.0	12.8	18.3
外商投资单位	Foreign Funded Units	1.0	0.5	0.7	1.0	0.7	0.6	0.6
港澳台商投资单位	Units with Funds from Hong Kong,Macao & Taiwan	0.4	0.6	0.5	0.5	0.5	0.5	0.5
个体	Self-employed Individuals	20.4	22.5	27.2	37.2	40.1	43.9	49.4
乡村就业人员	Rural Employed Persons	188.5	181.9	178.0	172.7	169.1	166.9	163.4
#私营企业	Private Enterprises	11.4	13.9	17.5	13.3	13.5	11.9	11.4
个体	Self-employed Individuals	5.8	6.3	5.1	3.3	4.4	2.2	2.7
城镇登记失业人数(万人)	**Number of Registered Unemployed Persons in Urban Areas (10 000 persons)**	**4.2**	**4.4**	**4.1**	**4.2**	**4.2**	**4.4**	**4.6**
城镇登记失业率　(%)	**Registered Unemployment Rate in Urban Areas (%)**	**3.8**	**3.8**	**3.4**	**3.3**	**3.2**	**3.2**	**3.1**

注：就业人员总计及城镇和乡村就业人员小计资料是根据人口普查和人口、劳动力抽样调查推算数。分经济类型、分行业的就业人员相加不等于总计。

a)Employment totals, urban and rural employment subtotal data are calculated according to the population census, population, labor force sampling survey.The sum of the employment by economic types and by sector is not equal to the total.

5-2 主要年份按三次产业分的年末就业人员数

Number of Employed Persons at Year-end by Three Strata of Industry in Main Years

年 份 Year	就业人员(万人) Total Employed Persons (10 000 persons)				构 成(合计=100) Composition in Percentage (Total=100)		
		第一产业 Primary Industry	第二产业 Secondary Industry	第三产业 Tertiary Industry	第一产业 Primary Industry	第二产业 Secondary Industry	第三产业 Tertiary Industry
1952	71.66	62.42	1.07	8.17	87.1	1.5	11.4
1957	96.10	72.55	5.77	17.78	75.5	6.0	18.5
1965	102.49	86.60	7.38	8.51	84.5	7.2	8.3
1970	124.35	101.97	14.92	7.46	82.0	12.0	6.0
1975	136.31	105.50	21.27	9.54	77.4	15.6	7.0
1978	144.71	103.18	26.48	15.05	71.3	18.3	10.4
1980	157.62	108.29	28.21	21.12	68.7	17.9	13.4
1982	171.17	113.83	29.61	27.73	66.5	17.3	16.2
1983	174.31	115.39	29.98	28.94	66.2	17.2	16.6
1984	177.35	115.45	30.86	31.04	65.1	17.4	17.5
1985	182.70	112.18	36.72	33.80	61.4	20.1	18.5
1986	189.20	111.25	38.41	39.54	58.8	20.3	20.9
1987	193.70	113.90	38.16	41.64	58.8	19.7	21.5
1988	197.83	115.93	38.58	43.32	58.6	19.5	21.9
1989	200.83	120.50	37.96	42.37	60.0	18.9	21.1
1990	241.25	144.75	45.35	51.15	60.0	18.8	21.2
1991	245.21	147.37	45.61	52.23	60.1	18.6	21.3
1992	249.24	150.54	45.61	53.09	60.4	18.3	21.3
1993	253.33	142.62	43.07	67.64	56.3	17.0	26.7
1994	257.49	144.96	43.26	69.27	56.3	16.8	26.9
1995	261.71	146.82	44.23	70.66	56.1	16.9	27.0
1996	266.01	151.09	43.36	71.56	56.8	16.3	26.9
1997	270.38	151.41	40.56	78.41	56.0	15.0	29.0
1998	274.81	153.07	40.40	81.34	55.7	14.7	29.6
1999	279.32	152.23	40.22	86.87	54.5	14.4	31.1
2000	283.91	158.42	35.77	89.72	55.8	12.6	31.6
2001	285.66	170.25	37.99	77.42	59.6	13.3	27.1
2002	287.72	162.27	39.13	86.32	56.4	13.6	30.0
2003	289.80	156.78	45.79	87.23	54.1	15.8	30.1
2004	290.42	148.69	47.92	93.81	51.2	16.5	32.3
2005	291.04	144.06	50.64	96.34	49.5	17.4	33.1
2006	294.19	139.15	56.49	98.55	47.3	19.2	33.5
2007	298.56	132.26	61.50	104.80	44.3	20.6	35.1
2008	301.00	133.95	64.11	102.94	44.5	21.3	34.2
2009	303.26	130.40	66.41	106.45	43.0	21.9	35.1
2010	307.65	127.37	69.53	110.75	41.4	22.6	36.0
2011	309.18	121.82	73.89	113.47	39.4	23.9	36.7
2012	310.89	115.09	74.52	121.28	37.0	24.0	39.0
2013	314.21	116.60	72.80	124.81	37.1	23.2	39.7
2014	317.30	116.20	72.47	128.63	36.6	22.9	40.5
2015	321.41	115.09	73.93	132.39	35.8	23.0	41.2
2016	324.28	115.16	74.14	134.98	35.5	22.9	41.6

注：为了与《中国统计年鉴》口径保持一致，与历史数据有可比性，2001至2010年就业人员总数根据第六次人口普查相关数据进行了修正,2011、2012年就业人员总数是根据人口和劳动力抽样调查的推算数，分产业就业人数按全面报表结构推算。

a)In order to accord with the statistical caliber of "China Statistical Yearbook" and can be compared with the historical data, the total number of employed persons from 2001 to 2010 were adjusted on the Sixth National Population Census, the data in 2011and 2012 is estimated on the sampling survey of population, and the number of employed persons by sector are estimated according to the comprehensive report structure.

5-3　2010-2016年按行业分全部单位就业人员数

Number of Employed Persons in All Units by Sector(2010-2016)

单位：人　　　　(person)

项　目	Item	2010	2011	2012	2013	2014	2015	2016
全省	**Provincial Total**	**671118**	**760951**	**791870**	**847677**	**879737**	**909729**	**952546**
农林牧渔业	Agriculture, Forestry, Animal Husbandry and Fishery	20361	20203	18258	17017	17760	18277	20027
采矿业	Mining	28646	34089	34960	56173	48637	44446	44819
制造业	Manufacturing	150418	175329	178354	186435	186535	189249	183984
电力、燃气及水的生产和供应业	Production and Supply of Electricity,Gas and Water	14230	16568	22140	20750	22602	21741	24828
建筑业	Construction	56792	86991	96862	99977	119780	112110	115493
批发和零售业	Wholesale and Retail Trades	39343	52270	56972	60329	61035	78617	98359
交通运输、仓储和邮政业	Transport, Storage and Post	35514	36259	36230	49818	46266	48217	50921
住宿和餐饮业	Hotels and Catering Services	15483	17714	18169	17825	21361	22112	25131
信息传输、软件和信息技术服务业	Information Transmission, Software and Information Technology	9360	10743	11418	10618	10752	9992	11233
金融业	Financial Intermediation	19800	20183	22079	21667	22505	22765	23985
房地产业	Real Estate	15345	18272	17403	23907	29097	31690	33017
租赁和商务服务业	Leasing and Business Services	16410	14235	14525	16187	25575	35187	35539
科学研究和技术服务	Scientific Research and Technical Services	26145	28197	30107	25960	25669	24679	25335
水利、环境和公共设施管理业	Management of Water Conservancy, Environment and Public Facilities	11744	10867	11066	11459	11557	12122	12456
居民服务、修理和其他服务业	Services to Households, Repair and Other Services	4716	5473	6306	9284	4857	6826	8769
教育	Education	76750	77717	77838	78187	76326	78237	79083
卫生和社会工作	Health and Social Services	32952	35767	38750	39291	41903	41840	44599
文化、体育和娱乐业	Culture, Sports and Entertainment	8045	7786	8403	9248	9889	10054	9422
公共管理、社会保障和社会组织	Public Management, Social Security Social Organization	89064	92288	92030	93545	97631	101568	105546

注：本表含私营单位。

a)In this talbe, private units are included.

5-4 分登记注册类型和行业年末全部单位就业人数(2016年)

Number of Employed Persons in All Units at Year-end by Status of Registration and Sector(2016)

单位：人 (person)

项　目	Item	合计 Total	国有单位 State-owned Units	城镇集体单位 Urban Collective-owned Units	其他单位 Units of Other Types of Ownership
全省	**Provincial Total**	**952546**	**347883**	**11484**	**593179**
农林牧渔业	Agriculture,Forestry,Animal Husbandry and Fishery	20027	10845	69	9113
采矿业	Mining	44819	500	64	44255
制造业	Manufacturing	183984	4000	913	179071
电力、燃气及水的生产和供应业	Production and Supply of Electricity,Gas and Water	24828	11219		13609
建筑业	Construction	115493	11616	5077	98800
批发和零售业	Wholesale and Retail Trades	98359	2776	418	95165
交通运输、仓储和邮政业	Transport, Storage and Post	50921	32435	285	18201
住宿和餐饮业	Hotels and Catering Services	25131	2010	390	22731
信息传输、软件和信息技术服务业	Information Transmission, Software and Information Technology	11233	432		10801
金融业	Financial Intermediation	23985	16078	3166	4741
房地产业	Real Estate	33017	902		32115
租赁和商务服务业	Leasing and Business Services	35539	1248	364	33927
科学研究和技术服务	Scientific Research and Technical Services	25335	18526	147	6662
水利、环境和公共设施管理业	Management of Water Conservancy, Environment and Public Facilities	12456	10079	43	2334
居民服务、修理和其他服务业	Services to Households, Repair and Other Services	8769	307	108	8354
教育	Education	79083	73597		5486
卫生和社会工作	Health and Social Services	44599	39228	233	5138
文化、体育和娱乐业	Culture, Sports and Entertainment	9422	6539	207	2676
公共管理、社会保障和社会组织	Public Management, Social Security Social Organization	105546	105546		

注：本表含私营单位。
a)In this talbe, private units are included.

5-5 分登记注册类型和行业年末非私营单位就业人数(2016年)
Number of Employed Persons in Non-private Units at Year-end by Status of Registration and Sector(2016)

单位：人 (person)

项　目	Item	合　计 Total	国　有 单　位 State-owned Units	城镇集体 单　位 Urban Collective-owned Units	其　他 单　位 Units of Other Types of Ownership
合计	**Total**	**630926**	**347883**	**11484**	**271559**
按企、事业和机关分组	**Grouped by Enterprises, Institutions and Agencies**				
企业	Enterprises	356443	78066	11194	267183
事业	Institutions	170519	170091	290	138
机关	Agencies & Organizations	99565	99565		
民间非营利组织	Folk Non-profit Organizations	3950			3950
其他	Others	449	161		288
按国民经济行业分组	**Grouped by Sector**				
农林牧渔业	Agriculture,Forestry,Animal Husbandry and Fishery	13726	10845	69	2812
采矿业	Mining	34848	500	64	34284
制造业	Manufacturing	105546	4000	913	100633
电力、燃气及水的生产和供应业	Production and Supply of Electricity,Gas and Water	21583	11219		10364
建筑业	Construction	66790	11616	5077	50097
批发和零售业	Wholesale and Retail Trades	23425	2776	418	20231
交通运输、仓储和邮政业	Transport, Storage and Post	42837	32435	285	10117
住宿和餐饮业	Hotels and Catering Services	6138	2010	390	3738
信息传输、软件和信息技术服务业	Information Transmission, Software and Information Technology	8907	432		8475
金融业	Financial Intermediation	23772	16078	3166	4528
房地产业	Real Estate	9411	902		8509
租赁和商务服务业	Leasing and Business Services	8583	1248	364	6971
科学研究和技术服务	Scientific Research and Technical Services	22060	18526	147	3387
水利、环境和公共设施管理业	Management of Water Conservancy, Environment and Public Facilities	10636	10079	43	514
居民服务、修理和其他服务业	Services to Households, Repair and Other Services	866	307	108	451
教育	Education	77348	73597		3751
卫生和社会工作	Health and Social Services	40850	39228	233	1389
文化、体育和娱乐业	Culture, Sports and Entertainment	8054	6539	207	1308
公共管理、社会保障和社会组织	Public Management, Social Security Social Organization	105546	105546		

5-6 分行业分地区非私营单位年末女性就业人员(2016年)

Number of Female Employed Persons in Non-private Units at Year-end by Sector and Region(2016)

单位：人 (person)

项目	Item	全省合计 Provincial Total	西宁市 Xining City	海东市 Haidong City	海北州 Haibei Zang A.P	黄南州 Huang-nan Zang A.P	海南州 Hainan Zang A.P	果洛州 Golog Zang A.P	玉树州 Yushu Zang A.P	海西州 Haixi Mong-olian & Zang A.P
合计	**Total**	**234668**	**124083**	**26913**	**11827**	**8036**	**13491**	**5856**	**9574**	**34888**
农林牧渔业	Agriculture,Forestry,Animal Husbandry and Fishery	4583	413	516	843	95	1921	206	133	456
采矿业	Mining	9716	534	144	383	1	102	59		8493
制造业	Manufacturing	31482	18459	2383	98	405	645	28	52	9412
电力、燃气及水的生产和供应业	Production and Supply of Electricity,Gas and Water	6274	4926	233	184	149	155	71	149	407
建筑业	Construction	10097	8584	326	53	199	78	50		807
批发和零售业	Wholesale and Retail Trades	12180	9595	768	109	132	118	61	216	1181
交通运输、仓储和邮政业	Transport, Storage and Post	12964	10525	618	222	138	114	207	117	1023
住宿和餐饮业	Hotels and Catering Services	3680	2172	438	105	23	164	67	96	615
信息传输、软件和信息技术服务业	Information Transmission, Software and Information Technology	3565	3362	76	4	19	9		36	59
金融业	Financial Intermediation	12002	8209	1169	407	308	499	129	167	1114
房地产业	Real Estate	3853	3122	318	15	40	8	27	4	319
租赁和商务服务业	Leasing and Business Services	2664	2022	166	24	44	196			212
科学研究和技术服务	Scientific Research and Technical Services	6900	4793	655	431	170	127	196	107	421
水利、环境和公共设施管理业	Management of Water Conservancy, Environment and Public Facilities	4958	2130	1240	623	272	195		127	371
居民服务、修理和其他服务业	Services to Households, Repair and Other Services	303	172	11			11			109
教育	Education	41036	16351	8352	3161	1876	3768	1634	2479	3415
卫生和社会工作	Health and Social Services	24551	14272	2924	1191	1317	1774	705	896	1472
文化、体育和娱乐业	Culture, Sports and Entertainment	3562	1957	322	263	190	212	109	201	308
公共管理、社会保障和社会组织	Public Management, Social Security Social Organization	40298	12485	6254	3711	2658	3395	2307	4794	4694

5-7 分行业分地区非私营单位年末企业就业人员(2016年)
Number of Employed Persons in Non-private Enterprises at Year-end by Sector and Region(2016)

单位：人 (person)

项目	Item	全省合计 Provincial Total	西宁市 Xining City	海东市 Haidong City	海北州 Haibei Zang A.P	黄南州 Huang-nan Zang A.P	海南州 Hainan Zang A.P	果洛州 Golog Zang A.P	玉树州 Yushu Zang A.P	海西州 Haixi Mong-olian & Zang A.P
合计	**Total**	**356443**	**234690**	**24542**	**6476**	**4675**	**9543**	**2092**	**2258**	**72167**
农林牧渔业	Agriculture,Forestry,Animal Husbandry and Fishery	6416	434		1291		3882		17	792
采矿业	Mining	34834	3560	642	1645	12	700	422		27853
制造业	Manufacturing	105546	63466	10420	504	936	1212	101	120	28787
电力、燃气及水的生产和供应业	Production and Supply of Electricity,Gas and Water	21371	16434	581	1044	413	707	253	471	1468
建筑业	Construction	66741	54397	4959	287	1886	872	610	145	3585
批发和零售业	Wholesale and Retail Trades	23408	17745	1734	253	304	272	163	614	2323
交通运输、仓储和邮政业	Transport, Storage and Post	33930	29694	984	270	166	305	170	284	2057
住宿和餐饮业	Hotels and Catering Services	5879	3685	646	161	31	230	5	134	987
信息传输、软件和信息技术服务业	Information Transmission, Software and Information Technology	8746	8401	172		24	5		36	108
金融业	Financial Intermediation	22770	15183	2225	840	629	1034	283	413	2163
房地产业	Real Estate	9247	7553	806	28	153	27	55	7	618
租赁和商务服务业	Leasing and Business Services	7582	5609	748	55	96	129			945
科学研究和技术服务业	Scientific Research and Technical Services	5504	4975	91	98	25		19		296
水利、环境和公共设施管理业	Management of Water Conservancy, Environment and Public Facilities	1005	510	298			138		17	42
居民服务、修理和其他服务业	Services to Households, Repair and Other Services	649	466	22			18			143
教育	Education	108	13	95						
卫生和社会工作	Health and Social Services	814	814							
文化、体育和娱乐业	Culture, Sports and Entertainment	1893	1751	119			12	11		
公共管理、社会保障和社会组织	Public Management, Social Security Social Organization									

5-8 2010-2016年分行业私营单位就业人员数

Number of Employed Persons in Private Units by Sector(2010-2016)

行业	Item	2010	2011	2012	2013	2014	2015	2016
总计 (万人)	**Total (10 000 persons)**	**34.23**	**35.62**	**37.57**	**26.05**	**27.52**	**24.73**	**29.65**
按城乡分 (万人)	**By urban and Rural Areas(10 000 persons)**							
城　镇	Urban	22.83	21.68	20.06	12.72	14.00	12.81	18.26
乡　村	Rural	11.40	13.94	17.51	13.33	13.52	11.92	11.39
按行业分 (人)	**By Sector (person)**							
农林牧渔业	Agriculture, Forestry, Animal Husbandry and Fishery	16241	16982	20790	19688	31240	25767	33264
采矿业	Mining	16811	16615	14387	11733	11700	6955	6802
制造业	Manufacturing	90899	91183	94056	80620	64018	42427	42592
电力、燃气及水的生产和供应业	Production and Supply of Electricity, Gas and Water	5179	5507	5718	5161	5894	4428	4740
建筑业	Construction	53398	54227	62728	24262	28192	27925	33220
批发和零售业	Wholesale and Retail Trades	81085	87194	93153	55957	60262	64935	78068
交通运输、仓储和邮政业	Transport, Storage and Post	4173	4545	6094	4978	5774	5957	7225
住宿和餐饮业	Hotels and Catering Services	20823	21212	14135	6910	7691	6900	9172
信息传输、软件和信息技术服务业	Information Transmission, Software and Information Technology	3825	3905	4281	2829	3537	3843	5736
金融业	Financial Intermediation	274	569	952	1280	1819	1842	2260
房地产业	Real Estate	11253	11795	14133	11530	12739	9854	10326
租赁和商务服务业	Leasing and Business Services	7281	8743	16465	14186	18476	21823	30560
科学研究和技术服务业	Scientific Research and Technical Services	1253	1871	3559	3654	5348	6593	8087
水利、环境和公共设施管理业	Management of Water Conservancy, Environment and Public Facilities	596	647	791	1060	1285	1397	1797
居民服务、修理和其他服务业	Services to Households, Repair and Other Services	11478	12977	13488	10888	12088	10871	13884
教育	Education	292	379	400	264	320	432	640
卫生和社会工作	Health and Social Services	582	595	1094	716	876	732	921
文化、体育和娱乐业	Culture, Sports and Entertainment	1583	1768	1973	1353	1948	2388	3924
其　他	Others	15246	15523	7494	3444	2026	2256	3298

注：本表数据来源青海省工商行政管理局。

a)The data source of this table is the Qinghai Administration for Industry and commerce.

5-9 2015-2016年分行业分城乡个体就业人员数
Number of Employed Persons of Self-employed Individuals in Urban and Rural Areas by Sector(2015-2016)

项 目	Item	2015		2016	
		从业人员(人) Number of Employed (person)	城镇 Urban	从业人员(人) Number of Employed (person)	城镇 Urban
合计	**Total**	**460710**	**438921**	**520970**	**493567**
农林牧渔业	Agriculture, Forestry, Animal Husbandry and Fishery	19769	16808	22325	18477
采矿业	Mining	556	445	504	397
制造业	Manufacturing	26774	23817	29397	25828
电力、燃气及水的生产和供应业	Production and Supply of Electricity, Gas and Water	100	93	146	144
建筑业	Construction	1351	1289	1618	1446
批发和零售业	Wholesale and Retail Trades	230406	219611	250976	238477
交通运输、仓储和邮政业	Transport, Storage and Post	2520	2486	5154	4912
住宿和餐饮业	Hotels and Catering Services	100804	97586	123071	118355
信息传输、软件和信息技术服务业	Information Transmission, Software and Information Technology	947	890	1210	1142
金融业	Financial Intermediation	7	7	7	7
房地产业	Real Estate	77	76	78	77
租赁和商务服务业	Leasing and Business Services	3000	2850	4008	3779
科学研究和技术服务业	Scientific Research and Technical Services	570	562	608	600
水利、环境和公共设施管理业	Management of Water Conservancy, Environment and Public Facilities	20	20	26	24
居民服务、修理和其他服务业	Services to Households, Repair and Other Services	49671	48501	57004	55379
教育	Education	206	198	266	250
卫生和社会工作	Health and Social Services	2065	1978	2393	2284
文化、体育和娱乐业	Culture, Sports and Entertainment	16809	16688	17999	17848
其 他	Others	5058	5016	4180	4141

注：本表数据来源青海省工商行政管理局。
a)The data source of this table is the Qinghai Administration for Industry and commerce.

5−10 2010−2016年按登记注册类型分全部单位就业人员工资总额
Total Wages of Employed Persons in All Units by Status of Registration(2010-2016)

年 份 Year	工资总额（万元） Total Wages (10 000 yuan)				
	合 计 Total	国有单位 State-owned Units	城镇集体单位 Urban Collective-owned Units	私营单位 Private Units	其他单位 Units of Other Types of Ownership
2010	2173744.9	1554173.2	34566.3	277728.3	307277.1
2011	2884530.0	1925195.4	44887.3	378904.9	535542.4
2012	3260275.9	2207462.1	45442.9	380480.1	626890.8
2013	3810416.6	1909189.4	43462.8	505802.8	1351961.6
2014	4336585.7	2053363.8	49906.4	753507.7	1479807.8
2015	4778667.3	2251117.1	52560.8	937918.1	1537071.3
2016	5347414.8	2552391.1	64049.1	1151033.4	1579941.2

注：2011年起国家报表制度将就业人员劳动报酬改为工资总额。

a)Earning of Employed Persons is changed to Total Wages of Employed Persons in the national reporting system since 2011.

5-11 2010-2016年按登记注册类型分全部单位就业人员平均工资
Average Wage of Employed Persons in All Units by Status of Registration(2010-2016)

单位：元 (yuan)

年 份 Year	合 计 Total	国 有 单 位 State-owned Units	城镇集体单 位 Urban Collective-owned units	股份合作单 位 Cooper-ative Units	有限责任公 司 Limited Liability Corpora-tions	股份有限公 司 Share-holding Corporati-ons Ltd.	私 营 单 位 Private Units	外商投资单位 Foreign Funded Units	港澳台商投资单位 Units with Funds from Hong Kong, Macao & Taiwan
2010	31775	41417	23171	24847	22457	27481	17444	24019	25941
2011	36551	46936	23745	28708	29124	41221	20646	32539	29840
2012	41555	50729	29341	30519	35989	44240	23056	38559	45006
2013	45587	55410	34255	41294	39773	62088	26226	39891	57156
2014	49500	60815	40883	46092	44675	70693	30337	45109	59830
2015	51968	66382	46033	58425	48557	69066	32248	45164	55546
2016	55706	73971	54780	65874	50983	72813	34908	44708	63671

5-12 2011-2016年按行业分全部单位就业人员工资总额
Total Wages of Employed Persons in All Units by Sector(2011-2016)

单位：万元 (10 000 yuan)

项　目	Item	2011	2012	2013	2014	2015	2016
合计	**Total**	**2884530.0**	**3260275.9**	**3810416.6**	**4336585.7**	**4778667.3**	**5347414.8**
农林牧渔业	Agriculture, Forestry, Animal Husbandry and Fishery	59080.8	50731.1	51770.7	58972.3	69999.6	80794.3
采矿业	Mining	135161.0	163598.0	345359.6	367924.3	343497.1	349068.9
制造业	Manufacturing	565285.0	637433.4	708922.5	798615.0	822525.6	861716.9
电力、燃气及水的生产和供应业	Production and Supply of Electricity,Gas and Water	71077.8	122129.1	122597.1	134118.7	145218.7	166527.3
建筑业	Construction	317848.9	356286.4	378076.1	512831.4	532116.8	539205.0
批发和零售业	Wholesale and Retail Trades	125308.2	148322.4	191916.1	216571.0	297880.9	404338.6
交通运输、仓储和邮政业	Transport, Storage and Post	171835.9	201975.3	281938.4	279591.9	339325.6	369653.2
住宿和餐饮业	Hotels and Catering Services	35659.1	42222.3	46927.6	59589.6	74617.2	83879.1
信息传输、软件和信息技术服务业	Information Transmission, Software and Information Technology	44197.3	51906.2	52252.6	59575.2	68338.0	71398.0
金融业	Financial Intermediation	105421.6	127032.5	142443.6	168653.8	182636.9	209942.1
房地产业	Real Estate	40301.6	43956.2	68175.9	83467.2	96523.5	104667.9
租赁和商务服务业	Leasing and Business Services	49267.2	62522.0	39545.4	56946.1	83411.4	106752.0
科学研究和技术服务	Scientific Research and Technical Services	145789.2	176381.6	143293.5	155501.8	168572.6	189427.6
水利、环境和公共设施管理业	Management of Water Conservancy, Environment and Public Facilities	33506.2	35400.5	42608.7	47733.2	54780.6	64355.5
居民服务、修理和其他服务业	Services to Households, Repair and Other Services	14871.9	18411.8	21058.6	13169.0	22277.9	33266.5
教育	Education	374527.4	392035.9	442580.4	482571.8	540325.1	619085.1
卫生和社会工作	Health and Social Services	140489.3	158967.3	182341.1	215427.3	234534.8	275942.5
文化、体育和娱乐业	Culture, Sports and Entertainment	31088.0	36340.3	43069.6	50733.7	54338.9	59619.8
公共管理、社会保障和社会组织	Public Management, Social Security Social Organization	423813.6	434623.6	505539.1	574592.4	647746.1	757774.5

5-13 按登记注册类型和行业分全部单位就业人员平均工资(2016年)

Average Wage of Employed Persons in All Units by Status of Registration and Sector(2016)

单位：元 (yuan)

项 目	Item	合 计 Total	国有单位 State-owned Units	城镇集体单位 Urban Collective-owned units	私营单位 Private Units	其他单位 Units of Other Types of Ownership
合计	**Total**	**55706**	**73971**	**54780**	**34908**	**57779**
农林牧渔业	Agriculture, Forestry, Animal Husbandry and Fishery	37998	50535	36101	27389	18356
采矿业	Mining	76241	74164	53291	37813	85673
制造业	Manufacturing	45216	53354	28807	33161	55140
电力、燃气及水的生产和供应业	Production and Supply of Electricity,Gas and Water	69251	75793		43754	69810
建筑业	Construction	44262	46730	46496	36882	51668
批发和零售业	Wholesale and Retail Trades	43088	82747	33062	41043	44978
交通运输、仓储和邮政业	Transport, Storage and Post	72655	86887	51486	40555	53773
住宿和餐饮业	Hotels and Catering Services	33967	45353	37411	31381	40355
信息传输、软件和信息技术服务业	Information Transmission, Software and Information Technology	62422	62459		30711	71715
金融业	Financial Intermediation	88333	89190	87693	26447	88986
房地产业	Real Estate	31231	54870		27527	39371
租赁和商务服务业	Leasing and Business Services	32057	57048	32555	26958	45572
科学研究和技术服务	Scientific Research and Technical Services	74522	81055	53493	46717	67430
水利、环境和公共设施管理业	Management of Water Conservancy, Environment and Public Facilities	52288	55373	65733	33035	55338
居民服务、修理和其他服务业	Services to Households, Repair and Other Services	34739	47397	34264	34424	32511
教育	Education	77814	81778		31081	27827
卫生和社会工作	Health and Social Services	62589	66297	56587	30976	46557
文化、体育和娱乐业	Culture, Sports and Entertainment	63190	69764	35301	39689	60614
公共管理、社会保障和社会组织	Public Management, Social Security Social Organization	72434	72434			

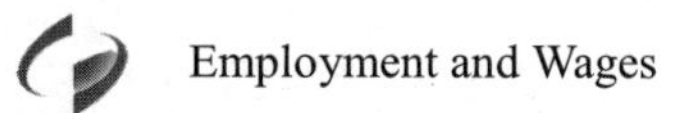

5-14 主要年份非私营单位在岗职工工资总额和指数

Total Wages of Staff and Workers of Non-private Units in Main Years

年份 Year 地区 Region	工资总额（万元） Total Wages Bill (10 000yuan)				指数（上年=100） Indices (preceding year=100)			
	合计 Total	国有单位 State-owned Units	城镇集体单位 Urban Collective-owned Units	其他单位 Units of Other Types of Ownership	合计 Total	国有单位 State-owned Units	城镇集体单位 Urban Collective-owned Units	其他单位 Units of Other Types of Ownership
1981	58892.8	52548.0	6344.8		102.1	101.0	112.7	
1982	63473.7	56398.6	7075.1		107.8	107.3	111.5	
1983	72821.9	64590.5	8231.4		114.7	114.5	116.3	
1984	88791.3	78482.8	10308.5		121.9	121.5	125.2	
1985	105034.0	93009.4	12016.8	7.8	118.3	118.5	116.6	
1986	121877.5	108385.9	13454.5	37.1	116.0	116.5	112.0	475.3
1987	131633.7	117302.4	14292.5	38.8	108.0	108.2	106.2	104.7
1988	149116.9	133290.3	15753.9	72.7	113.3	113.6	110.2	187.4
1989	160348.3	144330.5	15937.1	80.7	107.5	108.3	101.2	111.0
1990	173045.1	156406.1	16566.0	73.0	107.9	108.4	103.9	90.5
1991	184656.3	166116.6	18433.6	106.1	106.7	106.2	111.3	145.3
1992	209226.3	188042.7	21010.5	173.2	113.3	113.2	114.0	163.3
1993	243829.2	223340.6	20127.6	361.0	116.5	118.8	95.8	208.4
1994	327134.8	304604.0	21694.0	836.8	134.2	136.4	107.8	231.8
1995	380242.7	354554.3	24226.2	1462.1	116.2	116.4	111.7	174.7
1996	442899.5	413836.6	26868.0	2194.9	116.5	116.7	110.9	150.1
1997	459073.1	429768.5	25869.2	3435.4	103.7	103.8	96.3	156.5
1998	461574.1	428709.2	26231.5	6633.4	100.5	99.8	101.4	193.1
1999	486047.3	452903.2	25031.6	11292.2	102.4	102.4	90.8	139.2
2000	497630.4	463606.7	22731.5	11292.2	107.8	108.1	86.7	170.2
2001	573591.7	517030.5	23392.3	33168.9	115.3	111.5	102.9	293.7
2002	614001.5	544899.4	22328.3	46773.8	107.0	105.4	95.5	141.0
2003	634734.7	557899.9	20380.5	56454.3	103.4	102.4	91.3	120.7
2004	697129.5	612568.9	22446.3	62114.3	109.8	109.8	110.1	110.0
2005	780295.8	648092.3	20597.6	111605.9	111.9	105.8	91.8	179.7
2006	930521.4	774798.0	22496.6	133226.8	119.3	119.6	109.2	119.4
2007	1120644.0	934132.5	26933.1	159578.4	120.4	120.6	119.7	119.8
2008	1368950.6	1144330.0	31084.7	193535.9	122.2	122.5	115.4	121.3
2009	1597793.0	1334416.5	30248.8	233127.7	116.7	116.6	97.3	120.5
2010	1859058.8	1524032.4	32731.9	302294.5	116.4	114.2	108.2	129.7
2011	2415863.5	1873565.8	40250.0	502047.7	130.0	122.9	123.0	166.1
2012	2859622.3	2192531.2	44455.9	622635.2	118.4	117.0	110.4	124.0
2013	3266761.6	1895487.4	42628.4	1328645.8	114.2	86.5	95.9	213.4
2014	3534872.6	2031884.2	48753.7	1454234.7	108.2	107.2	114.4	109.5
2015	3782397.5	2226372.5	51083.6	1504941.4	107.0	109.6	104.8	103.5
2016	4139892.0	2528220.8	61557.9	1550113.3	109.5	113.6	120.5	103.0
西宁市 Xining City	2104426.8	1190758.4	33013.2	880655.2	109.9	114.2	123.4	104.1
海东市 Haidong City	473726.7	385576.3	8876.1	79274.3	107.4	108.5	110.7	102.0
海北州 Haibei Zang A.P	199418.2	181393.3	3061.6	14963.3	110.9	114.2	131.9	80.5
黄南州 Huangnan Zang A.P	143849.7	122180.3	5202.6	16466.8	109.9	108.3	120.6	119.3
海南州 Hainan Zang A.P	206838.8	175386.3	3575.0	27877.5	117.1	121.3	124.7	95.5
果洛州 Golog Zang A.P	112596.6	104701.2	2002.3	5893.1	118.2	119.0	97.6	112.4
玉树州 Yushu Zang A.P	152387.2	147507.5	1215.3	3664.4	122.9	122.9	98.6	135.5
海西州 Haixi Mongolian & Zang A.P	746648.0	220717.5	4611.8	521318.7	103.8	108.4	130.9	101.8

注：1.1998年及以后工资总额为在岗职工工资总额。
2.本表不含私营单位。
a)Data of total wages bill since 1998 refer to wages of fully employed staff and workers.
b) In this talbe, private units are not included.

5-15 主要年份非私营单位在岗职工平均工资和指数
Average Wage and Related Indices of Staff and Workers in Non-private Units in Main Years

年份 Year / 地区 Region		平均工资(元) Average Wage (yuan)				指数(上年=100) Indices (preceding year=100)			
		合计 Total	国有单位 State-owned Units	城镇集体单位 Urban Collective-owned Units	其他单位 Units of Other Types of Ownership	合计 Total	国有单位 State-owned Units	城镇集体单位 Urban Collective-owned Units	其他单位 Units of Other Types of Ownership
1981		1059	1103	796		99.44	100.27	97.07	
1982		1111	1155	848		104.91	104.71	106.53	
1983		1246	1301	933		112.15	112.64	110.02	
1984		1490	1565	1091		119.58	120.29	116.93	
1985		1719	1811	1233	765	115.37	115.72	113.02	
1986		1917	2021	1353	1278	111.52	111.60	109.73	167.06
1987		2041	2143	1469	1470	106.47	106.04	108.57	115.02
1988		2305	2421	1644	1731	112.93	112.97	111.91	117.76
1989		2438	2580	1628	2028	105.77	106.57	99.03	117.16
1990		2632	2789	1722	1799	107.96	108.10	105.77	88.66
1992		3098	3290	2036	2892	112.57	112.79	111.44	160.31
1993		3658	3891	2201	3006	118.08	118.27	108.10	103.94
1994		4976	5348	2512	5642	136.03	137.45	114.13	187.69
1995		5753	6161	2928	5452	115.61	115.20	116.56	96.63
1996		6687	7146	3373	6176	116.24	115.99	115.20	113.28
1997		7091	7623	3419	4326	106.04	106.68	101.36	70.05
1998		8011	8511	4249	6187	112.97	111.65	124.28	143.02
1999		9081	9664	4570	6851	113.36	113.55	107.55	110.73
2000		10050	10744	4785	6989	110.67	111.18	104.70	102.01
2001		12906	14028	6101	8841	128.42	130.57	127.50	126.50
2002		14472	15816	7211	9585	112.13	112.75	118.19	108.42
2003		15356	16692	8306	10341	106.11	105.54	115.19	107.89
2004		17229	18686	10302	11291	112.20	111.95	124.03	109.19
2005		19084	21158	10080	13591	110.77	113.23	97.84	120.37
2006		22679	24984	11322	16588	118.84	118.08	112.32	122.05
2007		26166	29683	13228	17118	115.38	118.81	116.83	103.20
2008		30983	35454	15342	19857	118.41	119.44	115.98	116.00
2009		33561	38876	18283	20046	108.32	109.65	119.17	100.95
2010		37182	42906	20672	23442	110.79	110.37	113.07	116.94
2011		42493	48618	23501	30237	114.28	113.31	113.69	128.99
2012		46827	51173	29720	37225	110.20	105.26	126.46	123.11
2013		52105	55810	34984	48290	111.27	109.06	117.71	129.72
2014		57804	61482	41160	54021	110.94	110.16	117.65	111.87
2015		61868	67095	46364	56045	107.03	109.13	112.64	103.75
2016		67451	74605	56882	58703	109.02	111.19	122.69	104.74
西宁市	Xining City	63683	77524	50402	51710	110.68	113.38	131.69	106.01
海东市	Haidong City	65477	70493	54321	49488	105.45	106.17	101.45	102.05
海北州	Haibei Zang A.P	74393	77744	65841	49728	114.43	113.06	127.36	109.69
黄南州	Huangnan Zang A.P	71386	73620	71661	58207	104.10	103.85	95.70	109.76
海南州	Hainan Zang A.P	65511	72687	85322	39683	113.11	115.00	117.23	98.31
果洛州	Golog Zang A.P	73262	73080	78215	74976	114.63	114.34	117.80	119.10
玉树州	Yushu Zang A.P	68304	68678	82115	53573	111.45	110.90	113.21	133.87
海西州	Haixi Mongolian & Zang A.P	78802	71834	73907	82227	104.14	108.35	132.62	102.29

5-16 分行业分地区非私营单位在岗职工工资总额(2016年)
Total Wages of Staff and Workers in Non-private Units by Sector and Region(2016)

单位：万元 (10 000 yuan)

项 目	Item	全省合计 Provincial Total	西宁市 Xining City	海东市 Haidong City	海北州 Haibei Zang A.P	黄南州 Huang-nan Zang A.P	海南州 Hainan Zang A.P	果洛州 Golog Zang A.P	玉树州 Yushu Zang A.P	海西州 Haixi Mong-olian & Zang A.P
合计	**Total**	**4139892**	**2104427**	**473726**	**199418**	**143850**	**206839**	**112597**	**152387**	**746648**
农林牧渔业	Agriculture,Forestry,Animal Husbandry and Fishery	60211	7172	11611	11384	2231	13542	4203	2797	7271
采矿业	Mining	307157	16843	2212	4523	22	3829	4219		275509
制造业	Manufacturing	575858	309447	51600	2408	4381	5692	329	360	201641
电力、燃气及水的生产和供应业	Production and Supply of Electricity,Gas and Water	152749	120199	2594	6376	3073	4844	1320	2927	11416
建筑业	Construction	314212	252367	21228	2237	8974	3624	4067	250	21465
批发和零售业	Wholesale and Retail Trades	113583	79186	9851	1900	1970	1869	1534	3020	14253
交通运输、仓储和邮政业	Transport, Storage and Post	333011	286814	9041	3642	2878	1941	6753	2417	19525
住宿和餐饮业	Hotels and Catering Services	25340	16493	1698	487	78	757	319	402	5106
信息传输、软件和信息技术服务业	Information Transmission, Software and Information Technology	61038	57528	1207	35	372	193		450	1253
金融业	Financial Intermediation	208133	147860	16235	7904	5532	9315	3448	3997	13842
房地产业	Real Estate	36754	30614	3280	155	582	135	129	25	1834
租赁和商务服务业	Leasing and Business Services	39319	28054	4074	336	964	1276			4615
科学研究和技术服务业	Scientific Research and Technical Services	172141	124779	15174	8974	3181	3011	4002	2104	10916
水利、环境和公共设施管理业	Management of Water Conservancy, Environment and Public Facilities	58659	30153	13331	3198	3583	2590	34	682	5088
居民服务、修理和其他服务业	Services to Households, Repair and Other Services	2858	1738	134	26		15			945
教育	Education	611661	213858	153199	44862	34269	56247	21667	34737	52822
卫生和社会工作	Health and Social Services	256791	136328	34275	15965	12435	22210	7963	10002	17613
文化、体育和娱乐业	Culture, Sports and Entertainment	53996	29978	4485	4023	2874	2898	1621	3008	5109
公共管理、社会保障和社会组织	Public Management, Social Security Social Organization	756421	215016	118497	80983	56451	72851	50989	85209	76425

5-17 分行业分地区非私营单位在岗职工平均工资(2016年)

Average Wage of Staff and Workers in Non-private Units by Sector and Region(2016)

单位：元 (yuan)

项 目	Item	全省合计 Provincial Total	西宁市 Xining City	海东市 Haidong City	海北州 Haibei Zang A.P	黄南州 Huang-nan Zang A.P	海南州 Hainan Zang A.P	果洛州 Golog Zang A.P	玉树州 Yushu Zang A.P	海西州 Haixi Mong-olian & Zang A.P
合计	**Total**	**67451**	**63683**	**65477**	**74393**	**71386**	**65511**	**73262**	**68304**	**78802**
农林牧渔业	Agriculture, Forestry, Animal Husbandry and Fishery	43796	62578	57851	40043	57215	27819	69821	77905	47433
采矿业	Mining	91163	39344	34943	40530	18167	54938	87707		104072
制造业	Manufacturing	54984	48821	51125	48445	77406	46201	33622	29467	70161
电力、燃气及水的生产和供应业	Production and Supply of Electricity,Gas and Water	73180	75364	45829	64863	65114	72742	51354	63637	75103
建筑业	Construction	52062	52452	45829	49489	54516	41943	53444	67486	55797
批发和零售业	Wholesale and Retail Trades	49658	46178	56580	74823	63548	68982	94129	49508	59986
交通运输、仓储和邮政业	Transport, Storage and Post	79476	83195	57698	65857	73787	55770	88272	70058	56464
住宿和餐饮业	Hotels and Catering Services	42121	44734	29585	29859	22941	29337	28438	30022	48445
信息传输、软件和信息技术服务业	Information Transmission, Software and Information Technology	71877	71928	57232	43375	67527	69071		64271	102680
金融业	Financial Intermediation	89992	96989	68015	80324	74359	82138	96053	80587	77807
房地产业	Real Estate	41738	43040	40436	45647	37327	40788	23473	36000	30720
租赁和商务服务业	Leasing and Business Services	47202	46843	49625	58000	82402	32373			48525
科学研究和技术服务	Scientific Research and Technical Services	79368	81004	69415	77498	59910	97132	83029	71091	82566
水利、环境和公共设施管理业	Management of Water Conservancy, Environment and Public Facilities	55422	62754	48196	38583	58357	54073	67200	30855	58817
居民服务、修理和其他服务业	Services to Households, Repair and Other Services	41184	40786	49926	52400		14600			41819
教育	Education	79244	72922	83936	86140	82516	79188	73822	73455	96390
卫生和社会工作	Health and Social Services	66623	63344	67233	83020	56138	79235	69543	64528	76983
文化、体育和娱乐业	Culture, Sports and Entertainment	67344	66397	63880	77061	68268	66320	57286	61770	78485
公共管理、社会保障和社会组织	Public Management, Social Security Social Organization	72660	71844	68590	87872	77066	75587	74263	68789	66642

5-18 按登记注册类型和行业分非私营单位在岗职工平均工资(2016年)

Average Wage of Staff and Workers in Non-private Units by Status of Registration and Sector(2016)

单位：元 (yuan)

项　目	Item	合　计 Total	国有单位 State-owned Units	城镇集体单位 Urban Collective-owned Units	其他单位 Units of Other Types of Ownership
全省	**Total**	**67451**	**74605**	**56882**	**58703**
按企、事业和机关分组	**Grouped by Enterprises, Institutions and Agencies**				
企业	Enterprises	63470	79537	56808	59196
事业	Institutions	72856	72875	59685	76196
机关	Agencies & Organizations	73876	73876		
民间非营利组织	Folk Non-profit Organizations	27627			27627
其他	Others	42611	62219		31486
按国民经济行业分组	**Grouped by Sector**				
农林牧渔业	Agriculture, Forestry, Animal Husbandry and Fishery	43796	50535	36101	18356
采矿业	Mining	91163	74164	53291	91483
制造业	Manufacturing	54984	53406	28807	55285
电力、燃气及水的生产和供应业	Production and Supply of Electricity,Gas and Water	73180	76127		69983
建筑业	Construction	52062	48913	49669	52846
批发和零售业	Wholesale and Retail Trades	49658	82916	33104	45328
交通运输、仓储和邮政业	Transport, Storage and Post	79476	87189	51283	54288
住宿和餐饮业	Hotels and Catering Services	42121	45353	38234	40733
信息传输、软件和信息技术服务业	Information Transmission, Software and Information Technology	71877	62459		72375
金融业	Financial Intermediation	89992	90559	88459	89037
房地产业	Real Estate	41738	55761		40243
租赁和商务服务业	Leasing and Business Services	47202	58395	32555	46042
科学研究和技术服务	Scientific Research and Technical Services	79368	81385	53646	68927
水利、环境和公共设施管理业	Management of Water Conservancy, Environment and Public Facilities	55422	55373	65733	55510
居民服务、修理和其他服务业	Services to Households, Repair and Other Services	41184	47397	34264	37189
教育	Education	79244	81882		27818
卫生和社会工作	Health and Social Services	66623	67411	56973	46557
文化、体育和娱乐业	Culture, Sports and Entertainment	67344	69791	35301	60631
公共管理、社会保障和社会组织	Public Management, Social Security Social Organization	72660	72660		

5-19 主要年份城镇登记失业人员变化情况

Changes of Urban Registered Unemployed Persons in Main Years

单位：万人、% (10 000 persons,%)

年份 Year	失业人员总数 Total Number of Unemployed Persons	上年结转人数 Number of Unemployed Persons at Last Year-end	本年新增加人数 Number of New Increase This Year	由就业转失业人数 From Employment into Unemployment	本年度安排失业人员就业的人数 Number of Arrangements for Employment of Unemployed Persons This Year	本年末实有失业人员数 Number of Actual Unemployed Persons at Year-end	女性 Female	城镇登记失业率 Registered Unemployment Rate in Urban Area
1980	4.89				1.64	3.25		5.68
1982	6.70	4.45	2.25		4.05	2.65		4.34
1983	6.96	2.65	4.31	0.10	2.39	4.46	1.74	6.97
1984	9.52	4.46	5.06	1.07	2.61	6.82	2.31	10.02
1985	10.66	6.82	3.84	0.48	5.18	5.39	1.99	7.67
1986	8.21	5.39	2.82	0.73	4.06	3.54	1.22	4.98
1987	7.45	3.54	3.91	1.15	2.84	4.36	1.99	5.94
1988	8.74	4.36	4.38	1.38	2.63	5.85	2.61	7.72
1989	8.45	5.85	2.60	0.34	3.60	4.34	2.07	5.65
1990	7.82	4.34	3.48	0.99	3.35	4.17	1.99	4.88
1992	6.68	3.32	3.36	0.76	3.65	2.64	1.36	3.35
1993	5.11	2.64	2.47	0.35	2.97	1.84	1.04	2.49
1994	4.40	1.84	2.56	0.27	2.61	1.64	0.98	2.21
1995	4.14	1.64	2.50	0.28	2.53	1.51	0.75	2.18
1996	4.39	1.51	2.88	0.41	2.93	1.34	0.80	1.87
1997	3.89	1.34	2.55	0.47	2.30	1.50	0.79	2.10
1998	3.84	1.50	2.34	0.59	1.95	1.82	0.86	2.50
1999	4.49	1.82	2.67	0.48	2.13	1.93	1.01	2.64
2000	4.54	1.93	2.61	1.13	2.38	1.80	0.94	2.40
2001	6.66	1.80	4.86	1.48	4.21	2.45	1.03	3.50
2002	6.92	2.45	4.47	1.37	3.98	2.85	1.46	3.60
2003	7.61	2.85	4.76	2.64	4.54	3.07	1.71	3.80
2004	8.58	3.07	5.51	3.17	5.10	3.48	1.79	3.92
2005	8.31	3.48	4.83	1.80	4.68	3.63	2.32	3.93
2006	8.60	3.63	4.97	2.01	4.87	3.73	1.89	3.90
2007	10.10	3.73	6.37	1.84	6.38	3.72	1.52	3.75
2008	8.73	3.73	5.00	2.20	4.86	3.87	1.89	3.80
2009	9.46	3.87	5.59	2.43	5.39	4.07	1.72	3.80
2010	10.33	4.06	6.27	2.08	6.09	4.24	1.63	3.80
2011	10.96	4.24	6.72	2.81	6.61	4.35	1.76	3.80
2012	10.68	4.35	6.33	1.89	6.59	4.09	1.61	3.40
2013	10.21	4.09	6.12	1.82	5.98	4.23	1.75	3.30
2014	10.71	4.23	6.48	1.93	6.49	4.22	1.76	3.20
2015	10.18	4.21	5.97	2.05	5.74	4.44	1.65	3.20
2016	11.11	4.44	6.67	1.59	6.53	4.58	1.66	3.10

注：本表数据来源青海省人力资源和社会保障厅。

a)The data in this table are from the Provincial Department of human resources and social security.

主要统计指标解释

经济活动人口 指在16周岁及以上,有劳动能力,参加或要求参加社会经济活动的人口。包括就业人员和失业人员。

就业人员 指在16周岁及以上,从事一定社会劳动并取得劳动报酬或经营收入的人员。这一指标反映了一定时期内全部劳动力资源的实际利用情况,是研究我国、我省基本国情国力的重要指标。

单位就业人员 指在各级国家机关、政党机关、社会团体及企业、事业单位中工作,取得工资或其他形式的劳动报酬的全部人员。包括在岗职工、劳务派遣人员及其他就业人员;不包括离开本单位仍保留劳动关系,并定期领取生活费的人员;利用课余时间打工的学生及在本单位实习的各类在校学生;本单位因劳务外包而使用的人员。

国有单位 指资产归国家所有的经济组织。包括按《中华人民共和国企业法人登记管理条例》规定登记注册的非公司制的经济组织,以及中央、地方各级国家机关、事业单位和社会团体。

集体单位 指生产资料归集体所有,并按《中华人民共和国企业法人登记管理条例》规定登记注册的经济组织。

其他单位 包括股份合作单位、联营单位、有限责任公司、股份有限公司、港澳台商投资单位以及外商投资单位等其他登记注册类型单位。

在岗职工 指在本单位工作并由单位支付工资的人员,以及有工作岗位,但由于学习、病伤产假等原因暂未工作,仍由单位支付工资的人员。

城镇私营和个体就业人员 城镇私营就业人员指在工商管理部门注册登记,其经营地址设在县城关镇(含县城关镇)以上的私营企业就业人员,包括私营企业投资者和雇工。城镇个体就业人员指在工商管理部门注册登记,并持有城镇户口或在城镇长期居住,经批准从事个体工商经营的就业人员,包括个体经营者和在个体工商户劳动的家庭帮工和雇工。

就业人员工资总额 指根据《关于工资总额组成的规定》(1990年1月1日国家统计局发布的一号令)中的具体规定,本单位在一定时期内(季度或年度)直接支付给本单位全部就业人员的劳动报酬总额。包括计时工资、计件工资、奖金、津贴和补贴、加班加点工资、特殊情况下支付的工资。是在岗职工工资总额、劳务派遣人员工资总额和其他就业人员工资总额之和。

工资总额是税前工资,包括单位从个人工资中直接为其代扣或代缴的房费、水费、电费、住房公积金和社会保险基金个人缴纳部分等。

工资总额不论是计入成本的还是不计入成本的,不论是以货币形式支付的还是以实物形式支付的,均应列入工资总额的计算范围。

在岗职工工资总额 指本单位在一定时期内直接支付给本单位全部在岗职工的劳动报酬总额。在岗职工工资总额由基本工资、绩效工资、工资性津贴和补贴、其他工资四部分组成。工资总额不包括病假、事假等情况的扣款。各单位在填报在岗职工工资总额四项构成时,应根据实际情况调整对应项目;如不能确定调整项,可扣减基本工资项。

就业人员平均工资 指本单位在报告期内就业人员的平均工资水平。计算公式为:

$$\text{就业人员平均工资}=\frac{\text{就业人员工资总额}}{\text{就业人员平均人数}}$$

在岗职工平均工资 指本单位在报告期内在岗职工的平均工资水平。计算公式为:

$$\text{在岗职工平均工资}=\frac{\text{在岗职工工资总额}}{\text{在岗职工平均人数}}$$

城镇登记失业人员 指有非农业户口,在一定的劳动年龄内(16周岁至退休年龄),有劳动能力,无业而要求就业,并在当地就业服务机构进行求职登记的人员。

城镇登记失业率 城镇登记失业人员与城镇单位就业人员(扣除使用的农村劳动力、聘用的离退休人员、港澳台及外方人员)、城镇单位中的不在岗职工、城镇私营业主、个体户主、城镇私营企业和个体就业人员、城镇登记失业人员之和的比。计算公式为:

$$\text{城镇登记失业率}=\frac{\text{城镇登记失业人数}}{\begin{array}{c}\text{(城镇单位就业人员-使用的农村劳动力-聘用的离退休人员-聘用}\\\text{的港澳台及外方人员)+不在岗职工+城镇私营业主+城镇个体户主+}\\\text{城镇私营企业及个体就业人员+城镇登记失业人数}\end{array}}\times100\%$$

Explanatory Notes on Main Statistical Indicators

Economically Active Population refers to the population aged 16 and over who are capable of working, are participating in or willing to participate in economic activities, including employed persons and unemployed persons.

Employed Persons refer to persons aged 16 and over who are engaged in gainful employment and thus receive remuneration payment or earn business income. This indicator reflects the actual utilization of total labor force during a certain period of time and is often used for the research on China's and Qinghai's economic situation and national power.

Persons Employed in Various Units refer to all the persons working in government agencies of various levels, political and party organizations, social organizations, enterprises and institutions, and receiving wages or other forms of payment. They include fully - employed staff and workers, the dispatch personnel and other employment, dont include persons which leave the unit but retain labor relations and regularly receive cost of living, school students which work using of their spare time and practice in this unit, persons of the unit labor outsourcing.

State - owned Units refer to economic units whose assets are owned by the state, including non - corporation units registered according to Regulation of the People's Republic of China on the Registration of Enterprises and Corporations, state organs, institutions and social organizations at the central - level and local levels.

Collective - owned Units refer to economic units registered according to Regulation of the People's Republic of China on the Registration of Enterprises and Corporations where the means of production are collectively owned.

Units of Other Types of Ownership refer to units registered with other types of ownership, including cooperative units, joint ownership units, limited liability corporations, share holding corporations, units funded by entrepreneurs from Hong Kong, Macao, and Taiwan, and foreign - funded units.

Employed Staff and Workers refer to persons who work in, and receive wages from their working units, including persons who have their work posts but are temporarily absent from work for reasons of study or on sick, injury or maternal leave and still receive wages from their working units.

Persons Employed in Private Enterprises and Self - Employed Individuals in Urban Areas Persons employed in private enterprises refer to the persons employed in the private enterprises which have been registered at the departments of industrial and commercial administration for which the business operation are situated at a county town (i. e. a town where the county government is located), or at urban areas with administrative hierarchy higher than a county town. The self - employed individuals in urban areas refer to persons who hold the certificates of residence in urban areas or have resided in the urban areas for a long time and have been registered at the departments of industrial and commercial administration and approved to be engaged in individual industrial or commercial business, including self - employed persons as well as helpers and hired laborers who work in individual households.

Total Wage Bill of Employed Persons refers to employment wages the units paid directly to the total remuneration of all employed persons in this unit within a certain period (quarterly or annual) on the basis of the provisions on the composition of wages (January 1, 1990, the National Statistics Office published the first Decree). Including hourly, piece rates, bonuses, allowances, overtime wages and subsidies, wages paid under special circumstances. It is the total sum of fully - employed staff and workers wages, labor dispatch personnel payroll and personnel wages and other employment.

Total Wage Bill are wages before taxes, including water charges, electricity, housing fund and social insurance fund for individuals and so on, what withheld or paid rates directly from the individual wage by the units.

Total wage Bill should be calculated whether it is included in the cost is not included in the cost, whether paid in monetary form or be paid in kind.

Total Wage Bill of Employed Staff and Workers refers to this unit paid directly to the total remuneration of all fully - employed staff and workers in this unit within a certain period. It is consisting of four parts, basic salary, performance pay, wage and other wage subsidies. It do not include deductions such as sick leave, unpaid leave. When units report employee wages four constituted, they should be adjusted the corresponding project according to the actual situation. If cannot determine adjustments, can deduct from basic salary.

Average Wage of Employment Persons refers to the average wage level of employed persons in the unit during the reporting period the average wage and is calculated as follows:

$$\text{Average Wage of Employment Persons} = \frac{\text{Total Wage Bill of Employment Persons}}{\text{Average Number of Employment Persons}}$$

Average Wage of Employed Staff and Workers refers to the average wage level of employed staff and workers in the unit during the reporting period the average wage and is calculated as follows:

$$\text{Average Wage of Employed Staff and Workers} = \frac{\text{Total Wage Bill of Staff and Workers}}{\text{Average Number of Staff and Workers}}$$

Registered Unemployed Persons in Urban Areas refer to the persons with non - agricultural household registration at certain working ages (16 years old to retirement age), who are capable of working, unemployed and willing to work, and have been registered at the local employment service agencies to apply for a job.

Registered Unemployment Rate in Urban Areas refers to the ratio of the number of the registered unemployed persons to the sum of the number of persons employed in various units (minus the employed rural labor force, re – employed retirees, and Hong Kong, Macao, Taiwan or foreign employees), laid – off staff and workers in urban units, owners of private enterprises in urban areas, owners of self – employed individuals in urban areas, employees of private enterprises in urban areas, employee of self – employed individuals in urban areas, and the registered unemployed persons in urban areas. The formula is as follows:

$$\text{Registered unemployment ratein urban areas} = \frac{\text{number of registered urban unemployed persons}}{\begin{array}{c}\text{number of persons employed in urban units} - \text{employed rurallabour force}\\ \text{re} - \text{employed retirees} - \text{Hong Kong, Macao, Taiwan or foreign employees}\\ + \text{laid} - \text{off staff and workers} + \text{owners of urban private enterprises} + \text{owners of}\\ \text{urban self} - \text{employed individuals} + \text{employees of urban private enterprises} + \text{employees of}\\ \text{urban self} - \text{employed individuals} + \text{registered unemployed persons in urban areas}\end{array}} \times 100\%$$

第 6 篇
CHAPTER 6

固定资产投资
Investment in Fixed Assets

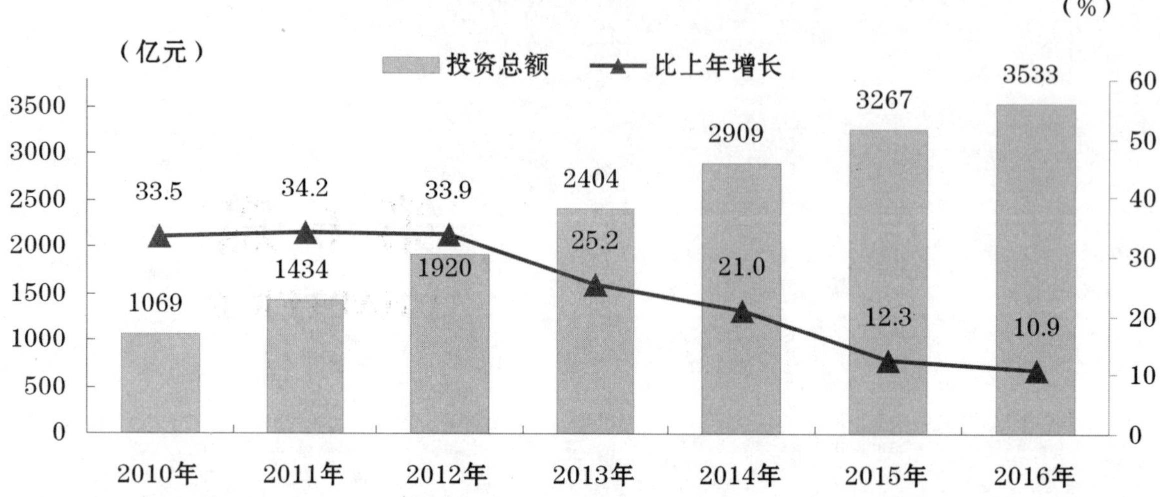
全社会固定资产投资额
(亿元)
(%)
投资总额
比上年增长
3500
3000
2500
2000
1500
1000
500
0
60
50
40
30
20
10
0
1069
1434
1920
2404
2909
3267
3533
33.5
34.2
33.9
25.2
21.0
12.3
10.9
2010年
2011年
2012年
2013年
2014年
2015年
2016年

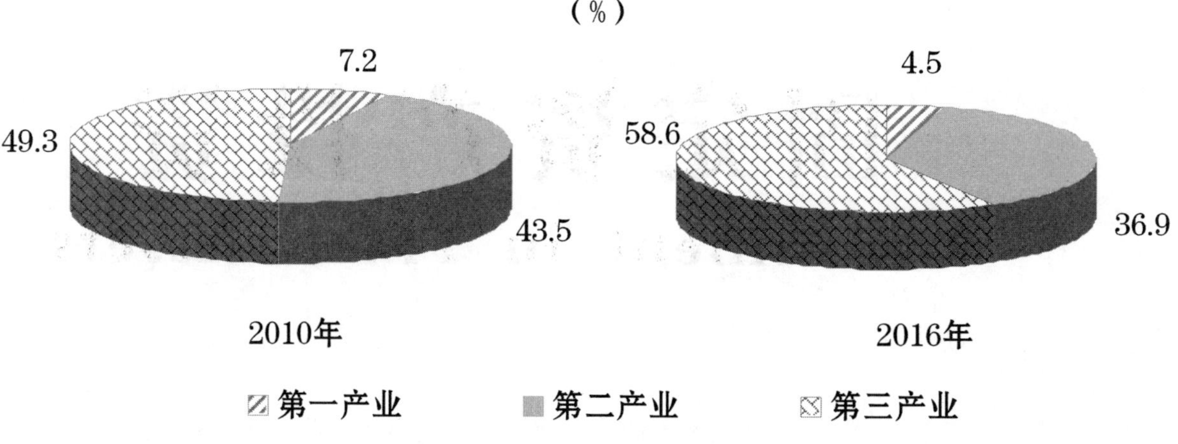
三次产业投资结构
(%)
7.2
49.3
43.5
4.5
58.6
36.9
2010年
2016年
第一产业
第二产业
第三产业

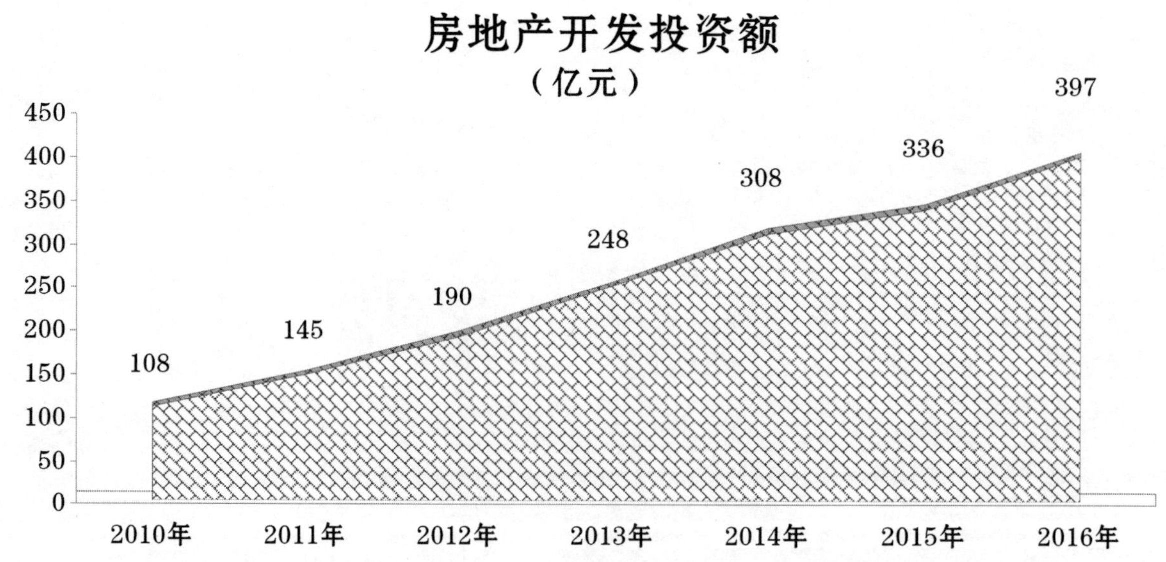
房地产开发投资额
(亿元)
450
400
350
300
250
200
150
100
50
0
108
145
190
248
308
336
397
2010年
2011年
2012年
2013年
2014年
2015年
2016年

6-1 2010-2016年全社会固定资产投资
Total Investment in Fixed Assets(2010-2016)

单位：亿元 (100 million yuan) llion yuan)

指 标	Item	2010	2011	2012	2013	2014	2015	2016
投资总额	**Total Investment**	**1068.73**	**1434.33**	**1920.03**	**2403.90**	**2908.71**	**3266.64**	**3533.19**
民间投资	**Non-government Investment**	**402.34**	**559.19**	**799.05**	**1020.95**	**1240.12**	**1180.36**	**1212.08**
按经济类型分	**By Economic Type**							
国有经济	The State-owned Economy	515.92	691.63	903.11	1145.32	1391.44	1843.39	1828.45
集体经济及私营个体投资	Collective-owned, Private and Self-employed Individual	163.84	183.51	280.08	411.48	585.33	594.13	649.66
联营经济	Joint Ownership Economy	0.54	1.35	0.39	0.73	1.60	2.10	0.37
股份经济	Share Economy	349.25	484.13	644.25	770.50	831.68	728.58	939.84
港、澳、台投资	Economy with Funds from Hong Kong, Macao and Taiwan	1.30	7.03	15.71	28.33	24.64	18.58	12.29
外商投资经济	Foreign Funded Economy	21.96	34.25	22.64	4.26	30.67	0.21	21.43
其他投资	Others	15.92	32.43	53.85	43.28	43.35	79.65	81.15
按产业分	**By Three Strata of Industry**							
第一产业	Primary Industry	76.44	90.82	82.89	109.27	139.46	157.92	159.56
第二产业	Secondary Industry	465.23	667.20	891.27	1160.25	1281.88	1467.45	1302.67
工业	Industry	444.93	632.07	826.06	1076.42	1204.57	1305.45	1193.44
第三产业	Tertiary Industry	527.06	676.31	945.87	1134.38	1487.37	1641.27	2070.96
按构成分	**By Structure**							
建筑安装工程	Construction and Installation	855.33	1098.56	1496.21	1794.16	2288.90	2540.39	2788.19
设备工具器具购置	Purchase of Equipment and Instruments	129.44	227.88	271.19	435.17	455.76	489.50	521.07
其他费用	Others	83.96	107.89	152.63	174.57	164.06	236.75	223.93
本年资金到位按来源分	**By Sources of Funds**							
国家预算内资金	State Budget	141.50	317.16	393.07	406.42	559.94	645.23	882.92
国内贷款	Domestic Loans	178.51	215.50	427.12	537.89	596.22	681.39	730.56
债券	Bond	0.07	0.11	0.14	1.09	16.46	1.72	6.52
利用外资	Foreign Investment	5.21	7.75	2.56	9.13	4.22	2.68	19.02
自筹资金	Self-raising Funds	542.75	778.01	980.10	1240.91	1363.51	1593.43	1472.88
其他资金	Others	175.13	164.59	219.50	439.09	285.32	275.90	354.12
房屋建筑面积（万平方米）	**Floor Space of Buildings(10 000 sq.m)**							
施工面积	Floor Space under Construction	4310.18	6023.28	5880.72	5642.89	5591.35	4996.16	5175.56
住宅	Residential Buildings	3093.19	4320.00	3624.57	3419.90	3342.22	2959.48	2393.56
竣工面积	Floor Space Completed	1474.19	1906.45	1587.48	1846.91	1743.59	1518.56	954.71
住宅	Residential Buildings	1297.02	1685.09	1208.90	1405.06	1358.12	1108.77	570.84

注：全社会投资数据2015年之前是含农户数据，2016年起是不含农户数据，下同。
a) Total Investment included farm household data before 2015 and not included since 2016,the same below.

6-2 1990-2016年全社会固定资产投资(按经济类型分)
Total Investment in Fixed Assets by Econmic Type(1990-2016)

指 标 Item	总 计 Total	国有经济 State-owned	集体经济 Collective-owned	私营个体经济 Private and Self-employed Individual	其他经济 Others
投资额(亿元) Investment(100 million yuan)					
1990	22.25	19.92	0.54	1.79	
1991	23.94	21.49	0.56	1.89	
1992	30.27	27.46	0.68	2.13	
1993	44.73	40.02	1.07	3.50	0.14
1994	45.20	39.45	1.48	3.49	0.78
1995	55.58	45.15	5.34	4.34	0.75
1996	77.66	64.42	5.08	4.62	3.54
1997	97.66	76.24	4.60	10.24	6.58
1998	116.38	89.01	3.99	10.89	12.49
1999	128.13	94.09	7.05	15.02	11.97
2000	154.83	102.83	6.61	13.08	32.31
2001	201.61	125.18	3.50	17.90	55.03
2002	245.02	153.88	2.72	21.26	67.16
2003	285.12	176.31	9.03	31.57	68.21
2004	318.06	168.39	10.38	37.24	102.05
2005	367.15	175.64	14.50	42.76	134.25
2006	419.62	196.73	20.12	41.82	160.95
2007	487.47	201.21	26.52	36.46	223.28
2008	582.85	255.48	23.79	41.52	262.06
2009	800.51	398.01	14.33	84.76	303.41
2010	1068.73	515.92	16.01	147.83	388.97
2011	1434.33	691.63	17.50	166.02	559.18
2012	1920.03	903.11	16.08	264.00	736.84
2013	2403.90	1145.32	21.16	390.32	847.10
2014	2908.71	1391.44	20.48	564.85	931.94
2015	3266.64	1843.39	22.42	571.71	829.12
2016	3533.19	1828.45	11.53	638.13	1055.08
增长速度(上年=100) Growth Rate(preceding year=100)					
1990	3.34	5.79	-19.40	-11.82	
1991	7.60	7.88	3.70	5.59	
1992	26.44	27.78	21.43	12.70	
1993	47.77	45.74	57.35	64.32	
1994	1.05	-1.42	38.32	-0.29	457.14
1995	22.96	14.45	260.81	24.36	-3.85
1996	39.73	42.68	-4.87	6.45	372.00
1997	25.75	18.35	-9.45	121.65	85.88
1998	19.17	16.75	-13.26	6.35	89.82
1999	10.10	5.71	76.69	37.92	-4.16
2000	20.84	9.29	-6.24	-12.92	170.43
2001	30.21	21.73	-45.45	36.85	70.32
2002	21.53	2.93	77.71	18.77	22.04
2003	16.37	14.58	231.99	48.49	1.56
2004	11.55	-4.49	15.00	17.96	49.61
2005	15.43	4.31	39.60	14.82	31.55
2006	14.29	12.01	38.76	-2.20	19.89
2007	16.17	2.28	-37.67	20.61	38.73
2008	19.57	26.97	-10.29	13.88	17.37
2009	37.34	55.79	-39.76	104.14	15.78
2010	33.51	29.62	11.72	74.41	28.20
2011	34.20	34.10	9.30	12.30	43.80
2012	33.86	30.58	-8.11	59.02	31.77
2013	25.20	26.82	31.59	47.85	14.96
2014	21.00	21.49	-3.21	44.71	10.02
2015	12.31	32.48	9.48	1.22	-11.03
2016	10.90	-1.00	-48.10	28.00	29.00

注：其他经济为除国有、集体、私营个体经济以外的经济类型。(2016增速按不含农户同口径计算，下同)

a) Others mean economic types except state-owned, collective-owned, private and self-employed individual. The growth rate is calculated by excluding farm household data with the same caliber, the same below.

6-3 2000-2016年全社会固定资产投资构成及资金来源

Structrue and Sourses of Funds of Total Investment in Fixed Assets (2000-2016)

单位：亿元、% (100 million yuan，%)

年 份	按构成分 By Structure of Funds			按资金来源分 By Source of Funds						
Year	建筑安装工程 Construction	设备工具器具购置 Purchase of Equipment and Instruments	其 他 费 用 Others	资金来源总 额 Total Funds This Year	国家预算内资金 State Budget	国内贷款 Domestic Loans	债 券 Financial Bond	利用外资 Foreign Investment	自 筹 Self-raising Fund	其 他 资 金 Others
投资额 Investment										
2000	117.00	25.47	12.36	148.99	25.38	36.25	0.41	2.07	53.78	31.09
2001	146.39	34.55	20.67	191.21	33.36	43.19	0.10	1.51	77.72	35.34
2002	192.49	35.16	17.37	250.92	55.17	68.18	0.01	2.56	77.59	47.40
2003	222.87	41.34	20.91	257.82	59.04	29.89	0.21	3.44	119.31	45.94
2004	251.46	47.46	19.14	312.88	42.58	33.22	0.28	2.98	177.60	56.23
2005	266.14	69.14	31.87	378.43	59.75	63.84	1.54	2.09	196.15	55.05
2006	312.86	69.87	36.89	401.20	59.10	67.35		2.03	189.84	82.89
2007	363.41	76.72	47.35	479.14	61.93	66.05		7.49	263.34	80.33
2008	440.46	87.38	55.01	563.89	81.98	93.29		8.70	298.95	80.96
2009	588.36	123.99	88.16	800.72	130.45	148.87		8.44	387.27	125.69
2010	855.33	129.44	83.96	1043.17	141.50	178.51	0.07	5.21	542.75	175.13
2011	1098.56	227.88	107.89	1483.12	317.16	215.50	0.11	7.75	778.01	164.59
2012	1496.21	271.19	152.63	2022.50	393.07	427.12	0.14	2.56	980.10	219.50
2013	1794.16	435.17	174.57	2634.53	406.42	537.89	1.09	9.13	1240.91	439.09
2014	2288.90	455.76	164.06	2825.67	559.94	596.22	16.46	4.22	1363.51	285.32
2015	2540.39	489.50	236.75	3200.35	645.23	681.39	1.72	2.68	1593.43	275.90
2016	2788.19	521.07	223.93	3466.03	882.92	730.56	6.52	19.02	1472.88	354.12
构 成 Percentage										
2000	75.57	16.45	7.98	100	17.04	24.33	0.27	1.39	36.09	20.87
2001	72.61	17.14	10.25	100	17.45	22.59	0.05	0.79	40.64	18.48
2002	78.56	14.35	7.09	100	21.99	27.17	…	1.02	30.92	18.89
2003	78.17	14.50	7.33	100	22.90	11.59	0.08	1.33	46.27	17.82
2004	79.06	14.92	6.02	100	13.61	10.62	0.09	0.95	56.76	17.97
2005	72.49	18.83	8.68	100	15.79	16.87	0.41	0.55	51.83	14.55
2006	74.56	16.65	8.79	100	14.73	16.79		0.51	47.32	20.66
2007	74.56	15.74	9.70	100	12.93	13.78		1.56	54.96	16.77
2008	75.57	14.99	9.44	100	14.54	16.54		1.54	53.02	14.36
2009	73.50	15.49	11.01	100	16.27	18.59	0.03	1.05	48.36	15.70
2010	80.03	12.11	7.86	100	13.56	17.11	0.01	0.50	52.03	16.79
2011	76.60	15.90	7.50	100	21.40	14.50	0.01	0.52	52.50	11.07
2012	77.93	14.12	7.95	100	19.43	21.12	0.01	0.13	48.46	10.85
2013	74.64	18.10	7.26	100	15.43	20.42	0.04	0.35	47.10	16.67
2014	78.69	15.67	5.64	100	19.82	21.10	0.58	0.15	48.25	10.10
2015	77.77	14.98	7.25	100	20.16	21.29	0.05	0.08	49.79	8.63
2016	78.91	14.75	6.34	100	25.47	21.08	0.19	0.55	42.49	10.22

6-4 2000-2016年分地区固定资产投资
Total Investment in Fixed Assets by Region(2000-2016)

单位：亿元 (100 million yuan)

年 份 Year	西宁市 Xining City	海东市 Haidong City	海北州 Haibei Zang A.P	黄南州 Huang-nan Zang A.P	海南州 Hainan Zang A.P	果洛州 Golog Zang A.P	玉树州 Yushu Zang A.P	海西州 Haixi Mong-olian & Zang A.P
2000	53.82	14.12	4.27	3.31	5.81	1.85	3.01	28.25
2001	69.30	26.39	6.10	4.80	10.90	4.70	3.60	39.70
2002	77.70	32.79	7.50	4.70	14.09	2.20	4.30	49.00
2003	85.40	39.54	8.80	7.50	17.29	3.70	4.80	54.70
2004	98.50	43.55	10.60	11.70	21.79	3.00	5.80	57.30
2005	115.60	43.69	12.60	11.50	24.68	3.70	7.30	66.90
2006	141.04	45.93	15.65	10.61	28.13	6.13	8.76	87.30
2007	178.91	45.41	19.50	12.25	21.05	6.46	10.58	119.82
2008	221.98	54.62	25.60	15.28	24.94	7.50	14.02	125.53
2009	248.20	73.92	28.63	17.54	53.52	10.88	16.98	132.30
2010	403.02	98.01	39.48	22.53	45.88	16.60	39.50	178.23
2011	528.01	166.57	53.26	31.90	63.99	24.61	142.91	251.16
2012	700.48	255.44	71.81	42.38	79.01	38.24	170.84	401.59
2013	925.44	405.45	94.29	53.72	139.75	50.90	92.86	510.07
2014	1176.61	508.09	103.00	64.72	185.50	58.41	40.12	538.42
2015	1295.95	611.39	113.06	76.32	232.06	67.81	49.61	505.86
2016	1399.30	635.43	128.98	86.69	251.73	71.94	57.72	559.97

注：本表未包括跨地区项目。海北州数据未含飞地经济项目投资，下表同。

a) Data in this table do not include trans-regional items. Data of Haibei Zang A.P is not including enclave economy project investment. The same applies to the tables following.

6-5 按地区分全社会固定资产投资(2016年)
Total Investment in Fixed Assets by Region(2016)

单位：万元、平方米 (10 000 yuan，sq.m)

类　型	Type	西宁市 Xining City	海东市 Haidong City	海北州 Haibei Zang A.P	黄南州 Huang-nan Zang A.P	海南州 Hainan Zang A.P	果洛州 Golog Zang A.P	玉树州 Yushu Zang A.P	海西州 Haixi Mong-olian & Zang A.P
投资总额	**Investment**	**13993035**	**6354291**	**1289762**	**866918**	**2517339**	**719375**	**577150**	**5599665**
按登记注册类型分	**By Registration type**								
国有投资	State-owned Investment	6268719	3656339	811384	689066	1411724	534255	559083	1431546
集体投资	Collective-owned Investment	15500	49291		12341	19002		620	18510
股份合作企业	Cooperative Investment								
私营个体投资	Private and Self-employed Individuals Investment	3012170	948628	199359	64630	716698	128839	8326	1302651
联营经济投资	Joint Ownership				3100				632
有限责任公司	Limited Liability Corporations	3729431	1146244	192988	67352	346293		9121	1543692
股份有限公司	Share Holding Corporations Ltd.	277777	379738	9158	1864	2602			1200179
港澳台投资	Funds from Hong Kong, Macao and Taiwan	8430	39536						74937
外商投资	Foreign Fundcd	210600	2700	1000					
其他投资	Others	470408	131815	75873	28565	21020	56281		27518
按资金来源分	**By Sources of Funds**								
国家预算内资金	State Budget	2631702	1742751	714487	515198	590740	582693	356482	527010
国内贷款	Domestic Loans	3730839	561570	17060	15613	978039	8987		642576
债券	Bond	21821	8009		2534	18270	750		13845
利用外资	Foreign Investment	40414	12580		950	1145			135130
自筹资金	Self-raising Fund	7179025	2811026	522848	287175	932966	50468	20862	2872477
其他资金	Others	1806146	855040	38751	52830	118767	28372	5264	636046
按构成分	**By Structure of Funds**								
建筑安装工程	Construction and Installation	11193569	5551510	1265762	812698	1294825	716753	460252	3373468
设备、工具、器具购置	Purchase of Equipment and Instruments	1733415	601427	17715	33085	1051665	2129	58110	1634861
其他费用	Others	1066051	201354	6285	21135	170849	493	58788	591336
本年新增固定资产	**Add Fixed Assets of This Year**	**5866047**	**4012037**	**1210623**	**473125**	**1618205**	**542387**	**521973**	**2356640**
房屋建筑面积	**Floor Space of Buildings**								
施工面积	Floor Space under Construction	33463199	6810394	3742730	1260093	1769369	567118	1599445	2543227
竣工面积	Floor Space Completed	4228930	858999	2971265	309522	478175	358554	56868	284751
住宅	Residential Buildings	2333388	613810	2180272	123232	243924	97022		116776

注：本表未含跨省区项目；按资金来源分为财务拨款数。
a) Data in this table do not include trans-provincial projects. The data divided by source of funds are financial appropriating funds.

6-6 按各种口径分50万元以上项目固定资产投资(2016年)
Completion of Investment in Fixed Assets of Projects over 500 Thousand Yuan by Various Calibres (2016)

单位：亿元 (100 million yuan)

指 标	Item	合 计 Total	地方 Local
总 计	**Total**	**3136.27**	**2813.61**
按登记注册类型分	**By Registration Type**		
内资	Domestic Funds	3047.99	2725.32
国有	State-owned	1781.74	1568.91
集体	Collective-owned	7.21	7.21
股份合作	Cooperative	4.32	4.32
联营	Joint	0.37	0.37
国有联营	State-owned Joint		
集体联营	Collective-owned Joint	0.31	0.31
国有与集体联营	State-owned and Collective Joint		
其他联营	Others	0.06	0.06
有限责任公司	Limited Liability	592.41	529.88
国有独资公司	State-owned Sole Proprietorship	41.28	36.00
其他有限责任公司	Others	551.13	493.89
股份有限公司	Share-holding	187.34	140.04
私营	Private	393.45	393.45
其他内资	Others	81.15	81.15
港澳台投资	Funds from Hong Kong, Macao and Taiwan	12.29	12.29
合资经营企业(港或澳、台资)	Joint-venture Enterprises	0.84	0.84
合作经营企业(港或澳、台资)	Cooperation Enterprises		
港、澳、台商独资经营企业	Enterprises with Sole Investment	11.45	11.45
港、澳、台商投资股份有限公司	Share-holding Corporations Ltd.		
其他港、澳、台商投资企业	Others		
外商投资	Foreign Investment	21.43	21.43
中外合资经营企业	Joint-venture Enterprises	20.70	20.70
中外合作经营企业	Cooperation Enterprises	0.43	0.43
外资企业	Enterprises with Sole Funds	0.30	0.30
外商投资股份有限公司	Share-holding Corporations Ltd.		
其他外商投资企业	Others		
个体经营	Self-employed Individual	54.57	54.57
个体户	Self-employed	54.01	54.01
个人合伙	Individual Partners	0.56	0.56
按隶属关系分	**By Jurisdiction of Management**		
中央	Central	322.67	
地方	Local	2813.61	2813.61
省	Province	343.90	343.90
州市县属	Prefecture, City and County	2469.71	2469.71
州市	Prefecture，City	422.06	422.06
县	County	1331.02	1331.02
其他	Others	716.62	716.62

6-6 续表1 Continued

单位：亿元 (100 million yuan)

指 标	Item	合 计 Total	地方 Local
按建设性质分	**By Character of Construction**		
新建	New Construction	2661.33	2377.55
扩建	Extension	174.77	171.77
改建和技术改造	Reconstruction	223.04	189.68
单纯建造生活设施	The Construction of Living Facilities	9.56	8.46
迁建	Moving	15.07	15.07
恢复	Resumption	14.49	14.49
单纯购置	Purchase	38.02	36.59
按建设阶段分	**By Construction Phase**		
在建	Under Construction	1760.01	1606.56
全部投产	All into Operation	1321.88	1152.66
全部停缓建	Stop Postponed	54.38	54.38
按注册控股类型分	**By Registration Categories**		
国有控股	State-holding	2233.54	1912.70
集体控股	Collective-Holding	45.48	45.48
私人控股	Private-holding	637.42	637.42
港澳台商控股	Hong Kong, Macao and Taiwan-holding	15.15	15.15
外商控股	Foreign-holding	1.98	1.98
其他	Others	202.70	200.88
按国民经济行业分	**By Sector**		
农、林、牧、渔业	Agriculture, Forestry, Animal Husbandry and Fishery	159.56	159.56
农业	Farming	34.65	34.65
林业	Forestry	22.89	22.89
畜牧业	Animal Husbandry	24.96	24.96
渔业	Fishery	0.34	0.34
农、林、牧、渔服务业	Services in Support of Agriculture	76.73	76.73
采矿业	Mining	97.52	58.08
煤炭开采和洗选业	Mining and Washing of Coal	16.56	16.56
石油和天然气开采业	Extraction of Petroleum and Natural Gas	48.56	9.11
黑色金属矿采选业	Mining and Processing of Ferrous Metal Ores	2.10	2.10
有色金属矿采选业	Mining and Processing of Non-Ferrous Metal Ores	13.89	13.89
非金属矿采选业	Mining and Processing of Nonmetal Ores	8.88	8.88
其他采矿业	Mining of Other Ores	7.54	7.54
制造业	Manufacturing	649.91	645.92
农副食品加工业	Processing of Food from Agricultural Products	47.51	47.51
食品制造业	Manufacture of Foods	40.94	40.94
饮料制造业	Manufacture of Beverages	11.03	11.03
烟草制品业	Manufacture of Tobacco		
纺织业	Manufacture of Textile	11.68	11.68
纺织服装、鞋、帽制造业	Manufacture of Textile Wearing Apparel,Footwear and Caps	3.41	3.41
皮革、毛皮、羽毛(绒)及其制品业	Manufacture of Leather, Fur,Feather and Related Products	0.44	0.44
木材加工及木、竹、藤、棕、草制品业	Processing of Timber, Manufacture of Wood, Bamboo, Rattan, Palm and Straw Products	0.05	0.05
家具制造业	Manufacture of Furniture	5.59	5.59
造纸及纸制品业	Manufacture of Paper and Paper Products		

6-6 续表2 Continued

单位：亿元 (100 million yuan)

指 标	Item	合 计 Total	地方 Local
印刷业和记录媒介的复制	Printing, Reproduction of Recording Media	9.22	9.22
文教体育用品制造业	Manufacture of Articles For Culture, Education and Sport Activities	14.33	14.33
石油加工、炼焦及核燃料加工业	Processing of Petroleum, Coking, Processing of Nuclear Fuel	5.24	5.24
化学原料及化学制品制造业	Manufacture of Raw Chemical Materials and Chemical Products	122.92	122.92
医药制造业	Manufacture of Medicines	26.23	26.23
化学纤维制造业	Manufacture of Chemical Fibers	0.16	0.16
橡胶和塑料制造业	Manufacture of Rubber and Manufacture of Plastics	11.61	11.61
非金属矿物制品业	Manufacture of Non-metallic Mineral Products	43.22	43.22
黑色金属冶炼及压延加工业	Smelting and Pressing of Ferrous Metals	12.32	12.32
有色金属冶炼及压延加工业	Smelting and Pressing of Non-ferrous Metals	131.71	130.97
金属制品业	Manufacture of Metal Products	5.05	5.05
通用设备制造业	Manufacture of General Purpose Machinery	12.02	12.02
专用设备制造业	Manufacture of Special Purpose Machinery	18.90	18.90
汽车制造业	Manufacture of Automobile	0.59	0.59
铁路、船舶、航空航天和其他运输设备制造业	Manufacture of Railway,Watercraft,Aviation and other Transport Equipments	0.10	0.10
电气机械及器材制造业	Manufacture of Electrical Machinery and Equipment	80.38	77.13
计算机、通信和其他电子设备制造业	Manufacture of Computers, Communication and Electronic Equipment	15.76	15.76
仪器仪表制造业	Manufacture of Measuring Instruments and Machinery	2.93	2.93
其他制造业及金属制品、机械和设备修理业	Other Manufacture, Repair Service of Metal Products, Machinery and Equipment	11.55	11.55
废弃资源综合利用业	Recycling and Disposal of Waste	5.01	5.01
电力、燃气及水的生产和供应业	Production and Supply of Electricity, Gas and Water	446.01	334.55
电力、热力的生产和供应业	Production and Supply of Electric Power and Heat Power	421.60	310.14
燃气生产和供应业	Production and Supply of Gas	7.26	7.26
水的生产和供应业	Production and Supply of Water	17.15	17.15
建筑业	Construction	109.23	108.67
房屋和土木工程建筑业	Construction of Buildings and Civil Engineering	93.69	93.13
建筑安装业	Building Installation	2.70	2.70
建筑装饰和其他建筑业	Building Decoration and Other Construction	12.84	12.84
交通运输、仓储和邮政业	Transport, Storage and Post	596.47	489.79
铁路运输业	Railway Transport	31.73	0.05
道路运输业	Road Transport	539.00	464.00
水上运输业	Water Transport	0.87	0.87
航空运输业	Air Transport	8.74	8.74
管道运输业	Transport Via Pipelines	0.38	0.38
装卸搬运和其他运输服务业	Loading, Unloading and Other Transport Services	0.68	0.68
仓储业	Storage	15.05	15.05
邮政业	Post	0.03	0.03
信息传输、计算机服务和软件业	Information Transmission, Computer Services and Software	76.78	18.16
电信和其他信息传输服务业	Telecommunications and Other Information Transmission Services	70.58	11.96
计算机服务业	Computer Services	6.19	6.19

6-6 续表3 Continued

单位：亿元 (100 million yuan)

指 标	Item	合计 Total	地方 Local
批发和零售业	Wholesale and Retail Trades	29.48	28.38
批发业	Wholesale Trade	12.20	11.10
零售业	Retail Trade	17.28	17.28
住宿和餐饮业	Hotels and Catering Services	33.37	33.37
住宿业	Hotels	23.69	23.69
餐饮业	Catering Services	9.68	9.68
金融业	Financial Intermediation	4.85	4.85
货币金融服务	Monetary Financial Services	3.67	3.67
资本市场服务	Capital Market Service	1.11	1.11
保险业	Insurance	0.08	0.08
其他金融活动	Other Financial Activities		
房地产业	Real Estate	181.48	181.48
租赁和商务服务业	Leasing and Business Services	43.04	43.04
租赁业	Leasing	0.09	0.09
商务服务业	Business Services	42.95	42.95
科学研究、技术服务和地质勘查业	Scientific Research, Technical Service and Geologic Prospecting	40.16	40.16
研究与试验发展	Research and Experimental Development	0.33	0.33
专业技术服务业	Professional Technical Services	37.34	37.34
科技交流和推广服务业	Services of Science and Technology Exchanges and Promotion	2.49	2.49
水利、环境和公共设施管理业	Management of Water Conservancy, Environment and Public Facilities	338.27	337.46
水利管理业		55.94	55.23
生态保护和环境治理业	Ecological Protection and Environmental Mmanagement Industry	40.85	40.85
公共设施管理业	Public Facilities Management	241.49	241.38
居民服务和其他服务业	Services to Households and Other Services	6.40	6.40
居民服务业	Services to Households	3.65	3.65
其他服务业	Other Services	2.75	2.75
教育	Education	73.25	73.25
卫生和社会工作	Health, Social Work	28.25	28.25
卫生	Health	21.36	21.36
社会工作	Social Work	6.90	6.90
文化、体育和娱乐业	Culture, Sports and Entertainment	46.72	46.72
新闻出版业	Journalism and Publishing Activities	0.03	0.03
广播、电视、电影和音像业	Broadcasting, Movies, Television and Audiovisual Activities	1.88	1.88
文化艺术业	Cultural and Art Activities	25.30	25.30
体育	Sports Activities	6.06	6.06
娱乐业	Entertainment	13.45	13.45
公共管理、社会保障和社会组织	Public Management, and Social Organization	175.51	175.51
中国共产党机关	Organs of Communist Party of China	0.02	0.02
国家机构	Government Agencies	145.26	145.26
人民政协和民主党派	People's Political Consultative Conference and Democratic Parties	0.02	0.02
社会保障	Social Security	1.63	1.63
群众团体、社会团体和其他成员组织	Non-Governmental Organizations, Social Organizations and Membership Organizations	9.44	9.44
基层群众自治组织	Grass Roots Self-governing Organizations	19.14	19.14
国际组织	International Organizations		

6-7 分地区分行业项目固定资产投资(2016年)
Investment in Fixed Assets by Sector and Region (2016)

单位：亿元 (100 million yan)

指 标	Item	西宁市 Xining City	海东市 Haidong City	海北州 Haibei Zang A.P	黄南州 Huang-nan Zang A.P	海南州 Hainan Zang A.P	果洛州 Golog Zang A.P	玉树州 Yushu Zang A.P	海西州 Haixi Mong-olian & Zang A.P
总计	**Total**	**1082.81**	**574.50**	**122.99**	**85.27**	**248.89**	**71.94**	**57.72**	**550.71**
按行业分	**By Sector**								
农林牧渔业	Agriculture, Forestry, Animal Husbandry and Fishery	27.34	38.87	37.04	10.47	13.78	4.86	3.51	23.69
采矿业	Mining	14.08	0.40	5.77	0.20	1.23			75.85
制造业	Manufacturing	319.77	103.57	7.23	8.44	8.79	0.45	0.30	201.36
电力、煤气及水的生产和供应业	Production and Supply of Electricity, Gas and Water	72.15	22.77	9.11	4.69	143.26	18.62	9.34	142.51
建筑业	Construction	67.73	13.59		2.92	6.96	5.75	2.90	9.37
批发和零售业	Wholesale and Retail Trades	12.35	8.57	0.28	1.31	0.99	1.63	1.00	3.36
交通运输、仓储及邮政业	Transport, Storage and Post	152.53	114.73	21.99	3.80	8.99	6.69	8.05	15.72
住宿、餐饮业	Hotels and Catering Services	4.71	7.69	6.20	3.60	2.70	6.09	0.26	2.12
信息传输、软件和信息技术服务业	Information Transmission, Software and Information Technology Services	18.80	1.71	0.25	0.45	0.17	0.02	0.28	1.20
金融业	Financial Intermediation	3.24		0.02	0.67	0.25		0.20	0.48
房地产业	Real Estate	88.39	32.37	5.16	15.33	14.29	4.93	0.24	20.76
租赁和商务服务业	Leasing and Business Services	9.65	22.59	1.14	0.02	1.82	0.33	0.67	6.81
科学研究、技术服务和地质勘查业	Scientific Research, Technical Services and Geological Prospecting Industry	34.86	1.85	0.26	0.19	1.47	0.52	0.17	0.84
水利、环境和公共设施管理业	Management of Water Conservancy, Environment and Public facilities	109.20	118.55	21.42	15.45	28.88	6.82	6.21	31.73
居民服务和其他服务业	Residents Services and Other Service	1.89		0.12	0.30	0.01	2.11	0.77	1.19
教育	Education	28.91	13.61	1.87	5.99	5.07	3.77	9.77	4.27
卫生和社会工作	Health and Social Work	11.77	7.18	1.65	1.81	2.83	1.04	0.45	1.52
文化体育和娱乐业	Culture, Sports and Entertainment	19.14	8.34	1.73	1.29	3.23	6.72	1.60	4.67
公共管理、社会保障和社会组织	Public Administration, Social Security and Social Organizations	86.31	58.11	1.75	8.35	4.17	1.59	11.98	3.26
国际组织	International Organizations								

注：本表为50万元以上项目投资完成情况未含省直报项目，未含跨地区直报项目。

a) Data in this table are completion condition of investment projects above 500 thousand yuan, and do not include provincial and trans-regional Projects reporting directly.

6-8 2012-2016年固定资产投资项目新增主要生产能力
Newly Increased Production Capacity of Investment in Fixed Assets(2012-2016)

能力名称	Item	2012	2013	2014	2015	2016
原煤开采 (万吨/年)	Coal Mining (10 000 tons/year)	1095	1091	500	45	135
洗煤 (万吨/年)	Coal washing (10 000 tons/year)	420	400	841	40	
天然原油 (万吨/年)	Petroleum Extraction (10 000 tons/year)				200	35
天然气开采 (亿立方米/年)	Extraction of Petroleum and Natural Gas (100 million cu.m/year)					0.3
铁矿开采(原矿) (万吨/年)	Iron Ore Mining (10 000 tons/year)	430.5	68.2	19.0		
铁矿石成品矿 (万吨/年)	Finished Products of Iron Ore Mine (10 000 tons/year)					
炼铁 (万吨/年)	Iron-making (10 000 tons/year)					
炼钢 (万吨/年)	Steel-making (10 000 tons/year)					
初轧 (万吨/年)	Rolling Early (10 000 tons/year)					
铁合金 (万吨/年)	Iron Alloy (10 000 tons/year)	13.3	39.2	2.6		
热轧钢材 (万吨/年)	Hot-rolled Steel (10 000 tons/year)					
钢丝 (万吨/年)	Wire Steel (10 000 tons/year)					
铜采矿(原矿) (万吨/年)	Copper Ore Mining (10 000 tons/year)	727.0	919.5	52.0	30.0	
铜选矿(处理原矿) (万吨/年)	Copper Ore Dressing:Crude Ore Processing (10 000 tons/year)		60	0.03		
铜含量 (吨/年)	Copper Content (ton/year)				2862	4000
铜冶炼 (吨/年)	Copper Smelting (ton/year)					
#电解铜	Electrolytic Copper (ton/year)					
铅锌采矿(原矿) (万吨/年)	Plumbum/Zinc Ore Mining(10 000 tons/year)	10.1		20.2	15.3	
铅锌选矿(处理原矿) (万吨/年)	Plumbum and Zinc Ore Dressing:Crude Ore Processing (10 000 tons/year)	20.0	9.0	50.0	2.0	
铅含量 (吨/年)	Plumbum Content (ton/year)			20		
锌含量 (吨/年)	Zinc Content (ton/year)					
铅冶炼 (吨/年)	Plumbum Smelting (ton/year)					
#电解铅	Electrolytic Plumbum					
镍采矿 (吨/年)	Nickel Ore Mining (ton/year)					
氧化铝 (吨/年)	Aluminum Oxide (ton/year)					
锌冶炼 (吨/年)	Zinc Smelting (ton/year)					
电解铝 (吨/年)	Electrolytic Aluminum (ton/year)	150000	240000	240000		
粗铅 (吨/年)	Crude Plumbum (ton/year)					
铝加工 (吨/年)	Aluminum Processing (ton/year)	251400	250800	1040000	1040000	300000
金采矿(原矿) (万吨/年)	Gold Ore Mining (10 000 tons/year)					
金选矿(处理原矿) (吨/年)	Gold Ore Dressing: Crude Ore Processing (ton/year)					
金含量 (公斤/年)	Gold Content (kg/year)					
黄金 (公斤/年)	Gold (kg/year)	941.5	1060.0	17.0	6.0	12.0
矿山成品金 (公斤/年)	Gold Finished (kg/year)					
水力发电 (万千瓦)	Hydraulic Power (10 000 kw)	306	902	861	67	515
火力发电 (万千瓦)	Fire Power (10 000 kw)				66	35
输电线路长度(11万伏及以上) (公里)	Length of Transmission Line (km)	2019	374	1959	860	103
变电设备能力(11万伏及以上)(万千伏安)	Substation Equipment Capacity (10 000kVA)					

6-8 续表 continued

能力名称	Item	2012	2013	2014	2015	2016
水泥 (万吨/年)	Cement (10 000 tons/year)	225	1133	51		43
胶合板 (万立方米/年)	Plywood (10 000 cu.m/year)					
刨花板 (万立方米/年)	Flakeboard (10 000 cu.m/year)					
平板玻璃 (万重量箱/年)	Plate Glass (10 000 Weight-box/year)					
硫酸 (吨/年)	Sulphuric Acid (ton/year)					
烧碱 (吨/年)	Caustic Soda (ton/year)					
纯碱 (吨/年)	Soda Ash (ton/year)					
电石 (吨/年)	Calcium Carbide (ton/year)	550				
磷肥 (吨/年)	Phosphate Fertilizer (ton/year)		19200			
钾肥 (吨/年)	Potash Fertilizer (ton/year)	1393000	537350	254493	1637080	620130
朔料树脂及共聚物 (吨/年)	Plastic Colophony and Polymer (ton/year)		5000	1290	228012	
化学原料药 (吨/年)	Chemical Medicinal Materials (ton/year)					
中成药 (吨/年)	Traditional Chinese Medicine (ton/year)					
毛纺锭 (锭)	Wool Spindles (unit)					
原盐 (吨/年)	Salt (ton/year)					
机制纸 (万吨/年)	Machine-made Paper (10 000 cu.m/year)					
移动通信基站设备 (个/年)	Mobile Communicating Base Station Equipment (unit/year)					
程控交换机 (万线/年)	Program-Controlled Telephone Exchange (10 000 lines/year)					
新建公路 (公里)	Length of New Highways (km)	2100	5627	6424	3475	2789
#高速公路	Express Way	22		132		201
一级公路	First Class				2	166
二级公路	Second Class	19	300	41	26	146
改建公路 (公里)	Length of Reconstructed Highways (km)	711	1932	1790	2122	595
#高速公路	Express Way					
一级公路	First Class					
二级公路	Second Class	7	95	143		
新建独立公路桥梁 (延长米)	New-built Seoarate (Extended Length)	7447	6144	7042	6783	3751
新建独立公路桥梁 (座)	Highway and Bridge (unit)	61	147	109	77	33
新(扩)建客、货运站 (个)	Number of Newly-built or Expanded(unit)		6	18	10	5
新(扩)建客、货运站(平方米)	Passenger and Freight Stations (sq.m)		15885	31688	10485	7951

6–9 1995–2016年50万元以上项目固定资产投资

Investment in Fixed Assets of Projects over 500 Thousand Yuan in Urban Area(1995-2016)

年份 Year / 地区 Region	施工项目(个) Number of Projects under Construction (unit)	新开工项目(个) Number of Projects Started This Year (unit)	全部建成投产项目(个) Number of Projects Completed and Put into Use (unit)	项目建成投产率 Rate of Construction Projects Completed and Put into Use (%)	固定资产投资额(亿元) Investment in Fixed Assets (100 million yuan)	新增固定资产(亿元) Newly Increased Fixed Assets (100 million yuan)	交付使用率 Rate of Projects of Fixed Assets Completed and Put into Use (%)
1995	1122	788	748	66.7	44.97	32.92	73.2
1996	1243	985	841	67.7	66.80	50.14	75.1
1997	1227	855	742	60.5	77.55	72.78	93.9
1998	1419	1026	785	55.3	91.94	62.30	67.8
1999	1544	998	901	58.4	94.85	77.72	81.9
2000	1646	1215	970	58.9		59.15	48.3
2001	1932	1459	1155	59.8	163.65	113.03	69.1
2002	2106	1588	1285	61.0	195.22	92.24	47.2
2003	2287	1802	1261	55.1	212.94	74.17	34.8
2004	2275	1681	1427	62.7	247.53	147.54	59.6
2005	2550	1695	1548	60.7	281.72	151.46	53.8
2006	2472	1757	1758	71.1	353.43	290.78	82.3
2007	2238	1601	1363	60.9	409.49	219.80	53.7
2008	2394	1617	1527	63.8	462.86	286.28	61.9
2009	2678	1774	1608	60.0	616.27	257.88	41.8
2010	2900	1516	1398	48.2	731.82	279.68	38.2
2011	2936	1946	1362	46.4	1029.72	444.56	43.2
2012	3767	2292	2000	53.1	1465.90	684.02	46.7
2013	4360	2718	2686	61.6	1849.58	864.37	46.7
2014	4533	2988	2970	65.5	2180.66	965.25	44.3
2015	7432	5389	5498	74.0	2858.32	1790.53	62.6
2016	8606	6461	6233	72.4	3136.27	1707.44	54.4
西宁市 Xining City	1980	1505	1419	71.7	1082.81	482.91	44.6
海东市 Haidong City	1308	916	1053	80.5	574.50	386.00	67.2
海北州 Haibei Zang A.P	777	656	668	86.0	122.99	119.16	96.9
黄南州 Huangnan Zang A.P	811	626	474	58.4	85.27	47.31	55.5
海南州 Hainan Zang A.P	967	733	797	82.4	248.89	159.30	64.0
果洛州 Golog Zang A.P	706	542	515	72.9	71.94	54.24	75.4
玉树州 Yushu Zang A.P	729	595	509	69.8	57.72	52.20	90.4
海西州 Haixi Mongolian & Zang A.P	1304	885	793	60.8	550.71	231.40	42.0
不分地区 Not Classified by Region	24	3	5	20.8	341.44	174.93	51.2

注：1.本表为50万元以上项目投资完成情况。
a) Data in this table are completion condition of investment projects above 500 thousand yuan.

6−10 主要产品建设规模(2016年)
Construction Size of Main Production(2016)

能力名称	Item	建设规模 Total Construction Size	本年施工规模 Under Construction This Year	本年新开工 Started This Year	累计新增 Accumulated Newly Increased	本年新增 Newly Increased This Year
原煤开采 (万吨/年)	Coal Mining (10 000 tons / year)	195	144		135	135
天然原油开采 (万吨/年)	Petroleum Extraction (10 000 tons / year)	41	41	41	35	35
天然气开采 (亿立方米/年)	Extraction of Natural Gas (10 000 cu.m / year)	0.3	0.3	0.3	0.3	0.3
铁矿开采(原矿) (万吨/年)	Iron Ore Mining (10 000 tons / year)	710				
铁矿选矿处理量 (万吨/年)	Iron Ore Dressing: Crude Ore Dressing (10 000 tons / year)					
铁合金 (折标吨/年)	Iron Allo (equivalent standard ton / year)					
铜采矿(原矿) (万吨/年)	Copper Ore Mining (10 000 tons / year)					
铜选矿:处理原矿 (万吨/年)	Copper Ore Dressing: Crude Ore Processing					
铅锌采矿(原矿) (万吨/年)	Plumbum / Zinc Ore Mining (10 000 tons / year)					
电解铝 (吨/年)	Electrolytic Aluminum (ton / year)					
铝加工 (吨/年)	Aluminum Processing (ton / year)	900000	300000	140000	600000	300000
水力发电 (万千瓦)	Hydraulic Power (10 000 KW)	673.5	673.5	530	532.5	514.8
火力发电 (万千瓦)	Fire Power (10 000 KW)	35	35		35	35
其他发电 (万千瓦)	Other Power (10 000 KW)	1.05	1.05		1.05	1.05
输电线路长度 (公里) (11万伏及以上)	Length of Transmission Line (km) (above 110 000 V)	114.52	114.52	114.52	102.52	102.52
水泥 (万吨/年)	Cement (10000 tons / year)	122.6	43	43	66.1	43
磷肥 (吨/年)	Phosphate Fertilizer (ton / year)					
钾肥 (吨/年)	Potash Fertilizer (ton / year)	2060940	620580	620130	2040130	620130
毛纺锭 (锭)	Wool Spindles (unit)					
新建公路 (公里)	Length of New Highways (km)	6788.55	4609.02	3002.52	4772.87	2788.56
改建公路 (公里)	Length of Reconstructed Highways (km)	1855.67	1782.17	1191.71	595.24	595.24
新建独立公路 (延长米)	New-built Separate Highway(Extended Length)	5643.35	5052.35	4931.35	3846.95	3750.95
桥梁 (座)	Bridge (unit)	81	50	49	34	33
新(扩)建客、货运站 (个)	Number of Newly-builtor Expanded Passengerand FreightStations (unit)	7	7	7	5	5
新(扩)建客、货运站 (平方米)	Number of Newly-builtor Expanded Passengerand Freight Stations (sq.m)	15551	15551	15551	7951	7951
城市自来水供水能力(万吨/日)	Tap Water Supply Capacity (10 000 tons / day)	48.53	47.43	42.83	37.93	37.79

6-11 按行业分50万元施工、投产项目个数(2016年)

Number of Construction Projects over 500 Thousand Yuan under Construction and Projects Completed and Projects Put into Use by Sector(2016)

单位：个、% (unit，%)

行业	Sector	施工项目 Number of Projects under Construction	新开工项目 Started This Year	全部建成投产项目 Number of Projects Completed and Put into Use	项目建成投产率 Rate of Projects Completed and Put into Use
总计	**Total**	**8606**	**6461**	**6233**	**72.4**
农林牧渔业	**Agriculture, Forestry, Animal Husbandry and Fishery**	**1286**	**1062**	**1112**	**86.5**
农业	Agriculture	190	142	136	71.6
采矿业	**Mining**	**95**	**59**	**69**	**72.6**
煤炭开采和洗选业	Mining and Washing of Coal	16	10	10	62.5
石油和天然气开采业	Extraction of Petroleum and Natural Gas	4	1	2	50.0
黑色金属矿采选业	Mining and Processing of Ferrous Metal Ores	6	3	3	50.0
有色金属矿采选业	Mining and Processing of Non-Ferrous Metal Ores	20	16	17	85.0
制造业	**Manufacturing**	**906**	**638**	**592**	**65.3**
农副食品加工业	Processing of Food from Agricultural Products	135	96	93	68.9
食品制造业	Manufacture of Foods	91	75	55	60.4
饮料制造业	Manufacture of Beverages	21	10	11	52.4
烟草制品业	Manufacture of Tobacco				
纺织业	Manufacture of Textile	20	18	12	60.0
纺织服装、鞋、帽制造业	Manufacture of Textile Wearing Apparel, Footwear and Caps	6	3	6	100.0
皮革、毛皮、羽毛(绒)及其制品业	Manufacture of Leather, Fur, Feather and Related Products	1	1	1	100.0
木材加工及木、竹、藤、棕、草制品业	Processing of Timber, Manufacture of Wood, Bamboo, Rattan, Palm and Straw Products	1	1	1	100.0
家具制造业	Manufacture of Furniture	5	5	3	60.0
造纸及纸制品业	Manufacture of Paper and Paper Products				
印刷业和记录媒介的复制	Printing, Reproduction of Recording Media	7	6	4	57.1
文教体育用品制造业	Manufacture of Articles For Culture, Education and Sport Activities	27	14	12	44.4
石油加工、炼焦及核燃料加工业	Processing of Petroleum, Coking, Processing of Nuclear Fuel	11	9	7	63.6
化学原料及化学制品业	Manufacture of Raw Chemical Materials and Chemical Products	140	96	87	62.1
医药制造业	Manufacture of Medicines	37	30	27	73.0
化学纤维制造业	Manufacture of Chemical Fibres	1	1	1	100.0
橡胶和塑料制品业	Manufacture of Rubber and Manufacture of Plastics	21	16	15	71.4
非金属矿物制品业	Manufacture of Non-metallic Mineral Products	76	53	59	77.6
黑色金属冶炼及压延加工业	Smelting and Pressing of Ferrous Metals	17	11	15	88.2
有色金属冶炼及压延加工业	Smelting and Pressing of Non-ferrous Metals	69	38	42	60.9

6-11 续表 continued

单位：个、% (unit，%)

行 业	Sector	施工项目 Number of Projects under Construction	新开工项目 Started This Year	全部建成投产项目 Number of Projects Completed and Put into Use	项目建成投产率 Rate of Projects Completed and Put into Use
金属制品业	Manufacture of Metal Products	16	9	10	62.5
通用设备制造业	Manufacture of General Purpose Machinery	11	8	8	72.7
专用设备制造业	Manufacture of Special Purpose Machinery	52	40	31	59.6
交通运输设备制造业	Manufacture of Transport Equipment	2	2		
电气机械及器材制造业	Manufacture of Electrical Machinery and Equipment	90	68	61	67.8
通信设备、计算机及其他电子设备制造业	Manufacture of Communication Equipment, Computers and Other Electronic Equipment	9	5	6	66.7
仪器仪表及文化、办公用机械制造业	Manufacture of Measuring Instruments and Machinery for Cultural Activity and Office Work	8	6	8	100.0
工艺品及其他制造业	Manufacture of Artwork and Other Manufacturing	13	4	3	23.1
废弃资源综合利用业	Recycling and Disposal of Waste	15	11	12	80.0
电力燃气水的生产供应业	**Production and Supply of Electricity, Gas and Water**	**426**	**265**	**304**	**71.4**
电力、热力的生产和供应业	Production and Supply of Electric Power and Heat Power	328	218	239	72.9
建筑业	**Construction**	**610**	**511**	**391**	**64.1**
交通运输、仓储和邮政业	**Transport, Storage and Post**	**718**	**506**	**450**	**62.7**
仓储业	Storage	32	22	17	53.1
邮政业	Post	1	1	1	100.0
信息传输、计算机服务和软件业	**Information Transmission, Computer Services and Software**	**78**	**55**	**63**	**80.8**
批发和零售业	**Wholesale and Retail Trades**	**135**	**82**	**101**	**74.8**
住宿和餐饮业	**Hotels and Catering Services**	**198**	**169**	**153**	**77.3**
金融业	**Financial Intermediation**	**16**	**8**	**9**	**56.3**
房地产业	**Real Estate**	**482**	**347**	**304**	**63.1**
租赁和商务服务业	**Leasing and Business Services**	**93**	**69**	**71**	**76.3**
科学研究、技术服务和地质勘查业	**Scientific Research, Technical Service and Geologic Prospecting**	**75**	**61**	**54**	**72.0**
水利、环境和公共设施管理业	**Management of Water Conservancy, Environment and Public Facilities**	**1400**	**1098**	**1008**	**72.0**
居民服务和其他服务业	**Services to Households and Other Services**	**65**	**54**	**43**	**66.2**
教育	**Education**	**734**	**569**	**522**	**71.1**
卫生和社会工作	**Health, Social Work**	**260**	**172**	**201**	**77.3**
文化、体育和娱乐业	**Culture, Sports and Entertainment**	**243**	**176**	**191**	**78.6**
公共管理、社会保障和社会组织	**Public Management, Social Security and Social Organization**	**786**	**560**	**595**	**75.7**
国际组织	**International Organizations**				

6-12 1985-2016年农村个人固定资产投资和建房

Individual Investment in Fixed Assets and Building Construction in Rural Area(1985-2016)

年份 Year	投资总额(万元) Total Investment (10 000yuan)	按投资来源分 By Sources of Funds			按投资方向分 By Investment Orientation			施工房屋建筑面积(万平方米) Floor Space of Buildings under Construction (10 000 sq.m)	竣工房屋建筑面积(万平方米) Floor Space of Buildings Completed (10 000 sq.m)		竣工房屋造价(元/平方米) Value of Buildings Completed (yuan/sq.m)	
		国内贷款 Domestic Loans	自筹资金 Self-raising Funds	其他资金 Others	第一产业 Primary Industry	第二产业 Secondary Industry	第三产业 Tertiary Industry			住宅 Residential Buildings		住宅 Resid-ential Buildings
1985	9567							211.77	214.63	206.04		
1986	9467							109.31	109.31	109.31		
1987	11388							596.78	192.13	160.11		
1988	19950							167.82	167.82	126.60		
1989	17508							151.95	148.98	140.04		
1990	14747							124.64	121.60	112.48		
1991	16079							197.36	197.36	181.94		
1992	18259							113.00	113.00	113.00		
1993	31972							208.66	189.69	145.43		
1994	30580							176.25	176.25	163.96		
1995	35128							122.50	122.50	115.65		
1996	37359							150.41	150.41	122.90		
1997	36965							149.00	147.93	130.90		
1998	41852							198.09	198.09	172.37		
1999	40441							142.00	137.00	129.00	138.58	140.57
2000	77197	9124	62334	5739	11970	2085	63142	197.07	197.07	197.07	158.76	164.39
2001	81595	3509	74823	3264	18992	4018	58585	181.89	180.70	160.56	163.36	170.58
2002	98620	30474	63215	4931	19261	408	78951	141.45	141.28	127.05	181.06	176.11
2003	93563	9833	76727	7002	47676		45887	233.72	217.53	196.92	175.70	175.38
2004	97231	3563	87921	5748	46519	1685	49027	171.02	168.86	154.07	208.87	212.46
2005	101134	2899	85496	12739	30844	544	69746	252.74	252.74	201.03	217.44	250.72
2006	114113	1740	108697	3676	37755	393	75965	281.56	276.15	184.81	252.75	323.32
2007	140144	9198	126411	4536	41455	781	97908	257.34	252.80	219.70	328.79	361.00
2008	173472	13076	150996	9400	40129	652	132691	225.56	224.68	180.67	374.68	433.68
2009	229781	20083	209698		39770	689	189322	378.71	370.15	302.98	446.10	506.52
2010	494295	27300	404675	62320	45276	566	448453	710.42	707.52	661.72	559.97	578.32
2011	696640	136468	420730	139442	71336	561	624743	808.80	771.60	719.30	709.26	742.97
2012	747560	53743	567929	125889	57314	20254	669992	824.17	744.00	665.00	739.26	804.60
2013	760784	68804	587018	104962	65112	5269	690403	802.20	733.00	665.43	788.30	836.01
2014	723164	92480	537103	93581	61494	22637	639033	750.59	723.54	654.66	794.23	824.56
2015	664618	95165	476530	92923	41185	8459	614974	741.71	670.09	614.71	789.11	808.26
2016	725424	87662	475596	162166	51617	3082	670725	717.10	663.90	635.90	908.05	919.88

注：本表为抽样调查数。

a) Data in this table are taken from sample survey.

6−13 2012−2016年房地产开发主要指标
Main Indicators of Real Estate Development(2012-2016)

指 标	Item	2012	2013	2014	2015	2016
企业个数 （个）	**Number of Enterprises (unit)**	**291**	**308**	**325**	**330**	**353**
内 资	Domestic Funded	288	305	322	329	352
国 有	State-owned Enterprises	10	4	3	3	4
集 体	Collective-owned Enterprises					
港、澳、台投资	Enterprises with Funds from Hong Kong, Macao and Taiwan	2	2	2		
外商投资	Foreign Funded	1	1	1	1	1
年末从业人数 （人）	**Average Number of Employed Persons (persons)**	**7696**	**10094**	**10374**	**10449**	**10940**
内 资	Domestic Funded	7624	10025	10311	10421	10913
国 有	State-owned Enterprises	511	261	239	106	149
集 体	Collective-owned Enterprises					
港、澳、台投资	Enterprises with Funds from Hong Kong, Macao and Taiwan	42	39	27		
外商投资	Foreign Funded	30	30	36	28	27
土地开发及购置 （万平方米）	**Land Development and Purchase (10 000 sq.m)**					
本年土地购置面积	Land Space Purchased This Year	197.03	80.13	99.87	48.35	18.52
本年完成投资额 （亿元）	**Investment Completed This Year(100 million yuan)**	**189.68**	**247.61**	**308.27**	**336.00**	**396.92**
住宅	Residential Buildings	141.10	159.72	190.67	201.38	227.78
资金来源小计 （亿元）	**Sources of Funds (100 million yuan)**	**228.45**	**259.09**	**351.07**	**361.04**	**423.25**
国内贷款	Domestic Loans	37.39	44.43	51.56	72.94	71.58
利用外资	Foreign Investment					
自筹资金	Self-raising Fund	113.35	117.97	139.36	153.80	197.17
房屋建筑面积 （万平方米）	**Floor Space of Buildings (10 000 sq.m)**					
施工面积	Floor Space under Construction	1891.23	2376.64	2545.90	2585.59	2847.71
竣工面积	Floor Space Completed	416.20	592.62	559.49	454.41	386.67
住宅	Residential Buildings	371.06	474.39	447.50	320.84	231.21
商品房销售面积 （万平方米）	**Floor Space of Commercialized Buildings Sold (10 000 sq.m)**	**262.96**	**381.56**	**415.77**	**392.96**	**437.85**
住宅	Residential Buildings	246.85	369.70	362.92	329.71	373.03
商品房平均销售价格（元/平方米）	**Selling Price of Commercialized Buildings (yuan/sq.m)**	**4048**	**4163**	**5081**	**5242**	**5400**
住宅	Residential Buildings	3692	3957	4294	4241	4612
实收资本合计 （亿元）	**Total Capital Held (100 million yuan)**	**84.86**	**107.51**	**131.91**	**158.54**	**198.46**
资产负债率 （%）	**Ratio of Liabilities to Assets (%)**	83.7	83.3	85.4	85.7	118.9
营业收入 （亿元）	**Total Revenue (100 million yuan)**	**103.45**	**107.85**	**159.04**	**116.66**	**260.28**
主营业务收入	**Revenue from Principal Business**	**103.40**	**106.73**	**152.96**	**111.97**	**258.85**
土地转让收入	**Land Transferred**	**0.35**	**0.38**	**0.55**	**1.49**	**0.19**

6-14 2000-2016年按用途分房地产开发企业(单位)投资额

Investment Actually Completed by Enterprises for Real Estate Development by Use (2000-2016)

单位：万元 (10 000 yuan)

年份 地区 Year Region	本年完成投资额 Investment Completed This Year	住宅 Residential Buildings	办公室 Office	商业营业用房 Houses for Business Use	其他 Others
2000	134990	81416	8369	24031	21174
2001	153558	85985	11482	28707	27384
2002	169171	94830	14657	13913	45771
2003	223121	154604	21610	21205	25702
2004	262394	166081	27476	35841	32996
2005	291130	165786	19280	43828	62236
2006	311794	229397	7414	48459	26524
2007	342057	280506	7094	31633	22824
2008	511881	428812	5227	38627	39215
2009	728499	545720	7221	40297	135261
2010	1081887	752005	21522	158326	150034
2011	1447986	902274	39733	290551	215428
2012	1896795	1411006	33642	268742	183405
2013	2476138	1597196	167543	444914	266485
2014	3082702	1906743	273158	642797	260004
2015	3359998	2013766	374264	646196	325772
2016	3969204	2277750	325052	960228	406174
西宁市 Xining City	3164971	1733835	308886	743910	378340
海东市 Haidong City	609249	415109	8994	159906	25240
海北州 Haibei Zang A.P	59851	53385		5666	800
海南州 Hainan Zang A.P	28391	15814		12070	507
海西州 Haixi Mongolian & Zang A.P	92559	54024	4672	32576	1287
黄南州 Huangnan Zang A.P	14183	5583	2500	6100	

注：本表2004年数据为常规报表数。

a) Data in 2004 in this table were taken from routine account.

6-15 2000-2016年房地产开发企业(单位)的资金来源

Sources of Funds of Enterprises for Real Estate Development(2000-2016)

单位：万元 (10 000 yuan)

年份 地区 Year Region	本年资金来源小计 Total Funds This Year	国内贷款 Domestic Loans	利用外资 Foreign Investment	外商直接投资 Foreign Direct Investment	自筹资金 Self-raising Funds	其他资金来源 Others
2000	128862	21719	3105	3105	85719	18319
2001	164288	27458	2239	2239	98673	35918
2002	179958	25469	5001	3241	93406	56032
2003	230688	41998	3550	3550	97984	85056
2004	409130	59935	3175	3175	187639	155477
2005	309008	20764	375	375	185255	102614
2006	357658	35338	250		239909	82161
2007	443366	82493			218491	142382
2008	599312	102594			410936	85782
2009	887388	131286			470715	285387
2010	1248374	269021	23248	23248	567846	388259
2011	1670483	171335	15276	15276	795017	508995
2012	2284477	373912			1133544	777021
2013	2590856	444349			1179734	966773
2014	3510695	515589			1393612	1601494
2015	3610382	729430			1537963	1342989
2016	4232471	715784			1971709	1544978
西宁市 Xining City	3469856	688019			1451265	1330572
海东市 Haidong City	575193	23565			392861	158767
海北州 Haibei Zang A.P	58394				56995	1399
海南州 Hainan Zang A.P	26398				23767	2631
海西州 Haixi Mongolian & Zang A.P	94480	4200			39471	50809
黄南州 Huangnan Zang A.P	8150				7350	800

注：本表2004年数据为第一次经济普查数。在分地区中未包括直报单位数据。

a) Data in 2004 in this table were taken from the first economic census. Data by region does not include data of unit reporting directly.

6-16　2000-2016年房地产开发建设房屋建筑面积和造价
Floor Space and Cost of Buildings Developed for Real Estate Development(2000-2016)

年份 地区 Year Region	施工房屋面积(万平方米) Floor Space of Buildings under Construction (10 000 sq.m)	竣工房屋面积(万平方米) Floor Space of Buildings Completed (10 000 sq.m)	房屋建筑面积竣工率 Rate of Floor Space of Buildings Completed (%)	竣工房屋价值(万元) Value of Buildings Completed (10 000 yuan)	竣工房屋造价(元/平方米) Cost of Buildings Completed (yuan/sq.m)
2000	218.64	74.26	33.96	74089	997.70
2001	267.58	105.99	39.61	92126	869.19
2002	342.38	133.60	39.02	133285	997.64
2003	412.08	156.99	38.10	152522	971.50
2004	511.02	240.60	47.08	267381	1111.31
2005	422.87	104.11	24.62	126588	1215.90
2006	457.81	133.08	29.07	174446	1310.81
2007	584.22	171.21	29.30	248771	1453.02
2008	698.21	225.30	32.27	359510	1595.69
2009	900.39	181.98	20.20	285579	1569.29
2010	1424.23	267.67	18.79	498434	1862.12
2011	1666.05	520.46	31.24	1268417	2437.11
2012	1891.23	416.20	22.00	1078925	2592.32
2013	2376.64	592.62	24.94	1607565	2712.64
2014	2545.90	559.49	21.98	1601984	2863.29
2015	2585.60	454.41	17.57	1203598	2648.70
2016	2847.71	386.67	13.58	1113944	2880.86
西宁市 Xining City	2146.78	319.05	14.86	958145	3003.12
海东市 Haidong City	509.63	50.36	9.88	123426	2450.87
海北州 Haibei Zang A.P	30.06	1.40	4.66	2630	1878.57
海南州 Hainan Zang A.P	14.12				
海西州 Haixi Mongolian & Zang A.P	137.27	15.86	11.55	29743	1875.35
黄南州 Huangnan Zang A.P	9.85				

注：本表2004年数据为第一次经济普查数。
a) Data in 2004 in this table were taken from the first economic census.

6-17 2000-2016年按用途分房地产开发企业(单位)新开工房屋面积

Floor Space of Buildings Started This Year by Enterprises for Real Estate Development by Use(2000-2016)

单位：万平方米 (10 000 sq.m)

年 份 地 区 Year Region	本年新开工房屋面积 Floor Space Started This Year	住 宅 Residential Buildings	办公楼 Office Buildings	商业营业用 房 Houses for Business Use	其 他 Others
2000	127.88	96.44	7.51	21.40	2.53
2001	127.62	84.29	12.43	30.19	0.71
2002	168.08	135.14	16.34	13.91	2.69
2003	236.34	185.34	17.00	30.84	3.15
2004	199.86	169.78	8.42	17.60	4.07
2005	243.06	201.04	11.56	26.43	4.03
2006	209.89	173.44	8.06	25.38	3.01
2007	273.99	242.04	7.69	18.05	6.21
2008	299.11	274.96	1.40	19.45	3.30
2009	505.13	423.61	3.53	57.28	20.71
2010	700.67	568.91	17.26	69.48	45.03
2011	532.33	447.78	6.51	43.73	34.32
2012	772.90	605.33	7.79	97.38	62.41
2013	859.76	599.85	43.75	123.41	92.75
2014	694.77	406.66	53.11	149.39	85.61
2015	785.52	493.51	47.29	130.33	114.39
2016	870.10	524.82	47.97	191.01	106.30
西宁市 Xining City	642.29	378.72	38.45	130.15	94.97
海东市 Haidong City	162.13	104.33	5.16	42.41	10.23
海北州 Haibei Zang A.P	26.92	23.55		3.27	0.10
海南州 Hainan Zang A.P	8.62	4.82		3.71	0.09
海西州 Haixi Mongolian & Zang A.P	23.18	12.07	1.83	8.37	0.91
黄南州 Huangnan Zang A.P	6.96	1.33	2.53	3.10	

注：本表2004年数据为第一次经济普查数。

a) Data in 2004 in this table were taken from the first economic census.

6-18 2000-2016年按用途分的商品房屋实际销售面积
Actually Floor Space of Commercialized Buildings Sold by Use(2000-2016)

单位：万平方米 (10 000 sq.m)

年 份 地 区 Year Region	房屋销售面积 Floor Space of Commercialized Buildings Sold	住 宅 Residential Buildings	办公楼 Office Buildings	商业营业用房 Houses for Business Use	其 他 Others
2000	39.91	36.84	0.37	2.50	0.20
2001	33.66	31.86	0.08	1.57	0.15
2002	68.04	61.17	1.08	3.24	2.54
2003	83.51	70.34	4.14	8.27	0.76
2004	145.76	125.05	8.65	11.18	0.87
2005	121.04	108.46	8.73	3.57	0.28
2006	119.69	110.96	1.87	6.21	0.66
2007	154.53	147.34	1.60	5.26	0.34
2008	147.89	141.23	0.94	5.55	0.18
2009	216.82	208.02	1.38	6.63	0.79
2010	281.04	266.43	1.00	13.21	0.41
2011	359.56	342.56	1.48	14.81	0.71
2012	262.96	246.86	0.21	15.48	0.41
2013	381.56	369.70	0.69	10.27	0.90
2014	415.77	362.92	8.10	40.18	4.57
2015	392.96	329.71	23.74	32.27	7.24
2016	437.85	373.03	19.13	34.97	10.72
西宁市 Xining City	352.60	292.10	18.96	31.09	10.45
海东市 Haidong City	68.45	65.49	0.15	2.54	0.27
海北州 Haibei Zang A.P	3.75	2.94		0.81	
海南州 Hainan Zang A.P	3.49	3.49			
海西州 Haixi Mongolian & Zang A.P	9.56	9.01	0.02	0.53	
黄南州 Huangnan Zang A.P					

注：本表2004年数据为第一次经济普查数。在分地区中未包括直报单位数据。
a) Data in 2004 in this table were taken from the first economic census. Data by region does not include data of unit reporting directly.

6-19 2000-2016年按用途分的商品房屋实际销售额

Actually Sale of Commercialized Buildings by Use(2000-2016)

单位：万元 (10 000 yuan)

年 份 地 区 Year Region	房 屋 销售额 Total Sale of Buildings	住 宅 Residential Buildings	办公楼 Office Buildings	商业营业 用 房 Houses for Business Use	其 他 Others
2000	49413	41847	1395	5633	538
2001	40670	35796	167	4452	255
2002	87898	71375	1420	11845	3258
2003	835083	703417	41427	82702	7537
2004	241004	183485	22682	33500	1337
2005	221768	182320	24132	14706	610
2006	229877	204230	4689	20267	691
2007	357123	324986	4924	26783	430
2008	363745	336669	3083	23531	462
2009	545761	508048	4949	31882	882
2010	844416	770999	2183	69964	1270
2011	1167878	1058522	2578	103981	2797
2012	1064592	911437	1395	150192	1568
2013	1588392	1462925	4067	118301	3099
2014	2112694	1558318	66418	470249	17709
2015	2059969	1398329	228392	413459	19789
2016	2364421	1720566	130616	461798	51441
西宁市 Xining City	2083831	1462452	129923	440651	50805
海东市 Haidong City	225769	209825	560	14748	636
海北州 Haibei Zang A.P	12674	8456		4218	
海南州 Hainan Zang A.P	9202	9202			
海西州 Haixi Mongolian & Zang A.P	32945	30631	133	2181	
黄南州 Huangnan Zang A.P					

注：本表2004年数据为第一次经济普查数。
a) Data in 2004 in this table were taken from the first economic census.

6-20 2000-2016年按用途分的商品房屋平均销售价格
Average Selling Price of Commercialized Buildings by Use (2000-2016)

单位：元/平方米 (yuan/sq.m)

年份 地区 Year Region	房屋平均销售价格 Average Selling Price of Buildings	住宅 Residential Buildings	办公楼 Office Buildings	商业营业用房 Houses for Business Use	其他 Others
2000	1238.16	1135.89	3770.27	2257.26	2662.05
2001	1208.33	1123.54	2174.48	2840.92	1700.00
2002	1291.85	1166.90	1310.69	3650.56	1004.10
2003	1465.30	1341.99	2125.91	2275.64	451.11
2004	1653.40	1460.29	7330.96	2995.16	1536.78
2005	1832.19	1681.03	2765.62	2801.87	1636.23
2006	1920.56	1840.50	2511.52	3266.03	1054.16
2007	2311.00	2205.75	3075.00	5093.08	1278.62
2008	2459.56	2383.83	3279.79	4239.82	2566.67
2009	2517.10	2442.36	3581.04	4805.27	111.79
2010	3004.61	2893.81	2183.00	5296.29	3097.56
2011	3248.08	3090.01	1741.89	7021.00	3939.44
2012	4048.49	3692.12	6642.86	9702.33	3824.39
2013	4162.91	3957.10	5861.92	11522.68	3435.70
2014	5081.40	4293.83	8199.75	11703.56	3875.05
2015	5242.18	4241.09	9620.56	12812.49	2733.29
2016	5400.07	4612.41	6827.81	13205.55	4798.60
西宁市 Xining City	5909.90	5006.68	6852.48	14173.40	4861.72
海东市 Haidong City	3298.31	3203.92	3733.33	5806.30	2355.56
海北州 Haibei Zang A.P	3379.73	2876.19		5207.41	
海南州 Hainan Zang A.P	2636.68	2636.68			
海西州 Haixi Mongolian & Zang A.P	3446.13	3399.67	6650.00	4115.09	
黄南州 Huangnan Zang A.P					

注：本表2004年数据为第一次经济普查数。
a) Data in 2004 in this table were taken from the first economic census.

主要统计指标解释

全社会固定资产投资　是以货币形式表现的在一定时期内全社会建造和购置固定资产的工作量以及与此有关的费用的总称。该指标是反映固定资产投资规模、结构和发展速度的综合性指标,又是观察工程进度和考核投资效果的重要依据。全社会固定资产投资按登记注册类型可分为国有、集体、个体、联营、股份制、外商、港澳台商、其他等。

城镇固定资产投资　指城镇各种登记注册类型的企业、事业、行政单位及个体户进行的计划总投资(或实际需要总投资)50万元及50万元以上的建设项目投资和房地产开发投资。县城及以上区域内发生的投资,县及县以上各级政府及主管部门直接领导、管理的建设项目和企业事业单位的投资均为城镇固定资产投资。

房地产开发投资　指各种登记注册类型的房地产开发公司、商品房建设公司及其他房地产开发法人单位和附属于其他法人单位实际从事房地产开发或经营活动的单位统一开发的包括统代建、拆迁还建的住宅、厂房、仓库、饭店、宾馆、度假村、写字楼、办公楼等房屋建筑物和配套的服务设施,土地开发工程(如道路、给水、排水、供电、供热、通讯、平整场地等基础设施工程)的投资;不包括单纯的土地交易活动。

农村投资　包括在农村区域范围内进行固定资产投资活动的企业、事业、行政单位及农户投资。

建设总规模　是指在报告期内所有施工项目的计划总投资。这个指标和施工项目相对应。

在建总规模　是指在报告期末所有在建项目的计划总投资。

在建净规模　是指报告期末所有在建项目建成投产尚需的投资总量。

在建净规模＝在建总规模－未投产项目(期末在建)累计完成投资。

固定资产投资的资金来源　根据固定资产投资的资金来源不同,分为国家预算内资金、国内贷款、利用外资、自筹资金和其他资金。

(1)国家预算内资金:分为财政拨款和财政安排的贷款两部分。包括中央财政的基本建设基金(分经营性基金和非经营性基金两部分)、专项支出(如煤代油专项等)、收回再贷、贴息资金,财政安排的挖潜改造和新产品试制支出、城建支出、商业部门简易建筑支出、不发达地区发展基金等资金中用于固定资产投资的资金;地方财政中由国家统筹安排的资金等。

(2)国内贷款:指报告期固定资产投资单位向银行及非银行金融机构借入的用于固定资产投资的各种国内借款,包括银行利用自有资金及吸收的存款发放的贷款、上级主管部门拨入的国内贷款、国家专项贷款、地方财政专项资金安排的贷款、国内储备贷款、周转贷款等。

(3)利用外资:指报告期收到的用于固定资产建造和购置的国外资金(包括设备、材料、技术在内)。包括对外借款(外国政府、国际金融组织贷款、出口信贷、外国银行商业贷款、对外发行债券和股票)、外商直接投资及外商其他投资。不包括我国自有外汇资金(国家外汇、地方外汇、留成外汇、调剂外汇和中国银行自有资金发行的外汇贷款等)。计算利用外资时,需要折算成人民币,折算中所使用的外汇汇率按现汇计算,即按使用外汇时的汇率计算。

(4)自筹资金:指固定资产投资单位报告期收到的,由各地区、各部门及企、事业单位筹集用于固定资产投资的预算外资金,包括中央各部门、各级地方和企、事业单位的自筹资金。

(5)其他资金:指在报告期收到的除以上各种资金之外其他用于固定资产投资的资金,包括企业或金融机构通过发行各种债券筹集到的资金、群众集资、个人资金、无偿捐赠的资金及其他单位拨入的资金等。

固定资产投资按国民经济行业分　根据建设项目建成投产后的主要产品或主要用途及社会经济活动性质来确定国民经济行业。一般情况下,一个建设项目或一个企业、事业单位只能属于一种国民经济行业。

固定资产投资按隶属关系分　是按建设单位或企业、事业、行政单位的主管上级机关确定的。

(1)中央:是指中共中央、人大常委会和国务院各部、委、局、总公司以及直属机构直接领导的建设项目和企业、事业、行政单位。这些单位的固定资产投资计划由国务院各部门直接编制和下达,建设中所需物资、主要设备以及建设中的问题都由中央有关部门安排和解决。

(2)地方:是由省(自治区、直辖市)、地区(州、盟、省辖市)、县(旗、县级市)三级政府及业务主管部门直接领导和管理的建设项目、企业、事业、行政单位。地方项目还包括不隶属以上各级政府及主管部门的建设项目和企业、事业单位,如外商投资企业和无主管部门的企业等。

固定资产投资按建设性质分　根据整个建设项目情况来确定。建设项目的性质一般分为新建、扩建、改建和技术改造、迁建、恢复。房地产开发单位、农村投资、城镇工矿区私人建房投资不划分建设性质。

(1)新建:一般指从无到有开始建设的企业、事业和行政单位或建设项目。现有企业、事业、行政单位一般不属于新建。但如有的单位原有基础很小,经过建设后新增的固定资产价值超过该企、事业、行政单位原有固定资产价值(原值)三倍以上的也应作为新建。

(2)扩建:指在厂内或其他地点,为扩大原有产品的生产能力(或效益)或增加新的产品生产能力,而增建主要的生产车间(或主要工程)、分厂、独立的生产线。行政、事业单位在原单位增建业务用房(如学校增建教学用房、医院增建门诊部、病房等)也作为扩建。

现有企、事业单位为扩大原有主要产品生产能力或增加新的产品生产能力,增建一个或几个主要生产车间(或主要工程)、分厂,同时进行一些更新改造工程的,也应作为扩建。

(3)改建和技术改造:指现有企业、事业单位,对原有设施进行技术改造或更新(包括相应配套的辅助性生产、生活福利设施)的建设项目。现有企业、事业单位为适应市场变化的需要,而改变企业的主要产品种类(如军工企业转产民用品等)的建设项目,应作为改建。原有产品生产作业线由于各工序(车间)之间能力不平衡,为填平补齐充分发挥原有生产能力而增建不增加本企业主要产品设计能力的车间,也应作为改建。技术改造是指企业、事业单位在现有基础上,用先进的技术代替落后的技术,用先进的工艺和装备代替落后的工艺和装备,以改变企业落后的技术经济面貌,实现以内涵为主的扩大再生产,达到提高产品质量、促进产品更新换代、节约能源、降低消耗、扩大生产规模、全面提高社会经济效益的目的。技术改造具体包括以下内容:机器设备和工具的更新改造;生产工艺改革、节约能源和原材料的改造;厂房建筑和公共设施的改造;劳动条件和生产环境的改造等。

固定资产投资按构成分　固定资产投资活动按其工作内容和实现方式分为建筑安装工程,设备、工具、器具购置,其他费用三个部分。

(1)建筑安装工程(建筑安装工作量):指各种房屋、建筑物的建造工程和各种设备、装置的安装工程。包括各种房屋建造工程;各种用途设备基础和各种工业窑炉的砌筑工程及金属结构工程;为施工而进行的各种准备工作和临时工程以及完工后的清理工作等;铁路、道路的铺设,矿井的开凿及石油管道的架设等;水利工程;防空地下建筑等特殊工程;列入房屋工程预算内的暖气、卫生、通风、照明、煤气等设备的价值及装设油饰工程;列入建筑工程预算内的各种管道(蒸汽、压缩空气、石油、给排水等管道)、电力、电讯电缆导线等的敷设工程;以及各种机械设备的安装工程;为测定安装工程质量,对设备进行的试运工作;房地产开发单位进行的商品房屋开发建设工程、土地开发工程。

在安装工程中,不包括被安装设备本身的价值。

(2)设备、工具、器具购置:指建设单位或企、事业单位购置或自制的,达到固定资产标准的设备、工具、器具的价值。新建单位及扩建单位的新建车间,按照设计或计划要求购置或自制的全部设备、工具、器具,不论是否达到固定资产标准均计入"设备、工具、器具购置"中。

(3)其他费用:指在固定资产建造和购置过程中发生的,除上述几项内容以外的各种应分摊计入固定资产的费用。

施工项目　指报告期内进行过建筑或安装施工活动的项目。凡是报告期内施过工的建设项目,不论施工时间长短,均作为施工项目统计。施工项目个数可以反映一定时期固定资产投资的实际规模,与同期全部建成投产项目个数相比,可以从建设速度的角度反映固定资产投资的效果。根据建设项目施工活动的不同性质,施工项目又分为:本年正式施工项目、本年收尾项目和以前年度全部停缓建项目。

全部建成投产项目　工业项目指设计文件规定形成生产能力的主体工程及其相应配套的辅助设施全部建成,经负荷试运转,证明具备生产设计规定合格产品的条件,并经过验收鉴定合格或达到竣工验收标准,与生产性工程配套的生活福利设施可以满足近期正常生产的需要,正式移交生产的建设项目。非工业项目指设计文件规定的主体工程和相应的配套工程全部建成,能够发挥设计规定的全部效益,经验收鉴定合格或达到竣工验收标准,正式移交使用的建设项目。

新增生产能力(或工程效益)　指通过固定资产投资活动而增加的设计能力(或工程效益),该指标是以实物形态表现的反映固定资产投资成果的指标,也是考核投资经济效果的重要依据之一。

新增生产能力(或工程效益)一般有以下几种表现形式:

(1)用产品数量表示,以工程在单位时间内(一般是一年)所能生产的产品数量(即年产量)表示。如原煤开采用万吨/年表示,化学农药用吨/年表示,拖拉机制造用台/年表示等。某些化工产品由于含量差别较大,按其设计含量计算折合量表示,如硫酸、纯碱、烧碱等。

(2)用单位时间内所能处理的原料数量表示,以工程每天(或小时)所能处理原料的数量表示。如机制糖工程日处理原料吨,食用植物油日处理原料吨,城市污水处理能力用万吨/日表示等。

(3)用新增加的主要设备的数量或容量表示,如新增棉布织机、丝织机等台数,毛纺锭等锭数,发电厂新增发电机组容量用千瓦表示等。

(4)用建筑物容积、容量、面积、长度表示,是非工业项目或工程新增效益的一种表现形式。如铁路投产里程、新建公路、水库容量、粮食仓库、学校学生席位、医院病床、有效灌溉面积等。

根据工程的特点,有时需要用两种或两种以上的复合计量单位表示新增生产能力(或工程效益),如新增内燃机生产能力同时用年产台数、千瓦数表示等。

为了规范新增生产能力(或工程效益)的名称和计算单位,国家统计局制订了《新增生产能力(或工程效益)目录及代码》。各固定资产投资单位在统计新增生产能力(或工程效益)时,必须按目录中规定的名称、计量单位和代码填报。

房屋建筑面积　指房屋建筑物勒脚以上外墙外围的水平截面面积,包括房屋建筑物的有效面积和结构面积。该指标是从实物形态上反映建设规模和建设成果的重要指标之一,也是检查工程形象进度、计算工程造价、分析投资效果、研究施工任务和建筑材料之间平衡情况的重要依据。

住宅建筑面积　指施工和竣工房屋建筑面积中供居住用的房屋建筑面积。

施工面积　指报告期内施工的全部房屋建筑面积。包括本期新开工的面积和上期开工跨入本期继续施工的房屋面积,以及上期已停建在本期恢复施工的房屋面积。本期竣工和本期施工后又停缓建的房屋,其建筑面积仍计入本期房屋施工面积中。

竣工面积　指在报告期内房屋建筑按照设计要求已经全部完工,达到住人和使用条件,经验收鉴定合格(或达到竣工验收标准),正式移交使用单位的各栋房屋建筑面积的总和。

房屋建筑面积竣工率　指一定时期内房屋竣工面积占同期房屋施工面积的比率。

新增固定资产　指报告期内已经完成建造和购置过程,并已交付生产或使用单位的固定资产价值。该指标是表示固定资产投资成果的价值指标,也是反映建设进度,计算固定资产投资效果的重要指标。

项目建成投产率　指一定时期内全部建成投产项目个数与同期施工项目个数的比率。该指标是从建设单位建设速度的角度反映投资效果的指标。

固定资产交付使用率 指一定时期新增固定资产与同期完成投资额的比率。该指标是反映固定资产动用速度,衡量建设过程中宏观投资效果的综合指标。由于新增固定资产是较长时期内形成的结果,而投资额则是当年完成的,因此,该指标一般适宜于反映较长时期内固定资产的动用情况。

商品房销售面积 指报告期内出售商品房屋的合同总面积(即双方签署的正式买卖合同中所确定的建筑面积)。由现房销售建筑面积和期房销售建筑面积两部分组成。

商品房销售额 指报告期内出售商品房屋的合同总价款(即双方签署的正式买卖合同中所确定的合同总价)。该指标与商品房销售面积同口径,由现房销售额和期房销售额两部分组成。

Explanatory Notes on Main Statistical Indicators

Total Investment in Fixed Assets in the Whole Country refers to the volume of activities in construction and purchases of fixed assets of the whole country and related fees, expressed in monetary terms during the reference period. It is a comprehensive indicator which shows the size, structure and growth of the investment in fixed assets, providing a basis for observing the progress of construction projects and evaluating results of investment. Total investment in fixed assets in the whole country includes, by type of ownership, the investment by State – owned units, collective – owned units, individuals, joint ownership units, share – holding units, as well as investments by entrepreneurs from foreign countries and from Hong Kong, Macao and Taiwan, and by other units.

Urban Investment in Fixed Assets refers to construction projects involving a total planned (or required) investment of 500,000 yuan and over by enterprises of various types of ownership, institutions, administrative units and individuals in urban areas, investment in real estate development. In other words, all investments that take place in county towns and urban areas, investment in construction projects under the direct leadership and management of government agencies at and above county levels and investments by enterprises and institutions at and above county levels are covered in urban investment in fixed assets.

Investment in Real Estate Development refers to investment by real estate development companies, commercialized buildings construction companies and other real estate development units of various types of ownership in the construction of buildings, such as residential buildings, factory buildings, warehouses, hotels, guesthouses, holiday villages, office buildings, and the complementary service facilities and land development projects, such as roads, water supply, water drainage, power supply, heating supply, telecommunications, land leveling and other infrastructural projects. It does not include activities in pure land transactions.

Investment in Rural Areas refers to investment in fixed assets by enterprises, institutions, administrative units and households in rural areas.

Total Size of Construction refers to the planned total investment for all construction projects during the reference period. This item should correspond with projects under work.

Total Size of Investment in Projects under Construction refers to the planned total investment of all projects under construction at the end of the reference period.

Net Size of Investment in Projects under Construction refers to the outstanding requirement of investment of all projects under construction at the end of the reference period.

Net size of investment in projects under construction = Total size of investment – Accumulated completed investment of projects under construction

Sources of Funds for Investment in Fixed Assets are categorized as funds from the State budget, domestic loans, foreign investment, self – raised funds, and others, depending on the sources of investment.

(1) Fund from the State budget consists of budgetary appropriation and loans from the State budget. More specifically, it includes, from the budget of the central government, capital construction fund (operation fund and non – operational fund), special expenses (e. g. expenses on substituting petroleum with coal), loans from repayment, discount fund, expenses on innovation and trial production of new products, expenses on urban construction, expenses on temporary construction from business departments, development fund for less developed areas, as well as local budgetary fund transferred from the central budget.

(2) Domestic loans refer to loans of various forms borrowed by investing units from banks and non – bank financial institutions during the reference period for the purpose of investment in fixed assets, including loans issued by banks from their self – owned funds and deposit, loans appropriated by higher authorities, special loans by government, loans arranged by local government from special funds, domestic reserve loan, and working loan.

(3) Foreign investment refers to foreign funds received during the reference period for the construction and purchase of investment in fixed assets (covering equipment, materials and technology), including foreign borrowings (loans from foreign governments and international financial institutions, export credit, commercial loans from foreign banks, issue of bonds and stocks overseas), foreign direct investment and other foreign investments. Excluded from this category is capital in foreign exchanges owned by China (foreign exchanges owned by the central and local governments, foreign exchanges retained by enterprises, foreign exchanges by enterprises through the regulating mechanism, loans in foreign exchanges issued by the Bank of China with its own fund, etc.). In calculating the utilization of foreign capital, foreign currencies are converted into Chinese Renminbi applying the current exchange rate when the foreign capitals are actually used.

(4) Self – raised funds refer to extra – budgetary funds for investment in fixed assets received during the reference period by investing units from central government ministries, local governments, enterprises and institutions, including their self – raised funds.

(5) Others refer to funds for investment in fixed assets received from sources other than those listed above, including cap-

ital raised through issuing bonds by enterprises or financial institutions, funds raised from individuals and through donations, and funds transferred from other units.

Investment in Fixed Assets by Sector the classification of construction projects by sector is determined by the major products or the purpose of the projects when they are put into production or use, and by the nature of their social economic activities. In general, one project or one enterprise or institution can only be classified into one sector.

Investment in Fixed Assets by Jurisdiction of Management refers to the classification of investment by the competent authorities under which investment is made by construction units, enterprises, institutions or administrative units.

(1) Central investment refers to the investment in projects or by enterprises, institutions or administrative units which are under the direct leadership and management of the State Council and of the national commissions, ministries, agencies and State - owned large corporations. Various ministries and departments of the State Council prepare and implement plans for investment in fixed assets by those departments, and arrange and ensure the supply of materials and key equipment required for the projects.

(2) Local investment refers to the investment in projects or by enterprises, institutions or administrative units which are under the direct leadership and management of departments under the provincial, prefecture and county governments. Also included are projects by foreign - invested enterprises and enterprises without competent managing authorities.

Investment in Fixed Assets by Type of Construction construction projects in general can be classified, by the type of construction, into new construction, expansion, reconstruction and technical transformation, moving and restoration. However, investment by type of construction is not applied to investment by real - estate development units, investment in rural areas and private investment in housing construction in urban areas and in industrial and mining areas.

(1) New construction in general refers to construction projects, which start from scratch, of enterprises, institutions, administrative agencies. Construction in existing enterprises, institutions or agencies is generally not considered as new construction. In case the size of the existing unit is quite small, and the value of newly added fixed assets is more than three times of the original value, the expansion will be considered as new construction.

(2) Expansion refers to construction of new major production workshop, branch factory or independent production line within a factory or in other locations, for the purpose of increasing the production capacity (or improving efficiency) or adding new production capacity. Newly constructed accommodation for the operation of institutions and administrative organizations (such as newly constructed buildings for teaching in schools, buildings for clinics or wards in hospitals, etc.) are also classified as expansion.

Also included in expansion are investments by existing enterprises or institutions in building major production line(s) or branch factory(ies) along with some work on innovation, for the purpose of expanding the production capacity of original products or producing new products.

(3) Reconstruction and technical transformation refers to construction projects by existing enterprises or institutions in innovation or technical transformation of the old facilities (including auxiliary production equipment and welfare facilities). Also considered as reconstruction is the construction of new workshops by the existing enterprises or institutions to change the variety of products to meet the market demand (such as the production of civil products by defense industries), or to bring the designed production capacity into full play through a more balanced production process on production lines. Technical transformation refers to replacement of old technology or equipment by new technology or equipment, in order to expand the reproduction through improvement of technology contents in production, to improve product quality, to promote new products, to save energy, to reduce consumption, to expand the production scale and to improve overall social - economic efficiency. Contents of technical transformation include: updating of machinery, equipment and tools; reforming production process by using energy or materials saving technology; construction of factory workshops and transformation of public facilities; improvement of working conditions and environment, etc.

Investment in Fixed Assets by Structure by their contents and the mode of implementation, investment activities are classified into 3 categories, i. e. construction and installation, purchase of equipment and instrument, and other expenses.

(1) Construction and installation (work volume of construction and installation) refers to the construction of houses and buildings and the installation of various kinds of equipment and instruments. They include construction of houses; equipment foundations, industrial kilns and stoves, and metal structure work; preparation works and temporary works for project construction, and clearing up works post project construction; pavement of railways and roads, drilling of mines and putting up of oil pipes; construction of water conservancy; construction of underground air - raid shelters and construction of other special projects; value of equipment for heating, sanitation, ventilation, lighting, gas, painting, etc. that are covered by the budget of housing projects; laying out of various pipelines (for steam, compressed air, petroleum, tap water and sewage) and wiring and cabling for electric power and for communications; installation of various machinery and equipment; testing operation for pre - testing the quality of installation projects, and land and other development work conducted by real estate developers for commercialized housing.

The value of equipment installed is itself not included in the value of installation projects.

(2) Purchase of equipment and instruments refers to the total value of equipment, tools, and instruments purchased or self - produced which come up to the cut - off point for fixed assets

by the construction units or investing enterprises or institutions. Equipment, tools and instruments purchased or self - produced for new workshops by newly established or expanded units are categorized as "purchase of equipment and instruments" no matter whether they come up to the cut - off point for fixed assets.

(3) Other expenses refer to expenses arising during the construction or purchase of fixed assets other than those mentioned above.

Projects under Construction refer to projects with construction and installation activities undertaken in the reference period. All projects that have construction activities undertaken during the reference period are reported as projects under construction irrespective of the length of construction work. The number of projects under construction can reflect the actual size of investment in fixed assets during a given period, and when compared with the number of projects completed and put into use during the same period, it demonstrates the results of investment in fixed assets from the angle of the speed of the construction. Depending on the nature of construction activities, projects under construction can also be classified into projects beginning construction in current year, winding - up projects in current year and stopped or suspended projects in previous years (with resumption of work in current year).

Projects Completed and Put into Use Industrial projects refer to the major projects and auxiliary facilities having been completed in accordance with the design documents, resulting in forming production capacity and having checked and accepted after relevant tests, while the living and welfare facilities having been completed and being capable of ensuring normal production. Non - industrial projects refer to the major projects and auxiliary facilities which have been completed in accordance with the design documents; have been checked, accepted after relevant examination; and have been formally delivered for use.

Newly Increased Production Capacity (or Project Efficiency) refers to the increase in design capacity (or project efficiency) through investment in fixed assets, which reflects the accomplishment of investment in fixed assets in physical form and serves as an important basis for evaluating the economic efficiency of investment.

The newly increased production capacity (project efficiency) is usually expressed in one of the following forms:

(1) Volume of output of products, i. e. the volume of output that the project can produce during a given period (usually a year). For instance, the capacity in coal mining is expressed in 10,000 tons/year, the capacity in producing chemical pesticides expressed in ton/year, the capacity in producing tractors in tractor/year, etc. For some chemical products where the effective contents differ significantly, the production capacity is expressed as the designed effective content equivalent, such as in the case of sulphuric acid, soda ash, caustic soda, etc;

(2) volume of raw materials processed per unit of time, i. e. the volume of raw materials that could be processed by the project per day (or per hour), such as tons of materials processed per day by a sugar refining project or edible vegetable oil project, or tons of urban sewage processed per day;

(3) number or capacity of major equipment increased, such as number of cotton or silk looms increased, wool spindles increased, or capacity (in kilowatts) of power generators increased; and

(4) physical measures (volume, capacity, area, and length) of construction, which is typical for non - industrial projects, for instance, the length of railways put into operation, the length of highways, the capacity of reservoirs, the capacity of warehouses, the floor space of housing projects, capacity for new students in schools or beds in hospitals, areas under new irrigation project, etc.

The special features of projects may sometimes call for the combined use of two or more measurements to reflect the increase in production capacity (or project efficiency); for instance, the new capacity for the production of internal combustion engines is expressed in sets per year and kilowatts per year simultaneously.

To standardize the nomenclature and unit of measurement for newly increased production capacity (or project efficiency), the National Bureau of Statistics has developed the Nomenclature and Codes for New Production Capacity (Project Efficiency). All reporting units with investment activities are required to follow these two nomenclatures in reporting statistics on new production capacity (project efficiency).

Floor Space of Buildings under Construction refers to the total floor space of the horizontal section of outer walls above the plinth of the building, including the effective area and the area occupied by the structure. This indicator is one of the important indicators in physical terms to reflect the scale and accomplishment of the construction industry and also an important basis for monitoring the progress, calculating the cost, analyzing the efficiency and studying the supply of building materials in relation to the construction projects.

Floor Space of Residential Buildings refers to the floor space of the residential buildings among the total space of buildings under construction or completed.

Floor Space under Construction refers to total floor space of all buildings under construction during the reference period, including floor space of newly started buildings during the reference period, floor space of construction extended from the previous period to the current period, and floor space of construction suspended during the previous period and resumed in the current period. Floor space of construction completed in the current period, and floor space of construction started and then suspended in the current period are also included in the floor space under construction of the current year.

Floor Space Completed refers to the floor space of all buildings completed in the reference period, which have been appraised and accepted (or come up to the designed standards) and has been transferred to owner units.

Completion Rate of Floor Space of Buildings refers to the ratio of the floor space of buildings completed in a certain period of time to the floor space of buildings under construction in the same period.

Newly Increased Fixed Assets refer to the newly increased value of fixed assets, constructed or purchased, that have been transferred to the investors. This is an indicator that demonstrates the results of investment in fixed assets in monetary terms, and an important indicator to reflect the speed of construction and to calculate the efficiency of investment.

Rate of Construction Projects Completed and Put into Use refers to the ratio of the number of construction projects completed and put into use in a certain period of time to the number of projects under construction in the same period. This reflects the investment efficiency from the perspective of the speed of projects construction.

Rate of Projects of Fixed Assets Completed and Put into Operation refers to the ratio of the newly increased fixed assets to the total investment made in the same period. This is a comprehensive indicator reflecting the speed of the employment of fixed assets and the investment efficiency at the macro - level. As the newly increase fixed assets is the result of a long period while the investment is completed in the current year, this indicator is expected to be used to reflect the employment of fixed assets over a long period of time.

Area of Commercialized Housing Sold refers to total contracted area of commercialized housing (i. e. area of floor space as designated in the formal contracts signed by both sides) during the reference time. It constitutes floor space of completed housing and floor space of future housing.

Value of Commercialized Housing Sold refers to the total contracted value (i. e. value of sales/purchase for selling/purchase of commercialized housing as designated in the contract signed by both sides) during the reference time. This indicator has the same coverage as the area of commercialized housing sold, which constitutes floor space of completed housing and floor space of housing yet to be completed.

第 7 篇
CHAPTER 7

对外经济贸易
Foreign Trade and Economic Cooperation

进出口贸易

（万美元）

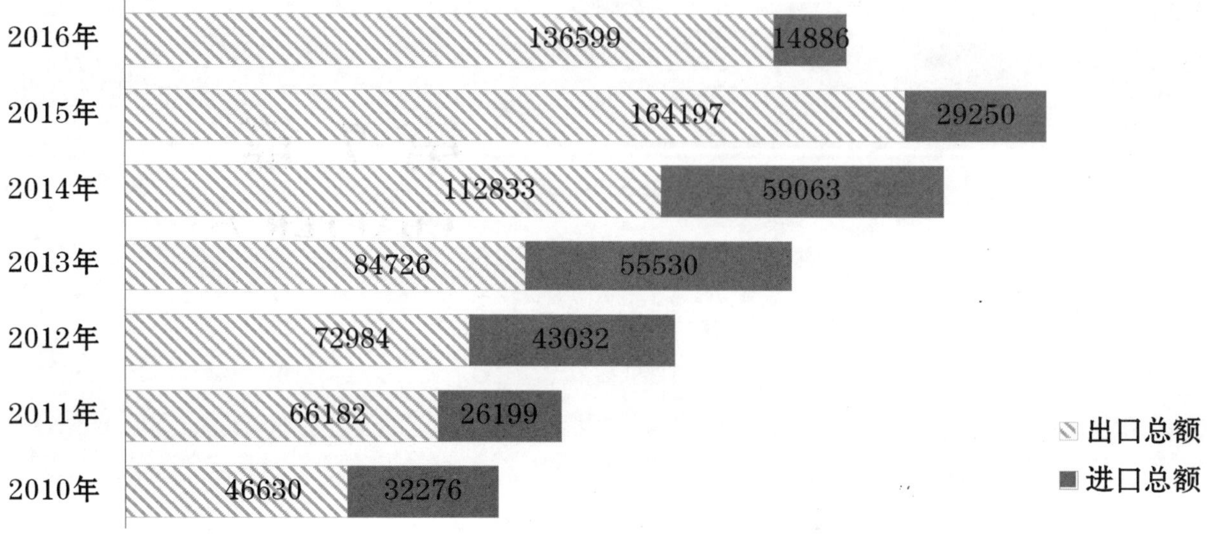

外商直接投资合同利用外资情况

（万美元）

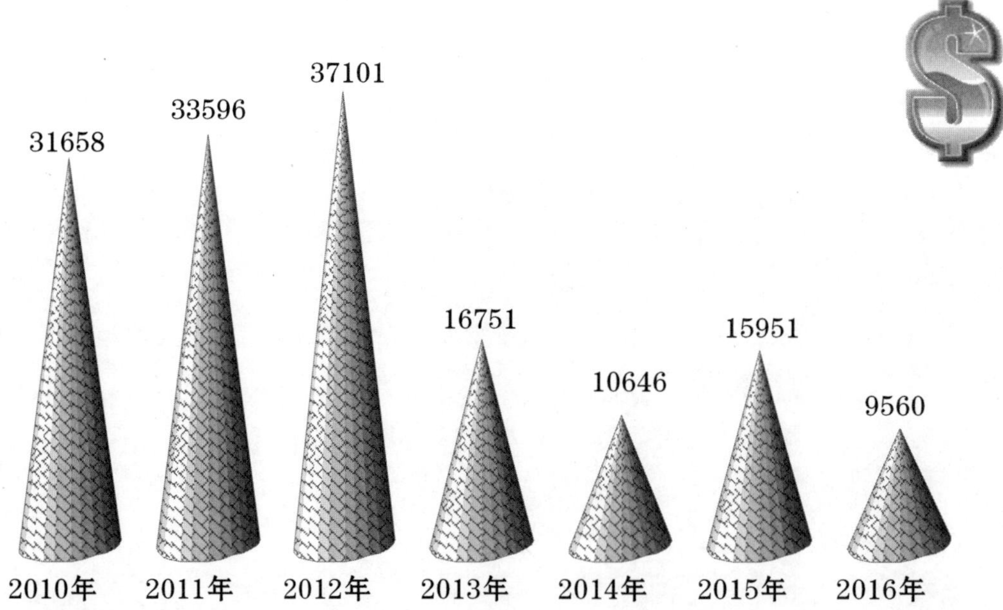

7-1 主要年份进出口贸易总额
Total Value of Imports and Exports in Main Years

单位：万美元 (USD 10 000)

年 份 地区	Year Region	进出口总额 Total Value of Imports and Exports	进口总额 Total Exports	出口总额 Total Imports
1990		7027	222	6805
1991		7791	240	7552
1992		10399	1356	9043
1993		12442	2268	10174
1994		14331	1981	12350
1995		16226	2419	13807
1996		22497	9017	13480
1997		16476	4036	12440
1998		11405	974	10431
1999		10785	2099	8686
2000		15973	4773	11200
2001		20490	5577	14913
2002		19671	4562	15109
2003		33913	6526	27387
2004		57551	12075	45476
2005		41338	9014	32324
2006		65175	11752	53422
2007		61207	22616	38591
2008		68847	26972	41875
2009		58590	33491	25099
2010		78906	32276	46630
2011		92382	26199	66182
2012		116016	43032	72984
2013		140256	55530	84726
2014		171896	59063	112833
2015		193447	29250	164197
2016		151485	14886	136599
西宁市	Xining City	128144	13372	114772
海东市	Haidong City	18884	278	18606
黄南州	Huangnan Zang A.P	3	3	
海南州	Hainan Zang A.P	573	307	266
果洛州	Golog Zang A.P	1		1
海西州	Haixi Mongolian & Zang A.P	3880	926	2954

注：本表数据来源西宁海关，以下表同。
a)The data in this table are from the Xining customs.the same below.

7-2　2016年海关进口主要商品总值表
Total Value of Major Import Commodities by Customs(2016)

Item		(万美元) (USD 10 000)	(万元) (10 000yuan)
氧化铝	Aluminum Oxide	5683	37326
煤及褐煤	Coal and Lignite	4512	29703
机电产品	Mechanical and Electrical Products	2958	26427
高新技术产品	High and New-tech Products	646	21136
农产品	Agriculture Products	278	15509
计量检测分析自控仪器及器具	Automatic Measuring and Analyzing Instrument and Apparatus	258	14194
医药品	Medical and Pharmaceutical Products	233	4528
二极管及类似半导体器件	Diode and Semi Conductors	213	1932
羊毛	Wool	184	1842
机械提升搬运装卸设备及零件	Machinery Lifting, Carrying, Handling Equipment and Parts	180	1784
金属加工机床	Machine Tools	142	1705
非泡沫塑料的板、片、膜、箔	Plates, Sheets, Films, and Foils of non Foamed Plastics	138	1545
纺织机械及零件	Textile Machinery and Parts	102	1519
食品、饮料工业用加工机械及零件	Processing Machinery and Parts for Food and Beverage Industry	86	1495
铅矿砂及其精矿	Lead Ore and Concentrates	84	1392
塑料制品	Plastic Product	77	1383
铬矿砂及其精矿	Chromium Ores and Concentrates	57	1361

7-3 2016年海关出口主要商品总值表

Total Value of Major Export Commodities by Customs(2016)

商品名称	Item	(万美元) (USD 10 000)	(万元) (10 000yuan)
机电产品	Mechanical and Electrical Products	34190	226844
服装及衣着附件	Clothing and Accessories	24837	164694
纺织纱线、织物及制品	Textile Yarn, Fabrics and Products	17685	116751
文化产品	Cultural Artifact	10874	71358
鞋类	Footwear	7239	47799
铁合金	Ferroalloy	4628	30486
塑料制品	Plastic Product	4563	30020
灯具、照明装置及零件	Lamps, Lighting Fixtures and Parts	4192	27483
陶瓷产品	Ceramic Products	4039	26540
箱包及类似容器	Bags and Semi Containers	3563	23423
家具及其零件	Furniture and Parts	3066	20095
钢材	Rolled Steel	2922	19329
高新技术产品	High and New-tech Products	2584	17010
纸及纸板(未切成型的)	Paper and Paperboard (Uncut)	1868	12318
农产品	Agriculture Products	1729	11467
镁及其制品	Magnesium and Its Products	1437	9459
人造花	Artificial Flower	1402	9179
钢铁或铜制标准紧固件	Steel or Copper Standard Fasteners	1292	8532
玻璃制品	Glass Products	1270	8382
焦炭、半焦炭	Coke, Semi Coke	1214	8158
帽类	Hats	1154	7613
未锻轧铝及铝材	Unwrought Aluminum and Rolled Aluminum	1135	7507
碳酸钠(纯碱)	Sodium Carbonate (Soda Ash)	1067	7008
中药材及中式成药	Medical Materials and Medicaments of Chinese Type	941	6223
圣诞用品	Christmas Supplies	922	6031
汽车零件	Parts of Motor Vehicles	821	5422
锁	Locks	804	5300
静止式变流器	Static Converter	751	4934
织物制袜子	Hosiery Made of Fabric	709	4709
手用或机用工具	Hand or Machine Operated Tools	705	4658

7-4 2016年海关按国别(地区)分出口总值

Total Value of Export by Country (Region) From the Customs (2016)

国家(地区)	Country (Region)	(万美元) (USD 10 000)	(万元) (10 000yuan)	国家(地区)	Country (Region)	(万美元) (USD 10 000)	(万元) (10 000yuan)
韩国	Korea Rep.	17796	118079	泰国	Thailand	1605	10578
吉尔吉斯斯坦	Kirghizia	13780	91757	塔吉克斯坦	Tadzhikistan	1532	10560
美国	United States	12901	84516	荷兰	Netherlands	1376	9023
巴基斯坦	Pakistan	8288	55564	南非	South Africa	1346	8992
香港	Hong Kong, China	7469	48938	意大利	Italy	1140	7478
新加坡	Singapore	5645	36960	印尼	Indonesia	1093	7225
日本	Japan	4488.8	29627	台湾	Taiwan, China	1076	7104
越南	Vieynam	3566.2	23691	澳门	Macao, China	1037	6775
沙特阿拉伯	Saudi Arabia	3162.4	20777	西班牙	Spain	977	6393
阿联酋	United Arab Emirates	3080	20253	伊拉克	Iraq	965	6349
马来西亚	Malaysia	3020	19822	乌干达	Uganda	951	6284
英国	United Kingdom	2808	18399	比利时	Belgium	950	6247
俄罗斯联邦	Russia	2762	18307	菲律宾	Philippines	939	6196
朝鲜	Korea DPR.	2748	18202	法国	France	855	5613
印度	India	2569	16952	埃及	Egypt	766	5040
德国	Germany	2398	15730	伊朗	Iran	735	4844
澳大利亚	Australia	1917.6	12620	墨西哥	Mexico	720	4723
加拿大	Canada	1883.8	12302	肯尼亚	Kenya	649	4312
尼日利亚	Nigeria	1862	12274	喀麦隆	Cameroon	635	4220
哈萨克斯坦	Kazakhstan	1685	11559	加纳	Ghana	571	3771

7-4 续表

Continued

国家(地区)	Country (Region)	(万美元) (USD 10 000)	(万元) (10 000yuan)	国家(地区)	Country (Region)	(万美元) (USD 10 000)	(万元) (10 000yuan)
以色列	Israel	502	3292	尼泊尔	Nepal	178	1180
孟加拉国	Bangladesh	499	3301	哥伦比亚	Colombia	175	1153
土耳其	Turhey	499	3289	也门	Yeman	165	1090
乌兹别克斯坦	Uzbekistan	462	3073	吉布提	Djibouti	155	1020
巴西	Brazil	460	3023	安哥拉	Angola	147	977
智利	Chile	448	2954	文莱	Brunei	147	956
缅甸	Myanmar	405	2701	阿曼	Oman	142	944
阿尔及利亚	Algeria	390	2565	斯里兰卡	Sri Lanka	141	931
波兰	Poland	369	2431	多哥	Togo	138	918
新西兰	New Zealand	362	2382	秘鲁	Peru	137	906
巴拿马	Panama	337	2201	马耳他	Malta	134	873
几内亚	Guinea	329	2190	乌克兰	Ukraine	133	876
摩洛哥	Moracco	326	2140	斯洛文尼亚	Slocvenia	132	877
坦桑尼亚	Tanzania	321	2115	利比亚	Libya	126	834
约旦	Jordan	303	1980	突尼斯	Tunisia	124	814
科特迪瓦	Cote d'Ivoire	264	1742	贝宁	Benin	118	780
老挝	Laos	264	1762	巴林	Bahrain	102	676
柬埔寨	Cambodia	258	1705	科威特	Kuwait	101	669
希腊	Greece	226	1481	罗马尼亚	Romania	93	615
刚果(布)	Congo	223	1482	莫桑比克	Mozambique	92	609

7–5 主要年份利用外资概况
Utilization of Foreign Capital in Main Years

单位：万美元 (USD 10 000)

年 份 Year	外商直接投资 Direct Foreign Investment 项 目(个) Number of Projects (unit)	合同利用外资额 Total Amount of Contracted Foreign Investment	实际利用外资额 Total Amount of Foreign Investment Actually Utilized
1985	4	318	108
1991	2	19	13
1992	11	399	191
1993	54	4300	900
1994	19	2143	965
1995	28	5447	1064
1996	18	2799	1114
1997	22	7284	2179
1998	24	12583	5066
1999	15	2821	2671
2000	40	15312	5309
2001	47	15961	5586
2002	32	21268	11380
2003	44	35767	19167
2004	52	35330	22500
2005	29	35562	26600
2006	17	40608	27500
2007	37	41601	31000
2008	22	30899	22000
2009	8	30835	21500
2010	17	31658	21930
2011	6	33596	16893
2012	16	37101	20578
2013	13	16751	9372
2014	9	10646	5010
2015	8	15951	5500
2016	6	9560	1495

注：本表数据来源青海省商务厅，以下表同。
The data in this table are from the Qinghai Provincial Department of Commerce，the same below.

7-6 2015－2016年按行业分外商直接投资合同外资额
Direct Foreign Investment by Sector(2015－2016)

行业	Sector	项目(个) Number of Projects (unit)		金额(万美元) Value (USD 10 000)	
		2015	2016	2015	2016
总计	**Total**	**8**	**6**	**15951**	**9560**
农林牧渔业	Agriculture, Forestry, Animal Husbandry and Fishery				
采掘业	Mining				
制造业	Manufacturing	1	2	782	2015
电力、煤气及水的生产和供应业	Production and Supply of Electricity, Gas and Water	2	1	4695	512
建筑业	Construction				
交通运输、仓储和邮政业	Transport, Storage and Post				
批发和零售	Wholesale and Retail Trades	3	2	5167	4710
住宿和餐饮业	Hotels and Catering Services	1	1	7	…
房地产业	Real Estate				
租赁和商务服务业	Leasing and Business Services	1		5300	2323
科学研究、技术服务和地质勘查业	Scientific Research, Technical Service and Geologic Prospecting				
水利、环境和公共设施管理业	Management of Water Conservancy, Environment and Public Facilities				
居民服务和其他服务业	Services to Households and Other Services				
卫生体育和社会福利业	Health, Sports and Social Welfare				
其　他	Others				

注：项目个数为0的项目为增资项目。
a) Others Means the Amount of Continued Construction Projects of the Previous Year.

7-7 2015－2016年利用外资额(按方式和国别分)
Utilization of Foreign Capital (by Method and Country) (2015－2016)

单位：万美元 (USD 10 000)

指 标	Item	合同数(个) Number of Projects (unit)		外方直接投资合同金额 Contracted Value of Direct Foreign Investment	
		2015	2016	2015	2016
总计	**Total**	**8**	**6**	**15951**	**9560**
按投资方式分组	**By Form**				
合资经营企业	Equity Joint Venture	2	2	7855	666
合作经营企业	Contractural Joint Venture		1		1350
外资企业	Wholly Foreign-owned Enterprise	6	3	8096	7544
股份制	FDI Shareholding Inc.				
其 它	Others				
按投资国别(地区)分组	**By Country or Region**				
亚 洲	**Asia**	**4**	**5**	**9157**	**6582**
中国香港	Hong Kong, China	3	4	9150	6132
印度尼西亚	Indonesia				
韩 国	Korea Rep.		1		…
日 本	Japan				
新加坡	Singapore				
印 度	India	1		7	
澳门	Macao, China				450
欧 洲	**Europe**		**1**		**655**
德 国	Germany				
荷 兰	Netherlands				
英 国	United Kingdom				
法 国	France				
瑞 士	Switzerland				
比利时	Belgium		1		625
波兰	Poland				30
美 洲	**North America**				
加拿大	Canada				
美 国	United States				
维尔京群岛	Virgin Islands				
大洋洲及太平洋诸岛	**Oceanic and Pacific Islands**	**1**		**3**	
澳大利亚	Australia				
萨摩亚	Samoa				
新西兰	New Zealand	1		3	
其他(外商投资企业再投资)	**Others**	**3**		**6791**	**2323**

主要统计指标解释

进出口总额 指实际进出我国国境的货物总金额。包括对外贸易实际进出口货物,来料加工装配进出口货物,国家间、联合国及国际组织无偿援助物资和赠送品,华侨、港澳台同胞和外籍华人捐赠品,租赁期满归承租人所有的租赁货物,进料加工进出口货物,边境地方贸易及边境地区小额贸易进出口货物(边民互市贸易除外),中外合资企业、中外合作经营企业、外商独资经营企业进出口货物和公用物品,到、离岸价格在规定限额以上的进出口货样和广告品(无商业价值、无使用价值和免费提供出口的除外),从保税仓库提取在中国境内销售的进口货物,以及其他进出口货物。该指标可以观察一个国家在对外贸易方面的总规模。我国规定出口货物按离岸价格统计,进口货物按到岸价格统计。

商品经营单位所在地进、出口额 指在所在地海关注册登记的有进出口经营权的企业实际进、出口额。

商品目的地进口额和商品货源地出口额 目的地进口额指进口货物的消费、使用或最终抵运地的实际进口额;货源地出口额指出口货物的产地或原始发货地的实际出口额。

利用外资 指我国各级政府、部门、企业和其他经济组织通过对外借款、吸收外商直接投资以及用其他方式筹措的境外现汇、设备、技术等。

对外借款 指通过对外正式签订借款协议,从境外筹措的资金,包括外国政府贷款、国际金融组织贷款、外国银行商业贷款、出口信贷以及对外发行债券等。1996 年及以前还包括对外发行股票。该指标是我国利用外资的重要部分。

外商直接投资 指外国企业和经济组织或个人(包括华侨、港澳台胞以及我国在境外注册的企业)按我国有关政策、法规,用现汇、实物、技术等在我国境内开办外商独资企业、与我国境内的企业或经济组织共同举办中外合资经营企业、合作经营企业或合作开发资源的投资(包括外商投资收益的再投资),以及经政府有关部门批准的项目投资总额内企业从境外借入的资金。

外商其他投资 指除对外借款和外商直接投资以外的各种利用外资的形式。包括企业在境内外股票市场公开发行的以外币计价的股票(目前主要是在香港证券市场发行的 H 股和在境内证券市场发行的 B 股)发行价总额,国际租赁进口设备的应付款,补偿贸易中外商提供的进口设备、技术、物料的价款,加工装配贸易中外商提供的进口设备、物料的价款。

Explanatory Notes on Main Statistical Indicators

Total Imports and Exports at Customs refer to the real value of commodities imported and exported across the border of China. They include the actual imports and exports through foreign trade, imported and exported goods under the processing and assembling trades and materials, supplies and gifts as aid given gratis between governments and by the United Nations and other international organizations, and contributions donated by overseas Chinese, compatriots in Hong Kong and Macao and Chinese with foreign citizenship, leasing commodities owned by tenant at the expiration of leasing period, the imported and exported commodities processed with imported materials, commodities trading in border areas (excluding mutual exchange goods), the imported and exported commodities and articles for public use of the Sino – foreign joint ventures, cooperative enterprises and ventures with sole foreign investment. Also included is import or export of samples and advertising goods for which CIF or FOB value are beyond the permitted ceiling (excluding goods of no trading or use value and free commodities for export), imported goods sold in China from bonded warehouses and other imported or exported goods. The indicator of the total imports and exports at customs can be used to observe the total size of external trade in a country. In accordance with the stipulation of the Chinese government, imports are calculated at CIF, while exports are calculated at FOB.

Import and Export Value by Location of China's Foreign Trade Managing Units refers to actual value of imports and exports carried out by corporations which have been registered by the local Customs house and are vested with right to run import export business.

Import Value of Commodities by Place of Destination and Export Value of Commodities by Place of Origin in China The former indicator refers to the value of import commodities of the places of their consumption, utilization or the places of their final destination. The latter indicator refers to the value of export commodities of the places of their origin or the places of the commodities dispatched.

Utilization of Foreign Capitals refers to remittance, equipment and technology financed from abroad, by loans, foreign direct investment and other forms undertaken by the Chinese governments at all levels, by various departments, enterprises and other economic units.

Foreign Borrowings refer to funds borrowed from abroad through formal signing of borrowing agreements with foreign institutions, including loans of foreign governments, loans of international financial institutions, commercial loans of foreign banks, export credit, and funds raised by Chinese bonds (and shares before 1996) issued abroad. It is an important part of China's utilization of foreign capitals.

Foreign Direct Investment refers to the investments inside China by foreign enterprises and economic organizations or individuals (including overseas Chinese, compatriots from Hong Kong, Macao and Taiwan, and Chinese enterprises registered abroad), following the relevant policies and laws of China, for the establishment of ventures exclusively with foreign own investment, Sino – foreign joint ventures and cooperative enterprises or for co – operative exploration of resources with enterprises or economic organizations in China. It includes the re – investment of the foreign entrepreneurs with the profits gained from the investment and the funds that enterprises borrow from abroad in the total investment of projects which are approved by the relevant department of the government.

Other Foreign Investment refers to all forms of utilization of foreign capitals other than foreign borrowings and foreign direct investment. It includes the total value of stock shares in foreign currencies issued by enterprises at domestic or foreign stock exchanges (now mainly consisting of H shares issued at Hong Kong Security Market and B shares issued at domestic security markets), rent payable for the imported equipment through international leasing arrangement, cost of imported equipment, technology and materials provided by foreign counterparts in compensation trade and processing and assembly trade.

第 8 篇

CHAPTER 8

能源与环境

Energy and Environment

能源生产消费情况

（万吨标准煤）

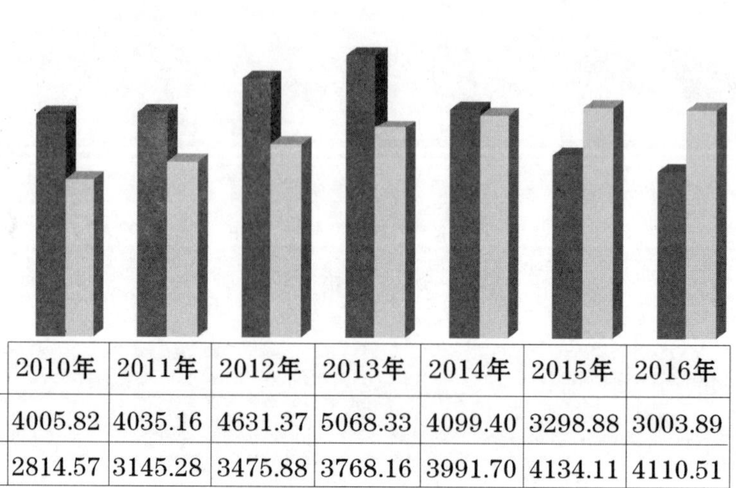

	2010年	2011年	2012年	2013年	2014年	2015年	2016年
■ 能源生产总量	4005.82	4035.16	4631.37	5068.33	4099.40	3298.88	3003.89
■ 能源消费总量	2814.57	3145.28	3475.88	3768.16	3991.70	4134.11	4110.51

能源消费构成

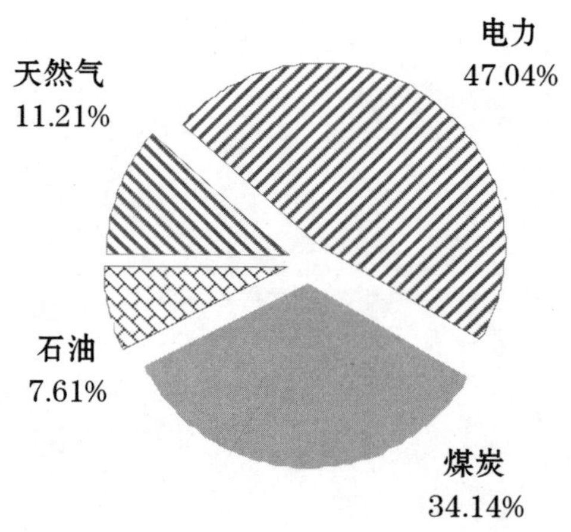

2010年

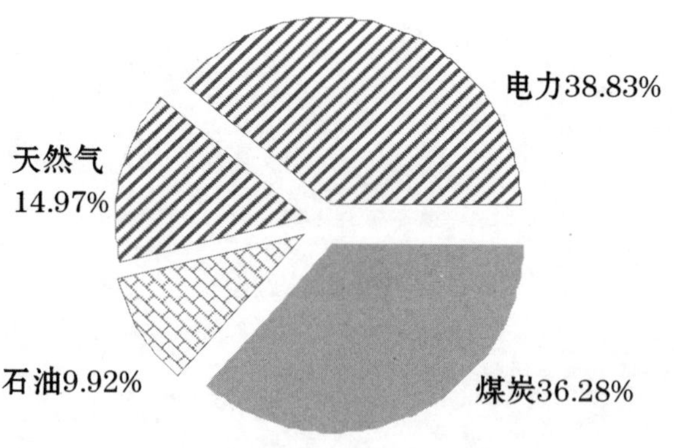

2016年

8-1 1990-2016年一次能源生产总量及构成

Total Production of Primary Energy and It's Composition (1990-2016)

年 份 Year	能源生产总量 (万吨标准煤) Total Energy Production (10 000 tons of SCE)	占能源生产总量的比重(%) As Percentage of Total Energy Production(%)			
		原煤 Coal	原油 Crude Oil	天然气 Natural Gas	一次电力 Primary Electric Power
1990	606.46	32.28	19.08	1.02	47.62
1991	552.26	31.82	26.39	1.65	40.14
1992	504.85	34.32	30.00	1.25	34.43
1993	559.17	25.29	27.69	1.00	46.01
1994	619.47	26.12	26.06	1.31	46.50
1995	571.57	29.74	30.41	1.36	38.49
1996	584.71	35.34	33.32	2.49	28.85
1997	672.89	28.79	34.02	3.97	33.22
1998	771.00	24.90	32.63	4.22	38.25
1999	885.89	23.00	30.57	4.76	41.67
2000	937.90	16.79	30.46	5.06	47.69
2001	907.05	13.31	32.44	8.76	45.49
2002	974.46	18.31	31.38	14.34	35.97
2003	990.14	22.40	31.75	18.90	26.95
2004	1226.30	23.92	25.86	17.76	32.46
2005	1867.27	26.92	16.95	15.86	40.27
2006	2113.85	25.60	15.07	14.50	44.83
2007	2458.17	32.35	12.82	18.56	36.27
2008	2857.42	36.66	11.02	20.32	32.00
2009	3219.77	39.41	8.27	17.79	34.53
2010	4005.82	41.07	6.64	18.63	33.67
2011	4035.16	41.27	6.90	20.50	31.33
2012	4631.37	43.59	6.32	17.34	32.75
2013	5068.33	48.05	6.05	16.99	28.91
2014	4099.40	33.47	7.67	21.26	37.60
2015	3298.88	18.17	9.66	24.74	47.43
2016	3003.89	18.72	10.51	26.92	43.84

注：1.2005-2013年能耗及相关数据根据第二次、第三次经济普查结果进行了修订。
2.电力折算标准煤的系数根据当年平均发电煤耗计算。
3.生产、消费量按等价值计算，下表同。

a) Data of energy consumption and related in 2005-2013 were adjusted and revised based on the second and third economic census.
b) The coefficient for conversion of electric power into SCE (standard coal equivalent) is calculated on the basis of the data on average coal consumption in generating electric power in the same year.
c) The energy production and consumption in this table are at equalance prices. The same applies to the tables following.

8–2 1990–2016年能源消费总量及构成
Total Consumption of Energy and It's Composition (1990-2016)

年 份 Year	能源消费总量 (万吨标准煤) Total Energy Consumption (10 000 tons of SCE)	占能源消费总量的比重(%) As Percentage of Total Energy Consumption(%)			
		煤炭 Coal	石油 Crude Oil	天然气 Natural Gas	电力 Electric Power
1990	504.35	51.54	12.47	1.03	32.97
1991	474.29	44.08	11.25	2.24	42.43
1992	499.29	42.53	7.80	1.85	47.82
1993	559.98	38.57	8.69	1.00	51.74
1994	625.38	40.27	8.24	1.30	50.19
1995	687.71	41.64	8.42	1.13	48.81
1996	698.25	40.75	8.57	2.07	48.61
1997	706.78	45.45	19.15	3.77	31.63
1998	738.88	39.78	17.92	4.40	37.90
1999	938.68	37.29	16.84	4.38	41.49
2000	897.23	30.18	18.96	4.83	46.03
2001	939.33	28.02	18.05	7.52	46.41
2002	1018.83	26.42	15.77	13.25	44.56
2003	1122.70	28.72	13.47	15.07	42.74
2004	1364.38	27.56	14.07	15.79	42.58
2005	1830.48	44.20	8.63	8.00	39.17
2006	2085.84	45.18	7.75	8.46	38.61
2007	2295.91	47.56	8.09	8.29	36.06
2008	2497.74	43.72	8.95	12.20	35.13
2009	2573.44	42.99	7.79	12.69	36.53
2010	2814.57	34.14	7.61	11.21	47.04
2011	3145.28	28.58	10.68	12.97	47.77
2012	3475.88	31.43	9.40	14.60	44.57
2013	3768.16	31.67	8.24	13.95	46.14
2014	3991.70	29.77	8.21	12.86	49.16
2015	4134.11	32.53	8.52	14.28	44.67
2016	4110.51	36.28	9.92	14.97	38.83

注：1.2005–2013年能耗及相关数据根据第二次、第三次经济普查结果进行了修订。
2.电力包括一次电力与电力净调入(+)调出(–)之和，按等价值(当年发电煤耗)计算。
3.煤炭包括：原煤、洗精煤、其它洗煤、煤制品、焦炭、焦炉煤气、煤矸石、高炉煤气、其他焦化产品、转炉煤气、其他煤气。
4.石油包括：原油、汽油、煤油、柴油、燃料油、石脑油、润滑油、石蜡、溶剂油、石油沥青、石油焦、液化石油气、炼厂干气和其他石油制品。

a) Data of energy consumption and related in 2005-2013 were adjusted and revised based on the second and third economic census.
b) Electric Power is calculated at equal value (current coal consumption in generating electric power).
c) The Coal includs raw coal, washed coal, other coal washing, coal products, coke, coke oven gas, coal, blast furnace gas, other coking products, converter gas, other gas.
d) Petroleum includs crude oil, gasoline, kerosene, diesel oil, fuel oil, naphtha, lubricating oil, paraffin, solvent oil, petroleum asphalt, petroleum coke, liquefied petroleum gas, refinery gas and other petroleum products.

8-3　2011-2016年综合能源平衡表
Overall Energy Balance Sheet(2011-2016)

单位：万吨标准煤　　(10 000 tons of SCE)

项　目	Item	2011	2012	2013	2014	2015	2016
可供本地区消费的能源量	**Total Energy Available for Consumption**	**3145.21**	**3476.01**	**3768.41**	**3991.90**	**4134.50**	**4110.82**
年初库存量	Early Stocks	194.99	232.84	215.47	342.33	334.94	305.08
一次能源生产量	Primary Energy Output	4035.16	4631.37	5068.34	4099.40	3298.88	3003.89
外省(区、市)调入量	Amount Tranferred from Other Provinces	1055.26	1306.01	1351.25	1541.73	1261.85	1651.70
进口量	Imports						
本省(区、市)调出量(-)	Amount Tranferred out from the Province(-)	-1907.34	-2467.63	-2537.88	-1656.61	-456.10	-513.14
出口量(-)	Exports (-)						
年末库存量(-)	The End of Inventories	-232.87	-226.58	-328.76	-334.94	-305.07	-336.72
加工转换投入(-)产出(+)量	**Input(-) and Output(+) of Processing and Conversion**	**-89.54**	**-82.07**	**-108.58**	**-57.65**	**-1.46**	**-26.50**
火力发电	Thermal Power						
供　热	Heating	-5.15	-4.91	-5.61	-5.20	-30.62	-12.75
煤炭洗选	Coal Washing	-73.57	-64.13	-75.08	-35.75	-1.78	-7.41
炼　焦	Coking	-15.76	-21.50	-39.41	-34.41		-31.32
炼　油	Petroleum Refining	-15.17	-15.37	-14.22	-9.96	-9.63	-10.58
制　气	Gas Production						
天然气液化	Natural Gas Liquefaction				-1.02	-1.00	-0.76
煤制品加工	Coal Goods of Process						
回收能	Recovery of Energy	20.11	23.83	25.73	28.69	41.57	36.32
损失量	Amount of Losses	72.73	72.69	78.47	76.04	101.48	81.04
其中：运输和输配损失	Transportation Losses	64.85	66.08	71.89	69.50	62.87	67.04
终端消费量	**End-use Consumption**	**2983.01**	**3321.12**	**3581.11**	**3858.01**	**4031.17**	**4002.97**
第一产业	Primary Industry	18.44	19.28	19.80	20.88	23.57	26.91
农林牧渔业	Agriculture, Forestry, Animal Husbandry, Fishery	18.44	19.28	19.80	20.88	23.57	26.91
第二产业	Secondary Industry	2462.76	2766.16	3006.03	3247.87	3344.29	3270.99
工　业	Industry	2428.95	2729.60	2966.27	3205.84	3297.82	3225.36
用于原材料	For Raw and Processed Material	122.42	204.52	239.60	239.50	263.78	226.05
建筑业	Construction	33.81	36.56	39.76	42.03	46.46	45.63
第三产业	Tertiary Industry	298.28	319.81	333.08	354.73	401.75	434.37
交通运输、仓储和邮政业	Transport, Storage and Post	125.37	135.91	142.67	152.18	173.58	196.50
批发、零售业和住宿、餐饮业	Wholesale and Retail Trades, Hotels and Catering Services	51.32	55.04	57.69	61.62	69.81	74.61
其　他	Others	121.59	128.87	132.72	140.93	158.36	163.26
生活消费	Household Consumption	203.52	215.87	222.19	234.53	261.56	270.70
城　镇	Urban	118.57	125.13	130.41	138.46	156.41	162.91
乡　村	Rural	84.95	90.74	91.78	96.07	105.15	107.79
消费量合计	**Total Consumption**	**3145.28**	**3475.88**	**3768.16**	**3991.70**	**4134.11**	**4110.51**

注：1.2005-2013年能耗及相关数据根据第二次、第三次经济普查结果进行了修订。
2.电力、热力按等价热值折算。
3.村办工业包括在工业中。
a) Data of energy consumption and related in 2005-2013 were adjusted and revised based on the second and third economic census.
b) Electric power and heat are converted on the basis of equal caloric value.
c) Energy consumption of industry include that of village industry.

8-4 1990-2016年能源生产弹性系数
Elasticity Ratio of Energy Production(1990-2016)

年 份 Year	能源生产比上年增长(%) Growth Rate of Energy Production over Preceding Year (%)	电力生产比上年增长(%) Growth Rate of Electricity Production over Preceding Year (%)	生产总值比上年增长(%) Growth Rate of Gross Domestic Product (GDP) over Preceding Year (%)	能源生产弹性系数 Elasticity Ratio of Energy Production	电力生产弹性系数 Elasticity Ratio of Electricity Production
1990	17.24	21.30	3.72	4.63	5.73
1991	-8.94	-15.40	4.69		
1992	-8.58	-16.70	7.39		
1993	10.76	36.50	9.65	1.12	3.78
1994	10.80	7.40	8.12	1.33	0.91
1995	-7.70	-17.40	8.00		
1996	2.30	2.20	8.72	0.26	0.25
1997	15.08	36.45	9.04	1.67	4.03
1998	14.60	19.26	8.92	1.64	2.16
1999	14.90	13.80	8.11	1.84	1.70
2000	5.87	17.00	8.94	0.66	1.90
2001	-3.29	2.90	11.71		0.25
2002	7.40	-4.10	12.08	0.61	
2003	1.60	-14.90	11.86	0.13	
2004	23.85	41.23	12.27	1.94	3.36
2005	52.27	27.85	12.20	4.28	2.28
2006	13.21	28.51	13.26	1.00	2.15
2007	16.29	8.99	13.47	1.21	0.67
2008	16.24	6.64	13.53	1.20	0.49
2009	12.68	17.78	10.14	1.25	1.75
2010	24.41	24.35	15.33	1.59	1.59
2011	0.73	3.87	13.45	0.05	0.29
2012	14.78	20.78	12.25	1.21	1.70
2013	9.43	-0.13	10.84	0.87	
2014	-19.12	0.78	9.21		0.08
2015	-19.53	-3.30	8.17		
2016	-8.94	-15.82	7.99		

注：生产总值增长速度按可比价格计算，下表同。

a) The growth rate of GDP are calculated at constant prices. The same applies to the tables following.

8-5 1990-2016年能源消费弹性系数
Elasticity Ratio of Energy Consumption(1990-2016)

年份 Year	能源消费比上年增长(%) Growth Rate of Energy Consumption over Preceding Year (%)	电力消费比上年增长(%) Growth Rate of Electricity Consumption over Preceding Year (%)	生产总值比上年增长(%) Growth Rate of Gross Domestic Product (GDP) over Preceding Year (%)	能源消费弹性系数 Elasticity Ratio of Energy Consumption	电力消费弹性系数 Elasticity Ratio of Electricity Consumption
1990	6.81		3.72	1.83	
1991	-5.96		4.69		
1992	5.27		7.39	0.71	
1993	12.16		9.65	1.26	
1994	11.68	9.78	8.12	1.44	1.20
1995	9.97	3.59	8.00	1.25	0.45
1996	1.53	4.40	8.72	0.18	0.50
1997	1.22	21.68	9.04	0.13	2.40
1998	4.54	7.61	8.92	0.51	0.85
1999	27.04	13.66	8.11	3.33	1.68
2000	-4.42	8.13	8.94		0.91
2001	4.69	-3.58	11.71	0.40	
2002	8.46	18.15	12.08	0.70	1.50
2003	10.19	19.65	11.86	0.86	1.66
2004	21.53	26.36	12.27	1.75	2.15
2005	34.16	4.09	12.20	2.80	0.34
2006	13.95	18.40	13.26	1.05	1.39
2007	10.07	16.69	13.47	0.75	1.24
2008	8.79	9.10	13.53	0.65	0.67
2009	3.03	7.67	10.14	0.30	0.76
2010	9.37	37.94	15.33	0.61	2.47
2011	11.75	20.52	13.45	0.87	1.53
2012	10.51	7.41	12.25	0.86	0.60
2013	8.41	12.30	10.84	0.78	1.13
2014	5.93	6.94	9.21	0.64	0.75
2015	3.57	-9.02	8.17	0.44	
2016	-0.57	-13.55	7.99		

8-6 分行业终端能源消费总量和主要能源品种消费量(2016年)
Terminal Consumption of Energy and Major Variety Energy Consumption by Sector(2016)

行　业	Sector	能源消费总量(万吨标准煤) Total Energy Consumption (10 000 tons of SCE)	原煤消费量(万吨) Coal Consumption (10 000 tons)	汽油消费量(万吨) Gasoline Consumption (10 000 tons)	电力消费量(亿千瓦小时) Electricity Consumption (100 million kwh)
消费总计	**Total Consumption**	**4002.96**	**782.66**	**56.00**	**617.12**
一.农林牧渔业	**Agriculture, Forestry, Animal Husbandry, Fishery**	**26.91**	**2.69**	**4.44**	**2.78**
二.工业	**Industry**	**3225.36**	**634.44**	**3.59**	**553.99**
轻工业	Light Industry	74.70	52.04	1.21	4.30
重工业	Heavy Industry	3150.67	582.40	2.38	549.69
(一)采矿业	Mining	249.58	22.18	0.52	25.82
煤炭开采和洗选业	Mining and Washing of Coal	11.04	7.43	0.12	1.15
石油和天然气开采业	Extraction of Petroleum and Natural Gas	153.53	0.08	0.16	4.35
黑色金属矿采选业	Mining and Processing Ferrous Metal Ores	5.10	0.68	0.01	1.10
有色金属矿采选业	Mining and Processing Non-ferrous Metal Ores	19.79	4.28	0.07	4.93
非金属矿采选业	Mining and Processing Non-metal Ores	56.96	9.72	0.16	13.33
开采辅助活动	Support Activities of Mining				
其他采矿业	Mining of Other Minerals	3.16			0.96
(二)制造业	Manufacturing	2870.24	562.36	2.79	509.07
农副食品加工业	Processing of Food from Agricultural Products	25.23	19.19	0.41	1.80
食品制造业	Manufacture of Foods	14.66	13.69	0.18	0.60
酒、饮料和精制茶制造业	Manufacture of Liquor,Beverage and Refined Tea	6.72	5.34	0.06	0.58
烟草制品业	Manufacture of Tobacoo				
纺织业	Manufacture of Textile	1.82	0.29	0.01	0.33
纺织服装、服饰业	Manufacture of Textile Clothing, Apparel	1.12	0.55	0.06	0.03
皮革、毛皮、羽毛及其制品和制鞋业	Manufacture of Leather, Fur, Feather, and Related Products and Footware	0.05		0.02	
木材加工及木、竹、藤、棕、草制品业	Processing of Timber, Manufacture of Wood, Bamboo, Rattan, Palm, and Straw Products	0.05		0.02	
家具制造业	Manufacture of Furniture	0.80	0.08	0.01	0.13
造纸及纸制品业	Manufacture of Paper and Paper Products	0.09	0.09	0.01	0.00

8-6 续表1 Continued

行 业	Sector	能源消费总量(万吨标准煤) Total Energy Consumption (10 000 tons of SCE)	原煤消费量(万吨) Coal Consump-tion (10 000 tons)	汽油消费量(万吨) Gasoline Consump-tion (10 000 tons)	电力消费量(亿千瓦小时) Electricity Consumption (100 million kwh)
印刷和记录媒介复制业	Printing, Reproduction of Recording Media	6.96	4.23	0.11	0.06
文教、工美、体育和娱乐用品制造业	Manufacture of Articles For Culture, Education, Arts and Sport Activities	7.95	5.39	0.23	…
石油加工、炼焦和核燃料加工业	Processing of Petroleum, Coking, Processing of Nuclear Fuel	75.19	0.53	0.00	2.64
化学原料和化学制品制造业	Manufacture of Raw Chemical Materials and Chemical Products	758.02	282.25	0.28	54.89
医药制造业	Manufacture of Medicines	4.02	1.72	0.06	0.44
化学纤维制造业	Manufacture of Chemical Fibres	0.75			0.23
橡胶和塑料制品业	Manufacture of Rubber and Plastics	3.07	2.01	0.06	0.46
非金属矿物制品业	Manufacture of Non-metallic Mineral Products	281.15	183.24	0.31	34.05
黑色金属冶炼和压延加工业	Smelting and Pressing of Ferrous Metals	529.52	10.37	0.03	105.85
有色金属冶炼和压延加工业	Smelting and Pressing of Non-ferrous Metals	1116.97	6.09	0.07	303.87
金属制品业	Manufacture of Metal Products	6.32	4.91	0.15	0.66
通用设备制造业	Manufacture of General Purpose Machinery	2.50	2.10	0.06	0.20
专用设备制造业	Manufacture of Special Purpose Machinery	0.23	0.03	0.02	0.05
汽车制造业	Manufacture of Automobile	0.97	0.03	0.01	
铁路、船舶、航空航天和其他运输设备制造业	Manufacture of Railroad, Marine, Aerospace and Other Transportation Equipments	0.04	0.01	0.01	
电气机械和器材制造业	Manufacture of Electrical Machinery and Equipment	17.40	16.72	0.41	0.72
通信设备、计算机和其他电子设备制造业	Manufacture of Communication Equipment, Computers and Other Electronic Equipment	0.15			0.04
仪器仪表制造业	Manufacture of Measuring Instruments	0.97	0.10	0.03	
其他制造业	Others	4.55	1.55	0.09	1.00
废弃资源综合利用业	Utilization of Waste Materials	1.54	1.47	0.05	0.10
金属制品、机械和设备修理业	Metal Products, Mechanics and Equipments Maintainance	1.45	0.37	0.02	0.34

8-6 续表2 Continued

行 业	Sector	能源消费总量(万吨标准煤) Total Energy Consumption (10 000 tons of SCE)	原煤消费量(万吨) Coal Consump-tion (10 000 tons)	汽油消费量(万吨) Gasoline Consump-tion (10 000 tons)	电力消费量(亿千瓦小时) Electricity Consumption (100 million kwh)
(三)电力、燃气及水的生产和供应业	Electric Power, Gas and Water Production and Supply	105.55	49.90	0.28	19.10
电力、热力的生产和供应业	Production and Supply of Electric Power and Heat Power	90.14	45.01	0.14	16.07
燃气生产和供应业	Production and Supply of Gas	5.36	1.25	0.09	1.18
水的生产和供应业	Production and Supply of Water	10.04	3.63	0.05	1.85
三.建筑业	**Construction**	**45.62**	**4.38**	**4.50**	**5.43**
房屋和土木工程建筑业	Buildings and Civil Engineering	36.32	3.62	2.13	4.69
建筑安装业	Construction Installation	3.01	0.60	0.30	0.29
建筑装饰业	Construction Decoration	3.96	0.15	1.91	0.31
其它建筑业	Others	2.32	0.02	0.16	0.13
四.交通运输、仓储和邮政业	**Transport, Storage and Post**	**196.50**	**6.67**	**8.64**	**6.77**
铁路运输业	Railway Transportation	43.48	4.23	0.14	5.73
道路运输业	Road Transportation	147.26	0.35	8.14	0.53
水上运输业	Water Transportation				
航空运输业	Air Transportation	1.32	0.82	0.01	0.16
管道运输业	Pipeline Transportation	0.35	0.02	0.01	0.10
装卸搬运及其他运输服务业	Material Handling and Other Transportation Services	0.15	0.01	0.01	
仓储业	Storage	0.56	0.01	0.01	0.17
邮政业	Postal Services	3.38	1.23	0.32	0.09
五.批发、零售业和住宿、餐饮业	**Wholesale, Retail Trade, Accommodation and Catering Trade**	**74.61**	**8.21**	**3.97**	**7.84**
六.其他行业	**Others**	**163.26**	**36.11**	**7.86**	**15.66**
七.城乡居民生活	**Household Consumption of Urban and Rural Residents**	**270.70**	**90.15**	**23.01**	**24.66**

8-7 1990-2016年能源自给率

Energy Self-sufficiency Rate(1990-2016)

单位：万吨标准煤 (10 000 tons of SCE)

年 份 Year	能源生产总量 Total Energy Production	能源消费总量 Total Energy Consumption	能源自给率(%) Energy Self-sufficiency Rate(%)
1990	606.46	504.35	120.24
1991	552.26	474.29	116.44
1992	504.85	499.29	101.11
1993	559.17	559.98	99.85
1994	619.47	625.38	99.05
1995	571.57	687.71	83.11
1996	584.71	698.25	83.74
1997	672.89	706.78	95.21
1998	771.00	738.88	104.35
1999	885.89	938.68	94.38
2000	937.90	897.23	104.53
2001	907.05	939.33	96.56
2002	974.46	1018.83	95.65
2003	990.14	1122.70	88.19
2004	1226.30	1364.38	89.88
2005	1867.27	1830.48	102.01
2006	2113.85	2085.84	101.34
2007	2458.17	2295.91	107.07
2008	2857.42	2497.74	114.40
2009	3219.77	2573.44	125.12
2010	4005.82	2814.57	142.32
2011	4035.16	3145.28	128.29
2012	4631.37	3475.88	133.24
2013	5068.33	3768.16	134.50
2014	4099.40	3991.70	102.70
2015	3298.88	4134.11	79.80
2016	3003.89	4110.51	73.08

注：1.2005—2013年能耗及相关数据根据第二次、第三次经济普查结果进行了修订。

a) Data of energy consumption and related in 2005-2013 were adjusted and revised based on the second and third economic census.

8-8 环境保护基本情况
Basic Statistics on Environmental Protection

指　　标	Item	2015	2016
水环境	**Water Environment Conditions**		
水资源总量　（亿立方米）	Total Amount of Water Resources　(100 million cu. m)	589.3	612.7
地表水资源量	Surface Water	570.1	591.5
地下水资源量	Groundwater	273.6	282.5
地表水与地下水资源重复量	Duplicated Measurement Between Surface Water and Groundwater	254.4	261.3
人均水资源量　（立方米/人）	Per Capita Water Resources　(cu.m/person)	10015.0	10324.2
用水总量　（亿立方米）	Water Consumption　(100 million cu. m)	26.8	26.4
#农业用水	Agriculture	20.8	19.9
工业用水	Industry	2.9	2.6
生活用水	Consumption	2.6	2.8
生态环境补水	Ecological Protection	0.5	1.1
生态环境	**Ecological Environment Conditions**		
森林面积　（万公顷）	Area of Forest　(1 0000 hectares)	452.21	452.21
森林覆盖率　(%)	Forest Coverage Rate　(%)	6.3	6.3
湿地面积　（万公顷）	Wetland Area　(1 0000 hectares)	814.36	814.36

注：本表数据来源青海省水利厅、青海省环境保护厅、青海省林业厅、青海省国土资源厅、青海省住房和城乡建设厅、青海省卫生和计划生育委员会。

a)The data in this table are from the Qinghai provincial water conservancy bure,Environmental Protection bure,Forestry bure,bure of land and resources,bure of housing and urban rural construction,Health and Planning Commission.

8-8 续表1 Continued

指　　标	Item	2015	2016
累计水土流失治理面积(千公顷)	Cumulative Soil Erosion Control Area (10 000 hectares)	837.60	858.18
当年造林面积 (公顷)	The Area of Afforestation This Year (hectare)	112668	202614
自然保护区数 (个)	Number of Nature Reserves (unit)	11	11
#国家级自然保护区	Nation Level	7	7
自然保护区面积 (万公顷)	Area of Nature Reserves (10 000 hectares)	2177	2177
自然灾害	**Natural Disasters**		
地质灾害次数 (次)	Number of Geologic Hazards (time)	34	46
地质灾害直接经济损失 (万元)	Direct Economic Losses of Geologic Hazard (10 000 yuan)	744.20	2512.06
森林火灾次数 (次)	Number of Forest Fires (time)	6	11
森林火灾受害森林面积 (公顷)	Danaged Forest Area (hectare)	143	52
突发环境事件次数 (次)	Number of Sudden Environmental Incidents (unit)	0	0
#城镇环境基础设施建设投资	Investment in Urban Environmental Infrastructure	20.94	18.31
#燃　气	Gas	3.23	1.40
集中供热	Centralized Heating	2.04	2.74
排　水	Drainage Works	7.22	6.01
园林绿化	Gardening and Greening	4.15	3.92
市容环境卫生	Environmental Sanitation	4.30	4.24
本年林业投资完成额 (万元)	Investment Completed This Year for Afforestation(10 000 yuan)	352388	307243
#生态建设与保护	Ecological Construction and Protection	252695	238664
林业支撑与保障	Forestry Support and Protection	17748	15694

8-8 续表2 Continued

指　　标		Item		2015	2016
林业产业发展		Development of Forestry		42986	49509
林业民生工程		Forestry Projects for People's Livelihood		6887	
其　他		Others		32072	3376
城市环境		**Urban Environmental**			
城区面积	（平方公里）	Total Urban Area	(sq.km)	688.15	1258.79
建设用地面积	（平方公里）	City Areas and Floor Space of Buildings	(sq.km)	173.10	673.46
供水总量	（万立方米）	Total Water Supply	(10 000 cu.m)	25674.16	25387.46
用水普及率	(%)	Coverage Rate of Urban Population with Access to Tap Water(%)		99.06	99.21
污水排放量	（万立方米）	Volume of City Sewage	(10 000 cu.m)	18579	18484
污水处理量	（万立方米）	Disposal of City Sewage	(10 000 cu.m)	11143	111482
污水处理厂集中处理率	(%)	Treatment Rate of City Sewage	(%)	59.98	62.12
生活垃圾清运量	（万吨）	Urban Consumption Wastes Collected and Transported		82.24	81.99
生活垃圾无害化处理量	（万吨）	Volume of Urban Consumption Wastes Disposed	(10 000 tons)	71.70	78.95
生活垃圾无害化处理率	(%)	Treatment Rate of Urban Consumption Wastes	(%)	87.18	96.29
燃气普及率	(%)	Coverage Rate of Urban Population with Access to Gas	(%)	85.96	87.55
集中供热面积	（万平方米）	Area of Centralized Heating in Urban	(10 000 sq.m)	461.46	462.36
人均公园绿地面积(平方米／人)		Per Capita Public Green Area	(sq.m)	10.48	10.78
建成区绿化覆盖率	(%)	Green Covered Area as % of Completed Area	(%)	29.79	31.12
农村环境		**Rural Environmental**			
农村卫生厕所普及率	(%)	Coverage Rate of Rural Population with Sanitary Toilet	(%)	66.64	69.17

8-9 主要地区平均风速(2016年)
Average Wind Speed of Major Districts (2016)

单位：米/秒 (m/second)

月份 Month	地区 Region	西宁 Xining	海东 Haidong	海北 HaiBei	黄南 Huangnan	海南 Hainan	果洛 Golog	玉树 Yushu	海西 Haixi
年平均	**Annual Average**	**1.1**	**1.8**	**2.8**	**2.2**	**1.8**	**1.9**	**1.6**	**1.8**
一　月	Jan.	1.0	1.8	2.9	1.9	2.0	2.3	1.7	1.1
二　月	Feb.	1.2	2.0	3.5	2.4	2.7	2.1	1.9	1.5
三　月	Mar.	1.3	1.9	3.6	2.3	2.6	2.2	2.0	1.7
四　月	Apr.	1.6	1.8	3.1	2.4	2.2	2.2	1.8	2.1
五　月	May.	1.3	2.0	3.2	2.4	1.9	2.1	1.9	2.2
六　月	June.	1.3	1.9	2.9	2.1	2.0	2.0	1.5	2.4
七　月	July.	1.2	1.8	2.4	2.2	1.5	1.7	1.4	2.2
八　月	Aug.	1.2	1.7	2.8	2.7	1.5	1.5	1.3	1.9
九　月	Sept.	1.0	1.5	2.1	2.0	1.3	1.5	1.1	2.0
十　月	Oct.	0.9	1.7	2.7	1.9	1.3	1.7	1.3	1.5
十一月	Nov.	0.8	1.6	2.6	2.0	1.2	1.7	1.4	1.2
十二月	Dec.	0.7	1.7	2.0	1.7	1.3	1.6	1.3	1.2

注：本表数据来源青海省气象局，以下表同。
a)The data in this table are from the Meteorological Bureau of Qinghai province,the same below.

8-10 主要地区平均气温(2016年)
Average Temperature of Major Districts (2016)

单位：摄氏度 (°C)

月份 Month	地区 Region	西宁 Xining	海东 Haidong	海北 HaiBei	黄南 Huangnan	海南 Hainan	果洛 Golog	玉树 Yushu	海西 Haixi
年平均	**Annual Average**	**6.6**	**8.4**	**2.4**	**7.6**	**5.9**	**1.6**	**4.3**	**5.5**
一　月	Jan.	-8.5	-6.3	-12.6	-6.0	-8.5	-11.8	-7.5	-10.3
二　月	Feb.	-5.0	-2.9	-9.3	-2.5	-4.9	-7.9	-4.0	-6.6
三　月	Mar.	2.9	4.6	-1.2	4.6	2.8	-2.2	-0.1	1.5
四　月	Apr.	9.2	10.6	4.3	9.5	7.9	2.2	4.6	7.3
五　月	May.	11.8	13.1	7.5	11.8	10.9	6.0	9.0	11.6
六　月	June.	16.5	18.0	11.7	15.7	14.8	9.3	12.3	16.1
七　月	July.	18.7	20.0	14.2	18.5	17.3	11.3	13.7	19.1
八　月	Aug.	20.1	21.4	15.6	19.7	18.7	13.0	15.4	19.7
九　月	Sept.	12.0	14.0	7.6	12.2	10.7	5.9	9.1	11.4
十　月	Oct.	6.7	8.4	3.0	7.5	6.2	2.9	4.4	5.3
十一月	Nov.	-0.2	2.1	-3.9	1.8	-0.6	-2.6	-0.7	-2.4
十二月	Dec.	-4.7	-2.1	-8.7	-1.9	-5.0	-7.4	-5.1	-6.2

8-11 主要地区降水量(2016年)
Monthly Precipitation of Major Districts (2016)

单位：毫米 (millimeters)

月 份 Month	地 区 Region	西 宁 Xining	海 东 Haidong	海 北 HaiBei	黄 南 Huangnan	海 南 Hainan	果 洛 Golog	玉 树 Yushu	海 西 Haixi
全 年	**Annual Total**	**444.1**	**396.7**	**402.8**	**492.8**	**464.2**	**629.2**	**429.8**	**248.9**
一 月	Jan.	0.4		0.7	2.2	1.1	2.7	1.0	0.7
二 月	Feb.	2.5	0.5	2.0	0.2	0.9	1.9	0.2	1.0
三 月	Mar.	28.1	27.0	21.8	8.6	18.0	9.3	19.3	9.6
四 月	Apr.	16.4	24.2	26.3	36.9	16.3	45.5	25.9	5.9
五 月	May.	59.9	39.0	37.3	91.0	59.2	92.7	46.4	27.8
六 月	June.	41.3	51.2	46.6	56.3	72.5	91.5	58.6	26.3
七 月	July.	84.8	96.4	94.7	89.5	141.0	114.1	89.2	34.6
八 月	Aug.	67.5	46.4	79.9	76.7	84.4	165.9	34.0	113.0
九 月	Sept.	81.3	63.0	60.6	88.6	53.4	64.9	77.8	28.6
十 月	Oct.	59.9	48.0	32.3	42.7	17.4	36.2	76.8	
十一月	Nov.	0.4					4.3		
十二月	Dec.	1.6	1.0	0.6	0.1		0.2	0.6	1.4

8-12 主要地区平均日照时数(2016年)
Average Sunshine Hours of Major Districts(2016)

单位：小时 (hours)

月 份 Month	地 区 Region	西 宁 Xining	海 东 Haidong	海 北 HaiBei	黄 南 Huangnan	海 南 Hainan	果 洛 Golog	玉 树 Yushu	海 西 Haixi
全 年	Annual Total	**2690.4**	**2672.8**	**2833.2**	**2556.0**	**2948.1**	**2586.9**	**2402.9**	**2916.4**
一 月	Jan.	214.7	199.8	238.4	213.0	241.6	216.7	177.6	207.5
二 月	Feb.	228.5	235.7	246.4	225.5	262.0	207.0	194.8	237.0
三 月	Mar.	236.2	234.4	250.1	247.2	268.7	252.0	211.4	272.6
四 月	Apr.	240.6	242.7	248.1	233.4	265.6	225.8	197.2	271.6
五 月	May.	232.3	235.1	242.2	216.9	236.3	207.9	217.7	260.0
六 月	June.	263.7	260.1	260.5	222.5	277.1	226.2	215.8	256.3
七 月	July.	241.4	254.7	256.6	241.7	257.6	214.1	184.8	260.1
八 月	Aug.	202.8	224.9	214.1	206.6	251.2	239.4	273.6	226.0
九 月	Sept.	215.4	211.8	198.3	155.6	197.9	133.2	149.0	228.9
十 月	Oct.	183.1	167.0	214.1	171.0	229.5	218.6	181.0	255.1
十一月	Nov.	226.7	214.6	236.6	210.9	233.0	214.7	194.6	233.9
十二月	Dec.	205.0	192.0	227.8	211.7	227.6	231.3	205.4	207.4

主要统计指标解释

能源生产总量　指一定时期内全国(地区)一次能源生产量的总和,是观察全国(地区)能源生产水平、规模、过程构成和发展速度的总量指标。一次能源生产量包括原煤、原油、天然气、水电、核电及其他动力能(如风能、地热能等)发电量。不包括低热值燃料生产量、太阳热能等的利用和由一次能源加工转换而成的二次能源产量。

能源消费总量　指一定地域内(国家或地区)国民经济各行业和居民家庭在一定时期消费的各种能源的总和。能源消费总量分为三部分,即终端能源消费量、能源加工转换损失量和损失量。

(1)**终端能源消费量**:指一定时期内全国(地区)各行业和居民生活消费的各种能源在扣除了用于加工转换二次能源消费量和损失量以后的数量。

(2)**能源加工转换损失量**:指一定时期内全国(地区)投入加工转换的各种能源数量之和与产出各种能源产品之和的差额。它是观察能源在加工转换过程中损失量变化的指标。

(3)**能源损失量**:指一定时期内能源在输送、分配、储存过程中发生的损失和由客观原因造成的各种损失量。不包括各种气体能源放空、放散量。

能源生产弹性系数　是能源生产量的增长与国民经济增长之间的比值。计算公式:

$$\text{能源生产弹性系数}=\frac{\text{能源生产总量年平均增长速度}}{\text{国民经济年平均增长速度}}$$

本资料采用国内生产总值指标计算国民经济年平均增长速度。

电力生产弹性系数　是电力生产量的增长与国民经济增长之间的比值。计算公式:

$$\text{电力生产弹性系数}=\frac{\text{电力生产量年平均增长速度}}{\text{国民经济年平均增长速度}}$$

能源消费弹性系数　是能源消费增长速度与国民经济增长速度之间的比值。计算公式:

$$\text{能源消费弹性系数}=\frac{\text{能源消费量年平均增长速度}}{\text{国民经济年平均增长速度}}$$

电力消费弹性系数　是电力消费增长速度与国民经济增长速度之间的比值。计算公式:

$$\text{电力消费弹性系数}=\frac{\text{电力消费量年平均增长速度}}{\text{国民经济年平均增长速度}}$$

Explanatory Notes on Main Statistical Indicators

Total Energy Production refers to the total production of primary energy by all energy producing enterprises in the country (region) in a given period of time. It is a comprehensive indicator to show the capacity, scale, composition and development of energy production of the country (region). The production of primary energy includes that of coal, crude oil, natural gas, hydro power and electricity generated by other means such as wind power and geothermal power. However, it excludes the production of fuels of low calorific value, solar energy and the secondary energy converted from primary energy.

Total Energy Consumption refers to the total consumption of energy of various kinds of national economy industries and residents in a certain area (country or region) in a given period of time. Total energy consumption can be divided into three parts:

(1) **Final Energy Consumption**: refers to the total consumption of energy by industry and residential in the country (region) in a given period of time, but excludes the consumption in conversion of the primary energy into the secondary energy and the loss in the process of energy transformation.

(2) **Loss During Energy transformation**: refers to the total input of various kinds of energy for transformation, minus the total output of various kinds of energy in the country in a given period of time. It is an indicator to show the loss that occurs during the process of energy transformation.

(3) **Loss**: refers to the total of the loss of energy during the course of energy transport, distribution and storage and the loss caused by any objective reason in a given period of time. The loss of various kinds of gas due to gas discharges and stocktaking is excluded.

Elasticity of Energy Production is an indicator to show the relationship between the growth rate of energy production and the growth rate of the national economy. The formula is:

$$\text{Elasticity Ratio of Energy Production} = \frac{\text{Average Annual Growth Rate of Energy Production}}{\text{Average Annual Growth Rate of National Economy}}$$

The Gross Domestic Product (GDP) is used to calculate the growth rate of national economy in this book.

Elasticity of Electricity Production is an indicator to show the relationship between the growth rate of electricity production and the growth rate of the national economy. The formula is:

$$\text{Elasticity Ratio of Electricity Production} = \frac{\text{Average Annual Growth Rate of Electricity Production}}{\text{Average Annual Growth Rate of National Economy}}$$

Elasticity of Energy Consumption is an indicator to show the relationship between the growth rate of energy consumption and the growth rate of the national economy. The formula is:

$$\text{Elasticity Ratio of Energy Consumption} = \frac{\text{Average Annual Growth Rate of Energy Consumption}}{\text{Average Annual Growth Rate of National Economy}}$$

Elasticity of Electricity Consumption is an indicator to show the relationship between the growth rate of electricity consumption and the growth rate of the national economy. The formula is:

$$\text{Elasticity Ratio of Electricity Consumption} = \frac{\text{Average Annual Growth Rate of Electricity Consumption}}{\text{Average Annual Growth Rate of National Economy}}$$

第 9 篇
CHAPTER 9

财　政
Government Finance

公共财政预算收入

（亿元）

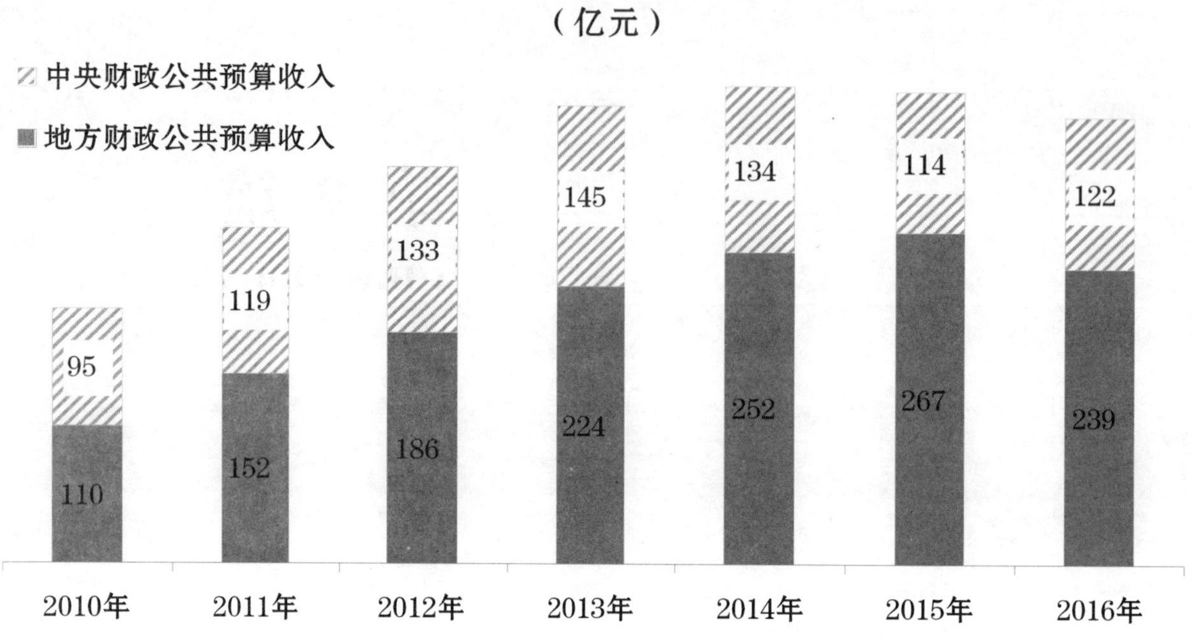

财政用于部分民生事业的支出

（亿元）

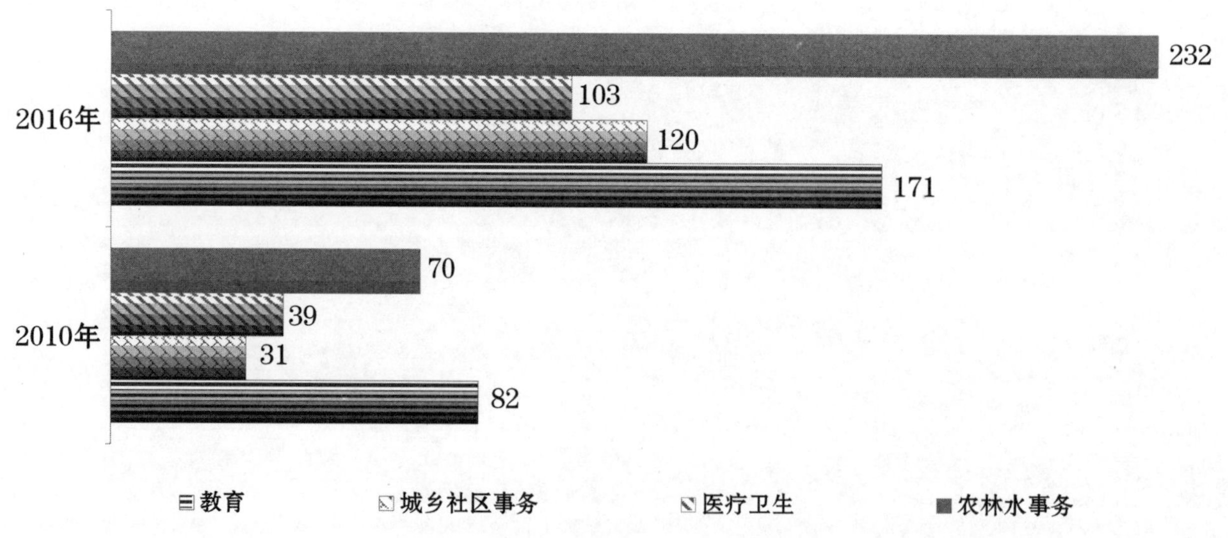

9-1 主要年份财政收支情况
Government Financial Revenue and Expenditure in Main Years

单位：万元、% (10 000 yuan，%)

年份 地区	Year Region	财政总收入 Total Government Revenue	国家财政补贴及其他收入 State Financial Subsidies and Other Revenue	公共财政预算收入 Public Budget Revenues	中央 Central Govern-ment	地方 Local Govern-ment	公共财政预算支出 Public Finance Budget Expenditures	地方公共财政预算收入 Public Budget Revenues of Local Governments: 占收入合计的比重 The Proportion of Total Revenue	地方公共财政预算收入 Public Budget Revenues of Local Governments: 占支出合计的比重 The Proportion of Total Expenditure
1957		16358	10187	6171		6171	16212	37.7	38.1
1965		17585	7008	10577		10577	18738	60.1	56.4
1970		26228	14254	11975		11975	27105	45.7	44.2
1975		47928	27450	20478		20478	45173	42.7	45.3
1978		70301	41261	29040		29040	68010	41.3	42.7
1980		63684	47191	16493		16493	58841	25.9	28.0
1985		105053	81082	23971		23971	100911	22.8	23.8
1986		123875	91763	32112		32112	122231	25.9	26.3
1987		141025	100936	40088		40088	122555	28.4	32.7
1988		143165	92481	50684		50684	142802	35.4	35.5
1989		162836	95929	66906		66906	156668	41.1	42.7
1990		169745	97375	72369		72369	171334	42.6	42.2
1991		184729	96821	87908		87908	182272	47.6	48.2
1992		179833	98275	81558		81558	186197	45.4	43.8
1993		215325	101643	113682		113682	225395	52.8	50.4
1994		241980	171906	151899	81825	70074	253649	29.0	28.0
1995		276662	190686	170820	84844	85976	288021	31.1	29.9
1996		314159	218361	177073	81275	95798	327145	30.5	29.3
1997		353100	243900	198143	88943	109200	364713	30.9	29.9
1998		457668	329950	212742	85024	127718	440914	27.9	29.0
1999		667176	525440	230407	88671	141736	557191	21.2	25.4
2000		813082	647239	260944	95101	165843	682614	20.4	24.3
2001		1283790	1085549	325603	127362	198241	1012951	15.4	19.6
2002		1416571	1205606	381441	170476	210965	1187280	14.9	17.8
2003		1425380	1184969	436935	196524	240411	1220438	16.9	19.7
2004		1663816	1393856	512939	242979	269960	1373363	16.2	19.7
2005		2186018	1847796	633937	295715	338222	1697547	15.5	19.9
2006		2669398	2246961	830409	407972	422437	2146628	15.8	19.7
2007		3411001	2843918	1104683	537600	567083	2821993	16.6	20.1
2008		4466049	3750357	1365148	649456	715692	3635950	16.0	19.7
2009		5974197	5096816	1664598	787217	877381	4867457	14.7	18.0
2010		8622451	7520298	2049689	947536	1102153	7434033	12.8	14.8
2011		11174804	9656694	2703958	1185848	1518110	9674710	13.6	15.7
2012		13068261	11204096	3196862	1332697	1864165	11590499	14.3	16.1
2013		13677527	11438941	3685612	1447026	2238586	12278884	16.4	18.2
2014		15294734	12777975	3854678	1337919	2516759	13474303	16.5	18.7
2015		18268915	15597587	3811391	1140063	2671328	15151581	14.6	17.6
2016		19055430	16670367	3600450	1215387	2385063	15247999	12.5	15.6
西宁市	Xining City	3377801	2625638	752163		752163	2878708	22.3	26.1
海东市	Haidong City	2248935	2068997	179938		179938	2054207	8.0	8.8
海北州	Haibei Zang A.P	798205	747344	50861		50861	753019	6.4	6.8
黄南州	Huangnan Zang A.P	735392	696049	39343		39343	717733	5.3	5.5
海南州	Hainan Zang A.P	1010122	906729	103393		103393	946889	10.2	10.9
果洛州	Golog Zang A.P	717602	681222	36380		36380	701537	5.1	5.2
玉树州	Yushu Zang A.P	967426	930955	36471		36471	936632	3.8	3.9
海西州	Haixi Mongolian & Zang A.P	1584695	1132452	452243		452243	1257131	28.5	36.0

注：1.本章数据来源青海省财政厅。
2.1992年财政收支为调整后口径。
3.1994年以后数据按照财税体制改革口径计算。

a)The data source of this chapter is the Finance Department of Qinghai.
b) Revenue and expenditure in 1992 were calculated by adjusted calibre.
c) Data since 1994 calculated by new caliber after the taxation system reform.

9-2 主要年份财政收入占地区生产总值的比重
Percentage of Financial Revenue on GDP in Main Years

单位：万元、% (10 000 yuan，%)

年 份 Year / 地 区 Region		财政收入合计 Total Financial Revenues	地方公共财政预算收入 Public Budget Revenues of Local Governments	生产总值 Gross Domestic Product	财政收入合计占生产总值的比重 Percentage of Financial Revenue on GDP	地方公共财政预算收入占生产总值的比重 Percentage of Public Budget Revenues of Local Governments on GDP
1957		16358	6171	39500	41.4	15.6
1965		17585	10577	61400	28.6	17.2
1970		26228	11975	81500	32.2	14.7
1975		47928	20478	124200	38.6	16.5
1978		70301	29040	155400	45.2	18.7
1980		63684	16493	177900	35.8	9.3
1985		105053	23971	330100	31.8	7.3
1986		123875	32112	384400	32.2	8.4
1987		141025	40088	433800	32.5	9.2
1988		143165	50684	549600	26.0	9.2
1989		162836	66906	603700	27.0	11.1
1990		169745	72369	699400	24.3	10.3
1991		184729	87908	751000	24.6	11.7
1992		179833	81558	875200	20.5	9.3
1993		215325	113682	1096800	19.6	10.4
1994		241980	70074	1384000	17.5	5.1
1995		276662	85976	1678000	16.5	5.1
1996		314159	95798	1841700	17.1	5.2
1997		353100	109200	2027900	17.4	5.4
1998		457668	127718	2209200	20.7	5.8
1999		667176	141736	2393800	27.9	5.9
2000		813082	165843	2636800	30.8	6.3
2001		1283790	198241	3001300	42.8	6.6
2002		1416571	210965	3406500	41.6	6.2
2003		1425380	240411	3902000	36.5	6.2
2004		1663816	269960	4661000	35.7	5.8
2005		2186018	338222	5433200	40.2	6.2
2006		2669398	422437	6485000	41.2	6.5
2007		3411001	567083	7973500	42.8	7.1
2008		4466049	715692	10186200	43.8	7.0
2009		5974197	877381	10812700	55.3	8.1
2010		8622451	1102153	13504300	63.8	8.2
2011		11174804	1518110	16704400	66.9	9.1
2012		13068261	1864165	18935400	69.0	9.8
2013		13677527	2238586	21220600	64.5	10.5
2014		15294734	2516759	23033200	66.4	10.9
2015		18268915	2671328	24170500	75.6	11.1
2016		19055430	2385063	25724900	74.1	9.3
西宁市	Xining City	3377801	752163	12481677	27.1	6.0
海东市	Haidong City	2248935	179938	4227986	53.2	4.3
海北州	Haibei Zang A.P	798205	50861	1006687	79.3	5.1
黄南州	Huangnan Zang A.P	735392	39343	746517	98.5	5.3
海南州	Hainan Zang A.P	1010122	103393	1526817	66.2	6.8
果洛州	Golog Zang A.P	717602	36380	364810	196.7	10.0
玉树州	Yushu Zang A.P	967426	36471	614774	157.4	5.9
海西州	Haixi Mongolian & Zang A.P	1584695	452243	4869637	32.5	9.3

注：生产总值按当年价格计算。1992—2004年、2013—2014年数据根据经济普查数据进行调整和修订。
a) GDP is calculated at current prices. Data in 1992-2004 and 2013-2014 were adjusted and revised based on economic census data.

9-3 2012-2016年财政收支情况

Financial Revenue and Expenditure(2012-2016)

单位：万元 (10 000 yuan)

收 入	Revenue	2012	2013	2014	2015	2016
税收收入	**Taxes Revenue**	**1466860**	**1750516**	**1993917**	**2058050**	**1764775**
增值税	Value Added Tax	264234	284051	309253	229512	468213
营业税	Business Tax	591650	704413	778486	896136	503032
企业所得税	Corporate Income Tax	160761	216798	198226	202302	170720
企业所得税退税	Tax Rebate for Corporate Income Tax		-131			
个人所得税	Individual Income Tax	35572	47165	62826	57015	64075
资源税	Resource Tax	177792	183680	231518	219214	148438
城市维护建设税	City Maintenance and Construction Tax	98232	112440	120285	118340	115913
房产税	House Property Tax	31992	37898	53737	55214	56738
印花税	Stamp Tax	17157	24623	30151	27264	29668
城镇土地使用税	Urban Land Use Tax	24136	28884	37481	41897	56981
土地增值税	Land Appreciation Tax	14285	17171	31402	35288	32569
车船税	Tax on Vehicles and Boat Operation	10752	15516	18782	22615	25239
耕地占用税	Farm Land Occupation Tax	9305	35430	45195	92444	56363
契税	Deed Tax	30992	42578	76575	60676	36821
烟叶税	Tobacco Leaf Tax					
其他税收收入	Other Tax Revenue				133	5
非税收入	**Total Non-tax Revenue**	**397305**	**488070**	**522842**	**613278**	**620288**
专项收入	Special Program Receipts	209642	197605	192589	261526	199195
行政事业性收费收入	Charge of Administrative and Institutional Units	85966	80650	90915	93187	85313
罚没收入	Penalty Receipts	32812	39070	45692	68805	51729
国有资本经营收入	State-owned Capital Operating Revenue	5083	8056	8113	3882	2285
国有资源(资产)有偿使用收入	Revenue Paid Use of State-owned Resources (Assets)	43791	89159	132963	143361	227911
其他收入	Other Revenues	20011	73530	52570	42517	53855
本年收入合计	**Total Revenue of This Year**	**1864165**	**2238586**	**2516759**	**2671328**	**2385063**

9-3 续表 continued

单位：万元 (10 000 yuan)

支 出	Expenditure	2012	2013	2014	2015	2016
一般公共服务	Expenditure for General Public Services	826573	974987	1005744	1173292	1214177
外交	Expenditure for Foreign Affairs	10				
国防	Expenditure for National Defense	9905	9230	7095	9959	8807
公共安全	Expenditure for Public Security	403071	467898	556325	590172	709793
教育	Expenditure for Education	1718055	1215055	1563054	1631899	1713643
科学技术	Expenditure for Science and Technology	71811	83890	103886	112165	109010
文化体育与传媒	Expenditure for Culture, Sport and Media	189189	258371	341602	335954	333145
社会保障和就业	Expenditure for Social Safety Net and Employment Effort	1795106	1620084	1480129	1893447	1961752
医疗卫生	Expenditure for Medical and Health Care	601084	686375	801340	994260	1030629
节能环保	Energy Saving and Environmental Protection	439919	667797	567286	873588	734098
城乡社区事务	Expenditure for Urban and Rural Community Affairs	579829	866244	950361	1284534	1197362
农林水事务	Expenditure for Agriculture, Forestry and Water Conservancy	1343056	1596910	1900408	2044144	2323489
交通运输	Expenditure for Transportation	1548488	1979481	2047049	2054930	1787185
资源勘探电力信息等事务	Expenditure for Affairs of Exploration, Power and Information	480536	482769	563088	554697	495782
商业服务业等事务	Expenditure for Affairs of Commerce and Services	102111	121641	130316	190590	145958
金融监管等事务	Expenditure for Affairs of Financial Supervision and Reconstruction	62637	18244	129267	60020	69212
援助其他地区支出	Expenditure for Other Regional Assistance		320	421	866	490
国土资源气象等事务	Expenditure for Affairs of Land and Weather	180139	204525	218139	165205	168857
住房保障	Expenditure for Affairs of Housing Security	845926	627494	677288	652487	699296
粮油物资储备事务	Expenditure for Affairs of Management of Grain & Oil Reserves	59272	43796	45840	75546	56047
预备费	Reserve Funds					
国债还本付息	Expenditure for the Principal and Interest of National Debts	296183	272658	228637	262807	415758
其他	Others	37009	80843	157028	191019	73509
本年支出合计	**Total Government Expenditure of This Year**	**11590499**	**12278884**	**13474303**	**15151581**	**15247999**

9-4 各时期地方财政收入主要项目
Main Items of Local Financial Revenue in Different Periods

单位：万元 (10 000 yuan)

时期(年份) Period(Year)	地方财政收入合计 Total Revenue of Local Covernments	企业收入 Revenue of Enterprises	国企所得税调节税 Regulation Tax of State-owned Enterprises Income Tax	税收收入 Tax Revenue	工商税收 Industrial and Commercial Taxes	农牧业税 Agricultural and Livestock Taxes	其他 Others
"恢复"时期	1358	168		779	656	123	411
1952	958	128		430	430		400
"一五"时期	18879	3315		14070	9608	4462	1494
1953	1061	227		560	453	107	274
1957	6171	1169		4551	3329	1222	451
"二五"时期	84133	45598		30410	24586	58240	8125
"三年"调整	29813	9241		15679	12627	3051	4893
1965	10577	3394		5628	4586	1042	1516
"三五"时期	50247	14925		30938	24350	6588	4384
1970	11975	4033		7478	5946	1532	464
"四五"时期	76897	19614		55626	48019	7607	1657
1975	20478	6314		13887	12316	1571	227
"五五"时期	106032	18866		80348	72906	7442	6818
1978	29040	9361		17322	15734	1588	393
1980	16493	-1803		16679	15384	1295	471
"六五"时期	79583	-31663	27226	103440	96503	6937	7806
1985	23971	-6666	11051	29561	28031	1530	1076
"七五"时期	262159	-23221	54199	258095	246002	12093	27285
1986	32112	-3267	9877	33798	32110	1688	1581
1990	72369	-6336	9603	67833	64553	3280	10872
"八五"时期	439198	-20180	39339	398643	369399	29244	60735
1991	87908	-2981	10804	71741	68419	3322	19148
1995	85976	-1379	7007	73313	64477	8836	14042
"九五"时期	640295	41413	62402	491057	430528	60529	107825
1996	95798	-2381	5991	80826	69519	11307	17353
1997	109200	3659	8824	89154	76885	12269	16387
1998	127718	5677	11939	97514	84146	13368	24503
1999	141736	12121	13402	106629	95565	11064	22986
2000	165843	22337	22246	116934	104413	12521	26572
"十五"时期	1257799	117763	96853	928300	863340	64960	211736
2001	198241	32562	28928	132185	123665	8520	33494
2002	210965	19340	13412	158181	141381	16800	33444
2003	240411	17021	12177	184095	166374	17721	39295
2004	269960	20197	16940	205194	191791	13403	44569
2005	338222	28643	25396	248645	240129	8516	60934
"十一五"时期	3684746	356857	353318	2560821	2491743	69078	767068
2006	422437	39652	36066	295126	285903	9223	87659
2007	567083	47479	47526	385376	375157	10219	134228
2008	715692	71292	71292	487674	474437	13237	156726
2009	877381	88601	88601	613052	595873	17179	175728
2010	1102153	109833	109833	779593	760373	19220	212727
"十二五"时期	10808948	924115	924115	7543704	6630858	424776	2341129
2011	1518110	146159	146159	1052317	1020736	31581	319634
2012	1864165	160761	160761	1306099	1265802	40297	397305
2013	2238586	216667	216667	1533849	967771	78008	488070
2014	2516759	198226	198226	1795691	1673921	121770	522842
2015	2671328	202302	202302	1855748	1702628	153120	613278
"十三五"时期	2385063	170720	170720	1594055	1500871	93184	620288
2016	2385063	170720	170720	1594055	1500871	93184	620288

注：1.企业收入系企业所得税，国有企业上缴利润，国有企业计划亏损补贴及所得税退税之和。
2.各项税收按1988年口径整理，工商税收中包括盐税、建筑税等。农牧业税中包括耕地占用税和契税。
3.国家从1994年起取消调节税。

a)Revenue of enterprises, is the sum of enterprise income tax, profit delivery, plan subsidies to loss-making and the tax rebate of state-owned enterprises.

b) Revenues are arranged according to the caliber in 1988. Industrial and commercial tax include Salt tax, construction tax,and so on. Agriculture and livestock tax include farm land occupation tax and deed tax.

c) The regulation tax has been abolished since 1994.

主要统计指标解释

财政收入 指国家财政参与社会产品分配所取得的收入，是实现国家职能的财力保证。主要包括：

(1)**各项税收**：包括国内增值税、国内消费税、进口货物增值税和消费税、出口货物退增值税和消费税、营业税、企业所得税、个人所得税、资源税、城市维护建设税、房产税、印花税、城镇土地使用税、土地增值税、车船税、船舶吨税、车辆购置税、关税、耕地占用税、契税、烟叶税等。

(2)**非税收入**：包括专项收入、行政事业性收费、罚没收入和其他收入。

财政支出 指国家财政将筹集起来的资金进行分配使用，以满足经济建设和各项事业的需要。主要包括：

(1)**一般公共服务**：指政府提供基本公共管理与服务的支出，包括人大事务、政协事务、政府办公厅(室)及相关机构事务、发展与改革事务、统计信息事务、财政事务、税收事务、审计事务、海关事务、人力资源事务、纪检监察事务、人口与计划生育事务、商贸事务、知识产权事务、工商行政管理事务、国土资源事务、海洋管理事务、测绘事务、地震事务、气象事务、民族事务、宗教事务、港澳台侨事务、档案事务、共产党事务、民主党派事务及工商联事务、群众团体事务、彩票事务等。

(2)**外交**：指政府外交事务支出，包括外交行政管理、驻外机构、对外援助、国际组织、对外合作与交流、边界勘界联检等方面的支出。

(3)**国防**：指政府用于国防方面的支出，包括用于现役部队、预备役部队、民兵、国防科研事业、专项工程、国防动员等方面的支出。

(4)**公共安全**：指政府维护社会公共安全方面的支出，包括武装警察、公安、国家安全、检察、法院、司法行政、监狱、劳教、国家保密、缉私警察等。

(5)**教育**：指政府教育事务支出，包括教育行政管理、学前教育、小学教育、初中教育、普通高中教育、普通高等教育、初等职业教育、中专教育、技校教育、职业高中教育、高等职业教育、广播电视教育、留学生教育、特殊教育、干部继续教育、教育机关服务等。

(6)**科学技术**：指用于科学技术方面的支出，包括科学技术管理事务、基础研究、应用研究、技术研究与开发、科技条件与服务、社会科学、科学技术普及、科技交流与合作等。

(7)**文化教育与传媒**：指政府在文化、文物、体育、广播影视、新闻出版等方面的支出。

(8)**社会保障和就业**：指政府在社会保障与就业方面的支出，包括社会保障和就业管理事务、民政管理事务、财政对社会保险基金的补助、补充全国社会保障基金、行政事业单位离退休、企业改革补助、就业补助、抚恤、退役安置、社会福利、残疾人事业、城市居民最低生活保障、其他城镇社会救济、农村社会救济、自然灾害生活救助、红十字事务等。

(9)**医疗卫生**：指政府医疗卫生方面的支出，包括医疗卫生管理事务支出、医疗服务支出、医疗保障支出、疾病预防控制支出、卫生监督支出、妇幼保健支出、农村卫生支出等。

(10)**环境保护**：指政府环境保护支出，包括环境保护管理事务支出、环境监测与监察支出、污染治理支出、自然生态保护支出、天然林保护工程支出、退耕还林支出、风沙荒漠治理支出、退牧还草支出、已垦草原退耕还草、能源节约利用、污染减排、可再生能源和资源综合利用等支出。

(11)**城乡社区事务**：指政府城乡社区事务支出，包括城乡社区管理事务支出、城乡社区规划与管理支出、城乡社区公共设施支出、城乡社区住宅支出、城乡社区环境卫生支出、建设市场管理与监督支出等。

(12)**农林水事务**：指政府农林水事务支出，包括农业支出、林业支出、水利支出、扶贫支出、农业综合开发支出等。

(13)**交通运输**：指政府交通运输和邮政业方面的支出，包括公路运输支出、水路运输支出、铁路运输支出、民用航空运输支出、邮政业支出等。

(14)**工业商业金融等事务**：指政府对工业、商业及金融等方面的支出，包括采掘业支出、制造业支出、建筑业支出、工业和信息产业监管支出、国有资产监管支出、商业流通事务支出、金融业监管支出、旅游业管理与服务支出等。

地方财政收入 指按现行分税制财政体制划分的地方本级收入。包括营业税(不含铁道部门、各银行总行、各保险公司总公司集中交纳的营业税)，地方企业上交利润，城市维护建设税(不含铁道部门、各银行总行、各保险公司总公司集中交纳的部分)，房产税，城镇土地使用税，土地增值税，车船税，耕地占用税，契税，烟叶税，印花税，增值税25%部分，纳入共享范围的企业所得税40%部分，个人所得税40%部分，证券交易印花税3%部分，海洋石油资源税以外的其他资源税，地方非税收入等。

Explanatory Notes on Main Statistical Indicators

Government Revenue refers to income for the government finance through participating in the distribution of social products. It is the financial guarantee to ensure government functioning. The contents of government revenue include the following main items:

(1) **Various tax revenues**, including domestic value added tax (VAT), domestic consumption tax, VAT and consumption tax from imports, VAT and consumption tax rebate for exports, business tax, corporate income tax, individual income tax, resource tax, city maintenance and construct tax, house property tax, stamp tax, urban land use tax, land appreciation tax, tax on vehicles and boat operation, ship tonnage tax, vehicle purchase tax, tariffs, farm land occupation tax, deed tax, and tobacco leaf tax, etc.

(2) **Non - tax revenue**, including special program receipts, charge of administrative and institutional units, penalty receipts and others non - tax receipts.

Government Expenditure refers to the distribution and use of the funds which the government finance has raised, so as to meet the needs of economic construction and various causes. It includes the following main items:

(1) **Expenditure for general public services**: It refers to the spending on the basic public management and services which provided by governments, including the expense on affairs of People's Congress, affairs of People's Political Consultative Conference, affairs of government general office and relative institutions, affairs of development and reform, affairs of statistics, affairs of finance, affairs of taxation, affairs of audit, affairs of customs, affairs of human resources and social security, affairs of discipline inspection and supervision, affairs of population and family planning, affairs of commerce and trade, affairs of intellectual property, affairs of administration for industry and commerce, affairs of land and resources, affairs of oceanic administration, affairs of surveying and mapping, affairs of earthquake, ethnic affairs, religious affairs, affairs of Hong Kong, Macao, Taiwan, and Overseas Chinese, affairs of archives administration, affairs of Chinese Communist Party, affairs of democratic parties and federation of industry and commerce, affairs of mass organization, and affairs of lottery, etc.

(2) **Expenditure for foreign affairs**: It refers to the spending of government on foreign affairs, including the expense on administration of foreign affairs, missions overseas, external assistance, international organizations, foreign cooperation and communication, surveying and joint inspection on borderline, etc.

(3) **Expenditure for national defence**: It refers to the spending of government on national defence, including the expense on active force, reserve force, militia, scientific research on national defence, special projects, mobilization of national defence, etc.

(4) **Expenditure for public security**: It refers to the spending of government on maintaining social and public security, including the expense on armed police force, public security, state security, prosecution, courts, justice, prison, labour education and rehabilitation, protection of state secrecy, anti - smuggling police, etc.

(5) **Expenditure for education**: It refers to the spending of government on education, including the expense on the administration of education, pre - primary education, primary education, secondary education, high school education, regular higher education, primary vocational education, secondary vocational education, technical school education, vocational high school education and higher vocational education, radio and television education, student abroad education, special education, on the job training of cadres, education authorities services, etc.

(6) **Expenditure for science and technology**: It refers to the spending of government on science and technology (S&T), including the expense on the administration of S&T, basic research, applied research, research and development, conditions and services of S&T, popularization of social science, science and technology, exchanges and cooperation of S&T, etc.

(7) **Expenditure for culture, sport and media**: It refers to the spending of government on culture, cultural heritage, sports, radio, film, television, press and publication, etc.

(8) **Expenditure for social safety net and employment effort**: It refers to the spending of government on social safety net and employment, including the expense on administration of social safety net and employment, civil affairs, budgetary subsidy on the social insurance funds, subsidy on National Social Security Fund, retirees of administrative units and institutions, subsidy on enterprise reform, subsidy on employment effort, pension, placement of ex - serviceman, social welfare, the handicapped undertakings, the system of cost of living allowances for urban residents, other urban social relief, rural social relief, living relief of natural disasters, affairs of Red Cross Society, etc.

(9) **Expenditure for medical and health care**: It refers to the spending of government on medical and health care, including the expense on administration of medical and health care, medical services, health care, disease prevention and control, health inspection and supervision, women and children's health, rural health care, etc.

(10) **Expenditure for environment protection**: It refers to the spending of government on environment protection, inclu-

ding the expense on administration of environment protection, environment monitoring and supervision, pollution control, natural ecology protection, project of virgin forests protection, reforesting farmland, controlling the sources of dust storms, returning pastureland to grassland, returning pastureland to grassland, returning cultivated land to grassland, energy conservation, emissions reduction, comprehensive utilization of renewable energy and resources, etc.

(11) **Expenditure for urban and rural community affairs**: It refers to the spending of government on urban and rural community affairs, including the expense on administration of urban and rural community, planning and management of urban and rural community, public facilities of urban and rural community, housing of urban and rural community, sanitation of urban and rural community, management and supervision on the construction market, etc.

(12) **Expenditure for agriculture, forestry and water conservancy**: It refers to the spending of government on agriculture, forestry and water conservancy, including the expense on agriculture, forestry, water conservancy, poverty alleviation, comprehensive agricultural development, etc.

(13) **Expenditure for transportation**: It refers to the spending of government on transportation and postal services, including the expense on road transportation, waterway transportation, railway transportation, civil aviation transportation, and postal services.

(14) **Expenditure for industry, commerce and banking**: It refers to the spending of government on industry, commerce and banking, including the expense on mining, manufacturing, construction, industry and information technology supervision and administration, State – owned assets supervision and administration, commerce and circulation affairs, financial intermediation supervision and administration, tourism administration and service, etc.

Revenue of the Local Governments refers to the revenue collected that by the local governments as defined by the decentralized taxation system. The revenue of the local governments includes business tax (excluding the part of the Ministry of Railways, head offices of banks, head offices of insurance company, which are handed over to the government in a centralized way), profit handed in by the local enterprises, city maintenance and construct tax (excluding the part of the Ministry of Railways, head offices of banks, head offices of insurance company, which are handed over to the government in a centralized way), house property tax, urban land use tax, land appreciation tax, tax on vehicles and boat operation, farm land occupation tax, deed tax, and tobacco leaf tax, stamp tax, 25% of the value added tax, 40% the share part of the corporate income tax, 40% of individual income tax, 3% of stamp tax on securities transactions, resource tax other than the tax on offshore petroleum resources, local non – tax revenue, etc.

第 10 篇
CHAPTER 10

价格指数
Prices

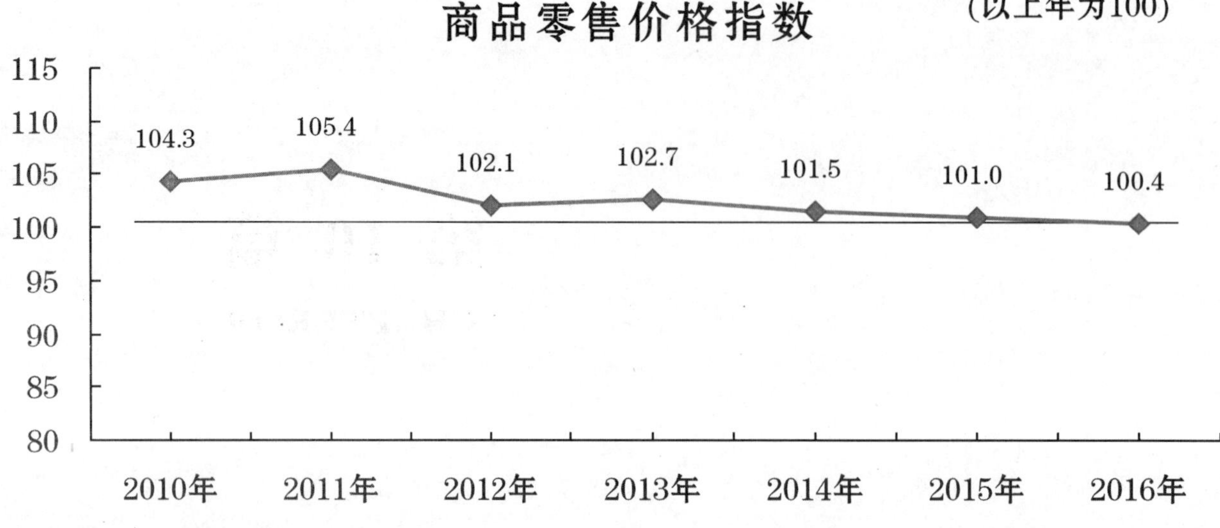

商品零售价格指数
(以上年为100)
115
110
105
100
95
90
85
80
104.3
105.4
102.1
102.7
101.5
101.0
100.4
2010年
2011年
2012年
2013年
2014年
2015年
2016年

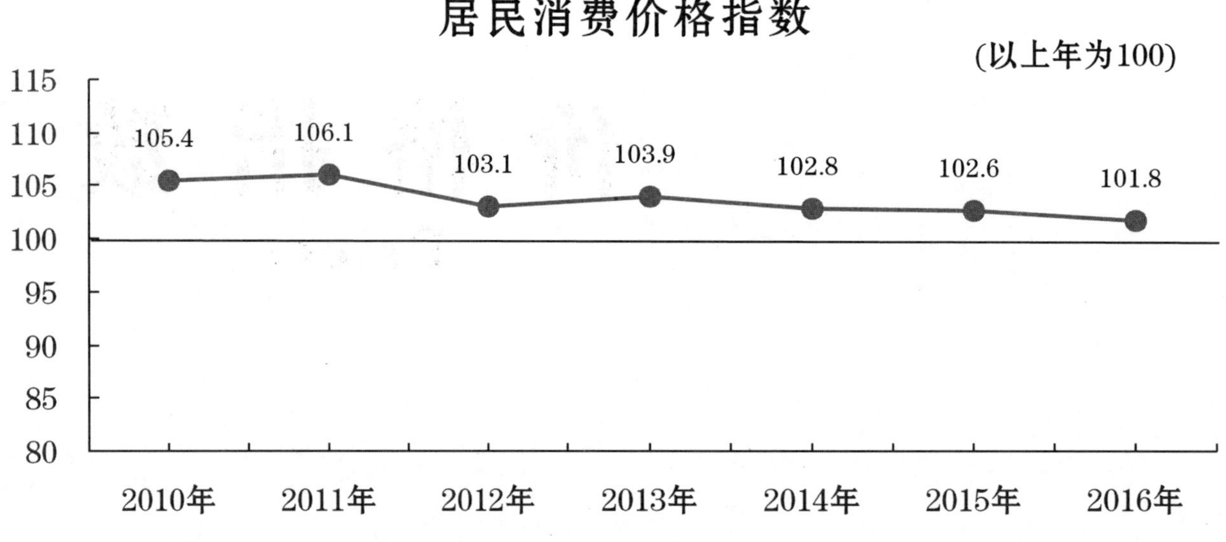

居民消费价格指数
(以上年为100)
115
110
105
100
95
90
85
80
105.4
106.1
103.1
103.9
102.8
102.6
101.8
2010年
2011年
2012年
2013年
2014年
2015年
2016年

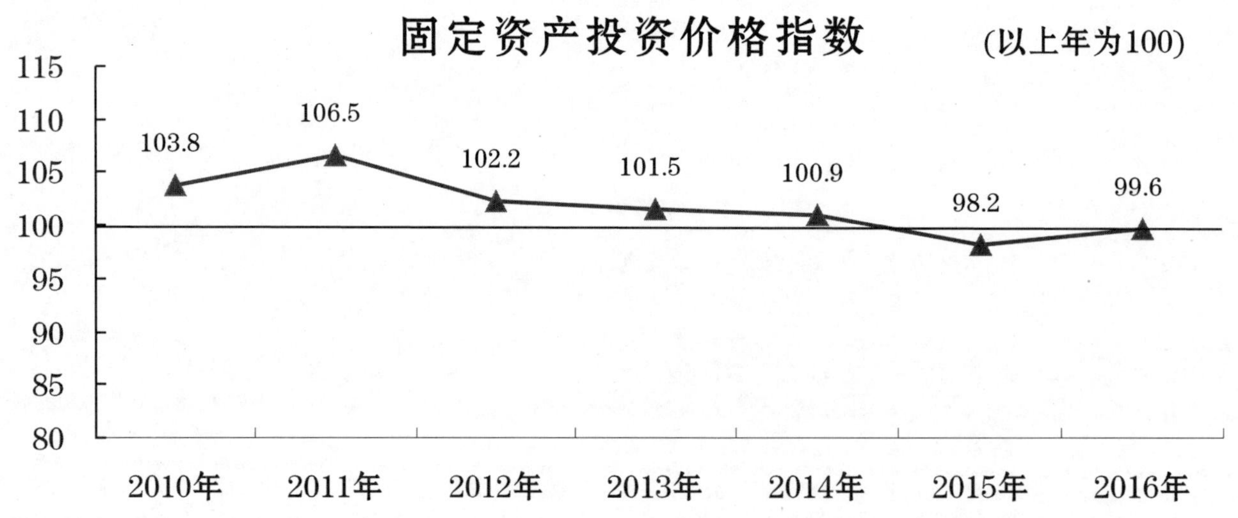

固定资产投资价格指数
(以上年为100)
115
110
105
100
95
90
85
80
103.8
106.5
102.2
101.5
100.9
98.2
99.6
2010年
2011年
2012年
2013年
2014年
2015年
2016年

10-1 1978-2016年各种价格指数
Price Indices (1978-2016)

上年=100 (preceding year=100)

年 份 Year	商品零售价格指数 Retail Price Index	居民消费价格指数 Consumer Price Index	城市居民消费价格指数 Urban Household	农村居民消费价格指数 Rural Household	服务项目价格指数 Service Price Index	农业生产资料价格指数 Price Index for Means of Agricultural Production
1978	100.22	100.35	100.23	100.50	100.00	100.04
1979	102.22	102.15	103.38	100.31	100.11	99.16
1980	104.08	105.59	105.59	101.30	100.44	99.23
1981	101.37	101.30	101.30	100.67	100.00	100.52
1982	101.80	101.77	102.07	100.88	100.20	100.88
1983	100.65	100.74	100.62	101.40	104.73	100.36
1984	103.40	103.10	103.10	102.40	103.86	107.90
1985	110.70	110.70	111.80	106.20	105.80	103.70
1986	106.10	106.20	106.40	105.70	107.80	102.60
1987	107.30	107.20	107.80	105.20	104.80	104.10
1988	118.30	118.00	118.60	116.20	112.20	111.00
1989	117.70	117.50	117.30	118.00	115.30	116.40
1990	104.50	105.10	104.70	107.60	114.10	108.70
1991	106.30	107.60	108.70	105.20	117.50	104.10
1992	106.40	108.00	108.60	106.60	119.30	103.80
1993	112.50	113.20	114.00	110.50	121.00	117.60
1994	123.30	121.80	123.20	120.70	118.50	124.10
1995	116.30	118.00	119.70	115.70	116.80	123.90
1996	107.80	110.80	111.40	108.80	129.90	112.60
1997	103.00	104.80	105.10	104.20	116.00	105.00
1998	99.60	100.70	100.60	101.00	112.30	100.30
1999	98.50	99.50	99.50	99.60	110.30	95.60
2000	99.00	99.50	99.60	99.40	103.80	100.70
2001	99.90	102.60	103.00	101.20	112.70	99.60
2002	99.30	102.30	102.10	102.90	112.20	98.00
2003	100.80	102.00	101.80	102.50	104.00	101.10
2004	102.60	103.20	102.10	105.50	104.80	109.20
2005	100.70	100.80	99.70	103.10	102.00	106.50
2006	102.00	101.60	101.80	101.10	101.30	102.10
2007	106.00	106.60	106.30	107.30	102.70	108.10
2008	110.60	110.10	108.90	112.30	103.20	124.20
2009	101.60	102.60	103.20	101.70	101.50	97.80
2010	104.30	105.40	105.10	105.80	105.30	103.50
2011	105.40	106.10	106.00	106.40	105.10	112.40
2012	102.10	103.10	103.00	103.10	103.00	108.70
2013	102.70	103.90	104.10	103.70	102.70	104.30
2014	101.50	102.80	102.90	102.60	103.40	99.80
2015	101.00	102.60	102.80	102.20	104.20	100.80
2016	100.40	101.80	101.80	101.80	103.20	101.50

10−2 1978−2016年各种价格定基指数
Fixed-base Price Indices (1978-2016)

1978年=100 (year of 1978=100)

年份 Year	商品零售价格指数 Retail Price Index	居民消费价格指数 Consumer Price Index	城市居民消费价格指数 Urban Household	农村居民消费价格指数 Rural Household	服务项目价格指数 Service Price Index	农业生产资料价格指数 Price Index for Means of Agricultural Production
1978	100.00	100.00	100.00	100.00	100.00	100.00
1979	102.22	102.15	103.38	100.31	100.11	99.16
1980	106.39	107.86	109.16	101.61	100.55	98.40
1981	107.85	109.26	110.58	102.29	100.55	98.91
1982	109.79	111.20	112.87	103.20	100.75	99.78
1983	110.50	112.02	113.57	104.64	105.52	100.14
1984	114.26	115.49	117.09	107.15	109.59	108.05
1985	126.49	127.85	130.90	113.79	115.95	112.05
1986	134.20	135.78	139.28	120.28	124.99	114.96
1987	144.00	145.55	150.15	126.54	130.99	119.67
1988	170.35	171.75	178.07	147.03	146.97	132.84
1989	200.50	201.81	208.88	173.50	169.46	154.62
1990	209.52	212.10	218.70	186.69	193.35	168.07
1991	222.72	228.22	237.30	196.39	227.19	174.97
1992	236.98	246.48	258.17	209.36	271.03	181.61
1993	266.60	279.01	294.31	231.34	327.95	213.58
1994	328.72	339.84	362.59	279.23	388.62	265.05
1995	381.99	401.01	434.02	323.06	453.91	328.40
1996	412.12	444.32	483.50	351.49	589.63	369.78
1997	424.48	465.65	508.16	366.25	683.97	388.27
1998	422.79	468.91	511.21	369.92	768.10	389.43
1999	416.44	466.57	508.65	368.44	847.21	372.29
2000	412.28	464.24	506.62	366.23	879.41	374.90
2001	411.87	476.31	521.82	370.62	991.09	373.40
2002	408.98	487.25	532.77	381.37	1112.00	365.93
2003	412.25	497.00	542.36	390.90	1156.48	369.96
2004	422.97	512.90	553.75	412.40	1211.99	404.00
2005	425.93	517.00	552.09	412.41	1236.23	430.26
2006	434.45	525.27	562.03	416.95	1252.30	439.30
2007	460.52	559.94	597.44	447.39	1286.11	474.88
2008	509.34	616.49	650.61	502.42	1327.27	589.80
2009	517.49	632.52	671.43	510.96	1347.18	576.82
2010	539.74	666.68	705.67	540.60	1418.58	597.01
2011	568.89	707.35	748.01	575.20	1490.93	671.04
2012	580.84	729.28	770.45	593.03	1535.66	729.42
2013	596.52	757.72	802.04	614.97	1577.12	760.78
2014	605.47	778.94	825.30	630.96	1630.74	759.26
2015	611.53	799.19	848.41	644.84	1699.23	765.34
2016	613.97	813.58	863.68	656.45	1753.61	776.82

10-3 居民消费价格分类指数(2016年)
Consumer Price Indices by Category (2016)

上年=100 (preceding year=100)

项目	Item	全省 Province	城市 Urban	农村 Rural
居民消费价格总指数	**Consumer Price Index**	**101.8**	**101.8**	**101.8**
非食品烟酒价格指数	**Non-Food, Tobacco and Liquor Price Index**	**101.6**	**101.5**	**101.8**
食品(原口径)指数	**Food(Original diameter) Price Index**	**102.4**	**102.6**	**102.0**
非食品(原口径)指数	**Non-Food(Original diameter) Price Index**	**101.6**	**101.5**	**101.8**
服务价格指数	**Services Price Index**	**103.2**	**103.3**	**102.9**
工业品价格指数	**Industrial Products Price Index**	**100.2**	**99.9**	**100.9**
鲜活食品价格指数	**Fresh Food Price Index**	**103.2**	**103.7**	**102.2**
消费品价格指数	**Consumer P ricei Index**	**101.2**	**101.1**	**101.3**
能源价格指数	**Energy Price Index**	**98.9**	**98.9**	**98.8**
非食品价格指数	**Non-Food Index**	**101.7**	**101.6**	**101.8**
扣除食品和能源价格指数	**Out of Food and Energy Price Index**	**101.9**	**101.8**	**102.0**
扣除鲜菜鲜果价格指数	**Out of Fresh Vegetables and Fruits Price Index**	**101.7**	**101.7**	**101.7**
扣除自有住房价格指数	**Out of Private Housing Price Index**	**101.2**	**101.1**	**101.4**
居住(扣自有住房)价格指数	**Residence (Out of Private Housing)Price Index**	**101.6**	**101.9**	**101.0**
食品烟酒	**Food, Tobacco and Liquor**	**102.3**	**102.5**	**101.9**
食品	Food	102.4	102.6	102.1
粮食	Grain	101.2	100.6	102.1
薯类	Tubers	107.5	105.6	109.1
豆类	Beans	101.2	100.6	102.7
食用油	Oil	100.7	101.0	100.3
菜	Vegetables	109.0	109.9	107.0
畜肉类	Meat	103.9	105.1	101.8
禽肉类	Poultry	97.9	96.7	99.7
水产品	Aquatic Products	101.5	101.4	101.7
蛋类	Eggs	96.4	97.8	93.5
奶类	Dairies	99.8	101.0	97.1
干鲜瓜果类	Dried and Fresh Melons and Fruits	97.7	96.1	101.3
糖果糕点类	Candy and Pastries	101.1	100.9	101.5
调味品	Flavorings	102.2	101.6	103.1
其他食品类	Others	100.1	99.1	102.5
茶及饮料	Tea and Beverages	102.0	102.2	101.7
烟酒	Tobacco and Liquor	101.2	101.3	101.2
在外餐饮	Dining Out	102.3	102.5	101.3
衣着	**Clothing**	**101.2**	**100.3**	**103.0**
服装	Garments	101.6	101.1	102.6
服装材料	Garments Material	100.3	99.5	101.1
其他衣着及配件	Other parts of Clothing Material	100.8	101.1	100.4
衣着加工服务费	Clothing Manufacturing Service	110.3	107.5	117.8
鞋类	Footwear	99.6	97.4	104.2
居住	**Residence**	**105.2**	**105.7**	**104.0**
租赁房房租	Renting	104.8	104.3	106.1
住房保养维修及管理	Housing maintenance and Manages	103.2	104.9	100.3
水电燃料	Water,Electricity andFuels	99.8	99.5	100.4
自有住房	Private Housing	111.6	112.3	109.9
生活用品及服务	**Articles for daily use and Sercices**	**100.4**	**99.7**	**101.7**
家具及室内装饰品	Furniture and Interior Decorations	95.2	89.5	103.6
家用器具	Household Appliances	99.2	98.5	100.9
家用纺织品	Household Textiles	106.1	108.0	102.8
家庭日用杂品	Daily Use Household Articles	101.9	102.4	100.9
个人护理用品	Personal care products	100.9	101.1	100.0
家庭服务	Household Sercices	101.6	101.9	100.9
交通和通信	**Transportation and Communication**	**97.3**	**97.0**	**97.9**
交通	Transportation	97.1	97.0	97.3
通信	Communication	97.7	97.0	99.6
教育文化和娱乐	**Education ,Cultural and Recreational Articles**	**100.6**	**100.4**	**100.9**
教育	Education	102.8	103.1	102.1
文化娱乐	Cultural and Recreational Articles	97.4	97.0	98.5
医疗保健	**Health Care**	**102.6**	**102.8**	**102.0**
药品及医疗器具	Drugs and Medical Appliances	105.1	105.3	104.8
医疗服务	Health Services	100.9	101.1	100.6
其他用品和服务	**Other Articlrs and Services**	**102.4**	**101.9**	**103.4**
其他用品类	Other Articlrs	106.0	106.5	105.2
其他服务类	Other Services	99.1	98.1	101.3

注：2016年流通和消费价格统计报表制度中的居民消费价格调查目录发生变化。
a)Consumer price survey directory changed in circulation and consumer price statistics report system in 2016.

10-4 2016年分调查市县居民消费价格分类指数

Consumer Price Indices by Category of Survey Cities and Counties(2016)

(上年=100) (preceding year=100)

项 目	Item	总指数 General Index	食品烟酒 Food, Tobacco and Liquor	衣着 Clothing	居住 Residence	生活用品及服务 Articles for daily use and Sercices	交通和通信 Transportation and Communication	教育文化和娱乐 Education , Cultural and Recreational Articles	医疗保健 Health Care	其他用品和服务 Other Articlrs and Services
2016		101.8	102.3	101.2	105.2	100.4	97.3	100.6	102.6	102.4
西宁市	Xining City	102.1	102.7	100.1	106.8	99.5	96.9	100.8	103.0	102.4
大通县	Datong County	102.7	102.4	102.0	108.6	101.5	98.7	100.8	101.8	102.9
乐都区	Ledu District	101.7	102.2	103.7	101.4	102.0	98.0	101.0	103.3	102.7
平安区	Pingan District	102.0	103.1	101.8	99.8	104.7	100.2	101.8	103.0	102.2
海晏县	Haiyan County	101.6	103.2	105.4	99.8	102.3	97.3	101.2	100.7	101.5
同仁县	Tongren County	100.8	101.1	108.4	99.9	102.2	96.8	95.2	100.8	107.2
共和县	Gonghe County	101.6	101.8	103.3	103.6	99.9	97.8	100.2	100.6	107.5
玛沁县	Maqin County	100.4	102.3	99.4	98.9	100.1	96.5	101.5	101.2	100.0
玉树市	YuShu City	101.1	101.3	104.1	99.9	99.7	99.4	101.4	101.1	101.8
格尔木市	Geermu City	100.9	102.0	99.9	100.1	99.9	97.4	101.1	103.8	101.2
德令哈市	Delingha City	102.0	102.7	102.0	99.9	101.0	98.5	102.2	105.9	103.4

注：2016年流通和消费价格统计报表制度中的居民消费价格调查目录发生变化。新增了玉树市调查点。

a)Consumer price survey directory changed in circulation and consumer price statistics report system in 2016.Yushu survey sites have been newly adde

10−5　2016年食品类价格指数

Food PriceIndices(2016)

(上年=100)　　(precedingyear=100)

分类名称	Item	2016
食品类价格指数	**Food PriceIndex**	**102.4**
粮食	**Grain**	**101.2**
大米	Rice	99.9
面粉	Flour	100.6
薯类	**Tubers**	**107.5**
豆类	**Beans**	**101.2**
食用油	**Oil**	**100.7**
食用植物油	Edible Vegetable Oil	100.1
食用动物油	Edible Animal Oil	142.6
菜	**Vegetables**	**109.0**
鲜菜	Fresh Vegetables	109.3
畜肉类	**Meat**	**103.9**
猪肉	Pork	114.8
牛肉	Beef	98.1
羊肉	Mutton	96.4
畜肉副产品	Meatby-products	110.8
其他畜肉及制品	Other Meatand meat products	101.9
禽肉类	**Poultry**	**97.9**
鸡	Chicken	96.4
水产品	**Aquatic Products**	**101.5**
蛋类	**Eggs**	**96.4**
鸡蛋	Egg	95.5
奶类	**Dairies**	**99.8**
鲜奶	Milk	99.9
酸奶	Leben	99.7
干鲜瓜果类	**Driedand Fresh Melonsand Fruits**	**97.7**
鲜瓜果	Fresh Fruits	97.3
糖果糕点类	**Candy and Pastries**	**101.1**
调味品	**Flavorings**	**102.2**
其他食品类	**Others**	**100.1**

注：2016年流通和消费价格统计报表制度中的居民消费价格调查目录发生变化。
a)Consumerpricesurveydirectorychangedincirculationandconsumerpricestatisticsreportsystemin2016.

10-6 全省及调查市、县居民消费价格指数(2016年)

(上年=100)

项　目	Item	全　省 Province	西宁市 Xining City	大通县 Datong County
居民消费价格总指数	**Consumer Price Index**	**101.8**	**102.1**	**102.7**
非食品烟酒价格指数	**Non-Food, Tobacco and Liquor Price Index**	**101.6**	**101.9**	**102.9**
食品(原口径)指数	**Food(Original diameter) Price Index**	**102.4**	**102.8**	**102.6**
非食品(原口径)指数	**Non-Food(Original diameter) Price Index**	**101.6**	**101.9**	**102.8**
服务价格指数	**Services Price Index**	**103.2**	**103.7**	**105.4**
工业品价格指数	**Industrial Products Price Index**	**100.2**	**100.1**	**100.7**
鲜活食品价格指数	**Fresh Food Price Index**	**103.2**	**104.4**	**103.8**
消费品价格指数	**Consumer P ricei Index**	**101.2**	**101.3**	**101.5**
能源价格指数	**Energy Price Index**	**98.9**	**98.9**	**99.1**
非食品价格指数	**Non-Food Index**	**101.7**	**101.9**	**102.7**
扣除食品和能源价格指数	**Out of Food and Energy Price Index**	**101.9**	**102.1**	**102.9**
扣除鲜菜鲜果价格指数	**Out of Fresh Vegetables and Fruits Price Index**	**101.7**	**102.0**	**102.6**
扣除自有住房价格指数	**Out of Private Housing Price Index**	**101.2**	**101.4**	**101.5**
居住(扣自有住房)价格指数	**Residence (Out of Private Housing)Price Index**	**101.6**	**102.9**	**101.1**
食品烟酒	**Food, Tobacco and Liquor**	**102.3**	**102.7**	**102.4**
食品	Food	102.4	103.1	102.9
粮食	Grain	101.2	101.5	100.6
薯类	Tubers	107.5	105.9	118.6
豆类	Beans	101.2	101.0	104.6
食用油	Oil	100.7	101.4	100.5
菜	Vegetables	109.0	110.8	103.7
畜肉类	Meat	103.9	106.0	104.8
禽肉类	Poultry	97.9	97.0	101.5
水产品	Aquatic Products	101.5	101.3	101.2
蛋类	Eggs	96.4	97.9	87.8
奶类	Dairies	99.8	101.2	93.0
干鲜瓜果类	Dried and Fresh Melons and Fruits	97.7	96.7	105.5
糖果糕点类	Candy and Pastries	101.1	100.8	102.8
调味品	Flavorings	102.2	101.3	101.7
其他食品类	Others	100.1	98.5	105.7
茶及饮料	Tea and Beverages	102.0	102.7	101.1
烟酒	Tobacco and Liquor	101.2	101.6	101.1
在外餐饮	Dining Out	102.3	102.0	101.6
衣着	**Clothing**	**101.2**	**100.1**	**102.0**
服装	Garments	101.6	100.8	101.1
服装材料	Garments Material	100.3	100.0	100.4
其他衣着及配件	Other parts of Clothing Material	100.8	100.5	99.6
衣着加工服务费	Clothing Manufacturing Service	110.3	109.5	137.5
鞋类	Footwear	99.6	97.2	104.0
居住	**Residence**	**105.2**	**106.8**	**108.6**
租赁房房租	Renting	104.8	106.7	122.5
住房保养维修及管理	Housing maintenance and Manages	103.2	106.2	96.8
水电燃料	Water,Electricity andFuels	99.8	99.3	100.8
自有住房	Private Housing	111.6	113.5	122.8
生活用品及服务	**Articles for daily use and Sercices**	**100.4**	**99.5**	**101.5**
家具及室内装饰品	Furniture and Interior Decorations	95.2	85.8	102.3
家用器具	Household Appliances	99.2	98.4	100.4
家用纺织品	Household Textiles	106.1	110.4	105.4
家庭日用杂品	Daily Use Household Articles	101.9	103.2	100.2
个人护理用品	Personal care products	100.9	101.9	100.2
家庭服务	Household Sercices	101.6	102.8	102.5
交通和通信	**Transportation and Communication**	**97.3**	**96.9**	**98.7**
交通	Transportation	97.1	96.3	98.5
通信	Communication	97.7	97.7	99.3
教育文化和娱乐	**Education ,Cultural and Recreational Articles**	**100.6**	**100.8**	**100.8**
教育	Education	102.8	104.1	101.9
文化娱乐	Cultural and Recreational Articles	97.4	97.3	98.2
医疗保健	**Health Care**	**102.6**	**103.0**	**101.8**
药品及医疗器具	Drugs and Medical Appliances	105.1	106.8	105.5
医疗服务	Health Services	100.9	100.4	99.9
其他用品和服务	**Other Articlrs and Services**	**102.4**	**102.4**	**102.9**
其他用品类	Other Articlrs	106.0	106.4	105.2
其他服务类	Other Services	99.1	97.7	100.0

注：2016年流通和消费价格统计报表制度中的居民消费价格调查目录发生变化。新增了玉树市调查点。

Consumer Price Indices of Pronvince, Surveyed Cities and Counties(2016)

(preceding Year=100)

乐都区 Ledu District	平安区 Pingan District	海晏县 Haiyan County	同仁县 Tongren County	共和县 Gonghe County	玛沁县 Maqin County	玉树市 YuShu City	格尔木市 Geermu City	德令哈市 Delingha City
101.7	**102.0**	**101.6**	**100.8**	**101.6**	**100.4**	**101.1**	**100.9**	**102.0**
101.5	**101.5**	**101.0**	**100.6**	**101.5**	**99.6**	**101.0**	**100.4**	**101.6**
102.3	**103.4**	**103.4**	**101.0**	**101.9**	**102.3**	**101.4**	**102.1**	**102.8**
101.5	**101.5**	**101.0**	**100.7**	**101.4**	**99.7**	**101.0**	**100.4**	**101.6**
101.3	**101.4**	**101.1**	**98.6**	**102.3**	**100.3**	**101.0**	**102.4**	**102.3**
101.7	**101.6**	**100.9**	**102.1**	**100.8**	**98.9**	**101.0**	**98.9**	**101.0**
103.3	**106.2**	**105.5**	**98.3**	**103.8**	**103.4**	**102.3**	**101.9**	**102.1**
101.9	**102.3**	**101.9**	**101.7**	**101.2**	**100.4**	**101.2**	**100.3**	**101.8**
99.6	**98.8**	**97.4**	**98.3**	**98.9**	**98.3**	**99.5**	**99.4**	**97.9**
101.5	**101.5**	**101.1**	**100.8**	**101.3**	**99.8**	**101.0**	**101.0**	**102.0**
101.6	**101.7**	**101.4**	**100.9**	**101.5**	**99.9**	**101.1**	**101.1**	**102.3**
101.7	**101.7**	**101.2**	**100.9**	**101.2**	**100.0**	**101.0**	**100.9**	**102.1**
101.8	**102.1**	**101.7**	**100.8**	**101.4**	**100.4**	**101.1**	**100.8**	**102.0**
101.7	**99.8**	**99.7**	**99.9**	**103.2**	**98.3**	**99.8**	**99.5**	**99.3**
102.2	**103.1**	**103.2**	**101.1**	**101.8**	**102.3**	**101.3**	**102.0**	**102.7**
102.6	104.1	103.4	100.8	102.3	102.4	101.6	100.5	101.9
103.5	102.2	101.1	103.6	102.4	100.1	98.8	95.3	100.5
101.5	111.5	105.3	102.5	97.9	113.7	107.5	103.5	104.5
100.1	105.4	99.7	103.1	100.3	98.0	97.2	99.1	100.3
100.9	101.3	99.9	100.2	99.4	93.4	100.0	99.0	99.1
106.7	113.6	114.6	104.2	109.7	114.5	110.0	105.1	102.1
104.6	105.9	101.6	100.6	101.5	100.6	103.0	103.8	106.5
100.4	96.2	104.3	98.9	101.5	104.5	94.9	97.6	100.7
100.3	107.1	101.1	99.2	113.0	102.4	103.4	100.7	100.1
97.5	94.5	100.7	96.3	94.7	98.8	92.7	99.8	96.6
98.7	98.8	100.3	101.3	95.6	102.4	103.6	98.4	100.6
96.3	97.9	105.0	90.9	105.0	102.3	93.0	93.4	96.2
100.1	101.8	100.4	107.4	100.3	100.4	100.1	100.9	101.0
104.8	106.5	101.0	102.6	103.5	100.9	100.2	103.8	103.5
101.9	98.6	103.5	98.4	100.8	101.9	100.7	100.5	102.5
102.1	103.2	100.0	99.9	102.5	100.0	99.6	100.1	100.6
101.2	101.3	101.3	101.9	101.1	101.9	100.6	100.3	101.6
101.5	101.0	103.7	102.3	98.6	102.6	101.0	106.8	105.8
103.7	**101.8**	**105.4**	**108.4**	**103.3**	**99.4**	**104.1**	**99.9**	**102.0**
105.1	102.1	103.5	105.5	102.7	99.1	104.6	100.8	102.5
104.8	100.0	100.0	109.0	100.5	100.0	100.0	94.9	100.0
100.0	103.2	100.0	104.0	99.1	100.0	98.2	108.5	100.0
103.4	104.2	112.7	105.9	109.6	104.5	106.1	105.4	104.4
100.0	100.7	112.5	118.6	105.2	100.4	103.3	95.8	101.0
101.4	**99.8**	**99.8**	**99.9**	**103.6**	**98.9**	**99.9**	**100.1**	**99.9**
100.7	100.0	100.0	100.0	102.3	91.6	100.0	102.4	103.6
102.7	98.8	100.2	100.3	105.6	100.4	98.5	96.9	96.9
101.2	100.4	99.3	99.5	101.0	98.0	100.3	100.2	99.4
100.7	100.0	100.0	100.0	104.3	100.3	100.0	102.6	101.2
102.0	**104.7**	**102.3**	**102.2**	**99.9**	**100.1**	**99.7**	**99.9**	**101.0**
105.0	109.1	103.5	110.5	100.5	100.0	99.1	105.1	101.4
102.9	99.1	105.5	101.0	97.8	100.0	99.7	97.5	101.6
100.2	106.3	102.6	101.0	100.7	100.4	100.0	99.4	100.5
100.1	106.5	100.0	101.0	100.2	100.0	99.3	98.9	101.0
99.9	99.8	100.0	100.3	100.0	100.0	100.0	98.5	100.4
100.4	100.5	100.0	100.0	100.0	100.6	101.4	100.3	100.2
98.0	**100.2**	**97.3**	**96.8**	**97.8**	**96.5**	**99.4**	**97.4**	**98.5**
97.0	100.2	96.6	95.6	97.7	95.8	97.1	99.0	98.3
100.3	100.2	100.0	100.6	98.0	98.5	104.1	94.6	99.0
101.0	**101.8**	**101.2**	**95.2**	**100.2**	**101.5**	**101.4**	**101.1**	**102.2**
102.3	102.9	102.0	93.2	101.5	103.0	102.7	103.2	103.5
97.8	100.0	99.1	98.5	98.5	98.8	99.5	98.1	99.8
103.3	**103.0**	**100.7**	**100.8**	**100.6**	**101.2**	**101.1**	**103.8**	**105.9**
108.3	102.6	100.0	101.8	100.6	102.4	102.4	101.3	105.4
100.6	103.3	100.8	100.2	100.6	100.4	100.4	105.3	106.3
102.7	**102.2**	**101.5**	**107.2**	**107.5**	**100.0**	**101.8**	**101.2**	**103.4**
102.7	104.8	103.1	108.4	108.1	101.0	104.1	102.0	106.6
102.6	100.7	100.3	104.6	106.1	98.7	99.6	100.6	100.9

a)Consumer price survey directory changed in circulation and consumer price statistics report system in 2016.
It newly increased Yushu survey point.

10−7 全省及调查市、县商品零售价格指数(2016年)

(上年=100)

项 目	Ietm	全 省 Province	西宁市 Xining City	大通县 Datong County
商品零售价格总指数	**Retail Price Index**	**100.4**	**100.6**	**101.5**
食品	Food	102.2	102.6	103.0
饮料、烟酒	Beverages, Tobacco and Liquor	101.1	101.3	100.8
服装、鞋帽	Garments, Shoes and Hats	100.8	100.5	101.9
纺织品	Textiles	108.0	110.8	106.2
家用电器及音像器材	Household Appliances, Music and Video Equipment	97.1	96.7	99.6
家庭设备	Household Equipment	98.5	98.2	100.8
文娱用耐用消费品	Durable Consumer Goods for Culture and Entertainment	95.0	93.6	98.2
专业音像器材	Professional Video Equipment	99.2	99.2	100.0
文化办公用品	Cultural and Office Appliances	99.0	98.9	99.2
日用品	Articles for Daily Use	102.0	103.3	100.2
日用百货	General Merchandise for Daily Use	106.1	107.4	100.5
厨具餐具茶具	Kitchenware, Tableware and Tea Set	100.7	100.6	100.0
清洗用品	Cleaning Supplies	99.8	101.0	100.0
体育娱乐用品	Sports and Recreation Articles	100.3	100.7	104.0
交通、通信用品	Transportation and Communication Appliances	93.7	93.5	99.0
交通运输机械	Transportation Machinery	96.5	96.2	96.8
通信器材	Communication Equipment	92.2	90.0	99.9
家具	Furniture	89.6	83.2	102.6
化妆品	Cosmetics	100.1	100.5	100.7
金银饰品	Gold and Silver Ornaments	109.9	110.6	109.6
中西药品及医疗保健用品	Traditional Chinese and Western Medicines, and Health Care Articles	104.9	105.8	104.4
书报杂志及电子出版物	Books, Newspapers, Magazines and Publications	100.5	100.0	101.9
教材及参考书	Textbooks and Reference Books	102.3	101.5	104.8
书报杂志	Newspapers and Magazines	100.0	100.0	100.0
计算机办公软件	Computer Office Software	96.2	96.1	96.1
燃料	Fuels	98.1	97.9	98.9
煤炭及制品	Coal and Coal Products	100.3	100.0	100.0
石油及制品	Petroleum and Petroleum Products	97.3	97.5	96.8
建筑材料及五金电料	Building Materials and Hardware	102.6	104.1	97.3
建筑装潢材料	Building Decoration Materials	103.3	105.4	95.7
五金水暖	Hardware and Plumbing	100.5	100.0	101.8

注：2016年流通和消费价格统计报表制度将日用杂品改为厨具餐具茶具，将洗涤用品改为清洗用品，将金银珠宝改为金银饰品，删除电子音像制品，增加计算机办公软件，将五金电料改为五金水暖。新增了玉树市调查点。

Retail Price Indices of Province, Surveyed Cities and Counties(2016)

(preceding Year=100)

乐都区 Ledu District	平安区 Pingan District	海晏县 Haiyan County	同仁县 Tongren County	共和县 Gonghe County	玛沁县 Maqin County	玉树市 YuShu City	格尔木市 Geermu City	德令哈市 Delingha City
102.1	**102.1**	**101.7**	**102.1**	**100.4**	**100.4**	**101.8**	**99.0**	**101.2**
102.1	103.4	103.8	101.0	101.8	102.6	101.2	101.0	102.1
102.1	101.4	100.6	102.1	101.4	101.1	99.8	100.1	101.1
103.8	102.0	105.0	107.5	102.7	99.5	104.1	100.8	101.8
102.0	103.5	102.8	103.7	100.1	100.1	100.0	97.4	100.5
100.2	99.5	102.1	98.2	98.8	99.0	100.0	97.4	101.0
102.1	99.7	104.5	100.3	98.2	100.0	99.9	97.6	101.1
98.8	99.2	100.0	96.2	99.6	97.9	100.2	97.2	100.9
99.6	99.4	100.0	99.2	99.4	99.1	100.0	100.0	99.0
99.4	100.0	100.5	100.9	98.7	100.3	101.7	98.5	100.3
99.6	102.4	100.0	101.2	100.3	100.1	100.5	96.7	101.1
100.0	100.3	100.0	102.5	100.0	100.1	97.8	99.3	100.0
101.6	103.1	100.0	102.2	100.1	100.0	97.8	100.6	101.6
97.4	104.4	100.0	100.0	100.4	100.0	103.4	92.5	100.5
99.3	100.3	100.0	103.5	100.2	100.1	100.0	95.4	100.4
101.6	102.0	99.7	103.4	96.6	97.7	108.1	93.5	99.9
98.6	100.0	96.5	95.8	96.4	96.4	96.4	99.1	97.3
102.0	102.1	100.0	103.9	96.6	97.7	108.6	89.0	101.9
106.2	109.5	103.9	111.1	100.0	100.0	99.0	106.8	101.2
98.7	99.6	100.0	99.8	100.0	100.0	100.0	98.2	99.8
104.3	107.5	104.8	117.3	112.9	102.9	110.7	104.5	110.2
107.9	102.1	99.9	101.9	100.9	102.0	103.0	102.4	105.5
100.6	101.7	100.6	99.1	101.5	100.6	99.6	101.5	101.9
100.8	101.8	102.6	97.5	104.2	101.3	100.1	106.0	103.8
101.6	103.0	100.0	101.6	100.0	100.0	100.0	98.6	100.3
96.1	96.1	93.5	96.1	96.1	100.0	95.6	96.1	100.6
99.6	98.8	98.1	97.8	97.2	98.0	98.0	97.9	97.1
103.3	100.0	99.6	101.7	101.9	100.0	100.9	102.4	97.1
97.3	98.0	96.6	96.7	96.8	97.6	96.3	97.2	97.1
100.4	102.0	100.0	100.7	99.9	99.1	98.0	95.4	97.0
99.5	98.3	100.0	100.6	99.9	99.0	97.6	94.4	96.1
103.7	116.5	100.0	101.1	100.0	99.5	99.2	98.8	99.9

a)It Changed miscellaneous for daily use to kitchenware, tableware and tea Set, washing supplies to cleaning supplies, gold, silver and jewellery to price statistics report system in 2016. computer office software in circulation and consumer deleted electronic audio-video products and increased gold and silver ornaments, hardware to hardware and plumbing.

10-8 商品零售价格分类指数(2016年)
Retail Price Indices by Category (2016)

(上年=100) (preceding year=100)

项 目	Item	全 省 Province	城 市 Urban	农 村 Rural
商品零售价格总指数	**Retail Price Index**	**100.4**	**100.2**	**101.5**
食品	Food	102.2	102.2	102.4
饮料、烟酒	Beverages, Tobacco and Liquor	101.1	101.0	101.4
服装、鞋帽	Garments, Shoes and Hats	100.8	100.5	102.8
纺织品	Textiles	108.0	108.6	103.3
家用电器及音像器材	Household Appliances, Music and Video Equipment	97.1	96.7	99.5
家庭设备	Household Equipment	98.5	98.3	100.3
文娱用耐用消费品	Durable Consumer Goods for Culture and Entertainment	95.0	94.3	98.7
专业音像器材	Professional Video Equipment	99.2	99.1	99.7
文化办公用品	Cultural and Office Appliances	99.0	98.9	99.5
日用品	Articles for Daily Use	102.0	102.2	100.6
日用百货	General Merchandise for Daily Use	106.1	107.0	100.3
厨具餐具茶具	Kitchenware, Tableware and Tea Set	100.7	100.6	101.1
清洗用品	Cleaning Supplies	99.8	99.7	100.2
体育娱乐用品	Sports and Recreation Articles	100.3	100.2	101.2
交通、通信用品	Transportation and Communication Appliances	93.7	92.8	100.1
交通运输机械	Transportation Machinery	96.5	96.5	97.1
通信器材	Communications Equipment	92.2	90.6	100.5
家具	Furniture	89.6	87.1	104.8
化妆品	Cosmetics	100.1	100.2	99.8
金银饰品	Gold and Silver Ornaments	109.9	110.2	108.7
中西药品及医疗保健用品	Traditional Chinese and Western Medicine, and Health Care Articles	104.9	105.0	103.9
书报杂志及电子出版物	Newspapers, Magazines and Electronic Publications	100.5	100.4	101.3
教材及参考书	Textbooks and Reference Books	102.3	102.3	102.7
书报杂志	Newspapers and Magazines	100.0	99.8	101.2
计算机办公软件	Computer Office Software	96.2	96.2	96.2
燃料	Fuels	98.1	98.1	98.2
煤炭及制品	Coal and Coal Products	100.3	100.2	100.7
石油及制品	Petroleum and Petroleum Products	97.3	97.3	96.9
建筑材料及五金电料	Building Materials and Hardware	102.6	103.2	99.7
建筑装潢材料	Building Decoration Materials	103.3	104.2	98.3
五金水暖	Hardware and Plumbing	100.5	99.9	104.3

注：2016年流通和消费价格统计报表制度将日用杂品改为厨具餐具茶具，将洗涤用品改为清洗用品，将金银珠宝改为金银饰品，删除电子音像制品，增加计算机办公软件，将五金电料改为五金水暖。

a)It Changed miscellaneous for daily use to kitchenware, tableware and tea Set, washing supplies to cleaning supplies, gold, silver and jewellery to gold and silver ornaments, hardware to hardware and plumbing, deleted electronic audio-video products and increased computer office software in circulation and consumer price statistics report system in 2016.

10-9 全省及调查县农业生产资料价格指数(2016年)
Price Indices for Means of Agricultural Production in the Province and Counties Surveyed(2016)

(上年=100) (preceding year=100)

项　目	Item	全　省 Province Total	大通县 Datong County	乐都区 Ledu District	平安区 Pingan District	海晏县 Haiyan County	同仁县 Tongren County	共和县 Gonghe County
农业生产资料价格指数	**Price Index for Means of Production**	**101.5**	**103.6**	**100.3**	**100.7**	**103.7**	**101.0**	**99.3**
农用手工工具	Farm Handtools	100.1	100.0	100.1	100.0	100.0	98.0	108.4
饲料	Forage	95.1	88.9	95.1	94.8	100.0	99.7	100.0
混合饲料	Mixed Forage	97.1	96.0	93.1	99.1	100.0	100.0	100.0
仔畜幼禽及产品畜	Newborn Animal, Poult and Commodity Animals	123.1	136.0	112.4	118.6	133.8	100.0	113.0
产品畜	Commodity Animals	105.5	108.8	104.2	100.0	81.0	100.0	100.0
半机械化农具	Semi-mechanized Farm Tools	100.0	100.0	100.0	100.0	100.0	100.0	100.0
机械化农具	Mechanized Farm Machinery	99.8	100.0	99.3	100.0	100.0	100.0	100.0
化学肥料	Chemical Fertilizer	98.5	100.7	93.9	99.8	98.5	106.7	95.3
氮肥	Nitrogen Fertilizer	97.5	102.8	92.6	100.1	96.3	100.0	94.2
磷肥	Phosphate Fertilizer	96.4	97.3	82.7	100.2	99.2	109.8	96.1
钾肥	Potassium Fertilizer	96.6	96.0	90.9	100.0	100.0	100.0	100.0
复合肥料	Compound Fertilizer	101.0	107.8	96.6	99.3	100.0	109.6	99.8
农药及农药器械	Pesticide and Its Appliances	100.7	100.0	102.5	100.1	100.0	102.7	100.1
化学农药	Chemical Pesticides	100.7	100.0	102.5	100.1	100.0	102.9	100.0
农药器械	Pesticide Equipment	101.6	105.9	100.0	100.0	100.0	100.0	101.2
农用机油	Oil for Farm Machinery	96.2	96.3	96.1	95.8	95.8	96.1	96.4
其他农业生产资料	Other Means of Agricultural Production	101.4	101.7	102.2	100.2	100.0	100.6	101.5
农用种子	Farm Seeds	101.4	101.9	101.2	100.6	100.0	100.0	104.2
农业生产服务	Service for Agricultural Production	100.4	102.9	107.7	100.0	100.0	96.8	91.7
排灌费	Irrigation and Drainage	100.4	100.0	100.0	100.0	100.0	101.1	100.0
机械作业费	Mechanical Handling	93.0	99.4	100.0	100.0	100.0	74.8	83.1
农业用电	Agricultural Electricity	100.0	100.0	100.0	100.0	100.0	100.0	100.0
农业用工	Agricultural Employment	105.6	105.9	109.7	100.0	100.0	100.0	100.0

注：2016年流通和消费价格统计报表制度将产品畜为仔畜幼禽及产品畜的下属分类。

a)The commodity animals is included in Subordinate classification of newborn animal, poult and commodity animals in circulation and consumer price statistics report system in 2016.

10-10 城乡居民消费价格定基指数(2016年)
Fixed-base Consumer Price Indices in Urban and Rural Areas(2016)

(2015年=100) (year of 2015=100)

项　目	Item	全　省 Province	城　市 Urban	农　村 Rural
居民消费价格总指数	**Consumer Price Index**	**102.3**	**102.5**	**101.8**
非食品烟酒价格指数	**Non-Food, Tobacco and Liquor Price Index**	**102.2**	**102.2**	**102.0**
食品(原口径)指数	**Food(Original diameter) Price Index**	**102.8**	**103.4**	**101.5**
非食品(原口径)指数	**Non-Food(Original diameter) Price Index**	**102.1**	**102.2**	**102.0**
服务价格指数	**Services Price Index**	**104.1**	**104.6**	**102.9**
工业品价格指数	**Industrial Products Price Index**	**100.5**	**100.1**	**101.3**
鲜活食品价格指数	**Fresh Food Price Index**	**103.9**	**105.2**	**101.3**
消费品价格指数	**Consumer P ricei Index**	**101.4**	**101.5**	**101.4**
能源价格指数	**Energy Price Index**	**101.7**	**101.5**	**102.2**
非食品价格指数	**Non-Food Index**	**102.2**	**102.3**	**102.0**
扣除食品和能源价格指数	**Out of Food and Energy Price Index**	**102.2**	**102.3**	**102.0**
扣除鲜菜鲜果价格指数	**Out of Fresh Vegetables and Fruits Price Index**	**102.0**	**102.2**	**101.6**
扣除自有住房价格指数	**Out of Private Housing Price Index**	**101.6**	**101.7**	**101.5**
居住(扣自有住房)价格指数	**Residence (Out of Private Housing)Price Index**	**102.1**	**102.7**	**100.9**
食品烟酒	**Food, Tobacco and Liquor**	**102.6**	**103.2**	**101.4**
食品	Food	102.8	103.6	101.4
粮食	Grain	102.3	101.6	103.3
薯类	Tubers	89.2	89.5	89.0
豆类	Beans	103.5	104.1	101.9
食用油	Oil	101.0	101.3	100.4
菜	Vegetables	114.3	116.2	109.9
畜肉类	Meat	102.6	104.3	99.7
禽肉类	Poultry	98.1	97.5	98.9
水产品	Aquatic Products	101.5	102.2	98.7
蛋类	Eggs	93.6	94.3	92.1
奶类	Dairies	99.2	100.1	96.9
干鲜瓜果类	Dried and Fresh Melons and Fruits	98.9	98.3	100.4
糖果糕点类	Candy and Pastries	101.2	100.9	102.0
调味品	Flavorings	102.8	101.9	104.3
其他食品类	Others	102.0	101.4	103.5
茶及饮料	Tea and Beverages	102.1	102.6	101.3
烟酒	Tobacco and Liquor	101.2	101.2	101.2
在外餐饮	Dining Out	102.7	102.9	102.0
衣着	**Clothing**	**100.6**	**99.5**	**102.9**
服装	Garments	101.1	100.5	102.4
服装材料	Garments Material	100.2	99.0	101.7
其他衣着及配件	Other parts of Clothing Material	100.4	100.7	100.0
衣着加工服务费	Clothing Manufacturing Service	112.6	109.1	122.4
鞋类	Footwear	98.6	95.8	104.3
居住	**Residence**	**106.0**	**107.3**	**103.2**
租赁房房租	Renting	104.5	104.6	104.2
住房保养维修及管理	Housing maintenance and Manages	104.3	106.8	100.4
水电燃料	Water,Electricity andFuels	100.0	99.8	100.5
自有住房	Private Housing	113.1	115.4	107.8
生活用品及服务	**Articles for daily use and Sercices**	**100.6**	**100.0**	**101.6**
家具及室内装饰品	Furniture and Interior Decorations	95.3	89.5	103.8
家用器具	Household Appliances	98.3	97.6	99.9
家用纺织品	Household Textiles	107.1	109.3	103.3
家庭日用杂品	Daily Use Household Articles	102.0	102.5	101.1
个人护理用品	Personal care products	101.7	102.2	100.0
家庭服务	Household Sercices	102.4	103.1	101.0
交通和通信	**Transportation and Communication**	**97.5**	**97.3**	**98.1**
交通	Transportation	98.2	98.2	98.0
通信	Communication	96.3	95.6	98.4
教育文化和娱乐	**Education ,Cultural and Recreational Articles**	**101.0**	**100.7**	**101.6**
教育	Education	104.3	104.3	104.3
文化娱乐	Cultural and Recreational Articles	96.2	96.2	96.3
医疗保健	**Health Care**	**104.9**	**105.6**	**103.4**
药品及医疗器具	Drugs and Medical Appliances	108.1	108.4	107.4
医疗服务	Health Services	102.9	103.7	101.4
其他用品和服务	**Other Articlrs and Services**	**101.6**	**100.6**	**103.8**
其他用品类	Other Articlrs	105.6	105.4	106.0
其他服务类	Other Services	97.9	96.5	101.1

注：2016年居民消费价格调查目录发生变化。
a)Consumer price survey directory changed in 2016.

10－11　城乡商品零售价格定基指数(2016年)

Fixed-base Retail Price Indices in Urban and Rural Areas(2016)

(2015年=100)　　(year of 2015=100)

项　目	Item	全　省 Province	城　市 Urban	农　村 Rural
商品零售价格总指数	**Retail Price Index**	**100.8**	**100.6**	**101.7**
食品	Food	102.3	102.4	101.5
饮料、烟酒	Beverages, Tobacco and Liquor	101.1	101.1	101.6
服装、鞋帽	Garments, Shoes and Hats	100.2	99.8	102.9
纺织品	Textiles	108.9	109.6	103.7
家用电器及音像器材	Household Appliances, Music and Video Equipment	95.9	95.5	98.3
家庭设备	Household Equipment	97.7	97.5	99.5
文娱用耐用消费品	Durable Consumer Goods for Culture and Entertainment	93.1	92.4	96.9
专业音像器材	Professional Video Equipment	98.8	98.7	99.6
文化办公用品	Cultural and Office Appliances	99.2	99.2	99.4
日用品	Articles for Daily Use	101.9	102.1	100.3
日用百货	General Merchandise for Daily Use	106.7	107.8	100.3
厨具餐具茶具	Kitchenware, Tableware and Tea Set	99.8	99.6	101.1
清洗用品	Cleaning Supplies	99.8	100.0	98.9
体育娱乐用品	Sports and Recreation Articles	100.2	100.1	101.1
交通、通信用品	Transportation and Communication Appliances	91.3	90.3	98.8
交通运输机械	Transportation Machinery	95.5	95.5	96.5
通信器材	Communications Equipment	89.2	87.2	99.1
家具	Furniture	89.9	87.5	104.9
化妆品	Cosmetics	100.8	101.0	99.7
金银饰品	Gold and Silver Ornaments	108.1	107.7	110.5
中西药品及医疗保健用品	Traditional Chinese and Western Medicines, and Health Care Articles	107.7	107.9	106.2
书报杂志及电子出版物	Books, Newspapers, Magazines and Publications	103.2	103.3	102.3
教材及参考书	Textbooks and Reference Books	106.2	106.8	103.2
书报杂志	Newspapers and Magazines	100.2	100.0	101.4
计算机办公软件	Computer Office Software	102.2	102.2	102.1
燃料	Fuels	103.1	103.1	103.1
煤炭及制品	Coal and Coal Products	101.8	101.7	101.8
石油及制品	Petroleum and Petroleum Products	103.6	103.5	103.8
建筑材料及五金电料	Building Materials and Hardware	103.5	104.2	99.7
建筑装潢材料	Building Decoration Materials	104.1	105.3	97.8
五金水暖	Hardware and Plumbing	101.4	100.5	106.1

10-12 全省及调查市、县居民消费价格定基指数(2016年)

(2015年=100)

项 目	Item	全 省 Province	西宁市 Xining City	大通县 Datong County
居民消费价格总指数	**Consumer Price Index**	**102.3**	**102.9**	**101.9**
非食品烟酒价格指数	**Non-Food, Tobacco and Liquor Price Index**	**102.2**	**102.6**	**102.1**
食品(原口径)指数	**Food(Original diameter) Price Index**	**102.8**	**103.5**	**101.4**
非食品(原口径)指数	**Non-Food(Original diameter) Price Index**	**102.1**	**102.6**	**102.0**
服务价格指数	**Services Price Index**	**104.1**	**105.2**	**103.9**
工业品价格指数	**Industrial Products Price Index**	**100.5**	**100.2**	**100.5**
鲜活食品价格指数	**Fresh Food Price Index**	**103.9**	**105.9**	**101.6**
消费品价格指数	**Consumer P ricei Index**	**101.4**	**101.7**	**100.9**
能源价格指数	**Energy Price Index**	**101.7**	**101.1**	**100.8**
非食品价格指数	**Non-Food Index**	**102.2**	**102.6**	**102.0**
扣除食品和能源价格指数	**Out of Food and Energy Price Index**	**102.2**	**102.6**	**102.0**
扣除鲜菜鲜果价格指数	**Out of Fresh Vegetables and Fruits Price Ind**	**102.0**	**102.5**	**101.8**
扣除自有住房价格指数	**Out of Private Housing Price Index**	**101.6**	**101.9**	**100.9**
居住(扣自有住房)价格指数	**Residence (Out of Private Housing)Price Inde**	**102.1**	**103.7**	**100.7**
食品烟酒	**Food, Tobacco and Liquor**	**102.6**	**103.4**	**101.4**
食品	Food	102.8	104.1	101.4
粮食	Grain	102.3	102.4	102.1
薯类	Tubers	89.2	88.7	94.9
豆类	Beans	103.5	105.4	102.4
食用油	Oil	101.0	101.6	100.8
菜	Vegetables	114.3	117.7	104.4
畜肉类	Meat	102.6	104.9	102.4
禽肉类	Poultry	98.1	98.4	100.6
水产品	Aquatic Products	101.5	102.8	99.3
蛋类	Eggs	93.6	94.4	85.1
奶类	Dairies	99.2	100.5	91.5
干鲜瓜果类	Dried and Fresh Melons and Fruits	98.9	98.5	101.3
糖果糕点类	Candy and Pastries	101.2	100.8	104.1
调味品	Flavorings	102.8	101.5	101.7
其他食品类	Others	102.0	101.4	107.8
茶及饮料	Tea and Beverages	102.1	103.2	100.4
烟酒	Tobacco and Liquor	101.2	101.6	101.1
在外餐饮	Dining Out	102.7	102.1	101.4
衣着	**Clothing**	**100.6**	**99.2**	**100.5**
服装	Garments	101.1	100.1	99.6
服装材料	Garments Material	100.2	100.0	100.4
其他衣着及配件	Other parts of Clothing Material	100.4	100.0	98.1
衣着加工服务费	Clothing Manufacturing Service	112.6	111.3	141.6
鞋类	Footwear	98.6	95.4	102.0
居住	**Residence**	**106.0**	**108.6**	**106.5**
租赁房房租	Renting	104.5	107.0	117.3
住房保养维修及管理	Housing maintenance and Manages	104.3	108.4	96.7
水电燃料	Water,Electricity andFuels	100.0	99.3	101.1
自有住房	Private Housing	113.1	116.8	117.5
生活用品及服务	**Articles for daily use and Sercices**	**100.6**	**99.8**	**101.4**
家具及室内装饰品	Furniture and Interior Decorations	95.3	85.4	102.3
家用器具	Household Appliances	98.3	97.1	99.3
家用纺织品	Household Textiles	107.1	112.2	105.4
家庭日用杂品	Daily Use Household Articles	102.0	103.3	100.7
个人护理用品	Personal care products	101.7	103.3	100.2
家庭服务	Household Sercices	102.4	104.7	103.0
交通和通信	**Transportation and Communication**	**97.5**	**96.9**	**98.3**
交通	Transportation	98.2	97.1	98.5
通信	Communication	96.3	96.5	97.6
教育文化和娱乐	**Education ,Cultural and Recreational Articles**	**101.0**	**101.4**	**100.8**
教育	Education	104.3	105.7	103.3
文化娱乐	Cultural and Recreational Articles	96.2	96.6	95.1
医疗保健	**Health Care**	**104.9**	**105.9**	**101.7**
药品及医疗器具	Drugs and Medical Appliances	108.1	110.4	108.4
医疗服务	Health Services	102.9	102.7	98.2
其他用品和服务	**Other Articlrs and Services**	**101.6**	**100.5**	**103.2**
其他用品类	Other Articlrs	105.6	104.6	106.3
其他服务类	Other Services	97.9	95.8	99.4

注：2016年流通和消费价格统计报表制度中的居民消费价格调查目录发生变化。新增了玉树市调查点。

Fixed-base Consumer Price Indices of Surveyed Cities and Counties (2016)

(year of 2015=100)

乐都区 Ledu District	平安区 Pingan District	海晏县 Haiyan County	同仁县 Tongren County	共和县 Gonghe County	玛沁县 Maqin County	玉树市 YuShu City	格尔木市 Geermu City	德令哈市 Delingha City
102.4	**102.4**	**102.4**	**100.5**	**102.5**	**100.8**	**101.7**	**101.7**	**102.3**
102.4	**102.0**	**101.8**	**100.7**	**103.1**	**99.2**	**101.7**	**101.0**	**102.0**
102.8	**103.4**	**104.0**	**99.7**	**101.2**	**104.7**	**101.7**	**103.5**	**103.3**
102.3	**102.0**	**101.8**	**100.7**	**103.0**	**99.3**	**101.7**	**101.0**	**101.9**
102.1	**101.7**	**102.2**	**98.4**	**104.8**	**98.7**	**101.9**	**103.4**	**102.3**
102.6	**102.3**	**101.5**	**102.4**	**101.8**	**99.6**	**101.6**	**99.3**	**101.7**
103.7	**107.2**	**106.2**	**95.6**	**102.8**	**106.8**	**102.7**	**104.2**	**103.2**
102.6	**102.7**	**102.5**	**101.3**	**101.6**	**101.7**	**101.6**	**101.0**	**102.4**
103.7	**102.0**	**102.5**	**102.6**	**104.6**	**101.5**	**102.8**	**102.4**	**100.3**
102.4	**101.9**	**101.9**	**100.8**	**102.8**	**99.7**	**101.7**	**101.8**	**102.3**
102.3	**101.9**	**101.9**	**100.6**	**102.7**	**99.5**	**101.6**	**101.7**	**102.4**
102.3	**101.8**	**101.9**	**100.8**	**102.1**	**100.1**	**101.6**	**101.5**	**102.3**
102.5	**102.5**	**102.5**	**100.5**	**102.4**	**100.8**	**101.7**	**101.7**	**102.3**
102.8	**100.1**	**100.5**	**100.8**	**103.4**	**91.5**	**100.7**	**99.9**	**99.4**
102.6	**103.1**	**103.7**	**99.9**	**101.2**	**104.4**	**101.6**	**103.2**	**103.1**
102.7	104.1	104.0	99.4	101.5	104.5	101.6	101.5	102.6
104.9	102.6	102.8	105.6	103.3	100.4	101.7	95.4	102.8
78.7	87.9	98.3	89.1	82.9	115.9	94.8	89.7	92.7
101.4	105.4	99.4	103.6	99.5	98.0	96.7	99.5	100.4
101.3	101.5	100.1	100.1	99.5	90.7	101.8	100.1	97.8
109.5	120.9	126.1	101.8	114.2	126.7	110.8	110.4	103.7
103.2	103.1	100.5	100.4	98.0	102.2	104.1	103.9	105.9
99.6	94.2	111.6	97.5	101.3	104.1	91.6	95.6	101.6
97.8	104.9	100.4	97.0	109.1	103.3	103.4	100.6	96.3
97.2	92.9	102.3	95.4	93.0	102.5	78.9	98.9	92.7
99.0	98.8	99.8	101.4	93.9	108.2	96.4	98.5	100.7
101.7	102.9	96.0	81.9	105.5	99.0	94.9	96.8	102.1
100.4	101.9	101.0	109.4	100.2	100.7	100.1	100.6	100.5
105.9	112.3	101.0	102.7	106.9	101.7	100.2	104.9	106.0
102.5	98.8	103.4	95.8	103.1	101.9	101.1	101.2	102.2
102.3	103.3	100.0	97.2	102.6	100.0	99.5	100.2	101.1
101.2	101.3	101.3	101.5	101.1	101.9	100.5	100.3	101.6
103.5	100.8	104.8	102.0	98.9	106.7	102.2	108.9	105.8
103.9	**102.3**	**105.7**	**108.5**	**106.5**	**98.9**	**104.1**	**99.3**	**102.2**
105.2	102.4	103.4	105.8	105.3	98.3	104.5	100.0	102.7
105.3	100.0	100.0	107.8	103.9	100.0	100.0	88.6	100.0
100.0	103.2	100.0	103.9	98.6	100.0	96.9	109.0	100.0
109.3	104.2	121.4	109.1	113.0	104.5	114.5	105.4	104.4
100.0	101.8	112.5	117.9	110.2	101.5	103.6	95.6	100.9
102.1	**100.1**	**100.3**	**100.5**	**103.7**	**94.3**	**100.6**	**100.4**	**100.6**
100.7	100.0	100.0	100.0	102.3	84.8	100.0	102.4	107.4
102.9	98.8	101.3	100.5	105.3	103.1	97.6	96.7	96.9
103.2	101.2	100.0	101.2	101.8	86.7	102.0	101.1	98.9
100.7	100.0	100.0	100.0	104.3	100.2	100.0	102.6	103.2
102.2	**104.9**	**102.3**	**102.2**	**99.4**	**100.1**	**99.2**	**100.8**	**100.9**
105.0	109.8	104.1	112.4	100.8	100.0	97.6	109.0	101.4
102.7	99.1	100.2	100.7	95.8	100.0	99.8	97.8	101.2
100.2	106.3	110.3	101.2	100.9	100.4	100.0	98.8	100.3
101.6	106.6	100.0	100.2	99.4	100.0	98.7	99.1	101.3
99.9	99.9	100.0	100.2	99.8	100.0	100.0	99.4	100.2
100.4	100.5	100.0	100.0	100.0	100.6	101.4	100.9	100.2
98.5	**101.0**	**98.1**	**97.0**	**98.4**	**96.8**	**99.3**	**97.9**	**99.1**
98.2	100.7	97.6	95.9	100.1	96.2	97.5	100.1	99.5
99.4	101.6	100.0	100.6	94.5	98.5	102.9	94.1	98.4
101.1	**101.4**	**101.9**	**93.9**	**104.7**	**102.1**	**102.2**	**101.6**	**102.1**
103.2	103.7	103.0	92.3	111.3	104.4	104.5	104.1	104.4
96.3	97.7	99.2	96.5	95.5	98.1	99.1	98.0	98.2
106.8	**104.4**	**104.0**	**101.2**	**102.9**	**104.1**	**103.0**	**107.0**	**106.6**
112.8	103.4	100.4	101.5	101.7	106.6	104.2	103.4	106.6
103.6	104.9	104.8	101.1	103.3	102.5	102.3	109.2	106.6
102.7	**104.3**	**100.0**	**107.4**	**108.3**	**100.9**	**105.3**	**100.0**	**103.0**
102.4	107.5	104.1	108.5	109.0	102.1	109.5	100.9	107.6
102.9	102.5	96.5	104.9	106.9	99.5	101.3	99.2	99.3

a)Consumer price survey directory changed in circulation and consumer price statistics report system in 2016.It newly increased Yushu survey point.

10-13 全省及调查市、县商品零售价格定基指数(2016年)

(2015年=100)

项 目	Item	全 省 Province	西宁市 Xining City	大通县 Datong County
商品零售价格总指数	**Retail Price Index**	**100.8**	**101.1**	**101.0**
食品	Food	102.3	103.0	101.4
饮料、烟酒	Beverages, Tobacco and Liquor	101.1	101.4	100.7
服装、鞋帽	Garments, Shoes and Hats	100.2	99.6	100.3
纺织品	Textiles	108.9	112.2	106.2
家用电器及音像器材	Household Appliances, Music and Video Equipment	95.9	95.5	97.7
家庭设备	Household Equipment	97.7	97.3	99.5
文娱用耐用消费品	Durable Consumer Goods for Culture and Entertainment	93.1	91.4	95.4
专业音像器材	Professional Video Equipment	98.8	98.9	100.0
文化办公用品	Cultural and Office Appliances	99.2	98.9	99.0
日用品	Articles for Daily Use	101.9	103.3	100.3
日用百货	General Merchandise for Daily Use	106.7	108.3	100.5
厨具餐具茶具	Kitchenware, Tableware and Tea Set	99.8	99.4	100.0
清洗用品	Cleaning Supplies	99.8	101.4	100.1
体育娱乐用品	Sports and Recreation Articles	100.2	100.2	104.0
交通、通信用品	Transportation and Communication Appliances	91.3	91.2	97.2
交通运输机械	Transportation Machinery	95.5	95.1	95.9
通信器材	Communications Equipment	89.2	86.2	97.8
家具	Furniture	89.9	83.0	102.4
化妆品	Cosmetics	100.8	101.5	100.6
金银饰品	Gold and Silver Ornaments	108.1	107.5	111.9
中西药品及医疗保健用品	Traditional Chinese and Western Medicines, and Health Care Articles	107.7	109.0	106.7
书报杂志及电子出版物	Books, Newspapers, Magazines and Publications	103.2	103.1	101.5
教材及参考书	Textbooks and Reference Books	106.2	106.0	102.7
书报杂志	Newspapers and Magazines	100.2	100.0	100.0
计算机办公软件	Computer Office Software	102.2	102.2	102.2
燃料	Fuels	103.1	103.0	101.3
煤炭及制品	Coal and Coal Products	101.8	100.0	100.0
石油及制品	Petroleum and Petroleum Products	103.6	103.5	103.6
建筑材料及五金电料	Building Materials and Hardware	103.5	105.1	97.5
建筑装潢材料	Building Decoration Materials	104.1	106.7	95.5
五金水暖	Hardware and Plumbing	101.4	100.0	103.5

注：2016年流通和消费价格统计报表制度将日用杂品改为厨具餐具茶具，将洗涤用品改为清洗用品，将金银珠宝改为金银饰品，删除电子音像制品，增加计算机办公软件，将五金电料改为五金水暖。新增了玉树市调查点。

Fixed-base Retail Price Indices of Cities and Counties Surveyed (2016)

(year of 2015=100)

乐都区 Ledu District	平安区 Pingan District	海晏县 haiyan County	同仁县 tongren County	共和县 Gonghe County	玛沁县 Maqin County	玉树市 Yushu City	格尔木市 Geermu City	德令哈市 Delingha City
102.7	**102.9**	**102.8**	**102.2**	**100.3**	**101.9**	**102.0**	**99.8**	**101.7**
101.7	102.9	105.5	99.6	101.2	104.3	100.7	101.4	102.2
102.6	101.6	100.6	101.5	101.4	101.1	99.5	100.2	101.4
104.0	102.4	104.9	107.5	105.4	99.2	104.0	100.3	101.9
102.1	103.5	111.1	103.5	101.1	100.1	100.0	95.5	100.3
99.2	99.8	101.5	96.4	96.7	98.5	100.3	97.2	100.2
101.9	99.7	103.1	99.9	96.8	100.0	100.1	97.9	101.0
97.2	100.0	100.0	92.9	96.5	96.8	100.7	96.4	99.4
99.4	99.1	100.0	98.8	99.1	98.7	100.0	100.0	98.5
99.4	100.0	103.5	101.9	98.4	100.3	102.4	100.2	100.3
99.8	102.4	100.0	100.0	98.5	100.1	101.3	95.7	101.3
100.0	100.4	100.0	101.9	100.0	100.1	94.8	98.3	100.4
101.6	103.1	100.0	97.8	101.2	100.0	97.0	100.7	102.2
97.9	102.7	100.0	100.0	93.2	100.0	107.3	91.3	100.5
98.9	100.3	100.0	103.8	100.3	100.2	100.0	97.1	100.6
100.3	104.8	99.6	103.3	91.7	97.6	105.7	92.7	99.4
100.1	99.0	95.6	94.6	95.5	95.5	95.5	98.8	98.3
100.3	105.1	100.0	103.9	90.7	97.7	106.1	88.0	100.2
106.2	109.5	104.7	113.3	100.0	100.0	97.4	111.7	101.2
98.7	99.6	100.0	99.7	99.6	100.0	100.0	98.6	99.1
103.6	111.7	106.5	117.5	114.3	105.2	122.4	103.9	113.8
112.0	103.1	100.4	101.8	102.5	105.9	105.1	104.5	106.8
102.0	102.8	101.1	100.3	104.4	102.9	99.6	100.4	103.9
102.2	102.4	103.6	96.9	108.9	106.0	100.1	100.0	106.2
101.6	103.4	100.0	103.8	100.0	100.0	100.0	100.0	100.3
102.2	102.2	93.5	102.2	102.2	100.0	95.6	102.2	106.9
105.4	102.7	102.0	104.6	103.2	104.3	103.9	104.0	101.8
108.1	100.0	100.1	107.2	107.4	100.0	105.7	110.9	100.4
103.7	104.5	104.1	103.9	102.8	105.1	102.9	102.8	102.8
101.0	102.3	100.0	101.1	98.5	100.2	96.8	97.0	97.5
99.4	98.2	100.0	100.8	98.0	100.4	96.3	94.5	96.5
107.4	118.4	100.0	102.3	100.0	99.5	98.7	105.4	100.6

a)It Changed miscellaneous for daily use to kitchenware, tableware and tea Set, washing supplies to cleaning supplies, gold, silver and jewellery to gold and silver ornaments, hardware to hardware and plumbing, deleted electronic audio-video products and increased computer office software in circulation and consumer price statistics report system in 2016.It newly increased Yushu survey point.

10-14 全省及调查县(区)农业生产资料价格定基指数(2016年)

Fixed-base Price Indices for Means of Agricultural Production in the Province and Counties(District) Surveyed(2016)

(2015年=100) (year of 2015=100)

项 目	Item	全 省 Province Total	大通县 Datong County	乐都区 Ledu District	平安区 Pingan District	海晏县 Haiyan County	同仁县 Tongren County	共和县 Gonghe County
农业生产资料价格指数	**Price Index for Means of Agricultural Production**	**103.4**	**105.9**	**103.4**	**100.0**	**106.2**	**102.2**	**100.5**
农用手工工具	Farm Handtools	100.1	100.0	100.1	100.0	100.0	97.4	109.0
饲料	Forage	95.3	88.5	99.4	89.1	100.0	100.0	100.0
混合饲料	Mixed Forage	96.7	95.7	96.7	88.7	100.0	100.0	100.0
仔畜幼禽及产品畜	Newborn Animal, Poult and Commodity Animals	130.4	146.2	117.2	122.3	146.8	100.0	118.3
产品畜	Commodity Animals	105.8	109.4	106.7	100.0	69.6	100.0	100.0
半机械化农具	Semi-mechanized Farm Tools	100.0	100.0	100.0	100.0	100.0	100.0	100.0
机械化农具	Mechanized Farm Machinery	99.8	100.0	99.3	100.0	100.0	100.0	100.0
化学肥料	Chemical Fertilizer	98.5	100.8	95.5	97.6	98.6	108.5	93.8
氮肥	Nitrogen Fertilizer	97.3	103.5	94.6	99.1	96.3	100.0	92.5
磷肥	Phosphate Fertilizer	95.0	96.5	78.8	97.4	99.4	113.0	93.9
钾肥	Potassium Fertilizer	96.3	95.0	90.9	100.0	100.0	100.0	100.0
复合肥料	Compound Fertilizer	102.4	109.3	99.1	96.6	100.0	112.1	99.8
农药及农药器械	Pesticide and Its Appliances	101.1	100.0	103.6	101.0	100.0	103.7	100.1
化学农药	Chemical Pesticides	101.1	100.0	103.6	101.0	100.0	103.9	100.0
农药器械	Pesticide Equipment	101.6	105.9	100.0	100.0	100.0	100.0	101.2
农用机油	Oil for Farm Machinery	104.7	105.8	103.7	102.3	104.9	104.2	105.2
其他农业生产资料	Other Means of Agricultural Production	101.6	102.3	102.4	99.8	100.0	100.6	101.5
农用种子	Farm Seeds	101.6	102.5	101.2	100.6	100.0	100.0	104.2
农业生产服务	Service for Agricultural Production	101.5	102.9	113.2	100.0	100.0	96.8	91.7
排灌费	Irrigation and Drainage	100.4	100.0	100.0	100.0	100.0	101.1	100.0
机械作业费	Mechanical Handling	93.0	99.4	100.0	100.0	100.0	74.8	83.1
农业用电	Agricultural Electricity	100.0	100.0	100.0	100.0	100.0	100.0	100.0
农业用工	Agricultural Employment	108.3	105.9	116.7	100.0	100.0	100.0	100.0

注：2016年流通和消费价格统计报表制度将产品畜列为仔畜幼禽及产品畜的下属分类。

a)The commodity animals is included in Subordinate classification of newborn animal, poult and commodity animals in circulation and consumer price statistics report system in 2016.

10-15 1991-2016年固定资产投资价格指数
Price Indices for Investment in Fixed Assets (1991-2016)

(上年=100) (preceding year=100)

年 份 Year	固定资产投资价格总指数 Price Index for Investment in Fixed Assets	建筑安装、装饰工程 Construction and Installation	设备、工器具购置 Purchase of Equipment and Instruments	其他费用 Other Expenses
1991	119.5	123.5	109.5	114.2
1992	115.1	114.5	111.2	124.8
1993	125.9	129.6	120.2	112.5
1994	108.4	107.6	111.2	107.9
1995	105.3	104.3	106.7	108.7
1996	103.5	104.4	99.6	102.1
1997	103.0	104.5	97.9	100.6
1998	98.5	99.0	95.9	98.7
1999	100.1	101.0	96.2	100.0
2000	101.6	102.7	97.9	100.3
2001	100.3	101.0	97.3	100.0
2002	103.2	104.7	97.3	101.5
2003	102.0	102.9	97.8	101.9
2004	102.8	103.2	100.1	104.4
2005	102.1	102.1	100.7	104.2
2006	102.4	102.6	101.8	102.0
2007	104.2	104.6	102.9	102.6
2008	110.5	113.3	101.5	104.1
2009	100.9	101.1	99.4	102.1
2010	103.8	104.5	101.5	102.3
2011	106.5	107.9	101.5	102.6
2012	102.2	102.7	99.2	103.0
2013	101.5	102.0	99.0	101.6
2014	100.9	101.1	99.4	102.2
2015	98.2	97.7	99.5	100.9
2016	99.6	99.6	99.1	101.0

10−16 1991−2016年固定资产投资价格定基指数
Fixed-base Price Indices for Investment in Fixed Assets(1991-2016)

(1990年=100) (year of 1990=100)

年份 Year	固定资产投资价格总指数 Price Index for Investment in Fixed Assets	建筑安装、装饰工程 Construction and Installation	设备、工器具购置 Purchase of Equipment and Instruments	其他费用 Other Experses
1991	119.5	123.5	109.5	114.2
1992	137.5	141.4	121.8	142.5
1993	173.2	183.3	146.4	160.3
1994	187.7	197.2	162.8	173.0
1995	197.7	205.7	173.7	188.1
1996	204.6	214.7	172.9	192.0
1997	210.7	224.4	169.3	193.2
1998	207.6	222.1	162.4	190.6
1999	207.8	224.4	156.2	190.6
2000	211.1	230.4	152.9	191.2
2001	211.7	232.7	148.8	191.2
2002	218.5	243.6	144.8	194.1
2003	222.9	250.7	141.6	197.8
2004	229.1	258.7	141.7	206.5
2005	233.9	264.1	142.7	215.2
2006	239.5	271.0	145.3	219.5
2007	249.6	283.5	149.5	225.2
2008	275.8	321.2	151.7	234.4
2009	278.3	324.7	150.8	239.3
2010	288.9	339.3	153.1	244.8
2011	307.7	366.1	155.4	251.2
2012	314.5	376.0	154.2	258.7
2013	319.2	383.5	152.7	262.8
2014	322.1	387.7	151.8	268.6
2015	316.3	378.8	151.0	271.0
2016	315.0	377.3	149.6	273.7

10-17 1997-2016年西宁市区房地产价格指数
Price Indices for Real Estate in Xining(1997-2016)

(上年=100) (preceding year=100)

年 份 Year	新建商品住宅价格指数 Price Index for New Commercial Residential Buildings	二手住宅价格指数 Price Index for Second-hand Residential Buildings	住宅租赁价格指数 Price Index for Residential Leasing	物业服务价格指数 Price Index for Property Services	土地交易价格指数 Price Index for Land Transactions
1997	100.6	100.0	197.6		100.8
1998	100.9	100.9	146.2		99.4
1999	99.0	100.7	100.0		94.4
2000	99.9	98.8	133.4		100.4
2001	100.4	102.5	126.4		99.7
2002	102.3	111.2	117.4		102.7
2003	104.6	106.1	106.5		106.2
2004	107.9	113.9	100.0		106.1
2005	102.8	104.3	100.9	100.0	102.9
2006	103.0	103.4	100.7	100.0	102.5
2007	104.9	103.3	104.6	100.9	103.2
2008	109.0	108.5	101.4	102.6	103.2
2009	104.9	104.8	100.7	101.0	104.0
2010	108.0	106.3	107.6	101.8	104.4
2011	106.5	105.8	104.4	100.2	104.1
2012	101.5	101.1	106.7	102.4	102.7
2013	106.8	103.2	101.7	101.3	101.0
2014	104.8	101.6			
2015	94.9	98.2			
2016	99.8	99.5			

10-18　1989-2016年按用途分工业生产者出厂价格指数

(上年=100)

年　份 Year	总指数 General Index	轻工业 Light Industry	重工业 Heavy Industry	生产资料 Means of Production			
					采掘工业 Mining & Quarrying Industry	原料工业 Raw Materials Industry	加工工业 Processing Industry
1989	112.7	112.4	113.2	113.2	113.3	107.7	126.8
1990	109.5	114.9	107.8	107.8	105.9	108.5	107.5
1991	108.7	109.0	109.2	109.1	124.9	109.6	101.3
1992	103.6	107.7	101.9	102.0	104.2	100.2	104.2
1993	124.4	112.9	127.9	127.6	122.2	128.6	128.1
1994	124.9	121.3	126.0	125.5	143.7	126.0	115.6
1995	114.6	119.8	112.2	112.6	123.5	108.7	110.8
1996	106.7	107.2	106.1	106.7	103.3	107.9	107.7
1997	103.5	102.1	103.8	103.8	102.2	104.7	102.0
1998	100.7	97.3	101.3	101.3	99.3	102.1	100.2
1999	102.8	98.7	104.1	104.0	111.3	101.1	102.0
2000	108.1	92.2	111.1	110.9	137.9	102.1	95.0
2001	93.7	95.0	93.5	93.6	94.3	93.0	96.4
2002	97.6	100.9	97.2	97.3	97.1	96.2	102.2
2003	105.5	100.0	106.2	105.8	114.1	101.7	102.0
2004	111.2	103.0	112.5	111.8	117.0	106.5	113.6
2005	110.2	101.0	111.7	111.1	130.7	100.3	102.8
2006	109.5	100.0	110.4	109.9	118.9	110.4	100.2
2007	104.2	104.2	104.2	104.1	106.4	102.9	104.7
2008	107.6	111.6	107.2	107.5	107.3	97.9	124.0
2009	91.3	102.4	90.2	90.9	89.0	89.4	94.6
2010	109.4	104.0	110.1	109.7	122.4	111.0	102.2
2011	107.4	108.7	107.3	107.4	112.3	105.6	107.4
2012	96.9	106.3	96.2	96.2	101.8	95.7	94.0
2013	97.0	104.9	96.4	96.4	96.1	95.6	97.4
2014	96.1	101.9	95.7	95.7	95.1	96.1	95.5
2015	93.1	100.4	92.6	92.5	82.4	94.5	95.0
2016	98.5	100.9	98.2	98.2	85.4	101.8	98.6

Producer Price Indices for Industrial Products by Sector and Category (1989-2016)

(preceding year=100)

生活资料 Consumer Goods	食品类 Food	衣着类 Clothing	一般日用品 Articles for Daily Use	耐用消费品 Durable Consumer Goods
112.5	104.6	125.3	124.9	
115.0	116.6	116.5	100.8	
109.3	108.1	112.1	103.9	
107.7	114.9	102.4	103.4	
113.3	122.1	104.2	110.4	
122.4	123.3	126.5	114.9	
119.4	122.7	118.0	114.6	
106.5	112.5	101.0	104.3	
102.1	104.5	99.5	97.3	
97.1	97.2	97.6	97.5	
98.7	99.1	99.7	97.6	
91.7	88.3	100.0	97.2	94.5
94.5	92.9	92.9	101.0	93.9
100.7	99.2	103.7	101.8	98.1
100.7	100.1	95.3	105.4	100.0
104.8	104.6	101.5	108.4	101.2
101.8	102.1	98.5	103.9	105.8
101.5	101.0	100.0	103.9	98.4
106.5	111.1	99.8	101.5	99.9
110.4	113.2	102.6	110.8	103.6
101.2	98.4	104.0	102.9	116.4
104.2	104.2	101.6	107.0	100.5
107.3	105.2	108.8	113.9	103.3
105.9	104.9	119.6	102.8	101.1
104.7	104.8	111.2	102.0	100.0
101.6	101.9	104.0	99.6	100.0
100.5	100.8	101.9	99.2	100.0
100.5	100.7	100.8	100.0	100.5

10-19 1989-2016年按34个行业大类分工业生产者出厂价格指数

(上年=100)

年 份 Year	煤炭开采和洗选业 Mining and Washing of Coal	石油和天然气开采业 Extraction of Petroleum and Natural Gas	黑色金属矿采选业 Mining and Processing of Ferrous Metal Ores	有色金属矿采选业 Mining and Processing of Non-Ferrous Metal Ores	非金属矿采选业 Mining and Processing of Nonmetal Ores	农副食品加工业 Processing of Food from Agricultural Products	食品制造业 Processing of Foodstuff	酒、饮料和精制茶制造业 Manufacture of Liquor, Beverages and Refined Tea	纺织业 Manufacture of Textile
1989	111.1	114.0					103.4		126.9
1990	103.6	119.8			96.6		107.6		112.9
1991	121.3	122.8			122.8		110.6		112.2
1992	106.4	105.9		114.8	102.8		115.6		100.0
1993	108.7	135.1		121.7	109.0		127.7		125.2
1994	144.2	173.8		106.5	101.7		131.0		128.5
1995	124.6	133.1		133.3	99.0		128.9		112.3
1996	109.9	95.7		96.3	85.6		124.9		96.0
1997	113.7	97.7		98.9	101.7		101.6	101.0	99.4
1998	105.9	100.3		89.5	99.8		93.9	102.2	95.6
1999	102.4	121.6		93.8	93.2		97.3	104.8	98.9
2000	103.0	171.8		108.4	96.5		85.0	96.2	102.9
2001	112.1	79.8		109.6	98.4	90.1	91.3	99.3	89.7
2002	101.8	91.7	101.7	102.3	100.9	101.5	100.1	96.8	106.6
2003	102.5	116.7	99.8	106.5	102.4	104.4	98.0	95.1	100.4
2004	103.8	113.8	118.3	150.1	101.1	107.1	96.6	103.0	96.0
2005	120.7	133.9	119.1	121.1	106.5	100.6	99.3	106.8	99.9
2006	114.3	117.9	97.5	134.1	102.2	98.6	102.1	102.0	101.2
2007	104.0	105.5	101.0	114.7	100.5	125.5	103.6	105.0	98.4
2008	118.2	115.5	122.0	68.6	106.0	130.4	104.3	102.5	104.0
2009	115.0	76.8	77.3	94.2	104.9	95.0	102.0	100.3	102.3
2010	105.5	130.9	108.8	130.8	98.7	106.3	109.4	102.0	108.3
2011	111.5	122.2	120.0	103.6	96.2	118.1	106.6	99.4	111.0
2012	105.5	97.5	85.9	94.6	103.6	110.6	104.4	102.0	105.0
2013	90.4	96.8	98.7	96.7	102.0	109.6	103.5	104.4	103.4
2014	86.6	96.9	94.3	100.1	101.4	99.3	107.2	102.6	100.4
2015	92.8	71.9	86.1	91.0	98.3	99.5	100.9	102.6	97.8
2016	109.8	70.9	96.1	99.3	98.1	100.9	100.4	100.5	99.5

Producer Price Indices for the 34 categories of Industrial Products by Sector(1989-2016)

(preceding year=100)

纺织服装服饰业 Manufacture of Textile, Wearing Apparel and Accessories	皮革、毛皮羽毛及其制品和制鞋业 Manufacture of Leather, Fur, Feather and Related Products	家具制造业 Manufacture of Furniture	造纸和纸制品业 Manufacture of Paper and Paper Products	印刷和记录媒介复制业 Printing, Reproduction of Recording Media	文教、工美体育和娱乐用品制造业 Manufacture of Articles for Culture, Education and Sport Activities	石油加工炼焦和核燃料加工业 Processing of Petroleum, Coking, Processing of Nuclear Fuel	化学原料和化学制品制造业 Manufacture of Raw Chemical Materials and Chemical Products
142.1	115.7	119.1	105.9			102.0	125.1
106.6	100.6	103.0	109.4			137.3	102.5
104.6	109.9	115.2	103.8			117.8	100.6
105.3	108.9	115.1	115.1			123.8	102.3
104.8	107.0	118.2	100.7			134.1	114.3
123.7	106.7	119.3	108.0			146.0	116.5
133.3	125.3	105.5	127.8			132.2	120.6
105.1	139.5	109.2	124.4			96.3	113.1
	102.1	101.4	93.7			107.0	99.6
	100.7	102.8				94.7	100.7
	100.0	101.2				96.1	98.5
93.9	101.9	93.8	100.0			146.2	96.6
92.5	103.9	93.9	100.0	100.0		105.4	94.6
99.9	106.5	98.1	98.1	100.0		92.3	101.7
92.4	105.4	100.0	100.0	94.3		118.1	99.9
98.7	105.5	101.2	100.0	99.4		112.7	104.9
95.1	105.4	105.8	100.1	104.0		119.7	111.7
100.0	102.0	98.4	101.7	100.1		121.8	106.3
100.0	100.3	99.9	101.1	94.4		103.8	102.8
103.6	102.2	101.1	106.8	107.5		115.8	126.5
103.7	98.3	118.6	101.2	103.8		96.2	96.0
100.5	99.2	100.6	100.0	115.3		125.7	94.8
106.4	99.9	100.0	104.5	101.8	121.3	100.7	111.6
119.3	107.0	101.9	115.6	108.8	98.3	88.9	93.4
111.7	139.0	100.0	102.0	108.2	97.0	83.3	94.9
105.8	108.1	100.0	100.8	103.4	98.2	91.1	93.6
103.1	100.1	100.0	100.3	101.0	99.2	84.6	98.6
100.8	99.7	100.3	100.3	100.2	103.8	88.0	95.8

10-19 续表1

(上年=100)

年 份 Year	医药制造业 Manufacture of Medicines	橡胶和塑料制品业 Manufacture of Rubber and Plastics Products	非金属矿物制品业 Manufacture of Non-metallic Mineral Products	黑色金属冶炼和压延加工业 Smelting and Pressing of Ferrous Metals	有色金属冶炼和压延加工业 Smelting and Pressing of Non-ferrous Metals	金属制品业 Manufacture of Metal Products	通用设备制造业 Manufacture of General Purpose Machinery	专用设备制造业 Manufacture of Special Purpose Machinery
1989	112.6		121.1	106.0		132.3		
1990	102.1		114.8	104.2		102.8		
1991	93.7		107.4	111.0		99.8		
1992	106.7		100.4	103.3	89.8	104.2		
1993	119.0		127.8	148.4	148.8	114.3		
1994	124.6		125.0	135.8	129.8	107.8		
1995	129.8		119.6	100.3	129.1	114.4		
1996	94.8		104.9	97.3	85.5	115.8		
1997	106.9		103.4	99.8	96.4	102.7		
1998	105.2		98.9	96.3	94.0	94.5		
1999	99.8		109.5	96.4	107.6	99.0		
2000	98.4		90.1	94.6	110.1	99.3		
2001	104.7		105.3	94.5	89.6	95.1	97.2	98.4
2002	102.7		99.2	99.0	92.8	99.3	101.7	97.4
2003	99.9		99.2	103.7	102.9	98.3	100.2	101.3
2004	100.0		99.8	125.6	111.1	112.5	101.7	101.3
2005	100.0		98.5	99.9	102.0	109.4	104.2	101.9
2006	100.0		97.3	93.9	121.0	104.0	109.8	94.6
2007	100.0		103.5	104.9	104.7	101.2	114.9	135.1
2008	104.3		117.8	126.1	89.4	110.2	106.0	109.7
2009	99.6		104.5	85.6	81.6	102.3	109.7	116.0
2010	97.9		105.0	112.6	111.9	102.0	114.8	99.6
2011	100.8	115.2	103.7	111.3	103.0	100.0	101.7	115.4
2012	101.2	90.0	92.1	89.1	93.9	98.5	100.0	103.7
2013	101.7	104.2	102.4	95.2	96.7	98.0	99.8	102.6
2014	100.4	95.8	100.9	97.0	93.7	97.3	99.4	101.8
2015	99.7	90.1	93.3	88.5	93.3	100.6	99.9	98.2
2016	100.1	98.2	92.4	96.1	107.1	98.8	100.0	100.6

注：其他制造业类在2011—2015年为金属制品机械和设备修理业类

Continued

(preceding year=100)

汽车制造业 Manufacture of Automobiles	铁路、船舶航空航天和其他运输设备制造业 Manufacture of Railway, Ship, Aerospace and Other Transport Equipments	电气机械和器材制造业 Manufacture of Electrical Machinery and Apparatus	计算机通信和其他电子设备制造业 Manufacture of Computers, Communication and Other Electronic Equipment	仪器仪表制造业 Manufacture of Measuring Instruments and Machinery	其他制造业 Others	电力、热力生产和供应业 Production and Supply of Electric Power and Heat Power	燃气生产和供应业 Production and Supply of Gas	水的生产和供应业 Production and Supply of Water
		103.6						
		119.8						
		96.5						
		108.7						
		105.0						
		100.1						
		107.5						
		92.8				125.9		
		97.5				121.7		
		92.3				101.4		
		95.3				95.2		
		96.3				94.2		111.4
						98.6		114.3
		100.5		100.7		99.5		103.9
		111.1		93.3		99.9		105.6
		108.4		109.6		97.4		105.7
		117.7		99.3		97.1		111.4
		107.5		100.7		100.8	100.0	104.0
		99.2		100.4		100.5	112.6	101.5
		82.4		100.0		99.5	107.0	100.2
		108.5	100.9	100.1		100.7	102.5	100.1
108.1	100.0	107.1	100.1	104.9	95.5	103.7	103.4	87.8
101.6	103.0	98.7	96.2	100.9	100.0	104.7	100.0	112.8
99.5	106.4	96.9	89.5	100.0	98.8	101.8	100.0	110.9
99.5	101.3	99.0	100.0	100.0	98.9	101.3	100.0	100.2
100.2	100.0	98.9	100.2	100.0	99.3	99.7	100.0	100.0
99.0	100.3	100.2	99.6	100.3	99.8	100.1	90.8	100.3

10-20 1989-2016年按工业产品生产阶段及工业门类分工业生产者出厂价格指数

上年＝100

指　标	Item	1989	1990	1991	1992
核心指数	**Core Index**				
高技术	**High Technology**				
能源	**Energy**				
初级产品	**Primary Products**				
中间产品	**Intermediate Products**				
最终产品	**Final Products**				
冶金工业	Metallurgical Industry	106.0	104.2	111.0	97.1
电力工业	Electric Power Industry				102.6
煤炭及炼焦工业	Coal and Coke Industries	111.1	129.6	121.3	106.4
石油工业	Oil Industry	107.1	130.3	120.0	106.5
化学工业	Chemical Industry	125.4	101.6	99.2	104.4
机械工业	Machinery Industry	127.0	108.3	99.2	104.7
建筑材料工业	Building Materials Industry	115.5	103.9	119.0	101.2
森林工业	Forest Industry	119.1	103.0	115.2	115.1
食品工业	Food Industry	105.2	117.7	106.7	114.9
纺织工业	Textile Industry	126.9	112.9	112.2	101.0
缝纫工业	Sewing Industry	142.1	106.6	104.6	105.3
皮革工业	Leather Industry	115.7	100.6	109.9	108.9
造纸工业	Paper Industry	105.9	109.4	103.8	115.1
文教艺术用品工	Cultural, Educational and Art Supplies Industry				99.9
其他工业	Others	106.0	99.8	121.6	103.6

Producer Price Indices for Industrial Products by Production Stage of Industrial Products and Industrial Department (1989-2016)

(preceding year=100)

1993	1994	1995	1996	1997	1998	1999	2000	2001	2002
136.1	132.3	116.5	94.8	96.7	94.2	101.3	104.5	92.7	95.8
116.1	114.6	102.8	116.3	125.9	121.9	101.4	95.2	94.2	98.6
108.7	144.2	124.0	109.9	113.5	106.0	102.4	103.0	112.1	101.8
135.1	172.7	124.5	96.1	98.1	99.8	111.8	170.9	80.9	91.7
111.6	113.8	123.2	110.8	100.2	98.8	98.8	96.5	95.7	101.7
129.4	114.1	107.1	99.5	97.8	99.4	98.0	99.2	97.5	99.3
121.4	119.3	108.2	104.6	101.7	99.1	103.7	94.9	103.7	99.3
117.3	115.6	103.1	107.5	101.8	102.8	101.2	93.8	93.9	98.1
122.1	123.3	122.5	112.8	103.5	96.3	98.7	87.8	92.9	99.2
102.7	128.5	112.3	96.0	99.0	95.6	98.9	103.3		101.3
104.8	123.7	131.3	105.1				95.2	92.5	103.4
107.0	115.0	125.3	139.5	101.9	100.7	100.0	101.9	103.9	106.5
100.7	108.0	136.7	124.4	93.5			100.0	100.0	99.8
111.3	111.8	111.3	102.7	101.8	97.3	95.3	98.3	99.0	104.0
119.5	122.4	121.6	103.0	124.1	115.1	104.4	115.6	110.4	114.3

10-20 续表

上年=100

指 标	Item	2003	2004	2005	2006	2007
核心指数	**Core Index**					
高技术	**High Technology**					
能源	**Energy**					
初级产品	**Primary Products**					
中间产品	**Intermediate Products**					
最终产品	**Final Products**					
冶金工业	Metallurgical Industry	103.5	119.6	103.3	113.3	105.5
电力工业	Electric Power Industry	99.5	99.9	97.4	97.1	100.8
煤炭及炼焦工业	Coal and Coke Industries	102.5	103.8	120.7	114.2	104.0
石油工业	Oil Industry	116.8	113.8	133.9	119.1	104.9
化学工业	Chemical Industry	100.2	104.0	109.5	105.9	102.6
机械工业	Machinery Industry	100.6	100.7	103.6	107.8	111.6
建筑材料工业	Building Materials Industry	99.2	99.6	100.3	97.6	101.3
森林工业	Forest Industry	100.0	101.2	105.8	98.4	99.9
食品工业	Food Industry	99.5	105.3	102.0	99.7	113.4
纺织工业	Textile Industry	100.0	99.4	99.8	102.0	97.9
缝纫工业	Sewing Industry	94.6	98.6	95.2	99.9	99.8
皮革工业	Leather Industry	105.4	105.6	105.4	102.0	100.3
造纸工业	Paper Industry	100.0	100.0	100.1	101.7	101.1
文教艺术用品工业	Cultural, Educational and Art Supplies Industry	94.3	99.4	104.0	100.1	94.4
其他工业	Others	105.8	108.5	104.4	103.6	107.4

Continued

(preceding year=100)

2008	2009	2010	2011	2012	2013	2014	2015	2016
			106.8	**94.0**	**97.0**	**95.8**	**94.3**	**101.1**
			100.9	**100.6**	**100.3**	**100.3**	**99.7**	**99.1**
			108.9	**100.8**	**95.8**	**96.0**	**89.9**	**92.2**
			112.4	**101.7**	**96.1**	**95.1**	**82.3**	**85.4**
			106.6	**95.5**	**96.9**	**96.1**	**95.0**	**100.3**
			106.0	**102.3**	**99.9**	**98.3**	**99.3**	**98.0**
99.0	84.7	108.9	105.4	92.6	96.4	95.1	91.9	104.1
100.5	99.5	102.5	103.7	104.7	101.8	101.3	99.7	100.1
117.9	109.5	101.1	106.0	97.9	87.2	87.8	90.0	100.2
115.6	82.4	104.6	121.6	98.1	97.1	97.0	72.7	77.1
124.1	96.5	110.2	110.6	94.0	95.6	94.3	98.6	96.6
104.6	106.4	108.8	104.2	100.0	98.9	99.5	99.6	99.8
113.4	109.1	98.9	101.3	95.1	102.8	101.5	93.7	92.3
107.1	100.0	100.0	100.0	101.9	100.0	100.0	100.0	100.3
113.8	98.3	108.7	108.2	105.9	106.0	102.8	101.0	100.7
108.4	100.3	105.6	109.5	97.3	102.3	100.6	96.9	99.5
102.6	104.4	103.1	109.5	120.5	109.0	103.6	102.0	100.8
100.7	114.4	99.8	99.9	107.0	139.0	108.1	100.1	
106.8	101.2	100.0	104.5	115.6	102.0	100.8	100.3	100.3
107.5	103.8	118.0	101.8	108.8	108.2	103.4	101.0	100.2
117.9	91.6	112.8	113.6	98.9	100.2	98.0	99.2	99.9

10－21　1989－2016年工业生产者购进价格指数

Purchasing Price Indices for Industrial Producers (1989-2016)

上年=100　(preceding year=100)

年份 Year	总指数 General Index	燃料、动力类 Fuel and Power	黑色金属材料类 Black Metals	有色金属材料类 Non-Ferrous Metals	化工原料类 Raw Chemical Materials	木材及纸浆类 Timber and Paper-Pulp	建材及非金属矿类 Building materials and non-metallic Mineral	其它工业原材料及半成品类 Other Industrial Raw Materials and Semi-finished Products	农副产品类 Agricul-tural Products	纺织原料类 Textile Materials	初级产品 Primary Products	中间产品 Interm-ediate Products
1989	123.8	121.9	136.4		126.8	114.7						
1990	113.9	119.4	107.4		96.5	106.7						
1991	112.8	113.9	115.7		95.2	105.5						
1992	108.4	134.6	109.1	116.8	90.4	99.9			102.8	98.6		
1993	138.9	129.4	164.8	121.7	135.7	132.0			120.3	99.3		
1994	112.3	115.7	102.8	112.7	108.1	113.7			121.7	102.3		
1995	110.2	112.8	98.6	126.6	124.5	109.1			129.0	145.7		
1996	108.8	112.6	97.5	96.1	111.4	108.3			111.8	104.5		
1997	110.9	121.2	100.7	101.9	103.2	104.3	104.9	106.5	97.1	90.3		
1998	101.3	105.1	95.5	101.3	104.6	102.4	96.5	99.9	89.5	98.5		
1999	99.1	100.5	96.5	95.6	95.0	98.5	99.7	98.5	96.8	100.0		
2000	98.9	100.3	101.1	129.4	105.6	99.3	100.2	100.9	90.3	103.5		
2001	99.1	102.7	97.9	85.6	99.7	102.2	107.0	105.1	88.7	100.0		
2002	102.8	102.1	100.6	92.5	96.6	112.7	95.9	99.2	106.4	99.6		
2003	101.8	101.6	107.6	111.5	98.8	107.8	96.0	97.3	98.0	94.2		
2004	108.5	104.4	128.6	138.2	101.8	100.5	112.8	99.8	110.4	99.6		
2005	105.3	104.6	104.1	101.0	106.0	110.7	105.0	100.0	108.3	100.0		
2006	102.8	102.3	94.5	112.3	102.4	102.4	143.8	100.1	97.5	100.0		
2007	104.4	104.1	102.1	97.1	109.7	109.2	101.4	104.7	108.8	96.6		
2008	110.4	108.4	119.6	97.7	107.5	115.9	111.3	113.4	132.6	99.4		
2009	99.8	101.3	92.0	81.2	102.0	101.2	105.9	101.6	97.5	97.7		
2010	108.6	105.8	110.3	120.5	101.5	99.7	110.2	104.4	108.4	117.6		
2011	107.0	103.3	108.2	108.8	103.8	107.8	105.5	109.4	115.8	106.3	113.4	106.1
2012	98.6	102.3	99.0	95.9	95.3	123.2	96.2	106.6	99.8	100.3	99.2	98.5
2013	98.8	100.3	98.8	95.4	98.5	102.2	95.5	102.6	109.1	104.6	99.6	98.7
2014	97.6	100.0	99.3	93.0	99.7	99.7	97.0	101.2	99.2	103.8	98.3	97.5
2015	97.7	97.8	98.6	96.4	97.4	99.8	97.0	100.1	101.7	95.2	99.6	97.5
2016	96.2	95.0	101.5	95.4	97.4	99.2	97.1	95.5	102.3	98.8	93.4	96.8

10-22 主要年份农产品生产价格总指数

Producer's Prices Indices for Farm Products in Main Years

年 份	农产品生产价格指数 Producer's Price Index for Farm Products	
	环比指数(上年=100) Linked Index(preceding year=100)	定基指数(1952=100) Fixed-base Index(1952=100)
1952	106.9	100.0
1957	101.9	99.3
1965	98.6	96.3
1970	110.9	100.0
1975	100.1	128.5
1978	99.8	128.5
1980	101.2	166.3
1985	106.9	189.5
1986	104.4	202.5
1987	111.7	226.2
1988	136.9	309.7
1989	110.7	342.9
1990	100.7	345.3
1991	103.3	356.7
1992	109.4	390.2
1993	123.1	480.3
1994	148.6	713.7
1995	115.4	823.7
1996	95.4	785.8
1997	91.9	722.1
1998	93.7	676.6
1999	94.6	640.1
2000	100.7	644.6
2001	103.2	665.2
2002	101.2	672.9
2003	105.8	711.6
2004	108.8	773.9
2005	103.3	799.2
2006	104.5	835.5
2007	119.0	993.9
2008	114.9	1142.2
2009	94.6	1080.7
2010	124.3	1343.1
2011	117.3	1574.7
2012	108.2	1703.1
2013	110.4	1879.9
2014	100.0	1879.7
2015	96.1	1805.6
2016	104.5	1887.0

注：2001年以前数据为农产品收购价格指数。

a)Data Before 2001 was Sprocurement Price Index for Farm Product.

10-23 2008-2016年主要农产品生产价格指数
Producer's Prices Indices for Major Farm Products(2008-2016)

(上年=100) (preceding year=100)

指 标	Item	2008	2009	2010	2011	2012	2013	2014	2015	2016
总指数	**General Index**	**114.9**	**94.6**	**124.3**	**117.3**	**108.2**	**110.4**	**100.0**	**96.1**	**104.5**
种植业产品	**Planting Products**	**109.8**	**97.8**	**130.8**	**109.5**	**104.4**	**108.3**	**99.2**	**92.7**	**99.9**
谷物（原粮）	Cereal	111.4	105.7	117.2	116.2	106.0	104.3	103.1	100.6	97.7
小麦	Wheat	109.6	103.3	114.2	110.1	105.8	106.3	104.8	93.4	94.0
杂粮	Coarse Cereals	114.5	109.5	123.0	124.5	106.3	101.6	100.8	101.9	98.4
薯类	Tubers	109.7	101.4	194.1	86.4	100.0	136.2	104.2	97.5	110.4
豆类	Soybeans	113.2	103.6	138.9	106.5	84.0	98.7	102.8	104.0	93.2
油料	Oil-bearing Crops	111.8	87.2	121.2	110.9	104.2	106.7	98.7	92.1	94.0
蔬菜	Vegetables	114.6	119.5	133.2	99.2	118.7	104.3	103.5	104.5	101.2
中药材	Chinese Medicines Materials	99.0	65.6	140.4	117.3	113.2	111.8	86.1	85.3	105.7
畜牧业产品	**Animal Husbandry Products**	**118.8**	**92.2**	**119.4**	**124.4**	**111.6**	**112.3**	**100.7**	**101.4**	**106.7**
牛 （毛重）	Cattle and Buffaloes (gross weight)	131.6	100.0	105.9	116.1	115.0	128.9	102.0	92.0	96.0
羊 （毛重）	Sheep and Goats (gross weight)	129.7	98.8	112.2	125.9	113.7	112.1	98.3	87.5	97.0
奶类	Milk	118.7	104.5	115.2	113.9	110.8	112.0	116.6	94.3	95.2
毛绒类	Cashmere	89.0	81.9	143.7	115.5	104.0	94.8	104.6	100.0	127.8
猪 （毛重）	Pig (gross weight)	137.2	75.0	102.3	140.6	103.4	100.5	94.0	105.0	115.5
家禽（毛重）	Poultry (gross weight)	112.7	103.7	109.8	107.6	116.5	105.5	105.5	99.3	94.5

主要统计指标解释

定基价格指数　在一个价格指数数列中，每个指数都以同一时期为基期计算的价格指数。通常以某一年为基期来计算。其特点是无论计算期如何变动，其基期固定不变（通常每5年更换一次基期）。从2001年起，我国改用国际通用方法计算定基价格指数，首轮固定对比基期选为2000年，即以2000年平均价格作基数。编制定基价格指数的目的在于观察物价变动的长期趋势和变动程度及其规律。

同比价格指数　同比指数是根据报告期的定基指数除以上年同期的定基指数取得的。

居民消费价格指数　是反映一定时期内城乡居民所购买的生活消费品价格和服务项目价格变动趋势和程度的相对数，是对城市居民消费价格指数和农村居民消费价格指数进行综合汇总计算的结果。该指数可以观察和分析消费品的零售价格和服务项目价格变动对城乡居民实际生活费支出的影响程度。

城市居民消费价格指数　是反映一定时期内城市居民家庭所购买的生活消费品价格和服务项目价格变动趋势和程度的相对数。该指数可以观察和分析消费品的零售价格和服务项目价格变动对城镇职工货币工资的影响，作为研究职工生活和确定工资政策的依据。

农村居民消费价格指数　是反映一定时期内农村居民家庭所购买的生活消费品价格和服务项目价格变动趋势和程度的相对数。该指数可以观察农村消费品的零售价格和服务项目价格变动对农村居民生活消费支出的影响，直接反映农村居民生活水平的实际变化情况，为分析和研究农村居民生活问题提供依据。

商品零售价格指数　是反映一定时期内城乡商品零售价格变动趋势和程度的相对数。商品零售价格的变动直接影响到城乡居民的生活支出和国家的财政收入，影响居民购买力和市场供需的平衡，影响到消费与积累的比例关系。因此，该指数可以从一个侧面对上述经济活动进行观察和分析。

农业生产资料价格指数　指反映一定时期内农业生产资料价格变动趋势和程度的相对数。其编制目的是了解农业生产中物质资料投入价格的变动状况，服务于国民经济核算。1994年以前，农业生产资料价格指数仅仅是商品零售价格指数的一个类别，此后，从商品零售价格指数中分离出来，单独编制。

农产品生产价格指数　是反映一定时期内，农产品生产者出售农产品价格水平变动趋势及幅度的相对数。该指数可以客观反映全国农产品生产价格水平和结构变动情况，满足农业与国民经济核算需要。其中某代表品生产价格指数是通过对全部有出售该产品行为的调查单位的个体指数进行几何平均求得的，类价格指数是通过对其所属的类（或代表品）的价格指数进行加权平均求得的。季度累计价格指数的计算方法与分季指数的计算方法相同。

工业生产者出厂价格指数　是反映一定时期内全部工业产品出厂价格总水平的变动趋势和程度的相对数，包括工业企业售给本企业以外所有单位的各种产品和直接售给居民用于生活消费的产品。该指数可以观察出厂价格变动对工业总产值及增加值的影响。

工业生产者购进价格指数　是反映工业企业作为生产投入，而从物资交易市场和能源、原材料生产企业购买原材料、燃料和动力产品时，所支付的价格水平变动趋势和程度的统计指标，是扣除工业企业物质消耗成本中的价格变动影响的重要依据。

目前，我国编制的工业生产者购进价格指数所调查的产品包括燃料动力、黑色金属、有色金属、化工、建材等九大类。

固定资产投资价格指数　是反映一定时期内固定资产投资品及取费项目的价格变动趋势和程度的相对数。固定资产投资额是由建筑安装工程投资完成额、设备工器具购置投资完成额和其他费用投资完成额三部分组成的。编制固定资产投资价格指数应首先分别编制上述三部分投资的价格指数，然后采用加权算术平均法求出固定资产投资价格总指数。

该指数可以准确地反映固定资产投资中涉及的各类投资品和取费项目价格变动趋势和变动幅度，消除按现价计算的固定资产投资指标中的价格变动因素，真实地反映固定资产投资的规模、速度、结构和效益，为国家科学地制定、检查固定资产投资计划并提高宏观调控水平，为完善国民经济核算体系提供科学的、可靠的依据。

房地产价格指数　是反映一定时期内房地产价格变动趋势和程度的相对数，包括房屋销售价格指数、房屋租赁价格指数、土地交易价格指数和物业管理价格指数。这四套指数的计算方法相似，均采用由下到上逐级汇总的方法。

住宅销售价格指数　包括新建住宅销售价格指数和二手住宅销售价格指数。新建住宅销售价格、面积、金额等资料直接采用当地房地产管理部门的网签数据。二手住宅销售价格调查为非全面调查，采用重点调查和典型调查相结合的方法，按照房地产经纪机构上报、房地产管理部门提供与调查员实地采价相结合的方式收集基础数据。新建住宅含保障性住房；新建商品住宅不含保障性住房。

Explanatory Notes on Main Statistical Indicators

Fixed Base Price Indices in a series of price indices, each index during the same period are calculated as the base year price index. Usually there is a particular year to calculate the base period. It features no matter how change in period, the base period is fixed (usually once every 5 years to replace the base period). Since 2001, China has used international general method to calculate a fixed base price indices, fixed the first round of comparison in 2000 as the base period, that is, the average price in 2000 for the base. The preparation of fixed base price indices for the purpose is observation of long – term trends in price changes and changes in the extent and regularity.

Price Indices for the Same Period Last Year year – on – year indices is based on the reporting period divided by the fixed base indices of the fixed base year – on – year indices achieved.

Consumer Price Indices reflect the trend and degree of changes in prices of consumer goods and services purchased by urban and rural households during a given period. They are obtained by combining Consumer Price Indices of Urban Household and Consumer Price Indices of Rural Household. The Indices enable the observation and analysis of the degree of impact of the changes in the prices of retailed goods and services on the actual living expenses of urban and rural residents.

Consumer Price Indices of Urban Household reflects the trend and degree of changes in prices of consumer goods and services purchased by urban households during a given period. It can be used to observe and analyze the impact of price changes in consumer goods and services on wages (in monetary terms) of urban staff and workers, and provide a basis for research on the livelihood of staff and workers and policy – making concerning wages.

Consumer Price Indices of Rural Household reflects the trend and degree of changes in prices of consumer goods and services purchased by rural households during a given period. It can be used to observe the impact of change in retail prices of consumer goods and service prices in rural areas on living expenditure of rural households, and to show the changes in the living standard of rural households. It provides a basis for analysis and research on the condition of life in rural areas.

Retail Price Indices reflect the trend and degree of change in retail prices of commodities during a given period. The change in retail prices of commodities directly affect the living expenses of urban and rural residents, government revenue, purchasing power of residents and the equilibrium of market supply and demand, and the ratio of consumption to accumulation. Therefore, the retail price indices are useful from an oblique perspective for observing and analyzing the changes of the above economic activities.

Price Indices for Means of Agricultural Production reflects the trend and degree of changes in the prices of the means of agricultural production during a given period. Compilation of these indices helps to understand the changes in prices of input into agricultural production and facilitate the compilation of national accounts statistics. Before 1994, price indices for means of agricultural production were a sub – category in the retail price indices for commodities, and it has been compiled separately since 1994.

Producer Prices Indices for Farm Products reflect the trend and degree of changes in producers′ prices received by farmers when they sell farm products during a given period. These indices depict the change in the level and structure of producer prices for farm products of the country and meet the needs of agricultural statistics and national accounts statistics. The producer price index for a given product is calculated as the geometrical mean of individual indices for all surveyed units which sell such product, and the indices for a product category is obtained as the weighted mean of price indices for all products in the category. Method for calculating accumulative quarterly indices is the same as for calculating the individual quarterly indices.

Producer Price Indices for Industrial Products reflect the trend and degree of changes in general ex – factory prices of all manufactured goods during a given period, including sales of manufactured goods by an industrial enterprise to all units outside the enterprise, as well as sales of consumer goods to residents. It can be used to analyze the impact of ex – factory prices on gross output value and value – added of the industrial sector.

Purchasing Price Indices for Industrial Producers reflect changes in the level and degree of prices paid by industrial enterprises when they purchase production input such as raw materials, fuels and power from the market or from other energy or raw materials producing enterprises. These indices provide an important basis for measuring the material consumption of industrial enterprises after removing the influence of price changes.

At present, products in 9 categories, including fuels and power, ferrous metals, non – ferrous metals, chemicals, building materials, are covered in China for the survey to produce indices for purchasing′prices for industrial producers.

Price Indices for Investment in Fixed Assets reflect the trend and degree of changes in prices of investment goods and projects in fixed assets during a given period. The investment in fixed assets consists of three components, namely the investment in construction and installation, the investment in purchases of equipment and instrument, and the investment in other items. Price indices for investment in fixed assets are calculated as the weighted arithmetic mean of the price indices for the three components of investment in fixed assets.

Removing the factor of price change in the aggregates of investment at current prices, this indicator shows the changes in the prices of commodities and fees involved in the investment of fixed assets, and can be used to observe the actual size, growth, structure, and efficiency of investment in fixed assets and provides reliable and scientific data for government planning, management, decision – making, and further improving the current national accounting system.

Price Indices for Real Estate reflect the trend and degree of changes in prices of real estate during a given period, including sale price indices for houses, price indices for renting houses, price indices for land transactions and price indices for management of properties. The methods for the compilation of these four sets of indices are similar in that they all use the bottom – up approach under which data are reported from lower level to higher level.

Residential Buildings Sales Price Indices includes new residential buildings sales price index and second – hand residential buildings sales price index. The price, size, amount and other information of new residential buildings sales are directly from the data network to sign the local real estate management. Second – hand residential buildings sales price survey is non – comprehensive survey, using the method of combining typical survey and key investigation, according to a combination of real estate agencies reporting, real estate management providing and investigators collected price field to collet infrastructure data. New residential buildings include new residential affordable housing. New commercial residential buildings don't include affordable housing.

第 11 篇
CHAPTER 11

人民生活
People's Living Conditions

城乡居民收入比

（以农村居民收入为1）

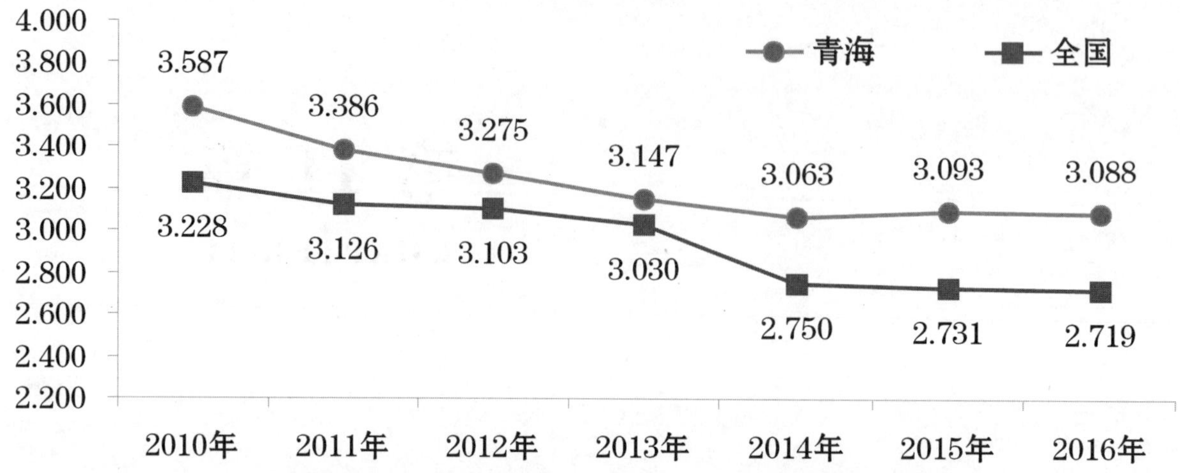

城镇居民家庭每百户耐用消费品拥有量

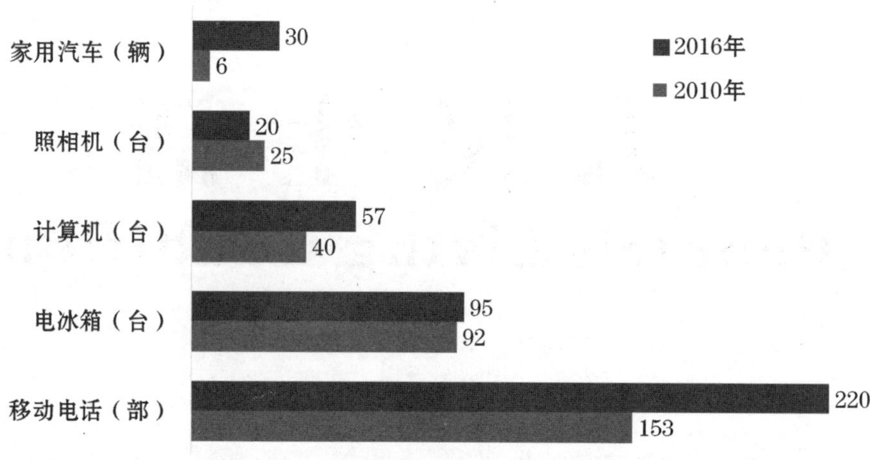

农村居民家庭每百户耐用消费品拥有量

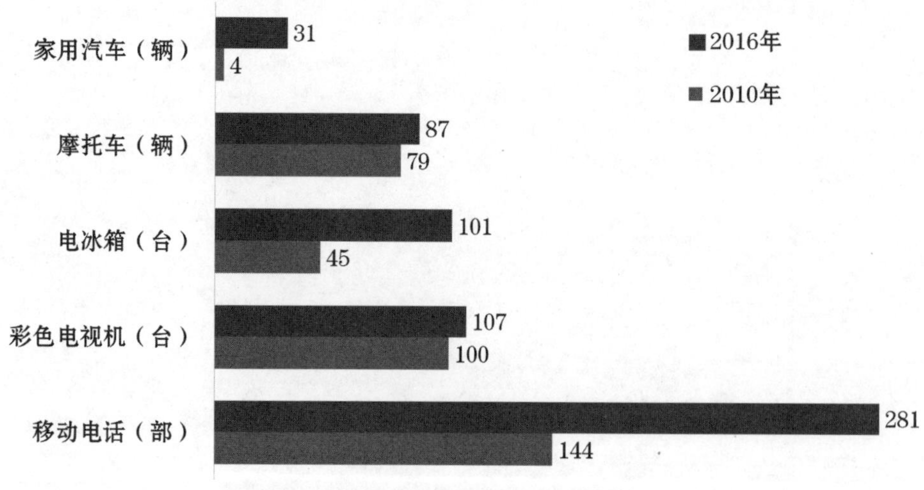

11-1 一体化住户调查主要指标
Main Indicators of Integrated Household Survey

指　标	Item	2014	2015	2016
全体居民人均可支配收入（元）	**Per Capita Disposable Income of All Households (yuan)**	**14374**	**15813**	**17302**
城镇	Urban Households	22307	24542	26757
农村	Rural Households	7283	7933	8664
全体居民人均可支配收入名义增长速度（%）	**Nominal Growth Rate of Per Capita Disposable Income of Households (%)**	**11.0**	**10.0**	**9.4**
城镇	Urban Households	9.6	10.0	9.0
农村	Rural Households	12.7	8.9	9.2
全体居民人均可支配收入实际增长速度（%）	**Actual Growth Rate of Per Capita Disposable Income of All Households (%)**	**8.0**	**7.2**	**7.5**
城镇	Urban Households	6.5	7.0	7.1
农村	Rural Households	9.9	6.6	7.3
全体居民人均可支配收入中位数（元）	**Median of Per Capita Disposable Income of All Households (yuan)**	**11870**	**13325**	**14194**
城镇	Urban Households	21572	23416	24651
农村	Rural Households	6896	7204	7501
全体居民人均消费支出（元）	**Per Capita Consumption Expenditure of All Households (yuan)**	**12605**	**13611**	**14775**
城镇	Urban Households	17493	19201	20853
农村	Rural Households	8235	8566	9222
全体居民人均消费支出增长速度（%）	**Growth Rate of Per CapitaConsumption Expenditure of All Households (%)**	**8.9**	**8.0**	**8.6**
城镇	Urban Households	7.8	9.8	8.6
农村	Rural Households	9.7	4.0	7.7
城乡居民收入比（以农村为1）	**Urban and Rural Households Income Ratio (Rural Income as 1)**	**3.06**	**3.09**	**3.09**

11-2　2010-2016年城乡居民人均收支情况

单位：元

指标	Item	2010	2011
全体居民人均可支配收入	**Per Capita Disposable Income of All Households**	**8661**	**10030**
工资性收入	Income of Wages and Salaries	5270	6147
经营净收入	Net Business Income	1521	1608
财产净收入	Net Income from Property	156	172
转移净收入	Net Income from Transfer	1712	2103
全体居民人均生活消费支出	**Per Capita Consumption Expenditure of All Households**	**7772**	**9035**
食品烟酒	Food,Tobacco and Liquor	2875	3254
衣着	Clothing	712	880
居住	Residence	1281	1481
生活用品及服务	Household Facilities, Articles and Services	475	580
交通通信	Transport and Communications	923	1098
文化教育娱乐	Education, Cultural and Recreation	755	871
医疗保健	Health Care and Medical Services	580	653
其它用品及服务	Miscellaneous Goods and Services	171	218
城镇居民人均可支配收入	**Per Capita Disposable Income of Urban Households**	**14462**	**16287**
工资性收入	Income of Wages and Salaries	10634	11871
经营净收入	Net Business Income	697	767
财产净收入	Net Income from Property	274	287
转移净收入	Net Income from Transfer	2856	3361
城镇居民人均生活消费支出	**Per Capita Consumption Expenditure of Urban Households**	**11519**	**13127**
食品烟酒	Food,Tobacco and Liquor	3932	4431
衣着	Clothing	1208	1422
居住	Residence	1875	2144
生活用品及服务	Household Facilities, Articles and Services	732	823
交通通信	Transport and Communications	1455	1687
文化教育娱乐	Education, Cultural and Recreation	1216	1298
医疗保健	Health Care and Medical Services	802	954
其它用品及服务	Miscellaneous Goods and Services	300	368
农村居民人均可支配收入	**Per Capita Disposable Income of Rural Households**	**4028**	**4806**
工资性收入	Income of Wages and Salaries	988	1368
经营净收入	Net Business Income	2180	2309
财产净收入	Net Income from Property	62	77
转移净收入	Net Income from Transfer	799	1052
农村居民人均生活消费支出	**Per Capita Consumption Expenditure of Rural Households**	**4779**	**5619**
食品烟酒	Food,Tobacco and Liquor	2030	2272
衣着	Clothing	316	428
居住	Residence	807	928
生活用品及服务	Household Facilities, Articles and Services	269	376
交通通信	Transport and Communications	499	606
文化教育娱乐	Education, Cultural and Recreation	387	515
医疗保健	Health Care and Medical Services	403	402
其它用品及服务	Miscellaneous Goods and Services	68	92

Per Capita Income and Consumption Expenditure of Urban and Rural Households (2010-2016)

(yuan)

2012	2013	2014	2015	2016
11468	**12948**	**14374**	**15813**	**17302**
6940	7607	8292	9192	10235
1687	2050	2397	2445	2629
199	562	699	803	863
2641	2729	2986	3374	3575
10384	**11576**	**12605**	**13611**	**14775**
3550	3628	3854	3958	4272
975	1087	1153	1232	1270
1703	2245	2375	2353	2595
674	702	734	793	874
1422	1496	1790	2263	2287
971	1047	1293	1383	1568
829	1102	1071	1318	1504
260	270	335	310	405
18336	**20352**	**22307**	**24542**	**26757**
13320	14266	15283	16899	18741
879	1207	1699	1765	2008
345	1051	1160	1331	1451
3792	3828	4164	4547	4558
14794	**16223**	**17493**	**19201**	**20853**
4829	4922	5228	5503	5976
1534	1692	1754	1902	1964
2491	3391	3446	3340	3809
1046	1004	1009	1180	1322
2011	1797	2235	3355	3064
1463	1639	2056	2022	2353
1007	1345	1213	1459	1750
411	434	550	439	615
5594	**6462**	**7283**	**7933**	**8664**
1484	1774	2041	2235	2464
2379	2789	3021	3058	3197
75	133	288	326	325
1656	1766	1932	2315	2678
6613	**7506**	**8235**	**8566**	**9222**
2457	2494	2626	2564	2715
497	557	615	627	636
1028	1241	1416	1462	1487
355	438	488	445	464
918	1232	1392	1278	1577
549	528	611	807	851
677	889	944	1191	1279
131	127	143	194	213

11-3 居民家庭基本情况
Basic Conditions of Households

指标	Item	2015			2016		
		全体住户 All Households	城镇住户 Urban Households	农村住户 Rural Households	全体住户 All Households	城镇住户 Urban Households	农村住户 Rural Households
一.调查样本住户数 （户）	**Number of Households Surveyed(household)**	**1860**	**900**	**960**	**1860**	**900**	**960**
二.期内住户	**Number of Resident Households Members**						
常住成员数 （人）	**During Period (person)**	**6573**	**2705**	**3868**	**6606**	**2733**	**3872.9**
三.常住劳动力情况(16周	**Conditions of Resident Labor Force**						
岁及以上非在校学生)	**(Non Students of Aged 16 and Over)**						
(一)劳动力人数 （人）	Number of Labor Force (person)	4178	1871	2307	4236	1888	2348
1.整劳动力人数	Number of Full Labor Force	2717	1163	1555	2628	1130	1497
2.半劳动力人数	Number of Semi Labor Force	1461	708	753	1609	758	851
(二)性别 （人）	Sex (person)	4178	1871	2307	4236	1888	2348
1.男性	Male	2100	915	1185	2115	926	1189
2.女性	Female	2078	956	1122	2121	962	1159
(三)年龄 （人）	Age (person)	4178	1871	2307	4236	1888	2348
1.16-19岁	Aged 16-19	87	22	65	75	18	57
2.20-24岁	Aged 20-24	280	92	188	268	91	178
3.25-29岁	Aged 25-29	404	170	234	392	156	236
4.30-34岁	Aged 30-34	362	126	236	328	131	197
5.35-40岁	Aged 35-40	618	296	322	582	279	303
6.41-50岁	Aged 41-50	1352	620	732	1369	625	744
7.51-60岁	Aged 51-60	705	341	364	803	359	444
8.61-65岁	Aged 61-65	199	88	111	218	98	120
9.66岁及以上	Aged 66 and Over	172	117	55	202	133	69
(四)受教育程度 （人）	Educational Attainment (person)	4178	1871	2307	4236	1888	2348
1.未上过学	No Schooling	585	120	465	525	117	408
2.小学	Primary School	1295	334	961	1379	333	1046
3.初中	Junior Secondary School	1264	561	703	1293	609	684
4.高中	Senior Secondray School	512	388	124	508	374	134
5.大学专科	College Students	297	254	43	302	253	49
6.大学本科	University Undergraduate	218	206	12	225	198	27
7.研究生	Graduate Students	7	7		4	4	

11－3 续表1 Continued

指标	Item	2015			2016		
		全体住户 All House-holds	城镇住户 Urban House-holds	农村住户 Rural House-holds	全体住户 All House-holds	城镇住户 Urban House-holds	农村住户 Rural House-holds
四.常住从业人员情况 (人)	**Conditions of Resident Engaged Persons(person)**						
(一)常住成员从业人数	Number of Resident Engaged Persons	3301	1278	2023	3347	1321	2025
(二)年末就业类型	Type of Employment at Year-end	3301	1278	2023	3347	1321	2025
1.雇主	Employers	25	22	3	16	14	2
2.公职人员	Public Officials	83	83		71	67	4
3.事业单位人员	Business Unit Personnels	103	100	3	123	120	3
4.国有企业雇员	State-owned Enterprise Employees	143	143		144	139	5
5.其他雇员	Other Employees	1371	687	684	1416	719	697
6.农业自营	Agricultural Self-employed	1236	49	1187	1187	49	1138
7.非农自营	Non-agricultural Self-employed	339	193	146	391	214	176
(二)年末从事主要行业 (人)	Engaged Industry at Year-end (person)	3301	1278	2023	3347	1321	2025
1.第一产业	Primary Industry	1321	71	1249	1273	69	1204
2.第二产业	Secondary Industry	723	278	445	699	272	428
3.第三产业	Tertiary Industry	1257	929	329	1375	981	393
(四)单位离退休人员 (人)	Retired Personnels of Units (person)	316	295	21	319	303	16
五.住房情况	**Housing Conditions**						
(一)期末人均拥有房屋面积 (平方米)	Per Capita Floor Space of Houses at End of Period (sq.m)	31.3	31.2	31.4	33.4	34.1	32.9
1.自有现住房面积	Floor Space of Residential Building Now Owned	27.7	27.0	28.3	28.9	28.8	29.0
2.出租住房面积	Floor Space of Tenemental Houses	1.2	2.4	0.1	1.4	2.6	0.4
3.出租商用建筑物面积	Floor Space of Tenemental Commercial Buildings	0.4	0.6	0.2	0.2	0.4	0.0
4.偶尔居住房面积	Floor Space of Residential Building Occasionally Lived	0.5	0.7	0.3	0.7	1.1	0.4
5.空宅或其他用途房面积	Floor Space of Empty Building and Other Uses	1.6	0.5	2.5	2.2	1.2	3.1

11-3 续表 2 Continued

指标	Item	2015 全体住户 All House-holds	2015 城镇住户 Urban House-holds	2015 农村住户 Rural House-holds	2016 全体住户 All House-holds	2016 城镇住户 Urban House-holds	2016 农村住户 Rural House-holds
(二)期末拥有房屋价值 (元/平方米)	Per Market Price Estimates of Houses at End of Period (yuan/sq.m)	1792	2943	760	1945	3128	824
1.自有现住房市场价估计值	Market Price Estimates of Residential Building Now Owned	1767	2958	739	1901	3105	807
2.出租住房市场价估计值	Market Price Estimates of Tenemental Houses	2350	2407	1486	2267	2515	663
3.出租商用建筑物市场价估计值	Market Price Estimates of Tenemental Commercial Buildings	3640	4882	874	4935	5047	666
4.偶尔居住房市场价估计值	Market Price Estimates of Residential Building Occasionally Lived	2376	2535	2016	3602	4016	2525
5.空宅或其他用途房市场价估计值	Market Price Estimates of Empty Building and Other Uses	1155	3052	799	1520	3628	790
(三)期内新购住房情况	Conditions of Houses Newly Purchased During Period						
1.期内新购住房建筑面积 (平方米/人)	Floor Space of Residential Buildings Newly Purchased During Period (sq.m/person)	0.7	1.1	0.2	0.7	1.2	0.3
2.新购住房总金额 (元/平方米)	Total Amount of Residential Buildings Newly Purchased (yuan/sq.m)	3790	4174	2035	3642	4131	1728
(四)期内新建住房情况	Conditions of Houses Newly Built During Period						
1.期内新建住房竣工建筑面积(平方米/人)	Floor Space Completed of Residential Buildings Newly Built During Period (sq.m/person)	2.0	0.1	3.7	1.2	0.3	2.0
2.新建住房总费用 (元/平方米)	Total Cost of Residential Buildings Newly Built (yuan/sq.m)	565	1024	549	688	611	698

11-4 分地区全体居民人均可支配收入

Per Capita Disposable Income of All Households by Region

单位：元 (yuan)

地区	Region	2010	2011	2012	2013	2014	2015	2016
西宁市	Xining City	11254	13004	14881	16523	18026	19842	21696
海东市	Haidong City	6287	7593	9089	10654	11645	12805	13996
海北州	Haibei Zang A.P	7709	9229	10782	12174	13396	14710	16081
黄南州	Huangnan Zang A.P	6048	7186	8252	9360	10569	11608	12697
海南州	Hainan Zang A.P	6992	8189	9441	10846	12289	13505	14784
果洛州	Golog Zang A.P	5758	6435	7585	8614	9809	10739	11787
玉树州	Yushu Zang A.P	8002	7606	8709	9889	11260	12315	13513
海西州	Haixi Mongolian & Zang A.P	12260	14023	15844	17580	19508	21316	23263

11-5 分地区全体居民人均生活消费支出

Per Capita Consumption Expenditure of All Households by Region

单位：元 (yuan)

地区	Region	2010	2011	2012	2013	2014	2015	2016
西宁市	Xining City	8517	9785	11219	12542	14897	16240	17689
海东市	Haidong City	5465	6671	7989	8953	9183	9819	10223
海北州	Haibei Zang A.P	5283	6110	7858	8654	9547	10227	10970
黄南州	Huangnan Zang A.P	5389	6108	7309	7896	7730	8398	9297
海南州	Hainan Zang A.P	4960	6504	7509	8389	9418	9997	10701
果洛州	Golog Zang A.P	4107	4522	4888	5603	6493	6991	7821
玉树州	Yushu Zang A.P	3487	4343	5044	5631	7043	7544	8239
海西州	Haixi Mongolian & Zang A.P	9741	11339	11594	12755	12786	13772	14577

11-6 分地区城镇居民人均可支配收入

Per Capita Disposable Income of Urban Households by Region

单位：元 (yuan)

地区	Region	2010	2011	2012	2013	2014	2015	2016
西宁市	Xining City	15151	17041	18969	20916	22903	25232	27539
海东市	Haidong City	13712	15611	17700	19434	21219	23373	25492
海北州	Haibei Zang A.P	14333	16420	18699	20626	22314	24606	26828
黄南州	Huangnan Zang A.P	14284	16212	18235	20266	22151	24407	26567
海南州	Hainan Zang A.P	13312	15537	17557	19783	21810	24025	26218
果洛州	Golog Zang A.P	14916	16585	18868	21243	23457	25762	28133
玉树州	Yushu Zang A.P	16342	17465	18935	21206	23398	25655	27978
海西州	Haixi Mongolian & Zang A.P	15274	17323	19369	21326	23198	25419	27720

11-7 分地区城镇居民人均生活消费支出

Per Capita Consumption Expenditure of Urban Households by Region

单位：元 (yuan)

地区	Region	2010	2011	2012	2013	2014	2015	2016
西宁市	Xining City	10340	11581	13297	14935	18265	20112	21997
海东市	Haidong City	9689	11023	12861	13960	13454	14731	15309
海北州	Haibei Zang A.P	8311	9329	11604	12544	13532	14876	16040
黄南州	Huangnan Zang A.P	12371	13288	14344	15273	14154	15626	16981
海南州	Hainan Zang A.P	7607	9021	10239	11264	12582	13828	14810
果洛州	Golog Zang A.P	10419	11427	12061	13974	16090	17613	19260
玉树州	Yushu Zang A.P	7199	7859	8557	9234	12644	13823	14150
海西州	Haixi Mongolian & Zang A.P	12060	13698	13515	14769	14369	15596	16432

11-8 分地区农村居民人均可支配收入

Per Capita Disposable Income of Rural Households by Region

单位：元 (yuan)

地区	Region	2010	2011	2012	2013	2014	2015	2016
西宁市	Xining City	4416	5360	6304	7275	8158	8865	9678
海东市	Haidong City	4090	4948	5757	6656	7508	8196	8945
海北州	Haibei Zang A.P	4478	5722	6919	8048	9049	9836	10735
黄南州	Huangnan Zang A.P	3200	4058	4781	5550	6288	6819	7455
海南州	Hainan Zang A.P	4476	5222	6109	7098	8026	8737	9550
果洛州	Golog Zang A.P	2750	3101	3876	4457	5050	5465	6020
玉树州	Yushu Zang A.P	4058	2943	3870	4531	5138	5565	6177
海西州	Haixi Mongolian & Zang A.P	5215	6309	7597	8813	9880	10582	11539

11-9 分地区农村居民人均生活消费支出

Per Capita Consumption Expenditure of Rural Households by Region

单位：元 (yuan)

地区	Region	2010	2011	2012	2013	2014	2015	2016
西宁市	Xining City	5318	6384	6859	7504	8080	8354	8827
海东市	Haidong City	4215	5236	6104	6673	7336	7677	7989
海北州	Haibei Zang A.P	3806	4540	6031	6755	7605	7938	8448
黄南州	Huangnan Zang A.P	2975	3620	4863	5319	5355	5694	6393
海南州	Hainan Zang A.P	3906	5487	6389	7183	8001	8261	8821
果洛州	Golog Zang A.P	2034	2254	2531	2848	3146	3263	3785
玉树州	Yushu Zang A.P	1731	2679	3381	3926	4218	4367	5240
海西州	Haixi Mongolian & Zang A.P	4324	5826	7102	8043	8657	9000	9696

11-10 居民家庭主要耐用消费品每百户年末拥有量
Number of Durable Consumer Goods Owned Per 100 Households

指标	Item	2015 全体住户 All Households	2015 城镇住户 Urban Households	2015 农村住户 Rural Households	2016 全体住户 All Households	2016 城镇住户 Urban Households	2016 农村住户 Rural Households
家用汽车 (辆)	Automobile (unit)	24.3	25.0	23.5	30.5	30.3	30.7
摩托车 (辆)	Motorcycle (unit)	48.7	16.0	90.5	45.3	12.5	86.9
电动助力车 (台)	Electric Bicycle (set)	9.8	6.9	13.4	10.2	6.9	14.3
洗衣机 (台)	Washing Machine (set)	95.7	94.7	97.1	97.2	96.1	98.6
电冰箱(柜) (台)	Refrigerator (set)	94.3	93.8	95.0	97.4	94.7	100.8
微波炉 (台)	Microwave Oven (set)	32.4	52.6	6.5	32.4	53.8	5.3
彩色电视机 (台)	Color Television Set (set)	105.0	100.2	111.1	103.7	100.9	107.3
空调 (台)	Air Conditioner (set)	1.4	2.2	0.3	1.4	1.3	1.5
热水器 (台)	Water Heater (set)	37.8	48.9	23.8	40.4	49.9	28.2
排油烟机 (台)	Exhaust Fan (set)	43.6	70.7	9.0	48.6	75.2	14.8
固定电话 (部)	Telephone (unit)	43.9	56.7	27.5	35.8	48.0	20.4
移动电话 (部)	Mobile Telephone (unit)	233.5	210.9	262.3	247.1	220.3	281.2
计算机 (台)	Computer (set)	39.0	60.2	11.9	38.0	56.8	14.1
照相机 (台)	Camera (set)	14.1	23.3	2.4	12.1	19.8	2.3

11－11　2016年全体居民人均收支情况
Per Capita Income and Consumption Expenditure of All Households(2016)

指　标	Item	绝对数(元) Level(yuan)	增长率(%) Growth Rate(%)	构成(%) Composition(%)
可支配收入	**Disposable Income**	**17302**	**9.4**	**100.0**
工资性收入	Income of Wages and Salaries	10235	11.4	59.1
经营净收入	Net Business Income	2629	7.5	15.2
第一产业经营净收入	Net Business Income of Primary Industry	1199	3.7	6.9
第二产业经营净收入	Net Business Income of Secondary Industry	142	-17.1	0.8
第三产业经营净收入	Net Business Income of Tertiary Industry	1288	15.3	7.4
财产净收入	Net Income from Property	863	7.5	5.0
转移净收入	Net Income from Transfer	3575	6.0	20.7
消费支出	**Consumption Expenditure**	**14775**	**8.6**	**100.0**
食品烟酒	Food,Tobacco and Liquor	4272	7.9	28.9
衣着	Clothing	1270	3.1	8.6
居住	Residence	2595	10.3	17.6
生活用品及服务	Household Facilities, Articles and Services	874	10.1	5.9
交通通信	Transport and communications	2287	1.1	15.5
教育文化娱乐	Education,Cultural and Recreation	1568	13.4	10.6
医疗保健	Health Care and Medical Services	1504	14.1	10.2
其他用品和服务	Other Goods and Services	405	30.6	2.7

11−12 2016年城镇常住居民人均收支情况

Per Capita Income and Consumption Expenditure of Urban Households(2016)

指　标	Item	绝对数(元) Level(yuan)	增长率(%) Growth Rate(%)	构成(%) Composition(%)
可支配收入	**Disposable Income**	**26757**	**9.0**	**100.0**
工资性收入	Income of Wages and Salaries	18741	10.9	70.1
经营净收入	Net Business Income	2008	13.7	7.5
第一产业经营净收入	Net Business Income of Primary Industry	110	48.1	0.4
第二产业经营净收入	Net Business Income of Secondary Industry	240	-13.9	0.9
第三产业经营净收入	Net Business Income of Tertiary Industry	1658	17.4	6.2
财产净收入	Net Income from Property	1451	9.0	5.4
转移净收入	Net Income from Transfer	4558	0.2	17.0
消费支出	**Consumption Expenditure**	**20853**	**8.6**	**100.0**
食品烟酒	Food,Tobacco and Liquor	5976	8.6	28.7
衣着	Clothing	1964	3.2	9.4
居住	Residence	3809	14.1	18.3
生活用品及服务	Household Facilities, Articles and Services	1322	12.0	6.3
交通通信	Transport and communications	3064	-8.7	14.7
教育文化娱乐	Education,Cultural and Recreation	2353	16.3	11.3
医疗保健	Health Care and Medical Services	1750	20.0	8.4
其他用品和服务	Other Goods and Services	615	40.1	2.9

11−13 2016年农村常住居民人均收支情况

Per Capita Income and Consumption Expenditure of Rural Households(2016)

指　　标	Item	绝对数(元) Level(yuan)	增长率(%) Growth Rate(%)	构成(%) Composition(%)
可支配收入	**Disposable Income**	**8664**	**9.2**	**100.0**
工资性收入	Income of Wages and Salaries	2464	10.3	28.4
经营净收入	Net Business Income	3197	4.5	36.9
第一产业经营净收入	Net Business Income of Primary Industry	2193	2.9	25.3
第二产业经营净收入	Net Business Income of Secondary Industry	53	-29.2	0.6
第三产业经营净收入	Net Business Income of Tertiary Industry	951	11.7	11.0
财产净收入	Net Income from Property	325	-0.2	3.8
转移净收入	Net Income from Transfer	2678	15.7	30.9
消费支出	**Food,Tobacco and Liquor**	**9222**	**7.7**	**100.0**
食品烟酒	Clothing	2715	5.9	29.5
衣着	Residence	636	1.4	6.9
居住	Household Facilities, Articles and Services	1487	1.7	16.1
生活用品及服务	Transport and communications	464	4.5	5.0
交通通信	Education,Cultural and Recreation	1577	23.4	17.1
教育文化娱乐	Health Care and Medical Services	851	5.6	9.2
医疗保健	Other Goods and Services	1279	7.4	13.9
其他用品和服务	Other Goods and Services	213	10.0	2.3

11-14 居民家庭现金收入及支出
Cash Income and Consumption Expenditure of Households

单位：元 (yuan)

指　标	Item	2015			2016		
		全体居民 All House-holds	城镇常住居民 Urban House-holds	农村常住居民 Rural House-holds	全体居民 All House-holds	城镇常住居民 Urban House-holds	农村常住居民 Rural House-holds
现金收入(未扣除生产费用)	**Cash Income(Not Deduct the Cost of Production)**	**17314**	**26524**	**9001**	**19010**	**28947**	**9934**
现金工资性收入	Cash Income of Wages and Salaries	9168	16851	2233	10219	18709	2463
现金经营性收入	Business Cash Income	3500	2650	4267	3724	2767	4599
现金财产性收入	Cash Income from Property	411	496	334	447	569	335
现金转移性收入	Cash Income from Transfer	4236	6527	2167	4621	6903	2536
现金支出	**Expenditure**	**17512**	**23196**	**12381**	**19053**	**25072**	**13556**
现金消费支出	Cash Consumption Expenditure	11784	17019	7059	12889	18686	7594
食品烟酒	Food, Tobacco and Liquor	3629	5464	1974	3884	5935	2012
衣着	Clothing	1232	1902	627	1270	1964	636
居住	Residence	1236	1710	808	1427	2059	850
生活用品及服务	Household Facilities, Articles and Services	791	1177	442	871	1321	461
交通通信	Transport and Communications	2263	3355	1278	2286	3063	1577
教育文化娱乐	Education,Cultural and Recreation	1383	2021	807	1568	2353	851
医疗保健	Health Care and Medical Services	942	955	931	1178	1378	996
其他用品和服务	Other Goods and Services	308	435	192	405	615	213
生产经营现金费用支出	Production and Business Cash Expenditure	1022	429	1557	1089	434	1688
第一产业	Primary Industry	691	41	1278	815	52	1511
第二产业	Secondary Industry	25	3	45	5	0	10
第三产业	Tertiary Industry	306	385	235	270	382	167
现金财产性支出	Cash Expenditure on Property	29	52	8	37	65	10
现金转移性支出	Cash Expenditure on Transfer	1222	2385	172	1427	2722	244
部分商业保险支出	Expenditure on Some Commercial Insurance	49	89	13	58	93	26
购置资产及非经常性转移支出	Expenditure on Accumulation of Assets and Non Recurring Transfer	2673	2509	2821	2824	2370	3240
借贷性支出	Expenditure on Loan	733	713	751	729	702	753

11-15 居民家庭主要食品人均消费量
Per Capita Consumption of Major Foods by Households

单位：公斤 (kg)

指 标	Item	2015 全体居民 All House-holds	2015 城镇常住居民 Urban House-holds	2015 农村常住居民 Rural House-holds	2016 全体居民 All House-holds	2016 城镇常住居民 Urban House-holds	2016 农村常住居民 Rural House-holds
粮食消费量	**Grain**	**117.6**	**94.0**	**138.9**	**123.8**	**100.9**	**144.8**
谷物消费量	Cereal	110.4	87.7	130.8	114.6	93.9	133.5
薯类消费量	Potato	4.9	3.1	6.6	7.1	3.5	10.3
豆类消费量	Beans	2.3	3.3	1.4	2.2	3.5	1.0
油脂类消费量	**Oil**	**9.5**	**8.2**	**10.7**	**9.3**	**9.0**	**9.6**
植物油	Vegetable Oil	9.1	8.2	9.9	8.9	8.9	8.9
动物油	Animal Oil	0.4	0.1	0.8	0.4	0.1	0.7
蔬菜及菜制品消费量	**Vegetable and Products**	**62.7**	**73.1**	**53.3**	**65.3**	**84.4**	**47.7**
鲜菜	Fresh Vegetable	61.2	71.1	52.3	63.7	82.4	46.6
肉类	**Meat**	**23.2**	**25.0**	**21.7**	**26.6**	**26.5**	**26.7**
猪肉	Pork	10.3	10.6	10.1	12.3	11.4	13.2
牛肉	Beef	4.5	5.1	4.1	5.0	5.4	4.6
羊肉	Mutton	6.9	6.8	7.0	8.0	7.7	8.3
其他肉类及制品	Other Meat and Processed Products	1.4	2.4	0.5	1.3	2.0	0.7
禽类	**Poultry**	**3.2**	**3.9**	**2.7**	**3.2**	**4.1**	**2.5**
水产品	**Aquatic Products**	**2.1**	**3.6**	**0.7**	**2.0**	**3.4**	**0.7**
鱼类	Fish	1.5	2.5	0.5	1.5	2.5	0.5
蛋类及蛋制品	**Eggs and Processed Products**	**4.3**	**6.2**	**2.5**	**4.6**	**6.8**	**2.6**
奶和奶制品	**Milk and Processed Products**	**17.4**	**25.0**	**10.5**	**18.2**	**23.1**	**13.8**
干鲜瓜果类	**Dry and Fresh Melons and Fruits**	**27.9**	**39.9**	**17.0**	**30.9**	**44.3**	**18.8**
糖果糕点类	**Candy Cakes**	**3.6**	**4.7**	**2.6**	**3.5**	**4.5**	**2.6**
食糖	Sugar	1.3	1.1	1.5	1.3	1.1	1.5
茶叶	**Tea**	**0.4**	**0.3**	**0.5**	**0.4**	**0.2**	**0.5**
烟草消费量(盒)	**Tobacco(box)**	**21.3**	**18.8**	**23.7**	**22.4**	**20.0**	**24.6**
酒	**Liquor**	**4.1**	**3.9**	**4.4**	**4.0**	**3.8**	**4.3**
白酒	White Liquor	2.3	2.2	2.3	2.1	1.9	2.2
啤酒	Beer	1.8	1.6	2.1	1.9	1.7	2.1
果酒	Fruit Wine	0.0	0.1	0.0	0.1	0.2	0.1

11−16 2016年西部十二省市区居民人均可支配收入
Per Capita Disposable Income of Households in Western Twelve Provinces(2016)

地区	Region	全体居民 All Households				城镇常住居民 Urban Households				农村常住居民 Rural Households			
		水平（元） Level (yuan)	增速(%) Growth Rate (%)	水平位次 Rank of Level	速度位次 Rank of Growth Rate	水平（元） Level (yuan)	增速(%) Growth Rate (%)	水平位次 Rank of Level	速度位次 Rank of Growth Rate	水平（元） Level (yuan)	增速(%) Growth Rate (%)	水平位次 Rank of Level	速度位次 Rank of Growth Rate
内蒙古	Inner Mongolia	24127	8.1	1	12	32975	7.8	1	10	11609	7.7	1	11
广　西	Guangxi	18305	8.5	7	11	28324	7.2	7	12	10359	9.4	4	5
重　庆	Chongqing	22034	9.6	2	4	29610	8.7	2	4	11549	9.9	2	2
四　川	Sichuan	18808	9.2	5	6	28335	8.1	6	7	11203	9.3	3	6
贵　州	Guizhou	15121	10.4	10	2	26743	8.8	11	3	8090	9.5	11	3
云　南	Yunnan	16720	9.8	9	3	28611	8.5	3	5	9020	9.4	9	4
西　藏	Tibet	13639	11.3	12	1	27802	9.2	8	1	9094	10.3	8	1
陕　西	Shaanxi	18874	8.5	3	10	28440	7.6	5	11	9396	8.1	7	8
甘　肃	Gansu	14670	8.9	11	7	25693	8.1	12	8	7457	7.5	12	12
青　海	**Qinghai**	**17302**	**9.4**	**8**	**5**	**26757**	**9.0**	**10**	**2**	**8664**	**9.2**	**10**	**7**
宁　夏	Ningxia	18832	8.7	4	9	27153	7.8	9	9	9852	8.0	6	10
新　疆	Xinjiang	18355	8.9	6	8	28463	8.3	4	6	10183	8.0	5	9

主要统计指标解释

住户收支与生活状况调查简介 住户收支与生活状况调查过去一直按照城镇和农村分别组织实施，城镇统计居民可支配收入，农村统计农民纯收入。从2012年起，国家统计局分别对城乡住户调查实施了一体化改革，统一了城乡居民收入指标名称、分类和统计标准，建立了城乡统一的一体化住户调查。青海省从2014年开始发布新口径全省住户收支调查数据，各州县新口径住户收支调查数据从2015年开始发布。本章中未标明“老口径”数据均为一体化改革后住户收支调查新口径数据。

可支配收入 指调查户在调查期内获得的、可用于最终消费支出和储蓄的总和，即调查户可以用来自由支配的收入。可支配收入既包括现金，也包括实物收入。计算方法：可支配收入 = 工资性收入 + 经营净收入 + 财产净收入 + 转移净收入。

经营净收入 指住户或住户成员从事生产经营活动所获得的净收入，是全部经营收入中扣除经营费用、生产性固定资产折旧和生产税之后得到的净收入。

财产净收入 指住户或住户成员将其所拥有的金融资产、住房等非金融资产和自然资源交由其他机构单位、住户或个人支配而获得的回报并扣除相关的费用之后得到的净收入。

转移净收入 计算公式为：

转移净收入 = 转移性收入 − 转移性支出

转移性收入 指国家、单位、社会团体对住户的各种经常性转移支付和住户之间的经常性收入转移。包括政府、非行政事业单位、社会团体对居民转移的养老金或退休金、社会救济和补助、惠农补贴、政策性生活补贴、救灾款、经常性捐赠和赔偿以及报销医疗费等；住户之间的赡养收入、经常性捐赠和赔偿以及农村地区（村委会）在外（含国外）工作的本住户非常住成员寄回带回的收入等。转移性收入不包括住户之间的实物馈赠。

转移性支出 指调查户对国家、单位、住户或个人的经常性或义务性转移支付。包括缴纳的税款、各项社会保障支出、赡养支出、经常性捐赠和赔偿支出以及其他经常转移支出等。

消费支出 指住户用于满足家庭日常生活消费需要的全部支出，包括用于消费品的支出和用于服务性消费的支出。

现行一体化住户调查与老口径城镇及农村住户调查指标统计上的变化：

收入减少部分 以前计算收入现在不计算收入的项目主要包括：拆迁征地补偿所得、出售住房溢价所得、出售收藏品溢价所得、出售股票基金等金融衍生品的溢价所得、一次性抚恤金、一次性赔偿所得、遗产及一次性馈赠所得、压岁钱、婚丧嫁娶礼金所得、博彩所得等。

收入增加部分 以前不计算收入现在计算收入的项目主要包括：报销医疗费、实物福利、单位出资缴纳的各种社会保障费（如：养老金、住房公积金、失业保险金）等。

住户常住成员：满足下列三种情况之一，即可判定为常住成员：

（1）过去三个月或未来三个月居住时间超过一个半月的人。

（2）包括在外居住在工棚、集体宿舍、工作场所、帐篷船屋等且每月都回本住宅居住的人。

（3）由本住户供养的在校学生。

外出从业人员收入统计方法

首先判断外出从业人员是否本户常住成员，若是，则其所对应的收支均计算为本户的收支；否则，只有当外出从业人员有寄带回收入行为的方可计算为本户收入，同时其产生的消费支出不计入本户消费支出。

Explanatory Notes on Main Statistical Indicators

Income and Expenditure of Households and Living Conditions Survey In the past, income and expenditure of households and living conditions Survey have been in accordance with the urban and rural areas: urban statistics disposable income and the rural statistics net income. The NBS conducted survey of urban and rural households in implementation of the reform and integration since 2012, unified the name, classification and statistical standards of urban and rural residents income indicator, established a unified urban and rural integrated household survey. Qinghai Province began issuing new caliber household income and expenditure survey data since 2014. State and county began issuing new caliber household income and expenditure survey data since 2015. Data non - indicated the "old caliber" in this chapter are new caliber data from integrated reform of household income and expenditure survey.

Disposable Income Refers to the sum total of the households in the survey period, which can be used for final consumption and savings, namely, the income of the household can be used for free. Disposable income includes both cash and in kind. Calculation method: Disposable Income = Wage Income + Net Business Income + Net Income from Property + Net Income from Transfer.

Net Business Income refers to the members of the households or households get net income from production and business activities, equal to the total operating income deduct operating expenses, obtained after the production of fixed assets depreciation and tax.

Net Income from Property refers to the income received as returns by the members of the households or households of financial assets or tangible non - productive assets by providing capitals or tangible non - productive assets to other institutional units, households and personal, deducting the relevant expenses.

Net Income from Transfer The calculation formula is as follows: Net Income from Transfer = Income from Transfers - Transfer Expenditure.

Income from Transfers refers to the regular current transfers of the country, unit and social group to the households and the transfer of the regular income between households. It includes pension or retirement benefits, social benefits and subsidies, subsidies benefit farmers, policy subsidy, relief funds, regular donation, regular compensation and reimbursement of medical expenses that the government, the non - administrative institutions and social groups transfer to households. It also includes alimony income, regular donations and compensation between households and income send back by non - resident members of households work outside (including foreign) in rural areas (village). It does not include the physical gifts between households.

Transfer Expenditure refers to regular or voluntary transfer payment of survey households to the country, unit, household or individual. It includes the payment of taxes, social security expenses, maintenance expenses, regular donations and compensation expenses, and other expenses, etc..

Consumption Expenditure refers to the all the expenditures of households for consumption in daily life. It includes the expenses for the consumer goods and the expenses for the service.

The changes of survey indicators between the current integrated household survey and the old caliber survey of urban and rural household:

Reduced Income previously calculated income now does not calculate the income of the project mainly includes: land acquisition compensation income, the sale of housing premium income, sell collection of premium income, the sale of stock funds and other financial derivatives of premium income, lump sum pension, one - time compensation income, the gift of heritage and disposable income, lucky money, weddings and funerals gifts income, gaming income, etc..

Increased Income refers to income calculated now and does not calculated previously that mainly includes: reimbursement of medical expenses, physical benefits, various social security (pension, housing provident fund, unemployment insurance), etc..

Resident Permanent Members refers to the persons which meet one of the following three cases:

(1) living more than a month and a half over the past three months or three months in the future.

(2) living in the barracks, dormitories, workplaces, tents and boat house, and back to the residence every month.

(3) the students in the school who are supported by the household.

Income Statistics Method for Employees Work Outside

Firstly judging whether employees work outside are the resident members, if so, the corresponding income and expenditure were calculated for the household income and expenditure; otherwise, only when out practitioners sent back to income behavior can be calculated as the household income, while its consumer spending not included in the household consumption expenditure.

第 12 篇

CHAPTER 12

农 业

Agriculture

农作物播种面积

（千公顷）

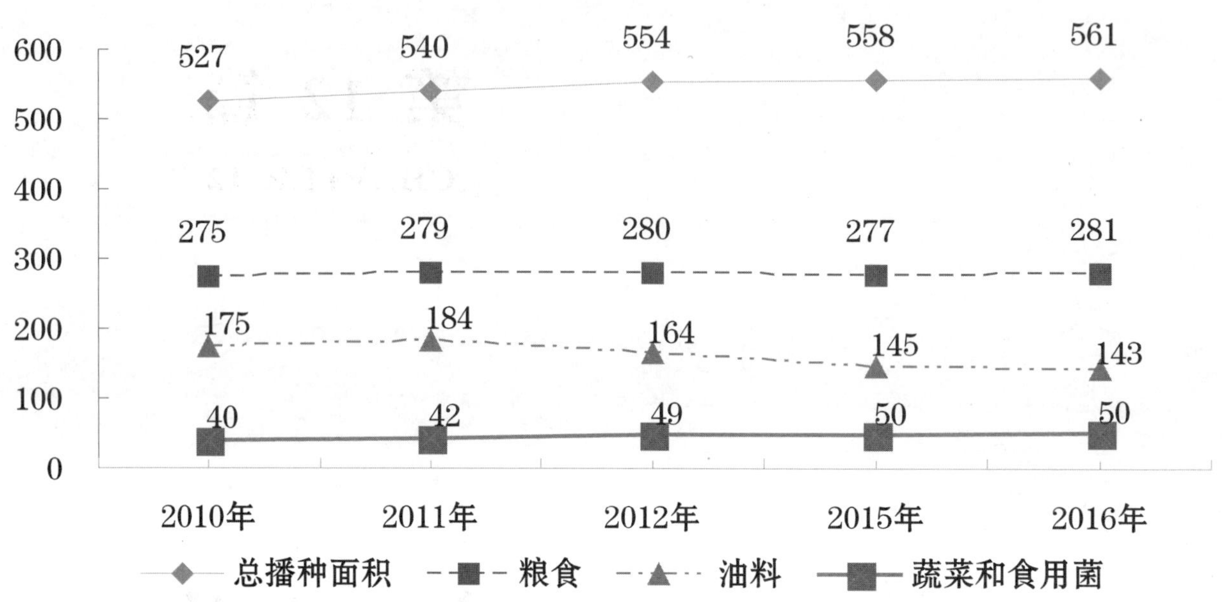

特色农牧产品产量

（万吨）

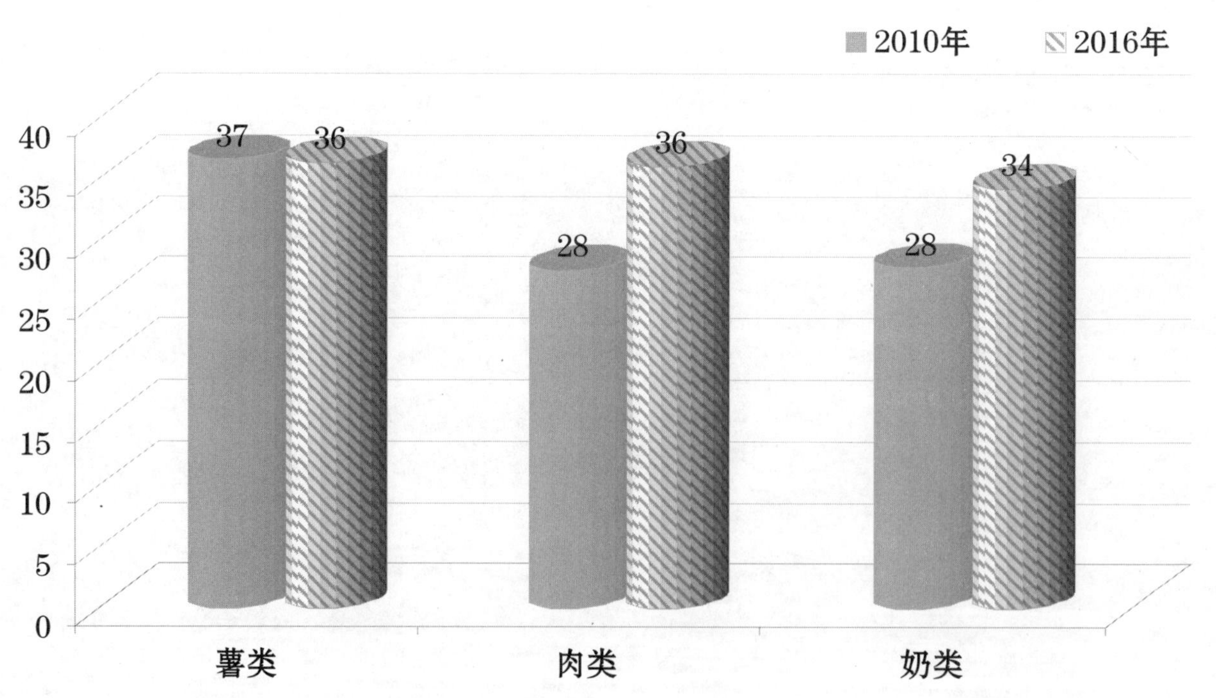

12-1 2011-2016年农村基本情况及乡村从业人员
Basic Statistics of Rural Area and Employed Persons(2011-2016)

指 标	Item	2011	2012	2013	2014	2015	2016
农村基层组织情况 （个）	**Basic Conditions of Rural Grass-root Units (unit)**						
乡镇数	Number of Township and Town Governments	365	366	365	365	365	365
镇数	Number of Town Governments	133	138	137	140	140	140
村民委员会	Number of Villagers' Committees	4164	4163	4170	4167	4166	4143
牧业	Animal Husbandry	917	917	922	890	888	892
户数及人口情况	**Number of Households and Situation of Population**						
乡村户数 （万户）	Number of Rural Households (10 000 households)	90.0	91.8	92.5	94.9	96.1	97.4
乡村人口数 （万人）	Number of Rural Population (10 000 persons)	381.0	385.2	385.9	393.7	396.6	396.3
乡村从业人员 （万人）	**Number of Rural Employed Persons(10 000 persons)**						
乡村劳动力资源数	Number of Rural Labor Resources	223.7	228.8	230.0	234.7	240.2	242.8
乡村从业人员	Number of Rural Employed Persons	203.0	203.1	202.8	206.8	208.1	208.0
按性别分	By Sex						
男	Male	107.6	108.1	108.0	109.9	110.6	110.7
女	Female	95.4	95.1	94.8	96.9	97.5	97.3
按国民经济行业分	By National Economic Sector						
农林牧渔业	Agriculture, Forestry, Animal Husbandry & Fishery	118.1	114.9	115.2	115.7	116.4	115.5
工 业	Industry	13.8	13.8	13.7	14.5	14.1	14.3
建筑业	Construction	26.5	26.6	27.1	28.2	29.6	30.0
交通运输、仓储及邮政业	Transport, Storage and Post	8.7	9.5	9.4	9.5	9.4	9.3
信息传输、计算机服务和软件业	Information Transmission, Computer Services and Software	0.5	0.5	0.7	0.8	0.7	0.7
批发与零售业	Wholesale and Retail Trades	9.3	9.7	10.3	10.4	10.3	10.5
住宿和餐饮业	Hotels and Catering Services	9.8	11.7	11.6	11.4	11.8	12.1
其他行业	Others	16.3	16.4	14.8	16.3	15.8	15.6

12-2 1983-2016年农村基层组织及从业人员

Basic Conditions of Rural Grass-roots Units and Employed Persons (1983-2016)

年 份 Year 地 区 Region	乡镇数 (个) Number of Township and Town Governments (unit)	乡 Town -ship	镇 Town	村民委员会 (个) Number of Villagers' Committees (unit)	乡村户数 (万户) Number of Rural Households (10 000 units)	乡村人口数 (万人) Number of Rural Population (10 000 persons)	乡村从业人员 (万人) Number of Rural Employed Persons (10 000 persons)	按性别分 By Sex 男 Male	女 Female
1983	422			3749	49.52	284.67	116.25	60.55	55.70
1984	428			3880	50.30	286.56	118.47	60.77	57.70
1985	428	403	25	3933	50.72	286.17	120.17	61.31	58.86
1986	429	404	25	3940	51.44	287.67	121.65	61.85	59.80
1987	429	404	25	3970	52.52	291.11	124.60	63.41	61.19
1988	429	403	26	3977	53.55	294.43	127.81	64.93	62.88
1989	430	403	27	4022	54.81	297.95	131.79	67.36	64.43
1990	430	403	27	4021	57.35	304.13	135.88	69.00	66.88
1991	430	403	27	4027	58.70	308.38	139.80	71.34	68.46
1992	430	403	27	4039	59.93	314.60	143.74	73.38	70.36
1993	431	404	27	4002	61.01	316.15	146.02	74.55	71.47
1994	431	404	27	4002	62.19	319.65	150.02	76.56	73.46
1995	432	404	28	4008	63.34	322.86	152.65	78.01	74.64
1996	432	404	28	4008	64.80	325.99	158.33	81.21	77.12
1997	432	404	28	4046	65.73	328.30	161.40	82.93	78.47
1998	432	402	30	4054	67.08	331.11	162.38	83.33	79.05
1999	430	390	40	4056	68.48	334.06	173.25	88.60	84.65
2000	430	390	40	4120	69.90	336.59	171.97	88.68	83.29
2001	422	349	73	4123	71.16	339.48	174.01	89.75	84.26
2002	392	285	107	4129	72.50	342.89	177.32	91.66	85.66
2003	392	285	107	4133	73.82	347.28	180.55	94.60	85.95
2004	392	285	107	4158	75.88	354.10	184.55	97.52	87.03
2005	392	283	109	4161	77.60	357.33	186.04	98.24	87.80
2006	369	241	128	4162	77.82	353.30	185.34	98.76	86.58
2007	367	238	129	4173	80.19	359.48	189.35	100.96	88.39
2008	366	234	132	4161	82.85	367.01	193.74	103.64	90.10
2009	366	234	132	4163	85.06	372.02	197.30	105.34	91.96
2010	365	232	133	4163	87.49	378.20	198.34	106.70	91.64
2011	365	232	133	4164	89.97	381.00	203.01	107.62	95.39
2012	366	228	138	4163	91.75	385.17	203.14	108.08	95.06
2013	365	228	137	4170	92.53	385.91	202.75	107.96	94.79
2014	365	225	140	4167	94.95	393.66	206.78	109.86	96.92
2015	365	225	140	4166	96.12	396.65	208.06	110.54	97.52
2016	365	225	140	4143	97.39	396.25	208.04	110.70	97.34
西宁市 Xining City	50	23	27	917	26.36	107.27	61.73	33.24	28.49
海东市 Haidong City	94	59	35	1587	32.05	133.69	69.99	36.96	33.03
海北州 Haibei Zang A.P	30	19	11	214	5.70	24.92	12.09	6.55	5.54
黄南州 Huangnan Zang A.P	32	21	11	261	4.99	21.24	10.82	5.42	5.40
海南州 Hainan Zang A.P	36	20	16	423	9.13	35.90	17.16	9.09	8.07
果洛州 Golog Zang A.P	44	36	8	188	4.23	15.52	7.34	3.68	3.66
玉树州 Yushu Zang A.P	44	33	11	258	9.56	37.18	17.82	9.61	8.21
海西州 Haixi Mongolian & Zang A.P	35	14	21	295	5.37	20.53	11.09	6.15	4.94

12-2 续表 Continued

单位：万人 (10 000 persons)

年 份 Year / 地 区 Region	按行业分 By Sector							
	农林牧渔业 Agriculture, Forestry, Animal Husbandry & Fishery	工 业 Industry	建筑业 Construction	交通运输，仓储及邮政业 Transport, Storage and Post	信息传输、计算机服务和软件业 Information Transmission, Computer Services and Software	批发，零售贸易业 Wholesale and Retail Trades	住宿和餐饮业 Hotels and Catering Services	其他行业 Others
1983	110.44	0.65	0.45	0.43		0.42		0.22
1984	109.68	0.72	0.89	0.69		0.68		1.79
1985	107.09	3.48	2.77	1.83		1.10		2.34
1986	106.13	3.60	3.49	2.33		1.35		3.01
1987	109.09	3.37	3.05	2.52		1.43		3.45
1988	111.87	3.67	2.77	2.67		1.62		3.51
1989	116.50	3.79	2.38	2.62		1.61		3.30
1990	119.65	3.94	2.47	2.92		1.69		3.64
1991	123.10	3.98	2.78	2.97		1.87		3.54
1992	126.59	4.03	2.79	3.15		1.92		3.70
1993	127.01	4.66	3.21	3.34		2.43		5.35
1994	130.18	5.11	3.02	3.68		2.60		5.43
1995	131.83	5.62	3.39	3.82		2.81		5.18
1996	137.09	5.67	3.07	3.52		2.82		6.16
1997	138.20	6.04	3.38	3.84		3.00		6.94
1998	138.16	6.09	3.65	3.85		3.01		7.62
1999	144.03	6.09	4.43	4.45		3.61		10.64
2000	142.25	6.14	5.01	3.93		3.63		11.01
2001	141.57	6.27	5.33	4.31		4.07		12.46
2002	136.50	6.94	6.86	5.11		4.99		16.92
2003	134.80	8.87	9.98	5.14		5.64		16.12
2004	131.85	9.74	13.29	5.62		5.32	4.17	14.56
2005	128.73	10.09	15.17	5.73		5.89	5.34	15.09
2006	124.03	11.35	17.69	6.21		6.82	5.73	13.50
2007	119.82	11.92	21.13	6.46	0.25	7.21	7.96	14.60
2008	120.61	12.04	23.17	6.72	0.20	7.50	8.88	14.62
2009	121.46	12.37	24.56	7.05	0.32	7.59	8.76	15.18
2010	120.99	12.98	25.17	7.06	0.35	7.92	9.40	14.49
2011	118.11	13.83	26.53	8.72	0.45	9.27	9.82	16.28
2012	114.94	13.75	26.62	9.50	0.54	9.68	11.70	16.41
2013	115.19	13.70	27.14	9.38	0.71	10.26	11.57	14.80
2014	115.70	14.48	28.16	9.54	0.77	10.43	11.38	16.32
2015	116.41	14.14	29.60	9.40	0.70	10.26	11.75	15.80
2016	115.50	14.29	29.96	9.26	0.75	10.48	12.15	15.65
西宁市 Xining City	23.80	7.07	11.99	4.07	0.03	4.60	4.35	5.82
海东市 Haidong City	32.79	5.00	12.65	3.10	0.52	3.73	5.88	6.32
海北州 Haibei Zang A.P	6.72	1.30	1.84	0.39	0.15	0.52	0.47	0.70
黄南州 Huangnan Zang A.P	8.61	0.18	0.61	0.34	0.01	0.35	0.37	0.35
海南州 Hainan Zang A.P	12.34	0.23	1.47	0.45	0.05	0.52	0.74	1.36
果洛州 Golog Zang A.P	7.00			0.07		0.11	0.01	0.15
玉树州 Yushu Zang A.P	16.67	0.02	0.21	0.12		0.11	0.09	0.60
海西州 Haixi Mongolian & Zang A.P	7.56	0.49	1.19	0.72		0.54	0.24	0.35

注：1.工业劳动力中包括村及村以下办的工业的劳动力。
2.本表分行业劳动力是按从事的主行业划分的，如以农业为主、兼营商业的，仍作为农林牧渔业劳动力。
3.2004年新增加了两个行业，把"住宿、餐饮业"从"批发零售贸易餐饮业"中分出，把"信息传输计算机服务和软件业"从"交通运输仓储和邮电业"中分出，与历史资料的口径有所不同。

a) Industrial labor force include industrial workforce run by village and below.
b) Laborers Grouped by sector in this table is based on the division of the main industries, such as agricultural, run concurrently commercial , is still as agriculture, forestry, animal husbandry and fishery workers.
c) Two new industry were increased in 2004, "hotels and catering services" separated from the "wholesale and retail trades" , "information transmission, computer services and software" separated from the "transport, storage and post". There is a different caliber from the historical data.

12-3 2011-2016年农业机械年末拥有量

Number of Agricultural Machinery at Year-end(2011-2016)

指 标	Item	2011	2012	2013	2014	2015	2016
农业机械总动力 （万千瓦）	**Total Agricultural Machinery Power (10 000 KW)**	**432.3**	**435.3**	**436.3**	**448.4**	**453.5**	**458.7**
柴油发动机动力	Diesel Engine	372.5	369.9	370.2	379.8	389.1	391.7
汽油发动机动力	Gasoline Engine	24.3	28.4	28.1	30.1	27.9	29.1
电动机动力	Motor Power	33.1	34.5	35.5	36.1	34.2	35.7
其他机械动力	Other Machinery Power	2.4	2.4	2.5	2.4	2.3	2.2
主要农业机械与设备	**Major Agricultural Machinery and Equipment**						
大中型拖拉机 （台）	Number of Large and Medium-sized Tractors (unit)	9060	9121	10236	11855	12779	13664
（万千瓦）	(10 000 KW)	25.2	25.0	26.4	30.8	34.2	37.7
小型拖拉机 （万台）	Number of Small Tractors (10 000 unit)	28.0	26.8	25.3	25.7	25.6	25.2
（万千瓦）	(10 000 KW)	265.2	254.8	243.8	249.2	249.8	248.9
大中型拖拉机配套农具(台)	Number of Large and Medium-sized Tractor Towing Farm Machinery (unit)	6138	6833	8283	13528	15706	21192
小型拖拉机配套农具(万台)	Small Tractor Towing Farm Machinery(10 000 unit)	23.4	24.4	25.1	28.3	27.8	30.0
农用排灌动力 （台）	Agricultural Irrigation and Drainage Power (unit)	2757	2703	2912	2882	2868	2873
（万千瓦）	(10 000 KW)	9.7	9.3	9.9	9.9	9.8	9.9
联合收割机 （台）	Combine Harvesters (unit)	1231	1446	1715	1879	2298	2396
（万千瓦）	(10 000 KW)	7.6	9.0	10.3	11.9	13.5	14.1
机动脱粒机 （台）	Motorized Threshing Machines (unit)	27242	29264	31747	34274	34641	41326
农用运输车 （辆）	Trucks for Agricultural Use (unit)	32977	31614	30780	33377	35857	30461
渔用机动船 （艘）	Number of Motorized Fishing Boats (unit)	179	210	192	213	224	225
（千瓦）	(KW)	2232	2430	2336	2570	2543	2553
农用排灌设施	Machinery for Agricultural Drainage and Irrigation						
机电井 （眼）	Motor-pumped Set (unit)	810	793	818	916	828	852
农用水泵 （台）	Agricultural Pumps (unit)	6496	6495	5435	4928	4929	5022

12-4 主要年份农业机械年末拥有量

Number of Agricultural Machinery at Year-end in Main Years

年份 地区	Year Region	农机总动力（万千瓦）Total Power of Agricultural Machinery (10 000 KW)	大中型拖拉机 Large and Medium-sized Agricultural Tractors（混合台）(mixed unit)	（万千瓦）(10 000 KW)	小型和手扶拖拉机 Small and Walking Tractor（台）(unit)	（万千瓦）(10 000 KW)	排灌动力机械 Machinery for Agricultural Drainage and Irrigation（台）(unit)	（万千瓦）(10 000 KW)	联合收割机（台）Combine Harvesters (unit)	农用运输车（辆）Trucks for Agricultural Use (unit)
1965			775	2.66	6	0.01	127	0.50	100	
1970			1296	3.02	749	1.12	263	1.40	98	
1975		30.47	3434	12.02	5776	4.26	1716	4.41	113	
1980		69.62	6364	23.07	13933	12.48	4552	8.46	363	
1985		88.03	5018	17.91	28589	25.21	3117	7.77	439	
1990		126.86	4232	15.44	63143	56.91	2919	7.01	479	
1995		188.47	3149	11.89	112907	100.67	2963	8.53	533	
1996		199.21	2980	11.25	124629	111.12	3081	8.87	541	
1997		207.85	2772	10.92	127796	111.45	4922	9.05	549	
1998		219.43	2750	11.06	138187	122.01	5074	9.38	626	
1999		241.94	2548	11.02	158867	135.97	2974	8.71	650	
2000		256.18	2409	10.46	167830	150.66	2725	8.65	670	8906
2001		264.66	2469	10.69	178638	160.66	2858	8.89	676	13433
2002		281.39	2787	11.04	190581	174.77	3080	9.06	651	16320
2003		292.43	2808	10.53	200714	177.24	2874	8.80	665	21192
2004		328.77	2861	10.94	230496	196.65	3066	10.03	632	25862
2005		327.34	2745	10.35	221664	204.41	2876	9.81	657	27762
2006		335.07	3063	10.85	230866	215.42	2965	9.92	667	27724
2007		348.57	3002	10.44	245443	228.63	3018	10.12	736	27996
2008		362.41	3417	12.95	251531	232.32	2975	10.08	886	27330
2009		400.73	3875	16.83	263728	248.71	2405	9.57	856	29970
2010		421.31	4747	18.56	276168	261.03	2529	9.54	1113	31661
2011		432.34	9060	25.18	279616	265.24	2757	9.71	1231	32977
2012		435.26	9121	24.96	268005	254.80	2703	9.34	1446	31614
2013		436.32	10236	26.44	253428	243.78	2912	9.93	1715	30780
2014		448.37	11855	30.82	257160	249.18	2882	9.88	1879	33377
2015		453.51	12779	34.24	255994	249.82	2868	9.81	2298	35857
2016		458.72	13664	37.73	252320	248.93	2873	9.90	2396	30461
西宁市	Xining City	133.85	2682	8.46	88046	87.13	318	0.94	937	9378
海东市	Haidong City	152.28	1640	4.01	93518	87.71	1224	5.33	193	10084
海北州	Haibei Zang A.P	46.60	1256	5.99	17720	18.78	91	0.17	586	24
黄南州	Huangnan Zang A.P	17.24	78	0.37	8590	9.95	124	0.94	19	3347
海南州	Hainan Zang A.P	49.03	1583	5.56	20994	22.00	853	1.99	446	4044
果洛州	Golog Zang A.P	4.63			1679	1.98				570
玉树州	Yushu Zang A.P	12.65	4109	6.52	4235	3.60	20	0.12	15	897
海西州	Haixi Mongolian & Zang A.P	42.44	2316	6.82	17538	17.78	243	0.41	200	2117

12-5 2011-2016年农村电力、农田水利建设和物资消耗

Rural Electric Power, Construction of Farmland Irrigation and Water Conservancy, Material Consumption(2011-2016)

指　　标	Item	2011	2012	2013	2014	2015	2016
农村电力	**Rural Electric Power**						
乡村办水电站 (个)	Hydropower Station in Rural Areas (unit)	40	35	34	35	33	33
发电能力 (万千瓦)	Generating Capacity (10 000 kw)	1.39	1.24	1.19	1.30	1.28	1.29
发电量 (万千瓦时)	Amount of Electric Power Generation (10 000 kwh)	6130	6458	6256	6391	6030	6052
农村用电量 (万千瓦时)	Electricity Consumed in Rural Areas (10 000 kwh)	40709	44595	45027	49557	59078	61545
农田水利建设情况 (千公顷)	**Construction of Farmland Irrigation and** Water Conservancy (1000 hectares)						
旱涝保收面积	Farmland with Stable Yields Despite of Drought or Waterlogging	80.7	72.9	54.8	52.9	49.6	42.8
机电排灌面积	Pumping Irrigation and Drainage Area	28.2	24.9	24.7	25.5	26.9	28.5
农用化肥施用量 (折纯) (万吨)	**Consumption of Chemical Fertilizer (100% Purity)** (10 000 tons)	**8.26**	**9.30**	**9.80**	**9.74**	**10.13**	**8.76**
氮肥 (实物量)	Nitrogenous Fertilizer (Physical Volume)	8.09	8.23	8.33	8.65	8.74	8.69
折纯量	(100% Purity)	3.65	3.77	3.86	3.98	4.08	3.62
磷肥 (实物量)	Phosphate Fertilizer (Physical Volume)	7.22	7.01	8.12	8.24	8.44	6.57
折纯量	(100% Purity)	1.26	1.26	1.53	1.70	1.77	1.50
钾肥 (实物量)	Potash Fertilizer (Physical Volume)	0.74	0.81	0.67	0.68	0.66	0.51
折纯量	(100% Purity)	0.38	0.37	0.26	0.27	0.27	0.18
复合肥 (实物量)	Compound Fertilizer (Physical Volume)	6.47	8.06	8.60	7.88	8.30	8.34
折纯量	(100% Purity)	2.98	3.90	4.15	3.79	4.01	3.46
农用塑料薄膜使用量(吨)	**Consumption of Agricultural Plastic Film (ton)**	**5405.86**	**5329.17**	**6472.24**	**7045.86**	**7377.47**	**7943.90**
地膜使用量 (吨)	Consumption of Plastic Mulching (ton)	4149.16	4308.09	5415.30	5734.14	6005.99	6409.77
地膜覆盖面积 (公顷)	Area of Plastic Mulching (hectare)	42954	51307	59912	66124	70860	72981
农用柴油使用量 (万吨)	**Consumption of Agricultural Diesel Oil(10 000 tons)**	**6.22**	**6.39**	**6.52**	**6.56**	**6.54**	**6.39**
农药使用量 (吨)	**Consumption of Pesticide (ton)**	**1995.36**	**1805.38**	**1996.96**	**1886.40**	**1956.18**	**1939.34**

12-6 主要年份农村电力、化肥施用量
Rural Electric Power , Consumption of Chemical Fertilizers in Main Years

年 份 Year 地 区 Region		乡村办水电站 Hydropower Station in Rural Areas		农村用电量 (万千瓦时) Electricity Consumed in Rural Areas (10 000 kwh)	化肥施用量 (实物吨) Consumption of Chemical Fertilizer (physical ton)
		个 数 Number	装机容量 (万千瓦) Installed Capacity (10 000 kw)		
1978		128	0.55	7442	158394
1980		138	0.77	8664	159014
1985		93	1.18	8292	117845
1990		67	0.76	14758	158840
1991		52	0.59	14856	160662
1992		43	0.48	15730	165501
1993		40	0.56	18647	171517
1994		41	0.69	21563	167100
1995		46	0.73	20377	179250
1996				20952	175006
1997		47	1.21	21446	181104
1998		48	1.26	21144	179885
1999		49	1.28	21420	185318
2000		57	1.64	23005	182439
2001		56	1.84	24427	182397
2002		54	2.73	22468	176458
2003		52	4.23	28789	171386
2004		49	4.07	29486	170655
2005		50	4.26	29923	176088
2006		51	4.28	31838	195053
2007		46	2.70	34533	197809
2008		43	2.65	36939	200804
2009		43	2.40	37782	210686
2010		42	1.44	38342	217853
2011		40	1.39	40709	225080
2012		35	1.24	44595	241106
2013		34	1.19	45027	257138
2014		35	1.30	49557	254482
2015		33	1.28	59078	261358
2016		33	1.29	61545	241128
西宁市	Xining City	11	1.07	23711	60426
海东市	Haidong City			18738	91375
海北州	Haibei Zang A.P	1	…	2406	17281
黄南州	Huangnan Zang A.P			1578	2924
海南州	Hainan Zang A.P	10	0.12	11131	31093
果洛州	Golog Zang A.P			158	2
玉树州	Yushu Zang A.P	7	0.02	795	1033
海西州	Haixi Mongolian & Zang A.P	4	0.08	3028	36994

12-7 主要年份各地区耕地面积

Area of Cultivated Land by Region in Main Years

单位：公顷 (hectare)

地 区	Region	耕地面积总资源 Cultivated Land (Total Area)					
		2008	2011	2012	2013	2014	2015
全省	**Total**	**542719.26**	**588323.87**	**588527.67**	**588211.91**	**585707.95**	**588419.02**
西宁市	Xining City	145786.12	149394.26	148147.14	147006.27	145486.92	145284.00
海东市	Haidong City	201316.49	225688.15	224744.76	223210.80	222390.17	222138.23
海北州	Haibei Zang A.P	49053.35	54345.64	56606.35	56494.63	56313.06	56347.32
黄南州	Huangnan Zang A.P	19628.95	20037.45	20021.34	19942.57	19847.44	19859.47
海南州	Hainan Zang A.P	77317.58	83327.18	83273.86	83513.74	83463.63	83617.74
果洛州	Golog Zang A.P	991.80	1294.43	1293.97	1286.12	1282.54	1278.09
玉树州	Yushu Zang A.P	13728.10	13546.67	13456.18	13429.54	13386.59	13369.30
海西州	Haixi Mongolian & Zang A.P	34896.86	40690.09	40984.07	43328.24	43537.60	46524.87

注：本表数据来源青海省国土资源厅，下表同。
a)Data in this table are from Department of Land and Resources of Qinghai Province

12-8 主要年份耕地面积增减变动情况

Changing Situation of Increased and Decreased Cultivated Land in Main Years

单位：千公顷 (1 000 hectares)

指 标	Item	2008	2011	2012	2013	2014	2015
年初耕地总资源	**Total Area of Cultivated Land at Year-begin**	**542.2**		**588.3**	**588.5**	**588.2**	**585.7**
年内新增加	Increased During the Year	1.3		2.8	3.0	0.5	3.8
年内减少	Decreased During the Year	0.8		2.6	3.3	3.0	1.1
年末耕地总资源	**Total Area of Cultivated Land at Year-end**	**542.7**	**588.3**	**588.5**	**588.2**	**585.7**	**588.4**
水浇地	Irrigated Land	177.2	186.7	187.2	187.3	185.2	186.4
旱地	Dry Land		401.6	401.3	400.9	400.5	402.0

12−9 主要年份农业机械化与草原建设
Agricultural Mechanization and Grassland Construction in Main Years

单位：千公顷 (1 000 hectares)

指　　标	Item	2011	2012	2013	2014	2015	2016
农业机械化情况	**Agricultural Mechanization**						
当年实际机耕面积	Mechanical Tillage Area	361	331	367	377	397	397
当年机械播种面积	Mechanical Sowing Area	255	264	268	283	295	300
当年机械收割面积	Mechanical Harvesting Area	156	174	200	207	232	242
草原建设情况	**Grassland Construction**						
围栏草场面积	Area of Fenced Grassland	8751	6303	10777	10777	11306	11679
当年新围面积	New Fenced in This Year	860	610	1300		529	373
人工种草保留面积	Artificial Grass to Retain the Area	322	340	446	474	519	516
当年新种面积	New Sown in This Year	151	174	262	28	227	230
年内鼠害危害发生面积	Damage Occurrence Area by Rats in This Year	8497	8628	8719	7665	5929	5694
年内鼠害防治面积	Damage Prevention Area by Rats in This Year	832	1046	1124	1452	2291	906
年内虫害危害面积	Damage Occurrence Area by Pests in This Year	2189	1996	1654	2060	1029	1029
年内虫害防治面积	Damage Prevention Area by Pests in This Year	371	316	443	314	552	637

注：草原建设数据来源青海省农牧厅。
a) Grassland Construction have been from Agriculture and Animal Husbandry Department.

12-10 主要年份水果、渔业生产情况
Production of Fruit and Fishery in Main Years

指 标	Item	2011	2012	2013	2014	2015	2016
水果	**Fruit**						
水果产量合计 (吨)	Total Output of Fruit (ton)	13511	14090	13519	13249	15011	12893
苹果	Apples	5773	5880	5382	4765	4846	4369
梨	Pears	4725	4708	4147	4041	4097	4059
葡萄	Grapes	97	103	99	205	206	120
年末实有果园面积(公顷)	Orchard Area at Year-end (hectare)	5049	6842	6845	7680	8566	7591
苹果园	Apple Orchard	2039	1658	1639	1594	1176	1176
梨园	Pear Orchard	827	884	880	837	853	859
葡萄园	Grapery	62	53	52	58	59	57
年末实有零星果树(万株)	Sporadic Fruit Trees at Year-end(10 000 trees)	353	389	415	344	365	364
苹果树	Apple Trees	185	189	207	178	174	172
梨树	Pear Trees	119	143	152	118	139	142
渔业	**Fishery**						
水产品总产量 (吨)	Total Aquatic Products (ton)	3293	4520	6000	9037	10578	12050
养殖产量	Aquaculture Output	3293	4520	6000	9037	10578	12050
养殖面积 (千公顷)	Aquaculture Area (1 000 hectares)	44	44	44	42	42	42

注:2012年起渔业产量和2014年起渔业养殖面积数据来源青海省农牧厅渔业局。

a)Data of fishery output since 2012 and fishery aquaculture area since 2014 have been from Fisheries Administrator of Provice Agriculture and Animal Husbandry Bureau

12-11 农作物播种面积及种植结构

Total Sown Area of Farm Crops and Its Planting Structure

单位：千公顷、%　　(1 000 hectares，%)

指　标	Item	播种面积 Sown Areas					种植结构 Planting Structure				
		2012	2013	2014	2015	2016	2012	2013	2014	2015	2016
农作物总播种面积	**Total Sown Area**	**554.21**	**555.77**	**553.70**	**558.39**	**561.33**	**100.00**	**100.00**	**100.00**	**100.00**	**100.00**
粮食作物	**Grain Crops**	**280.18**	**279.97**	**280.10**	**277.06**	**281.05**	**50.55**	**50.38**	**50.59**	**49.62**	**50.07**
谷物	Cereal	163.38	159.15	160.17	160.14	159.44	58.31	56.85	57.18	57.80	56.73
小麦	Wheat	94.20	95.42	88.58	88.21	86.27	57.65	59.96	55.30	55.08	54.11
青稞	Highland Barley	45.30	39.33	43.48	43.20	45.43	27.72	24.71	27.15	26.98	28.49
玉米	Corn	22.90	23.29	27.00	27.50	26.62	14.02	14.63	16.86	17.17	16.70
其它	Others	0.98	1.11	1.11	1.23	1.12	0.60	0.70	0.69	0.77	0.70
豆类	Beans	33.10	27.14	27.03	26.80	28.50	11.81	9.69	9.65	9.67	10.14
蚕豆	Broad Bean	22.80	20.21	20.27	20.07	21.78	68.88	74.47	75.00	74.89	76.42
豌豆	Pea	10.30	6.93	6.76	6.73	6.72	31.12	25.53	25.00	25.11	23.58
薯类	Tubers	83.70	93.68	92.90	90.12	93.11	29.87	33.46	33.17	32.53	33.13
经济作物	**Economic Crops**	**185.65**	**181.42**	**174.97**	**177.02**	**177.40**	**33.50**	**32.64**	**31.60**	**31.70**	**31.60**
油料	Oil-bearing Crops	164.40	158.36	150.88	144.87	142.61	88.55	87.29	86.23	81.84	80.39
油菜籽	Rapeseeds	159.99	154.23	148.15	142.08	140.06	97.32	97.39	98.19	98.07	98.21
胡麻	Flax	4.41	4.13	2.73	2.79	2.55	2.68	2.61	1.81	1.93	1.79
其它	Others	21.25	23.06	24.09	32.15	34.79	11.45	12.71	13.77	18.16	19.61
枸杞	Wolfberry	21.08	21.70	22.57	29.59	31.90	99.20	94.10	93.69	92.04	91.69
蔬菜和食用菌	**Vegetables and Edible Fungus**	**48.78**	**50.55**	**48.10**	**49.65**	**50.36**	**8.80**	**9.10**	**8.69**	**8.89**	**8.97**
瓜果类	**Melon**	**0.64**	**0.40**	**0.35**	**1.43**	**1.63**	**0.12**	**0.07**	**0.06**	**0.26**	**0.29**
其他农作物	**Other Farm Crops**	**38.96**	**43.43**	**50.18**	**53.23**	**50.89**	**7.03**	**7.81**	**9.06**	**9.53**	**9.07**
青饲料	Succulence	34.36	40.39	42.92	46.35	46.35	88.19	93.00	85.53	87.07	91.08
果园面积	Area of Orchards	6.84	6.84	7.68	8.57	7.59	—	—	—	—	—

12-12 主要年份农作物总播种面积

Total Sown Area of Farm Crops in Main Years

单位：千公顷 (1 000 hectares)

年份 Year 地区 Region	总播种面积 Total Sown Area	粮食作物 Grain Crops	小麦 Wheat	杂粮 Cereal Crops	薯类 Tubers	经济作物 Economic Crops	油料 Oil-bearing Crops	蔬菜和食用菌 Vegetables and Edible Fungus
1978	514.58	434.76	207.03	190.39	37.00	62.11	61.18	7.19
1980	508.73	411.96	201.14	174.47	36.35	78.89	78.77	5.58
1985	500.46	386.57	200.69	154.87	31.01	95.19	94.89	4.49
1986	507.81	386.98	200.98	154.41	31.59	100.74	100.53	4.95
1987	507.79	384.46	201.37	152.04	31.05	102.89	102.57	5.27
1988	514.30	385.72	204.78	149.07	31.87	106.69	106.43	5.43
1989	532.22	395.21	209.99	151.53	33.69	110.24	109.75	6.89
1990	544.71	400.33	213.46	152.51	34.36	114.39	113.91	6.89
1991	543.46	401.95	217.62	149.01	35.33	117.38	117.01	7.36
1992	546.55	401.26	220.74	143.21	37.31	118.05	117.75	8.19
1993	548.17	389.83	209.92	143.23	36.68	129.20	129.02	10.18
1994	562.10	386.85	204.99	143.55	38.31	144.67	144.60	10.11
1995	568.81	384.25	205.98	140.56	37.71	149.88	149.77	12.44
1996	564.37	394.79	210.58	146.29	37.92	136.04	135.93	11.61
1997	567.96	394.72	213.46	144.00	37.26	137.89	137.76	12.61
1998	566.93	384.85	211.91	135.44	37.50	147.95	147.78	12.48
1999	571.02	344.83	182.89	117.81	44.13	192.45	192.36	13.94
2000	553.68	322.72	165.54	110.91	46.27	192.23	191.58	15.78
2001	526.72	309.87	149.75	100.94	59.18	154.67	168.74	17.81
2002	494.36	284.74	142.50	81.54	60.70	159.35	152.93	20.61
2003	466.80	248.00	107.00	75.30	65.70	155.90	152.10	24.11
2004	473.70	244.70	102.20	74.70	67.80	164.95	159.80	25.05
2005	476.73	245.57	96.80	73.44	75.33	165.68	161.86	25.83
2006	517.20	278.81	104.87	88.30	85.64	170.23	168.42	27.71
2007	516.70	274.93	105.00	83.83	86.10	174.57	172.40	30.12
2008	513.63	271.99	104.40	81.99	85.60	177.16	172.73	34.16
2009	514.06	275.73	104.13	84.93	86.65	173.08	172.41	35.24
2010	526.75	274.51	100.96	86.85	86.71	185.97	175.05	40.08
2011	540.05	279.41	94.03	97.33	88.05	198.06	184.21	42.04
2012	554.21	280.18	94.20	102.30	83.70	185.65	164.40	48.78
2013	555.77	279.97	95.42	90.87	93.68	181.42	158.36	50.55
2014	553.70	280.10	88.58	98.62	92.90	174.97	150.88	48.10
2015	558.39	277.06	88.21	98.73	90.12	177.02	144.87	49.65
2016	561.33	281.05	86.27	101.67	93.11	177.40	142.61	50.36
西宁市 Xining City	122.52	55.94	27.44	11.50	17.00	34.03	32.36	21.73
海东市 Haidong City	205.44	122.58	30.03	43.57	48.98	54.50	53.74	22.07
海北州 Haibei Zang A.P	53.90	15.83	1.24	13.32	1.27	28.06	27.95	0.67
黄南州 Huangnan Zang A.P	17.84	9.15	4.96	2.91	1.28	4.23	4.23	0.47
海南州 Hainan Zang A.P	98.11	55.97	10.07	44.28	1.62	22.14	20.64	3.05
果洛州 Golog Zang A.P	0.52	0.46	0.05	0.40	0.01	0.04	0.04	0.01
玉树州 Yushu Zang A.P	12.34	8.53	0.07	7.80	0.66	0.36	0.36	0.33
海西州 Haixi Mongolian & Zang A.P	53.57	15.50	6.60	7.52	1.38	34.04	3.29	2.03

注：1.2006年数据根据农业普查结果已作了修正。
2.2010年以后播种面积包括枸杞面积。
a) Data in 2006 has been amended based on the results of the census of agriculture.
b)The sowm areas of wolfberry have been included in the total sown areas since 2010.

12-13 2011-2016年主要农作物产品产量
Output of Major Farm Products (2011-2016)

指标	Item	2011	2012	2013	2014	2015	2016
粮食 （万吨）	**Grain (10 000 tons)**	**103.36**	**101.50**	**102.37**	**104.81**	**102.72**	**103.45**
谷物	Cereal	59.42	61.90	60.82	63.18	62.35	61.09
小麦	Wheat	35.36	35.20	35.96	34.86	34.12	33.06
青稞	Highland Barley	8.52	9.70	8.20	9.44	9.35	9.73
玉米	Corn	15.19	17.00	16.43	18.65	18.63	18.07
其它	Others	0.35	0.00	0.23	0.23	0.25	0.23
豆类	Beans	7.06	7.10	5.65	5.68	5.61	6.02
蚕豆	Broad Bean	6.02	6.05	4.67	4.70	4.65	4.95
豌豆	Pea	1.04	1.05	0.98	0.98	0.96	1.07
薯类	Tubers	36.88	32.50	35.90	35.95	34.76	36.34
油料 （万吨）	**Oil-bearing Crops (10 000 tons)**	**36.07**	**35.22**	**32.57**	**31.51**	**30.48**	**30.04**
油菜籽	Rapeseeds	35.60	34.53	31.93	31.04	30.06	29.62
胡麻	Flax	0.47	0.69	0.64	0.47	0.42	0.42
麻类 （吨）	**Fiber Crops (ton)**						
甜菜 （吨）	**Beetroots (ton)**	**110**	**35**	**150**	**980**	**300**	**561**
烟叶 （吨）	**Tobacco (ton)**	**1710**	**1310**	**530**	**150**		
枸杞 （吨）	**Wolfberry (ton)**	**18160**	**26411**	**40373**	**53070**	**58701**	**65586**
蔬菜和食用菌（吨）	**Vegetables and Edible Fungus(ton)**	**1436411**	**1587488**	**1589446**	**1585846**	**1664039**	**1700159**
瓜果 （吨）	**Melons (ton)**	**30862**	**22705**	**16125**	**12500**	**21155**	**27356**
水果 （吨）	**Fruits (ton)**	**13511**	**14090**	**13519**	**13249**	**15011**	**12893**

12-14 主要年份主要农产品产量

年 份 地 区	Year Region	粮 食 (万吨) Grain (10 000 tons)	小 麦 Wheat	杂 粮 Cereal Crops	薯 类 Tubers
1978		90.30	53.30	28.77	8.24
1980		95.60	56.31	31.67	7.62
1985		100.32	62.96	28.96	8.40
1986		98.35	60.89	28.26	9.20
1987		104.15	67.60	27.72	8.83
1988		105.82	68.40	27.10	10.32
1989		110.84	70.59	29.24	11.01
1990		114.56	74.18	29.51	10.87
1991		114.63	76.92	29.41	8.30
1992		118.50	74.90	31.41	12.19
1993		118.63	73.92	32.69	12.02
1994		116.84	68.64	33.59	14.61
1995		114.19	69.49	29.92	14.78
1996		123.83	76.66	33.36	13.81
1997		127.55	78.29	35.24	14.02
1998		128.20	79.94	33.41	14.85
1999		103.61	59.37	29.46	14.78
2000		82.70	47.58	20.23	14.89
2001		103.20	52.70	23.89	26.61
2002		91.28	45.20	21.68	24.40
2003		86.80	36.80	21.80	28.20
2004		88.47	37.11	22.33	29.03
2005		93.26	39.32	21.49	32.45
2006		95.17	41.06	21.10	33.01
2007		99.02	41.76	23.10	34.16
2008		101.80	42.03	23.59	36.18
2009		102.70	39.04	25.35	38.30
2010		102.03	37.28	28.20	36.55
2011		103.36	35.36	31.12	36.88
2012		101.50	35.20	33.80	32.50
2013		102.37	35.96	30.51	35.90
2014		104.81	34.86	34.00	35.95
2015		102.72	34.12	33.84	34.76
2016		103.45	33.06	34.05	36.34
西宁市	Xining City	21.99	9.76	3.27	8.96
海东市	Haidong City	55.25	12.33	22.41	20.51
海北州	Haibei Zang A.P	3.99	0.50	2.94	0.55
黄南州	Huangnan Zang A.P	2.98	1.82	0.61	0.55
海南州	Hainan Zang A.P	14.99	4.60	9.80	0.59
果洛州	Golog Zang A.P	0.12	0.02	0.10	…
玉树州	Yushu Zang A.P	1.62	0.01	1.50	0.11
海西州	Haixi Mongolian & Zang A.P	6.90	3.27	3.04	0.59

注：1.全省粮食总产量为抽样调查数，故各州、地、市数相加不等于全省合计数。
2.2006年数据根据农业普查结果已作了修正。

Output of Major Farm Products in Main Years

油 料 (万吨) Oil-bearing Crops (10 000 tons)	油菜籽 Rapeseeds	蔬菜和食用菌 (万吨) Vegetables and Edible Fungus (10 000 tons)	水 果 (吨) Fruits (ton)	苹 果 Apples	梨 Pears	葡 萄 Grapes	水产品产量 (吨) Output of Aquatic Products (ton)
4.53	4.18	19.77					
7.07	6.81	14.33	7434	4281	3014	22	3245
9.92	9.57	16.15	19825	11552	6880	41	4350
10.36	10.01	15.71	19281	11571	4885	58	4580
10.38	9.98	16.46	21154	12770	6830	37	2260
10.45	10.14	19.01	25717	15974	8090	138	2380
10.55	10.26	22.48	22679	12971	7299	70	2781
12.04	11.74	22.85	22019	14431	6210	95	3356
13.21	12.92	23.34	21365	14471	5148	77	3943
14.03	13.68	28.59	26049	17388	6632	127	3994
15.21	14.69	30.45	27180	18677	6236	69	3886
18.44	18.05	34.00	25704	17444	6460	56	3602
16.21	15.82	38.31	26831	17446	7116	72	2444
17.09	16.56	39.26	29062	18935	7807	159	2213
18.36	17.80	42.37	27179	18884	5891	189	1752
21.04	20.42	46.26	24766	16138	6585	67	1416
28.50	27.85	56.63	24144	15897	5931	106	1488
19.40	19.08	60.28	22415	14144	5963	106	1166
23.00	22.60	63.72	17252	9661	5525	117	1989
23.40	22.66	67.63	16301	9078	5228	106	1796
26.20	25.70	77.11	14603	8246	4418	74	1253
28.89	28.26	78.44	14686	7198	5362	102	1058
31.85	31.57	84.46	14772	7316	5105	80	878
27.94	27.67	90.44	13308	5939	4912	114	1985
32.03	31.63	98.27	13846	5804	4894	112	1780
35.22	34.80	110.08	13241	5823	4680	106	2129
36.60	36.20	118.86	14575	5729	4835	109	827
36.91	36.44	134.43	14387	5738	4428	117	1600
36.07	35.60	143.64	13511	5773	4725	97	3293
35.22	34.53	158.75	14090	5880	4708	103	4520
32.57	31.93	158.94	13519	5382	4147	99	6000
31.51	31.04	158.58	13249	4765	4041	205	9037
30.48	30.06	166.40	15011	4846	4097	206	10578
30.04	29.62	170.02	12893	4369	4059	120	12050
8.73	8.71	79.51	925	332	73	10	
12.63	12.34	73.63	6645	1963	2090	110	1036
4.45	4.45	1.01					
0.57	0.54	1.29	1356	589	477		413
2.83	2.75	6.85	3497	1485	1419		10447
0.01	0.01	0.02					
0.08	0.08	0.50					
0.74	0.74	7.21	470				154

a) The grain production of total province are from sample survey, so the sum of regional data is not equal to provincial total.
b) Data in 2006 has been amended based on the results of the census of agriculture.

12-15 2011-2016年林业生产情况
Basic Statistics of Afforestation(2011-2016)

单位：千公顷 (1 000 hectares)

指 标	Item	2011	2012	2013	2014	2015	2016
营林情况	**Forest Management**						
造林面积	**Barren Waste (Sand) Afforestation Area**	**177.5**	**135.6**	**152.8**	**132.04**	**112.6**	**202.6**
人工造林	Reforestation	49.7	33.4	44.4	28.4	53.0	16.1
#灌木林面积	Shrubbery Area	25.0	21.6	37.3	20.7	29.7	7.5
无林地和疏林地新封	Newly Closed Area of No Woodland and Open Forest Land	127.8	102.3	108.4	103.6	59.6	154.9
年末实有封山(沙)育林面积	**Area of Closing Hillsides (Sand) to Facilitate Afforestation**	**887.5**	**989.8**	**1096.8**	**970.84**	**1152.9**	**1362.3**
四旁(零星)植树 (万株)	**Fragmentary Planting (10 000 trees)**	**1329.9**	**2048.9**	**1395.2**	**1386.3**	**1354.5**	**1354.4**
育苗面积	**Actual Sapling Breeding Area**	**3.6**	**5.2**	**4.7**	**6.4**	**1.4**	**4.8**
本年新育面积	Newly Breeded Area This Year	1.1	1.1	1.2	1.1		
森林抚育	**Forest Tending**						
低产低效林改造面积	Transformation Area of Low-yielding and Inefficient Forest	0.1	13.1	0.5			
未成林抚育作业面积	Tending Area of Immature Forest	29.2	30.4	5.0			
中幼龄林抚育面积	Tending Area of Middle-aged and Young Forest	7.6	25.1	23.5	23.5	24.2	24.2
木材采伐量 (万立方米)	**Volume of Timber Harvesting (10 000 cu.m)**	**1.5**	**1.1**	**0.6**	**1.0**	**1.3**	

12-16　2011－2016年畜牧业生产情况及主要畜产品产量
Livestock and Its Major Products(2011-2016)

单位：万头只　(10 000 heads)

指　标	Item	2011	2012	2013	2014	2015	2016
牲畜年末头数	**Number of Animals at Year-end**						
草食畜合计	Total of Herbivorous Livestock	1976.3	1905.3	1944.9	1941.8	1920.5	1903.1
大牲畜	Large Animals	478.8	459.0	484.7	484.7	485.5	512.5
牛	Cattle and Buffaloes	442.4	425.2	452.2	452.9	455.3	483.7
羊	Sheep and Goats	1497.5	1446.3	1460.2	1457.1	1435.0	1390.7
绵羊	Sheep	1303.9	1253.0	1268.5	1266.7	1243.6	1207.9
猪	Hogs	115.2	116.7	120.8	120.6	118.4	123.6
肉用畜出栏数	**Slaughtered Fattened Animals**						
草食畜合计	Total of Herbivorous Livestock	687.8	718.9	732.1	750.2	776.2	806.0
大牲畜	Large Animals	99.0	104.3	109.3	114.9	119.7	129.8
牛	Cattle and Buffaloes	95.0	100.0	105.4	110.6	115.6	125.2
羊	Sheep and Goats	588.7	614.6	622.8	635.3	656.5	676.2
绵羊	Sheep	532.9	564.3	576.4	589.7	612.8	631.3
猪	Hogs	130.2	132.1	137.7	140.5	137.5	138.3
肉类产量（万吨）	**Output of Meat (10 000 tons)**	**28.8**	**30.5**	**32.0**	**33.4**	**34.8**	**36.0**
猪肉	Pork	9.2	9.4	9.9	10.5	10.3	10.5
牛肉	Beef	8.7	9.6	10.3	10.6	11.5	12.2
羊肉	Mutton	9.9	10.4	10.5	10.9	11.6	12.0
禽肉	Poultry	0.7	0.7	0.7	0.7	0.8	0.8
奶类　（万吨）	**Milk　(10 000 tons)**	**28.5**	**29.4**	**28.7**	**31.3**	**32.7**	**34.2**
牛奶	Cow Milk	27.0	27.6	27.6	30.5	31.5	33.0
羊毛　（吨）	**Wool　(ton)**	**19411**	**19149**	**19308**	**18438**	**18675**	**18813**
绵羊毛	Sheep Wool	17537	18076	17928	17110	17365	17506
山羊绒	Cashmere	414	398	425	397	422	435
禽蛋　（吨）	**Poultry Eggs　(ton)**	**17553**	**20054**	**22622**	**21800**	**22600**	**23900**

12-17 主要年份牲畜饲养情况
Number of Livestock in Main Years

单位：万头(只) (10 000 heads)

年份 Year 地区 Region		大牲畜年末存栏 Large Animals (year-end)	牛 Cattle and Buffaloes	马 Horses	羊年末存栏 Sheep and Goats (year-end)	绵羊 Sheep	猪年末存栏 Hogs (year-end)
1978		568.8	497.3	46.6	1645.0	1475.2	84.5
1980		553.9	486.8	41.9	1612.8	1447.0	68.3
1985		589.4	515.9	44.0	1328.2	1197.4	83.0
1990		612.3	538.6	44.8	1608.3	1404.7	96.5
1992		622.6	550.7	41.7	1648.1	1436.7	97.7
1993		575.1	509.1	38.2	1635.1	1421.7	102.6
1994		587.4	524.2	37.2	1677.1	1463.3	101.6
1995		559.0	500.9	34.6	1666.3	1466.2	108.9
1996		505.5	443.2	37.3	1569.5	1368.6	107.1
1997		481.3	421.7	37.4	1601.2	1372.9	108.9
1998		451.7	394.3	36.9	1638.9	1378.8	113.3
1999		431.4	378.2	35.1	1639.5	1372.5	109.2
2000		441.4	390.5	33.8	1642.0	1369.5	103.6
2001		454.3	400.7	28.9	1676.2	1396.7	103.2
2002		462.2	410.7	27.3	1732.9	1437.7	104.8
2003		455.9	405.6	26.8	1761.7	1446.0	101.0
2004		452.8	403.8	27.1	1763.7	1434.9	106.4
2005		453.5	406.2	24.5	1765.7	1435.2	105.1
2006		486.1	450.3	18.5	1501.8	1265.9	89.0
2007		487.9	447.1	22.2	1497.1	1266.4	88.8
2008		484.2	445.4	21.8	1496.9	1267.5	107.2
2009		480.7	444.6	21.4	1497.8	1270.2	109.8
2010		471.6	436.1	21.5	1505.2	1310.8	113.2
2011		478.8	442.4	22.3	1497.5	1303.9	115.2
2012		459.0	425.2	20.1	1446.3	1253.0	116.7
2013		484.7	452.2	19.4	1460.2	1268.5	120.8
2014		484.7	452.9	19.0	1457.1	1266.7	120.6
2015		485.5	455.3	19.5	1435.0	1243.6	118.4
2016		512.5	483.7	18.9	1390.7	1207.9	123.6
西宁市	Xining City	36.1	33.5	1.4	89.8	86.7	31.6
海东市	Haidong City	33.0	26.8	0.6	150.9	127.7	68.5
海北州	Haibei Zang A.P	54.9	50.7	3.9	280.6	276.7	2.6
黄南州	Huangnan Zang A.P	60.1	56.7	2.3	128.2	124.6	0.3
海南州	Hainan Zang A.P	67.5	64.4	2.8	395.4	346.6	4.8
果洛州	Golog Zang A.P	92.4	90.3	2.2	38.9	38.8	
玉树州	Yushu Zang A.P	193.3	190.8	2.5	61.0	52.8	…
海西州	Haixi Mongolian & Zang A.P	19.6	15.0	3.2	243.7	165.7	6.0

注：1.全省大牲畜、羊年末存栏数为抽样调查数，与各州、地、市相加数不等。
2.2006年数据根据农业普查结果已作了修订。
a) The number of livestock of large animals, sheep and Goats of total province are from sample survey, it states that the sum of regional data is not equal to provincial total.
b) Data in 2006 has been amended based on the results of the census of agriculture.

12-18 主要年份主要牲畜出栏情况

Major Livestock Slaughtered in Main Years

单位：万头(只) (10 000 heads)

年份 Year 地区 Region		草食畜出栏数 Slaughtered Herbivorous Livestock		肉猪出栏头数 Slaughtered Fattened Hogs	家禽出栏数 Slaughtered Poultry
		大牲畜 Large Animals	羊 Sheep and Goats		
1978		33.12	184.94	37.62	
1980		36.48	248.14	35.67	
1985		47.98	294.61	42.39	
1990		61.87	326.35	61.59	
1991		63.51	349.93	62.64	
1992		76.44	366.79	63.56	
1993		71.31	351.40	66.27	
1994		61.29	385.29	73.10	
1995		82.68	397.20	80.65	
1996		81.41	399.46	85.17	
1997		87.81	393.84	89.04	
1998		90.06	397.33	95.03	
1999		73.37	400.10	98.53	
2000		75.57	417.01	99.72	
2001		89.01	448.97	101.36	100.71
2002		91.69	475.35	104.55	188.56
2003		95.91	508.58	105.35	248.82
2004		94.44	538.99	114.24	236.71
2005		96.79	559.08	121.75	264.68
2006		115.40	501.10	111.30	309.17
2007		95.96	542.59	105.25	302.59
2008		95.81	542.02	123.58	320.81
2009		96.47	552.91	134.78	322.20
2010		98.49	564.75	131.39	342.27
2011		99.03	588.73	130.17	372.36
2012		104.29	614.63	132.12	396.52
2013		109.33	622.77	137.69	404.19
2014		114.90	635.33	140.46	412.35
2015		119.69	656.49	137.51	429.65
2016		129.78	676.22	138.34	463.33
西宁市	Xining City	26.50	76.60	45.83	106.10
海东市	Haidong City	11.53	72.42	92.79	226.86
海北州	Haibei Zang A.P	21.14	188.17	5.87	16.75
黄南州	Huangnan Zang A.P	24.06	86.32	0.83	1.16
海南州	Hainan Zang A.P	26.06	209.17	7.18	55.24
果洛州	Golog Zang A.P	19.77	20.93		
玉树州	Yushu Zang A.P	45.70	25.95	0.02	
海西州	Haixi Mongolian & Zang A.P	8.24	114.21	8.66	17.19

注：1.全省草食畜出栏数为抽样调查数，与各州、地、市相加数不等。
2.2006年数据根据农业普查结果已作了修订。
a) The number of slaughtered herbivorous livestock of total province are from sample survey, it states that the sum of regional data is not equal to provincial total.
b) Data in 2006 has been amended based on the results of the census of agriculture.

12-19 主要年份主要畜产品产量

单位：吨

年 份 Year 地 区 Region		肉类总产量 Total Output of Meat Products	猪肉 Pork	牛肉 Beef	羊肉 Mutton	其他 Others
1980		84857	19635	24920	39696	606
1985		111602	27825	35790	45783	2204
1990		153442	43985	52088	55518	1851
1991		157360	45787	52611	56120	2842
1992		163405	45994	57173	57790	2448
1993		159082	46725	54768	54633	2956
1994		178407	51688	58186	64946	3587
1995		183743	56114	62922	61346	3361
1996		187226	57813	63378	63834	2201
1997		198382	64047	68514	63211	2610
1998		205296	68022	68735	64325	4214
1999		201493	69923	60529	66508	4533
2000		208323	69530	63529	70011	5253
2001		220692	70419	69973	76269	4031
2002		227885	71703	70293	80001	5888
2003		236651	74195	70932	84919	6605
2004		248077	80136	72893	88438	6610
2005		257522	85506	74356	91581	6079
2006		244100	79000	77000	83000	5100
2007		243316	75777	73201	86814	7524
2008		255445	87409	72767	86723	8546
2009		269078	91920	81000	88466	7692
2010		275300	91800	84600	90400	8500
2011		288432	91600	87000	99432	10400
2012		304700	94400	95600	103900	10800
2013		319800	99000	102800	105300	12700
2014		334100	105300	106100	109200	13500
2015		347500	103200	114900	115600	13800
2016		360400	105100	121800	119800	13700
西宁市	Xining City	81807	36139	28487	13078	4103
海东市	Haidong City	95497	64852	13202	11213	6230
海北州	Haibei Zang A.P	55624	4439	16661	34059	465
黄南州	Huangnan Zang A.P	40866	540	23008	17264	54
海南州	Hainan Zang A.P	62429	5370	19907	35826	1326
果洛州	Golog Zang A.P	21404		17671	3733	
玉树州	Yushu Zang A.P	41073	14	37764	3295	
海西州	Haixi Mongolian & Zang A.P	34084	6186	6681	19471	1746

注：1.部分数据为抽样调查数，与各州、地、市相加数不等。
2.2006年数据根据农业普查结果已作修订。

Output of Major Livestock Products in Main Years

(ton)

奶　类 Milk		羊　毛 Sheep and Goat Wool			牛毛绒 Cattle Cashmere	蜂　蜜 Honey	禽　蛋 Poultry Eggs
	生牛奶 Cow Milk		绵羊毛 Sheep Wool	山羊绒 Cashmere			
119179	115614	17040	16662	113	1742	203	
159108	154527	15293	14956	107	1874	119	9160
209610	201312	17575	17155	157	2048	73	10690
210296	203234	18237	17736	189	2125	19	11068
214454	208438	18515	17887	190	2287	70	11132
195945	188922	17578	17044	173	1950	80	11281
201233	193769	17974	17390	209	2236	60	12394
205951	200184	17907	17302	211	2263	97	12444
185641	181421	16481	15974	195	2098	109	11739
190638	186035	16398	15861	225	2041	103	13284
204596	198677	16463	15904	221	2087	94	13683
196435	190405	15593	14980	281	1890	96	13495
212852	206132	16333	15588	310	1897	51	13392
228289	216514	16566	15775	313	1836	48	12941
235277	220342	16740	15930	314	1868	480	13672
235113	221398	17349	16483	319	2090	484	14005
240950	227500	17734	16629	341	2243	746	14062
250233	236166	17652	16501	355	2097	548	13884
255545	238000	17661	16505	357	2058	546	14631
265054	249826	15378	14551	355	2040	561	13865
272283	252757	15369	14560	347	2076	1030	14913
267841	253142	15378	14573	345	2214	1043	15151
278043	262200	17749	16666	417	2356	1059	15600
285300	269600	19411	17537	414	3092	1044	17553
293500	275500	19149	18076	398	2311	1029	20054
287400	275500	19308	17928	425	2166	1531	22622
312584	305000	18438	17110	397	1883	1533	21800
327111	315000	18675	17365	422	1942	1536	22600
342230	330000	18813	17506	435	1876	1526	23900
159984	159984	1382	1356	5	44		12822
43942	43942	2719	2530	47	15	11	13448
46314	46314	4236	4187	10	265	1500	791
49090	48607	1315	1238	13	321		90
45696	45696	5509	5144	121	372	15	2354
31939	31939	400	400		493		
57583	50596	239	216	10	308		
14365	9605	3013	2435	229	58		548

a) Some data are from sample survey, it states that the sum of regional data is not equal to provincial total.
b) Data in 2006 has been amended based on the results of the census of agriculture.

12−20 主要年份农林牧渔业总产值

Gross Output Value of Farming, Forestry, Animal Husbandry and Fishery in Main Years

单位：万元 (10 000 yuan)

年份 Year 地区 Region	按当年现行价格计算 Calculated at Current Prices					
	农林牧渔业总产值 Total Output	农业 Farming	林业 Forestry	牧业 Animal Husbandry	渔业 Fishery	农林牧渔服务业 Services for Farming,Forestry, Animal Husbandry and Fishery
1952	16071	6991	24	7958	16	
1978	59898	29069	545	29218	126	
1980	77772	47170	683	28725	109	
1981	72958	40265	685	30736	124	
1985	122515	61968	4709	50091	527	
1990	245270	114837	6944	109548	670	
1991	252406	115579	6787	116486	792	
1992	272619	120585	6839	129816	799	
1993	309975	151834	7463	149779	899	
1994	448723	218100	7699	221601	1323	
1995	550982	265469	8630	275705	1178	
1996	561574	299864	9099	251409	1220	
1997	590148	306163	9735	273363	887	
1998	607924	314152	9993	283127	652	
1999	590200	293093	13840	282361	906	
2000	569850	249055	15056	304939	800	
2001	632975	289023	18206	324693	1053	
2002	655019	285919	26555	341463	1082	
2003(旧)	681200	297347	27617	355361	875	
2003(新)	769492	297384	26377	407062	875	37795
2004	866478	342201	17980	464983	695	40618
2005	940416	364408	17521	516985	620	40881
2006	976369	386153	19919	540833	1043	28421
2007	1212521	491608	19608	670122	1105	30077
2008	1534004	587381	20477	891517	1439	33190
2009	1572984	613081	23051	900931	714	35207
2010	2013173	920725	37745	1014535	1236	38932
2011	2308188	1029100	41700	1193388	2000	42000
2012	2638613	1170875	45709	1370758	5583	45687
2013	3103020	1405389	56768	1579041	12628	49194
2014	3274916	1442060	66092	1691371	22172	53221
2015	3192654	1449985	74330	1583747	27755	56837
2016	3387977	1555179	82775	1657165	32526	60332
西宁市 Xining City	735823	357119	10810	360850	10	7034
海东市 Haidong City	914517	583162	15947	295049	5053	15306
海北州 Haibei Zang A.P	259281	70074	3909	179534		5764
黄南州 Huangnan Zang A.P	249115	46972	3232	188318	1143	9450
海南州 Hainan Zang A.P	470095	140100	14997	281249	25099	8650
果洛州 Golog Zang A.P	75825	11527	255	61824		2219
玉树州 Yushu Zang A.P	300973	80735	9711	206162		4365
海西州 Haixi Mongolian & Zang A.P	444699	277426	22661	136195	1307	7110

注：2006年数据根据农业普查结果已作了修订。

a) Data in 2006 were amended based on the results of the census of agriculture.

12-21 主要年份农业总产值构成及环比指数(按可比价格计算)
Structure of Gross Output Value of Agriculture and Its Chain Indices in Main Years (Calculated at Constant Prices)

单位：% (%)

年份 Year	农业总产值构成 Structure of Gross Output Value of Agriculture	农业 Farming	林业 Forestry	牧业 Animal Husbandry	渔业 Fishery	农林牧渔服务业 Services for Farming,Forestry, Animal Husbandry and Fishery
1952	100	43.50	0.15	49.52	0.10	
1978	100	48.53	0.91	48.78	0.21	
1980	100	50.29	0.90	47.23	0.16	
1985	100	47.96	4.26	42.75	0.17	
1990	100	48.22	3.35	43.02	0.15	
1995	100	48.25	2.61	48.84	0.30	
1996	100	51.92	2.64	45.17	0.27	
1997	100	52.08	2.57	45.20	0.15	
1998	100	51.53	2.51	45.83	0.13	
1999	100	50.15	3.48	46.24	0.13	
2000	100	46.66	3.70	49.48	0.16	
2001	100	47.15	3.53	49.08	0.24	
2002	100	44.91	4.97	49.89	0.23	
2003	100	38.65	3.43	52.90	0.11	4.91
2004	100	39.73	2.78	52.66	0.12	4.71
2005	100	38.75	1.86	54.97	0.07	4.35
2006	100	39.55	2.04	55.39	0.11	2.91
2007	100	40.54	1.62	55.27	0.09	2.48
2008	100	38.29	1.34	58.12	0.09	2.16
2009	100	38.98	1.46	57.27	0.05	2.24
2010	100	45.74	1.87	50.40	0.06	1.93
2011	100	44.58	1.81	51.70	0.09	1.82
2012	100	44.38	1.73	51.95	0.21	1.73
2013	100	45.29	1.83	50.89	0.41	1.58
2014	100	44.03	2.02	51.65	0.68	1.62
2015	100	45.42	2.33	49.60	0.87	1.78
2016	100	45.90	2.45	48.91	0.96	1.78

注：2006年数据根据农业普查结果已作了修订。

a) Data in 2006 were amended based on the results of the census of agriculture.

12-21 续表 Continued

上年=100 (Preceding year=100)

年份 Year	农业总产值环比指数 Chain Index of Gross Output Value of Agriculture	农业 Farming	林业 Forestry	牧业 Animal Husbandry	渔业 Fishery	农林牧渔服务业 Services for Farming,Forestry, Animal Husbandry and Fishery
1952	111.86	112.27	216.67	110.21	114.29	
1978	99.38	103.39	88.78	95.51	86.86	
1980	111.02	119.12	114.88	105.82	91.59	
1985	111.11	104.73	123.76	109.77	111.32	
1990	104.86	105.21	87.49	105.77	127.34	
1995	99.78	97.20	102.30	102.49	78.74	
1996	103.91	111.81	105.22	96.11	93.07	
1997	105.69	106.03	102.60	105.76	60.33	
1998	104.52	103.43	102.31	105.97	88.30	
1999	100.23	97.54	138.88	101.13	105.30	
2000	97.46	90.67	103.65	104.30	117.16	
2001	105.38	106.51	100.30	104.51	159.18	
2002	103.45	98.52	145.81	105.17	98.53	
2003	102.96	102.33	82.70	106.07	73.60	98.36
2004	103.70	104.32	71.76	105.58	77.32	106.02
2005	105.37	104.07	97.45	107.14	89.18	99.95
2006	100.36	97.88	113.68	104.11	168.14	68.29
2007	104.79	105.29	98.44	104.93	105.95	99.56
2008	104.51	108.90	104.43	101.40	130.28	101.33
2009	105.80	106.03	112.57	105.69	49.62	102.79
2010	106.65	109.40	129.04	104.09	173.04	105.01
2011	104.80	106.48	110.48	103.09	161.84	102.45
2012	105.44	105.65	109.61	104.81	279.17	105.61
2013	105.56	106.09	124.19	104.02	226.17	104.84
2014	105.44	106.62	116.43	103.51	175.58	104.73
2015	105.11	105.05	115.69	104.61	132.68	102.48
2016	105.44	105.54	111.38	104.93	118.86	104.00

注：2006年数据根据农业普查结果已作了修订。

a) Data in 2006 were amended based on the results of the census of agriculture.

12-22 分项目农业总产值

Gross Output Value of Agriculture by Project

单位：万元 (10 000 yuan)

指 标	Item	按当年价格计算 Calculated at Current Prices				
		2012	2013	2014	2015	2016
农林牧渔业总产值	**Total**	**2638612.6**	**3103020.3**	**3274916.4**	**3192653.8**	**3387977.1**
农业产值	**Farming**	**1170874.8**	**1405389.4**	**1442060.1**	**1449985.0**	**1555179.0**
谷物及其他作物	Cereal and Other Crops	613693.7	706296.6	658662.2	620739.0	674468.3
谷物	Cereal	166774.6	164474.6	170049.5	177667.2	166573.3
薯类	Tubers	160896.2	242290.0	170320.8	160518.4	219412.6
油料	Oil-bearing	155913.6	169345.2	170320.8	141694.5	142005.6
豆类	Beans	40840.5	34170.5	31711.2	26600.6	26645.8
棉花	Cotton					
麻类	Fiber Crops					
糖料	Sugar Crops	4.2	60.0	346.4	118.2	105.2
烟草	Tobacco	516.4	276.0	113.9		
其他农作物	Other Farm Crops	88748.2	95680.3	115799.6	114140.1	119725.8
蔬菜食用菌花卉园艺作	Vegetables, Edible Fungi, Flowers and Plants, and Horticulture Crops	308895.6	371250.4	406575.0	444766.5	437786.4
蔬菜	Vegetables	298554.7	362983.8	397231.3	434366.6	425114.7
食用菌	Edible Fungi	3818.6	4469.1	5621.6	6282.1	8153.1
花卉	Flowers and Plants	5286.3	2682.0	2325.0	2718.3	1863.8
其他园艺作物	Other Horticulture Crops	1236.0	1115.5	1397.1	1399.5	2654.8
水果坚果香料原料	Fruits, Nuts, Spices Raw Materials	13687.7	15314.2	17162.1	28791.0	53471.4
中药材	Medicinal Meterials	234597.9	312528.2	359660.8	355688.5	389452.9
林业产值	**Forestry**	**45709.3**	**56767.9**	**66092.2**	**74330.2**	**82775.1**
林木的培育和种植	Forest of Cultivate and Raise					
育种育苗	Breeding of Seedlings	3017.4	6133.2	5898.5	10280.9	5916.0
造林	Afforestation	23804.4	30511.1	37122.4	42589.6	56024.1
抚育和管理	Tending and Management	11248.1	12126.7	17167.5	16777.5	16297.6
竹木采运	Wood Harvesting	698.1	1068.8	2091.4	1298.8	1584.2
林产品	Forest Products	6941.3	6927.9	3812.4	3383.4	2953.2
牧业产值	**Animal Husbandry**	**1370757.7**	**1579041.2**	**1691371.3**	**1583746.6**	**1657165.1**
牲畜饲养	Number of Livestock	1135236.3	1321615.4	1440651.8	1354365.8	1400772.0
牛的饲养	Cattle and Buffaloes	425739.4	504870.7	537477.5	404664.6	494658.5
羊的饲养	Sheep and Goats	487683.2	557111.6	604040.0	587637.3	549591.1
其他牲畜饲养	Other Livestock	8343.3	10182.0	12065.9	51030.7	72160.7
奶产品	Milk Products	182715.5	221193.2	257025.2	283838.7	257317.8
毛绒产品	Down Products	30754.9	28257.9	30043.2	27194.5	27043.9
其他牲畜副产品	Other by-products					
猪的饲养	Hogs	196050.9	212241.5	203034.9	180187.6	200593.0
家禽饲养	Poultry	34747.8	39674.4	43260.6	43332.5	49434.5
狩猎和捕捉动物	Hunting Animal	3.2	387.3	740.1	968.6	970.1
其他畜牧业	Other Animal Husbandry	4719.5	5122.6	3683.9	4892.1	5395.5
渔业产值	**Fishery**	**5583.4**	**12627.9**	**22171.7**	**27755.1**	**32526.2**
农林牧渔服务业	**Services for Farming, Forestry, Animal Husbandry and Fishery**	**45687.4**	**49193.9**	**53221.1**	**56836.9**	**60331.7**

12—23 2011－2016年农业增加值(按当年价格计算)
Value-added of Agriculture (Calculated at Current Prices)(2011－2016)

单位：万元 (10 000 yuan)

指 标	Item	2011	2012	2013	2014	2015	2016
农业总产值	**Gross Output Value of Agriculture**	**2308188**	**2638613**	**3103020**	**3274916**	**3192654**	**3387977**
农业	Farming	1029100	1170875	1405389	1442060	1449985	1555179
林业	Forestry	41700	45709	56768	66092	74330	82775
牧业	Animal Husbandry	1193388	1370758	1579041	1691371	1583747	1657165
渔业	Fishery	2000	5583	12628	22172	27755	32526
农林牧渔服务业	Services for Farming, Forestry, Animal Husbandary and Fishery	42000	45687	49194	53221	56837	60332
中间消耗	**Between Consume**	**757410**	**869557**	**1027134**	**1084575**	**1070457**	**1141093**
农业	Farming	415848	475016	586935	589413	593804	637678
林业	Forestry	14099	16425	20730	24149	29213	32537
牧业	Animal Husbandry	309885	358001	396347	443678	417600	438599
渔业	Fishery	217	1132	2636	5157	5929	6906
农林牧渔服务业	Services for Farming, Forestry, Animal Husbandary and Fishery	17361	18983	20486	22178	23911	25373
增加值	**Value-added**	**1550778**	**1769056**	**2075886**	**2190341**	**2122197**	**2246884**
农业	Farming	613252	695859	818454	852647	856181	917501
林业	Forestry	27601	29284	36038	41943	45117	50238
牧业	Animal Husbandry	883503	1012757	1182694	1247693	1166147	1218566
渔业	Fishery	1783	4451	9992	17015	21826	25620
农林牧渔服务业	Services for Farming, Forestry, Animal Husbandary and Fishery	24639	26704	28708	31043	32926	34959

12-24 主要年份农业经济效益主要指标

Major Indicators of Agriculture Economy Benefit in Main Years

年份 Year	人均粮食产量（千克/人） Per Capita Output of Grain (kg/person)			人均油料产量（千克/人） Per Capita Output of Oil-bearing Corps (kg/person)			人均农业总产值（元/人） Per Capita Output of Gross Output Value of Agriculture (yuan/person)		
	按总人口 By Total Population	按乡村人口 By Rural Population	按农业从业人员 By Rural Emp-loyed Persons	按总人口 By Total Population	按乡村人口 By Rural Population	按农业从业人员 By Rural Emp-loyed Persons	按总人口 By Total Population	按乡村人口 By Rural Population	按农业从业人员 By Rural Emp-loyed Persons
1952	231	258	595	10	11	26	383	425	972
1957	285	354	806	10	12	28	462	566	1285
1965	291	373	752	15	19	39	527	718	1367
1970	230	292	651	9	12	26	429	545	1192
1975	276	362	904	13	16	40	486	637	1569
1978	248	326	875	12	16	44	476	626	1663
1980	254	341	883	19	25	65	492	658	1701
1985	246	343	894	25	34	88	585	808	2109
1990	258	361	952	27	38	100	576	806	2127
1995	239	362	854	34	51	121	591	854	2111
1996	254	371	886	35	51	122	601	880	2099
1997	257	383	911	37	55	131	626	930	2214
1998	255	379	908	42	62	149	645	957	2295
1999	203	303	706	56	84	194	637	951	2212
2000	160	244	577	38	57	135	613	933	2210
2001	197	298	714	44	66	159	638	962	2309
2002	173	261	656	44	67	168	653	987	2478
2003	163	250	644	49	75	194	662	1017	2620
2004	164	250	671	54	82	219	680	1034	2777
2005	172	261	724	59	89	247	1731	2632	7305
2006	174	269	768	51	79	225	1783	2764	7874
2007	180	275	827	58	89	267	2198	3373	10121
2008	184	277	844	64	96	292	2767	4180	12719
2009	184	276	846	66	98	301	2823	4228	12951
2010	183	270	843	66	98	305	3592	5323	16638
2011	182	271	875	63	95	305	4062	6058	19543
2012	177	264	883	61	91	306	4604	6851	22956
2013	177	265	889	56	84	283	5370	8041	26936
2014	180	266	906	54	80	272	5613	8319	28305
2015	175	259	882	52	77	262	5426	8049	27426
2016	174	261	896	51	76	260	5709	8550	29333

注：人均产值2004年以前按1990年不变价格计算，2005年后按当年价格计算。

a) Per capita output of gross output value of agriculture had been calculated at 1990 constant prices before 2004, and calculated at the current price since 2005.

主要统计指标解释

农林牧渔业总产值 指以货币表现的农、林、牧、渔业全部产品和对农林牧渔业生产活动进行的各种支持性服务活动的价值总量,它反映一定时期内农林牧渔业生产总规模和总成果。1957 年以前的农林牧渔业总产值中包括了厩肥和农民自给性手工业(如农民自制衣服、鞋、袜,自己从事粮食初步加工等)。1958 年及以后,林业中增加了村及村以下竹木采伐产值;牧业中取消了厩肥产值;副业中取消了农民自给性手工业产值,增加了村及村以下办的工业产值;渔业中增加了海洋捕捞水产品产值。1980 年及以后,在副业中增加了农民家庭兼营工业商品部分的产值。从 1984 年起村及村以下工业产值划归工业。从 1993 年起取消副业,将野生动物的捕猎划入牧业,野生植物采集和农民家庭兼营商品性工业划归农业。从 2003 年起,执行新的国民经济行业分类标准,农林牧渔业总产值中包括了农林牧渔服务业产值。林业中增加了森林采运业产值。农业中取消了家庭兼营商品性工业产值,将野生林产品的采集划归林业。第一次农业普查以后,由于畜牧业产品年报数据与普查数据之间存在一定的差距,国家统计局农调总队对畜牧业年报数据与普查数据进行衔接,对畜牧业产值进行相应调整。

农林牧渔业总产值的计算方法通常是按农、林、牧、渔业产品及其副产品的产量分别乘以各自单位产品价格求得;少数生产周期较长,当年没有产品或产品产量不易统计的,则采用间接方法匡算其产值;然后将四业产品产值及农林牧渔服务业产值相加即为农林牧渔业总产值。

粮食产量 指全社会的产量。包括国有经济经营的、集体统一经营的和农民家庭经营的粮食产量,还包括工矿企业办的农场和其他生产单位的产量。粮食除包括稻谷、小麦、玉米、高粱、谷子及其他杂粮外,还包括薯类和豆类。其产量计算方法,豆类按去豆荚后的干豆计算;薯类(包括甘薯和马铃薯,不包括芋头和木薯)1963 年以前按每 4 公斤鲜薯折 1 公斤粮食计算,从 1964 年开始改为按 5 公斤鲜薯折 1 公斤粮食计算。城市郊区作为蔬菜的薯类(如马铃薯等)按鲜品计算,并且不作粮食统计。其他粮食一律按脱粒后的原粮计算。1989 年以前全国粮食产量数据主要靠全面报表取得,1989 年开始使用抽样调查数据。

油料产量 指全部油料作物的生产量。包括花生、油菜籽、芝麻、向日葵籽、胡麻籽(亚麻籽)和其他油料。不包括大豆、木本油料和野生油料。花生以带壳干花生计算。

猪、牛、羊肉产量 指当年出栏并已屠宰、除去头蹄下水后带骨肉(即胴体重)的重量。包括全社会范围内的产量。1996 年前为各级逐级上报数据。1996 年第一次农业普查以后,由于畜牧业产品年报数据与普查数据之间存在一定的差距,国家统计局农调总队对畜牧业年报数据与普查数据进行衔接。1999 年以后,国家统计局在部分地区开展了猪、牛、羊、禽等主要畜禽品种的抽样调查,并用抽样数据作为国家定案数据使用。未开展抽样调查的地区和品种,仍使用各级统计部门逐级上报数据。

期初(末)畜禽存栏头(只)数 指报告期初(末)农村各种合作经济组织和国营农场、农民个人、机关、团体、学校、工矿企业、部队等单位以及城镇居民饲养的大牲畜、猪、羊、家禽等畜禽的存栏数。数据上报方式及数据调整情况同猪、牛、羊肉产量。

农作物播种面积 指实际播种或移植有农作物的面积。凡是实际种植有农作物的面积,不论种植在耕地上还是种植在非耕地上,均包括在农作物播种面积中。在播种季节基本结束后,因遭灾而重新改种和补种的农作物面积,也包括在内。它是反映我国耕地面积利用情况的一个重要指标。目前,农作物播种面积主要包括粮食、棉花、油料、糖料、麻类、烟叶、蔬菜和瓜类、药材和其他农作物九大类。

有效灌溉面积 指具有一定的水源,地块比较平整,灌溉工程或设备已经配套,在一般年景下,当年能够进行正常灌溉的耕地面积。在一般情况下,有效灌溉面积应等于灌溉工程或设备已经配备,能够进行正常灌溉的水田和水浇地面积之和。它是反映我国耕地抗旱能力的一个重要指标。

农用化肥施用量 指本年内实际用于农业生产的化肥数量,包括氮肥、磷肥、钾肥和复合肥。化肥施用量要求按折纯量计算数量。折纯量是指把氮肥、磷肥、钾肥分别按含氮、含五氧化二磷、含氧化钾的百分之百成份进行折算后的数量。复合肥按其所含主要成分折算。公式为:

折纯量 = 实物量 × 某种化肥有效成份含量的百分比

农业机械总动力 指主要用于农、林、牧、渔业的各种动力机械的动力总和。包括耕作机械、排灌机械、收获机械、农用运输机械、植物保护机械、牧业机械、林业机械、渔业机械和其他农业机械〔内燃机按引擎马力折成瓦(特)计算、电动机按功率折成瓦(特)计算〕。不包括专门用于乡、镇、村、组办工业、基本建设、非农业运输、科学试验和教学等非农业生产方面用的动力机械与作业机械。这个指标的统计数据主要来源于农机部门。

Explanatory Notes on Main Statistical Indicators

Gross Output Value of Agriculture, Forestry, Animal Husbandry and Fishery refers to the total value of products of agriculture, forestry, animal husbandry and fishery, and total value of services in support of agriculture, forestry, animal husbandry and fishery activities. It reflects the total scale and results of agricultural production during a given period. Prior to 1957, China's gross agricultural output value included barnyard manure and handicraft products for self - consumption (clothes, shoes, stockings, and initial grain processing undertaken by peasants). Since 1958, cutting and felling of bamboo and trees by villages and other cooperative organizations under villages have been included in forestry; value of barnyard manure has been excluded from animal husbandry; self consumed handicrafts have not been included from sideline occupations, while the output value of industries run by villages and cooperative organizations under village has been included in sideline occupations; and the output value of fish catches by motor fishing boats has been added to fishery. Since 1980, the value of handicraft products made for sale by individuals in households has been added to sideline occupations. Since 1984, industries run by villages and under villages have been included in the sector of industry. Since 1993, the subdivision of sideline occupations has been cancelled, and the hunting of wild animals has been classified into animal husbandry, and the gathering of wild plants and commodity industry run by rural household have been included in farming. A new industrial classification of economic activities was introduced in 2003. Under the new classification, value of services to agriculture, forestry, animal husbandry and fishery is included in the gross output value of agriculture, value of wood felling and transport is included in forestry, value of industrial output by rural households is not included in agriculture, and the collection of wild forest products is taken from agriculture and included in forestry. The First Agriculture Census of China revealed some discrepancy between the production of animal products from the annual reports and that from the census. Efforts were made by the Rural Survey of NBS to adjust the output value of animal husbandry to make the figures from the annual reports consistent with the census data.

Gross output value of agriculture is obtained by multiplying the output of each product or by - product by its price, resulting in the output value of each single item. For a small number of products, annual output of which is not available or difficult to get due to the long production (growing) process involved, the output value is estimated through an indirect approach. The sum of output values of all products of agriculture, forestry, animal husbandry and fishery and services in support to those industries is then equal to the gross output value of agriculture.

Grain Output refers to the total output in the whole country including grains produced by State farms, collective units, rural households, as well as by farms affiliated to industrial and mining enterprises and other production units. Grain includes rice, wheat, corn, sorghum, millet and other miscellaneous grains as well as tubers and beans. Output of beans refers to dry beans without pods. The output of tubers (sweet potatoes and potatoes, not including taros and cassava) are converted into that of grain at the ratio 4:1, i. e. 4 kilograms of fresh tubers were equivalent to 1 kilogram of grain up to 1963. Since 1964 the ratio for conversion has been 5:1. Tubers supplied as vegetables (such as potatoes) in cities and suburbs are calculated as fresh vegetables and their output is not included in the output of grain. Output of all other grains refers to husked grain. Data on grain production before 1989 were obtained through the Comprehensive Statistical Reporting System. Since 1989, data from sample surveys are used.

Output of Oil - bearing Crops refers to the total production of oil - bearing crops of various kinds, including peanuts (dry, in shell), rapeseeds, sesame, sunflower seeds, flax seeds, and other oil - bearing crops. Soybeans, oil - bearing woody plants, and wild oil - bearing crops are not included.

Output of Pork, Beef, and Mutton refers to the meat of slaughtered hogs, cattle, sheep and goats with head, feet, and offal taken away. Data refers to the production of the whole country. The First Agricultural Census of China in 1996 revealed some discrepancy between the production of animal products from the annual reports and that from the census. Efforts were made by the Rural Survey Organization of the NBS to adjust the output value of animal husbandry to make the figures from the annual reports consistent with the census data. Since 1999, the NBS conducted sample surveys for the major animal husbandry products, such as hogs, cattle, sheep and goats and fowls, and the data from sample surveys are used as national finalized data. Those products, which are not covered by the sample survey, are still reported by statistical agencies level by level.

Number of Livestock or Poultry in Stock at Beginning (or End) of Period refers to the total number of large animals, pigs, sheep, fowls, etc. raised by rural cooperative organizations, State farms, rural individuals, government agencies, schools, industrial and mining enterprises, army, and urban residents at the beginning (or end) of the reference period. Data reporting system and data adjustment are the same as that in the output of pork, beef and mutton.

Sown Area of Crops refers to area of land sown or transplanted with crops regardless of being in cultivated area or non - cultivated area. Area of land re - sown due to natural disasters is also included. This is an important indicator that can reflect the utilization condition of the cultivated land in China. At present, the sown area of crops mainly include the following 9 categories of crops: grain, cotton, oil - bearing crops, sugar crops, flax crops, tobacco, vegetables and melons, medicinal materials and other farm crops.

Irrigated Area refers to area of land that are effectively irrigated, i. e. relatively level land, where there are water sources or complete sets of irrigation facilities to lift and move adequate water for irrigation purpose under normal conditions. Under normal situations, irrigated area is the sum of watered fields and irrigated fields where irrigation systems or equipment have been installed for regular irrigation purpose. This important indicator reflects drought resistance capacity of the cultivated land in China.

Consumption of Chemical Fertilizers in Agriculture refers to the quantity of chemical fertilizers applied in agriculture in the year, including nitrogenous fertilizer, phosphate fertilizer, potash fertilizer, and compound fertilizer. The consumption of chemical fertilizers is calculated in terms of volume of effective components by means of converting the gross weight of the respective fertilizers into weight containing effective component (e. g. nitrogen content in nitrogenous fertilizer, phosphorous pentoxide contents in phosphate fertilizer, and potassium oxide contents in potash fertilizer). Compound fertilizer is converted in regard to its major components. The formula is:

Volume of effective component = physical quantity × effective component of certain chemical fertilizer (%)

Total Power of Agricultural Machinery refers to total mechanical power of machinery used in agriculture, forestry, animal husbandry and fishery, including machinery for ploughing, irrigation and drainage, harvesting, transport, plant protection, animal husbandry, forestry and fishery and other agricultural machineries. (For the power of internal combustion engines, it is converted from its horsepower into watts while for electric motors the output power is converted into watts.) Machinery employed for non - agricultural purposes, such as the machines used in township - run and village - run industry, construction, non - agricultural transport, scientific experiments and teaching, are not included. Data are mainly from agricultural machinery agencies.

第 13 篇

CHAPTER 13

工　业

Industry

规模以上工业增加值增速

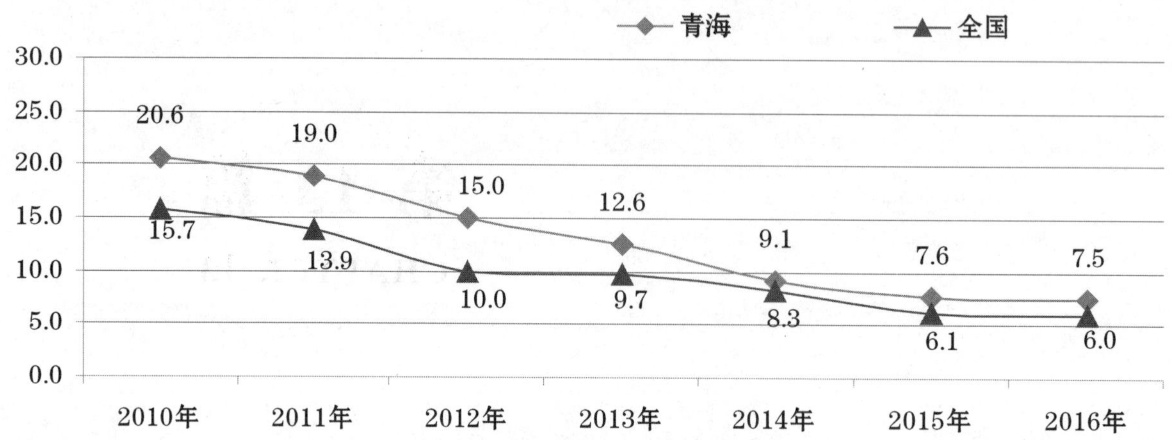

主要工业产品产量

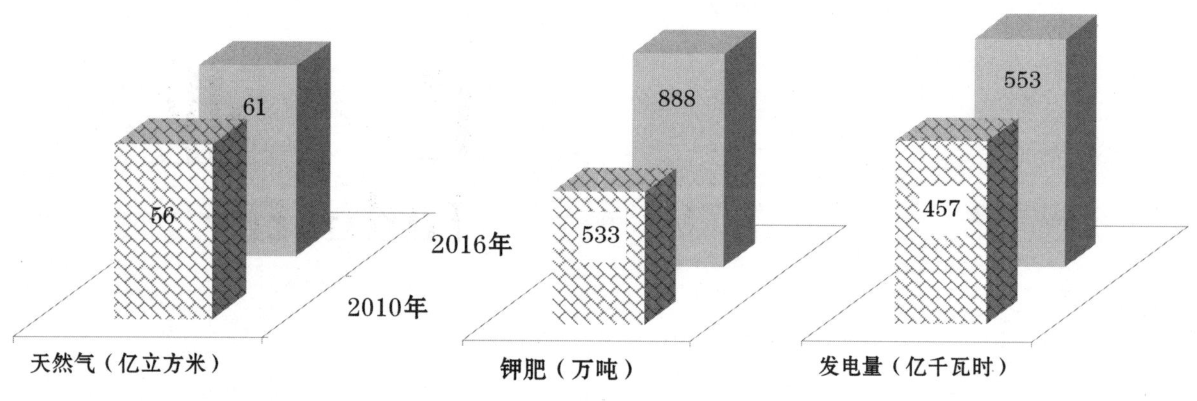

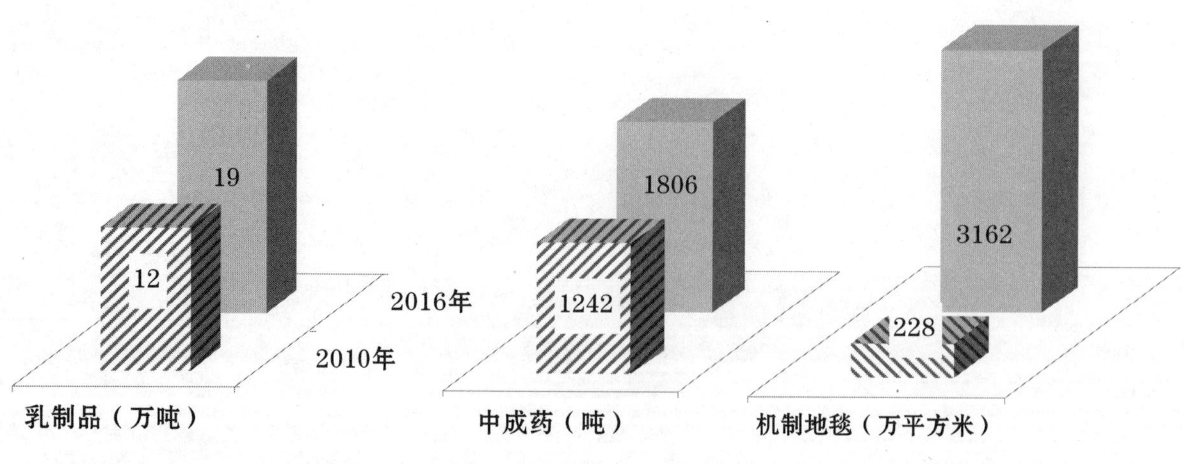

13-1 2015-2016年规模以上工业企业基本情况

Basic Condition of Industrial Enterprises above Designated Size (2015-2016)

指 标	Item	2015 企业单位数(个) Number of Enterprises (unit)	2015 工业总产值(万元) Gross Industrial Output Value (10 000 yuan)	2016 企业单位数(个) Number of Enterprises (unit)	2016 工业总产值(万元) Gross Industrial Output Value (10 000 yuan)
规模以上工业企业(下同)	**Industrial Enterprises above Designated Size**	**575**	**25181173**	**593**	**28355630**
按登记注册类型分组:	**By Status of Registration**				
内资企业	Domestic Funded	550	23978135	568	26999399
国有企业	State-owned Enterprises	15	2038588	8	2464446
中央企业	Central	1	1898306	1	2425084
地方企业	Local	14	140282	7	39362
集体企业	Collective-owned Enterprises	2	4706	2	3852
股份合作企业	Cooperative Enterprises	1	174207	2	234548
有限责任公司	Limited Liability Corporations	239	8800418	258	11126068
国有独资公司	State Sole funded Corporations	23	1143571	30	1319682
其他有限责任公司	Other Limited Liability Corporations	216	7656847	228	9806387
股份有限公司	Share-holding Corporations Limited	26	5674416	30	5565529
私营企业	Private Enterprises	265	7194227	267	7604957
私营独资企业	Private-funded Enterprises	7	86975	4	29456
私营合伙企业	Private Partnership Enterprises			1	84971
私营有限责任公司	Private Limited Liability Corporations	242	6571467	248	6916804
私营股份有限公司	Private Share-holding Corporations Ltd.	16	535785	14	573726
其他企业	Other Eenterprises	2	91573	1	
港、澳、台商投资企业	Enterprises with Funds from Hong Kong, Macao and Taiwan	9	631067	10	781409
合作经营企业(港或澳、台资)	Cooperative Enterprises	6	189875		
合资经营企业(港或澳、台资)	Joint-ventures Enterprises			6	263810
港澳台商独资经营企业	Enterprises with Sole Investment	3	441192	4	517599
港澳台商投资股份有限公司	Share-holding Corporations Ltd.				
外商投资企业	Foreign Funded Enterprises	16	571972	15	574822
中外合资经营企业	Joint-venture Enterprises	10	440159	9	506851
中外合作经营企业	Cooperation Enterprises	3	108716	2	48140
外资企业	Enterprises with Sole Funds	2	19759	3	17137
外商投资股份有限公司	Share-holding Corporations Ltd.	1	3339	1	2695
亏损企业	**Loss-making Enterprises**	**185**	**7326194**	**164**	**6142525**
国有控股企业	**State-holding Enterprises**	**130**	**11924764**	**138**	**13105143**
按轻重工业分	**Grouped by Light & Heavy Industries**				
轻工业	Light Industry	175	4479299	184	5261975
重工业	Heavy Industry	400	20701874	409	23093656
按企业规模分	**Grouped by Size of Enterprises**				
大型企业	Large Enterprises	23	9575947	23	10352783
中型企业	Medium-sized Enterprises	96	6373535	90	7150928
小型企业	Small Enterprises	456	9231692	480	10851919
#微型企业	Micro Enterprises	66	456401	69	595920

注：1.2011年起规模以上工业企业是指主营业务收入在2000万元以上的工业企业(下同)。
2.工业总产值按当年价格计算。

a)Industrial enterprises above designated size are those with annual revenue from principal business over 20 million yuan since 2011. The same applies to the tables following.

b)Gross industrial output value is calculated at current prices.

13-2 2010-2016年规模以上工业企业增加值增速及比重
Growth Rate and Proportion of Value-added of Industry of Industrial Enterprises above Designated Size(2010-2016)

本表比上年增长数按不变价格计算。
The growthrate over the previous year in this table arecalculated at constant prices.

单位：% (%)

类　型	Type	2010	2011	2012	2013	2014	2015	2016
工业增加值比上年增长	**Value-added of Industry Growth over the Previous Year**	**20.6**	**19.0**	**15.0**	**12.6**	**9.1**	**7.6**	**7.5**
在总计中：	Categories of the Total							
轻工业	Light Industry	23.0	19.0	32.2	19.5	30.0	18.0	13.6
重工业	Heavy Industry	20.4	19.0	13.8	11.9	5.9	6.3	6.2
在总计中：	Categories of the Total							
国有企业	State-owned Enterprises	42.8	25.8	7.6	9.4	-15.5	-6.9	9.6
集体企业	Collective-owned Enterprises	0.6	-0.8	9.9	-21.7	-23.3	17.2	-9.3
股份合作企业	Cooperative Enterprises	-15.6	33.9	-16.0	-3.3	42.6	41.6	20.2
股份制企业	Joint-stock Enterprises	20.6	17.8	17.8	13.5	9.7	7.7	7.4
外商及港澳台投资企业	Enterprises with Funds from Hong Kong,Macao	14.1	19.2	-10.2	5.8	19.9	23.3	5.7
其他经济类型	Other Enterprises	29.2	78.6	0.1	17.3	-16.1	22.1	2.3
在总计中：	Categories of the Total							
国有控股企业	State-holding Enterprises	17.9	12.9	10.1	9.2	3.5	3.0	2.5
在总计中：	Categories of the Total							
非公有工业	Non-public-owned Industries	27.1	29.8	26.5	16.2	12.5	13.3	12.0
在总计中：	Categories of the Total							
大中型工业企业	Large and Medium-sized Industrial Enterprises	15.9	13.3	11.1	5.8	2.0	0.9	2.0
国有企业	State-owned Enterprises	35.6	18.1	6.2	7.9	-16.9	-9.5	-1.7
在总计中：	Categories of the Total							
私营企业	Private Enterprises	23.7	17.8	20.2	21.3	10.6	12.2	8.9
工业增加值占比	**Value-added of Industry Proportion**							
在总计中：	Categories of the Total							
轻工业	Light Industry	7.9	6.7	8.1	9.6	12.8	16.4	19.1
重工业	Heavy Industry	92.1	93.3	91.9	90.4	87.2	83.6	80.9
在总计中：	Categories of the Total							
国有企业	State-owned Enterprises	8.0	12.6	15.0	11.6	6.2	5.4	6.0
集体企业	Collective-owned Enterprises	0.5	0.3	0.1	0.1	0.0	0.0	0.0
股份合作企业	Cooperative Enterprises	1.0	0.7	0.6	0.5	0.5	0.9	1.1
股份制企业	Joint-stock Enterprises	86.4	82.5	81.3	82.5	88.6	87.7	87.1
外商及港澳台投资企业	Enterprises with Funds from Hong Kong,Macao	3.1	2.8	2.5	4.1	4.6	5.2	5.0
其他经济类型	Other Enterprises	1.0	1.1	0.5	1.2	0.1	0.7	0.8
在总计中：	Categories of the Total							
国有控股企业	State-holding Enterprises	62.5	48.2	51.3	45.6	44.3	42.2	41.3
在总计中：	Categories of the Total							
非公有工业	Non-public-owned Industries	28.9	33.1	39.1	44.2	46.2	48.5	48.8
在总计中：	Categories of the Total							
大中型工业企业	Large and Medium-sized Industrial Enterprises	67.7	63.5	65.6	62.4	59.5	56.6	55.6
国有企业	State-owned Enterprises	4.9	7.0	10.3	10.2	5.5	4.3	4.6
在总计中：	Categories of the Total							
私营企业	Private Enterprises	11.4	10.3	10.5	21.8	23.4	26.2	26.5

注：本表均为快报数据。
a) Data in this table are from express report forms.

13-3 按行业分规模以上工业企业工业增加值增速及比重(2016年)
By industry sector that Growth rate and Proportion of Value -added of Industry of Industrial Enterprises above Designated Size(2016)

行业名称	Sector	工业增加值Value-added	
		比上年增长(%) Growth over the Previous Year (%)	占总量(%) Proportion of Total (%)
合计	**Total**	**7.5**	**100.00**
煤炭开采和洗选业	Mining and Washing of Coal	12.4	1.37
石油和天然气开采业	Extraction of Petroleum and Natural Gas	3.6	7.37
黑色金属矿采选业	Mining and Processing of Ferrous Metal Ores	-43.9	0.09
有色金属矿采选业	Mining and Processing of Non-Ferrous Metal Ores	4.1	3.05
非金属矿采选业	Mining and Processing of Non-metal Ores	1.6	1.49
其他采矿业	Mining of Other Ores		
开采辅助活动	Support Activities for Mining	6.6	0.28
农副食品加工业	Processing of Food from Agricultural Products	18.1	3.95
食品制造业	Manufacture of Foods	26.8	1.83
酒、饮料和精制茶制造业	Manufacture of Liquor, Beverages and Refined Tea	24.8	3.11
纺织业	Manufacture of Textile	7.2	1.12
纺织服装、服饰业	Manufacture of Textile, Wearing Apparel and Accessories	3.7	1.44
皮革、毛皮、羽毛及其制品和制鞋业	Manufacture of Leather, Fur, Feather and Related Products and Footwear	-34.5	…
木材加工和木、竹、藤、棕、草制品业	Processing of Timber, Manufacture of Wood, Bamboo, Rattan, Palm and Straw Products		0.02
家具制造业	Manufacture of Furniture	-14.1	0.09
造纸和纸制品业	Manufacture of Paper and Paper Products	20.7	0.01
印刷和记录媒介的复制业	Printing and Reproduction of Recording Media	8.1	0.32
文教、工美、体育和娱乐用品制造业	Manufacture of Articles for Culture, Education, Arts and Crafts, Sport and Entertainment Activities	20.7	2.29
石油加工、炼焦和核燃料加工业	Processing of Petroleum, Coking and Processing of Nuclear Fuel	3.6	6.27
化学原料和化学制品制造业	Manufacture of Raw Chemical Materials and Chemical Products	12.1	12.49
医药制造业	Manufacture of Medicines	-11.0	2.64
化学纤维制造业	Manufacture of Chemical Fibres		
橡胶和塑料制品业	Manufacture of Rubber and Plastics Products	14.6	0.16
非金属矿物制品业	Manufacture of Non-metallic Mineral Products	13.6	5.33
黑色金属冶炼和压延加工业	Smelting and Pressing of Ferrous Metals	-4.7	4.38
有色金属冶炼和压延加工业	Smelting and Pressing of Non-ferrous Metals	4.9	18.61
金属制品业	Manufacture of Metal Products	3.3	0.39
通用设备制造业	Manufacture of General Purpose Machinery	64.9	0.98
专用设备制造业	Manufacture of Special Purpose Machinery	-17.1	0.28
汽车制造业	Manufacture of Automobiles	-19.6	0.22
铁路、船舶、航空航天和其他运输设备制造业	Manufacture of Railway, Ship, Aerospace and Other Transport Equipments	38.7	0.11
电气机械和器材制造业	Manufacture of Electrical Machinery and Apparatus	47.5	4.14
计算机、通信和其他电子设备制造业	Manufacture of Computers, Communication and Other Electronic Equipment	18.9	0.25
仪器仪表制造业	Manufacture of Measuring Instruments and Machinery	-4.9	0.13
其他制造业	Other Manufacture	-38.4	0.02
废弃资源综合利用业	Utilization of Waste Resources		
金属制品、机械和设备修理业	Repair Service of Metal Products, Machinery and Equipment	-45.5	0.02
电力、热力生产和供应业	Production and Supply of Electric Power and Heat Power	0.7	15.42
燃气生产和供应业	Production and Supply of Gas	11.7	0.17
水的生产和供应业	Production and Supply of Water	-4.2	0.16

注：1.本表为年快报数据，国民经济行业分类为GB/T4754-2011。
2.增长速度均按可比价格计算(价格缩减法)，根据当年的企业增减变动后的行业数计算的。

a)Data in this table are annual express report data. Classification of national economic industries is GB/T4754-2011.

b)Growth rate is calculated according to comparable prices (price reduction method), according to the number of sector after industrial enterprises changes increase or decrease in the same year.

13-4 工业循环经济重点行业总产值和增加值增速(2016年)
Gross Industrial Output Value and Value-added of Industry of Key Sectors of Industrial Circular Economy(2016)

指标名称	Item	工业总产值 Gross Industrial Output Value		工业增加值 Value-added of Industry	
			增长% Growth Rate(%)	增长% Growth Rate(%)	占比(%) Value-added of I ndustry Proportion
全省规模以上工业(快报)	**Industry above Designated Size (Express Report Forms)**	**2751.88**	**8.9**	**7.5**	**100.0**
十个循环经济重点行业	**Ten Key Sectors of Industrial Circular Economy**	**1483.90**	**8.4**	**6.3**	**62.2**
一.煤炭开采和洗选业	Mining and Washing of Coal	29.98	27.5	12.4	1.4
二.石油和天然气开采业	Extraction of Petroleum and Natural Gas	89.76	-26.0	3.6	7.4
三.黑色金属矿采选业	Mining and Processing of Ferrous Metal Ores	2.96	-38.4	-43.9	0.1
四.石油加工、炼焦和核燃料加工业	Processing of Petroleum, Coking and Processing of Nuclear Fuel	77.39	1.3	3.6	6.3
五.化学原料和化学制品制造业	Manufacture of Raw Chemical Materials and Chemical Products	408.71	16.3	12.1	12.5
六.非金属矿物制品业	Manufacture of Non-metallic Mineral Products	172.57	7.3	13.6	5.3
七.医药制造业	Manufacture of Medicines	66.98	-8.9	-11.0	2.6
八.黑色金属冶炼和压延加工业	Smelting and Pressing of Ferrous Metals	48.25	20.1	14.5	1.6
九.有色金属冶炼和压延加工业	Smelting and Pressing of Non-ferrous Metals	429.25	18.4	7.5	14.0
十.电力生产业	Production of Electric Power	158.05	2.3	1.9	11.1

注：1.黑色金属冶炼和压延加工业剔除铁合金冶炼，有色金属冶炼和压延加工业剔除铝冶炼，电力生产业剔除电力供应业。
2.增长率依据年度工业企业增减变动后的数据计算。
a)Smelting and pressing of ferrous metals excludes ferroalloy smelting, smelting and pressing of non-ferrous Metals excludes aluminum smelting, and production of electric power excludes supply of electric power.
b) Growth Rate is Calculated according to the data after the change of the industrial enterprises.

13-5 十大优势产业工业总产值和增加值增速(2016年)

The growth rate of the ten Superior industries output value and added value of Industry increased(2016)

单位：亿元、% (100 million yuan, %)

指标名称	Item	工业总产值 Gross Industrial Output Value		工业增加值 Value-added of Industry
		绝对量 Absolute Amount	比上年增长(%) Growth Over the Previous Year(%)	比上年增长(%) Growth Over the Previous Year(%)
全省规模以上工业企业	**Industrial Enterprises above Designated Size**	**2751.88**	**8.9**	**7.5**
十大优势产业	**Ten Superior Industries**			
新能源产业	New Energy Industrial	67.02	5.6	4.3
新材料产业	New Materials Industry	215.60	16.2	14.8
盐湖化工产业	Salt Lake Chemical	266.87	15.1	11.8
有色金属产业	Non-ferrous Metals	698.14	12.2	4.9
油气化工	Oil and Gas Chemical	66.24	-8.8	0.0
煤化工	Coal Chemical	14.14	269.4	273.9
装备制造业	Equipment Manufacturing Industry	179.14	40.9	35.1
钢铁产业	Iron and Steel Industry	171.18	-10.4	-4.7
轻工纺织业	Light Industry and Textile Industry	95.92	13.1	8.9
生物产业	Bio-industry	146.34	6.2	3.7

注：本表为快报数据。
a)Data in this table are from express report forms.

13-6 规模以上工业战略性新兴产业总产值及增加值占比(2016年)

Proportion of Industrial Strategic Emerging Industry above Designated Size(2016)

指标名称	Item	企业数(个) Number of Enterprises (unit)	工业总产值 Gross Industrial Output Value		工业增加值 Value-added of Industry	
			产值(亿元) Output Value (100 million yuan)	比重(%) Proportion (%)	增加值(亿元) Value-added (100 million yuan)	比重(%) Proportion (%)
工业战略性新兴产业	**Industrial Strategic Emerging Industry**	**105**	**176.67**	**100.0**	**65.93**	**100.0**
节能环保产业	Energy-saving and Environmental Protection Industry	2	1.25	0.7	0.21	0.3
新一代信息技术产业	New Generation of Information-technology Industry					
生物产业	Bio-industry	25	16.47	9.3	5.95	9.0
高端装备制造业	High-end Equipment Manufacturing Industry	2	1.14	0.7	0.40	0.6
新能源产业	New Energy Industry	68	107.48	60.8	42.57	64.6
新材料产业	New Materials Industry	6	20.70	11.7	5.86	8.9
新能源汽车	New Energy Vehicles	2	29.63	16.8	10.94	16.6

13-7 规模以上工业企业主要指标(2016年)

单位：万元

项　　目	Item	企业单位数(个) Number of Enterprises (unit)	亏损企业 Lossmaking Enterprises
总计	**Total**	**593**	**164**
在总计中：国有控股企业	State-holding Enterprises	138	33
在总计中：轻工业	Light Industry	184	31
重工业	Heavy Industry	409	133
在总计中：大型企业	Large Enterprises	23	5
中型企业	Medium-sized Enterprises	90	25
小型企业	Small Enterprises	480	134
#微型企业	Micro Enterprises	69	14
按登记注册类型分组	**By Status of Registration**		
国有企业	State-owned Enterprises	8	3
集体企业	Collective-owned Enterprises	2	1
股份合作企业	Cooperative Enterprises	2	1
有限责任公司	Limited Liability Corporations	258	77
股份有限公司	Share-holding Corporations Limited	30	5
私营企业	Private Enterprises	267	75
其他企业	Other Enterprises	1	
港、澳、台商投资企业	Enterprises with Funds from Hong Kong, Macao and Taiwan	10	1
外商投资企业	Foreign Funded Enterprises	15	1
按工业行业分组	**Grouped by Sector**		
采掘业	**Mining**		
煤炭开采和洗选业	Mining and Washing of Coal	13	6
石油和天然气开采业	Extraction of Petroleum and Natural Gas	1	
黑色金属矿采选业	Mining and Processing of Ferrous Metal Ores	6	6
有色金属矿采选业	Mining and Processing of Non-Ferrous Metal Ores	12	5
非金属矿采选业	Mining and Processing of Non-metal Ores	11	4
制造业	**Manufacturing**		
农副食品加工业	Processing of Food from Agricultural Products	61	10
食品制造业	Manufacture of Foods	27	4
酒、饮料和精制茶制造业	Manufacture of Liquor, Beverages and Refined Tea	17	3
纺织业	Manufacture of Textile	7	2
纺织服装、服饰业	Manufacture of Textile, Wearing Apparel and Accessories	10	
木材加工和木、竹、藤、棕、草制品业	Processing of Timber.Manufacture of Wood, Bamboo,Rattan,Palm and Straw Products	1	
家具制造业	Manufacture of Furniture	1	
造纸和印刷	Manufacture of Paper and Printing	1	
印刷和记录媒介复制业	Printing and Reproduction of Recording Media	4	1
文教、工美、体育和娱乐用品制造业	Manufacture of Articles for Culture, Education, Arts and Crafts,Sport and Entertainment Activities	9	2
石油加工、炼焦和核燃料加工业	Processing of Petroleum, Coking and Processing of Nuclear Fuel	4	2
化学原料和化学制品制造业	Manufacture of Raw Chemical Materials and Chemical Products	65	25
医药制造业	Manufacture of Medicines	30	4
橡胶和塑料制品业	Manufacture of Rubber and Plastics Products	8	2
非金属矿物制品业	Manufacture of Non-metallic Mineral Products	68	20
黑色金属冶炼和压延加工业	Smelting and Pressing of Ferrous Metals	34	20
有色金属冶炼和压延加工业	Smelting and Pressing of Non-ferrous Metals	52	15
金属制品业	Manufacture of Metal Products	11	4
通用设备制造业	Manufacture of General Purpose Machinery	5	1
专用设备制造业	Manufacture of Special Purpose Machinery	6	2
汽车制造业	Manufacture of Automobiles	1	1
铁路、航船、航空航天和其他运输设备制造业	Manufacture of Railway, Ship, Aerospace and Other Transport Equipments	1	
电气机械和器材制造业	Manufacture of Electrical Machinery and Apparatus	25	6
计算机、通信和其他电子设备制造业	Manufacture of Computers, Communication and Other Electronic Equipment	3	2
仪器仪表制造业	Manufacture of Measuring Instruments and Machinery	2	1
其他制造业	Other Manufacture	1	1
金属制品、机械和设备修理业	Repair Service of Metal Products, Machinery and Equipment	1	
电力、燃气及水的生产和供应业	**Power, Gas and Water Production and Supply**		
电力、热力生产和供应业	Production and Supply of Electric Power and Heat Power	89	14
燃气生产和供应业	Production and Supply of Gas	3	
水的生产和供应业	Production and Supply of Water	3	1

Main Indicators of Industrial Enterprises above Designated Size(2016)

(10 000 yuan)

工 业 总产值 GrossIndustrial Output Value	资产总计 Total Assets	流动资产 合 计 Total Working Capitals	固定资产 合 计 Total Fixed Assets	固定资产 原 价 Original Value of Fixed Assets	累计折旧 Accumulated Depreciation	本年折旧 Depreciation Charge for the Year
28355630	**61437711**	**16449001**	**34113536**	**51239706**	**18369678**	**3281844**
13105143	42971072	9344228	25506744	37017576	12252848	1914536
5261975	5007851	1927274	2622554	5137642	2609393	535197
23093656	56429860	14521727	31490983	46102063	15760285	2746648
10352783	33260753	6807317	19876929	29563244	10175646	1475892
7150928	11327484	4051993	5073917	8763255	4185487	915260
10851919	16849474	5589692	9162690	12913207	4008545	890692
595920	2796206	762425	1825440	2221401	395942	113713
2464446	4272555	512462	3602647	5298323	2094460	302942
3852	9053	8548	505	1551	1046	48
234548	91883	36137	33294	44078	10785	307
11126068	27052156	7323556	16315066	22743604	7005926	1314822
5565529	19102795	4496520	9087151	13902557	4869603	689792
7604957	8554128	3389667	4191155	7787209	3744897	795511
	1954	1789	164	403	239	
781409	1397197	396679	261483	341061	135348	83157
574822	955990	283642	622070	1120919	507375	95265
275279	1111957	345255	307004	414832	110989	14589
1603865	3983610	894725	2815674	5275523	2268291	251137
33879	280327	99532	139636	187038	44348	8997
511872	572381	176877	225064	404050	203919	33430
179984	304645	189966	62140	388962	326822	6021
1085574	1062406	446284	524043	857528	362262	80451
629762	583339	189623	351948	401407	53152	31903
810801	641514	232240	327142	356807	57991	23633
327481	224113	94123	127989	687864	559889	80775
389913	244045	90165	151020	468480	320639	56895
	996	471	525	525		
26113	4150	1524	2626	35070	32444	4208
3607	1659	539	1120	1273	153	153
74901	102614	26587	76024	95375	19588	14506
462190	252118	83299	100573	520076	426686	70085
189078	404086	110390	224710	386425	146289	17391
4034697	14839161	4034072	6904439	8457944	1926265	488450
690603	865868	336338	482500	554668	74805	34591
43932	61408	33168	22196	24199	4438	2684
1900361	3110186	1142125	1658792	2203808	594308	111193
1620692	3668106	1271442	1278331	2231508	1066195	203586
7291666	8283222	2731552	3566049	6177214	2917483	578635
180787	139957	65617	69887	110124	41239	13236
184319	398928	216138	147865	184166	46396	14019
125670	79996	55878	22046	23418	3149	842
57975	62690	48836	13855	15735	1880	1880
35245	12108	6385	5723	28632	22909	3407
1167857	1100284	472972	568652	1554472	1000059	187937
53400	23688	9077	14212	10836	1214	1202
32981	23410	15996	6158	20252	14128	7270
5192	94294	13936	9864	7816	2623	299
6305	991	252	739	11136	10397	1336
4266507	18583558	2863688	13777469	18966295	5648850	933210
29148	57838	21026	22291	25354	13218	2078
23995	258057	128901	105228	150896	46661	1815

13−7 续表1

单位：万元

项 目	Item	负债合计 Total Liabilities	流动负债合计 Total Working Liabilities
总计	**Total**	**42031194**	**23137470**
在总计中：国有控股企业	State-holding Enterprises	30452591	15145461
在总计中：轻工业	Light Industry	2391464	1716730
重工业	Heavy Industry	39639730	21420740
在总计中：大型企业	Large Enterprises	22607270	9807694
中型企业	Medium-sized Enterprises	8288734	5993600
小型企业	Small Enterprises	11135190	7336175
#微型企业	Micro Enterprises	2024151	858135
在总计中：按登记注册类型分组	**By Status of Registration**		
国有企业	State-owned Enterprises	1915661	1483698
集体企业	Collective-owned Enterprises	8664	8663
股份合作企业	Cooperative Enterprises	42409	33409
有限责任公司	Limited Liability Corporations	20424771	10005835
股份有限公司	Share-holding Corporations Limited	12496286	6663905
私营企业	Private Enterprises	5468907	3960827
其他企业	Other Enterprises	1568	1465
港、澳、台商投资企业	Enterprises with Funds from Hong Kong, Macao and Taiwan	1294083	729849
外商投资企业	Foreign Funded Enterprises	378844	249820
按工业行业分组	**Grouped by Sector**		
采掘业	**Mining**		
煤炭开采和洗选业	Mining and Washing of Coal	649378	562385
石油和天然气开采业	Extraction of Petroleum and Natural Gas	1827303	734325
黑色金属矿采选业	Mining and Processing of Ferrous Metal Ores	249728	194859
有色金属矿采选业	Mining and Processing of Non-Ferrous Metal Ores	271140	201378
非金属矿采选业	Mining and Processing of Non-metal Ores	210451	122495
制造业	**Manufacturing**		
农副食品加工业	Processing of Food from Agricultural Products	527429	380502
食品制造业	Manufacture of Foods	226945	167742
酒、饮料和精制茶制造业	Manufacture of Liquor, Beverages and Refined Tea	297159	291297
纺织业	Manufacture of Textile	110709	63681
纺织服装、服饰业	Manufacture of Textile, Wearing Apparel and Accessories	105433	83906
木材加工和木、竹、藤、棕、草制品业	Processing of Timber.Manufacture of Wood, Bamboo,Rattan,Palm and Straw Products	85	85
家具制造业	Manufacture of Furniture	1796	1152
造纸和纸制品业	Manufacture of Paper and Paper Products	1130	1130
印刷和记录媒介复制业	Printing and Reproduction of Recording Media	44840	44840
文教、工美、体育和娱乐用品制造业	Manufacture of Articles for Culture, Education, Arts and Crafts,Sport and Entertainment Activities	152190	57525
石油加工、炼焦和核燃料加工业	Processing of Petroleum, Coking and Processing of Nuclear Fuel	323052	232228
化学原料和化学制品制造业	Manufacture of Raw Chemical Materials and Chemical Products	10446274	5771073
医药制造业	Manufacture of Medicines	276586	263186
橡胶和塑料制品业	Manufacture of Rubber and Plastics Products	45473	36460
非金属矿物制品业	Manufacture of Non-metallic Mineral Products	2392334	1544355
黑色金属冶炼和压延加工业	Smelting and Pressing of Ferrous Metals	2931334	2341162
有色金属冶炼和压延加工业	Smelting and Pressing of Non-ferrous Metals	6596961	4270822
金属制品业	Manufacture of Metal Products	47476	38741
通用设备制造业	Manufacture of General Purpose Machinery	227392	216968
专用设备制造业	Manufacture of Special Purpose Machinery	51228	47309
汽车制造业	Manufacture of Automobiles	40140	40140
铁路、航舶、航空航天和其他运输设备制造业	Manufacture of Railway, Ship, Aerospace and Other Transport Equipments	1702	998
电气机械和器材制造业	Manufacture of Electrical Machinery and Apparatus	744339	437494
计算机、通信和其他电子设备制造业	Manufacture of Computers, Communication and Other Electronic Equipment	9618	4679
仪器仪表制造业	Manufacture of Measuring Instruments and Machinery	2743	2541
其他制造业	Other Manufacture	36608	28453
金属制品、机械和设备修理业	Repair Service of Metal Products, Machinery and Equipment	244	178
电力、燃气及水的生产和供应业	**Power, Gas and Water Production and Supply**		
电力、热力生产和供应业	Production and Supply of Electric Power and Heat Power	13018981	4879907
燃气生产和供应业	Production and Supply of Gas	26418	22869
水的生产和供应业	Production and Supply of Water	136578	50603

Continued

(10 000 yuan)

非流动负债合计 Total Non-current Liabilities	所有者权益合计 Total Owners' Equity	实收资本 Paid-up Capital	营业收入 Revenue of Operating	主营业务收入 Revenue from Principal Business	营业成本 Cost of Business	主营业务成本 Cost of Principal Business	营业税金及附加 Taxes and Other Charges on Operating	主营业务税金及附加 Tax and Extra Charges from Principal Business	其他业务利润 Other Operating Profit
16733558	**19379813**	**9617225**	**22949648**	**22444735**	**19268685**	**18709460**	**484713**	**470446**	**-23024**
14437331	12516601	5879314	12224053	11823867	9800056	9375223	398764	389523	-26635
524559	2583504	772686	3527360	3508083	3050228	3034124	34735	34306	2864
16208999	16796309	8844540	19422288	18936651	16218457	15675335	449978	436140	-25889
11692021	10653483	4133508	10223386	9871171	8153196	7774045	418475	411622	-30445
1968469	3038750	2160059	5084686	5005480	4499126	4430369	35515	33587	5034
3073068	5687580	3323658	7641575	7568084	6616364	6505046	30723	25237	2387
969787	745355	639793	336356	331146	218196	213762	1082	603	7
384726	2356894	1336321	2467184	2455146	2429186	2420105	3039	2900	229
	389	2354	32322	6792	30681	6060	59	59	
9000	49474	867	220467	220467	213285	213285	92	61	
9970253	6625503	5004325	8483748	8357256	6971933	6860172	70993	69228	8774
5306022	6606509	1350088	5213233	4893244	3731062	3339609	383990	371839	-33715
979117	3060399	1489683	5290812	5278565	4794328	4774880	19213	19145	1680
103	386	52	9122	9122	9066	9066	58	58	
5612	103114	187438	732750	725081	668564	666348	1737	1623	-45
78725	577146	246098	500010	499061	420578	419934	5533	5533	52
80120	462578	427157	331672	325494	279377	271598	10942	10919	1036
1092977	2156307		1393779	1315465	769961	631763	296715	290367	-61373
28058	23323	58509	35492	35412	30158	30116	941	941	
66416	301242	80619	363406	360514	253717	247566	4275	3927	81
9589	107654	78739	146772	142656	124244	121956	3155	1318	
76788	519638	167381	724597	723862	668662	662216	734	731	17
42954	356393	77993	320601	319802	256921	256921	2032	1897	
4542	344356	143704	368851	364140	252146	251532	26659	26659	56
45727	113404	15588	330742	330742	319755	319755	78	78	
17056	138612	38932	336684	334495	313430	313157	415	410	409
	911	500	2250	2250	1890	1890	1	1	
643	2354	577	25920	25920	22699	22699	182	182	
	529	100	4633	4633	4178	4178	42	42	
	57774	6694	61213	61212	54542	54541	158	158	
48021	82386	29511	352674	352674	336339	336339	702	702	
90824	81034	94313	150581	149589	123287	122841	568	564	295
4576139	4392887	1298669	3165695	3076992	2196880	2061179	102358	98134	1756
13349	589282	138948	374896	371614	277841	273926	3121	2837	
6857	15934	13012	40325	40315	35189	27957	293	290	10
583195	717852	330543	1197483	1189856	994715	987510	4402	4402	662
43504	736772	568071	1668663	1633780	1552206	1530107	5640	5638	259
1705329	1686261	1952622	6085630	5859449	5851249	5661903	4275	4229	30813
8435	92481	43883	62351	62351	54418	54413	177	177	
10424	171536	62246	155758	155557	119125	119045	1070	1070	78
3919	28768	16843	40427	27983	35507	24352	132	120	
	22550	13900	3426	3426	3216	3216	31	31	
	10406	2000	7516	7516	5837	5837	25	25	
298758	355945	187584	848140	840894	750043	743653	1269	1262	602
4939	14070	5986	11200	11200	8994	8994	117	117	
202	20668	2500	8802	8451	6595	6595	77	77	
8155	57687	11372	20190	19852	18393	18390	78	78	336
66	748	300	6254	6254	6015	6015			
7783826	5564575	3719106	4242689	4225795	3507009	3495212	13724	12738	496
3549	31419	7000	32450	29621	19996	19377	150	150	
79198	121479	22325	27887	24968	14148	12711	175	175	1445

13-7 续表2

单位：万元

项 目	Item	销售费用 Cost of Sales	管理费用 Management Expenses
总计	**Total**	**612491**	**911186**
在总计中：国有控股企业	State-holding Enterprises	300239	529413
在总计中：轻工业	Light Industry	90096	184841
重工业	Heavy Industry	522395	726345
在总计中：大型企业	Large Enterprises	305889	437090
中型企业	Medium-sized Enterprises	166433	212342
小型企业	Small Enterprises	140170	261754
#微型企业	Micro Enterprises	2882	13705
在总计中：按登记注册类型分组	**By Status of Registration**		
国有企业	State-owned Enterprises	252	16519
集体企业	Collective-owned Enterprises	967	901
股份合作企业	Cooperative Enterprises	1567	2127
有限责任公司	Limited Liability Corporations	242330	288586
股份有限公司	Share-holding Corporations Limited	220325	367705
私营企业	Private Enterprises	121232	193735
其他企业	Other Enterprises		702
港、澳、台商投资企业	Enterprises with Funds from Hong Kong, Macao and Taiwan	17531	17432
外商投资企业	Foreign Funded Enterprises	8288	23481
按工业行业分组	**Grouped by Sector**		
采掘业	**Mining**		
煤炭开采和洗选业	Mining and Washing of Coal	10100	24623
石油和天然气开采业	Extraction of Petroleum and Natural Gas	4795	162645
黑色金属矿采选业	Mining and Processing of Ferrous Metal Ores	3463	8381
有色金属矿采选业	Mining and Processing of Non-Ferrous Metal Ores	4333	26827
非金属矿采选业	Mining and Processing of Non-metal Ores	5656	11624
制造业	**Manufacturing**		
农副食品加工业	Processing of Food from Agricultural Products	13806	22737
食品制造业	Manufacture of Foods	16018	26475
酒、饮料和精制茶制造业	Manufacture of Liquor, Beverages and Refined Tea	27684	29671
纺织业	Manufacture of Textile	1294	2529
纺织服装、服饰业	Manufacture of Textile, Wearing Apparel and Accessories	1334	9234
木材加工和木、竹、藤、棕、草制品业	Processing of Timber.Manufacture of Wood, Bamboo,Rattan,Palm and Straw Products	146	122
家具制造业	Manufacture of Furniture	1275	1285
造纸和纸制品业	Manufacture of Paper and Paper Products	29	99
印刷和记录媒介复制业	Printing and Reproduction of Recording Media	835	4972
文教、工美、体育和娱乐用品制造业	Manufacture of Articles for Culture, Education, Arts and Crafts,Sport and Entertainment Activities	1963	7374
石油加工、炼焦和核燃料加工业	Processing of Petroleum, Coking and Processing of Nuclear Fuel	27717	14903
化学原料和化学制品制造业	Manufacture of Raw Chemical Materials and Chemical Products	270818	192855
医药制造业	Manufacture of Medicines	20903	47171
橡胶和塑料制品业	Manufacture of Rubber and Plastics Products	1522	1385
非金属矿物制品业	Manufacture of Non-metallic Mineral Products	81315	54501
黑色金属冶炼和压延加工业	Smelting and Pressing of Ferrous Metals	38189	59610
有色金属冶炼和压延加工业	Smelting and Pressing of Non-ferrous Metals	52655	88139
金属制品业	Manufacture of Metal Products	2398	3539
通用设备制造业	Manufacture of General Purpose Machinery	8188	18849
专用设备制造业	Manufacture of Special Purpose Machinery	238	2126
汽车制造业	Manufacture of Automobiles	44	351
铁路、航舶、航空航天和其他运输设备制造业	Manufacture of Railway, Ship, Aerospace and Other Transport Equipments	632	590
电气机械和器材制造业	Manufacture of Electrical Machinery and Apparatus	7009	35688
计算机、通信和其他电子设备制造业	Manufacture of Computers, Communication and Other Electronic Equipment	293	1417
仪器仪表制造业	Manufacture of Measuring Instruments and Machinery	494	1489
其他制造业	Other Manufacture		1196
金属制品、机械和设备修理业	Repair Service of Metal Products, Machinery and Equipment	117	103
电力、燃气及水的生产和供应业	**Power, Gas and Water Production and Supply**		
电力、热力生产和供应业	Production and Supply of Electric Power and Heat Power	4572	36191
燃气生产和供应业	Production and Supply of Gas	1477	3407
水的生产和供应业	Production and Supply of Water	1182	9076

Continued

(10 000 yuan)

财务费用 Financial Expenses	营业利润 Operating Profit	利润总额 Total Profits	应交所得税 Income Tax Payable	亏损企业亏损总额 The Total Loss of Loss-making Enterprises	利税总额 Total Profits and Taxes	本年应交增值税 Value Added Tax Payable
1097758	**558699**	**800210**	**103023**	**374508**	**1742272**	**457349**
820736	349226	518141	60707	145025	1214899	297994
29418	156828	166941	8408	22333	251379	49703
1068340	401871	633269	94615	352176	1490893	407646
623984	279638	389709	56581	61882	1190300	382116
167650	4927	42405	10604	201576	197316	119396
306125	274134	368096	35839	111050	354657	-44162
56900	44876	47224	2158	4781	13393	-34914
17271	8150	13855	6547	894	44342	27449
105	-584	-647	-722	748	-588	
2701	1020	1176		577	2017	749
664923	232259	330279	48859	198741	536263	134991
229887	268119	358609	34891	29706	966910	224311
146901	15930	45438	11134	143681	113641	48990
0	-703	207			265	
25262	3104	16445	1566	91	31861	13678
10708	31405	34847	749	70	47561	7181
11258	-4380	2023	2526	18698	45660	32696
22488	137174	160119			593032	136199
5920	-13943	-15161		15161	-10457	3764
12693	59354	61366	737	10297	85167	19526
2715	1602	2481	471	4661	10920	5283
8379	10291	20007	942	4381	22739	1998
2090	17154	18174	927	1221	27154	6948
-696	48769	48670	2670	3896	91333	16004
2923	4163	4213		186	4291	
864	11378	12053	11		17292	4824
0	92	92			92	
86	393	375			560	3
1	284	284			517	191
116	674	980	118	97	3498	2360
2069	4226	4231	39	103	10313	5380
9493	-25865	-25510	374	26350	-24387	555
254211	78532	174209	61102	151339	383306	106739
628	27317	27881	2330	1005	48210	17208
726	1211	1234	264	201	2922	1395
53662	-81	14771	8511	53904	55129	35956
54480	-10735	5104	767	20527	34640	23896
125074	-29249	27837	4457	31282	83497	51385
905	894	1285	152	233	1912	450
3771	3428	14051	423	617	19808	4687
600	1373	1551	261	279	2658	975
109	-325	-325		325	60	353
311	121	119			188	43
15267	38552	36382	537	10397	30491	-7160
78	353	166	8	190	1146	863
62	84	383	95	288	1014	554
885	-264	-279		279	1966	2166
11	7	7			7	
506089	184391	188539	12912	17370	182868	-19394
155	7257	7258	1085		7979	571
336	4468	5641	1306	1223	6752	935

13-8 地方规模以上工业企业主要指标(2016年)

单位：万元

项目	Item	企业单位数（个）Number of Enterprises (unit)	亏损企业 Loss-making Enterprises
总计	**Total**	**567**	**159**
在总计中：国有控股企业	State-holding Enterprises	112	28
在总计中：轻工业	Light Industry	184	31
重工业	Heavy Industry	383	128
在总计中：大型企业	Large Enterprises	19	4
中型企业	Medium-sized Enterprises	86	22
小型企业	Small Enterprises	462	133
#微型企业	Micro Enterprises	64	14
在总计中按登记注册类型分	**By Status of Registration**		
国有企业	State-owned Enterprises	7	3
集体企业	Collective-owned Enterprises	2	1
股份合作企业	Cooperative Enterprises	2	1
有限责任公司	Limited Liability Corporations	235	72
股份有限公司	Share-holding Corporations Limited	28	5
私营企业	Private Enterprises	267	75
其他企业	Other Enterprises	1	
港、澳、台商投资企业	Enterprises with Funds from Hong Kong, Macao and Taiwan	10	1
外商投资企业	Foreign Funded Enterprises	15	1
按工业行业分组	**Grouped by Sector**		
采掘业	**Mining**		
煤炭开采和洗选业	Mining and Washing of Coal	13	6
黑色金属矿采选业	Mining and Processing of Ferrous Metal Ores	6	6
有色金属矿采选业	Mining and Processing of Non-Ferrous Metal Ores	12	5
非金属矿采选业	Mining and Processing of Non-metal Ores	10	4
制造业	**Manufacturing**		
农副食品加工业	Processing of Food from Agricultural Products	61	10
食品制造业	Manufacture of Foods	27	4
酒、饮料和精制茶制造业	Manufacture of Liquor, Beverages and Refined Tea	17	3
纺织业	Manufacture of Textile	7	2
纺织服装、服饰业	Manufacture of Textile, Wearing Apparel and Accessories	10	
木材加工和木、竹、藤、棕、草制品业	Processing of Timber.Manufacture of Wood, Bamboo,Rattan,Palm and Straw Products	1	
家具制造业	Manufacture of Furniture	1	
造纸和纸制品业	Manufacture of Paper and Paper Products	1	
印刷和记录媒介复制业	Printing and Reproduction of Recording Media	4	1
文教、工美、体育和娱乐用品制造业	Manufacture of Articles for Culture, Education, Arts and Crafts, Sport and Entertainment Activities	9	2
石油加工、炼焦和核燃料加工业	Processing of Petroleum, Coking and Processing of Nuclear Fuel	4	2
化学原料和化学制品制造业	Manufacture of Raw Chemical Materials and Chemical Products	63	23
医药制造业	Manufacture of Medicines	30	4
橡胶和塑料制品业	Manufacture of Rubber and Plastics Products	8	2
非金属矿物制品业	Manufacture of Non-metallic Mineral Products	67	20
黑色金属冶炼和压延加工业	Smelting and Pressing of Ferrous Metals	33	20
有色金属冶炼和压延加工业	Smelting and Pressing of Non-ferrous Metals	48	14
金属制品业	Manufacture of Metal Products	11	4
通用设备制造业	Manufacture of Metal Products	5	1
专用设备制造业	Manufacture of Special Purpose Machinery	6	2
汽车制造业	Manufacture of Automobiles	1	1
铁路、船舶、航空航天和其他运输设备制造业	Manufacture of Railway, Ship, Aerospace and Other Transport Equipments	1	
电气机械和器材制造业	Manufacture of Electrical Machinery and Apparatus	25	6
计算机、通信和其他电子设备制造业	Manufacture of Computers, Communication and Other Electronic Equipment	3	2
仪器仪表制造业	Manufacture of Measuring Instruments and Machinery	2	1
其他制造业	Other Manufacture	1	1
金属制品、机械和设备修理业	Repair Service of Metal Products, Machinery and Equipment	1	
电力、燃气及水的生产和供应业	**Power, Gas and Water Production and Supply**		
电力、热力生产和供应业	Production and Supply of Electric Power and Heat Power	73	12
燃气生产和供应业	Production and Supply of Gas	3	
水的生产和供应业	Production and Supply of Water	3	1

Main Indicators of Local Industrial Enterprises above Designated Size (2016)

(10 000 yuan)

工业总产值 Gross Industrial Output Value	资产总计 Total Assets	流动资产合计 Total Working Capitals	固定资产合计 Total Fixed Assets	固定资产原价 Original Value of Fixed Assets	累计折旧 Accumulated Depreciation	本年折旧 Depreciation Charge for the Year
22327831	**49477869**	**14086875**	**25011354**	**36669792**	**12659097**	**2534288**
7077345	31011230	6982103	16404562	22447662	6542267	1166980
5261975	5007851	1927274	2622554	5137642	2609393	535197
17065857	44470018	12159602	22388801	31532150	10049705	1999092
5325458	24537599	5246779	13109372	18057798	5219365	888994
6953083	10691178	3832106	4689510	8125072	3931710	882254
10049290	14249092	5007991	7212472	10486922	3508022	763040
579618	2688198	733441	1747566	2126152	378536	108687
39362	253486	65931	151958	188319	39189	6246
3852	9053	8548	505	1551	1046	48
234548	91883	36137	33294	44078	10785	307
9558541	23413751	6410111	13690581	19162937	6016061	1128296
3530341	14800427	3494370	6060144	8023315	2204158	425458
7604957	8554128	3389667	4191155	7787209	3744897	795511
	1954	1789	164	403	239	
781409	1397197	396679	261483	341061	135348	83157
574822	955990	283642	622070	1120919	507375	95265
275279	1111957	345255	307004	414832	110989	14589
33879	280327	99532	139636	187038	44348	8997
511872	572381	176877	225064	404050	203919	33430
177617	303309	188902	62140	388962	326822	6021
1085574	1062406	446284	524043	857528	362262	80451
629762	583339	189623	351948	401407	53152	31903
810801	641514	232240	327142	356807	57991	23633
327481	224113	94123	127989	687864	559889	80775
389913	244045	90165	151020	468480	320639	56895
	996	471	525	525		
26113	4150	1524	2626	35070	32444	4208
3607	1659	539	1120	1273	153	153
74901	102614	26587	76024	95375	19588	14506
462190	252118	83299	100573	520076	426686	70085
189078	404086	110390	224710	386425	146289	17391
3985457	14548275	3882856	6778684	8252013	1846088	471599
690603	865868	336338	482500	554668	74805	34591
43932	61408	33168	22196	24199	4438	2684
1844822	2994942	1124734	1566880	2072494	554905	109661
1438803	3557851	1241191	1198327	1938414	853105	173062
6021032	7455768	2478902	2991246	4966288	2244240	535872
180787	139957	65617	69887	110124	41239	13236
184319	398928	216138	147865	184166	46396	14019
125670	79996	55878	22046	23418	3149	842
57975	62690	48836	13855	15735	1880	1880
35245	12108	6385	5723	28632	22909	3407
1167857	1100284	472972	568652	1554472	1000059	187937
53400	23688	9077	14212	10836	1214	1202
32981	23410	15996	6158	20252	14128	7270
5192	94294	13936	9864	7816	2623	299
6305	991	252	739	11136	10397	1336
1402240	11952502	1848860	8363436	11513169	3212472	528463
29148	57838	21026	22291	25354	13218	2078
23995	258057	128901	105228	150896	46661	1815

13-8 续表1

单位：万元

项 目	Item	负债合计 Total Liabilities	流动负债合计 Total Working Liabilities
总计	**Total**	**35088174**	**18898172**
在总计中：国有控股企业	State-holding Enterprises	23509571	10906163
在总计中：轻工业	Light Industry	2391464	1716730
重工业	Heavy Industry	32696711	17181443
在总计中：大型企业	Large Enterprises	18211980	7395650
中型企业	Medium-sized Enterprises	7704734	5522297
小型企业	Small Enterprises	9171461	5980225
#微型企业	Micro Enterprises	1945234	849701
在总计中按登记注册类型分	**By Status of Registration**		
国有企业	State-owned Enterprises	119092	26088
集体企业	Collective-owned Enterprises	8664	8663
股份合作企业	Cooperative Enterprises	42409	33409
有限责任公司	Limited Liability Corporations	17347832	8018795
股份有限公司	Share-holding Corporations Limited	10426775	5869257
私营企业	Private Enterprises	5468907	3960827
其他企业	Other Enterprises	1568	1465
港、澳、台商投资企业	Enterprises with Funds from Hong Kong, Macao and Taiwan	1294083	729849
外商投资企业	Foreign Funded Enterprises	378844	249820
按工业行业分组	**Grouped by Sector**		
采掘业	**Mining**		
煤炭开采和洗选业	Mining and Washing of Coal	649378	562385
黑色金属矿采选业	Mining and Processing of Ferrous Metal Ores	249728	194859
有色金属矿采选业	Mining and Processing of Non-Ferrous Metal Ores	271140	201378
非金属矿采选业	Mining and Processing of Non-metal Ores	195655	122495
制造业	**Manufacturing**		
农副食品加工业	Processing of Food from Agricultural Products	527429	380502
食品制造业	Manufacture of Foods	226945	167742
酒、饮料和精制茶制造业	Manufacture of Liquor, Beverages and Refined Tea	297159	291297
纺织业	Manufacture of Textile	110709	63681
纺织服装、服饰业	Manufacture of Textile, Wearing Apparel and Accessories	105433	83906
木材加工和木、竹、藤、棕、草制品业	Processing of Timber.Manufacture of Wood, Bamboo,Rattan,Palm and Straw Products	85	85
家具制造业	Manufacture of Furniture	1796	1152
造纸和纸制品业	Manufacture of Paper and Paper Products	1130	1130
印刷和记录媒介复制业	Printing and Reproduction of Recording Media	44840	44840
文教、工美、体育和娱乐用品制造业	Manufacture of Articles for Culture, Education, Arts and Crafts,Sport and Entertainment Activities	152190	57525
石油加工、炼焦和核燃料加工业	Processing of Petroleum, Coking and Processing of Nuclear Fuel	323052	232228
化学原料和化学制品制造业	Manufacture of Raw Chemical Materials and Chemical Products	10157288	5489093
医药制造业	Manufacture of Medicines	276586	263186
橡胶和塑料制品业	Manufacture of Rubber and Plastics Products	45473	36460
非金属矿物制品业	Manufacture of Non-metallic Mineral Products	2323348	1495660
黑色金属冶炼和压延加工业	Smelting and Pressing of Ferrous Metals	2851309	2264689
有色金属冶炼和压延加工业	Smelting and Pressing of Non-ferrous Metals	5738417	3973225
金属制品业	Manufacture of Metal Products	47476	38741
通用设备制造业	Manufacture of General Purpose Machinery	227392	216968
专用设备制造业	Manufacture of Special Purpose Machinery	51228	47309
汽车制造业	Manufacture of Automobiles	40140	40140
铁路、航舶、航空航天和其他运输设备制造业	Manufacture of Railway, Ship, Aerospace and Other Transport Equipments	1702	998
电气机械和器材制造业	Manufacture of Electrical Machinery and Apparatus	744339	437494
计算机、通信和其他电子设备制造业	Manufacture of Computers, Communication and Other Electronic Equipment	9618	4679
仪器仪表制造业	Manufacture of Measuring Instruments and Machinery	2743	2541
其他制造业	Other Manufacture	36608	28453
金属制品、机械和设备修理业	Repair Service of Metal Products, Machinery and Equipment	244	178
电力、燃气及水的生产和供应业	**Power, Gas and Water Production and Supply**		
电力、热力生产和供应业	Production and Supply of Electric Power and Heat Power	9214601	2079678
燃气生产和供应业	Production and Supply of Gas	26418	22869
水的生产和供应业	Production and Supply of Water	136578	50603

Continued

(10 000 yuan)

非流动负债合计 Total Non-current Liabilities	所有者权益合计 Total Owners' Equity	实收资本 Paid-up Capital	营业收入 Revenue of Operating	主营业务收入 Revenue from Principal Business	营业成本 Cost of Business	主营业务成本 Cost of Principal Business	营业税金及附加 Taxes and Other Charges on Operating	主营业务税金及附加 Tax and Extra Charges from Principal Business	其他业务利润 Other Operating Profit
14089425	**14349531**	**7353527**	**17131022**	**16742423**	**14330262**	**13940678**	**179959**	**172349**	**35778**
11793198	7486319	3615616	6405428	6121556	4861633	4606441	94010	91425	32167
524559	2583504	772686	3527360	3508083	3050228	3034124	34735	34306	2864
13564866	11766027	6580842	13603662	13234340	11280034	10906554	145224	138043	32914
9708776	6325618	2528931	5373682	5133028	4001490	3788391	115432	115062	28358
1855772	2986444	2065078	4890632	4812234	4323381	4255351	34403	32475	5034
2524877	5037469	2759518	6866709	6797161	6005391	5896936	30124	24811	2387
924127	702807	612153	320833	315763	209646	206719	1032	554	7
45767	134394	88294	30482	30062	18118	17930	83	79	229
	389	2354	32322	6792	30681	6060	59	59	
9000	49474	867	220467	220467	213285	213285	92	61	
8939942	6050578	4065204	6947773	6844784	5634207	5542215	67993	66403	6204
4031159	4373652	1273538	3367283	3128489	2541434	2290959	85191	79389	27658
979117	3060399	1489683	5290812	5278565	4794328	4774880	19213	19145	1680
103	386	52	9122	9122	9066	9066	58	58	
5612	103114	187438	732750	725081	668564	666348	1737	1623	-45
78725	577146	246098	500010	499061	420578	419934	5533	5533	52
80120	462578	427157	331672	325494	279377	271598	10942	10919	1036
28058	23323	58509	35492	35412	30158	30116	941	941	
66416	301242	80619	363406	360514	253717	247566	4275	3927	81
9589	107654	78739	144432	140325	122220	119939	3138	1301	
76788	519638	167381	724597	723862	668662	662216	734	731	17
42954	356393	77993	320601	319802	256921	256921	2032	1897	
4542	344356	143704	368851	364140	252146	251532	26659	26659	56
45727	113404	15588	330742	330742	319755	319755	78	78	
17056	138612	38932	336684	334495	313430	313157	415	410	409
	911	500	2250	2250	1890	1890	1	1	
643	2354	577	25920	25920	22699	22699	182	182	
	529	100	4633	4633	4178	4178	42	42	
	57774	6694	61213	61212	54542	54541	158	158	
48021	82386	29511	352674	352674	336339	336339	702	702	
90824	81034	94313	150581	149589	123287	122841	568	564	295
4569133	4390986	1274288	3124188	3036059	2150482	2015312	101992	97768	1756
13349	589282	138948	374896	371614	277841	273926	3121	2837	
6857	15934	13012	40325	40315	35189	27957	293	290	10
562905	671593	297143	1138001	1130608	951273	944263	4141	4141	662
39951	706542	565491	1488136	1453254	1376342	1354243	5630	5628	259
1144382	1717351	1535730	4811814	4611005	4634456	4465425	901	856	28242
8435	92481	43883	62351	62351	54418	54413	177	177	
10424	171536	62246	155758	155557	119125	119045	1070	1070	78
3919	28768	16843	40427	27983	35507	24352	132	120	
	22550	13900	3426	3426	3216	3216	31	31	
	10406	2000	7516	7516	5837	5837	25	25	
298758	355945	187584	848140	840894	750043	743653	1269	1262	602
4939	14070	5986	11200	11200	8994	8994	117	117	
202	20668	2500	8802	8451	6595	6595	77	77	
8155	57687	11372	20190	19852	18393	18390	78	78	336
66	748	300	6254	6254	6015	6015			
6824467	2737899	1932661	1375514	1370430	823070	821664	9713	9036	496
3549	31419	7000	32450	29621	19996	19377	150	150	
79198	121479	22325	27887	24968	14148	12711	175	175	1445

13-8 续表2

单位：万元

项目	Item	销售费用 Cost of Sales	管理费用 Management Expenses
总计	**Total**	**586076**	**708745**
在总计中：国有控股企业	State-holding Enterprises	273823	326971
在总计中：轻工业	Light Industry	90096	184841
重工业	Heavy Industry	495980	523903
在总计中：大型企业	Large Enterprises	289232	248754
中型企业	Medium-sized Enterprises	163312	203541
小型企业	Small Enterprises	133533	256450
#微型企业	Micro Enterprises	2882	13271
在总计中按登记注册类型分	**By Status of Registration**		
国有企业	State-owned Enterprises	252	5789
集体企业	Collective-owned Enterprises	967	901
股份合作企业	Cooperative Enterprises	1567	2127
有限责任公司	Limited Liability Corporations	225356	268588
股份有限公司	Share-holding Corporations Limited	210884	195990
私营企业	Private Enterprises	121232	193735
其他企业	Other Enterprises		702
港、澳、台商投资企业	Enterprises with Funds from Hong Kong, Macao and Taiwan	17531	17432
外商投资企业	Foreign Funded Enterprises	8288	23481
按工业行业分组	**Grouped by Sector**		
采掘业	**Mining**		
煤炭开采和洗选业	Mining and Washing of Coal	10100	24623
黑色金属矿采选业	Mining and Processing of Ferrous Metal Ores	3463	8381
有色金属矿采选业	Mining and Processing of Non-Ferrous Metal Ores	4333	26827
非金属矿采选业	Mining and Processing of Non-metal Ores	5656	11439
制造业	**Manufacturing**		
农副食品加工业	Processing of Food from Agricultural Products	13806	22737
食品制造业	Manufacture of Foods	16018	26475
酒、饮料和精制茶制造业	Manufacture of Liquor, Beverages and Refined Tea	27684	29671
纺织业	Manufacture of Textile	1294	2529
纺织服装、服饰业	Manufacture of Textile, Wearing Apparel and Accessories	1334	9234
木材加工和木、竹、藤、棕、草制品业	Processing of Timber.Manufacture of Wood, Bamboo,Rattan,Palm and Straw Products	146	122
家具制造业	Manufacture of Furniture	1275	1285
造纸和纸制品业	Manufacture of Paper and Paper Products	29	99
印刷和记录媒介复制业	Printing and Reproduction of Recording Media	835	4972
文教、工美、体育和娱乐用品制造业	Manufacture of Articles for Culture, Education, Arts and Crafts,Sport and Entertainment Activities	1963	7374
石油加工、炼焦和核燃料加工业	Processing of Petroleum, Coking and Processing of Nuclear Fuel	27717	14903
化学原料和化学制品制造业	Manufacture of Raw Chemical Materials and Chemical Products	270226	188900
医药制造业	Manufacture of Medicines	20903	47171
橡胶和塑料制品业	Manufacture of Rubber and Plastics Products	1522	1385
非金属矿物制品业	Manufacture of Non-metallic Mineral Products	78786	49655
黑色金属冶炼和压延加工业	Smelting and Pressing of Ferrous Metals	36744	57825
有色金属冶炼和压延加工业	Smelting and Pressing of Non-ferrous Metals	35602	71792
金属制品业	Manufacture of Metal Products	2398	3539
通用设备制造业	Manufacture of General Purpose Machinery	8188	18849
专用设备制造业	Manufacture of Special Purpose Machinery	238	2126
汽车制造业	Manufacture of Automobiles	44	351
铁路、船舶、航空航天和其他运输设备制造业	Manufacture of Railway, Ship, Aerospace and Other Transport Equipments	632	590
电气机械和器材制造业	Manufacture of Electrical Machinery and Apparatus	7009	35688
计算机、通信和其他电子设备制造业	Manufacture of Computers, Communication and Other Electronic Equipment	293	1417
仪器仪表制造业	Manufacture of Measuring Instruments and Machinery	494	1489
其他制造业	Other Manufacture		1196
金属制品、机械和设备修理业	Repair Service of Metal Products, Machinery and Equipment	117	103
电力、燃气及水的生产和供应业	**Power, Gas and Water Production and Supply**		
电力、热力生产和供应业	Production and Supply of Electric Power and Heat Power	4572	23515
燃气生产和供应业	Production and Supply of Gas	1477	3407
水的生产和供应业	Production and Supply of Water	1182	9076

Continued

(10 000 yuan)

财务费用 Financial Expenses	营业利润 Operating Profit	利润总额 Total Profits	应交所得税 Income Tax Payable	亏损企业亏损总额 The Total Loss of Loss-making Enterprises	利税总额 Total Profits and Taxes	本年应交增值税 Value Added Tax Payable
947394	**353828**	**542923**	**95571**	**352483**	**1032422**	**309540**
670372	144355	260854	53255	123000	505049	150184
29418	156828	166941	8408	22333	251379	49703
917976	197000	375982	87163	330151	781043	259837
559830	146307	211837	50437	51944	533297	206027
157169	10715	46919	10597	190742	203814	122491
230395	196806	284166	34537	109798	295311	-18979
54242	40974	42723	2005	4781	11836	-31919
3723	2513	3455	403	894	152	-3386
105	-584	-647	-722	748	-588	
2701	1020	1176		577	2017	749
554059	185403	260802	47551	176716	492065	163270
203935	115741	181199	34891	29706	345448	79058
146901	15930	45438	11134	143681	113641	48990
0	-703	207			265	
25262	3104	16445	1566	91	31861	13678
10708	31405	34847	749	70	47561	7181
11258	-4380	2023	2526	18698	45660	32696
5920	-13943	-15161		15161	-10457	3764
12693	59354	61366	737	10297	85167	19526
2714	1488	2368	471	4661	10502	4996
8379	10291	20007	942	4381	22739	1998
2090	17154	18174	927	1221	27154	6948
-696	48769	48670	2670	3896	91333	16004
2923	4163	4213		186	4291	
864	11378	12053	11		17292	4824
0	92	92			92	
86	393	375			560	3
1	284	284			517	191
116	674	980	118	97	3498	2360
2069	4226	4231	39	103	10313	5380
9493	-25865	-25510	374	26350	-24387	555
254210	88782	184299	61095	141249	405950	119659
628	27317	27881	2330	1005	48210	17208
726	1211	1234	264	201	2922	1395
50714	-5396	8450	8511	53904	43828	31237
53035	-10712	4997	767	20527	34473	23846
94357	-20003	18263	4456	21344	61869	42705
905	894	1285	152	233	1912	450
3771	3428	14051	423	617	19808	4687
600	1373	1551	261	279	2658	975
109	-325	-325		325	60	353
311	121	119			188	43
15267	38552	36382	537	10397	30491	-7160
78	353	166	8	190	1146	863
62	84	383	95	288	1014	554
885	-264	-279		279	1966	2166
11	7	7			7	
413326	102603	97395	5467	15373	76919	-30188
155	7257	7258	1085		7979	571
336	4468	5641	1306	1223	6752	935

13-9 规模以上国有及国有控股工业企业主要经济指标(2016年)

单位：万元

项 目	Item	企 业 单位数 (个) Number of Enterprises (unit)	亏损企业 Loss-making Enterprises
总计	**Total**	**138**	**33**
在总计中：国有控股企业	State-holding Enterprises	138	33
在总计中：轻工业	Light Industry	19	7
重工业	Heavy Industry	119	26
在总计中：大型企业	Large Enterprises	15	3
中型企业	Medium-sized Enterprises	37	10
小型企业	Small Enterprises	86	20
#微型企业	Micro Enterprises	23	2
在总计中：按登记注册类型分组	**By Status of Registration**		
国有企业	State-owned Enterprises	8	3
有限责任公司	Limited Liability Corporations	114	29
股份有限公司	Share-holding Corporations Limited	15	1
港、澳、台商投资企业	Enterprises with Funds from Hong Kong, Macao and Taiwan	1	
外商投资企业	Foreign Funded Enterprises		
按工业行业分组	**Grouped by Sector**		
采掘业	**Mining**		
煤炭开采和洗选业	Mining and Washing of Coal	4	1
石油和天然气开采业	Extraction of Petroleum and Natural Gas	1	
黑色金属矿采选业	Mining and Processing of Ferrous Metal Ores	1	1
有色金属矿采选业	Mining and Processing of Non-Ferrous Metal Ores	3	
非金属矿采选业	Mining and Processing of Non-metal Ores	5	1
制造业	**Manufacturing**		
农副食品加工业	Processing of Food from Agricultural Products	2	1
食品制造业	Manufacture of Foods	1	
纺织服装、服饰业	Manufacture of Textile, Wearing Apparel and Accessories	3	
印刷和记录媒介复制业	Printing and Reproduction of Recording Media	2	1
石油加工、炼焦和核燃料加工业	Processing of Petroleum, Coking and Processing of Nuclear Fuel		
化学原料和化学制品制造业	Manufacture of Raw Chemical Materials and Chemical Products	18	9
医药制造业	Manufacture of Medicines	4	1
非金属矿物制品业	Manufacture of Non-metallic Mineral Products	6	1
黑色金属冶炼和压延加工业	Smelting and Pressing of Ferrous Metals	3	1
有色金属冶炼和压延加工业	Smelting and Pressing of Non-ferrous Metals	21	4
金属制品业	Manufacture of Metal Products	2	1
通用设备制造业	Manufacture of General Purpose Machinery	1	
专用设备制造业	Manufacture of Special Purpose Machinery	1	
电气机械和器材制造业	Manufacture of Electrical Machinery and Apparatus	4	2
其他制造业	Other Manufacture	1	1
电力、燃气及水的生产和供应业	**Power, Gas and Water Production and Supply**		
电力、热力生产和供应业	Production and Supply of Electric Power and Heat Power	52	7
水的生产和供应业	Production and Supply of Water	3	1

Main Indicators of State-holding andState-owned Industrial Enterprises above Designated Size(2016)

(10 000 yuan)

工 业 总产值 Gross Industrial Output Value	资产总计 Total Assets	流动资产合计 Total Working Capitals	固定资产合计 Total Fixed Assets	固定资产原价 Original Value of Fixed Assets	累计折旧 Accumulated Depreciation	本年折旧 Depreciation Charge for the Year
13105143	**42971072**	**9344228**	**25506744**	**37017576**	**12252848**	**1914536**
13105143	42971072	9344228	25506744	37017576	12252848	1914536
440848	717793	279129	293053	390877	120717	42783
12664295	42253279	9065100	25213691	36626699	12132131	1871753
8755817	30019449	5638838	18699927	27897753	9534991	1364224
2448295	6725784	2219545	2792682	4151152	1705483	305534
1901032	6225838	1485846	4014135	4968672	1012374	244779
114479	734857	159086	487099	603128	98867	31350
2464446	4272555	512462	3602647	5298323	2094460	302942
6239666	20553534	4662285	13293565	18546161	5587709	998819
4385232	18097844	4165623	8586863	13125911	4547167	610548
15800	47139	3859	23668	47180	23512	2227
123210	485994	46097	212627	300774	90480	10377
1603865	3983610	894725	2815674	5275523	2268291	251137
6084	67603	7176	30378	44348	9664	1324
175474	322414	75572	100079	249918	149838	13603
45991	186510	95025	46507	96198	49692	4699
76467	28067	4202	159	2269	2152	2112
5963	10325	4369	3610	6509	3123	416
16523	35118	26666	8436	14418	8752	1810
7801	13661	8265	5393	9315	3980	187
2429069	11592025	2724261	5455100	6478839	1229514	317671
82600	100267	31963	62878	70340	7462	5033
331496	1336324	255502	1054350	1390687	327323	37343
606423	3025691	944904	1008420	1713778	775729	156760
3105233	4839542	1527297	2089725	3728613	1823260	206920
14436	14464	11193	3271	4278	1186	1186
107475	276562	181188	63484	83695	30258	6204
30001	47742	31325	16401	18203	1789	335
268662	238594	75941	142961	180986	52159	37305
5192	94294	13936	9864	7816	2623	299
4039185	16014209	2255720	12272200	17190177	5368913	857999
23995	258057	128901	105228	150896	46661	1815

13-9 续表1

单位：万元

项目	Item	负债合计 Total Liabilities	流动负债合计 Total Working Liabilities
总计	**Total**	**30452591**	**15145461**
在总计中：国有控股企业	State-holding Enterprises	30452591	15145461
在总计中：轻工业	Light Industry	416530	235201
重工业	Heavy Industry	30036061	14910259
在总计中：大型企业	Large Enterprises	20637266	8564991
中型企业	Medium-sized Enterprises	5191889	3531038
小型企业	Small Enterprises	4623436	3049432
#微型企业	Micro Enterprises	519512	179937
在总计中：按登记注册类型分组	**By Status of Registration**		
国有企业	State-owned Enterprises	1915661	1483698
有限责任公司	Limited Liability Corporations	16556445	7390358
股份有限公司	Share-holding Corporations Limited	11961652	6253701
港、澳、台商投资企业	Enterprises with Funds from Hong Kong, Macao and Taiwan	18833	17704
外商投资企业	Foreign Funded Enterprises		
按工业行业分组	**Grouped by Sector**		
采掘业	**Mining**		
煤炭开采和洗选业	Mining and Washing of Coal	388156	359286
石油和天然气开采业	Extraction of Petroleum and Natural Gas	1827303	734325
黑色金属矿采选业	Mining and Processing of Ferrous Metal Ores	71601	70735
有色金属矿采选业	Mining and Processing of Non-Ferrous Metal Ores	102315	41086
非金属矿采选业	Mining and Processing of Non-metal Ores	134020	101497
制造业	**Manufacturing**		
农副食品加工业	Processing of Food from Agricultural Products	12358	
食品制造业	Manufacture of Foods	2931	1102
纺织服装、服饰业	Manufacture of Textile, Wearing Apparel and Accessories	11060	10364
印刷和记录媒介复制业	Printing and Reproduction of Recording Media	10542	10542
石油加工、炼焦和核燃料加工业	Processing of Petroleum, Coking and Processing of Nuclear Fuel		
化学原料和化学制品制造业	Manufacture of Raw Chemical Materials and Chemical Products	8497889	4170390
医药制造业	Manufacture of Medicines	36236	25693
非金属矿物制品业	Manufacture of Non-metallic Mineral Products	1075033	628781
黑色金属冶炼和压延加工业	Smelting and Pressing of Ferrous Metals	2413241	1897401
有色金属冶炼和压延加工业	Smelting and Pressing of Non-ferrous Metals	4068989	2699343
金属制品业	Manufacture of Metal Products	7366	6835
通用设备制造业	Manufacture of General Purpose Machinery	172980	162776
专用设备制造业	Manufacture of Special Purpose Machinery	29125	28886
电气机械和器材制造业	Manufacture of Electrical Machinery and Apparatus	198757	136985
其他制造业	Other Manufacture	36608	28453
电力、燃气及水的生产和供应业	**Power, Gas and Water Production and Supply**		
电力、热力生产和供应业	Production and Supply of Electric Power and Heat Power	11219503	3980377
水的生产和供应业	Production and Supply of Water	136578	50603

Continued

(10 000 yuan)

非流动负债合计 Total Non-current Liabilities	所有者权益合计 Total Owners' Equity	实收资本 Paid-up Capital	营业收入 Revenue of Operating	主营业务收入 Revenue from Principal Business	营业成本 Cost of Business	主营业务成本 Cost of Principal Business	营业税金及附加 Taxes and Other Charges on Operating	主营业务税金及附加 Tax and Extra Charges from Principal Business	其他业务利润 Other Operating Profit
14437331	**12516601**	**5879314**	**12224053**	**11823867**	**9800056**	**9375223**	**398764**	**389523**	**-26635**
14437331	12516601	5879314	12224053	11823867	9800056	9375223	398764	389523	-26635
162193	285925	103644	302574	294034	256189	253070	1079	1073	2791
14275138	12230676	5775670	11921480	11529833	9543867	9122153	397685	388449	-29426
11496095	9382184	3353745	8700754	8366675	6963684	6593038	371993	365144	-32014
1570342	1533895	1372451	1964843	1919128	1670748	1633513	21400	19523	4648
1370893	1600523	1153118	1558456	1538064	1165625	1148671	5371	4856	731
258753	213466	156921	95211	94848	45287	43674	382	241	7
384726	2356894	1336321	2467184	2455146	2429186	2420105	3039	2900	229
8855811	3995210	3370090	5309185	5237621	4282763	4229755	35785	34995	6945
5195664	6136191	1164938	4434223	4118714	3078922	2717302	359821	351508	-33760
1129	28306	7965	13462	12387	9184	8061	120	120	-49
28870	97838	90497	82674	82432	57149	56906	4791	4768	-28
1092977	2156307		1393779	1315465	769961	631763	296715	290367	-61373
866	-3998	10300	6358	6279	4174	4132	233	233	
61229	220099	19965	163957	161721	72561	70061	3422	3422	81
9589	65949	42903	45378	41261	26190	23901	2541	704	
	371	3161	8661	8661	7002	7002	25	25	
1829	7394	5000	5424	4624	2372	2372	180	180	
696	24058	7152	16048	13859	8493	8219	243	237	409
	3120	737	6611	6610	5127	5126	34	34	
4307022	3094136	709180	1902751	1818622	1226757	1124276	68530	68164	1162
10544	64031	27298	63081	63081	53429	53429	122	122	
446251	261292	67478	276467	275982	234125	232962	800	800	5
3553	612450	392000	931374	898485	846359	826292	2478	2478	
1279137	770553	1263147	2914642	2752434	2757683	2624966	3768	3754	30336
531	7098	6638	8143	8143	7073	7068	19	19	
10204	103582	43885	116066	116066	89327	89327	916	916	
239	18617	9710	27415	14972	24999	13844	110	110	
61772	39837	30384	184544	182251	170628	169224	810	810	602
8155	57687	11372	20190	19852	18393	18390	78	78	336
7034669	4794706	3116182	4022604	4008102	3404107	3393253	12774	12126	392
79198	121479	22325	27887	24968	14148	12711	175	175	1445

13-9 续表2

单位：万元

项　目	Item	销售费用 Cost of Sales	管理费用 Management Expenses
总计	**Total**	**300239**	**529413**
在总计中：国有控股企业	State-holding Enterprises	300239	529413
在总计中：轻工业	Light Industry	4675	30538
重工业	Heavy Industry	295564	498874
在总计中：大型企业	Large Enterprises	227437	370911
中型企业	Medium-sized Enterprises	56010	109016
小型企业	Small Enterprises	16792	49485
#微型企业	Micro Enterprises	169	2920
按登记注册类型分组	**By Status of Registration**		
国有企业	State-owned Enterprises	252	16519
有限责任公司	Limited Liability Corporations	130248	172015
股份有限公司	Share-holding Corporations Limited	169388	338561
港、澳、台商投资企业	Enterprises with Funds from Hong Kong, Macao and Taiwan	351	2318
外商投资企业	Foreign Funded Enterprises		
按工业行业分组	**Grouped by Sector**		
采掘业	**Mining**		
煤炭开采和洗选业	Mining and Washing of Coal	3449	8801
石油和天然气开采业	Extraction of Petroleum and Natural Gas	4795	162645
黑色金属矿采选业	Mining and Processing of Ferrous Metal Ores	1625	1736
有色金属矿采选业	Mining and Processing of Non-Ferrous Metal Ores	3812	15261
非金属矿采选业	Mining and Processing of Non-metal Ores	4235	9474
制造业	**Manufacturing**		
农副食品加工业	Processing of Food from Agricultural Products	289	1190
食品制造业	Manufacture of Foods	842	1672
纺织服装、服饰业	Manufacture of Textile, Wearing Apparel and Accessories	243	5709
印刷和记录媒介复制业	Printing and Reproduction of Recording Media	5	1806
石油加工、炼焦和核燃料加工业	Processing of Petroleum, Coking and Processing of Nuclear Fuel		
化学原料和化学制品制造业	Manufacture of Raw Chemical Materials and Chemical Products	200951	137137
医药制造业	Manufacture of Medicines	1212	4920
非金属矿物制品业	Manufacture of Non-metallic Mineral Products	14920	15922
黑色金属冶炼和压延加工业	Smelting and Pressing of Ferrous Metals	22303	42034
有色金属冶炼和压延加工业	Smelting and Pressing of Non-ferrous Metals	32443	57079
金属制品业	Manufacture of Metal Products	64	755
通用设备制造业	Manufacture of General Purpose Machinery	6275	14926
专用设备制造业	Manufacture of Special Purpose Machinery	52	1315
电气机械和器材制造业	Manufacture of Electrical Machinery and Apparatus	1538	9008
其他制品业	Other Manufacture		1196
电力、燃气及水的生产和供应业	**Power, Gas and Water Production and Supply**		
电力、热力生产和供应业	Production and Supply of Electric Power and Heat Power	4	27753
水的生产和供应业	Production and Supply of Water	1182	9076

Continued

(10 000 yuan)

财务费用 Financial Expenses	营业利润 Operating Profit	利润总额 Total Profits	应交所得税 Income Tax Payable	亏损企业亏损总额 The Total Loss of Loss-making Enterprises	利税总额 Total Profits and Taxes	本年应交增值税 Value Added Tax Payable
820736	**349226**	**518141**	**60707**	**145025**	**1214899**	**297994**
820736	349226	518141	60707	145025	1214899	297994
7210	4450	4292	1512	11618	3067	-2304
813526	344775	513849	59195	133407	1211832	300297
570809	173508	266687	37586	23486	963239	324559
84766	22018	40405	6321	88577	113482	51676
165161	153699	211049	16800	32962	138179	-78242
22710	23924	24904	1101	583	7292	-17994
17271	8150	13855	6547	894	44342	27449
589512	93490	171881	24044	139346	289920	82255
213492	246566	331330	29806	4785	878246	187096
461	1020	1077	310		2391	1195
2595	5747	11218	2849	5051	26049	10040
22488	137174	160119			593032	136199
3329	-4777	-4692		4692	-3900	558
516	68162	70129	737		90888	17337
2079	3070	4319	471	2527	11391	4531
42	113	113		148	157	19
-5	362	591	89		1237	466
-136	1469	2338			4224	1642
-5	-352	-46	118	97	455	467
206860	-9034	71276	41627	84686	200047	60241
706	2692	2692		70	3762	948
7687	1762	3717	293	4785	11624	7107
43390	5748	18470		166	33461	12513
81388	-11765	20969	3394	17276	49352	24615
116	62	33	1	12	106	54
3605	-172	10410	9		14543	3217
393	546	534	76		1389	745
5386	-2830	-5551		9802	-12860	-8119
885	-264	-279		279	1966	2166
439078	147046	146141	9738	14212	181229	22314
336	4468	5641	1306	1223	6752	935

13-10 规模以上集体工业企业主要经济指标(2016年)

单位：万元

项 目	Item	企 业 单位数 (个) Number of Enterprises (unit)	工 业 总产值 Gross Industrial Output Value
总计	**Total**	**2**	**3852**
重工业	Heavy Industry	2	3852
中型企业	Medium-sized Enterprises	1	734
小型企业	Small Enterprises	1	3118
在总计中按登记注册类型分组	**By Status of Registration**		
集体企业	Collective-owned Enterprises	2	3852
制造业	**Manufacture**		
化学原料和化学制品制造业	Manufacture of Raw Chemical Materials and Chemical Products	1	3118
有色金属冶炼和压延加工业	Smelting and Pressing of Non-ferrous Metals	1	734

Main Indicators of Collective-owned Industrial Enterprises above Designated Size(2016)

(10 000 yuan)

资产总计 Total Assets	流动资产合计 Total Working Capitals	固定资产合计 Total Fixed Assets	固定资产原价 Original Value of Fixed Assets	累计折旧 Accumulated Depreciation	本年折旧 Depreciation Charge for the Year
9053	**8548**	**505**	**1551**	**1046**	**48**
9053	8548	505	1551	1046	48
6425	5920	505	1551	1046	48
2629	2629				
9053	8548	505	1551	1046	48
2629	2629				
6425	5920	505	1551	1046	48

13−10 续表1

单位：万元

项　目	Item	负债合计 Total Liabilities	流动负债合　计 Total Working Liabilities
总计	**Total**	**8664**	**8663**
重工业	Heavy Industry	8664	8663
中型企业	Medium-sized Enterprises	7111	7110
小型企业	Small Enterprises	1553	1553
在总计中按登记注册类型分组	**By Status of Registration**		
集体企业	Collective-owned Enterprises	8664	8663
制造业	**Manufacture**		
化学原料和化学制品制造业	Manufacture of Raw Chemical Materials and Chemical Products	1553	1553
有色金属冶炼和压延加工业	Smelting and Pressing of Non-ferrous Metals	7111	7110

Continued

(10 000 yuan)

所有者权益合计 Total Owners' Equity	实收资本 Paid-up Capital	营业收入 Revenue of Operating	主营业务收入 Revenue from Principal Business	营业成本 Cost of Business	主营业务成本 Cost of Principal Business	营业税金及附加 Taxes and Other Charges on Operating	主营业务税金及附加 Tax and Extra Charges from Principal Business
389	**2354**	**32322**	**6792**	**30681**	**6060**	**59**	**59**
389	2354	32322	6792	30681	6060	59	59
-687	1354	28569	3039	27548	2926	59	59
1075	1000	3753	3753	3134	3134		
389	2354	32322	6792	30681	6060	59	59
1075	1000	3753	3753	3134	3134		
-687	1354	28569	3039	27548	2926	59	59

13−10 续表2

单位：万元

项　目	Item	销售费用 Cost of Sales	管理费用 Management Expenses
总计	**Total**	**967**	**901**
重工业	Heavy Industry	967	901
中型企业	Medium-sized Enterprises	562	800
小型企业	Small Enterprises	406	101
在总计中按登记注册类型分组	**By Status of Registration**		
集体企业	Collective-owned Enterprises	967	901
制造业	**Manufacture**		
化学原料和化学制品制造业	Manufacture of Raw Chemical Materials and Chemical Products	406	101
有色金属冶炼和压延加工业	Smelting and Pressing of Non-ferrous Metals	562	800

Continued

(10 000 yuan)

财务费用 Financial Expenses	营业利润 Operating Profit	利润总额 Total Profits	应 交 所得税 Income Tax Payable	利税总额 Total Profits and Taxes
105	**-584**	**-647**	**-722**	**-588**
105	-584	-647	-722	-588
94	-686	-748	-748	-689
11	102	101	26	101
105	-584	-647	-722	-588
11	102	101	26	101
94	-686	-748	-748	-689

13-11 大中型企业主要经济指标(2016年)

单位：万元

项 目	Item	企业单位数(个) Number of Enterprises (unit)	亏损企业 Loss-making Enterprises
总计	**Total**	**113**	**30**
在总计中：国有控股企业	State-holding Enterprises	52	13
在总计中：轻工业	Light Industry	33	
重工业	Heavy Industry	80	30
在总计中：大型企业	Large Enterprises	23	5
中型企业	Medium-sized Enterprises	90	25
按工业行业分组	**Grouped by Sector**		
采掘业	**Mining**		
煤炭开采和洗选业	Mining and Washing of Coal	5	2
石油和天然气开采业	Extraction of Petroleum and Natural Gas	1	
有色金属矿采选业	Mining and Processing of Non-Ferrous Metal Ores	3	
非金属矿采选业	Mining and Processing of Non-metal Ores	2	
制造业	**Manufacturing**		
农副食品加工业	Processing of Food from Agricultural Products	4	
食品制造业	Manufacture of Foods	4	
酒、饮料和精制茶制造业	Manufacture of Liquor, Beverages and Refined Tea	7	
纺织业	Manufacture of Textile	3	
纺织服装、服饰业	Manufacture of Textile, Wearing Apparel and Accessories	6	
印刷业和记录媒介的复制业	Printing and Reproduction of Recording Media	1	
文教、工美、体育和娱乐用品制造业	Manufacture of Articles for Culture, Education, Arts and Crafts,Sport and Entertainment Activities	2	
石油加工、炼焦和核燃料加工业	Processing of Petroleum, Coking and Processing of Nuclear Fuel	1	1
化学原料及化学制品制造业	Manufacture of Raw Chemical Materials and Chemical Products	16	7
医药制造业	Manufacture of Medicines	2	
非金属矿物制品业	Manufacture of Non-metallic Mineral Products	10	5
黑色金属冶炼及压延加工业	Smelting and Pressing of Ferrous Metals	9	5
有色金属冶炼及压延加工业	Smelting and Pressing of Non-ferrous Metals	22	5
金属制品业	Manufacture of Metal Products	1	
通用设备制造业	Manufacture of General Purpose Machinery	2	1
汽车制造业	Manufacture of Automobiles	1	1
电气机械及器材制造业	Manufacture of Electrical Machinery and Apparatus	4	
仪器仪表制造业	Manufacture of Measuring Instruments and Machinery	1	
电力、燃气及水的生产和供应业	**Power, Gas and Water Production and Supply**		
电力、热力的生产和供应业	Production and Supply of Electric Power and Heat Power	5	3
水的生产和供应业	Production and Supply of Water	1	

Main Indicators of Large and Medium-sized Industrial Enterprises(2016)

(10 000 yuan)

工业总产值 Gross Industrial Output Value	资产总计 Total Assets	流动资产合计 Total Working Capitals	固定资产合计 Total Fixed Assets	固定资产原价 Original Value of Fixed Assets	累计折旧 Accumulated Depreciation	本年折旧 Depreciation Charge for the Year
17503711	**44588237**	**10859309**	**24950846**	**38326499**	**14361133**	**2391153**
11204111	36745234	7858383	21492609	32048904	11240474	1669757
2379625	2145135	855884	1154737	2617358	1504698	284572
15124086	42443102	10003425	23796109	35709142	12856435	2106581
10352783	33260753	6807317	19876929	29563244	10175646	1475892
7150928	11327484	4051993	5073917	8763255	4185487	915260
152734	936435	246137	283981	383347	101700	13135
1603865	3983610	894725	2815674	5275523	2268291	251137
175474	322414	75572	100079	249918	149838	13603
36181	137296	70575	36793	81573	44781	4088
158773	86031	37338	47794	51072	8295	4142
273001	215680	68640	121927	143688	21986	16497
683570	495516	183625	231691	250037	42304	17570
226837	124018	70568	53450	478290	424840	56104
276147	199474	72697	126762	311633	187641	37374
37744	87553	17101	70451	80049	9598	8315
181488	122853	52347	70506	351058	280552	28440
135052	271119	52138	208692	327983	119291	14611
3023961	12934838	3205151	6050133	7454593	1536729	386958
82749	102026	29483	72543	88272	15837	9618
826105	1962091	549200	1287114	1701467	450295	71585
842391	3286385	1098033	1102227	1831456	819825	163248
4681693	6637767	2137518	2753114	5074193	2571288	485140
19634	32288	17533	13543	16133	2590	788
113459	292820	194312	64931	89465	34601	6506
57975	62690	48836	13855	15735	1880	1880
487415	590561	237077	349126	822513	483387	111747
11501	20843	13603	5985	13708	7723	865
3397707	11501919	1384978	9014515	13142378	4741408	686843
18256	182014	102122	55963	92417	36454	962

13-11 续表1

单位：万元

项 目	Item	负债合计 Total Liabilities	流动负债合 计 Total Working Liabilities
总计	**Total**	**30896004**	**15801295**
在总计中：国有控股企业	State-holding Enterprises	25829155	12096029
在总计中：轻工业	Light Industry	1175430	848173
重工业	Heavy Industry	29720574	14953122
在总计中：大型企业	Large Enterprises	22607270	9807694
中型企业	Medium-sized Enterprises	8288734	5993600
按工业行业分组	**Grouped by Sector**		
采掘业	**Mining**		
煤炭开采和洗选业	Mining and Washing of Coal	543980	465994
石油和天然气开采业	Extraction of Petroleum and Natural Gas	1827303	734325
有色金属矿采选业	Mining and Processing of Non-Ferrous Metal Ores	102315	41086
非金属矿采选业	Mining and Processing of Non-metal Ores	80893	71304
制造业	**Manufacturing**		
农副食品加工业	Processing of Food from Agricultural Products	47839	39289
食品制造业	Manufacture of Foods	111373	79744
酒、饮料和精制茶制造业	Manufacture of Liquor, Beverages and Refined Tea	248960	245680
纺织业	Manufacture of Textile	71646	42318
纺织服装、服饰业	Manufacture of Textile, Wearing Apparel and Accessories	85349	77335
印刷业和记录媒介的复制业	Printing and Reproduction of Recording Media	34078	34078
文教、工美、体育和娱乐用品制造业	Manufacture of Articles for Culture, Education, Arts and Crafts,Sport and Entertainment Activities	67651	35724
石油加工、炼焦和核燃料加工业	Processing of Petroleum, Coking and Processing of Nuclear Fuel	238089	180539
化学原料及化学制品制造业	Manufacture of Raw Chemical Materials and Chemical Products	9220791	4776583
医药制造业	Manufacture of Medicines	39656	39224
非金属矿物制品业	Manufacture of Non-metallic Mineral Products	1626558	909003
黑色金属冶炼及压延加工业	Smelting and Pressing of Ferrous Metals	2629458	2092156
有色金属冶炼及压延加工业	Smelting and Pressing of Non-ferrous Metals	5336639	3463643
金属制品业	Manufacture of Metal Products	21747	18747
通用设备制造业	Manufacture of General Purpose Machinery	179178	168754
汽车制造业	Manufacture of Automobiles	40140	40140
电气机械及器材制造业	Manufacture of Electrical Machinery and Apparatus	404242	258138
仪器仪表制造业	Manufacture of Measuring Instruments and Machinery	900	900
电力、燃气及水的生产和供应业	**Power, Gas and Water Production and Supply**		
电力、热力的生产和供应业	Production and Supply of Electric Power and Heat Power	7844044	1961407
水的生产和供应业	Production and Supply of Water	93178	25184

Continued

(10 000 yuan)

非流动负债合计 Total Non-current Liabilities	所有者权益合计 Total Owners' Equity	实收资本 Paid-up Capital	营业收入 Revenue of Operating	主营业务收入 Revenue from Principal Business	营业成本 Cost of Business	主营业务成本 Cost of Principal Business	营业税金及附加 Taxes and Other Charges on Operating	主营业务税金及附加 Tax and Extra Charges from Principal Business	其他业务利润 Other Operating Profit
13660490	**13692233**	**6293567**	**15308072**	**14876651**	**12652321**	**12204414**	**453990**	**445209**	**-25411**
13066437	10916079	4726196	10665597	10285803	8634431	8226551	393393	384667	-27367
323343	969705	328221	1651596	1639435	1384872	1381517	29669	29663	2459
13337147	12722528	5965347	13656477	13237216	11267449	10822897	424321	415546	-27871
11692021	10653483	4133508	10223386	9871171	8153196	7774045	418475	411622	-30445
1968469	3038750	2160059	5084686	5005480	4499126	4430369	35515	33587	5034
77986	392455	402997	256416	251622	222010	217899	7358	7335	657
1092977	2156307		1393779	1315465	769961	631763	296715	290367	-61373
61229	220099	19965	163957	161721	72561	70061	3422	3422	81
9589	56403	30000	37280	33172	19316	17036	2068	232	
8550	38192	22690	129411	129411	120828	120828	207	207	
31629	104307	37500	69818	69018	49452	49452	406	406	
2280	246557	101669	311106	307061	212646	212646	26561	26561	4
29328	52372	4800	230406	230406	223169	223169	32	32	
5100	114125	28032	243672	241483	222488	222215	414	409	409
	53474	5357	25602	25602	20815	20815	124	124	
31927	55202	11137	175797	175797	167054	167054	64	64	
57550	33030	70000	111736	111137	90537	90234	399	395	295
4393907	3714047	1024194	2344096	2255442	1496102	1390135	90829	90443	1751
432	62370	14500	68284	68284	43146	43146	1424	1424	
499569	335533	124160	511135	508443	421818	419375	2269	2269	50
24782	656927	475621	1102855	1068221	999492	978674	4790	4790	259
1287388	1301128	1516503	4140991	3951165	3945451	3786492	3907	3865	30316
3000	10541	9605	17192	17192	14993	14993	15	15	
10424	113642	53946	121794	121637	93403	93324	973	973	78
	22550	13900	3426	3426	3216	3216	31	31	
146104	186319	86565	406265	403618	338439	336394	878	878	602
	19942	1500	8366	8015	6283	6283	74	74	
5818745	3657875	2219173	3413584	3400687	3088902	3080009	10882	10747	16
67994	88836	19755	21108	18626	10238	9202	147	147	1445

13-11 续表2

单位：万元

项 目	Item	销售费用 Cost of Sales	管理费用 Management Expenses
总计	**Total**	**472321**	**649432**
在总计中：国有控股企业	State-holding Enterprises	283447	479927
在总计中：轻工业	Light Industry	40137	78118
重工业	Heavy Industry	432184	571314
在总计中：大型企业	Large Enterprises	305889	437090
中型企业	Medium-sized Enterprises	166433	212342
按工业行业分组	**Grouped by Sector**		
采掘业	**Mining**		
煤炭开采和洗选业	Mining and Washing of Coal	4717	19653
石油和天然气开采业	Extraction of Petroleum and Natural Gas	4795	162645
有色金属矿采选业	Mining and Processing of Non-Ferrous Metal Ores	3812	15261
非金属矿采选业	Mining and Processing of Non-metal Ores	4122	8862
制造业	**Manufacturing**		
农副食品加工业	Processing of Food from Agricultural Products	2726	2393
食品制造业	Manufacture of Foods	5856	8331
酒、饮料和精制茶制造业	Manufacture of Liquor, Beverages and Refined Tea	19310	18349
纺织业	Manufacture of Textile	794	1046
纺织服装、服饰业	Manufacture of Textile, Wearing Apparel and Accessories	1157	8669
印刷业和记录媒介的复制业	Printing and Reproduction of Recording Media	730	3066
文教、工美、体育和娱乐用品制造业	Manufacture of Articles for Culture, Education, Arts and Crafts,Sport and Entertainment Activities	901	3107
石油加工、炼焦和核燃料加工业	Processing of Petroleum, Coking and Processing of Nuclear Fuel	25792	12966
化学原料及化学制品制造业	Manufacture of Raw Chemical Materials and Chemical Products	253218	162301
医药制造业	Manufacture of Medicines	6338	11035
非金属矿物制品业	Manufacture of Non-metallic Mineral Products	55728	28996
黑色金属冶炼及压延加工业	Smelting and Pressing of Ferrous Metals	30619	50419
有色金属冶炼及压延加工业	Smelting and Pressing of Non-ferrous Metals	40747	70364
金属制品业	Manufacture of Metal Products	916	870
通用设备制造业	Manufacture of General Purpose Machinery	6727	16635
汽车制造业	Manufacture of Automobiles	44	351
电气机械及器材制造业	Manufacture of Electrical Machinery and Apparatus	2395	19783
仪器仪表制造业	Manufacture of Measuring Instruments and Machinery	312	1332
电力、燃气及水的生产和供应业	**Power, Gas and Water Production and Supply**		
电力、热力的生产和供应业	Production and Supply of Electric Power and Heat Power		16620
水的生产和供应业	Production and Supply of Water	566	6377

Continued

(10 000 yuan)

财务费用 Financial Expenses	营业利润 Operating Profit	利润总额 Total Profits	应交所得税 Income Tax Payable	亏损企业亏损总额 The Total Loss of Loss-making Enterprises	利税总额 Total Profits and Taxes	本年应交增值税 Value Added Tax Payable
791633	**284565**	**432114**	**67184**	**263458**	**1387615**	**501512**
655575	195526	307092	43907	112063	1076720	376236
12850	121648	123837	4431		177920	24414
778784	162917	308277	62753	263458	1209695	477097
623984	279638	389709	56581	61882	1190300	382116
167650	4927	42405	10604	201576	197316	119396
9367	-7059	-869	2526	17138	34299	27809
22488	137174	160119			593032	136199
516	68162	70129	737		90888	17337
1116	5283	6532	471		12274	3673
693	2564	2687			3162	267
387	5477	6114	89		8682	2162
-754	50377	50444	2599		92923	15919
2228	3136	3161			3194	
656	10260	10934	11		16170	4821
0	866	866			2683	1693
1458	3213	3150			3668	455
8362	-26625	-26309	185	26309	-25798	112
239015	34510	71165	45976	132024	236495	74502
34	6351	6493	612		13174	5257
42433	-38965	-27256	2222	49413	-6112	18875
49257	-416	12772	720	9267	39376	21814
106257	-18222	29763	3340	16718	83366	49697
351	81	115	16		226	96
3605	-809	9793	9	617	14455	3688
109	-325	325		325	60	353
8042	35403	34868			29733	-6012
-4	369	671	95		1269	525
295912	8553	769	6456	11649	133243	121592
105	5209	6327	1121		7155	682

13-12 规模以上非公有工业企业主要指标(2016年)

单位：万元

项 目	Item	企业单位数(个) Number of Enterprises (unit)	亏损企业 Lossmaking Enterprises
总计	**Total**	**443**	**128**
在总计中：轻工业	Light Industry	162	23
重工业	Heavy Industry	281	105
在总计中：大型企业	Large Enterprises	8	2
中型企业	Medium-sized Enterprises	46	13
小型企业	Small Enterprises	389	113
#微型企业	Micro Enterprises	45	12
在总计中按登记注册类型分组	**By Status of Registration**		
有限责任公司	Limited Liability Corporations	137	47
股份有限公司	Share-holding Corporations Limited	14	4
私营企业	Private Enterprises	267	75
其他企业	Other Enterprises	1	
港、澳、台商投资企业	Enterprises with Funds from Hong Kong, Macao and Taiwan	9	1
外商投资企业	Foreign Funded Enterprises	15	1
按工业行业分组	**Grouped by Sector**		
采掘业	**Mining**		
煤炭开采和洗选业	Mining and Washing of Coal	9	5
黑色金属矿采选业	Mining and Processing of Ferrous Metal Ores	5	5
有色金属矿采选业	Mining and Processing of Non-Ferrous Metal Ores	9	5
非金属矿采选业	Mining and Processing of Non-metal Ores	6	3
制造业	**Manufacturing**		
农副食品加工业	Processing of Food from Agricultural Products	59	9
食品制造业	Manufacture of Foods	25	3
酒、饮料和精制茶制造业	Manufacture of Liquor, Beverages and Refined Tea	17	3
纺织业	Manufacture of Textile	6	2
纺织服装、服饰业	Manufacture of Textile, Wearing Apparel and Accessories	7	
木材加工和木、竹、藤、棕、草制品业	Processing of Timber.Manufacture of Wood, Bamboo,Rattan,Palm and Straw Products	1	
家具制造业	Manufacture of Furniture	1	
造纸和纸制品业	Manufacture of Paper and Paper Products	1	
印刷和记录媒介复制业	Printing and Reproduction of Recording Media	2	
文教、工美、体育和娱乐用品制造业	Manufacture of Articles for Culture, Education, Arts and Crafts, Sport and Entertainment Activities	9	2
石油加工、炼焦和核燃料加工业	Processing of Petroleum, Coking and Processing of Nuclear Fuel	4	2
化学原料和化学制品制造业	Manufacture of Raw Chemical Materials and Chemical Products	46	16
医药制造业	Manufacture of Medicines	25	3
橡胶和塑料制品业	Manufacture of Rubber and Plastics Products	8	2
非金属矿物制品业	Manufacture of Non-metallic Mineral Products	62	19
黑色金属冶炼和压延加工业	Smelting and Pressing of Ferrous Metals	31	19
有色金属冶炼和压延加工业	Smelting and Pressing of Non-ferrous Metals	28	10
金属制品业	Manufacture of Metal Products	8	3
通用设备制造业	Manufacture of General Purpose Machinery	2	
专用设备制造业	Manufacture of Special Purpose Machinery	5	2
汽车制造业	Manufacture of Automobiles	1	1
铁路、航舶、航空航天和其他运输设备制造业	Manufacture of Railway, Ship, Aerospace and Other Transport Equipments	1	
电气机械和器材制造业	Manufacture of Electrical Machinery and Apparatus	21	4
计算机、通信和其他电子设备制造业	Manufacture of Computers, Communication and Other Electronic Equipment	3	2
仪器仪表制造业	Manufacture of Measuring Instruments and Machinery	1	1
金属制品、机械和设备修理业	Repair Service of Metal Products, Machinery and Equipment	1	
电力、燃气及水的生产和供应业	**Power, Gas and Water Production and Supply**		
电力、热力生产和供应业	Production and Supply of Electric Power and Heat Power	36	7
燃气生产和供应业	Production and Supply of Gas	3	

Main Indicators of Non-public Industrial Enterprises Above Designated Size (2016)

(10 000 yuan)

工业总产值 Gross Industrial Output Value	资产总计 Total Assets	流动资产合计 Total Working Capitals	固定资产合计 Total Fixed Assets	固定资产原价 Original Value of Fixed Assets	累计折旧 Accumulated Depreciation	本年折旧 Depreciation Charge for the Year
14774600	**18153131**	**6950248**	**8481781**	**14069935**	**6067388**	**1361009**
4777124	4242557	1618682	2311467	4717688	2477523	491318
9997475	13910575	5331566	6170314	9352247	3589865	869690
1596967	3241304	1168479	1177002	1665491	640655	111669
4390430	4390464	1719399	2209649	4504137	2443495	606321
8787203	10521364	4062370	5095130	7900306	2983238	643019
476855	2025682	602188	1309844	1582237	289506	82363
4791064	6333282	2576563	2952389	4093531	1383259	312712
1038148	957720	305766	478188	773992	319782	76590
7604957	8554128	3389667	4191155	7787209	3744897	795511
	1954	1789	164	403	239	
765609	1350059	392821	237815	293881	111836	80930
574822	955990	283642	622070	1120919	507375	95265
152070	625963	299157	94377	114058	20509	4212
27795	212725	92357	109258	142691	34685	7673
336398	249968	101305	124985	154133	54081	19828
133993	118136	94941	15634	292764	277130	1322
1009108	1034339	442082	523885	855259	360109	78338
621700	571033	183889	347727	393723	49464	31487
810801	641514	232240	327142	356807	57991	23633
306885	200127	81893	116232	672246	556028	80187
373390	208927	63498	142584	454062	311887	55085
	996	471	525	525		
26113	4150	1524	2626	35070	32444	4208
3607	1659	539	1120	1273	153	153
67100	88953	18321	70631	86060	15608	14319
462190	252118	83299	100573	520076	426686	70085
189078	404086	110390	224710	386425	146289	17391
1602510	3244507	1307182	1449339	1979106	696750	170780
586698	744066	288507	413955	472043	60617	29052
43932	61408	33168	22196	24199	4438	2684
1568864	1773862	886623	604442	813121	266985	73850
1014268	642416	326538	269911	517730	290466	46826
3811102	3300123	1138432	1421037	2401494	1080304	368706
146718	93205	36891	53074	89714	37464	11263
59128	91343	10627	80716	90338	9649	7273
95669	32254	24554	5645	5216	1361	508
57975	62690	48836	13855	15735	1880	1880
35245	12108	6385	5723	28632	22909	3407
899194	861690	397032	425691	1373486	947900	150632
53400	23688	9077	14212	10836	1214	1202
21480	2568	2394	173	6544	6405	6405
6305	991	252	739	11136	10397	1336
222736	2533682	606817	1476772	1740082	272368	75211
29148	57838	21026	22291	25354	13218	2078

13-12 续表1

单位：万元

项　目	Item	负债合计 Total Liabilities	流动负债合　计 Total Working Liabilities
总计	**Total**	**11434725**	**7883879**
在总计中：轻工业	Light Industry	1957897	1469258
重工业	Heavy Industry	9476828	6414621
在总计中：大型企业	Large Enterprises	1970005	1242703
中型企业	Medium-sized Enterprises	3004376	2387082
小型企业	Small Enterprises	6460345	4254094
#微型企业	Micro Enterprises	1485685	677953
在总计中按登记注册类型分组	**By Status of Registration**		
有限责任公司	Limited Liability Corporations	3798653	2572499
股份有限公司	Share-holding Corporations Limited	511502	387123
私营企业	Private Enterprises	5468907	3960827
其他企业	Other Enterprises	1568	1465
港、澳、台商投资企业	Enterprises with Funds from Hong Kong, Macao and Taiwan	1275251	712146
外商投资企业	Foreign Funded Enterprises	378844	249820
按工业行业分组	**Grouped by Sector**		
采掘业	**Mining**		
煤炭开采和洗选业	Mining and Washing of Coal	261222	203099
黑色金属矿采选业	Mining and Processing of Ferrous Metal Ores	178127	124125
有色金属矿采选业	Mining and Processing of Non-Ferrous Metal Ores	168825	160292
非金属矿采选业	Mining and Processing of Non-metal Ores	76431	20999
制造业	**Manufacturing**		
农副食品加工业	Processing of Food from Agricultural Products	515071	380502
食品制造业	Manufacture of Foods	222547	165173
酒、饮料和精制茶制造业	Manufacture of Liquor, Beverages and Refined Tea	297159	291297
纺织业	Manufacture of Textile	98725	56033
纺织服装、服饰业	Manufacture of Textile, Wearing Apparel and Accessories	94373	73542
木材加工和木、竹、藤、棕、草制品业	Processing of Timber.Manufacture of Wood, Bamboo,Rattan,Palm and Straw Products	85	85
家具制造业	Manufacture of Furniture	1796	1152
造纸和纸制品业	Manufacture of Paper and Paper Products	1130	1130
印刷和记录媒介复制业	Printing and Reproduction of Recording Media	34298	34298
文教、工美、体育和娱乐用品制造业	Manufacture of Articles for Culture, Education, Arts and Crafts,Sport and Entertainment Activities	152190	57525
石油加工、炼焦和核燃料加工业	Processing of Petroleum, Coking and Processing of Nuclear Fuel	323052	232228
化学原料和化学制品制造业	Manufacture of Raw Chemical Materials and Chemical Products	1946831	1599129
医药制造业	Manufacture of Medicines	236762	234338
橡胶和塑料制品业	Manufacture of Rubber and Plastics Products	45473	36460
非金属矿物制品业	Manufacture of Non-metallic Mineral Products	1317301	915573
黑色金属冶炼和压延加工业	Smelting and Pressing of Ferrous Metals	518093	443761
有色金属冶炼和压延加工业	Smelting and Pressing of Non-ferrous Metals	2456787	1509346
金属制品业	Manufacture of Metal Products	18363	13158
通用设备制造业	Manufacture of General Purpose Machinery	41911	41911
专用设备制造业	Manufacture of Special Purpose Machinery	22103	18423
汽车制造业	Manufacture of Automobiles	40140	40140
铁路、航舶、航空航天和其他运输设备制造业	Manufacture of Railway, Ship, Aerospace and Other Transport Equipments	1702	998
电气机械和器材制造业	Manufacture of Electrical Machinery and Apparatus	545582	300509
计算机、通信和其他电子设备制造业	Manufacture of Computers, Communication and Other Electronic Equipment	9618	4679
仪器仪表制造业	Manufacture of Measuring Instruments and Machinery	1843	1641
金属制品、机械和设备修理业	Repair Service of Metal Products, Machinery and Equipment	244	178
电力、燃气及水的生产和供应业	**Power, Gas and Water Production and Supply**		
电力、热力生产和供应业	Production and Supply of Electric Power and Heat Power	1780524	899284
燃气生产和供应业	Production and Supply of Gas	26418	22869

Continued

(10 000 yuan)

非流动负债合计 Total Non-current Liabilities	所有者权益合计 Total Owners' Equity	实收资本 Paid-up Capital	营业收入 Revenue of Operating	主营业务收入 Revenue from Principal Business	营业成本 Cost of Business	主营业务成本 Cost of Principal Business	营业税金及附加 Taxes and Other Charges on Operating	主营业务税金及附加 Tax and Extra Charges from Principal Business	其他业务利润 Other Operating Profit
2279239	**6693583**	**3658924**	**10271307**	**10192661**	**9050076**	**8940386**	**85144**	**80149**	**3533**
357598	2267116	654875	3173492	3162755	2754116	2741132	33240	32817	73
1921641	4426467	3004049	7097815	7029906	6295959	6199254	51904	47333	3460
195926	1271299	779764	1522633	1504496	1189512	1181007	46482	46478	1569
381139	1386089	750788	2794424	2786971	2528016	2521194	13403	13384	308
1702175	4036195	2128372	5954250	5901195	5332548	5238185	25258	20287	1655
711034	515177	468392	237090	232244	170644	167824	700	362	0
1106455	2534627	1582489	3079867	3025491	2617525	2558853	34554	33580	1751
110357	446218	161130	672207	667727	549198	519365	24169	20331	46
979117	3060399	1489683	5290812	5278565	4794328	4774880	19213	19145	1680
103	386	52	9122	9122	9066	9066	58	58	
4483	74808	179472	719289	712695	659380	658288	1617	1503	4
78725	577146	246098	500010	499061	420578	419934	5533	5533	52
51249	364741	336660	248999	243062	222228	214692	6151	6151	1064
27192	27321	48209	29134	29134	25984	25984	707	707	
5187	81143	60654	199449	198793	181156	177505	852	505	
	41705	35836	101395	101395	98054	98054	614	614	
76788	519267	164220	715936	715201	661660	655214	709	705	17
41125	348485	72627	312079	312079	251676	251676	1852	1717	
4542	344356	143704	368851	364140	252146	251532	26659	26659	56
41392	101402	11788	304774	304774	296902	296902	78	78	
16360	114555	31780	320636	320636	304937	304937	172	172	
	911	500	2250	2250	1890	1890	1	1	
643	2354	577	25920	25920	22699	22699	182	182	
	529	100	4633	4633	4178	4178	42	42	
	54654	5957	54602	54602	49415	49415	124	124	
48021	82386	29511	352674	352674	336339	336339	702	702	
90824	81034	94313	150581	149589	123287	122841	568	564	295
269117	1297676	588488	1259190	1254618	966990	933770	33828	29970	594
2374	507304	101650	289587	286306	210215	206300	2583	2299	
6857	15934	13012	40325	40315	35189	27957	293	290	10
136944	456560	263065	921016	913874	760590	754548	3602	3602	657
39951	124322	176071	737288	735296	705847	703815	3162	3160	259
417191	843335	663601	2818247	2779804	2752664	2720656	356	356	477
4905	74842	27640	37016	37016	32352	32352	144	144	
	49433	6000	22804	22804	18745	18745	3	3	
3680	10150	7133	13012	13012	10508	10508	23	10	
	22550	13900	3426	3426	3216	3216	31	31	
	10406	2000	7516	7516	5837	5837	25	25	
236986	316108	157200	663596	658644	579415	574429	459	453	
4939	14070	5986	11200	11200	8994	8994	117	117	
202	725	1000	436	436	312	312	3	3	
66	748	300	6254	6254	6015	6015			
749156	753158	588443	216030	213639	100638	99694	950	612	104
3549	31419	7000	32450	29621	19996	19377	150	150	

13-12 续表2

单位：万元

项 目	Item	销售费用 Cost of Sales	管理费用 Management Expenses
总计	**Total**	**306046**	**371139**
在总计中：轻工业	Light Industry	84250	150570
重工业	Heavy Industry	221795	220569
在总计中：大型企业	Large Enterprises	78451	66178
中型企业	Medium-sized Enterprises	105605	94154
小型企业	Small Enterprises	121989	210807
#微型企业	Micro Enterprises	2713	10721
在总计中按登记注册类型分组	**By Status of Registration**		
有限责任公司	Limited Liability Corporations	108466	109220
股份有限公司	Share-holding Corporations Limited	50881	28887
私营企业	Private Enterprises	121232	193735
其他企业	Other Enterprises		702
港、澳、台商投资企业	Enterprises with Funds from Hong Kong, Macao and Taiwan	17180	15115
外商投资企业	Foreign Funded Enterprises	8288	23481
按工业行业分组	**Grouped by Sector**		
采掘业	**Mining**		
煤炭开采和洗选业	Mining and Washing of Coal	6651	15822
黑色金属矿采选业	Mining and Processing of Ferrous Metal Ores	1837	6645
有色金属矿采选业	Mining and Processing of Non-Ferrous Metal Ores	521	11566
非金属矿采选业	Mining and Processing of Non-metal Ores	1420	2150
制造业	**Manufacturing**		
农副食品加工业	Processing of Food from Agricultural Products	13517	21547
食品制造业	Manufacture of Foods	15096	24103
酒、饮料和精制茶制造业	Manufacture of Liquor, Beverages and Refined Tea	27684	29671
纺织业	Manufacture of Textile	1011	2370
纺织服装、服饰业	Manufacture of Textile, Wearing Apparel and Accessories	1091	3525
木材加工和木、竹、藤、棕、草制品业	Processing of Timber.Manufacture of Wood, Bamboo,Rattan,Palm and Straw Products	146	122
家具制造业	Manufacture of Furniture	1275	1285
造纸和纸制品业	Manufacture of Paper and Paper Products	29	99
印刷和记录媒介复制业	Printing and Reproduction of Recording Media	830	3166
文教、工美、体育和娱乐用品制造业	Manufacture of Articles for Culture, Education, Arts and Crafts,Sport and Entertainment Activities	1963	7374
石油加工、炼焦和核燃料加工业	Processing of Petroleum, Coking and Processing of Nuclear Fuel	27717	14903
化学原料和化学制品制造业	Manufacture of Raw Chemical Materials and Chemical Products	69461	55618
医药制造业	Manufacture of Medicines	18885	39377
橡胶和塑料制品业	Manufacture of Rubber and Plastics Products	1522	1385
非金属矿物制品业	Manufacture of Non-metallic Mineral Products	66396	38580
黑色金属冶炼和压延加工业	Smelting and Pressing of Ferrous Metals	15886	17577
有色金属冶炼和压延加工业	Smelting and Pressing of Non-ferrous Metals	18108	28577
金属制品业	Manufacture of Metal Products	1418	1914
通用设备制造业	Manufacture of General Purpose Machinery	614	1872
专用设备制造业	Manufacture of Special Purpose Machinery	186	811
汽车制造业	Manufacture of Automobiles	44	351
铁路、航舶、航空航天和其他运输设备制造业	Manufacture of Railway, Ship, Aerospace and Other Transport Equipments	632	590
电气机械和器材制造业	Manufacture of Electrical Machinery and Apparatus	5471	26680
计算机、通信和其他电子设备制造业	Manufacture of Computers, Communication and Other Electronic Equipment	293	1417
仪器仪表制造业	Manufacture of Measuring Instruments and Machinery	182	156
金属制品、机械和设备修理业	Repair Service of Metal Products, Machinery and Equipment	117	103
电力、燃气及水的生产和供应业	**Power, Gas and Water Production and Supply**		
电力、热力生产和供应业	Production and Supply of Electric Power and Heat Power	4568	8374
燃气生产和供应业	Production and Supply of Gas	1477	3407

Continued

(10 000 yuan)

财务费用 Financial Expenses	营业利润 Operating Profit	利润总额 Total Profits	应交所得税 Income Tax Payable	亏损企业亏损总额 The Total Loss of Loss-making Enterprises	利税总额 Total Profits and Taxes	本年应交增值税 Value Added Tax Payable
271012	**197326**	**269310**	**41860**	**227541**	**509041**	**154588**
21233	147257	157386	6283	10138	240469	49843
249780	50068	111924	35576	217404	268572	104745
53175	106130	123022	18995	38396	227061	57557
78808	-23512	-5013	4307	111634	72127	63736
139028	114708	151301	18558	77512	209854	33295
33108	20309	21679	1016	4198	5460	-16919
72862	129950	149061	23637	58778	232332	48718
15740	18661	24388	5084	24921	85773	37215
146901	15930	45438	11134	143681	113641	48990
0	-703	207			265	
24801	2084	15369	1255	91	29469	12484
10708	31405	34847	749	70	47561	7181
8663	-10127	-9195	-323	13647	19612	22656
2591	-9166	-10470		10470	-6557	3206
12176	-8808	-8763		10297	-5721	2189
636	-1468	-1838		2133	-471	753
8337	10179	19894	942	4233	22582	1979
2073	17369	18160	838	644	26483	6472
-696	48769	48670	2670	3896	91333	16004
2003	2410	2460		186	2537	
1000	9909	9715	11		13069	3182
0	92	92			92	
86	393	375			560	3
1	284	284			517	191
120	1026	1026			3043	1893
2069	4226	4231	39	103	10313	5380
9493	-25865	-25510	374	26350	-24387	555
47340	87463	102831	19449	66653	183158	46498
-112	20681	21103	1718	935	37793	14107
726	1211	1234	264	201	2922	1395
45974	-1843	11054	8218	49119	43505	28849
11090	-16482	-13366	767	20361	1179	11383
40256	-21287	2971	1811	13258	29360	26033
439	752	1137	135	222	1580	299
0	1570	1570			1797	224
207	827	1017	186	279	1269	229
109	-325	-325		325	60	353
311	121	119			188	43
9881	41381	41934	537	595	43352	959
78	353	166	8	190	1146	863
67	-285	-288		288	-255	29
11	7	7			7	
65928	36703	41757	3133	3158	999	-41708
155	7257	7258	1085		7979	571

13-13 2015-2016年规模以上工业企业主要经济效益指标

指 标	Item	工业增加值率(%)收入法 Ratio of Value Added to Gross Industrial Output Value (%) By Production Approach 2015	2016年
总 计	**Total**	**32.65**	**29.47**
在总计中：国有控股企业	State-holding Enterprises	36.80	33.35
在总计中：轻工业	Light Industry	29.68	28.97
重工业	Heavy Industry	33.22	29.58
在总计中：大型企业	Large Enterprises	40.78	35.54
中型企业	Medium-sized Enterprises	27.10	24.43
小型企业	Small Enterprises	23.66	24.08
#微型企业	Micro Enterprises	20.62	
在总计中：按登记注册类型分组：	**By Status of Registration**		
集体企业	Collective-owned Enterprises	73.46	26.52
股份合作企业	Cooperative Enterprises	39.26	2.55
有限责任公司	Limited Liability Corporations	28.49	26.68
股份有限公司	Share-holding Corporations Limited	45.37	43.37
私营企业	Private Enterprises	27.90	25.19
其他企业	Other Enterprises	35.10	
港、澳、台商投资企业	Enterprises with Funds from Hong Kong, Macao and Taiwan	21.25	25.01
外商投资企业	Foreign Funded Enterprises	39.76	35.87
按工业行业分组	**Grouped by Sector**		
采掘业	**Mining**		
煤炭开采和洗选业	Mining and Washing of Coal	38.70	37.09
石油和天然气开采业	Extraction of Petroleum and Natural Gas	79.42	75.57
黑色金属矿采选业	Mining and Processing of Ferrous Metal Ores	23.76	13.02
有色金属矿采选业	Mining and Processing of Non-Ferrous Metal Ores	46.80	36.06
非金属矿采选业	Mining and Processing of Non-metal Ores	37.55	51.60
制造业	**Manufacturing**		
农副食品加工业	Processing of Food from Agricultural Products	24.05	23.02
食品制造业	Manufacture of Foods	20.38	23.67
酒、饮料和精制茶制造业	Manufacture of Liquor, Beverages and Refined Tea	33.34	27.68
纺织业	Manufacture of Textile	32.00	30.85
纺织服装、服饰业	Manufacture of Textile, Wearing Apparel and Accessories	27.05	29.82
木材加工和木、竹、藤、棕、草制品业	Processing of Timber.Manufacture of Wood, Bamboo,Rattan,Palm and Straw Products		
家具制造业	Manufacture of Furniture	24.60	23.46
造纸和纸制品业	Manufacture of Paper and Paper Products	40.93	42.04
印刷和记录媒介复制业	Printing and Reproduction of Recording Media	43.47	37.95
文教、工美、体育和娱乐用品制造业	Manufacture of Articles for Culture, Education, Arts and Crafts,Sport and Entertainment Activities	34.31	31.22
石油加工、炼焦和核燃料加工业	Processing of Petroleum, Coking and Processing of Nuclear Fuel	17.41	3.18
化学原料和化学制品制造业	Manufacture of Raw Chemical Materials and Chemical Products	28.98	28.55
医药制造业	Manufacture of Medicines	34.63	38.48
橡胶和塑料制品业	Manufacture of Rubber and Plastics Products	22.33	20.88
非金属矿物制品业	Manufacture of Non-metallic Mineral Products	27.30	22.72
黑色金属冶炼和压延加工业	Smelting and Pressing of Ferrous Metals	21.67	27.83
有色金属冶炼和压延加工业	Smelting and Pressing of Non-ferrous Metals	19.05	17.49
金属制品业	Manufacture of Metal Products	27.36	20.81
通用设备制造业	Manufacture of General Purpose Machinery	35.81	36.95
专用设备制造业	Manufacture of Special Purpose Machinery	23.68	16.62
汽车制造业	Manufacture of Automobiles	28.27	31.75
铁路、航舶、航空航天和其他运输设备制造业	Manufacture of Railway, Ship, Aerospace and Other Transport Equipments	28.69	27.10
电气机械和器材制造业	Manufacture of Electrical Machinery and Apparatus	30.77	30.96
计算机、通信和其他电子设备制造业	Manufacture of Computers, Communication and Other Electronic Equipment	5.92	
仪器仪表制造业	Manufacture of Measuring Instruments and Machinery	34.43	34.85
其他制造业	Other Manufacture	33.53	64.75
金属制品、机械和设备修理业	Repair Service of Metal Products, Machinery and Equipment	23.40	27.12
电力、燃气及水的生产和供应业	**Power, Gas and Water Production and Supply**		
电力、热力生产和供应业	Production and Supply of Electric Power and Heat Power	38.16	31.35
燃气的生产和供应业	Production and Supply of Gas	46.59	60.05
水的生产和供应业	Production and Supply of Water	62.74	63.22

注：工业增加值率是采用企业成本费用调查年报资料。下表同。

Main Economic Indicators of Industria Enterprises above Designated Size(2015-2016)

总资产贡献率(%) Ratio of Total Assets to Industrial Output Value (%)		资产负债率(%) Assets-Liability Ratio (%)		流动资产周转率(次/年) Number of Times of Annual of Turnover Working Capitals (times/year)		成本费用利润率(%) Ratio of Profits to Industrial Cost (%)		产品销售率(%) Proportion of Products Sold (%)	
2015	2016	2015	2016	2015	2016	2015	2016	2015	2016
4.70	**4.44**	**69.17**	**68.41**	**1.46**	**1.40**	**3.21**	**3.66**	**93.67**	**93.93**
5.11	4.65	72.29	70.87	1.43	1.31	4.55	4.53	94.80	95.64
7.18	5.47	46.33	47.75	1.78	1.83	6.44	4.98	88.48	89.71
4.49	4.35	71.12	70.25	1.42	1.34	2.70	3.42	94.79	94.89
6.36	5.39	69.12	67.97	1.57	1.50	5.53	4.09	93.98	95.40
2.38	3.06	69.36	73.17	1.17	1.25	-1.21	0.84	92.36	91.01
2.98	3.49	69.13	66.09	1.59	1.37	3.32	5.03	94.24	94.45
2.58	1.74	78.40	72.39	0.55	0.44	20.12	16.19	99.09	97.97
3.48	-5.46	73.86	95.71	2.24	3.78	1.33	-1.98	116.94	100.59
1.78	5.10	15.97	46.16	3.79	6.10	1.29	0.54	100.00	100.43
3.11	4.25	77.98	75.50	1.31	1.16	0.03	4.04	94.97	93.07
7.18	6.21	67.47	65.42	1.13	1.16	10.46	7.88	90.32	93.91
5.15	2.49	62.26	63.93	1.57	1.56	2.90	0.86	92.36	92.16
2.04	13.56	33.28	80.25	2.76	5.10	1.60	2.12	98.31	
1.71	3.91	83.32	92.62	1.64	1.85	1.72	2.26	97.76	101.03
4.91	5.82	41.79	39.63	1.71	1.76	6.58	7.53	97.06	96.38
1.87	4.90	58.66	58.40	0.70	0.96	-6.55	0.62	71.95	84.43
25.68	15.45	46.04	45.87	1.94	1.56	53.77	16.68	99.87	96.50
1.43	-3.01	79.33	89.08	0.57	0.36	-9.43	-31.64	102.09	84.83
11.13	16.80	48.22	47.37	1.29	2.05	13.04	20.62	85.36	85.61
3.97	4.55	64.75	69.08	0.83	0.77	-1.18	1.72	72.59	85.72
4.85	2.63	51.40	49.64	1.84	1.62	3.72	2.80	93.36	97.75
5.08	4.87	39.54	38.90	1.38	1.69	8.06	6.03	63.81	70.26
12.42	14.15	46.33	46.32	1.80	1.59	17.20	15.76	78.93	67.67
8.34	2.62	49.20	49.40	2.57	3.51	1.29	1.29	99.56	100.74
13.44	7.07	41.73	43.20	3.17	3.73	5.27	3.71	96.49	99.98
	9.25		8.53		4.78		4.24		
92.16	15.56	63.09	43.27	15.81	17.01	1.70	1.48	99.24	99.26
15.31	31.12	70.51	68.11	3.36	8.59	9.95	6.59	91.85	90.62
3.82	3.40	25.93	43.70	2.79	2.30	6.03	1.62	92.86	93.37
6.54	4.41	38.68	60.36	4.74	4.23	1.17	1.22	98.24	98.72
-1.04	-5.59	62.03	79.95	0.87	1.36	-8.24	-14.54	77.45	78.56
3.79	4.16	70.92	70.40	0.75	0.78	4.44	5.98	84.11	89.21
11.10	5.68	30.65	31.94	1.11	1.11	20.78	8.05	84.82	92.07
3.24	5.64	79.27	74.05	0.83	1.22	-0.44	3.18	84.69	91.37
3.66	3.41	72.52	76.92	1.11	1.05	3.09	1.25	94.35	90.54
-2.14	2.12	85.33	79.91	1.55	1.31	-9.82	0.30	92.71	94.61
-1.16	2.41	79.68	79.64	2.15	2.23	-4.54	0.46	99.10	97.67
3.25	1.93	27.46	33.92	1.28	0.95	2.87	2.10	93.23	91.21
2.55	5.71	41.03	57.00	0.53	0.72	1.33	9.37	98.08	98.68
7.56	4.32	71.24	64.04	0.78	0.72	-0.16	4.03	108.04	99.24
0.05	0.27	48.03	64.03	0.09	0.07	-12.49	-8.72	92.56	98.33
2.91	4.09	23.06	14.06	3.38	1.18	0.83	1.62	97.41	97.25
2.48	4.02	67.04	67.65	1.59	1.79	2.84	4.50	98.42	97.97
-0.10	5.10	64.57	40.60	3.07	1.23	-0.14	1.54	99.78	99.90
1.70	4.59	4.64	11.72	2.21	0.55	0.72	4.43	92.62	91.71
0.68	3.02	36.09	38.82	1.70	1.45	-6.20	-1.36	100.00	100.00
64.74	1.80	29.29	24.56	23.90	24.78	0.09	0.12	98.62	99.18
4.61	3.46	73.55	70.06	1.89	1.48	7.53	4.65	99.77	99.49
9.95	14.00	55.12	45.68	1.20	1.54	17.78	28.99	122.29	125.07
5.06	2.75	38.49	52.93	0.33	0.22	43.00	22.80	98.39	98.41

a) Ratio of value added to gross industrial output value are based on business costs surveyed. The same applies to the tables following.

13-14 2015-2016年地方规模以上工业企业经济效益指标

指 标	Item	工业增加值率 (%) Ratio of Value Added to Gross Industrial Output Value (%)	
		2015	2016
总计	**Total**	**29.43**	**27.86**
在总计中：国有控股企业	State-holding Enterprises	32.47	32.73
在总计中：轻工业	Light Industry	29.68	28.97
重工业	Heavy Industry	29.35	27.53
在总计中：大型企业	Large Enterprises	37.64	35.90
中型企业	Medium-sized Enterprises	27.24	24.49
小型企业	Small Enterprises	23.79	23.38
#微型企业	Micro Enterprises	-22.68	
按工业行业分组	**Grouped by Sector**		
采掘业	**Mining**		
煤炭开采和洗选业	Mining and Washing of Coal	38.70	37.09
黑色金属矿采选业	Mining and Processing of Ferrous Metal Ores	23.76	13.02
有色金属矿采选业	Mining and Processing of Non-Ferrous Metal Ores	46.80	36.06
非金属矿采选业	Mining and Processing of Non-metal Ores	37.55	51.60
制造业	**Manufacturing**		
农副食品加工业	Processing of Food from Agricultural Products	24.05	23.02
食品制造业	Manufacture of Foods	20.38	23.67
酒、饮料和精制茶制造业	Manufacture of Liquor, Beverages and Refined Tea	33.34	27.68
纺织业	Manufacture of Textile	32.00	30.85
纺织服装、服饰业	Manufacture of Textile, Wearing Apparel and Accessories	27.05	29.82
木材加工和木、竹、藤、棕、草制品业	Processing of Timber.Manufacture of Wood, Bamboo,Rattan,Palm and Straw Products		
家具制造业	Manufacture of Furniture	24.60	23.46
造纸和纸制品业	Manufacture of Paper and Paper Products	40.93	42.04
印刷和记录媒介复制业	Printing and Reproduction of Recording Media	43.47	37.95
文教、工美、体育和娱乐用品制造业	Manufacture of Articles for Culture, Education, Arts and Crafts,Sport and Entertainment Activities	34.31	31.22
石油加工、炼焦和核燃料加工业	Processing of Petroleum, Coking and Processing of Nuclear Fuel	17.41	3.18
化学原料和化学制品制造业	Manufacture of Raw Chemical Materials and Chemical Products	29.31	28.84
医药制造业	Manufacture of Medicines	34.63	38.48
橡胶和塑料制品业	Manufacture of Rubber and Plastics Products	22.33	20.88
非金属矿物制品业	Manufacture of Non-metallic Mineral Products	27.17	22.55
黑色金属冶炼和压延加工业	Smelting and Pressing of Ferrous Metals	20.65	27.85
有色金属冶炼和压延加工业	Smelting and Pressing of Non-ferrous Metals	20.98	20.04
金属制品业	Manufacture of Metal Products	27.36	20.81
通用设备制造业	Manufacture of General Purpose Machinery	35.81	36.95
专用设备制造业	Manufacture of Special Purpose Machinery	23.68	16.62
汽车制造业	Manufacture of Automobiles	28.27	31.75
铁路、航舶、航空航天和其他运输设备制造业	Manufacture of Railway, Ship, Aerospace and Other Transport Equipments	28.69	27.10
电气机械和器材制造业	Manufacture of Electrical Machinery and Apparatus	30.77	30.96
计算机、通信和其他电子设备制造业	Manufacture of Computers, Communication and Other Electronic Equipment	5.92	
仪器仪表制造业	Manufacture of Measuring Instruments and Machinery	34.43	34.85
其他制造业	Other Manufacture	33.53	64.75
金属制品、机械和设备修理业	Repair Service of Metal Products, Machinery and Equipment	23.40	27.12
电力、燃气及水的生产和供应业	**Power, Gas and Water Production and Supply**		
电力、热力生产和供应业	Production and Supply of Electric Power and Heat Power	71.55	56.72
燃气的生产和供应业	Production and Supply of Gas	46.59	60.05
水的生产和供应业	Production and Supply of Water	62.74	63.22

Main Indicators on Ecocomic Benefit of Local Industrial Enterprises above Designated Size(2015-2016)

总资产贡献率 (%) Ratio of Total Assets to Industrial Output Value (%)		资产负债率 (%) Assets-Liability Ratio (%)		流动资产周转率 (次/年) Number of Times of Annual of Turnover Working Capitals (times/year)		成本费用利润率 (%) Ratio of Profits to Industrial Cost (%)		产品销售率 (%) Proportion of Products Sold (%)	
2015	2016	2015	2016	2015	2016	2015	2016	2015	2016
3.41	**3.78**	**71.58**	**70.92**	**1.23**	**1.22**	**1.57**	**3.28**	**91.91**	**92.56**
3.20	3.67	77.20	75.81	0.97	0.92	1.49	4.25	90.37	92.77
7.18	5.47	46.33	47.75	1.78	1.83	6.44	4.98	88.48	89.71
3.01	3.58	74.26	73.53	1.15	1.12	0.50	2.84	92.93	93.44
4.17	4.37	75.64	74.22	1.00	1.02	3.30	4.15	87.56	92.12
2.38	3.21	67.81	72.07	1.13	1.28	-1.03	0.97	92.15	90.79
2.90	3.18	67.34	64.37	1.64	1.37	2.15	4.29	94.09	94.02
2.06	1.68	77.76	72.36	0.54	0.44	15.04	15.26	98.99	97.92
1.87	4.90	58.66	58.40	0.70	0.96	-6.55	0.62	71.95	84.43
1.43	-3.01	79.33	89.08	0.57	0.36	-9.43	-31.64	102.09	84.83
11.13	16.80	48.22	47.37	1.29	2.05	13.04	20.62	85.36	85.61
4.15	4.43	63.48	64.51	0.81	0.76	-0.91	1.67	72.09	85.53
4.85	2.63	51.40	49.64	1.84	1.62	3.72	2.80	93.36	97.75
5.08	4.87	39.54	38.90	1.38	1.69	8.06	6.03	63.81	70.26
12.42	14.15	46.33	46.32	1.80	1.59	17.20	15.76	78.93	67.67
8.34	2.62	49.20	49.40	2.57	3.51	1.29	1.29	99.56	100.74
13.44	7.07	41.73	43.20	3.17	3.73	5.27	3.71	96.49	99.98
	9.25		8.53		4.78		4.24		
92.16	15.56	63.09	43.27	15.81	17.01	1.70	1.48	99.24	99.26
15.31	31.12	70.51	68.11	3.36	8.59	9.95	6.59	91.85	90.62
3.82	3.40	25.93	43.70	2.79	2.30	6.03	1.62	92.86	93.37
6.54	4.41	38.68	60.36	4.74	4.23	1.17	1.22	98.24	98.72
-1.04	-5.59	62.03	79.95	0.87	1.36	-8.24	-14.54	77.45	78.56
4.07	4.40	70.17	69.82	0.76	0.80	5.26	6.44	84.27	89.10
11.10	5.68	30.65	31.94	1.11	1.11	20.78	8.05	84.82	92.07
3.24	5.64	79.27	74.05	0.83	1.22	-0.44	3.18	84.69	91.37
3.36	3.06	72.92	77.58	1.07	1.01	2.76	0.75	94.28	90.36
-2.66	2.14	85.62	80.14	1.44	1.20	-11.00	0.33	91.98	93.94
-0.27	1.99	76.80	76.97	1.89	1.94	-2.97	0.38	98.54	97.17
3.25	1.93	27.46	33.92	1.28	0.95	2.87	2.10	93.23	91.21
2.55	5.71	41.03	57.00	0.53	0.72	1.33	9.37	98.08	98.68
7.56	4.32	71.24	64.04	0.78	0.72	-0.16	4.03	108.04	99.24
0.05	0.27	48.03	64.03	0.09	0.07	-12.49	-8.72	92.56	98.33
2.91	4.09	23.06	14.06	3.38	1.18	0.83	1.62	97.41	97.25
2.48	4.02	67.04	67.65	1.59	1.79	2.84	4.50	98.42	97.97
-0.10	5.10	64.57	40.60	3.07	1.23	-0.14	1.54	99.78	99.90
1.70	4.59	4.64	11.72	2.21	0.55	0.72	4.43	92.62	91.71
0.68	3.02	36.09	38.82	1.70	1.45	-6.20	-1.36	100.00	100.00
64.74	1.80	29.29	24.56	23.90	24.78	0.09	0.12	98.62	99.18
5.16	3.72	81.58	77.09	0.91	0.74	17.42	7.70	99.72	98.52
9.95	14.00	55.12	45.68	1.20	1.54	17.78	28.99	122.29	125.07
5.06	2.75	38.49	52.93	0.33	0.22	43.00	22.80	98.39	98.41

13-15　2015-2016年规模以上国有及国有控股工业企业主要经济效益指标

指　　标	Item	工　业 增加值率 (%) Ratio of Value Added to Gross Industrial Output Value (%)	
		2015	2016
总计	**Total**	**36.80**	**33.16**
国有控股企业	State-holding Enterprises	36.80	33.35
轻工业	Light Industry	24.53	19.88
重工业	Heavy Industry	37.12	33.70
大型企业	Large Enterprises	41.34	36.49
中型企业	Medium-sized Enterprises	25.69	24.75
小型企业	Small Enterprises	20.57	26.55
#微型企业	Micro Enterprises		
按工业行业分组	**Grouped by Sector**		
采掘业	**Mining**		
煤炭开采和洗选业	Mining and Washing of Coal	48.35	44.46
石油和天然气开采业	Extraction of Petroleum and Natural Gas	79.42	75.57
黑色金属矿采选业	Mining and Processing of Ferrous Metal Ores	13.20	-23.90
有色金属矿采选业	Mining and Processing of Non-Ferrous Metal Ores	66.33	66.94
非金属矿采选业	Mining and Processing of Non-metal Ores	49.70	67.39
制造业	**Manufacturing**		
农副食品加工业	Processing of Food from Agricultural Products		5.69
食品制造业	Manufacture of Foods	42.40	48.07
纺织服装、服饰业	Manufacture of Textile, Wearing Apparel and Accessories	71.69	73.93
印刷和记录媒介复制业	Printing and Reproduction of Recording Media		
石油加工、炼焦和核燃料加工业	Processing of Petroleum, Coking and Processing of Nuclear Fuel		
化学原料和化学制品制造业	Manufacture of Raw Chemical Materials and Chemical Products	24.67	27.97
医药制造业	Manufacture of Medicines	24.72	26.07
非金属矿物制品业	Manufacture of Non-metallic Mineral Products	31.77	26.91
黑色金属冶炼和压延加工业	Smelting and Pressing of Ferrous Metals	28.66	41.49
有色金属冶炼和压延加工业	Smelting and Pressing of Non-ferrous Metals	15.23	14.45
金属制品业			17.74
通用设备制造业	Manufacture of General Purpose Machinery	35.12	34.74
专用设备制造业			12.26
电气机械和器材制造业	Manufacture of Electrical Machinery and Apparatus	19.63	21.08
其他制造业	Other Manufacture	33.53	64.75
金属制品、机械和设备修理业	Repair Service of Metal Products, Machinery and Equipment		
电力、燃气及水的生产和供应业	**Power, Gas and Water Production and Supply**		
电力、热力的生产和供应业	Production and Supply of Electric Power and Heat Power	38.28	31.29
水的生产和供应业	Production and Supply of Water	62.74	63.22

Main Indicators on Ecocomic Benefit of State-owned and State-holding Industrial Enterprises Above Designated Size(2015-2016)

总资产贡献率(%) Ratio of Total Assets to Industrial Output Value (%)		资产负债率(%) Assets-Liability Ratio (%)		流动资产周转率(次/年) Number of Times of Annual of Turnover Working Capitals (times/year)		成本费用利润率(%) Ratio of Profits to Industrial Cost (%)		产品销售率(%) Proportion of Products Sold (%)	
2015	2016	2015	2016	2015	2016	2015	2016	2015	2016
5.11	**4.65**	**72.29**	**70.87**	**1.43**	**1.31**	**4.55**	**4.53**	**94.80**	**95.64**
5.11	4.65	72.29	70.87	1.43	1.31	4.55	4.53	94.80	95.64
2.19	1.39	52.77	58.03	1.39	1.08	3.20	1.44	96.57	97.30
5.16	4.70	72.59	71.09	1.43	1.32	4.58	4.61	94.75	95.59
6.08	5.06	69.69	68.75	1.65	1.54	4.53	3.28	94.75	96.73
2.09	2.87	80.42	77.19	0.87	0.89	-0.36	2.10	92.13	90.01
3.11	4.57	77.67	74.26	1.29	1.05	11.42	15.11	97.83	97.89
3.51	3.20	82.27	70.70	0.77	0.60	48.65	35.03	101.00	97.95
3.19	5.76	85.39	79.87	1.57	1.79	-5.89	15.58	87.72	103.81
25.68	15.45	46.04	45.87	1.94	1.56	53.77	16.68	99.87	96.50
1.06	-5.77	91.58	105.91	1.08	0.89	-25.98	-43.18	100.40	100.00
19.85	28.32	28.13	31.73	1.09	2.17	47.27	76.10	100.56	85.77
3.73	7.34	63.25	71.86	0.45	0.48	-5.64	10.29	72.65	92.61
0.47	0.56	43.52	44.03	4.19	2.06	0.71	1.32	91.91	97.71
13.02	12.03	46.64	28.39	1.11	1.24	9.86	12.11	103.41	99.93
12.60	11.85	28.94	31.49	0.53	0.60	28.75	16.34	100.17	100.06
2.81	3.27	77.69	77.16	0.78	0.80	-0.57	-0.67	87.88	84.75
2.95	3.46	74.05	73.31	0.78	0.70	0.53	4.02	78.23	86.74
6.50	4.43	37.79	36.14	2.03	1.97	6.13	4.47	90.64	89.59
1.07	1.45	76.34	80.45	1.22	1.08	0.85	1.36	98.92	100.28
-2.44	2.25	83.17	79.76	1.02	0.99	-13.76	1.94	97.63	99.95
-1.09	2.55	86.04	84.08	1.90	1.91	-5.30	0.72	98.86	95.41
	1.63		50.93		0.73		0.41		100.00
2.93	6.27	39.51	62.55	0.47	0.64	0.49	9.12	101.99	103.83
12.39	3.73	69.80	61.00	1.10	0.88	3.15	1.99	130.38	100.00
-3.19	-3.25	78.69	83.30	3.04	2.43	-2.41	-2.98	97.45	98.27
0.68	3.02	36.09	38.82	1.70	1.45	-6.20	-1.36	100.00	100.00
4.94	3.80	73.75	70.06	2.20	1.78	6.87	3.78	99.80	99.63
5.06	2.75	38.49	52.93	0.33	0.22	43.00	22.80	98.39	98.41

13-16 2015-2016年规模以上集体工业企业经济效益指标

指 标	Item	工 业 增加值率 (%) Ratio of Value Added to Gross Industrial Output Value (%)	
		2015	2016
总计	**Total**	**73.46**	**26.52**
重工业	Heavy Industry	73.46	26.52
中型企业	Medium-sized Enterprises	73.46	26.52
小型企业	Small Enterprises		
按工业行业分组	**Grouped by Sector**		
采掘业	**Mining**		
有色金属矿采选业	Mining and Processing of Non-Ferrous Metal Ores		
制造业	**Manufacturing**		
化学原料和化学制品制造业	Manufacture of Raw Chemical Materials and Chemical Products		
非金属矿物制品业	Manufacture of Non-metallic Mineral Products		
有色金属冶炼及压延加工业	Smelting and Pressing of Nonferrous Metals	73.46	26.52
金属制品业	Manufacture of Metal Products		

Main Indicators on Economic Benefit of Collective-owned Industrial Enterprises Above Designated Size(2015-2016)

总资产贡献率(%) Ratio of Total Assets to Industrial Output Value (%)		资产负债率(%) Assets-Liability Ratio (%)		流动资产周转率(次/年) Number of Times of Annual of Turnover Working Capitals (times/year)		成本费用利润率(%) Ratio of Profits to Industrial Cost (%)		产品销售率(%) Proportion of Products Sold (%)	
2015	2016	2015	2016	2015	2016	2015	2016	2015	2016
3.48	**-5.46**	**73.86**	**95.71**	**2.24**	**3.78**	**1.33**	**-1.98**	**116.94**	**100.59**
3.48	-5.46	73.86	95.71	2.24	3.78	1.33	-1.98	116.94	100.59
3.43	-9.26	78.37	110.69	2.36	4.83	1.15	-2.58	101.34	100.95
3.69	3.85	56.34	59.10	1.86	1.43	2.02	2.77	125.35	100.50
3.69	3.85	56.34	59.10	1.86	1.43	2.02	2.77	125.35	100.50
3.43	-9.26	78.37	110.69	2.36	4.83	1.15	-2.58	101.34	100.95

13-17 2015-2016年大中型工业企业经济效益指标

指　　标	Item	工　业 增加值率 (%) Ratio of Value Added to Gross Industrial Output Value (%)	
		2015	2016
总计	**Total**	**35.45**	**31.06**
国有控股企业	State-holding Enterprises	38.70	34.08
轻工业	Light Industry	30.59	29.78
重工业	Heavy Industry	36.22	31.25
大型企业	Large Enterprises	40.78	35.54
中型企业	Medium-sized Enterprises	27.10	24.43
按工业行业分组	**Grouped by Sector**		
采掘业	**Mining**		
煤炭开采和洗选业	Mining and Washing of Coal	49.99	48.23
石油和天然气开采业	Extraction of Petroleum and Natural Gas	79.42	75.57
黑色金属矿采选业	Mining and Processing of Ferrous Metal Ores	37.12	
有色金属矿采选业	Mining and Processing of Non-Ferrous Metal Ores	66.33	66.94
非金属矿采选业	Mining and Processing of Non-metal Ores	49.70	69.80
制造业	**Manufacturing**		
农副食品加工业	Processing of Food from Agricultural Products	12.35	11.26
食品制造业	Manufacture of Foods	17.79	19.71
酒、饮料和精制茶制造业	Manufacture of Liquor, Beverages and Refined Tea	33.21	27.80
纺织业	Manufacture of Textile	31.69	30.30
纺织服装、服饰业	Manufacture of Textile, Wearing Apparel and Accessories	29.35	32.72
印刷业和记录媒介的复制	Printing and Reproduction of Recording Media	47.99	49.32
文教、工美、体育和娱乐用品制造业	Manufacture of Articles for Culture, Education, Arts and Crafts, Sport and Entertainment Activities	37.02	31.87
石油加工、炼焦和核燃料加工业	Processing of Petroleum, Coking and Processing of Nuclear Fuel		-0.48
化学原料及化学制品制造业	Manufacture of Raw Chemical Materials and Chemical Products	28.38	28.11
医药制造业	Manufacture of Medicines	36.91	49.42
非金属矿物制品业	Manufacture of Non-metallic Mineral Products	27.70	22.95
黑色金属冶炼及压延加工业	Smelting and Pressing of Ferrous Metals	25.86	33.54
有色金属冶炼及压延加工业	Smelting and Pressing of Non-ferrous Metals	19.53	18.46
金属制品业			11.64
通用设备制造业	Manufacture of General Purpose Machinery	35.41	34.62
汽车制造业			31.75
电气机械和器材制造业	Manufacture of Electrical Machinery and Apparatus	33.76	34.94
仪器仪表制造业	Manufacture of Measuring Instruments and Machinery	40.86	42.28
电力、燃气及水的生产和供应业	**Power, Gas and Water Production and Supply**		
电力、热力的生产和供应业	Production and Supply of Electric Power and Heat Power	39.70	30.38
水的生产和供应业	Production and Supply of Water	59.74	62.21

Main Indicators on Economic Benefit of Large and Medium-sized Industrial Enterprises above Designated Size (2015-2016)

总资产贡献率 (%) Ratio of Total Assets to Industrial Output Value (%)		资产负债率 (%) Assets-Liability Ratio (%)		流动资产周转率 (次/年) Number of Times of Annual of Turnover Working Capitals (times/year)		成本费用利润率 (%) Ratio of Profits to Industrial Cost (%)		产品销售率 (%) Proportion of Products Sold (%)	
2015	2016	2015	2016	2015	2016	2015	2016	2015	2016
5.27	**4.80**	**69.18**	**69.29**	**1.41**	**1.41**	**3.16**	**2.97**	**93.34**	**93.61**
5.42	4.66	71.48	70.29	1.45	1.36	3.70	3.05	94.31	95.26
9.91	8.76	48.20	54.80	1.66	1.93	9.71	8.17	84.32	82.28
5.01	4.60	70.35	70.02	1.39	1.37	2.43	2.36	94.75	95.39
6.36	5.39	69.12	67.97	1.57	1.50	5.53	4.09	93.98	95.40
2.38	3.06	69.36	73.17	1.17	1.25	-1.21	0.84	92.36	91.01
1.79	4.60	58.54	58.09	0.72	1.04	-6.51	-0.34	84.93	102.98
25.68	15.45	46.04	45.87	1.94	1.56	53.77	16.68	99.87	96.50
2.27		59.50		0.90		0.52		99.50	
15.73	28.32	35.45	31.73	0.96	2.17	38.98	76.10	76.12	85.77
5.07	9.72	56.01	58.92	0.45	0.53	-0.11	19.55	67.93	95.27
3.86	3.67	51.62	55.61	6.65	3.47	1.53	2.12	96.20	96.44
6.00	4.20	47.85	51.64	1.18	1.02	9.65	9.55	45.77	38.87
14.57	18.60	48.92	50.24	1.91	1.69	19.13	20.21	76.75	64.53
8.58	3.32	50.94	57.77	2.51	3.27	1.48	1.39	99.67	101.41
11.58	8.08	39.94	42.79	2.45	3.35	7.60	4.69	97.56	100.94
6.24	3.06	32.71	38.92	2.97	1.50	15.53	3.52	90.00	90.00
5.85	3.59	36.65	55.07	4.15	3.36	1.18	1.83	99.44	99.28
-9.19	-9.21	71.32	87.82	0.72	2.14	-43.83	-19.11	49.40	78.01
3.90	3.55	71.90	71.29	0.72	0.73	4.81	3.31	81.77	87.69
27.73	12.94	10.65	38.87	0.81	2.32	47.29	10.72	80.20	93.96
2.70	1.89	74.57	82.90	0.96	0.93	0.03	-4.96	95.20	96.16
-2.00	2.37	82.46	80.01	1.40	1.00	-9.79	1.13	96.28	95.01
-1.88	2.82	79.71	80.40	1.77	1.94	-6.80	0.71	99.68	97.11
	1.77		67.35		0.98		0.67		85.47
2.91	5.89	39.47	61.19	0.47	0.63	0.29	8.14	102.09	103.07
	0.27		64.03		0.07		-8.72		98.33
1.99	6.48	72.91	68.45	1.06	1.71	4.46	9.46	98.11	98.55
3.86	6.06	4.35	4.32	0.78	0.62	2.29	8.46	78.51	76.23
5.68	3.74	71.27	68.20	2.87	2.46	3.17	0.02	100.00	100.00
6.69	3.99	34.43	51.19	0.30	0.21	60.39	36.60	100.00	100.00

13-18　2015-2016年规模以上非公有工业企业经济效益指标

指　标	Item	工　业 增加值率 (%) Ratio of Value Added to Gross Industrial Output Value (%)	
		2015	2016
总计	**Total**	**27.15**	**25.16**
#轻工业	Light Industry	30.16	29.55
重工业	Heavy Industry	25.66	22.83
#大型企业	Large Enterprises	36.32	30.32
中型企业	Medium-sized Enterprises	27.05	24.91
小型企业	Small Enterprises	24.87	23.23
微型企业	Micro Enterprises	-22.68	
按登记注册类型分组	**By Status of Registration**		
股份合作企业	Cooperative Enterprises		
有限责任公司	Limited Liability Corporations	24.81	23.89
股份有限公司	Share-holding Corporations Limited	24.85	23.06
私营企业	Private Enterprises	27.90	25.19
其他企业	Other Enterprises	35.10	
港、澳、台商投资企业	Enterprises with Funds from Hong Kong, Macao and Taiwan	20.14	24.68
外商投资企业	Foreign Funded Enterprises	45.01	35.87
按工业行业分组	**Grouped by Sector**		
采掘业	**Mining**		
煤炭开采和洗选业	Mining and Washing of Coal	29.17	29.69
黑色金属矿采选业	Mining and Processing of Ferrous Metal Ores	28.49	22.11
有色金属矿采选业	Mining and Processing of Non-Ferrous Metal Ores	26.41	15.35
非金属矿采选业	Mining and Processing of Non-metal Ores	33.49	14.77
制造业	**Manufacturing**		
农副食品加工业	Processing of Food from Agricultural Products	24.05	25.02
食品制造业	Manufacture of Foods	20.01	23.36
酒、饮料和精制茶制造业	Manufacture of Liquor, Beverages and Refined Tea	33.34	27.68
纺织业	Manufacture of Textile	33.01	31.41
纺织服装、服饰业	Manufacture of Textile, Wearing Apparel and Accessories	25.06	27.82
木材加工和木、竹、藤、棕、草制品业	Processing of Timber.Manufacture of Wood, Bamboo,Rattan,Palm and Straw Products		
家具制造业	Manufacture of Furniture	24.60	23.46
造纸和纸制品业	Manufacture of Paper and Paper Products	40.93	42.04
印刷业和记录媒介的复制	Printing and Reproduction of Recording Media	43.47	37.95
文教、工美、体育和娱乐用品制造业	Manufacture of Articles for Culture, Education, Arts and Crafts, Sport and Entertainment Activities	34.31	31.22
石油加工、炼焦和核燃料加工业	Processing of Petroleum, Coking and Processing of Nuclear Fuel	17.41	3.18
化学原料及化学制品制造业	Manufacture of Raw Chemical Materials and Chemical Products	42.25	29.68
医药制造业	Manufacture of Medicines	35.68	40.71
塑料制品业	Manufacture of Rubber and Plastics Products	22.33	20.88
非金属矿物制品业	Manufacture of Non-metallic Mineral Products	25.75	21.43
黑色金属冶炼及压延加工业	Smelting and Pressing of Ferrous Metals	17.24	15.85
有色金属冶炼及压延加工业	Smelting and Pressing of Non-ferrous Metals	21.68	22.27
金属制品业	Manufacture of Metal Products	27.36	23.98
通用设备制造业	Manufacture of General Purpose Machinery	38.20	43.73
专用设备制造业	Manufacture of Special Purpose Machinery	23.68	21.63
汽车制造业	Manufacture of Automobiles	28.27	31.75
铁路、航舶、航空航天和其他运输设备制造业	Manufacture of Railway, Ship, Aerospace and Other Transport Equipments	28.69	27.10
电气机械和器材制造业	Manufacture of Electrical Machinery and Apparatus	38.28	35.59
计算机、通信和其他电子设备制造业	Manufacture of Computers, Communication and Other Electronic Equipment	5.92	
仪器仪表制造业	Manufacture of Measuring Instruments and Machinery	31.06	30.88
金属制品、机械和设备修理业	Repair Service of Metal Products, Machinery and Equipment	23.40	27.12
电力、燃气及水的生产和供应业	**Power, Gas and Water Production and Supply**		
电力、热力的生产和供应业	Production and Supply of Electric Power and Heat Power	34.76	42.14
燃气生产和供应业	Production and Supply of Gas	46.59	60.05

Main Indicators on Economic Benefit of Non-public Industrial Enterprises Above Designated Size(2015-2016)

总资产贡献率 (%) Ratio of Total Assets to Industrial Output Value (%)		资产负债率 (%) Assets-Liability Ratio (%)		流动资产周转率 (次/年) Number of Times of Annual of Turnover Working Capitals (times/year)		成本费用利润率 (%) Ratio of Profits to Industrial Cost (%)		产品销售率 (%) Proportion of Products Sold (%)	
2015	2016	2015	2016	2015	2016	2015	2016	2015	2016
3.73	**3.90**	**62.90**	**62.99**	**1.48**	**1.48**	**1.54**	**2.69**	**92.42**	**92.21**
7.79	6.01	45.38	46.15	1.83	1.96	6.64	5.23	87.66	88.77
2.52	3.25	68.10	68.13	1.37	1.33	-0.41	1.60	94.64	93.86
9.87	8.45	62.03	60.78	1.11	1.30	14.26	8.87	87.83	88.13
2.54	3.13	61.33	68.43	1.37	1.63	-2.03	-0.18	92.09	90.93
2.86	2.81	64.17	61.40	1.66	1.47	1.36	2.61	93.27	93.60
1.77	1.21	76.08	73.34	0.47	0.39	8.42	9.98	98.35	97.96
0.74	4.53	61.29	59.98	1.28	1.20	-2.63	5.13	92.66	90.67
10.03	10.46	66.79	53.41	1.62	2.20	4.21	3.78	85.87	90.78
5.15	2.49	62.26	63.93	1.57	1.56	2.90	0.86	92.36	92.16
2.04	13.56	33.28	80.25	2.76	5.10	1.60	2.12	98.31	
1.63	3.83	84.62	94.46	1.60	1.83	1.65	2.15	97.85	101.19
7.49	5.82	37.21	39.63	1.29	1.76	11.92	7.53	95.66	96.38
1.12	4.23	43.38	41.73	0.53	0.83	-6.93	-3.63	59.14	68.74
1.56	-2.13	75.05	83.74	0.51	0.32	-4.58	-28.25	102.52	81.52
-0.18	1.94	74.30	67.54	1.49	1.97	-3.94	-4.27	77.43	85.53
4.43	0.13	67.58	64.70	1.27	1.07	0.72	-1.80	72.57	83.36
5.01	2.69	51.68	49.80	1.81	1.62	3.79	2.82	93.41	97.75
4.83	4.86	39.31	38.97	1.39	1.70	7.98	6.20	63.22	69.71
12.42	14.15	46.33	46.32	1.80	1.59	17.20	15.76	78.93	67.67
8.16	1.60	49.33	49.33	2.61	3.72	0.90	0.81	99.26	99.16
13.67	6.27	45.28	45.17	4.86	5.05	3.90	3.13	96.30	99.97
	9.25		8.53		4.78		4.24		
92.16	15.56	63.09	43.27	15.81	17.01	1.70	1.48	99.24	99.26
15.31	31.12	70.51	68.11	3.36	8.59	9.95	6.59	91.85	90.62
3.93	3.42	20.31	38.56	4.79	2.98	7.23	1.92	93.49	94.37
6.54	4.41	38.68	60.36	4.74	4.23	1.17	1.22	98.24	98.72
-1.04	-5.59	62.03	79.95	0.87	1.36	-8.24	-14.54	77.45	78.56
7.20	6.68	58.36	60.00	0.69	0.96	15.13	9.02	98.42	92.92
10.93	5.11	29.72	31.82	1.01	1.00	23.25	7.86	83.79	91.94
3.24	5.64	79.27	74.05	0.83	1.22	-0.44	3.18	84.69	91.37
5.93	4.88	69.16	74.26	1.07	1.04	3.96	1.21	93.31	88.49
-1.24	1.53	91.79	80.65	2.73	2.26	-6.14	-1.78	90.48	91.43
-1.63	2.09	76.39	74.45	2.31	2.48	-4.39	0.10	99.20	99.28
3.22	2.03	17.35	19.70	1.45	1.00	3.07	3.15	92.27	91.11
1.16	1.97	43.97	45.88	1.60	2.15	6.50	7.39	90.00	90.00
2.61	5.20	72.71	68.53	0.54	0.53	-5.20	8.69	94.20	99.00
0.05	0.27	48.03	64.03	0.09	0.07	-12.49	-8.72	92.56	98.33
2.91	4.09	23.06	14.06	3.38	1.18	0.83	1.62	97.41	97.25
4.25	6.03	63.39	63.32	1.35	1.67	4.93	6.75	98.85	97.88
-0.10	5.10	64.57	40.60	3.07	1.23	-0.14	1.54	99.78	99.90
0.37	-7.37	4.82	71.76	8.77	0.18	0.10	-40.12	100.00	100.00
64.74	1.80	29.29	24.56	23.90	24.78	0.09	0.12	98.62	99.18
2.50	1.35	72.65	70.27	0.60	0.36	18.07	23.26	99.36	96.85
9.95	14.00	55.12	45.68	1.20	1.54	17.78	28.99	122.29	125.07

13－19 分地区规模以上工业企业主要经济指标(2016年)

单位：万元

指 标	Item	企业单位数(个) Number of Enterprises (unit)	亏损企业 Loss-making Enterprises
西宁市	**Xining City**	**280**	**77**
国有控股企业	State-holding Enterprises	57	20
轻工业	Light Industry	133	23
重工业	Heavy Industry	147	54
集体企业	Collective-owned Enterprises	2	1
股份合作企业	Cooperative Enterprises	2	1
有限责任公司	Limited Liability Corporations	108	37
股份有限公司	Share-holding Corporations Limited	12	2
私营企业	Private Enterprises	134	31
其他企业	Other Enterprises	1	
港、澳、台商投资企业	Enterprises with Funds from Hong Kong,Macao and Taiwan	5	1
外商投资企业	Foreign Funded Enterprises	10	1
海东市	**Haidong City**	**106**	**33**
国有控股企业	State-holding Enterprises	4	
轻工业	Light Industry	24	2
重工业	Heavy Industry	82	31
有限责任公司	Limited Liability Corporations	42	13
股份有限公司	Share-holding Corporations Limited	4	1
私营企业	Private Enterprises	58	19
港、澳、台商投资企业	Enterprises with Funds from Hong Kong,Macao and Taiwan	1	
外商投资企业	Foreign Funded Enterprises	1	
海北州	**Haibei Zang A.P**	**35**	**7**
国有控股企业	State-holding Enterprises	11	2
轻工业	Light Industry	7	1
重工业	Heavy Industry	28	6
有限责任公司	Limited Liability Corporations	13	2
股份有限公司	Share-holding Corporations Limited	2	
私营企业	Private Enterprises	20	5
黄南州	**Huangnan Zang A.P**	**6**	**2**
轻工业	Light Industry	2	1
重工业	Heavy Industry	4	1
有限责任公司	Limited Liability Corporations	2	1
股份有限公司	Share-holding Corporations Limited	1	
私营企业	Private Enterprises	1	1
港、澳、台商投资企业	Enterprises with Funds from Hong Kong,Macao and Taiwan	1	
外商投资企业	Foreign Funded Enterprises	1	
海南州	**Hainan Zang A.P**	**40**	**9**
国有控股企业	State-holding Enterprises	10	1
轻工业	Light Industry	11	2
重工业	Heavy Industry	29	7
有限责任公司	Limited Liability Corporations	27	7
股份有限公司	Share-holding Corporations Limited	3	1
私营企业	Foreign Funded Enterprises	9	1
港、澳、台商投资企业	Enterprises with Funds from Hong Kong,Macao and Taiwan	1	
果洛州	**Golog Zang A.P**	**2**	
国有控股企业	State-holding Enterprises	1	
轻工业	Light Industry	1	
重工业	Heavy Industry	1	
有限责任公司	Limited Liability Corporations	2	
海西州	**Haixi Mongolian & Zang A.P**	**124**	**36**
国有控股企业	State-holding Enterprises	55	10
轻工业	Light Industry	6	2
重工业	Heavy Industry	118	34
有限责任公司	Limited Liability Corporations	64	17
股份有限公司	Share-holding Corporations Limited	8	1
私营企业	Private Enterprises	45	18
港、澳、台商投资企业	Enterprises with Funds from Hong Kong,Macao and Taiwan	2	
外商投资企业	Foreign Funded Enterprises	3	

Main Economic Indicators of Industrial Enterprises Above Designated Size by Region (2016)

(10 000 yuan)

工业 总产值 Gross Industrial Output Value	资产总计 Total Assets	流动资产合计 Total Working Capitals	固定资产合计 Total Fixed Assets	固定资产原价 Original Value of Fixed Assets	累计折旧 Accumulated Depreciation	本年折旧 Depreciation Charge for the Year
17508844	**30333361**	**7731105**	**19069054**	**30599565**	**12601156**	**2295851**
8211491	22049506	4816949	14405301	21564896	8038216	1229632
3997318	3901792	1308188	2323143	4765325	2515663	517292
13511525	26431569	6422916	16745911	25834240	10085493	1778559
3852	9053	8548	505	1551	1046	48
234548	91883	36137	33294	44078	10785	307
7038664	16303878	3943660	10434882	15622264	5531100	974260
2090647	4969619	1615989	2260491	3713031	1697143	242710
4913016	4105059	1485802	2291116	5063658	2820886	638481
	1954	1789	164	403	239	
261295	80201	27872	51298	94360	69730	60398
517788	630976	142997	446827	824506	386206	79178
3497375	**4132118**	**1690337**	**856681**	**998894**	**264295**	**91418**
114694	788733	114182	5447	36494	14717	2299
758365	688489	399494	187905	214040	31423	7522
2739010	3443629	1290843	668776	784854	232871	83896
1381758	971746	568340	226462	309457	99416	17723
259656	1000758	221129	78705	90383	11593	2717
1406639	1130741	582665	380397	448404	129224	53154
446063	1025944	318036	168512	146248	22264	17550
3258	2929	166	2605	4402	1798	275
523614	**966038**	**323595**	**397703**	**865213**	**473662**	**30946**
126711	535253	87338	291206	443341	152174	16292
106593	43271	20005	14800	32239	22441	3615
417021	922767	303590	382903	832974	451221	27332
128528	529747	89946	284869	424723	140231	14777
56236	125563	61643	18913	37765	18852	3116
338849	310728	172007	93922	402725	314579	13054
113763	**343126**	**44091**	**166955**	**230060**	**66145**	**7405**
52979	24554	16473	7855	6610	1795	581
60783	318572	27618	159100	223450	64350	6824
57869	41853	16475	24131	30062	8931	1762
30130	2840	2056	557	557	40	40
2373	45103	2040	42959	49731	6773	
12253	149935	19569				
11139	103396	3951	99308	149710	50402	5603
504614	**3116513**	**858280**	**1994336**	**2283791**	**301844**	**110247**
257513	1681010	410324	1220205	1403001	182828	66608
122178	162269	98162	43556	47958	8904	1939
382435	2954243	760118	1950780	2235833	292940	108308
403780	2554092	682707	1779799	2025868	256204	99245
22658	34405	21812	9758	10880	2228	182
62375	480878	149903	181110	199862	19900	8592
15800	47139	3859	23668	47180	23512	2227
55360	**151548**	**34113**	**27982**	**101311**	**73330**	**8610**
49229	135276	27148	22631	95552	72921	8321
6131	16271	6965	5351	5759	409	289
49229	135276	27148	22631	95552	72921	8321
55360	151548	34113	27982	101311	73330	8610
6152061	**22395007**	**5767480**	**11600828**	**16160872**	**4589246**	**737369**
4345505	17781294	3888288	9561955	13474293	3791992	591384
218410	171204	77986	39946	65711	28757	3960
5933651	22223804	5689494	11560882	16095161	4560489	733410
2060109	6499294	1988316	3536942	4229920	896715	198446
3106201	12969610	2573893	6718727	10049941	3139746	441027
881704	2481619	997251	1201651	1622828	453535	82231
45998	93979	27343	18005	53273	19842	2982
42638	218690	136527	73331	142301	68970	10208

13－19 续表1

单位：万元

指　标	Item	负债合计 Total Liabilities	流动负债合　计 Total Working Liabilities
西宁市	**Xining City**	**21053509**	**11100884**
国有控股企业	State-holding Enterprises	16443010	7787187
轻工业	Light Industry	1892808	1329075
重工业	Heavy Industry	19160701	9771809
集体企业	Collective-owned Enterprises	8664	8663
股份合作企业	Cooperative Enterprises	42409	33409
有限责任公司	Limited Liability Corporations	12779930	4623815
股份有限公司	Share-holding Corporations Limited	3868045	3012612
私营企业	Private Enterprises	2213968	1698780
其他企业	Other Enterprises	1568	1465
港、澳、台商投资企业	Enterprises with Funds from Hong Kong,Macao and Taiwan	43561	38978
外商投资企业	Foreign Funded Enterprises	279796	206854
海东市	**Haidong City**	**2919760**	**1877312**
国有控股企业	State-holding Enterprises	566734	386614
轻工业	Light Industry	119742	94132
重工业	Heavy Industry	2800018	1783180
有限责任公司	Limited Liability Corporations	514809	439241
股份有限公司	Share-holding Corporations Limited	581342	401727
私营企业	Private Enterprises	852202	546013
港、澳、台商投资企业	Enterprises with Funds from Hong Kong,Macao and Taiwan	968791	487715
外商投资企业	Foreign Funded Enterprises	2616	2616
海北州	**Haibei Zang A.P**	**605820**	**379967**
国有控股企业	State-holding Enterprises	301228	216799
轻工业	Light Industry	24989	13458
重工业	Heavy Industry	580831	366508
有限责任公司	Limited Liability Corporations	304237	218248
股份有限公司	Share-holding Corporations Limited	78626	48726
私营企业	Private Enterprises	222957	112993
黄南州	**Huangnan Zang A.P**	**206413**	**87615**
轻工业	Light Industry	5449	5397
重工业	Heavy Industry	200964	82218
有限责任公司	Limited Liability Corporations	20516	20464
股份有限公司	Share-holding Corporations Limited	1605	1605
私营企业	Private Enterprises	45172	33872
港、澳、台商投资企业	Enterprises with Funds from Hong Kong,Macao and Taiwan	77446	
外商投资企业	Foreign Funded Enterprises	61674	31674
海南州	**Hainan Zang A.P**	**2372557**	**1878808**
国有控股企业	State-holding Enterprises	1294862	1183382
轻工业	Light Industry	87732	63990
重工业	Heavy Industry	2284825	1814818
有限责任公司	Limited Liability Corporations	1996456	1616797
股份有限公司	Share-holding Corporations Limited	24098	24098
私营企业	Foreign Funded Enterprises	333170	220209
港、澳、台商投资企业	Enterprises with Funds from Hong Kong,Macao and Taiwan	18833	17704
果洛州	**Golog Zang A.P**	**20815**	**17213**
国有控股企业	State-holding Enterprises	10590	10590
轻工业	Light Industry	10225	6623
重工业	Heavy Industry	10590	10590
有限责任公司	Limited Liability Corporations	20815	17213
海西州	**Haixi Mongolian & Zang A.P**	**14852321**	**7795672**
国有控股企业	State-holding Enterprises	11836167	5560888
轻工业	Light Industry	250519	204054
重工业	Heavy Industry	14601801	7591618
有限责任公司	Limited Liability Corporations	4788008	3070057
股份有限公司	Share-holding Corporations Limited	7942570	3175137
私营企业	Private Enterprises	1801438	1348959
港、澳、台商投资企业	Enterprises with Funds from Hong Kong,Macao and Taiwan	185452	185452
外商投资企业	Foreign Funded Enterprises	34759	8676

Continued

(10 000 yuan)

非流动负债合计 Total Non-current Liabilities	所有者权益合计 Total Owners' Equity	实收资本 Paid-up Capital	营业收入 Revenue from Business	主营业务收入 Revenue from Principal Business	营业成本 Cost of Business	主营业务成本 Cost of Principal Business	营业税金及附加 Taxes and Other Charges on Operating	主营业务税金及附加 Tax and Extra Charges from Principal Business	其他业务利润 Other Operating Profit
8996556	**9253153**	**5972079**	**14490496**	**14235593**	**13279374**	**13086831**	**40075**	**39400**	**34323**
7955166	5604617	4080767	8025586	7819423	7342038	7191093	20995	20477	33120
439771	1976103	496946	2755380	2744699	2424312	2418691	10912	10792	2860
8556785	7277050	5475133	11735116	11490894	10855062	10668141	29163	28608	31462
	389	2354	32322	6792	30681	6060	59	59	
9000	49474	867	220467	220467	213285	213285	92	61	
7907429	3522069	3107016	5472476	5409300	4879538	4832401	17913	17534	6191
329074	1101574	750496	2273771	2129284	2068141	1961901	6698	6698	27509
384565	1866271	582597	3421594	3415383	3139539	3135276	6176	6163	342
103	386	52	9122	9122	9066	9066	58	58	
4483	36639	14328	167581	164751	149929	149310	755	641	
22642	351180	205242	439755	439123	366116	365535	5287	5287	52
262617	**1212356**	**708794**	**2568285**	**2506193**	**2355951**	**2298079**	**26105**	**25794**	**481**
180119	221999	211599	109418	93261	93530	76839	209	209	5
9066	568747	143753	460240	452885	367517	362782	22827	22518	0
253551	643609	565041	2108046	2053307	1988434	1935298	3278	3276	481
34001	456936	200797	896929	861230	803779	764780	4924	4636	481
179615	419417	245399	161833	141645	112338	96238	18663	18663	
49002	278538	202861	1010768	1008356	955770	953505	2517	2494	
	57153	59480	496209	492448	481628	481154			
	313	257	2548	2514	2436	2403			0
120782	**360218**	**159137**	**441453**	**440399**	**381699**	**377911**	**2060**	**2034**	**35**
40260	234024	98328	97185	96525	71081	70839	1554	1528	35
5912	18281	12213	101578	101578	98290	98290	53	53	
114871	341936	146924	339875	338821	283410	279622	2007	1981	35
40479	225509	97828	98993	98353	76885	76643	1737	1712	16
29900	46937	8100	41207	40795	31566	31423	90	90	20
50404	87771	53209	301252	301252	273249	269846	232	232	
30052	**136713**	**102674**	**103729**	**103430**	**86993**	**86963**	**394**	**394**	
52	19105	19186	43488	43488	35659	35659	0	0	
30000	117607	83488	60241	59942	51334	51304	394	394	
52	21337	22386	50488	50402	43717	43717	10	10	
	1234	1000	27477	27477	26818	26818	0	0	
	-70	3000	2373	2373	1678	1678	7	7	
	72488	72488	12253	12253	6638	6638	187	187	
30000	41723	3800	11139	10926	8142	8112	191	191	
489699	**743955**	**578219**	**479378**	**476867**	**281477**	**272645**	**1617**	**924**	**-49**
111480	386148	301862	251649	250509	131559	128937	330	322	-49
19692	74538	49321	105953	105953	92724	87379	108	108	
470007	669418	528898	373425	370914	188753	185266	1509	816	-49
375609	557635	437318	390629	389193	223321	216476	1421	728	
	10307	8853	19097	19097	17330	17330	48	48	
112961	147707	124083	56191	56191	31643	30779	28	28	
1129	28306	7965	13462	12387	9184	8061	120	120	-49
3602	**130733**	**17200**	**53251**	**53149**	**39326**	**38880**	**2101**	**2101**	
	124687	12000	48535	48433	35766	35320	2101	2101	
3602	6046	5200	4716	4716	3560	3560			
	124687	12000	48535	48433	35766	35320	2101	2101	
3602	130733	17200	53251	53149	39326	38880	2101	2101	
6830250	**7542686**	**2079122**	**4813057**	**4629104**	**2843864**	**2548151**	**412360**	**399798**	**-57815**
6150305	5945126	1174758	3691681	3515717	2126082	1872195	373574	364884	-59747
46465	-79316	46067	56006	54765	28165	27765	835	835	4
6783785	7622001	2033055	4757052	4574339	2815698	2520386	411525	398963	-57819
1609081	1711285	1121781	1520982	1495630	905368	887276	42886	42508	2086
4767433	5027040	336239	2689849	2534947	1474870	1205900	358490	346340	-61243
382187	680181	523932	498635	495010	392448	383797	10252	10219	1339
	-91473	33177	43247	43243	21186	21186	675	675	4
26083	183931	36799	46569	46498	43885	43885	56	56	

13-19 续表2

单位：万元

指　标	Item	销售费用 Cost of Sales	管理费用 Management Expenses
西宁市	**Xining City**	**203489**	**406883**
国有控股企业	State-holding Enterprises	97361	191335
轻工业	Light Industry	58079	146791
重工业	Heavy Industry	145410	260092
集体企业	Collective-owned Enterprises	967	901
股份合作企业	Cooperative Enterprises	1567	2127
有限责任公司	Limited Liability Corporations	88683	147569
股份有限公司	Share-holding Corporations Limited	48263	95623
私营企业	Private Enterprises	53183	117523
其他企业	Other Enterprises		702
港、澳、台商投资企业	Enterprises with Funds from Hong Kong,Macao and Taiwan	2295	5518
外商投资企业	Foreign Funded Enterprises	8280	20614
海东市	**Haidong City**	**38486**	**67332**
国有控股企业	State-holding Enterprises	2937	5251
轻工业	Light Industry	7161	20998
重工业	Heavy Industry	31324	46334
有限责任公司	Limited Liability Corporations	20993	31369
股份有限公司	Share-holding Corporations Limited	2681	9296
私营企业	Private Enterprises	11369	21699
港、澳、台商投资企业	Enterprises with Funds from Hong Kong,Macao and Taiwan	3443	4968
外商投资企业	Foreign Funded Enterprises	0	0
海北州	**Haibei Zang A.P**	**4384**	**23107**
国有控股企业	State-holding Enterprises	928	12613
轻工业	Light Industry	675	1201
重工业	Heavy Industry	3709	21906
有限责任公司	Limited Liability Corporations	1495	11288
股份有限公司	Share-holding Corporations Limited	862	2740
私营企业	Private Enterprises	2027	9079
黄南州	**Huangnan Zang A.P**	**7452**	**4524**
轻工业	Light Industry	7421	3941
重工业	Heavy Industry	31	583
有限责任公司	Limited Liability Corporations	7037	4218
股份有限公司	Share-holding Corporations Limited	415	85
私营企业	Private Enterprises		78
港、澳、台商投资企业	Enterprises with Funds from Hong Kong,Macao and Taiwan		144
外商投资企业	Foreign Funded Enterprises		
海南州	**Hainan Zang A.P**	**10143**	**13173**
国有控股企业	State-holding Enterprises	700	3875
轻工业	Light Industry	3916	3010
重工业	Heavy Industry	6227	10163
有限责任公司	Limited Liability Corporations	6494	7483
股份有限公司	Share-holding Corporations Limited	535	623
私营企业	Foreign Funded Enterprises	2762	2750
港、澳、台商投资企业	Enterprises with Funds from Hong Kong,Macao and Taiwan	351	2318
果洛州	**Golog Zang A.P**	**2670**	**4981**
国有控股企业	State-holding Enterprises	2476	4776
轻工业	Light Industry	194	206
重工业	Heavy Industry	2476	4776
有限责任公司	Limited Liability Corporations	2670	4981
海西州	**Haixi Mongolian & Zang A.P**	**345867**	**391186**
国有控股企业	State-holding Enterprises	195837	311564
轻工业	Light Industry	12649	8695
重工业	Heavy Industry	333219	382491
有限责任公司	Limited Liability Corporations	114959	81679
股份有限公司	Share-holding Corporations Limited	167568	259338
私营企业	Private Enterprises	51891	42606
港、澳、台商投资企业	Enterprises with Funds from Hong Kong,Macao and Taiwan	11442	4486
外商投资企业	Foreign Funded Enterprises	8	2868

Continued

财务费用 Financial Expenses	营业利润 Operating Profit	利润总额 Total Profits	应交 所得税 Income Tax Payable	亏损企业 亏损总额 The Total Loss of Loss-making Enterprises	利税总额 Total Profits and Taxes	本年应交 增值税 Value Added Tax Payable
549540	**47753**	**129700**	**17483**	**159798**	**422430**	**252654**
473945	-60164	-7118	8609	110480	169934	156057
24545	92270	98524	3806	13676	135223	25787
524996	-44517	31176	13677	146121	287207	226867
105	-584	-647	-722	748	-588	
2701	1020	1176		577	2017	749
410824	-76110	-46159	7212	137883	100427	128673
76716	12652	46796	304	6474	104086	50593
34785	69406	77115	3259	13060	113194	29904
0	-703	207			265	
989	8087	8566	1124	91	15004	5683
9881	29561	32801	44	70	43372	5285
64076	**26562**	**47492**	**7873**	**50801**	**112352**	**38755**
6218	1091	1477	307		-675	-2362
352	58619	60510	4334	692	102799	19462
63725	-32057	-13018	3540	50110	9553	19293
6584	21265	21551	2701	11884	42879	16404
4992	29231	29536	2613	1	51326	3127
32529	-11140	-3670	2541	38916	14357	15509
19926	-12860	1			3716	3715
46	66	74	19		74	
20809	**9385**	**11988**	**1363**	**7895**	**17345**	**3298**
6916	4294	6594	1290	7025	13508	5360
314	1008	1365	7	284	1563	146
20495	8377	10623	1356	7610	15782	3152
6716	1071	3345	288	7025	10647	5565
1327	4452	4426	1068		4519	3
12765	3863	4216	7	870	2179	-2270
7245	**-2880**	**-1872**	**238**	**3853**	**140**	**1618**
0	-3533	-3606		3779	-3894	-288
7245	654	1735	238	75	4034	1905
3	-4496	-3578	50	3779	-3694	-126
-3	162	172			172	
654	-45	-75		75	-68	
3964	1321	1257			1443	
2627	179	352	188		2287	1744
89023	**83774**	**89438**	**1202**	**5956**	**69396**	**-21659**
55048	59952	63857	367	1253	60808	-3379
3452	2751	2860	172	2632	4370	1402
85571	81024	86577	1030	3325	65025	-23061
77973	73766	80348	586	3243	60292	-21477
404	165	165	1	143	528	315
10184	8823	7848	305	2570	6185	-1691
461	1020	1077	310		2391	1195
197	**3844**	**4899**	**427**		**11304**	**4304**
140	3145	3707	427		10112	4304
58	699	1192			1192	
140	3145	3707	427		10112	4304
197	3844	4899	427		11304	4304
366868	**390261**	**518565**	**74436**	**146205**	**1109305**	**178380**
278471	340908	449624	49707	26268	961212	138014
699	5014	6096	89	1270	10125	3194
366169	385246	512470	74348	144935	1099180	175186
162626	212919	269872	37596	34927	314408	1650
146451	221458	277514	30905	23088	806279	170274
55985	-54977	-39995	5022	88190	-22205	7538
-79	5536	5545	131		9306	3086
-1846	1599	1621	498		1828	152

13-20 主要年份主要工业产品产量
Output of Major Industrial Products in Main Years

产品名称	Item	2010	2011	2012	2013	2014	2015	2016
原煤 (万吨)	Coal (10 000 tons)	1863	1961	2460	3020	1800	805	775
原油 (万吨)	Crude Petroleum Oil(10 000 tons)	186	195	205	215	220	223	221
天然气 (亿立方米)	Natural Gas (100 million cu.m)	56	65	64	68	69	61	61
铜选矿含铜 (吨)	Content of Cuprum in Cuprum Concentration (ton)	38934	48091	46400	58954	56919	41745	32847
锌精矿含锌 (万吨)	Content of Zinc in Zinc Concentration (10 000 tons)	8	7	6	10	7	9	10
铅精矿含铅 (万吨)	Content of Lead in Lead Concentration (10 000 tons)	9	5	4	13	16	5	6
碳酸钠(纯碱) (万吨)	Soda Ash (10 000 tons)	75	133	212	228	327	349	368
原盐 (万吨)	Salt (10 000 tons)	124	153	177	261	222	286	206
碳化钙(电石) (万吨)	Calcium Carbide (10 000 tons)	9	40	19	16	38	26	16
发电量(亿千瓦小时)	Electricity (100 million kwh)	457	437	556	566	551	537	487
水电	Hydropower	360	345	435	417	373	344	279
火电	Thermal Power	97	92	116	134	130	122	121
风电	Wind Power Generation					2	6	8
太阳能发电	Solar Power Generation.					46	65	79
食用植物油 (万吨)	Refined Edible Vegetable Oil (10 000 tons)	6	8	11	9	11	20	22
乳制品 (吨)	Dairy Products (ton)	118951	121810	157548	166362	189955	198038	193778
饮料酒 (千升)	Alcohol Beverage (kilo-liter)	137085	105755	120378	137228	138352	129421	133134
白酒 (千升)	Liquor (kilo-liter)	12047	17055	19178	21128	19442	18471	26259
啤酒 (千升)	Beer (kilo-liter)	125038	88700	101200	116100	118910	110950	106755
棉纱 (吨)	Cotton Yarn (ton)	5681	5516	7972	5922	6103	4839	4156
毛线 (吨)	Knitting Wool (ton)	845						
轻革 (万平方米)	Light Leather (10 000 sq.m)	1						
皮鞋 (万双)	Leather Shoes (10 000 pairs)	4	4	3	3	2	12	5

13-20 续表

Continued

产品名称	Item	2010	2011	2012	2013	2014	2015	2016
原油加工量 (万吨)	Processed Crude Oil (10 000 tons)	127	154	143	144	141	152	147
汽油	Gasoline	41	46	42	45	49	54	52
柴油	Diesel Oil	57	73	67	65	62	67	63
硫酸(折100%) (万吨)	Sulfuric Acid (10 000 tons)	25	21	56	48	41	42	23
氢氧化钠(烧碱) (万吨)	Caustic Soda (10 000 tons)	2	39	18	18	19	18	18
农用化肥 (万吨)	Chemical Fertilizers (10 000 tons)	313	263	357	413	503	520	552
钾肥(实物量) (万吨)	Potash Fertilizer (10 000 tons)	533	435	556	673	832	849	888
中成药 (吨)	Traditional Chinese Medicine (ton)	1242	1429	1539	2052	2079	1807	1806
水泥 (万吨)	Cement (10 000 tons)	811	1043	1371	1786	1844	1744	1875
平板玻璃 (万重量箱)	Plain Glass (10 000 weight cases)	150	206	236	677	801	392	412
粗钢 (万吨)	Crude Steel (10 000 tons)	137	139	141	148	144	121	115
钢材 (万吨)	Rolled Steel (10 000 tons)	138	141	139	131	131	114	125
焦炭 (万吨)	Coke (10 000 tons)	130	167	240	252	133	—	134
铁合金 (万吨)	Ferroalloy (10 000 tons)	97	113	172	223	221	215	177
十种有色金属 (万吨)	Ten Kinds of Nonferrous Metals (10 000 tons)	160	183	216	237	247	231	233
铅 (万吨)	Lead (10 000 tons)	3	5	4	4	4	1	2
锌 (万吨)	Zinc (10 000 tons)	9	9	9	10	8	7	5
原铝(电解铝) (万吨)	Electrolyzed Alumm (10 000 tons)	147	169	203	224	234	219	222
黄金 (千克)	Gold (kg)	4695	4026	4932	7648	7256	6816	5990
铝材 (万吨)	Aluminum Material (10 000 tons)	14	14	20	36	65	100	143
金属切削机床 (台)	Metal-cutting Machine Tools (unit)	1004	1206	801	458	376	338	238
数控机床 (台)	Numerical Control Machine (unit)	653	676	408	321	258	269	207
环境保护专用设备 (台/套)	Environmental Protection Equipment (unit)	410	311	254	217	783	846	387
变压器 (千伏安)	Transformer (kva)	23621	24719	51935				
手工地毯、挂毯(万平方米)	Handmade Carpets and Tapestries (10 000 sq.m)	44	54	36	27	24	22	17
机制地毯、挂毯(万平方米)	Mechanisms Carpets and Tapestries(10 000 sq.m)	228	456	506	1634	1867	2507	3162
制帽 (万顶)	Hatting (10 000 units)	1760	6001	7597	10065	11779	14748	22630
单晶硅 (吨)	Monocrystalline (ton)	665	315	924	2016	2887	4741	9829
多晶硅 (吨)	Polysilicon (ton)	1507	5116	5090	6779	7715	11104	17502

13−21 分地区主要工业产品产量(2016年)
Output of Major Industrial Products by Region(2016)

产品名称	Item	西宁市 Xining City	海东市 Haidong City	海北州 Haibei Zang-A.P	黄南州 Huangnan Zang-A.P	海南州 Hainan Zang-A.P	果洛州 Golog Zang-A.P	玉树州 Yushu Zang-A.P	海西州 Haixi Mongolian &Zang-A.P
原煤 (万吨)	Coal (10 000 tons)	81.7		253.1					439.8
原油 (万吨)	Crude Petroleum Oil (10 000 tons)								221.0
天然气 (亿立方米)	Natural Gas (100 million cu.m)								60.8
铜选矿含铜 (吨)	Content of Cuprum in Cuprum Concentration (ton)			14242.0		3704.0	14900.0		
碳酸钠(纯碱) (万吨)	Soda Ash (10 000 tons)								367.7
原盐 (万吨)	Salt (10 000 tons)								205.8
碳化钙(电石) (万吨)	Calcium Carbide (10 000 tons)	11.0	5.1						
发电量 (亿千瓦小时)	Electricity (100 million kwh)	93.6	75.6	29.1	52.9	173.1			62.8
水电	Hydropower	1.5	73.1	13.9	52.6	131.3			7.0
火电	Thermal Power	92.1	2.4	13.1		0.1			13.3
风电	Wind Power Generation					2.3			5.7
太阳能发电	Solar Power Generation.		0.1	2.2	0.3	39.4			36.8
食用植物油 (万吨)	Refined Edible Vegetable Oil (10 000 tons)	4.3	15.2	2.2					
乳制品 (吨)	Dairy Products (ton)	180725				13053			
饮料酒 (千升)	Alcohol Beverage (kilo-liter)	107028	25900						206
白酒 (千升)	Liquor (kilo-liter)	273	25900						86
啤酒 (千升)	Beer (kilo-liter)	106755							
棉纱 (吨)	Cotton Yarn (ton)					4156			
手工地毯、挂毯(万平方米)	Handmade Carpets, Tapestries (10 000 sq.m)	17							
机制地毯、挂毯(万平方米)	Mechanism Carpets, Tapestries (10 000 sq.m)	1826	1336						
制帽 (万顶)	Hatting (10 000 units)	3602	19028						
原油加工量 (万吨)	Processed Crude Oil (10 000 tons)								147.0
汽油	Gasoline								52.0
柴油	Diesel Oil								63.0
硫酸(折100%) (万吨)	Sulfuric Acid (10 000 tons)	16.6							6.0
氢氧化钠(烧碱) (万吨)	Caustic Soda (10 000 tons)	18.5							
农用化肥 (万吨)	Chemical Fertilizers (10 000 tons)	9.2	1.1						542.5
钾肥(实物量) (万吨)	Potash Fertilizer (10 000 tons)								887.6
中成药 (吨)	Traditional Chinese Medicine (ton)	1805	1						
水泥 (万吨)	Cement (10 000 tons)	682.0	803.2			72.9			316.5
焦炭 (万吨)	Coke (10 000 tons)								134.3
粗钢 (万吨)	Crude Steel (10 000 tons)	114.9							
钢材 (万吨)	Rolled Steel (10 000 tons)	125.1							
铁合金 (万吨)	Ferroalloy (10 000 tons)	107.4	68.7			1.1			
十种有色金属 (万吨)	Ten Kinds of Nonferrous Metals (10 000 tons)	183.4	45.3		3.3				0.8
原铝(电解铝) (万吨)	Electrolytic Aluminum (10 000 tons)	175.3	43.0		3.3				
黄金 (千克)	Gold (kg)			700					5290
铝材 (万吨)	Aluminum Material (10 000 tons)	114.1	28.7						
单晶硅 (吨)	Monocrystalline (ton)	7203							2626
多晶硅 (吨)	Polysilicon (ton)	15691							1811

13-22 2013-2016年规模以上工业主要产品生产能力
Production Capacity of Major Industrial Products of Industrial Enterprises above Designated Size(2013-2016)

能力名称		Item		年末生产能力 Production Capacity at Year-end				能力利用率(%) Capacity Utilization Ratio (%)			
				2013	2014	2015	2016	2013	2014	2015	2016
原煤开采	(万吨)	Coal Mining	(10 000 tons)	2907	2045	1035	1060	105.5	76.7	81.9	77.0
天然原油开采	(万吨)	Petroleum Extraction	(10 000 tons)	228	235	239	239	98.9	95.0	94.0	92.4
原油加工能力	(万吨)	Crude Oil Processing Capacity	(10 000 tons)	150	150	150	150	95.9	93.9	101.2	98.0
发电设备容量	(万千瓦)	Generating Capacity	(10 000 kw)	1433	1600	2096	2323	46.4	39.5	32.2	28.0
火电设备容量		Capacity of Thermal Power Equipment		211	221	192	406	71.1	68.1	62.8	42.6
水电设备容量		Hydropower Capacity		1054	1053	1077	1091	45.3	40.5	37.0	29.9
棉纺锭(环锭纺)	(万锭)	Cotton Spindles	(10 000 units)	18	0	5	5				
焦炭	(万吨)	Coke	(10 000 tons)	278	200	200	200	92.1	66.4	18.5	67.1
电石(折300升/千克)	(万吨)	Calcium Carbide	(10 000 tons)	52	72	72	67	29.4	53.8	36.3	63.1
农用氮磷钾肥料(折纯)	(万吨)	Chemical Npk Fertilizers	(10 000 tons)	586	597	649	678	86.4	89.4	84.2	93.5
水泥熟料	(万吨)	Cement Chamotte	(10 000 tons)	1395	1708	1699	1699	79.9	75.6	68.9	77.9
水泥	(万吨)	Cement	(10 000 tons)	2430	2428	2468	2448	82.4	75.1	71.1	75.3
平板玻璃	(万重量箱)	Plate Glass	(10 000 Weight-box)	838	880	880	880	99.7	93.3	44.5	46.8
生铁	(万吨)	Pig Iron	(10 000 tons)	200	210	210	160	67.6	62.0	53.6	52.2
粗钢	(万吨)	Steel-making	(10 000 tons)	150	210	210	160	98.4	80.2	57.4	62.1
钢材	(万吨)	Rolled Steel	(10 000 tons)	150	200	202	162	88.7	75.1	56.4	68.9
铁合金	(万吨)	Ferroalloy	(10 000 tons)	263	261	263	247	93.5	83.5	84.9	69.6
电解铝	(万吨)	Electrolytic Aluminum	(10 000 tons)	251	222	239	253	97.1	99.0	94.2	86.8
金属切削机床	(台)	Metal-cutting Machine Tools	(unit)	1125	964	970	600	41.3	36.0	35.0	30.9

13-23 工业园区主要经济指标(2016年)
Main Economic Indicators of Industrial Park(2016)

指标名称		Item		绝对量 Absolute Amount	增长(%) Growth Rate(%)
园区工业企业单位数	(个)	Number of Enterprises of Industrial Park	(unit)	502	5.7
其中：规模以上工业企业单位数		Number of Enterprises above Designated Size		291	8.6
固定资产投资	(万元)	Investment in Fixed Assets	(10 000 yuan)	8347042	6.0
其中：工业投资		Industrial Investment		6859951	3.7
工业总产值	(万元)	Gross Industrial Output Value	(10 000 yuan)	19362369	13.6
工业销售产值	(万元)	Gross Industrial Sell Output Value	(10 000 yuan)	18002166	14.5
流动资产合计	(万元)	Total Working Capitals	(10 000 yuan)	8970141	10.0
其中：应收账款		Accounts Receivable		1396192	3.6
存货		Inventory		2016492	13.1
其中：产成品		Finished Product		825636	7.8
资产总计	(万元)	Total Assets	(10 000 yuan)	30743191	10.4
负债合计	(万元)	Total Liabilities	(10 000 yuan)	21887449	9.3
主营业务收入	(万元)	Revenue from Principle Business	(10 000 yuan)	12201764	5.9
主营业务成本	(万元)	Cost of Principal Business	(10 000 yuan)	10429667	4.6
主营业务税金及附加	(万元)	Taxes and Other Charges on Operating	(10 000 yuan)	143839	-10.2
利润总额	(万元)	Total Profits	(10 000 yuan)	349837	186.1
应交增值税	(万元)	Value Added Tax Payable	(10 000 yuan)	108138	76.5
从业人员平均人数	(人)	Aunnual Employed Persons at Year-end	(person)	105758	8.3

注：本表工业园区指西宁经济技术开发区、海东工业园区和海西工业园区。

a)Industrial parks in this table refer to Xining economic and Technological Development Zone, Haidong Industrial Park and Haixi Industrial Park.

13-24 2010－2016年全省规模以下工业抽样调查主要经济指标

Main Indicators of Sample Investigation of Industry Under Designated Size(2010－2016)

单位：个、人、万元 (unit，person，10 000 yuan)

指 标	Item	2010	2011	2012	2013	2014	2015	2016
规模以下工业总体	**Total of Industry Under Designated Size**							
企业单位数	Number of Enterprises	14477	13916	13076	13483	12980	15554	18557
从业人员年末数	Employed Persons at Year-end	47407	60883	51686	59579	57421	54899	53550
工业总产值	Gross Industrial Output Value	884854	885712	767124	1082739	960773	996119	856686
工资及福利	Wages and Benefits	69455	95991	97928	126990	126207	189247	133359
资产总计	Total Assets	649835	1843723	2024726	2365731	2346439	3965764	5285336
工业增加值	Industrial Value-added	310200	310400	300000	380000	337000	331000	301000
企业子总体	**Enterprises Collectivity**							
企业数	Number of Enterprises	1657	1605	1418	1920	1973	2421	3926
期末从业人数	Employed Persons at Year-end	23712	37163	29264	36682	35646	31745	28362
工业总产值	Gross Industrial Output Value	483049	546776	436064	727493	614853	607249	547697
主营业务收入	Revenue from Principle Business	454198	508166	428468	716772	605301	597386	542220
应收帐款	Accounts Receivable		99179	95848	202973	144212	257905	
固定资产原价	Original Value of Fixed Assets	311848	784569	739189	1405294	716370	1713144	1518802
本年折旧	Depreciation in the Year	23935	74464	76951	74341	86676	198778	188006
固定资产净值	Net Value of Fixed Assets	250785	648499	584977	1185085	536726	1369811	1134262
资产总计	Total Assets	594191	1770875	1606264	2312432	2292506	3865893	5194240
负债总计	Total Liabilities		942044	902279	1160839	761793	2069258	3886167
出口产品销售收入	Export Sales Revenue		2652	4345	1166	2495	1838	
主营业务成本	Cost of Principal Business		363983	308212	550678	487818	477423	408185
税金总额	Due Tax	10020	23543	20991	20651	22411	21702	19856
所得税	Due Income Tax	820	3098	1569	1455	1076	2313	2391
营业利润	Business Profit	11531	40809	40140	66167	41437	19323	33513
利息支出	Interest Expense		26787	26523	35762	20525	45779	
银行借款利息	Bank Borrowing Interest		24327	25111	29177	17813		
民间借款利息	Non-governmental Borrowing Interest		2433	1412	6585	2646		
期末剩余订单额	End of Remaining Amount of Orders		3145	3377	3357	1939		
企业生产能力总产值	Total Output Value of Production Capacity		888360	636012	1154612	917209	1292738	
应付职工薪酬	Due Wage	33383	72818	65942	96401	96056	108305	99014
个体经营单位子总体	**Individual Business Units Collectivity**							
单位数	Number of Units	12820	12311	11658	11563	11007	13133	14631
从业人员年末数	Employed Persons at Year-end	23695	23720	22422	22897	21775	23154	25188
营业收入	Business Income	401805	338935	331060	355246	345919	388870	308989
生产支出	Production Expenditures		131685	170944	189914	174808	53718	67137
工资及福利	Wages and Benefits	36072	23173	31986	30590	30151	31550	34345
资产总计	Total Assets	55644	72848	418462	53299	53933	99871	91096

注：1.2015年年报中取消了“银行借款利息、民间借款利息和期末剩余订单额”三项指标。
2.2015年开始，“营业利润”指标改为“利润总额”。
3.2015年进行样本轮换，使用新样本。
4.2016年开始取消了“应收帐款”“出口产品销售收入”“银行借款利息”“民间借款利息”“期末剩余订单额”“企业生产能力总产值”。

a) Three indicators of interest on bank borrowings, interest on private loans and the amount of the final remaining order were cancelled in 2015 annual report
b)The indicator of operating profit was changed to total profit starting in 2015.
c)It was using a new samples in 2015 because of sample rotation.
d)Some indexes have been cancelled such as accounts receivable, export sales revenue, bank borrowing interest, non-governmental borrowing interest, end of remaining amount of orders, total output value of production capacity.

主要统计指标解释

工业 指从事自然资源的开采，对采掘品和农产品进行加工和再加工的物质生产部门。具体包括：(1)对自然资源的开采，如采矿、晒盐等(但不包括禽兽捕猎和水产捕捞)；(2)对农副产品的加工、再加工，如粮油加工、食品加工、缫丝、纺织、制革等；(3)对采掘品的加工、再加工，如炼铁、炼钢、化工生产、石油加工、机器制造、木材加工等，以及电力、自来水、煤气的生产和供应等；(4)对工业品的修理、翻新，如机器设备的修理、交通运输工具(如汽车)的修理等。

工业统计调查单位为独立核算法人工业企业。

独立核算法人工业企业指从事工业生产经营活动的单位。独立核算法人工业企业应同时具备以下条件：①依法成立，有自己的名称、组织机构和场所，能够承担民事责任；②独立拥有和使用资产，承担负债，有权与其他单位签订合同；③独立核算盈亏，并能够编制资产负债表。

本年鉴中涉及的企业登记注册类型：

国有及国有控股企业 指国有企业加上国有控股企业。国有企业(即原全民所有制工业或国营工业)指企业全部资产归国家所有，并按《中华人民共和国企业法人登记管理条例》规定登记注册的非公司制的经济组织。包括国有企业、国有独资公司和国有联营企业。1957年以前的公私合营和私营工业，后均改造为国营工业，1992年改为国有工业，这部分工业的资料不单独分列时，均包括在国有企业内。国有控股企业是对混合所有制经济的企业进行的“国有控股”分类。它是指这些企业的全部资产中国有资产(股份)相对其他所有者中的任何一个所有者占资(股)最多的企业。该分组反映了国有经济控股情况。

集体企业 指企业资产归集体所有，并按《中华人民共和国企业法人登记管理条例》规定登记注册的经济组织。是社会主义公有制经济的组成部分。包括城乡所有使用集体投资举办的企业，以及部分个人通过集资自愿放弃所有权并依法经工商行政管理机关认定为集体所有制的企业。

股份合作企业 指以合作制为基础，由企业职工共同出资入股，吸收一定比例的社会资产投资组建，实行自主经营，自负盈亏，共同劳动，民主管理，按劳分配与按股分红相结合的一种集体经济组织。

联营企业 指两个及两个以上相同或不同所有制性质的企业法人或事业单位法人，按自愿、平等、互利的原则，共同投资组成的经济组织。联营企业包括：

国有联营企业指国有企业与国有企业间的联营；

集体联营企业指集体企业与集体企业间的联营；

国有与集体联营企业指国有企业与集体企业间的联营。

有限责任公司 指根据《中华人民共和国公司登记管理条例》规定登记注册，由两个以上，五十个以下的股东共同出资，每个股东以其所认缴的出资额对公司承担有限责任，公司以其全部资产对其债务承担责任的经济组织。

有限责任公司包括国有独资公司以及其他有限责任公司。

股份有限公司 指根据《中华人民共和国企业法人登记管理条例》规定登记注册，其全部注册资本由等额股份构成并通过发行股票筹集资本，股东以其认购的股份对公司承担有限责任，公司以其全部资产对其债务承担责任的经济组织。

私营企业 指由自然人投资设立或由自然人控股，以雇佣劳动为基础的营利性经济组织。包括按照《公司法》、《合伙企业法》、《私营企业暂行条例》规定登记注册的私营有限责任公司、私营股份有限公司、私营合伙企业和私营独资企业。

港、澳、台商投资企业 指企业注册登记类型中的港、澳、台资合资、合作、独资经营企业和股份有限公司之和。

外商投资企业 指企业注册登记类型中的中外合资、合作经营企业、外资企业和外商投资股份有限公司之和。

轻工业 指主要提供生活消费品和制作手工工具的工业。按其所使用的原料不同，可分为两大类：(1)以农产品为原料的轻工业，是指直接或间接以农产品为基本原料的轻工业。主要包括食品制造、饮料制造、烟草加工、纺织、缝纫、皮革和毛皮制作、造纸以及印刷等工业；(2)以非农产品为原料的轻工业，是指以工业品为原料的轻工业。主要包括文教体育用品、化学药品制造、合成纤维制造、日用化学制品、日用玻璃制品、日用金属制品、手工工具制造、医疗器械制造、文化和办公用机械制造等工业。

重工业 指为国民经济各部门提供物质技术基础的主要生产资料的工业。按其生产性质和产品用途，可以分为下列三类：(1)采掘(伐)工业，是指对自然资源的开采，包括石油开采、煤炭开采、金属矿开采、非金属矿开采等工业；(2)原材料工业，指向国民经济各部门提供基本材料、动力和燃料的工业。包括金属冶炼及加工、炼焦及焦炭、化学、化工原料、水泥、人造板以及电力、石油和煤炭加工等工业；(3)加工工业，是指对工业原材料进行再加工制造的工业。包括装备国民经济各部门的机械设备制造工业、金属结构、水泥制品等工业，以及为农业提供的生产资料如化肥、农药等工业。

根据上述划分原则，修理业中以重工业产品为修理作业对象的划为重工业，反之划为轻工业。

工业总产值

(1)定义：

工业总产值是以货币形式表现的，工业企业在一定时期内生产的工业最终产品或提供工业性劳务活动的总价值量。它反映一定时间内工业生产的总规模和总水平。

(2)计算原则：

工业生产的原则，即凡是企业在报告期生产的经检验合格的产品，不管是否在报告期销售，均包括在内。

最终产品的原则，即凡是计入工业总产值的产品，必须是本企业生产的经检验合格的，不需要再进行任何加工的最终产品。如果企业有中间产品(半成品)对外销售，则对外销售的中间产品应视为企业的最终产品。

工厂法原则，即工业总产值是以工业企业作为基本计算(核算)单位，即按企业的最终产品计算工业总产值。按这种方法计算的工业总产值，不允许同一产品价值在企业内部重复计算，不能把企业内部各个车间(分厂)生产的成果相加，但允许企业间的重复计算。

(3)内容及计算方法：

1995年全国工业普查对工业总产值(原规定)的内容及计算原则和方法做了某些修订，修订后的工业总产值(新规定)包括三项内容：即本期生产成品价值、对外加工费收入、在制品半成品期末期初差额价值三部分。

本期生产成品价值 指企业本期生产，并在报告期内不再进行加工，经检验、包装入库的全部工业成品(半成品)价值合计，包括企业生产的自制设备及提供给本企业在建工程、其他非工业部门和福利部门等单位使用的成品价值。本期生产成品价值为按自备原材料生产的产品的数量乘以本期不含增值税(销项税额)的产品实际销售平均单价计算；会计核算中按成本价格转帐的自制设备和自产自用的成品，按成本价格计算生产成品价值。生产成品价值中不包括用定货者来料加工的成品(半成品)价值。

对外加工费收入 指企业在报告期内完成的对外承接的工业品加工(包括用定货者来料加工产品)的加工费收入和对外工业修理作业所取得的加工费收入。对外加工费收入按不含增值税(销项税额)的价格计算，可根据会计"产品销售收入"科目的有关资料取得。

对于本企业对内非工业部门提供的加工修理、设备安装的劳务收入，如果企业会计核算基础较好，能取得这部分资料，而且这部分价值所占比重较大，应包括在对外加工费收入中。自制半成品在制品期末期初差额价值：指企业报告期在制品期末减期初的差额价值，本指标一般可以从会计核算资料中取得。如果会计产品成本核算中不计算半成品、在制品的成本，则总产值中也不包括这部分价值，反之则包括。

(4)工业总产值统计范围变化和计算方法修订情况：

1984年以前工业总产值不包括村办工业，村办工业总产值划归农业。1984年以后工业总产值包括村办工业。

1995年工业普查对工业总产值计算方法做了修订，即从1995年始按新修订(新规定)方法计算工业总产值。新规定与原规定的区别如下：

全价与加工费的计算原则不同：新规定为凡自备原材料，不论其生产繁简程度如何，一律按全价计算工业总产值；凡来料加工，允许按加工费计算工业总产值。原规定则视生产加工的繁简程度不同，规定哪些行业按全价，哪些行业按加工费计算工业总产值。

自制半成品、在产品期末期初差额价值的计算原则不同：新规定要求，凡会计产品成本核算时计算了成本的差额价值，总产值中就应包括，否则可不包括；原规定则按生产周期六个月的界限区分，凡生产周期六个月以上的企业，总产值计算中应包括这部分差额价值，否则可不包括。

计算价格不同：新规定按不含增值税(销项税额)的价格计算；原规定则按含增值税(销项税额)的价格计算。

工业增加值 指工业企业在报告期内以货币表现的工业生产活动的最终成果。

工业增加值有两种计算方法：一是生产法，即工业总产出减去工业中间投入加上应交增值税；二是收入法，即从收入的角度出发，根据生产要素在生产过程中应得到的收入份额计算，具体构成项目有固定资产折旧、劳动者报酬、生产税净额、营业盈余，这种方法也称要素分配法。本年鉴中的工业增加值是以生产法计算的。

生产法工业增加值的计算方法为：

工业增加值=工业总产出-工业中间投入+应交增值税

(1)工业总产出：指工业企业在一定时期内工业生产活动的总成果。工业总产出包括：成品生产价值，对外加工费收入，自制半成品、在产品期末期初差额价值。1995年后用新规定计算的工业总产值代替。

(2)工业中间投入：指工业企业在工业生产活动中消耗的外购物质产品和对外支付的服务费用。服务费用包括支付给物质生产部门(工业、农业、批发零售贸易业、建筑业、运输邮电业)的服务费用和支付给非物质生产部门(如保险、金融、文化教育、科学研究、医疗卫生、行政管理等)的服务费用。工业中间投入的确定须遵循以下原则：必须从外部购入的，并已计入工业总产出的产品和服务价值；必须是本期投入生产，并一次性消耗掉(包括本期摊销的低值易耗品等)的产品和服务价值。

工业中间投入包括直接材料费用、制造费用中的工业中间投入、管理费用中的工业中间投入、销售费用中的工业中间投入和利息支出五部分。

资产总计 指企业拥有或控制的能以货币计量的经济资源，包括各种财产、债权和其他权利。资产按流动性分为流动资产、长期投资、固定资产、无形资产、递延资产和其他资产。该指标根据企业会计"资产负债表"中"资产总计"项目的期末数增列。

流动资产 指企业可以在一年内或者超过一年的一个生产周期内变现或者耗用的资产，包括现金及各种存款、短期投资，应收及预付款项、存货等。

流动资产平均余额 指企业在报告期内全部流动资产的平均余额。

固定资产原价 指企业在建造、购置、安装、改建、扩建、技术改造某项固定资产时所支出的全部货币总额。它一般包括买价、包装费、运杂费和安装费等。

固定资产净值年平均余额 指固定资产净值在报告期内余额的平均数。计算公式为：

$$\text{固定资产净值年平均余额}=\frac{\text{1至12月各月月初、月末固定资产净值之和}}{24}$$

该指标根据"资产负债表"中"固定资产原价"、"累计折旧"指标的期初、期末数计算填列。

固定资产净值 指固定资产原价减去历年已提折旧额后的净额。计算公式为：

固定资产净值=固定资产原价-累计折旧

负债合计 指企业所承担的能以货币计量，将以资产或劳务偿付的债务，偿还形式包括货币、资产或提供劳务。负债一般按偿还期长短分为流动负债和长期负债。根据会计"资产负债表"中"负债合计"的年末数填列。

所有者权益 指企业投资人对企业净资产的所有权。企业净资产等于企业全部资产减去全部负债后的余额，包括企业投资人对企业的最初投入的实际到位的资产及资本公积金、盈余公积金和未分配利润。所有者权益合计数小于零,表示企业资不抵债。

主营业务收入 指会计“利润表”中对应指标的本年累计数。未执行2001年《企业会计制度》的企业,用“产品销售收入”的本期累计数代替。

主营业务成本 指会计“利润表”中对应指标的本年累计数。未执行2001年《企业会计制度》的企业,用“产品销售成本”的本期累计数代替。

主营业务税金及附加 指会计“利润表”中对应指标的本年累计数。未执行2001年《企业会计制度》的企业,用“产品销售税金及附加”的本期累计数代替。

利润总额 指企业生产经营活动的最终成果,是企业在一定时期内实现的盈亏相抵后的利润总额(亏损以“-”号表示),它等于营业利润加上补贴收入加上投资收益加上营业外净收入再加上以前年度损益调整。

本年应交增值税 指企业在报告期内应交纳的增值税额。它等于本年销项税额加上出口退税加上进项税额转出数减去本年进项税额。小规模纳税企业直接按全年计税销售额乘以征收率计算取得。

从业人员平均人数 是指报告期内每天拥有的从业人员人数。其计算公式为:

$$月平均人数=\frac{报告月内每天实有人数和}{报告月日历日数}$$

$$季平均人数=\frac{季内各月平均人数之和}{3}$$

$$年平均人数=\frac{年内各月平均人数之和}{12}$$

总资产贡献率 反映企业全部资产的获利能力,是企业经营业绩和管理水平的集中体现,是评价和考核企业盈利能力的核心指标。计算公式为:

$$总资产贡献率(\%)=\frac{利润总额+税金总额+利息支出}{平均资金总额}\times100\%$$

公式中:税金总额为产品销售税金及附加与应交增值税之和;平均资产总额为期初期末资产之和的算术平均值。

资产负债率 该指标既反映企业经营风险的大小,也反映企业利用债权人提供的资金从事经营活动的能力。计算公式为:

$$资产负债率(\%)=\frac{负债总额}{资产总额}\times100\%$$

资产与负债均为报告期期末数。

流动资产周转次数 指一定时期内流动资产完成的周转次数,反映投入工业企业流动资金的周转速度。计算公式为:

$$流动资产周转次数=\frac{产品销售收入}{全部流动资产平均余}$$

公式中:全部流动资产平均余额为期初和期末的流动资产之和的算术平均值。

成本费用利润率 反映企业投入的生产成本及费用的经济效益,同时也反映企业降低成本所取得的经济效益。计算公式为:

$$成本费用利润率(\%)=\frac{利润总额}{成本费用总额}\times100\%$$

公式中:成本费用总额为产品销售成本、销售费用、管理费用、财务费用之和。

产品销售率 该指标反映工业产品已实现销售的程度,是分析工业产销衔接情况,研究工业产品满足社会需求的指标。计算公式为:

$$产品销售率(\%)=\frac{现价工业销售产值}{现价工业总产值}\times100\%$$

规模以下工业主要指标解释

应收账款 指企业因销售商品、提供劳务等经营活动,应向购货单位或接受劳务单位收取的款项,主要包括企业销售商品或提供劳务等应向有关债务人收取的价款及代购货单位垫付的包装费、运杂费等。根据会计“资产负债表”中“应收账款”项目的期末余额数填报。

本年折旧 指企业在报告期内提取的固定资产折旧合计数。可以根据会计“财务状况变动表”中“固定资产折旧”项的数值填报。

负债合计 指企业过去的交易或者事项形成的,预期会导致经济利益流出企业的现时义务。包括流动负债和长期负债。

主营业务收入 指企业确认的销售商品、提供劳务等主营业务的收入。

出口产品销售收入 指工业企业销售给外贸部门或自营(委托)出口(包括销往香港、澳门、台湾),用外汇价格结算的销售收入,以及外商来样、来料加工、来件装配和补偿贸易等收入。在计算时,要把外汇价格按交易时的汇率折算成人民币计算。

主营业务成本 指企业经营主要业务所发生的成本总额。

税金总额 指企业报告期内应交纳的各种税金总和,包括产品销售税金及附加(城市维护建设税、消费税、资源税、营业税和教育费附加)、增值税、所得税、以及房产税、印花税、车船使用税和土地使用税等。

所得税 指企业按税法规定,应从生产经营等活动的所得中缴纳的税金。

营业利润 指企业从事生产经营活动所取得的利润。

利息支出 指企业短期借款利息、长期借款利息、应付票据利息、票据贴现利息、应付债券利息、长期应付引进国外设备款利息等利息支出。该指标为各项利息支出的总和,不冲减利息收入。

银行贷款利息 指本报告期,企业向银行、信用社等金融机构支付的利息。

民间借款利息 指本报告期,企业为生产经营发生的民间借款(非银行、非金融机构借款)所支付的利息。

期末剩余订单额 指本企业在报告期末,尚未兑现的订货金额,即企业现存的订货金额。

应付职工薪酬(贷方累计发生额) 指企业为获得职工提供的服务而给予各种形式的报酬以及其他相关支出。包括职工工资、奖金、津贴和补贴,职工福利费,医疗保险费、养老保险费、失业保险费、工伤保险费和生育保险费等社会保险费,住房公积金,工会经费和职工教育经费,非货币性福利,因解除与职工的劳动关系给予的补偿,其他与获得职工提供的服务相关的支出。

从业人员期末人数 指报告期末最后一日24时在本单位中工作,并取得工资或其他形式劳动报酬的人员数。该指标为时点指标，不包括最后一日当天及以前已经与单位解除劳动合同关系的人员，是在岗职工、劳务派遣人员及其他从业人员之和。

营业收入 指企业经营主要业务和其他业务所确认的收入总额。营业收入合计包括“主营业务收入”和“其他业务收入”。根据会计“利润表”中“营业收入”项目的本期金额数填报。

生产支出 指个体经营工业单位在工业生产活动中所消耗的原材料、燃料、动力、服务等费用。具体包括材料费、水电费、租赁费、邮电费、修理费、运输费、包装费等。但不包括支付给雇工的工资报酬、上交的税金及购置固定资产支出。

Explanatory Notes on Main Statistical Indicators

Industry refers to the material production sector which is engaged in the extraction of natural resources and processing and reprocessing of minerals and agricultural products, including (1) extraction of natural resources, such as mining, salt production (but not including hunting and fishing); (2) processing and reprocessing of farm and sideline produces, such as rice husking, flour milling, wine making, oil pressing, silk reeling, spinning and weaving, and leather making; (3) manufacture of industrial products, such as steel making, iron smelting, chemicals manufacturing, petroleum processing, machine building, timber processing; water and gas production and electricity generation and supply; (4) repairing of industrial products such as the repairing of machinery and means of transport (including cars).

In industrial statistics surveys, the units of enquiry are corporate industrial enterprises with independent accounting systems.

Corporate industrial enterprises with independent accounting systems refer to enterprises engaging in industrial production activities, which meet the following requirements: (1) They are established legally, having their own names, organizations, location and able to take civil liability; (2) They possess and use their assets independently, assume liabilities and are entitled to sign contracts with other units; (3) They are financially independent and compile their own balance sheets.

Enterprises covered in the industrial statistics in the Yearbook include the following categories by their registration:

State - owned and State - holding Enterprises refer to state - owned enterprises plus State - holding enterprises. State - owned enterprises (originally known as State - run enterprises with ownership by the whole society) are non - corporate economic entities registered in accordance with the Regulation of the People's Republic of China on the Management of Registration of Legal Enterprises, where all assets are owned by the State. Included in this category are State - owned enterprises, State - funded corporations and State - owned joint - operation enterprises. Joint State - private industries and private industries, which existed before 1957, were transformed into state - run industries since 1957, and into State - owned industries after 1992. Statistics on those enterprises are included in the State - owned industries instead of being grouped them separately. State - holding enterprises are a sub - classification of enterprises with mixed ownership, referring to enterprises where the percentage of State assets (or shares by the State) is larger than any other single share holder of the same enterprise. This sub - classification illustrates the control of the State over a particular industry.

Collective - owned Enterprises refer to economic entities registered in accordance with the Regulation of the People's Republic of China on the Management of Registration of Legal Enterprises, where assets are owned collectively. Collective enterprises constitute an integral part of the socialist economy with public ownership. They include urban and rural enterprises invested collectively, and some enterprises registered in industrial and commercial administration agency as collective units where funds are pooled together by individuals who voluntarily give up their right of ownership.

Cooperative Enterprises refer to economic units set up on a cooperative basis, with funding partly from employees of the enterprise and partly from outside investment, where the operation and management is decided by all the members who also participate in the production, and the distribution of income is based both on work (labour input) and on shares (capital input).

Joint Ownership Enterprises refer to economic units that are established by joint investment by two or more corporate enterprises or institutions of the same or different types of ownership on voluntary, equal and mutual - beneficial basis. They include:

a) State - owned joint - operation enterprises (joint operation between State - owned enterprises); b) Collective joint - operation enterprises (joint operation between collective enterprises; andc) State - collective joint - operation enterprises (joint operation between state and collective enterprises).

Limited Liability Corporations refer to economic units registered in accordance with the Regulation of the People's Republic of China on the Management of Registration of Corporations, with capital from 2 to 49 investors, each investor bears limited liability to the corporation depending on his/her holding of shares, and the corporation bears liability to its debt to the maximum of its total assets.

Limited liability corporations include state sole funded corporations and other limited liability corporations.

Share - holding Corporations Ltd. refer to economic units registered in accordance with the Regulation of the People's Republic of China on the Management of Registration of Corporate Enterprises, with total registered capital divided into equal shares and raised through issuing stocks. Each investor bears limited liability to the corporation depending on the holding of shares, and the corporation bears liability to its debt to the maximum of its total assets.

Private Enterprises refer to economic units invested or controlled (by holding the majority of the shares) by natural persons who hire labours for profit - making activities. Included in this category are private limited liability corporations, private share - holding corporations Ltd., private partnership enterprises and private sole investment enterprises registered in accordance with the Corporation Law, Partnership Enterprise Law and Tentative Regulation on Private Enterprises.

Enterprises with Funds from Hong Kong, Macao and Taiwan refers to all industrial enterprises registered as the joint – venture, cooperative, sole (exclusive) investment industrial enterprises and limited liability corporations with funds from Hong Kong, Macao and Taiwan.

Foreign Funded Enterprises refer to all industrial enterprises registered as the joint – venture, cooperative, sole (exclusive) investment industrial enterprises and limited liability corporations with foreign funds.

Light Industry refers to the industry that produces consumer goods and hand tools. It consists of two categories, depending on the materials used:

(1) Industries using farm products as raw materials. These are the branches of light industry which directly or indirectly use farm products as basic raw materials, including the manufacture of food and beverages, tobacco processing, textile, clothing, fur and leather manufacturing, paper making, printing, etc.

(2) Industries using non – farm products as raw materials. These are the branches of light industry which use manufactured goods as raw materials, including the manufacture of cultural, educational articles and sports goods, chemicals, synthetic fibre, chemical products for daily use, glass products for daily use, metal products for daily use, hand tools, medical apparatus and instruments, and the manufacture of cultural and office machinery.

Heavy Industry refers to the industry which produces capital goods, and provides various sectors of the national economy with necessary material and technical basis for production. It consists of the following three branches according to the purpose of production or the use of products:

(1) Mining, quarrying and logging industry, which refers to the industry that extracts natural resources, including extraction of petroleum, coal, metal and non – metal ores.

(2) Raw materials industry refers to the industry that provides various sectors of the national economy with raw materials, fuels and power. It includes smelting and processing of metals, coking and coke chemistry, chemical materials and building materials such as cement, plywood, and power, petroleum refining and coal dressing.

(3) Manufacturing industry which refers to the industry that processes raw materials. It includes machine – building industries which equip sectors of the national economy; industries producing metal structure and cement products; and industries producing means of agricultural production, such as chemical fertilizers and pesticides.

In accordance with the above principles of classification, the repairing trades, which are engaged primarily in repairing products of heavy industry, are classified as heavy industry while those which are engaged in repairing products of light industry are classified as light industry.

Gross Industrial Output Value

(1) Definition: Gross industrial output value is the total volume of final industrial products produced and industrial services provided during a given period. It reflects the total achievements and overall scale of industrial production during a given period.

(2) Principles for calculation:

Statistics on industrial production follow the principle that all products produced by the enterprises and accepted through quality check during the reference period are to be included no matter whether they are sold or not during the reference period.

Determination of final products follows the principle that all products that are included in the calculation of gross industrial output value are the final products of the enterprise which have been accepted through quality check and require no further processing. If an enterprise has intermediate (semi – finished) products to sell, these intermediate products are considered as the final products of the enterprise.

Gross industrial output value is calculated following the principle of factory approach, i. e. industrial enterprise is used as the basic accounting unit in calculating the gross industrial output value. By this approach, value of the same product is not to be double – counted, and the output value of different workshops (branch factories) within the enterprise should not be added. However, this approach allows the possibility of double counting between enterprises.

(3) Content and method of calculation:

The old definition of gross industrial output value was modified during the 1995 National Industrial Census. The revised (new) definition of gross industrial output value consists of 3 components: value of the finished products during the reference period, income from processing for external parties, and value of change in semi – finished products between the end and the beginning of the reference period.

Value of Finished Products During the Reference Period refers to the value of all finished (semi – finished) industrial products that are produced during the reference period without the need for further processing, checked for acceptance, packed and put into the warehouse of the enterprise, including the value of own – produced equipment and the value of products provided to the projects under construction of the enterprise, and to other non – industrial or welfare units. Value of finished products during the reference period is calculated by the quantity of products produced using own materials multiplied by the average unit prices at which products are sold (excluding value – added tax). Own – produced equipment and products produced for own use are valued at cost prices as in the case of enterprise accounting. Value of finished products does not include the value of finished products (semi – finished products) that are produced using the materials from the clients who place the orders.

Income from External Processing refers to income from contracted external processing of industrial products (including processing of industrial products using materials from the clients), and the income from industrial repairing work provided to other parties. Income from external processing is calculated using information from the item "products sales income" in the enterprise accounting at the prices with value - added tax excluded.

For income from services such as processing, repairing and installation of equipment provided to non - industrial units within the enterprise, if the accounting work of the enterprise is good enough to separate it from other records, and the share of such services is significant, it should also be included in the income from external processing.

Value of change in semi - finished products between the end and the beginning of the reference period: refers to the value of change in semi - finished products between the end and the beginning of the reference period, which generally can be obtained from accounting records of enterprises. If the enterprise accounting excludes the cost of semi - finished products, then it should not be included in the gross industrial output value, and the reverse if otherwise.

(4) Changes in the scope and method of calculation of the gross industrial output value

Prior to 1984, the value of rural industry run by villages was classified into agriculture instead of industry. Since 1984, it has been included in the gross industrial output value. Method of calculation for the gross industrial output value was modified in the industrial census in 1995. The difference in the new method as compared with the old one is outlined below:

Principle in using full value vs. processing fee: The new method stipulates that all products produced using own materials are to be calculated with full value in reporting the gross industrial output value irrespective of the complexity of production, and for external processing, it allows calculation using processing fee. In the old method, however, the use of full value or processing fee was determined by the degree of complexity of production in different branches of industries. Principle in determining the value of change in semi - finished products: The new method requires that value of change in semi - finished products should be included in the gross industrial output value if it is included in the accounting record of the enterprise, otherwise it should not be included. In the old method, it is determined by the type of enterprises in terms of production cycle. If the production cycle is over 6 months, the value of change in semi - finished products is included in the gross industrial output value, otherwise it is not.

Difference in prices: The new method uses prices excluding value - added tax in the calculation of gross industrial output value, while the old method used prices including value - added tax.

Value - added of Industry refers to the final results of industrial production of industrial enterprises in money terms during the reference period.

Industrial value - added can be calculated by two approaches: the production approach, i. e. gross industrial output value minus intermediate input plus value - added tax, and the income approach, i. e. income for various factors used in the course of production, including depreciation of fixed assets, remuneration of labourers, net of production tax, and operating surplus. Value - added of industry in the Yearbook is calculated by the production approach as follows:

Value - added of industry = gross industrial output - industrial intermediate input + value - added tax

(1) Gross industrial output: refers to the total achievements of industrial production activities during a given period. Gross industrial output includes value of finished products, income from external processing, and value of change in semi - finished products between the end and the beginning of the reference period. Since 1995, the gross industrial output value obtained by the new method is used in the calculation.

(2) Industrial intermediate input: refers to purchased goods and paid services consumed during the industrial production of enterprises. Fees paid for services include fees paid for the services provided by material production sectors (industry, agriculture, wholesale and retail trade, construction, transport, post and telecommunications) and by non - material production sectors (insurance, banking, culture, education, scientific research, health and medical care, public administration, etc.). The determination of industrial intermediate input follows the principle that the goods and services must be purchased from outside and included in the gross industrial output, and that the goods and services are inputted into production and consumed (include low - value consumables) during the reference period.

Industrial intermediate input includes 5 components, namely direct consumption of materials, industrial intermediate input in manufacturing cost, industrial intermediate input in management cost, industrial intermediate input in marketing cost and expenditure on interest.

Total Assets refer to all economic resources, in monetary term, these are owned or controlled by enterprises, including properties, creditor's equity and other economic rights of all forms. Classified by the degree of liquidity, total assets include working capitals, long - term investment, fixed assets, intangible assets, deferred assets and other assets. Data on this indicator can be obtained by the year - end figures of total assets in the Assets and Liability Table of accounting records of enterprises.

Working Capital refers to capital that an enterprise can cash or use during one year or one production cycle that may exceed one year, including cash and savings deposits of various forms, short - term investment, money receivable and prepaid money, inventories, etc.

Annual Average Value of Working Capital refers to the average value of all working capital of the enterprise during the reference period.

Original Value of Fixed Assets refers to the total value, in monetary terms, that an enterprise spent on fixed assets, through construction, purchase, installation, transformation, expansion or technical upgrading. Generally, it covers cost of purchase, packing, transportation and installation, etc.

Annual Average of Net Value of Fixed Assets refers to the average of the net value of fixed assets during the reference period, calculated with the following formula:

$$\text{Annual Average of Net Value of Fixed Assets} = \frac{\text{sum of net value of fixed assets at the beginning and at the end of each month from January to December}}{24}$$

Information on this indicator can be obtained from the beginning and ending figures of the original value of fixed assets and cumulative depreciation from the Assets and Liability Table of enterprises.

Net value of Fixed Assets refers to the original value of fixed assets minus depreciation over the years, calculated with the following formula:

Net value of Fixed Assets = original value of fixed assets - cumulative depreciation

Total Liabilities refer to payable liabilities of enterprises that have to be repaid in terms of money, assets or labour services. In terms of payment, it can be divided into liquid liabilities and long - term liabilities. Data on this item is obtained from the ending figures on total liabilities from the Assets and Liability Table from the enterprises.

Owner's Equity refers to the ownership of net assets of enterprise by its investors. Net assets equal total assets minus total liabilities of the enterprise, including the actual assets invested into the enterprise by investors, accumulation of capital and operating surplus and non - distributed profits. The enterprise's assets are less than its liabilities if the sum of owner's equity is smaller than zero.

Revenue from Principal Business refers to the annual accumulation of the corresponding item in the "profit table" of the accountant. For enterprises that do not follow the 2001 Enterprise Accounting Standards, the year - end accumulation of revenue from the sales of products is used as a substitute.

Cost of Principal Business refers to the annual accumulation of the corresponding item in the "profit table" of the accountant. For enterprises that do not follow the 2001 Enterprise Accounting Standards, the year - end accumulation of cost for the sales of products is used as a substitute.

Tax and Extra Charges from Principal Business refer to the annual accumulation of the corresponding item in the "profit table" of the accountant. For enterprises that do not follow the 2001 Enterprise Accounting Standards, the year - end accumulation of tax and extra charges from the sales of products is used as a substitute.

Total Profits refer to the final achievement of production and operation activities of the enterprises, represented by total profits after deducting losses (loss is expressed by the negative figure). It is the sum of profits from operation, income from subsidies, investment earnings, net income from activities other than operation, and adjustment of profits and losses of previous years.

Value - added Tax Payable in the Current Year refers to the amount of the value - added tax which should be paid by the enterprises during the reference period. It is the sum of tax on sales, export rebate, and transferred tax on purchases of the current year, minus the tax on purchases of the current year. Value - added tax payable of small - size enterprises is determined by the taxable sales of the year multiplied by the tax rate.

Average Number of Employed Persons refers to the number of employee everyday during the reference period, calculated with the following formula:

$$\text{Monthly average number} = \frac{\text{sum of actual employees everydayin reference month}}{\text{number of calendar dates in reference month}}$$

$$\text{Quarterly average number} = \frac{\text{sum of monthly average number in reference quarter}}{3}$$

$$\text{Annual average number} = \frac{\text{sum of monthly average number in reference year}}{12}$$

Ratio of Profits, Taxes and Interests to Average Assets reflects the profit - making capability of all assets of the enterprise and is a key indicator manifesting the performance and management and evaluating the profit - making potential of the enterprise. It is calculated as follows:

$$\text{Ratio of Profits, Taxes and Interests to Average Assets(\%)} = \frac{\text{total profits + total taxes + interest payment}}{\text{average assets}} \times 100\%$$

In the above formula, total taxes is the sum of tax and extra charges on the sales of products and value - added tax payable; and average assets is the arithmetic mean of the sum of beginning assets and ending assets.

Ratio of Debts to Assets reflects both the operation risk and the capability of the enterprise in making use of the capital from the creditors. It is calculated as follows:

$$\text{Ratio of Debts to Assets(\%)} = \frac{\text{total debts}}{\text{total assets}} \times 100\%$$

Both assets and debts are figures at the end of the reference period.

Turnover of Working Capital refers to the number of times of turnover of working capital in a given period of time, which reflects the speed of the turnover of working capital of industrial enterprises, and is calculated as follows:

$$\text{Turnover of Working Capital} = \frac{\text{sales revenue of products}}{\text{average balance of total working capital}}$$

In the above formula, average balance of total working capital refers to the arithmetic mean of the sum of working capital at the beginning and at the end of the reference period.

Ratio of Profits to Total Industrial Costs refers to the ratio of profits realized in a given period to the total costs in the same period, which reflects the economic efficiency of input cost and is calculated as follows:

$$\text{Ratio of Profits to Total Industrial Cost(\%)} = \frac{\text{total profits}}{\text{total costs}} \times 100\%$$

In the above formula, total costs in the above formula are the sum of cost of products sold, marketing cost, management cost and financial cost.

Sales Ratio of Products is an indicator reflecting the actual sale of industrial products, analyzing the production – selling and supply – demand relations. It is calculated as:

$$\text{Sales Ratio of Products}(\%) = \frac{\text{value of industrial sales}}{\text{gross industrial output value(current prices)}} \times 100\%$$

Explanatory Notes on Main Statistical Indicators of Industrial Enterprises under Designated Size

Accounts receivable refers to the money that purchase units or receiving services unit should receive to the enterprise for selling of goods and services, including businesses selling goods or providing services, should be charged to the debtor price and purchase the goods unit advance the packing expenses, transportation charges etc.. According to the account balance sheet, the final balance of the accounts receivable.

Depreciation in the Year refers to the total amount of depreciation of fixed assets during the reporting period. It can be filled according to the numerical of the "fixed assets depreciation" in " Statement of financial position ".

Total Liabilities refer to payable liabilities of enterprises that accumulated from previous trades or transactions with expectation of economic profits leaking out. In terms of payment, it can be divided into liquid liabilities and long – term liabilities.

Revenue from Principal Business refers to the income confirmed of an enterprise from the principal business of selling products and providing services.

Export Sales Revenue refers to the sales revenue of industrial enterprises sold to foreign trade departments or self (commissioned) exports (including sold to Hong Kong, Macao and Taiwan) settled by the price of foreign exchange, as well as foreign investors to sample, processing, assembling and compensation trade income. In the calculation, the exchange rate should be converted into RMB according to the exchange rate.

Cost of Principal Business refers to the total cost occurred from the principal business of the enterprise.

Due Tax refers to various taxes in the reporting period paid by enterprise, including sales tax and additional (urban maintenance and construction tax, consumption tax, resource tax, business tax and education fee additional), value added tax, income tax, and property tax, stamp tax, vehicle and ship use tax and land use tax and so on.

Due Income Tax refers to the tax from the production and operation of the proceeds of enterprise in accordance with the provisions of the tax law.

Business Profit refers to the profits made by the enterprises in the production and operation activities.

Interest Expense refers to the short – term loan interest payments, interest payments, notes payable, interest payable, notes payable interest on interest payments, and long – term accounts payable etc.. The indicator is the sum of the interest expense, not to cut interest income.

Bank Borrowing Interest refers to the interest paid by company to bank or credit union or other financial institution.

Non – governmental Borrowing Interest refers to the interest paid by the enterprises in the period for production and operation to private lending (non – banks, non – financial institutions).

End of Remaining Amount of Orders refers to the amount of the order that the enterprise has not been honored at the end of the reporting period, that is, the existing order amount of the enterprise.

Due Wage Refers to various forms of remuneration and other related expenses paid by the company for the services provided by the staff and workers, including wages, bonuses, allowances and subsidies, employee welfare benefit expenses, medical insurance, endowment insurance, unemployment insurance, work – related injury insurance premiums and maternity insurance fees social insurance, housing provident fund, the trade union funds and employee education funds, non – monetary benefits, the compensation to give labor relations and workers for the solution in addition, and related expenditure to worker for other services.

Employed Persons at Year – end refers to persons working in the unit at the final day 24 of the reporting period and receiving wages or other forms of remuneration. The indicator is point indicators, including on – the – job workers, labor dispatch personnel and other employees. It does not include personnel that labor contract has been suspended in the final day and before.

Business Income refers to the total revenue recognized by the business and other business operations of the enterprise. Total operating income includes "main business income" and "other business income", According to the "business income" in the accounting "profit statement".

Production Expenditures Refers to the cost of raw materials, fuel, power, service, etc. in the industrial production activities of the individual business units, including material costs, utilities, rental fees, post and telecommunications, repair, transportation, packaging, etc.. But it does not include the payment of wages to workers compensation, pay taxes and purchase of fixed assets expenditure.

第 14 篇
CHAPTER 14

建 筑 业
Construction

建筑业总产值

房屋建筑面积

（万平方米）

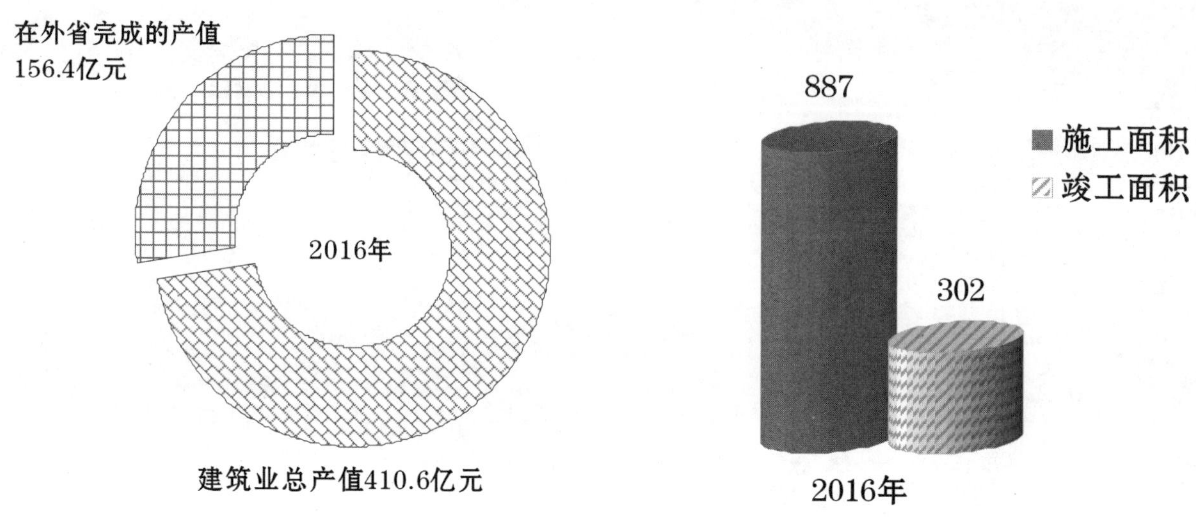

建筑业企业个数及从业人员

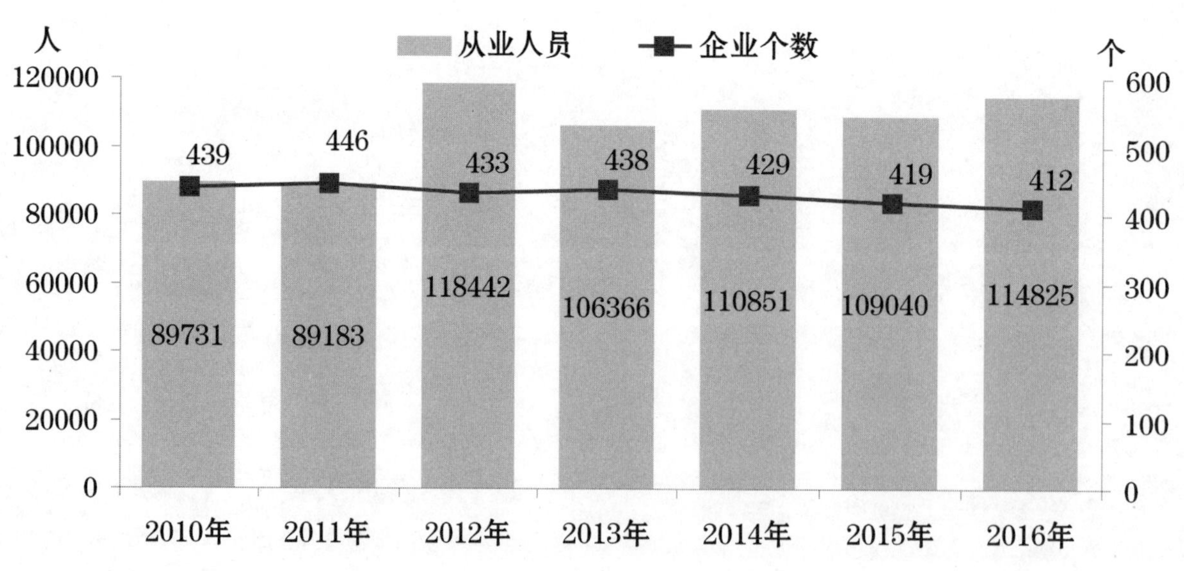

14-1 主要年份建筑安装施工企业概况
Main Indicators on Construction Enterprises in Main Years

年 份 Year	总 计 Total	国有企业 State-owned	集体企业 Collective-owned	有限责任公司 Limited Liability Corporation	股份有限公司 Share-holding Corporation Limited	私营企业 Private Enterprise	港澳台及外商投资企业 Funded from Hong Kong, Macao, Taiwan and Foreign
企业单位数(个) Number of Enterprises (unit)							
2000	273	101	104	25	16	25	2
2001	270	75	86	64	11	31	2
2002	374	83	75	91	39	84	2
2003	373	79	70	105	36	81	2
2004	399	74	51	133	6	131	3
2005	392	68	47	133	12	128	3
2006	417	67	49	137	14	147	3
2007	425	64	48	138	16	156	2
2008	459	60	39	171	10	177	2
2009	440	58	39	156	9	176	2
2010	439	57	37	157	9	177	2
2011	446	57	35	147	9	190	2
2012	433	53	35	107	8	218	2
2013	438	38	28	135	12	223	2
2014	429	37	28	128	11	223	2
2015	419	34	25	131	10	217	1
2016	412	33	24	129	12	212	1
从业人员(人) Number of Persons Employed (person)							
2000	88269	45616	25873	7277	5236	4193	74
2001	86023	33927	23379	21939	1426	5153	78
2002	97294	35680	17262	19415	10753	14125	59
2003	101501	38509	18705	22887	9378	11847	175
2004	93847	28307	12480	31359	1109	20071	211
2005	86231	25921	10549	30018	3133	16454	144
2006	92565	30496	9619	29936	4035	18233	246
2007	95190	32046	7500	32204	3377	20012	51
2008	78936	24825	7162	28903	933	17082	31
2009	92625	34813	7305	31754	1208	17513	32
2010	89731	28654	6634	35441	1440	17535	27
2011	89183	35598	6429	24767	1301	20529	59
2012	118442	42943	13977	23288	3913	33433	33
2013	106366	19358	5142	44925	3373	33545	23
2014	110851	18535	5624	47451	3162	36056	23
2015	109040	13651	5424	45750	4524	30582	23
2016	114825	12063	8058	52350	7345	34954	11
建筑业总产值(万元) Gross Output Value (10 000 yuan)							
2000	447163	329320	68189	23110	14862	11457	225
2001	543383	292003	81499	142010	10171	17167	248
2002	733830	427401	101675	81562	50946	72145	101
2003	747325	431290	70417	134071	48198	62009	1340
2004	886406	448422	46145	278362	6031	104731	1339
2005	909337	495063	47415	257143	20541	87864	1311
2006	1083718	617117	61000	291618	21878	91124	981
2007	1254431	718053	79896	318459	24104	113863	56
2008	1429970	778884	79537	411936	26421	132607	585
2009	2043419	1173359	95438	569258	22914	182120	330
2010	2796060	1633263	105009	802596	40803	214133	256
2011	3194161	1670780	114279	954021	22286	426003	448
2012	3257576	1691462	97487	749498	100276	607692	230
2013	4137110	796391	86902	2220020	252124	781522	151
2014	4329067	742934	127994	2234244	257114	966544	237
2015	4095059	596582	149288	2311129	10619	809835	100
2016	4106249	595202	150855	2305059	211661	843046	54

注:本表2002年及以后数据为具有资质等级的施工总承包、专业承包建筑业企业(不含劳务分包建筑业企业)数据。(此表中集体企业含股份合作企业)。

a)Data since 2002 included all general construction contractors and professional contractors (not including construction enterprises of worker subcontractors) which possess qualification grades.The same applies to the following tables. In this table, the Collective-owned enterprises include cooperative enterprises.

14-2 主要年份建筑业企业主要经济指标
Main Economic Indicators on Construction Enteprises in Main Years

指 标	Item	2013	2014	2015	2016
企业单位数 (个)	Number of Construction Enterprises (unit)	438	429	419	412
期末从业人员 (人)	Number of Employed Persons (person)	106366	110851	109040	114825
建筑业总产值 (万元)	Gross Output Value of Construction (10 000 yuan)	4137110	4329067	4095059	4106249
自有固定资产原值 (万元)	Original Value Fixed Assets Owned (original value)(10 000 yuan)	793197	851570	866708	971660
本年提取固定资产折旧(万元)	Depreciation of Fixed Assets (10 000 yuan)	53584	59871	71032	84499
自有机械设备台数 (台)	Number of Machinery and Equipment Owned (set)	26312	29030	29300	41979
自有机械设备净值 (万元)	Net Value of Machinery and Equipment Owned (10 000 yuan)	181679	284659	221590	225284
自有机械设备总功率 (千瓦)	Total Power of Machinery and Equipment Owned (KW)	768558	1260077	968119	1094709
工程结算税金及附加 (万元)	Taxes and Extra Charges on Project Settle Accounts (10 000 yuan)	130244	126406	118952	61706
管理费用中的税金 (万元)	Taxes in Management Expenses (10 000 yuan)	4609	2861	7278	8869
应付工资总额 (万元)	Wages Payable (10 000 yuan)	471263	503621	446840	478207
利润总额 (万元)	Total Profits (10 000 yuan)	140406	134864	134320	149497
税金总额 (万元)	Total Tax (10 000 yuan)	134853	136302	140027	160157
施工面积 (万平方米)	Floor Space of Buildings under Construction (10 000 sq.m)	1158.30	1072.82	908.69	886.79
竣工面积 (万平方米)	Floor Space of Buildings Completed (10 000 sq.m)	466.52	479.39	350.21	301.94
技术装备率 (元/人)	Value of Machines per Laborer (yuan/person)	17080	25679	20322	15552
动力装备率 (千瓦/人)	Power of Machines per Laborer (KW/person)	7.23	11.36	8.88	7.56
房屋建筑面积竣工率 (%)	Rate of Floor Space of Buildings Completed (%)	40.28	44.69	38.54	34.05
产值利润率 (%)	Ratio of Profit to Gross Output Value (%)	3.39	3.12	3.28	3.64
产值利税率 (%)	Ratio of Pre-tax Profit to Gross Output Value (%)	6.65	6.26	6.70	7.54

注：1.建筑业总产值为现价。本表为所有具有资质等级的施工总承包、专业承包建筑业企业(不含劳务分包建筑业企业)数据。
2.自2011年起取消了“工程结算利润”和“应付福利费总额”指标。
3.自2011年起“应付工资总额”统计口径改为“应付职工薪酬”。

a) Gross output value of construction is calculated at current prices. Data in this table included all general construction contractors and professional contractors (not including construction enterprises of worker subcontractors) which possess qualification grades.
b) Indicator of Project Settlement Profits and Total Welfare Payable have been canceled since 2011.
c) The statistic caliber of Wages Payable has been changed to Employee Benefits Payable since 2011.

14-3 1978-2016年建筑业企业概况

Basic Situation of Construction Enterprises(1978-2016)

年份 Year	建筑业企业单位数(个) Number of Construction Enterprises (unit)	国有 State-owned	集体 Collective -owned	建筑业企业从业人员(万人) Number of Persons Employed (10 000 persons)	国有 State-owned	集体 Collective -owned	建筑业企业总产值(亿元) Gross Output Value (100 million yuan)	国有 State-owned	集体 Collective -owned
1978	67	33	34	4.71	4.27	0.44	2.06	1.87	0.19
1979	57	33	24	5.19	4.72	0.47	2.37	2.15	0.22
1980	67	38	29	5.70	5.09	0.61	2.75	2.44	0.31
1981	73	41	32	5.29	4.73	0.56	3.65	3.36	0.29
1982	77	45	32	9.63	9.01	0.62	4.33	3.98	0.35
1983	79	46	33	8.38	7.69	0.69	5.49	5.09	0.40
1984	87	49	38	9.62	7.43	2.19	6.63	5.66	0.97
1985	117	46	71	8.01	6.56	1.45	7.47	6.17	1.30
1986	113	46	67	9.28	7.23	2.05	7.39	6.25	1.13
1987	136	47	89	9.36	6.94	2.42	8.12	6.63	1.49
1988	145	46	99	9.09	6.47	2.62	8.04	6.37	1.67
1989	130	45	85	8.20	6.25	1.95	7.77	6.34	1.43
1990	131	43	88	4.65	2.97	1.68	9.01	7.55	1.46
1991	81	43	38	6.35	5.10	1.25	9.29	8.14	1.14
1992	87	46	41	6.75	5.15	1.60	11.35	9.75	1.60
1993	111	52	59	7.49	5.90	1.59	13.25	11.14	2.11
1994	115	53	62	8.20	5.54	2.66	16.44	14.29	2.14
1995	115	53	62	7.15	5.41	1.74	20.49	18.07	2.41
1996	212	84	109	13.32	10.15	2.98	27.77	22.73	4.73
1997	202	82	94	9.56	6.42	2.68	30.93	25.33	4.87
1998	215	78	100	8.39	4.86	2.64	35.56	26.77	6.08
1999	214	75	98	8.14	4.57	2.42	39.65	29.90	6.05
2000	273	101	104	8.83	4.56	2.59	44.72	32.93	6.82
2001	270	75	86	8.60	3.39	2.34	54.34	29.20	8.15
2002	374	83	75	9.73	3.57	1.73	73.38	42.74	10.17
2003	373	79	70	10.15	3.85	1.87	74.73	43.13	7.04
2004	399	74	51	9.38	2.83	1.25	88.78	44.84	4.61
2005	392	68	47	8.62	2.59	1.05	91.01	49.51	4.75
2006	417	67	49	9.26	3.05	0.96	108.42	61.71	6.11
2007	425	64	48	9.52	3.20	0.75	125.53	71.81	8.00
2008	500	61	51	7.89	2.48	0.72	143.47	77.89	7.96
2009	479	58	37	9.39	3.48	0.71	204.70	117.34	9.22
2010	478	57	37	9.11	2.87	0.66	280.47	163.33	10.50
2011	484	57	34	8.92	3.56	0.61	320.10	167.08	11.17
2012	461	53	36	11.84	4.29	1.40	326.31	169.15	9.75
2013	463	38	28	10.69	1.94	0.51	414.60	79.64	8.69
2014	453	37	26	11.20	1.94	0.50	434.16	65.19	11.78
2015	441	34	23	11.00	1.83	0.55	410.69	62.26	11.52
2016	434	33	22	14.62	2.44	0.74	411.38	59.52	14.20

注：1992年以前数据为全民和集体所有制建筑业企业数据，1993年至1995年数据为各种经济成分的建制镇以上建筑业企业数据；1996年至2001年数据为资质等级(旧资质)四级及四级以上建筑业企业数据；2002年及以后数据为所有具有资质等级的施工总承包、专业承包建筑业企业（含劳务分包建筑业企业)数据。

a) Data before 1992 are the figures of State-owned and collective-owned construction enterprises. Data from 1993 to 1995 are the figures of construction enterprises of all economic types above town level. Data from 1996 to 2001 included construction enterprises at fourth or higher quality grades(old classification of grades). Data since 2002 included all general construction contractors and professional contractors (not including construction enterprises of worker subcontractors) which possess qualification grades.

14-4 1978-2016年建筑业企业主要指标
Main Indicators on Construction Enterprises(1978-2016)

年份 Year	建筑业企业增加值(亿元) Total Value-added of Construction Enterprises (100 million yuan)	资产合计(亿元) Total Assets (100 million yuan)	利润总额(亿元) Total Profits (100 million yuan)	税金总额(亿元) Total Tax (100 million yuan)	按总产值计算劳动生产率(元/人) Overall Labor Productivity by Gross Output Value (yuan/person)	房屋建筑面积(万平方米) Floor Space of Building Construction (10 000 sq.m)	
						施工面积 Under Construction	竣工面积 Completed
1978	2.14				4372	138.76	67.14
1979	2.04				4564	169.17	77.39
1980	2.16				4832	176.72	87.37
1981	2.02				6903	166.25	87.24
1982	2.41				4500	197.53	92.79
1983	2.60		0.38	0.10	6553	163.13	94.98
1984	2.96		0.30	0.07	6889	209.32	123.58
1985	4.49		0.22	0.12	7542	282.04	139.08
1986	4.34		0.12	0.14	1897	261.36	136.90
1987	4.52		-0.09	0.10	8744	189.41	137.26
1988	5.97		0.07	0.16	8952	251.17	164.03
1989	5.22		0.08	0.19	9518	130.82	148.82
1990	5.66		0.04	0.23	11395	214.22	127.86
1991	6.35		-0.03	0.26	13363	183.54	100.25
1992	9.62		-0.03	0.27	16009	194.70	107.80
1993	11.46	17.03	-0.09	0.40	18883	188.65	87.83
1994	11.65	21.56	-0.72	5.05	25803	174.18	86.82
1995	12.96	24.89	-0.08	0.65	33407	183.73	97.29
1996	16.73	36.38	-0.07	0.88	22395	250.02	139.01
1997	19.73	38.37	-0.08	0.96	39426	283.05	149.39
1998	23.04	44.25	-0.16	1.14	44169	428.81	190.09
1999	25.41	51.28	-0.39	1.28	39027	386.95	223.82
2000	30.03	61.67	0.38	1.45	42284	339.43	192.90
2001	38.07	20.44	0.52	0.10	51904	375.16	183.66
2002	47.03	89.11	1.38	2.64	58626	451.32	244.09
2003	54.74	95.82	1.36	2.61	61046	556.64	242.88
2004	58.20	114.22	0.58	2.63	84295	438.00	263.31
2005	60.67	113.81	0.57	2.97	87203	407.55	194.02
2006	66.04	123.19	0.86	3.49	103128	346.80	160.56
2007	73.26	147.95	2.39	4.54	120027	384.67	173.97
2008	88.52	179.96	3.58	5.97	145192	404.50	189.18
2009	105.00	203.24	5.41	7.71	168323	490.98	211.71
2010	130.98	227.71	6.17	9.24	221885	693.12	273.16
2011	163.45	308.64	8.06	11.21	262028	738.96	323.76
2012	196.45	388.19	10.81	12.81	252800	763.76	344.10
2013	238.97	442.85	14.05	13.04	387789	1158.30	466.52
2014	280.43	508.72	13.49	13.63	307456	1072.82	479.39
2015	313.81	543.47	13.43	12.66	318902	908.69	350.21
2016	348.67	609.40	14.95	16.06	355038	886.79	301.94

注：1.自2002年起，建筑业增加值核算口径有所调整。
2.从2004年第一次全国经济普查开始，建筑业增加值按新核算方法核算。
a) Since 2002, the statistical coverage of value added of construction have been adjusted accordingly.
b) New accounting methods were applied in 2004 during the First Economic Census in calculating the value-added of the construction industry.

14-5 各种分组总专包企业生产汇总表(2016年)

Production Summary of General and Professional Contractors with Diversified Grouping (2016)

单位：个、万元 (unit, 10 000 yuan)

指 标	Item	建筑业企业个数 Number of Construction Enterprises	有工作量的 Having Workload	合同情况 Total Value of Contracts	建筑业总产值 Gross Output Value of Construction	在外省完成的产值 Completed in Other Provinces	竣工产值 Completed Output Value
总计	**Total**	**412**	**371**	**9290698**	**4106249**	**1563966**	**1652655**
国有及国有控股企业	Stated-owned and State-holding Enterprises	61	56	5385624	2353650	1524667	769154
按登记注册类型分组	**By Status of Registration**						
内资企业	Domestic Funded	411	370	9290644	4106196	1563956	1652655
国有企业	State-owned Enterprises	33	30	992202	595202	215836	171183
集体企业	Collective-owned Enterprises	22	22	202385	141985		90390
股份合作企业	Cooperative Enterprises	2	2	8870	8870		8713
有限责任公司	Limited Liability Corporations	129	116	5398681	2305059	1316713	910324
股份有限公司	Share-holding Corporations Limited	12	11	590575	211661	22703	20555
私营企业	Private Enterprises	212	188	2097377	843046	8704	451491
其他企业	Others Enterprises	1	1	553	373		
外商投资企业	Foreign Funded Enterprises	1	1	54	54	10	
按国民经济行业分组	**By Sector**						
房屋建筑业	Housing Project building	164	147	2391947	1114712	112106	617512
土木工程建筑业	Civil Engineering Construction	140	130	6484924	2754690	1416870	906683
建筑安装业	Construction Installation	59	53	370110	210581	33376	119108
建筑装饰和其他建筑业	Construction Decoration and Other Construction	49	41	43717	26266	1613	9351
建筑装饰业	Construction Decoration	34	30	33246	17259		5005
工程准备活动	Engineering Preparation Activity	7	5	2429	2340		2054
提供施工设备服务	Providing Construction Equipment Services	1	1	2751	2201		2201
其他未列明建筑业	Others	7	5	5292	4466	1613	91
按隶属关系分组	**By Jurisdiction of Management**						
中央	Central	10	10	4190426	1598811	1340578	503002
地方	Local	402	361	5100272	2507438	223388	1149652
按企业资质等级分组	**By Qualification Criteria of Enterprises**						
施工总承包	Construction General Contractors	288	264	8859571	3747069	1457196	1516171
一级及以上	Frist Grade and above	18	15	5358538	1988867	1448696	495642
二级	Second Grade	125	119	2804979	1261804	7079	685522
三级及以下	Third Grade and below	145	130	696053	496399	1422	335006
专业总承包	Profession General Contractors	124	107	431127	359180	106770	136484
一级	Frist Grade	3	3	141054	140990	103736	37254
二级	Second Grade	42	39	119824	108819	1101	29961
三级及以下	Third Grade and below	79	65	170249	109371	1933	69268

注：本表为所有具有资质等级的施工总承包、专业承包建筑业企业(不含劳务分包建筑业企业)数据。

Data in this table included all general construction contractors and professional contractors (not including construction enterprises of worker subcontractors) which possess qualification grades.

14-6 总承包和专业承包建筑业企业财务情况(2016年)

单位：万元

指 标	Item	建筑业企业个数(个) Number of Construction Enterprises (unit)	年初存货 Stock at the Beginning of the Year	流动资产合计 Total Current Assets
总计	**Total**	**412**	**848055**	**4741309**
#国有及国有控股企业	State-owned and State Holding Enterprises	61	556105	2690181
按登记注册类型分组	**By Status of Registration**			
内资企业	Domestic Funded	411	848046	4741029
国有企业	State-owned Enterprises	33	143778	669153
集体企业	Collective-owned Enterprises	22	3318	79157
股份合作企业	Cooperative Enterprises	2	202	5077
有限责任公司	Limited Liability Corporations	129	461029	2575528
股份有限公司	Share-holding Corporations Limited	12	41167	310289
私营企业	Private Enterprises	212	198552	1101825
其他企业	Others Enterprises	1		
港、澳、台商投资企业	Enterprises with Funds from Hong Kong,Macao and Taiwan			
外商投资企业	Foreign Funded Enterprises	1	10	279
按国民经济行业分组	**By Sector**			
房屋建筑业	Housing Project Building	164	195108	1118873
土木工程建筑业	Civil Engineering Construction	140	626202	3249712
建筑安装业	Construction Installation	59	19493	318427
建筑装饰和其他建筑业	Construction Decoration and Other Construction	49	7251	54297
建筑装饰业	Construction Decoration	34	2917	34037
工程准备活动	Engineering Preparation Activity	7	346	1304
提供施工设备服务	Providing Construction Equipment Services	1	84	3038
其他未列明建筑业	Others	7	3905	15919
按隶属关系分组	**By Jurisdiction of Management**			
中央	Central	10	390612	1761439
省(自治区、直辖市)	Provincial (Autonomous Regions and Municipalities)	63	126305	805824
地区(州、盟、省辖市)	Regional (Prefectures and Leagues, Provincial Cities)	42	29668	321127
县(区、市、旗)	County (District, City, Flag)	52	44498	365705
街道	Street	1	71	506
镇	Town	2	327	4543
村委会	Village Committee	1	89	709
其他	Others	241	256485	1481456
按企业资质等级分组	**By Qualification Criteria of Enterprises**			
施工总承包	General Contractors	288	820765	4451791
特级	Special Grade	1	376846	1496254
一级	First Grade	17	61541	725229
二级	Second Grade	125	284946	1581446
三级以下	Third Grade and below	145	97431	648863
专业承包	Professional Contractors	124	27290	289518
一级	First Grade	3	9049	35743
二级	Second Grade	42	7842	98620
三级以下	Third Grade and below	79	10399	155154

Financial Affairs Condition of Enterprises of General and Professional Contractors (2016)

(10000 yuan)

应收工程款 Accounts for Projects	存货 Stock	固定资产合计 Total Fixed Assets	固定资产减值准备 Impairment of Fixed Assets	固定资产原价 Original Cost of Fixed Assets	累计折旧 Accumulated Depreciation	本年折旧 Depreciation Charge for the Year	在建工程 Project under Construction	资产合计 Total Assets
1295690	**853035**	**829571**	**5277**	**971660**	**460506**	**84499**	**39495**	**6085025**
625326	545472	469216	2748	503534	278072	58424	6505	3426510
1295690	853035	829523	5277	971555	460413	84499	39460	6084698
247745	101084	42594	…	138377	97138	15595	62	800591
25574	6095	17009		26023	12177	532	1381	99473
3415	1148	256		186	92	…		5611
615504	489832	574503	2748	561110	246549	52973	18579	3293787
75165	71963	22680		38710	23807	3115	1679	507278
328289	182913	172482	2529	207150	80651	12285	17758	1377958
		47		105	93		35	327
336226	174787	199948	2426	250505	98408	15364	23294	1413898
790441	647725	578611	2750	611445	296222	56071	11666	4226231
148136	15618	41239	102	95125	58783	12470	3776	369549
20886	14907	9773		14584	7094	595	759	75346
12595	9470	6182		8506	4542	348	724	50829
485	379	1352		1833	511	40		3138
1768	23	647		1569	922	107		3685
6039	5035	1592		2676	1119	101	35	17695
364015	427748	399858	2748	365697	196675	49828	789	2166805
287597	77087	90754		167452	96061	9096	10812	1135407
121333	37915	40836	…	55959	25759	2279	5125	394836
84495	35884	52941		68365	20663	3311	3148	467144
	71	486		644	160			992
891	3544	680		895	215	2		6370
	89	193		522	329	9		902
437358	270698	243823	2529	312125	120645	19975	19621	1912570
1160843	820196	778682	5175	894733	426191	81008	34902	5694644
214891	418478	378042	2748	284919	137552	37570	789	1874295
260423	96305	72158		126124	73508	5685	3444	1036110
510077	228963	224918	2424	364504	169891	33409	14225	1981956
175451	76450	103565	4	119186	45240	4344	16444	802284
134847	32839	50888	102	76927	34315	3491	4593	390380
14469	7747	3912		9912	6000	640		41513
37992	11764	18655	102	28854	13644	1093	3030	135070
82386	13329	28322	…	38161	14672	1759	1563	213797

14-6 续表1

单位：万元

指标	Item	流动负债合计 Total Liquid Liabilities	应付账款 Accounts Payable	非流动负债合计 Total Non-current Liabilities
总计	**Total**	**3699912**	**1669202**	**212131**
其中：国有及国有控股企业	State-owned and State Holding Enterprises	2300875	1098896	138410
按登记注册类型分组	**By Status of Registration**			
内资企业	Domestic Funded	3699885	1669202	212131
国有企业	State-owned Enterprises	555330	200177	10143
集体企业	Collective-owned Enterprises	59494	18565	150
股份合作企业	Cooperative Enterprises	410		
有限责任公司	Limited Liability Corporations	2133277	1060639	147765
股份有限公司	Share-holding Corporations Limited	284314	88850	19425
私营企业	Private Enterprises	667061	300972	34647
其他企业	Others Enterprises			
港、澳、台商投资企业	Enterprises with Funds from Hong Kong,Macao and Taiwan			
外商投资企业	Foreign Funded Enterprises	27		
按国民经济行业分组	**By Sector**			
房屋建筑业	Housing Project Building	762564	255212	46670
土木工程建筑业	Civil Engineering Construction	2694497	1290009	159324
建筑安装业	Construction Installation	208821	112962	5071
建筑装饰和其他建筑业	Construction Decoration and Other Construction	34030	11019	1065
建筑装饰业	Construction Decoration	19520	8350	1059
工程准备活动	Engineering Preparation Activity	1509	317	
提供施工设备服务	Providing Construction Equipment Services	2171	1009	
其他未列明建筑业	Others	10831	1343	6
按隶属关系分组	**By Jurisdiction of Management**			
中央	Central	1582715	891134	98114
省(自治区、直辖市)	Provincial (Autonomous Regions and Municipalities)	605040	242102	35237
地区(州、盟、省辖市)	Regional (Prefectures and Leagues, Provincial Cities)	261604	66162	7793
县(区、市、旗)	County (District, City, Flag)	292136	48393	802
街道	Street	275	164	
镇	Town	4582	387	
村委会	Village Committee	489		
其他	Others	953072	420859	70185
按企业资质等级分组	**By Qualification Criteria of Enterprises**			
施工总承包	General Contractors	3503770	1572972	205909
特级	Special Grade	1372258	717298	95471
一级	First Grade	599670	283354	54480
二级	Second Grade	1069632	449134	36324
三级以下	Third Grade and below	462210	123186	19635
专业承包	Professional Contractors	196142	96230	6222
一级	First Grade	15752	10183	3508
二级	Second Grade	64535	20727	1059
三级以下	Third Grade and below	115854	65320	1655

Continued

(10000 yuan)

负债合计 Total Liabilities	所有者权益合计 Total Owners' Equity	实收资本 Paid-in Capitals	国家资本 State Capitals	集体资本 Collective Capitals	法人资本 Corporate Capitals	个人资本 Personal Capitals
4054360	**2030664**	**1257442**	**218490**	**50195**	**487312**	**501446**
2539187	887324	398755	215138	2137	180693	787
4054334	2030364	1257442	218490	50195	487312	501446
609681	190910	103612	95992	2100	5520	
59644	39830	18178	4	17453	721	
3332	2279	2228			2228	
2349337	944450	482528	91470	21363	265092	104603
312438	194840	119206	29994	1574	42252	45386
719901	658057	531691	1030	7705	171498	351457
27	300					
825531	588368	440217	14257	23589	182315	220057
2941955	1284276	697612	190431	16701	267838	222644
250910	118639	88609	13625	7896	27610	39479
35965	39382	31004	178	2010	9549	19266
21254	29575	21902	178	2010	5816	13898
1626	1512	1271			941	330
2171	1514	1500			1500	
10914	6781	6331			1293	5038
1715901	450904	124098	20946		103152	
701855	433552	282628	135432	5799	109853	31545
275773	119063	90040	10451	11142	52703	15744
302580	164563	125947	48632	17313	42452	17550
275	717	608		608		
4582	1789	612		612		
489	413	413		413		
1052905	859664	633097	3030	14308	179151	436607
3829631	1865014	1132948	208951	37651	448099	438247
1467729	406566	94300			94300	
693575	342535	231766	38466	5720	58754	128827
1176833	805123	568649	161371	12162	192703	202413
491493	310790	238233	9114	19770	102342	107008
224730	165651	124494	9539	12544	39212	63198
27679	13835	7577	3000	4017	560	
76615	58455	47443	1180	2010	20408	23845
120436	93361	69474	5359	6517	18245	39354

14-6 续表2

单位：万元

指 标	Item	营业收入 Operating Revenue	主营业务收入 Revenue from Principal Business	营业成本 Operating Cost	主营业务成本 Cost of Principal Business
总计	**Total**	**5167499**	**4[illegible]90218**	**4688624**	**4237243**
其中：国有及国有控股企业	State-owned and State Holding Enterprises	2826655	2727026	2563583	2448856
按登记注册类型分组	**By Status of Registration**				
内资企业	Domestic Funded	5167498	47[illegible]0216	4688624	4237243
国有企业	State-owned Enterprises	778749	761348	710629	682561
集体企业	Collective-owned Enterprises	162988	159067	136051	132275
股份合作企业	Cooperative Enterprises	8370	8370	6107	6107
有限责任公司	Limited Liability Corporations	2913989	260[illegible]103	2650299	2321611
股份有限公司	Share-holding Corporations Limited	213167	212777	192253	176658
私营企业	Private Enterprises	1090236	1042551	993286	918031
其他企业	Others Enterprises				
港、澳、台商投资企业	Enterprises with Funds from Hong Kong,Macao and Taiwan				
外商投资企业	Foreign Funded Enterprises	1	1	…	…
按国民经济行业分组	**By Sector**				
房屋建筑业	Housing Project Building	1424526	116[illegible]	1315628	1014560
土木工程建筑业	Civil Engineering Construction	3379321	32719[illegible]7	3055748	2927136
建筑安装业	Construction Installation	326885	318834	286698	265450
建筑装饰和其他建筑业	Construction Decoration and Other Construction	36768	36126	30550	30098
建筑装饰业	Construction Decoration	25616	25544	21351	21350
工程准备活动	Engineering Preparation Activity	2995	2898	2601	2561
提供施工设备服务	Providing Construction Equipment Services	1934	1934	1758	1758
其他未列明建筑业	Others	6223	5750	4841	4430
按隶属关系分组	**By Jurisdiction of Management**				
中央	Central	1922245	1895115	1751836	1726947
省(自治区、直辖市)	Provincial (Autonomous Regions and Municipalities)	1129583	942433	1038770	848059
地区(州、盟、省辖市)	Regional (Prefectures and Leagues, Provincial Cities)	338375	336772	305477	286710
县(区、市、旗)	County (District, City, Flag)	315574	288208	272492	220159
街道	Street	8108	8108	7763	7763
镇	Town	8485	8485	7923	6323
村委会	Village Committee	225	225	193	193
其他	Others	1444904	1310872	1304170	1141090
按企业资质等级分组	**By Qualification Criteria of Enterprises**				
施工总承包	General Contractors	4716322	4353522	4282989	3848127
特级	Special Grade	1611836	1589407	1461818	1443372
一级	First Grade	810474	721870	752597	652704
二级	Second Grade	1652090	1444572	1500257	1269144
三级以下	Third Grade and below	641922	597673	568318	482908
专业承包	Professional Contractors	451178	436696	405635	389116
一级	First Grade	141030	139271	131244	130403
二级	Second Grade	134895	134535	121056	116322
三级以下	Third Grade and below	175253	162890	153336	142391

Continued

(10000 yuan)

营业税金及附加 Taxes and Other Charges	主营业务税金及附加 Taxes and Other Charges on Principal Business	其他业务利润 Other Operating Profit	销售费用 Selling Expenses	管理费用 Management Costs	税金 Taxes	财务费用 Financial Costs	利息收入 Interest Revenue	利息支出 Interest Expense	资产减值损失 Loss from Asset Devaluation
73528	**61706**	**5431**	**8335**	**231752**	**8869**	**24217**	**11989**	**30700**	**5359**
16513	15802	3943	473	139694	3892	8320	11690	22978	3264
73528	61706	5431	8335	231752	8869	24217	11989	30700	5359
8185	7822	296	90	25114	882	1472	91	597	1074
3718	2913		23	19468	347	-12	18	…	13
1291	1291		625	229	11	12		1	
29152	20698	5177	1877	137233	4349	9629	11628	22882	1949
4552	3918	100	41	7888	1017	6353	163	1419	785
26630	25064	-142	5679	41820	2264	6763	89	5801	1538
…	…		…	…	…				
38540	29938	1018	4718	42201	2082	7008	-45	4319	99
29755	26997	3194	1864	158264	6044	14946	11850	24862	4566
4436	4003	1147	1311	26829	606	1875	90	1422	693
797	768	72	442	4458	138	387	93	97	
647	647	72	441	2604	103	374	94	91	
53	29		1	315	2	3			
28	28			137	1	6	…	5.9	
70	65		1	1402	31	4	-1		
5921	5747	2943	264	104794	2940	4233	11549	20397	2011
18150	13797	1005	187	36728	1316	4358	162	2725	1243
5170	4536	772	1049	16360	1229	2560	210	397	13
9082	7959		815	18429	433	477	-33	539	45
182				129	2	…			
285	180			209	6	5			
28	28			5	3				
34710	29460	711	6020	55098	2942	12585	101	6644	2047
66272	55204	4529	6562	205681	7892	22006	11836	29096	4171
2408	2303	3878	21	90640	1286	2866	11457	19073	1253
10287	6542	15	932	28882	1497	7891	372	3033	1497
37516	32297	789	3868	53569	4030	9879	-4	5938	1317
16061	14062	-152	1741	32590	1080	1370	11	1053	104
7256	6502	902	1773	26071	977	2211	153	1605	1188
2129	1565		…	3827	110	783	6	716	173
3010	2899	354	1345	6878	223	539	9	268	69
2117	2038	548	428	15366	644	889	139	621	945

14-6 续表3

单位：万元

指标	Item	公允价值变动收益 Gains on the Changes in Fair Value	投资收益 Investment Income	营业利润 Operating Profit
总计	**Total**	**1**	**7315**	**143172**
其中：国有及国有控股企业	State-owned and State Holding Enterprises	2	6378	101189
按登记注册类型分组	**By Status of Registration**			
内资企业	Domestic Funded	1	7315	143173
国有企业	State-owned Enterprises	2	-3	32184
集体企业	Collective-owned Enterprises		91	3818
股份合作企业	Cooperative Enterprises			106
有限责任公司	Limited Liability Corporations		6691	90541
股份有限公司	Share-holding Corporations Limited		488	1783
私营企业	Private Enterprises	-1	49	14741
其他企业	Others Enterprises			
港、澳、台商投资企业	Enterprises with Funds from Hong Kong,Macao and Taiwan			
外商投资企业	Foreign Funded Enterprises			…
按国民经济行业分组	**By Sector**			
房屋建筑业	Housing Project Building		4	16334
土木工程建筑业	Civil Engineering Construction	1	6894	121242
建筑安装业	Construction Installation		346	5391
建筑装饰和其他建筑业	Construction Decoration and Other Construction		72	205
建筑装饰业	Construction Decoration		72	270
工程准备活动	Engineering Preparation Activity			23
提供施工设备服务	Providing Construction Equipment Services			6
其他未列明建筑业	Others			-94
按隶属关系分组	**By Jurisdiction of Management**			
中央	Central		6293	59480
省(自治区、直辖市)	Provincial (Autonomous Regions and Municipalities)		86	30233
地区(州、盟、省辖市)	Regional (Prefectures and Leagues, Provincial Cities)		413	8158
县(区、市、旗)	County (District, City, Flag)	2	-34	14202
街道	Street			35
镇	Town			64
村委会	Village Committee			
其他	Others	-1	557	31001
按企业资质等级分组	**By Qualification Criteria of Enterprises**			
施工总承包	General Contractors	2	6789	135603
特级	Special Grade		6099	58928
一级	First Grade		494	8883
二级	Second Grade		193	46047
三级以下	Third Grade and below	2	4	21745
专业承包	Professional Contractors	-1	526	7570
一级	First Grade			2874
二级	Second Grade		251	2249
三级以下	Third Grade and below	-1	275	2446

Continued

(10 000 yuan)

营业外收入 Non--operating Revenue	补贴收入 Subsidy Revenue	营业外支出 Non--operating Expenses	利润总额 Total Profit	应交所得税 Income Taxes Payable	应付职工薪酬 Employee Wages Payable	建筑业企业在境外完成的营业收入 Operating Revenue Completed by Construction Enterprises in Overseas
11819	**233**	**5494**	**149497**	**24389**	**478207**	**211529**
9129	223	3406	106913	13951	200887	210235
11819	233	5494	149497	24389	478207	211529
2186	44	973	33398	7854	63897	
875	2	457	4235	1154	28817	
			106	25	1901	
7545	182	3236	94851	9757	215351	210235
863		19	2626	774	8463	120
350	5	810	14282	4825	159778	1173
			…		…	
774	5	1447	15661	5718	161800	650
5181	184	3387	123036	17149	248639	210878
5686	43	640	10437	1296	57658	
178	1	21	363	227	10111	
177			448	211	7567	
1	1		24	3	430	
			6	2	207	
		21	-115	11	1907	
1265	139	2743	58002	4921	132045	210235
7498	85	771	36960	7137	81642	
1191		217	9132	1703	30759	120
650		835	14017	2910	58377	
			35	9	430	
2	2		66	54	1793	
					152	
1213	7	929	31286	7656	173009	1173
6069	229	4895	136776	22708	429279	211495
677	139	1824	57782	2858	98702	210235
2277	44	982	10178	3102	40338	120
1893	3	1346	46594	11472	197635	
1221	43	743	22223	5277	92604	1140
5750	4	599	12721	1682	48928	34
60		157	2777	511	8022	
322	3	48	2524	475	18088	
5368	1	395	7420	696	22818	34

14-7 各种分组的劳务分包企业产值资产和损益情况(2016年)

指标名称	Item	企业个数 (个) Number of Enterprises (unit)	建筑业总产值 (万元) Total Gross Output Value (10 000 yuan)	从业人员期末人数 (人) Number of Employed Persons (person)
总计	**Total**	**22**	**7512**	**1384**
按登记注册类型分组	**By Status of Registration**			
内资企业	Domestic Funded	22	7512	1384
有限责任公司	Limited Liability Corporations	8	2025	267
股份有限公司	Share-holding Corporation Limited	1	102	23
私营企业	Private Enterprises	13	5385	1094
按国民经济行业分组	**By Sector**			
房屋建筑业	Housing Project building	2		12
土木工程建筑业	Civil Engineering Construction	4	2866	237
建筑安装业	Construction Installation	5	1612	20
建筑装饰和其他建筑业	Construction Decoration and Other Construction	11	3034	1115
按企业资质等级分组	**By Qualification Criteria of Enterprises**			
劳务分包	Labor Subcontract	22	7512	1384
一级	First Grade	12	5347	1208
二级	Second Grade	2	118	143
三级及以下	Third Grade and Below	8	2047	33
按营业状态分	**By Business Status**			
营业	In Business	21	7500	1384
停业(歇业)	Out of Business	1	12	
按控股情况分	**By Holding Situation**			
集体控股	Collective Holding	2	1784	112
私人控股	Private Holding	18	5702	1250
其他	Others	2	26	22

Assets and Profit Conditions of Labor Subcontracting Enterprises by Groups (2016)

资产负债(万元) Assets and Liabilities(10 000 yuan)				损益及分配(万元) Profit and Loss, Distribution(10 000 yuan)				
固定资产原价 Original Cost of Fixed Assets	本年折旧 Depreciation Charge for the Year	资产总计 Total Assets	负债合计 Total Liabilities	营业收入合计 Operating Revenue	营业成本 Operating Cost	销售费用 Selling Expenses	管理费用 Management Costs	利润总额 Total Profit
1874	**162**	**8938**	**6934**	**7593**	**6910**	**90**	**511**	**12**
1874	162	8938	6934	7593	6910	90	511	12
726	98	3588	2945	2106	1810	90	131	89
4		148	48	102	92		10	4
1144	64	5203	3942	5385	5008		371	-81
1	1	90	-40				38	-4
1364	90	1951	1326	2866	2597		174	69
79	61	2160	1795	1612	1433		227	-96
430	11	4737	3853	3115	2880	90	72	44
1874	162	8938	6934	7593	6910	90	511	12
1780	101	3179	2112	5347	4982		261	95
		3066	2879	199	192		6	-1
95	61	2694	1943	2047	1735	90	244	-83
1874	162	8938	6934	7581	6906	90	504	11
				12	3		7	1
692	97	479	197	1784	1610		83	84
1179	64	8362	6756	5783	5282	90	385	-70
3	0	97	-19	26	18		43	-2

14−8 按行业分建筑企业主要指标(2016年)

类别	Item	企业数(个) Number of Enterp-rises (unit)	从业人员(人) Number of Employed Persons (person)	建筑业总产值(万元) Gross Output Value of Construction (10 000 yuan)
总计	**Total**	**412**	**114825**	**4106249**
房屋建筑业	Housing Project Building	164	47570	1114712.4
土木工程建筑业	Civil Engineering Construction	140	55720	2754689.7
铁路、道路、隧道和桥梁工程建筑	Railway,Road,Tunnel and Bridge Engineering Construction	69	23692	920338.4
铁路工程建筑	Railway Engineering Construction	5	2024	149488.3
公路工程建筑	Highway Engineering Construction	49	19912	716024.9
市政道路工程建筑	Peripheral Road Engineering Construction	11	1053	41852.7
其他道路、隧道和桥梁工程建筑	Other Road, Tunnel and Bridge Engineering Construction	4	703	12972.5
水利和内河港口工程建筑	Water and Inland Port Engineering Construction	30	7832	181803.7
工矿工程建筑	Industrial and Mining Engineering Construction	7	18712	1373791.7
架线和管道工程建筑	Line and Pipeline Engineering Construction	25	5017	253254.3
其他土木工程建筑	Other Civil Engineering Construction	9	467	25501.6
建筑安装业	Construction Installation	59	8943	210581.4
建筑装饰和其他建筑业	Construction Decoration and Other Constructions	49	2592	26265.5

注：本表数据为具有资质等级的施工总承包、专业承包建筑业企业(不含劳务分包建筑业企业)数据。

Main Indicators of Construction Enterprises by Sector(2016)

		竣工产值	房屋建筑面积(平方米) Floor Space of Buildings(sq.m)		竣工房屋价值 (万元)	
建筑工程 Output Value of Construction	安装工程 Output Value of Installation	(万元) Output Value of Completed (10 000 yuan)	施工面积 Floor Space under Construction	竣工面积 Floor Space Completed	Value of Completed (10 000 yuan)	住宅 Residential Buildings
3297201	**501737.2**	**1652654.5**	**8867902**	**3019350**	**5516318**	**2792868**
899197.7	81116.7	617512.2	7805117	2733425	4908223	2597135
2299094	301600.1	906682.9	707786	178833	344205	148418
862248.5	10294.4	293164.2	259418	91085	215435	88841
148938.3		55782.3	183548	58278	176010	72120
673510.1	514.8	204857.4	52710	13940	22779	9000
32073.1	9779.6	26350.3				
7727.0		6174.2	23160	18867	16646	7721
161654.9	13651.2	98410.8	62160	62152	76830	38867
1139124.1	234667.6	409455	251095			
110702.3	42849.6	96871.8	1600			
25364.2	137.3	8781.1	133513	25596	51940	20710
92352.8	113176	119108.2	349499	107092	263890	47315
6556.5	5844.4	9351.2	5500			

a)Data in this table included all general construction contractors and professional contractors (not including construction enterprises of worker subcontractors) which possess qualification grades.

14-9 2010-2016年建筑业企业房屋竣工面积
Floor Space of Buildings Completed by Construction Enterprises(2010-2016)

项 目	Item	房屋建筑竣工面积(平方米) Floor Space of Buildings Completed (sq.m)						
		2010	2011	2012	2013	2014	2015	2016
总计	**Total**	**2731628**	**3237566**	**3440990**	**4665198**	**4793927**	**3502146**	**3019350**
按房屋主要用途分	By Usage of Housing							
厂 房	Workshop	61330	154573	152626	197133	70698	85352	69567
住 宅	Residential Buildings	1582692	1972181	2025802	3069780	2746050	2108971	1581972
办公用房	Office	478501	272196	431445	513490	614595	475030	314114
批发零售用房	Wholesale and Retail	11739	85498	35977	34243	47370	47318	115563
住宿和餐饮用房	Hotel and Catering	22756	16248	64359	39620	63787	36219	47238
居民服务业用房	Services to Households	22567	68856	48949	140707	131035	221085	293849
教育用房	Education	243689	481498	413426	383162	606568	271636	321766
文化体育娱乐用房	Culture, Sports and Entertainment	14692	29983	35667	58803	130302	44935	47650
医疗用房	Medical	28824	23916	40638	82918	37621	10953	43533
科研用房	Research	4807	19402	29238	921	100899	450	968
其他用房	Others	260031	109233	142077	102212	214312	189561	180822
仓库用房	Storage		3982	8529	22111	17409	9296	1458
商务会展用房	Business Exhibition			12257	20098	13281	1340	850

14-10 2012-2016年建筑业经济效益指标
Main Indicators on Economic Benefit of Construction Enterprises (2012-2016)

指 标		Item		2012	2013	2014	2015	2016
房屋建筑面积竣工率	(%)	Rate of Floor Space of Buildings Completed	(%)	45.10	40.28	44.69	38.54	34.05
产值利润率	(%)	Ratio of Profit to Gross Output Value	(%)	3.32	3.39	3.11	3.28	3.77
人均竣工产值	(元/人)	Gross Output Value Completed Per Capita	(yuan/person)	100164	128424	196401	161606	143928
人均施工面积	(平米/人)	Floor Space under Construction Per Capita	(sq.m/person)	59.27	87.66	109.48	70.76	77.23
人均竣工面积	(平米/人)	Floor Space Completed Per Capita	(sq.m/person)	26.70	35.30	48.92	27.27	26.30
人均利润	(元/人)	Profits Per Capita	(yuan/person)	8339	13138	13730	10460	13398
资产负债率	(%)	Assets-liability Ratio	(%)	68.10	66.41	67.71	66.51	66.63
技术装备率	(元/人)	Value of Machines per Laborer	(yuan/person)	16060	17080	25679	20322	15552

14-11 按资质等级分的建筑业主要经济指标(2016年)
Main Economic Indicators of Construction Enterprises by Qualification Grade(2016)

指标	Item	企业数(个) Number of Enterprises (unit)	有工作量的 Having Workload	年末从业人员(人) Number of Employed Persons (person)	工程技术人员(人) Engineering and Technical Personnel (person)	直接从事生产经营活动的平均人数(人) Average Number of Calculating Labor Productivity (person)	签订合同额(万元) Total Value of Contracts (10 000 yuan)
按资质等级关系分组	**By Qualification Criteria of Enterprises**	**412**	**371**	**114825**	**16466**	**144863**	**9290698**
施工总承包	General Contractors	288	264	101341	15058	125863	8859571
特级	Special Grade	1	1	16632	3213	16675	3728629
一级	First Grade	17	14	12983	3474	18465	1629910
二级	Second Grade	125	119	51581	6287	65441	2804979
三级及以下	Third Grade and Below	145	130	20145	2084	25282	696053
专业承包	Professional Contractors	124	107	13484	1408	19000	431127
一级	First Grade	3	3	1643	393	4731	141054
二级	Second Grade	42	39	5632	536	7042	119824
三级及以下	Third Grade and Below	79	65	6209	479	7227	170249

14-11 续表1 Continued

单位：万元 (10 000 yuan)

指标	Item	建筑业总产值 Total Gross Output Value	建筑工程产值 Output Value of Construction	安装工程产值 Output Value of Installation	其他产值 Output Value of Others	竣工产值 Output Value of Completed	建筑业企业在境外完成的营业收入 Operating Revenue Completed by Construction Enterprises in Overseas
按资质等级关系分组	**By Qualification Criteria of Enterprises**	**4106249**	**3297201**	**501737**	**307311**	**1652655**	**211529**
施工总承包	General Contractors	3747069	3141195	423276	182599	1516171	211495
特级	Special Grade	1342786	1134824	207962		396745	210235
一级	First Grade	646081	449467	101862	94753	98897	120
二级	Second Grade	1261804	1125784	61775	74244	685522	
三级及以下	Third Grade and Below	496399	431120	51677	13602	335006	1140
专业承包	Professional Contractors	359180	156006	78462	124712	136484	34
一级	First Grade	140990	37196	59	103736	37254	
二级	Second Grade	108819	66263	30284	12272	29961	
三级及以下	Third Grade and Below	109371	52547	48119	8704	69268	34

14-11 续表2 Continued

单位：万元 (10 000 yuan)

项目	Item	税金总额 Total Taxes	利润总额 Total Profits	营业收入 Operating Revenue	营业成本 Operating Cost
按企业资质等级分组	**By Qualification Criteria of Enterprises**	**160157**	**149497**	**5167499**	**4688624**
施工总承包	General Contractors	144275	136776	4716322	4282989
特级	Special Grade	48510	57782	1611836	1461818
一级	First Grade	16923	10178	810474	752597
二级	Second Grade	57088	46594	1652090	1500257
三级及以下	Third Grade and Below	21754	22223	641922	568318
专业承包	Professional Contractors	15882	12721	451178	405635
一级	First Grade	7275	2777	141030	131244
二级	Second Grade	4602	2524	134895	121056
三级及以下	Third Grade and Below	4005	7420	175253	153336

14-11 续表3 Continued

项目	Item	房屋建筑施工面积（平方米） Floor Space of Buildings Under Construction (sq.m)	房屋建筑竣工面积（平方米） Floor Space of Buildings Completed (sq.m)	住宅 Residential Buildings	竣工房屋价值（万元） Value of Buildings Completed (10 000 yuan)	住宅 Residential Buildings
按企业资质等级分组	**By Qualification Criteria of Enterprises**	**8867902**	**3019350**	**1581972**	**551632**	**279287**
施工总承包	General Contractors	8643031	2940879	1579772	538711	279140
特级	Special Grade	251095				
一级	First Grade	1802716	197530	64631	50303	11944
二级	Second Grade	5043872	1767186	894719	316993	160999
三级及以下	Third Grade and Below	1545348	976163	620422	171414	106197
专业承包	Professional Contractors	224871	78471	2200	12921	147
一级	First Grade					
二级	Second Grade	209408	66071		12233	
三级及以下	Third Grade and Below	15463	12400	2200	688	147

14-12 分地区建筑业企业主要经济指标(2016年)

Basic Statistics of Construction Enterprises Production by Region(2016)

地 区	Region	企业数(个) Number of Enterprises (unit)	有工作量的 Having Workload	签订合同额(万元) Total Value of Contracts (10 000 yuan)	建筑业总产值(万元) Total Gross Output Value (10 000 yuan)	竣工产值(万元) Output Value of Completed (10 000 yuan)	房屋建筑施工面积(平方米) Floor Space of Buildings Under Construction (sq.m)	房屋建筑竣工面积(平方米) Floor Space of Buildings Completed (sq.m)
总计	**Total**	**412**	**371**	**9290698**	**4106249**	**1652655**	**8867902**	**3019350**
国有及国有控股企业	State-owned and State-holding Enterprises	61	56	5385624	2353650	769154	996215	262396
西宁市	Xining City	294	259	7935717	3379503	1146765	5257418	1362139
海东市	Haidong City	44	43	664965	285704	146273	2102083	488259
海北州	Haibei Zang A.P	11	11	59664	65988	62265	287866	242912
黄南州	Huangnan Zang A.P	11	10	108447	94979	60602	419202	220204
海南州	Hainan Zang A.P	16	15	190642	92377	76318	428219	384131
果洛州	Golog Zang A.P	5	5	49300	7927	7918	36596	35696
玉树州	Yushu Zang A.P	4	3	5190	4296	150	1162	770
海西州	Haixi Mongolian & Zang A.P	27	25	276773	175476	152362	335356	285239

14-12 续表1 Continued

单位：万元 (10 000 yuan)

地 区	Region	资产总计 Total Asscts	固定资产合计 Total Fixed Assets	负债合计 Total Liabilities	流动负债合计 Total Liquid Liabilities	非流动负债合计 Total Non-current Liabilities	所有者权益合计 Total Owners' Equity
总计	**Total**	**6085025**	**829571**	**4054360**	**3699912**	**212131**	**2030664**
国有及国有控股企业	State-owned and State-holding Enterprises	3426510	469216	2539187	2300875	138410	887324
西宁市	Xining City	5028262	665939	3373375	3070253	175062	1654887
海东市	Haidong City	458565	44327	307265	283693	16556	151301
海北州	Haibei Zang A.P	51216	17691	28101	27912		23115
黄南州	Huangnan Zang A.P	58631	11557	30179	27889	2289	28452
海南州	Hainan Zang A.P	134943	8929	81873	81575	224	53071
果洛州	Golog Zang A.P	22153	1820	19045	18492	133	3108
玉树州	Yushu Zang A.P	6458	344	3028	1982	921	3430
海西州	Haixi Mongolian & Zang A.P	324797	78963	211496	188115	16947	113301

14-12 续表2 Continued

单位：万元 (10 000 yuan)

地 区	Region	实收资本 Paid-in Capitals	营业收入 Operating Revenue	主营业务收入 Revenue from Principal Business	营业成本 Operating Cost	主营业务成本 Cost of Principal Business	营业税金及附加 Taxes and Other Charges	主营业务税金及附加 Taxes and Other Charges on Principal Business	其他业务利润 Other Operating Profit	销售费用 Selling Expense
总计	**Total**	**1257442**	**5167499**	**4790218**	**4688624**	**4237243**	**73528**	**61706**	**5431**	**8335**
国有及国有控股企业	State-owned and State-holding Enterprises	398755	2826655	2727026	2563583	2448856	16513	15802	3943	473
西宁市	Xining City	973339	4238671	3897824	3858429	3500608	54685	44833	4844	2869
海东市	Haidong City	107187	369857	351882	324996	254478	7854	7651	46	972
海北州	Haibei Zang A.P	13002	73114	73114	64208	64208	1630	1630		1
黄南州	Huangnan Zang A.P	27346	97679	97679	90623	86399	3716	2340		974
海南州	Hainan Zang A.P	47564	160758	160758	150862	150862	2667	2666		3201
果洛州	Golog Zang A.P	2273	29239	28829	24797	24717	982	977		60
玉树州	Yushu Zang A.P	2137	4610	3971	3991	3086	34	28		8
海西州	Haixi Mongolian & Zang A.P	84595	193572	176160	170718	152885	1961	1582	542	251

14-12 续表3 Continued

单位：万元 (10 000 yuan)

地 区	Region	管理费用 Management Expenses	税金 Taxes	利润总额 Total Profits	财务费用 Financial Expenses	利息收入 Interest Revenue	应付职工薪酬 Employee Wages Payable
总计	**Total**	**231752**	**8869**	**149497**	**24217**	**11989**	**478207**
国有及国有控股企业	State-owned and State-holding Enterprises	139694	3892	106913	8320	11690	200887
西宁市	Xining City	190368	7393	119879	21301	11930	340502
海东市	Haidong City	17055	1063	17933	1621	23	60614
海北州	Haibei Zang A.P	1890	21	5171	120	11	10531
黄南州	Huangnan Zang A.P	1996	62	289	35	0	19068
海南州	Hainan Zang A.P	2406	93	1309	296	7	8207
果洛州	Golog Zang A.P	1238	42	2025	123	3.7	1105
玉树州	Yushu Zang A.P	288	2	222	13		355
海西州	Haixi Mongolian & Zang A.P	16512	193	2669	709	13	37826

主要统计指标解释

建筑业统计单位　指从事房屋、构筑物建造和设备安装活动的法人企业。建筑业法人企业应具有建筑业资质并能够独立核算,同时其应具备以下条件:①依法成立,有自己的名称、组织机构和场所,能够承担民事责任;②独立拥有和使用资产,承担负债,有权与其他单位签订合同;③独立核算盈亏,能够编制资产负债表。

建筑业总产值　是以货币形式表现的建筑业企业在一定时期内生产的建筑业产品和提供的服务的总和。建筑业总产值包括:

(1)建筑工程产值:指列入建筑工程预算内的各种工程价值。

(2)安装工程产值:指设备安装工程价值,不包括被安装设备本身的价值。

(3)其他产值:建筑业总产值中除建筑工程、安装工程以外的产值。包括房屋构筑物修理产值、非标准设备制造产值、总包企业向分包企业收取的管理费以及不能明确划分的施工活动所完成的产值。

a. 房屋构筑物修理产值:指房屋和构筑物修理所完成的产值,但不包括被修理房屋、构筑物本身价值和生产设备的修理产值。

b. 非标准设备制造产值:指加工制造没有定型的非标准生产设备的加工费和原材料价值(如化工厂、炼油厂用的各种罐、槽,矿井生产统一使用的各种漏斗、三角槽、阀门等)以及附属加工厂为本企业承建工程制作的非标准设备的价值。

建筑业增加值　指建筑业企业在报告期内以货币形式表现的建筑业生产经营活动的最终成果。

从 2004 年第一次全国经济普查开始,建筑业现价增加值按生产法和分配法(收入法)两种方法计算,以收入法的计算结果为准,即从收入的角度出发,根据生产要素在生产过程中应得的收入份额计算。具体计算方法:经济普查年度建筑业增加值按照《经济普查年度 GDP 核算方案》计算,非经济普查年度建筑业增加值按照《非经济普查年度 GDP 核算方案》计算。

房屋建筑施工面积　指在报告期内施过工的全部房屋建筑面积,包括本期新开工的房屋面积、上期施工跨入本期继续施工的房屋面积、上期停缓建在本期恢复施工的房屋面积、本期竣工的房屋面积及本期施工后又停缓建的房屋面积。

房屋建筑竣工面积　指在报告期内房屋建筑按照设计要求全部完工,达到了使用条件,经验收鉴定合格,正式移交使用单位的房屋建筑面积。

Explanatory Notes on Main Statistical Indicators

Statistical Unit in the Construction Industry refers to a corporate enterprise engaged in the construction of buildings and structures and in the installation of equipment. A corporate construction enterprise should have qualification certificates with independent accounting system, and should meet the following 3 requirements: a) being set up in line with relevant legal basis, having its full name, organization and location, and capable of taking civil liabilities; b) independently possessing and using its assets and assuming its liabilities, and entitled to sign contracts with other institutions; and c) making independent accounts of its profits and losses, and capable of compiling its own balance sheet.

Gross Output Value of Construction refers to total of construction products and services, expressed in money terms, produced or rendered by construction and installation enterprises during a given period of time. It includes:

(1) Output value of construction projects: the value of projects covered by the project budgets;

(2) Output value of installation projects: the value of the installation of equipment, (excluding the value of the equipment to be installed);

(3) Other output values: the output value of construction industry apart from that of construction projects and installation projects. It includes: output value of repair of buildings and structures; output value of non - standard equipment manufacturing; overhead expenses received by contracted enterprises from the sub - contracted enterprises and the completed output value of construction activities for which there is no clear definition.

a. Output value of repair of buildings and structures: the value created through the repairs of buildings or structures. It does not include the value of buildings or structures being repaired and the value of the repair of production equipment;

b. Output value of manufactured non - standard equipment: the value of non - standard production equipment, including raw materials and manufacturing cost, made for the construction project (i. e. , chemical plant; kettles or tanks used by refineries; various fillers, triangle tanks, valves used by mines). It also includes the output value of equipment manufactured by subsidiary workshops.

Value - added of Construction refers to the final result of the activities of production and operation of enterprises of the construction industry in monetary terms during the reference period.

Starting from the 2004 economic census, value - added of construction is calculated by both production approach and income approach, with the figures from the income approach as the final figures. Under the income approach,, calculation starts from the perspective of income and is based on the share of income derived from the production process by the relevant factors of production.. Specifically, value - added of construction for the Census years is calculated in accordance with the Programme of Compilation of GDP and National Accounts for the Year of Economic Census, and value - added of construction for other years is calculated in accordance with the Programme of Compilation of GDP and National Accounts for the Non Economic Census Years.

Floor Space of Buildings Under Construction refers to floor space of buildings under construction during the reference period, including the floor space of buildings for which construction has newly started; buildings for which construction has started earlier and is continuing during the reference period; and buildings for which construction has been suspended earlier but has restarted during the reference period; buildings completed during the reference period; and buildings under construction but construction has subsequently been during the reference period.

Floor Space of Buildings Completed refers to the floor space of buildings that are completed in the reference period in accordance with the requirements of the design, up to the standard for being put into use, and having been checked and accepted by departments concerned as qualified ones.

第 15 篇
CHAPTER 15

运输和邮电
Transport, Postal and Telecommunication

铁路、公路、民航年末到达数

（公里）

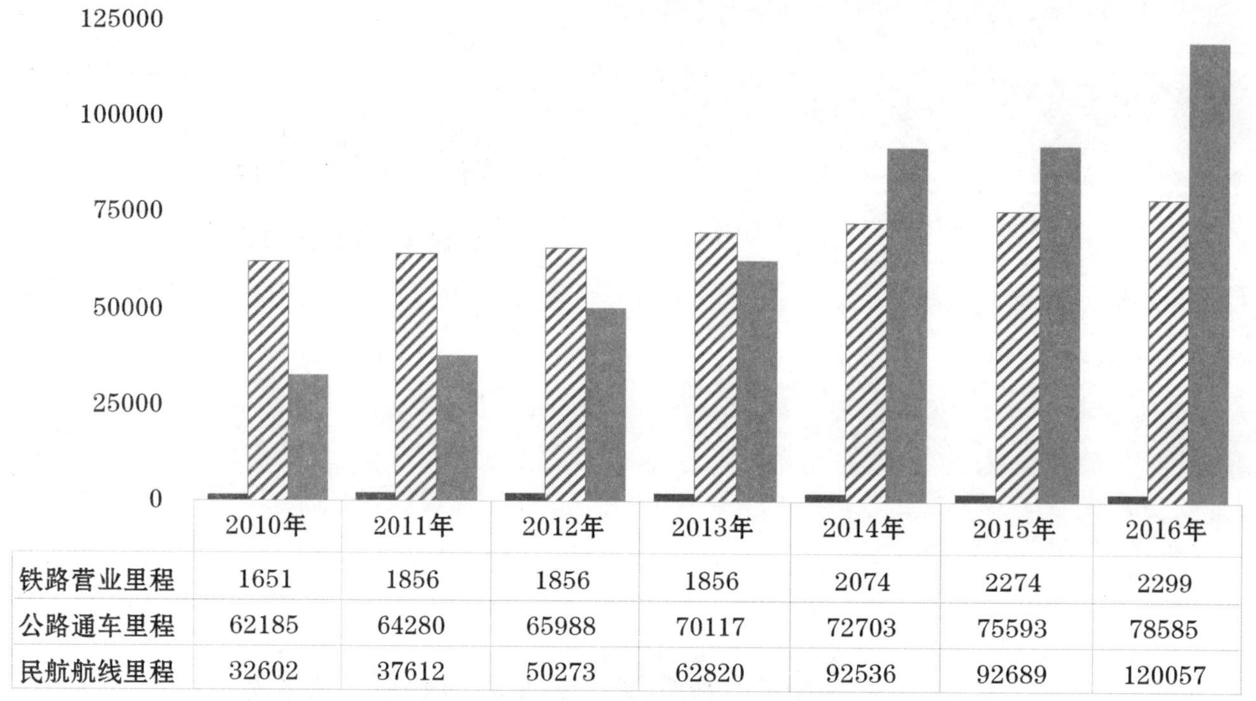

	2010年	2011年	2012年	2013年	2014年	2015年	2016年
铁路营业里程	1651	1856	1856	1856	2074	2274	2299
公路通车里程	62185	64280	65988	70117	72703	75593	78585
民航航线里程	32602	37612	50273	62820	92536	92689	120057

■ 铁路营业里程　▨ 公路通车里程　■ 民航航线里程

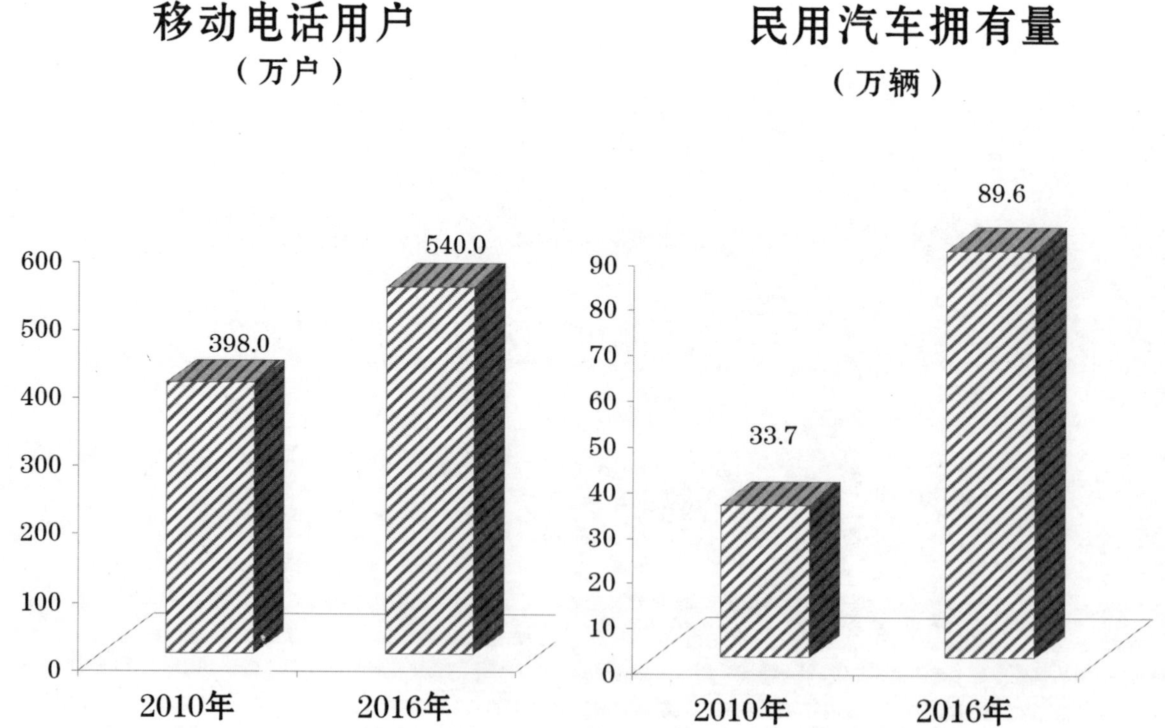

15-1 主要年份交通运输业基本情况
Basic Conditions of Transport in Main Years

指　标	Item	2012	2013	2014	2015	2016
客运量总计　（万人）	**Total Passenger Traffic (10 000 persons)**	**12830**	**4957**	**5643**	**5825**	**6201**
铁路	Railways	544	592	615	936	994
公路	Highways	12100	4140	4769	4595	4873
民用航空	Civil Aviation	138	167	199	224	268
水路	Waterways	48	58	60	70	66
旅客周转量总计（万人公里）	**Total Passenger-Kilometers (10 000 passenger-km)**	**1302492**	**1199090**	**1324986**	**1506906**	**1602593**
铁路	Railways	505492	548882	563086	744449	775300
公路	Highways	595000	403349	465045	446500	475000
民用航空	Civil Aviation	201349	246116	296093	315100	351500
水路	Waterways	651	742	762	857	793
货运量总计　（万吨）	**Total Freight Traffic (10 000 tons)**	**13680**	**13576**	**14846**	**16173**	**17090**
铁路	Railways	3784	3783	3608	2729	2834
公路	Highways	9700	9588	11030	13233	14047
民用航空	Civil Aviation	1	1	1	1	1
管道	Petroleum and Gas Pipelines	195	204	207	210	208
货物周转量总计（万吨公里）	**Total Freight Ton-kilometers (10 000 ton-km)**	**5362693**	**4594935**	**5162956**	**4549272**	**4850751**
铁路	Railways	2466199	2476842	2727096	2234468	2397600
公路	Highways	2810000	2027634	2343632	2221300	2360400
民用航空	Civil Aviation	792	1122	1206	1231	1338
管道	Petroleum and Gas Pipelines	85702	89337	91022	92273	91413
民用汽车拥有量　（辆）	**Possession of Civil Motor Vehicles (units)**	**517269**	**611681**	**706699**	**794476**	**896124**
载客汽车	Passenger Vehicles	366536	452810	542585	631616	729042
载货汽车	Trucks	117733	127864	138219	142446	149421
普通载货汽车	Ordinary Trucks	82970	91140	97788	101740	106328
#私人汽车	Private Vehicles	383271	469563	558984	643629	739024

注：1.从2007年起铁路为境内统计数，2006年之前为铁路部门管理辖区数。
2.民用车辆数据由省车辆管理部门提供。
3.根据交通运输部要求，对2015年公路运输量数据按照2015年小样本抽样调查结果进行了调整。
a)Data about railway are cisborder since 2007, 2006 and before they are data of management popedom of railway department.
b)Data of civil motor vehicles is provided by the provincial vehicle management department.
c）Data on Highways traffic in 2015 were adjusted for the 2015 small sample survey According to the requirements of the Ministry of transport.

15-2 主要年份客运量

Passenger Traffic in Main Years

单位：万人、万人公里 (10 000 persons,10 000 passenger-km)

年份 Year	客运量 合计 Total Passenger Traffic	铁路 Railways	公路 Highways	民用航空 Civil Aviation	水路 Waterways	旅客周转量 合计 Total Passener-Kilometers	铁路 Railways	公路 Highways	民用航空 Civil Aviation	水路 Waterways
1978	328	170	158			103241	85259	17982		
1985	1288	295	993			127647	73123	54524		
1986	1633	289	1344	0.2		147911	76260	71414	237	
1987	1749	296	1453	0.2		161244	79430	81552	262	
1988	1844	323	1521			182477	93796	88422	259	
1989	1864	275	1589			169501	82658	86696	147	
1990	1843	209	1634			153736	61220	92411	105	
1991	1899	196	1703			154238	55314	98817	107	
1992	2010	197	1812	1		161839	54785	105760	1294	
1993	2227	208	2017	2		186261	59608	123432	3221	
1994	2292	217	2073	2		193057	62980	126527	3550	
1995	2388	220	2165	3		198391	64027	129270	5094	
1996	2690	185	2500	5		205356	53923	144088	7345	
1997	2885	200	2680	5		220469	59275	153000	8194	
1998	3157	261	2889	7		245574	73025	161569	10980	
1999	3359	297	3055	7		275227	93634	171219	10374	
2000	3612	352	3250	10		312497	115090	182000	15407	
2001	3832	392	3428	12		347706	133605	195930	18171	
2002	4007	436	3556	15		372837	150444	200720	21673	
2003	4324	408	3900	16		407362	163987	220000	23375	
2004	4601	386	4193	22		451229	186281	232035	32913	
2005	4920	368	4525	27		472389	186922	246556	38911	
2006	5310	411	4861	38		598831	283518	262333	52980	
2007	5655	393	5218	44		744085	386640	293940	63505	
2008	9447	404	8996	47		826430	332583	424611	69236	
2009	10101	430	9603	68		955376	398742	455610	101024	
2010	10997	474	10439	85		1072054	446155	502093	123806	
2011	11972	520	11308	102	42	1205720	497642	556426	151096	556
2012	12830	544	12100	138	48	1302492	505492	595000	201349	651
2013	4957	592	4140	167	58	1199090	548882	403349	246116	742
2014	5643	615	4769	199	60	1324986	563086	465045	296093	762
2015	5825	936	4595	224	70	1506906	744449	446500	315100	857
2016	6201	994	4873	268	66	1602593	775300	475000	351500	793

15-3 主要年份货运量

Freight Traffic in Main Years

单位：万吨、万吨公里 (10 000 tons,10 000 ton-km)

年份 Year	货运量合计 Total Freight Traffic	铁路 Railways	公路 Highways	民用航空 Civil Aviation	管道输油量 Petroleum and Gas Pipelines	货物周转量合计 Total Freight Ton-Kilometers	铁路 Railways	公路 Highways	民用航空 Civil Aviation	管道输油量 Petroleum and Gas Pipelines
1952	3		3			553		553		
1978	1326	546	780			321164	274437	46727		
1985	2033	334	1699			244198	141109	103089		
1986	1823	337	1486			299403	208001	91400	2	
1987	2234	390	1844			348903	229900	119000	3	
1988	2072	411	1661			400524	259532	140989	3	
1989	2254	427	1837			468089	293183	174904	2	
1990	2434	454	1957		23	498544	298810	187665	3	10066
1991	2998	502	2413	…	83	565197	329657	199435	2	36103
1992	3071	518	2471	…	82	559774	317891	205994	15	35670
1993	3127	550	2533	…	89	578134	327642	211633	35	38824
1994	3328	538	2694	…	96	613271	335860	235274	41	42096
1995	3529	532	2887	…	110	664296	367320	248815	57	48104
1996	3909	535	3247	…	127	702042	357686	289646	86	54624
1997	4180	585	3450	…	145	760636	390821	306500	99	63216
1998	4502	590	3743	…	169	816028	409500	333172	101	73255
1999	4654	607	3865	…	182	883310	459448	344629	93	79140
2000	5076	833	4050	…	193	957168	507030	366000	140	83998
2001	5456	957	4305	…	194	1067872	598885	384419	178	84390
2002	5652	1000	4450	0.10	202	1120184	694370	397538	189	88087
2003	6189	1092	4890	0.15	207	1337595	814313	433000	237	90045
2004	6656	1308	5136	0.23	212	1394733	848590	453129	385	92629
2005	7152	1453	5491	0.33	208	1562445	987866	482660	563	91356
2006	7641	1572	5864	0.50	205	1549176	944456	514149	743	89828
2007	8260	1772	6280	0.50	207	1851758	1207432	552563	811	90952
2008	9318	2310	6805	0.60	202	3433354	1485024	1866003	1016	81311
2009	10057	2702	7173	0.64	182	3722543	1654897	1986737	1090	79819
2010	11426	3286	7962	0.47	178	4275704	1922024	2274730	645	78304
2011	12772	3634	8952	0.35	185	4945713	2283398	2580397	571	81347
2012	13680	3784	9700	0.50	195	5362693	2466199	2810000	792	85702
2013	13576	3783	9588	0.74	204	4594935	2476842	2027634	1122	89337
2014	14846	3608	11030	0.72	207	5162956	2727096	2343632	1206	91022
2015	16173	2729	13233	0.86	210	4549272	2234468	2221300	1231	92273
2016	17090	2834	14047	0.99	208	4850751	2397600	2360400	1338	91413

15-4　2014-2016年民用汽车拥有量
Possession of Civil Vehicles(2014-2016)

单位：辆　　　　(unit)

指　标	Item	2014	新注册 New Registrations	私人 Private	2015	新注册 New Registrations	私人 Private	2016	新注册 New Registrations	私人 Private
民用汽车合计	**Total**	**706699**	**117014**	**558984**	**794476**	**109735**	**643629**	**896124**	**122050**	**739024**
载客汽车	Passenger Vehicles	542585	95087	442589	631616	94227	527914	729042	103748	620493
大型	Large	7345	600	111	7116	621	88	7967	1170	81
中型	Medium	5898	535	1233	5419	376	1142	5641	576	1135
小型	Small	521897	93642	435478	612177	93059	521330	709291	101942	614618
微型	Minicar	7445	310	5767	6904	171	5354	6143	60	4659
#轿车	Car	337569	57665	287049	388552	51733	334772	439475	52895	382590
载货汽车	Trucks	138219	20587	95858	142446	14440	100563	149421	16929	106243
重型	Heavy	26880	4930	9796	25896	1579	9199	26941	1858	9686
中型	Medium	8450	608	6055	7693	284	5555	7527	344	5376
轻型	Light	102484	15048	79707	108489	12577	85534	114696	14726	90985
微型	Mini	405	1	300	368		275	257	1	196
#普通载货	Ordinary Trucks	97788	13561	75645	101740	11049	80299	106328	12493	84754
其他汽车	Others	25895	1340	20537	20414	1068	15152	17661	1373	12288
摩托车	**Motorcycle**	**60651**	**2714**	**59878**	**47395**	**2081**	**46772**	**38505**	**1847**	**38003**
普通	General	59863	2706	59102	47220	2074	46601	38384	1846	37882
轻便	Light	788	8	776	175	7	171	121	1	121
农用运输车	**Farm Vehicles**	**25895**	**1340**	**20537**	**20414**	**1068**	**15152**	**17661**	**1373**	**12288**
三轮汽车	Tri-wheel Vehicle	9603	613	9563	8530	487	8477	6583	548	6532
低速货车	Low-speed Vehicle	8733	28	8401	4147	21	3956	3003	30	2853
拖拉机	**Tractors**	**274740**	**9039**	**274740**	**273104**	**2290**	**273104**	**275729**	**2089**	**275729**
大中型	Large and Medium	15871	1235	15871	16927	1151	16927	17808	881	17808
小型	Small	258869	7804	258869	256177	1139	256177	257921	1208	257921
挂车	**Trailers**	**5824**	**1002**	**1348**	**6046**	**724**	**1431**	**6982**	**1194**	**1771**
其他类型车	**Other Vehicles**	**44**			**13**			**11**		

补充资料：1.2013年机动车驾驶员909583人,其中汽车驾驶员882715人。
2.2014年机动车驾驶员1301410人，其中汽车驾驶员990837人。
3.2015年机动车驾驶员1319052人，其中汽车驾驶员1130421人。
4.2016年机动车驾驶员1434199人，其中汽车驾驶员1254031人。

a)909 583 Motor Vehicle drivers in 2013, of whom 882 715 were Automobile drivers.
b)1 301 410 Motor Vehicle drivers in 2014, of whom 990 837 were Automobile drivers.
c)1 319 052 Motor Vehicle drivers in 2015, of whom 1 130 421 were Automobile drivers.
d)1 434 199 Motor Vehicle drivers in 2015, of whom 1 254 031 were Automobile drivers.

15-5 全省公路运输能源消费调查基本情况(2016年)
Basic Conditions of Total Provincial Road Transport Energy Consumption Survey(2016)

指标	Item	营运车辆总数（辆）Total Number of VeDicles Operating (unit)	调查车辆数（辆）Total Number of VeDicles Surveyed (unit)	燃油消费总量（万吨）Fuel Consumption (10 000 tons)
载客汽车	**Passenger Car**	**6670**	**193**	**8.66**
汽油	**Gasoline**	**2360**	**56**	**0.97**
7座＜X≤15座	7seat＜X≤15seat	2229	39	0.89
X＞15座	X＞15seat	131	17	0.08
柴油	**Diesel Fuel**	**4310**	**137**	**7.69**
7座＜X≤15座	7seat＜X≤15seat	273	26	0.14
15座＜X≤30座	15seat＜X≤30seat	1378	53	1.68
X＞30座	X＞30seat	2659	58	5.87
载货汽车	**Truck**	**162864**	**595**	**101.08**
汽油	**Gasoline**	**50519**	**160**	**10.50**
X≤2吨	X≤2ston	48169	92	9.49
X＞2吨	X＞2ston	2350	68	1.01
柴油	**Diesel Fuel**	**112345**	**435**	**90.58**
X≤2吨	X≤2ston	51827	86	13.39
2吨＜X≤4吨	2ston＜X≤4ston	6093	80	2.97
4吨＜X≤8吨	4ston＜X≤8ston	10931	92	7.35
8吨＜X≤20吨	8ston＜X≤20ston	28418	102	34.32
X＞20吨	X＞20ston	15076	75	32.55
汽油车	**Gasoline Automobile**	**52879**	**216**	**11.47**
柴油车	**Diesel VeDicle**	**116655**	**572**	**98.26**

注：“X”代表载客汽车中的座位和载货汽车中的吨位。
a)"X" stands for seats of passenger car and tonnage of truck.

15−6 主要年份铁路、公路、民航里程年末达到数

Total Length of Routes of Railway, Highway, Civil Aviation at Year-end in Main Years

单位：公里、公里/万平方公里 (km,km/10000 sq.km)

年份 Year	铁路 Railways		公路 Highways								民用航空航线里程 Length of Civil Aviation Routes
	营业里程 Length of Railways in Operation	线路密度 Railway Density	通车里程 Length of Highways	线路密度 Highway Density	有路面里程 Length of Railways with Road Surface	高、次高级 High and Senior Hihgways	等级路合计 Expressway and Class I to IV Highways	高速 Express way	一、二级 First and Second Class	等外路 Highways Below Class IV	
1965	198	2.75	11981	166.40	6643	182					1949
1970	409	5.68	12584	174.78	7244	367					1949
1975	497	6.90	12979	180.26	9141	1268					4893
1978	503	6.99	13675	189.93	9837	1958					4893
1980	505	7.01	15497	215.24	11624	2105					4251
1985	1095	15.21	15933	221.29	12252	2939					4972
1990	1095	15.21	16732	232.39	14212	3408	11974		1156	4758	4972
1991	1095	15.21	16769	232.90	14249	3435	12026		1156	4743	4748
1992	1100	15.28	16854	234.08	14334	3617	12151		1202	4703	4892
1993	1097	15.24	16963	235.60	14491	3640	12354		1202	4609	5942
1994	1097	15.24	17089	237.35	14646	3911	12509		1202	4552	5942
1995	1100	15.28	17223	239.21	14887	4028	12734		1202	4462	8869
1996	1100	15.28	17383	241.43	15047	4284	13056		1202	7327	11442
1997	1100	15.28	17640	245.00	15451	4494	13485		1236	4155	14700
1998	1100	15.28	17936	249.11	15866	4818	14024		1306	3912	14700
1999	1100	15.28	18268	253.72	16252	5191	14549		1412	3719	14700
2000	1100	15.28	18679	259.43	16713	5313	15178		1837	3501	16490
2001	1100	15.28	23328	315.24	19849	6452	17424	26	2544	5904	27636
2002	1100	15.28	24003	333.38	20868	7910	18484	35	3084	5519	31413
2003	1097	15.24	24377	338.57	21278	8745	21568	118	3449	2809	23423
2004	1097	15.24	28059	389.70	25032	10420	25322	171	3697	2737	20855
2005	1097	15.24	29719	412.76	26692	11787	26811	171	4146	2737	21458
2006	1651	22.92	47726	662.59	13371	13371	24638	171	4180	23088	23996
2007	1651	22.92	52625	730.60	16019	16019	30636	215	5045	21990	33264
2008	1651	22.92	56642	783.88	17331	17331	32649	215	5190	23994	32149
2009	1651	22.92	60136	835.22	18961	18961	39727	217	5410	20409	31562
2010	1651	22.92	62185	862.24	19594	19594	47604	235	5560	14582	32602
2011	1856	25.78	64280	891.30	22497	22497	49972	1133	5601	14309	37612
2012	1856	25.78	65988	915.00	25858	25858	52060	1148	6354	13927	50273
2013	1856	25.78	70117	972.22	29865	29865	57069	1228	6438	13048	62820
2014	2074	28.81	72703	1008.09	33147	28620	60806	1719	6817	11897	92536
2015	2274	31.54	75593	1048.15	37877	33290	64640	2662	7446	10952	92689
2016	2299	31.88	78585	1089.64	38653	38653	69956	2878	7680	8629	120057

注：1.2006年交通部门对公路进行了普查，将乡村公路列入了等外公路。
2.2011年铁路营业里程含哈木铁路194.6公里。
3.2014年12月25日，兰新客运专线开通运营，线路营业里程218公里。

a) Department of Transportation carried out a general survey on the highway in 2006, rural roads were included in below Class Ⅳ.
b)The length of railways in operation of 2011 included 194.6 km of Haergai-Muli railway.
c)Lanzhou passenger dedicated line operated in december 25, 2014, whose operating mileage is 218 km.

15-7 主要年份邮电业务通信水平
Communication Level of Postal and Telecommunication Services in Main Years

指　标	Item	2010	2011	2012	2013	2014	2015	2016
邮政通信水平	**Postal Services Available**							
平均每一邮政局所服务面积 (平方公里)	Average Area Served by Every Postal Office (sq.km)	3767	3860	3818	3756	1691	1581	1579
平均每一邮政局所服务人口 (万人)	Average People Served by Every Postal Office (10 000 persons)	3.11	3.24	3.33	3.23	1.37	1.29	1.30
平均每人每年发函件数 (件)	Annual Average Number of Letters Mail per Capita (piece)	1.01	0.93	1.00	1.00	1.00	0.63	1.00
平均每百人每年订报刊数 (份)	Annual Average Number of Newspaper and Magazine Subscribed per 100 Persons (piece)	8.72	8.27	8.17	7.23	8.00	8.60	3.00
设有邮政局、所的乡(镇)比重 (%)	Percentage of Townships with Postal Offices (%)	28.42	28.42	27.87	27.52	86.00	99.45	100.00
已通邮的行政村比重 (%)	Percentage of Administrative Village with Posts (%)	73.76	73.61	73.65	73.56	92.47	92.73	92.73
电信通信水平	**Telecommunication Services Available**							
电话普及率（包括移动电话） (部/百人)	Popularization Rate of Telephone (Include Mobile Telephone) (sets/100 persons)	89.90	100.60	112.60	112.40	111.48	106.09	109.07
农村固定电话普及率 (部/百人)	Popularization Rate of Telephone in Rural Area (sets/100 persons)	3.98	3.50	5.53	4.10	4.60	4.30	4.41
移动电话普及率 (部/百人)	Popularization Rate of Mobile Telephone (sets/100 persons)	70.70	82.10	94.50	94.60	94.15	88.71	91.73
每千人拥有公用电话数 (部)	Public Telephone owned Per 1 000 Persons (sets)	11.00	10.10	9.80	8.17	7.96	6.56	5.40
已通电话的行政村比重 (%)	Percentage of Administrative Village with Telephone (%)	100.0	100.0	100.0	100.0	100.0	100.0	100.0

注：邮电数据分别由省邮政管理局、省通信管理局提供。

a)Postal data are from Qinghai Provincial Postal Administration.

15-8 1985-2016年邮电业务情况

年 份 Year	邮电业务总量(万元) Business Volume of Postal and Telecommunication Services (10 000 yuan)	邮政业务总量 Business Volume of Postal Services	电信业务总量 Business Volume of Telecommunication Services	函 件(万件) Number of Letters (10 000 pcs)	特快专递(万件) Pieces of Express Mail Services (10 000 pcs)	报刊期发数(万份) Issue of Newspapers and Magazines (10 000 copies)	集邮业务(万枚) Stamps for Collection (10 000 pcs)	固定互联网用户(万户) Number of Fixed Internet Users (10 000 subscribers)
1985				2344		154		
1986	1866			2607		151		
1987	2023			2829		150		
1988	2480			3222		147		
1989	3020			3221		81		
1990	3457			2778		70		
1991	6223			2074		69		
1992	7510			2186		74		
1993	9541			2864		79		
1994	11592			3389		114		
1995	15595			3354		262		
1996	23901			3156		80		
1997	32718			2664		75		
1998	47018			2966		74		
1999	67672	5212	32608	2108	12	52	1741	
2000	49181	6206	42974	2762	17	47	2361	0.90
2001	64792	14078	50714	2961	31	45		3.35
2002	199104	14728	184376	3580	40	44		5.25
2003	229811	15343	214468	3800	48	67		6.70
2004	339801	16262	323539	2836	48	75	599	8.34
2005	314330	17710	296620	1886	49	51	490	12.72
2006	396898	20229	376669	981	55	49	591	14.42
2007	537416	20956	516460	627	65	42	592	16.20
2008	699514	22514	677000	566	78	47	720	22.52
2009	916651	26651	890000	440	101	37	740	28.38
2010	1221325	23325	1198000	472	112	47	720	35.31
2011	479943	22943	457000	430	123	48	909	42.10
2012	569083	25083	544000	533	126	48	822	50.50
2013	602757	26057	576700	412	128	44	802	55.50
2014	802792	35355	767437	405	142	48	764	62.20
2015	1054328	37264	1017064	371	63	51	828	83.07
2016	720428	48320	672108	321	76	27	849	100.52

注：1.电信业务总量1985—1989年按1980年不变价格计算,1990—2000年的业务总量按1990年不变价格计算,2001年后的业务量按2000年不计算,2011年以后按2010年不变价格计算，2016年及以后按2015年不变价格计算。2002—2004年数据中含铁通、网通业务量。

2.邮政数据由省邮政管理局提供；集邮数据由省邮政公司提供。

Basic Conditions of Postal and Telecommunication Services(1985－2016)

移动电话年末用户(万户) Number of Mobile Telephone Subscribers at Year-end (10 000 subscribers)	固定电话年末用户(万户) Number of Subscribers of Fixed Telephone at Year-end (10 000 subscribers)	城市电话 用户 Number of Urban Fixed Telephone Subscribers	城市电话 住宅电话 Household Fixed Telephone Subscribers	乡村电话 用户 Rural Fixed Telephone Subscribers	乡村电话 住宅电话 Household Fixed Telephone Subscribers	公用电话(万户) Public Telephone (10 000 subscribers)	邮政局所(处) Number of Postal Offices (unit)	信筒信箱(个) Number of Post Boxes (unit)	邮路总长度(公里) Length of Postal Routes (km)	农村投递线路(公里) Rural Delivery Routes (km)
	2.22	1.50		0.72		0.01				
	2.50	1.66		0.84						
	2.83	1.86		0.97						
	3.15	2.04	0.03	1.10		0.02				
	2.43	2.19	0.10	0.24		0.02				
	2.74	2.49	0.12	0.25		0.02				
	2.91	2.73	0.35	0.17		0.03				
	3.45	3.29	0.57	0.16		0.03				
	4.31	4.13	1.38	0.18	0.02	0.04				
0.16	5.38	5.39	2.31	0.22		0.05				
0.26	9.40	9.12	5.61	0.28	0.08	0.15				
0.65	13.84	13.43	9.18	0.41	0.17	0.24	521	717	22431	11601
1.41	17.57	17.10	12.55	0.47	0.25	0.49	217		21994	
3.53	21.56	20.80	16.03	0.77	0.57	0.61	292	705	20683	12619
6.59	27.55	26.14	20.08	1.41	1.03	0.83	208	663	25488	11596
21.07	36.87	34.35	27.68	2.51	2.13	1.09	201	574	26978	11563
42.10	46.81	42.52	34.72	4.29	3.75	1.33	198	576	28090	12081
77.14	57.92	50.21	38.52	7.67	7.12	1.53	220	598	35351	12737
100.36	76.42	64.91	51.87	11.51	10.94	3.23	210	600	24107	12728
117.73	94.35	77.66	56.91	16.69	15.16	5.60	211	601	24101	13138
121.36	113.50	92.90	65.70	20.60	18.50	6.80	219	571	23721	14278
172.20	126.30	99.50	68.40	25.90	23.70	7.60	233	584	20680	14207
222.00	123.00	96.00	65.00	27.00	25.00	7.60	245	593	24587	12526
247.20	119.40	92.50	62.40	27.00	24.50	7.30	288	457	24508	12740
310.70	109.30	84.10	50.10	25.20	22.20	6.75	185	426	33586	11981
397.80	103.20	80.80	48.80	22.40	19.90	6.19	185	360	43484	10451
461.80	104.20	84.60	50.05	19.60	17.20	5.70	180	349	48841	4987
537.20	102.50	85.60	50.60	16.90	14.50	5.60	183	354	88855	5517
542.40	101.80	86.60	46.10	15.20	12.40	4.68	186	325	64969	5291
543.99	100.15	86.48	46.14	13.67	10.73	4.61	427	322	58428	6770
517.53	101.42	88.77	45.13	12.65	10.51	3.83	457	351	33661	34993
539.76	102.07	89.18	50.30	12.90	10.81	3.18	455	351	95136	35253

a)Data in 1985-1989 of business volume of Telecommunication Services were calculated at 1980 prices, that in 1990-2000 were calculated at 1990 constant prices, and since 2001 that were calculated at 2000 constant prices, since 2011 that were calculated at 2010 constant prices,and since 2016 that were calculated at 2015 constant prices. Data in 2002-2004 contained business volume of China Tietong and China Netcom.

b)Postal data are from Qinghai Provincial Postal Administration. Stamps for collection data are from Qinghai Post.

15-9 各地区邮政行业业务总量基本情况(2016年)
Basic Conditions of Postal Services by Region(2016)

地 区	Region	邮政行业业务总量(万元) Business Volume of Postal Services (10 000 yuan)	国内 Domestic	国际 Internatonal
总计	Total	48320.58	48268.09	52.49
西宁市	Xining City	29597.25	29553.42	43.83
海东市	Haidong City	5195.12	5194.97	0.15
海北州	Haibei Zang A.P	1562.12	1561.00	1.12
黄南州	Huangnan Zang A.P	931.43	930.89	0.54
海南州	Hainan Zang A.P	1684.00	1683.34	0.66
果洛州	Golog Zang A.P	920.98	920.90	0.08
玉树州	Yushu Zang A.P	1493.50	1489.58	3.92
海西州	Haixi Mongolian & Zang A.P	6936.19	6937.00	2.19

注：本表数据来源青海省邮政管理局。
a)Data in this table are from Qinghai Provincial Postal Administration.

15-10 各地区电话及互联网用户(2016年)
Telephone and Internet Subscribers by Region(2016)

地 区 Region	固定电话用户 (户) Number of Fixed Telephone Subscribers (subscribers)	固定电话普及率 (部/百人) Popularization Rate of Fixed Telephone (sets/100 persons)	移动电话用户 (户) Number of Mobile Telephone Subscribers (subscribers)	移动电话普及率 (部/百人) Popularization Rate of Mobile Telephone (sets/100 persons)	互联网宽带接入用户 (户) Broadband Subscribers of Internet (subscribers)
总计 Total	**1020741**	**17.35**	**5397577**	**91.73**	**996633**
西宁市 Xining City	621906	26.91	2396341	103.70	569078
海东市 Haidong City	123456	8.49	1126237	77.44	115409
海北州 Haibei Zang A.P	35485	12.73	267117	95.84	44596
黄南州 Huangnan Zang A.P	19747	7.35	219849	81.79	33101
海南州 Hainan Zang A.P	49862	10.75	406241	87.55	52791
果洛州 Golog Zang A.P	14668	7.45	161814	82.18	20244
玉树州 Yushu Zang A.P	26310	6.55	265321	66.05	32579
海西州 Haixi Mongolian & Zang A.P	129307	25.40	554657	108.95	128835

15-11 电信服务水平(2016年)
Telecommunication Services Level(2016)

指 标		Item		数量 Amount	占全省比重% Percentage of Provincial Total (%)
已通电话的行政村	(个)	Number of Administrative Villages with Telephone	(unit)	4158	100
已通电话的自然村	(个)	Number of Natural Villages with Telephone	(unit)	9375	95.3
3G网络覆盖的(县)市	(个)	Number of Citys and Countys Covered by 3G Network	(unit)	46	100
3G网络覆盖的乡(镇)	(个)	Number of Townships and Towns Covered by 3G Network	(unit)	366	100
互联网宽带接入普及率	(%)	Popularization Rate of Internet by Broadband	(%)	16.9	
其中：城市互联网宽带接入普及率		Popularization Rate of Internet by Broadband of Urban Area		29.7	
农村互联网宽带接入普及率		Popularization Rate of Internet by Broadband of Rural Area		4.0	
家庭互联网宽带接入普及率	(%)	Popularization Rate of Household Internet by Broadband	(%)	44.2	
互联网宽带接入通达的乡(镇)	(个)	Number of Townships and Towns with Access to the Internet by Broadband	(unit)	366	100
互联网宽带接入通达的行政村	(个)	Number of Administrative Villages with Access to the Internet by Broadband	(unit)	3925	94.4

注：家庭互联网宽带接入普及率采用户籍人口统计数。

a)The popularization rate of household internet by broadband is by household registration statistics.

主要统计指标解释

铁路营业里程 又称营业长度(包括正式营业和临时营业里程),指办理客货运输业务的铁路正线总长度。凡是全线或部分建成双线及以上的线路,以第一线的实际长度计算;复线、站线、段管线、岔线和特殊用途线以及不计算运费的联络线都不计算营业里程。该指标可以反映铁路运输业基础设施的发展水平,也是计算客货周转量、运输密度和机车车辆运用效率等指标的基础资料。

铁路电气化里程 指在全部铁路营业里程中已安装了供电线路及设备,可以供电力机车牵引列车运行的区段的总里程。

公路里程 指在一定时期内实际达到《公路工程技术标准 JTJ01 - 88》规定的等级公路,并经公路主管部门正式验收交付使用的公路里程数。包括大中城市的郊区公路以及通过小城镇街道部分的公路里程和桥梁、渡口的长度,不包括大中城市的街道、厂矿、林区生产用道和农业生产用道的里程。两条或多条公路共同经由同一路段,只计算一次,不得重复计算里程长度。该指标可以反映公路建设的发展规模,也是计算运输网密度等指标的基础资料。

民用航空航线里程 指统计期间内全部民用航空航线的航线总长度。航线长度指民用航空航线的计费距离。计算航线里程可按重复和不重复两种方法,前者是指各航线长度相加的总和;后者则要扣除各航线之间相同航段重复计算的部分。

输油(气)管道长度 也称输油(气)里程,指油品(或天然气)的实际输送距离,一般按输油(气)管道的单线长度计算。若包括复线和备用线长度则称为输油(气)管道延展长度,是指管道铺设的实际长度。我们通常使用的是不包括复线的"输油(气)管道里程",该指标可以反映管道运输的发展规模和水平。

货(客)运量 指在一定时期内,各种运输工具实际运送的货物(旅客)数量。该指标是反映运输业为国民经济和人民生活服务的数量指标,也是制定和检查运输生产计划、研究运输发展规模和速度的重要指标。货运按吨计算,客运按人计算。货物不论运输距离长短、货物类别,均按实际重量统计。旅客不论行程远近或票价多少,均按一人一次客运量统计;半价票、小孩票也按一人统计。

货(客)运密度 指在一定时期内某种运输方式在营运线路的某一区段平均每公里线路通过的货物(旅客)运输周转量。计算公式为:

$$货(客)运密度 = \frac{货物(旅客)周转量}{营业线路长度}$$

该指标可以反映交通运输线路上的货物(旅客)运输量运输繁忙程度,是平衡运输线路运输能力和通过能力,规划线路建设及改造、配备技术设备,研究运输网布局的重要依据。

货物(旅客)周转量 指在一定时期内,由各种运输工具运送的货物(旅客)数量与其相应运输距离的乘积之总和。该指标可以反映运输业生产的总成果,也是编制和检查运输生产计划,计算运输效率、劳动生产率以及核算运输单位成本的主要基础资料。计算货物周转量通常按发出站与到达站之间的最短距离,也就是计费距离计算。计算公式为:

货物(旅客)周转量 = $\sum$(货物(旅客)运输量 × 运输距离)

民用汽车拥有量 指报告期末,在公安交通管理部门按照《机动车注册登记工作规范》,已注册登记领有民用车辆牌照的全部汽车数量。汽车拥有量统计的主要分类:根据汽车结构分为载客汽车、载货汽车及其他汽车;根据汽车所有者不同分为个人(私人)汽车、单位汽车;根据汽车的使用性质分为营运汽车、非营运汽车;根据汽车大小规格不同载客汽车分为大型、中型、小型和微型,载货汽车分为重型、中型、轻型和微型。

邮电业务总量 指以货币形式表示的邮电企业为社会提供各类邮电服务的总数量,是用于观察邮电业务发展变化总趋势的综合性总量指标。分别按邮政业务总量和电信业务总量统计。邮电业务总量是以各类业务的实物量分别乘以相应的不变单价,得出各类业务的货币量再加总求得。

移动电话用户 指在电信运营企业营业网点办理开户登记手续,通过移动电话交换机进入移动电话网,占用移动电话号码的各类电话用户。包括 GSM 数字移动电话用户、CDMA 数字移动电话用户和电信运营企业发行的报告期末已激活充值的能异地漫游的各种智能卡用户。

互联网上网人数 指平均每周使用互联网至少 1 小时的 6 周岁以上中国公民人数。

固定电话用户 指在电信运营企业营业网点办理开户登记手续并已接入固定电话网上的全部电话用户。包括普通电话用户、公用电话用户、窄带综合业务数字网(N - ISDN)用户、智能网专用接入终端用户等。按行政区划分为城市电话用户和农村电话用户。

城市电话用户 指直辖市、省辖市、地级市、县级市的市区、市郊区及县城范围内接入局用交换机的电话用户。包括分布在农村地区县团级以上建制的独立工矿区、林区、驻军等电话用户。

农村电话用户 指县城关区以下的集镇和农村接入局用交换机的电话用户。

住宅电话用户 指安装在居民住宅或农民家里并按照住宅电话用户登记注册和收费的各类电话用户。包括私人付费、单位付费和按规定免费安装的住宅电话用户。

长途电话交换机容量 指用于接入长途电话网的电话交换机的设备额定容量,包括国际电话交换机容量。

局用交换机容量 指安装在电信运营企业内用于接续本地固定电话的电话交换机容量,有倍增设备按倍增后的数量计数。包括现用和备用的人工或自动交换机的全部容量。不包括用户交换机容量。

移动电话交换机容量 指移动电话交换机根据一定话务模型和交换机处理能力计算出来的最大同时服务用户的数量。

Explanatory Notes on Main Statistical Indicators

Length of Railways in Operation refers to the total length of the trunk line for passenger and freight transportation (including both full operation and temporary operation). The calculation is based on the actual length of the first line if this line has a full or partial double (or more). Not included are double tracks, station sidings, tracks under the charge of stations, branch lines, special - purpose lines and non - payable connecting lines. The length of railways in operation is an important indicator to show the development of the infrastructure of railway transport. It is also essential data to calculate volume of passenger freight transport, traffic density and utilization efficiency of locomotives and carriages.

Length of Electrified Railways refers to the length of the section of railways in operation in which the power supply lines and other equipment are installed for the running of electrified locomotives. The proportion of the length of electrified railways to the total length of railways in operation is an important indicator to show the modernization of railways.

Length of Highways refers to the length of highways which are built in conformity with the grades specified by the highway engineering standard [Highways WTBZ - Technical Standard JTJ01 - 88] formulated by the Ministry of Transport, and have been formally checked and accepted by the departments of highways and put into use. The length of highways includes that of the suburb highways at large and medium - sized cities, highways passing through streets at small cities and towns, and also the length of bridges and ferry piers. It does not include the length of streets in big and medium - sized cities and highways built for the production purpose at factories, mines, forest areas and agricultural areas. If two or more highways go the same section of the way, the length of the section is only calculated for once and no duplication is allowed. The length of highways is an indicator to show the development of the scale of highway construction and to provide essential information to calculate the transport network density.

Length of Civil Aviation Routes refers to the length of all routes for civil aviation flights, which is used to account the freight, during the period of statistics.. There are usually two ways to calculate the route length: duplicated calculation and non - duplicated calculation, the former is the sum of length of all civil aviation routes, and the latter should deduct the duplication length of same route among all routes.

Length of Oil (Gas) Pipelines is used as an indicator to show the development, scale and level of the pipeline transportation. It refers to the actual transport distance of oil (or gas) products, and is in general calculated according to the length of single pipeline. If the length of the double pipelines and alternate pipeline are included, it is called the extension length of the oil (gas) pipelines, which indicates the actual length of the pipelines built. The commonly used indicator, the "length of oil (gas)" pipelines, does not include the double pipelines. It can reflect the extent and level of development of pipeline transport.

Freight (Passenger) Traffic refers to the volume of freight (passenger) transported with various means within a specific period of time. This indicator reflects the service of the transport industry towards the national economy and people's living conditions, as well as an important indicator used in formulating and monitoring transport production plans and research into the scale and pace of transport development. Freight transport is calculated in tons and passenger traffic is calculated in terms of number of persons. Freight transport is calculated in terms of the actual weight of the goods and takes no account of the type of freight and distance of travel. Passenger traffic is calculated by the principle that one person can be counted only once in one trip and takes no account of the travelling distance and ticket price. The passengers who travel with a half price ticket or a child's ticket is also calculated as one person.

Freight (Passenger) Traffic Density refers to the freight (passenger) traffic volume carried by a particular means of transportation during a given period through one kilometre of a specific section of transportation route. The formula is as follows:

$$\text{Freight (Passenger) traffic density} = \frac{\text{freight ton - kilometres (passenger - kilometres)}}{\text{length of route in operation}}$$

Freight (passenger) traffic density reflects how busy freight (passenger) traffic is on transportation routes. It provides an important basis for balancing transport capability and throughput capability, planning construction and upgrading of transport routes, installing technical facilities and studying the distribution of transport networks.

Freight Ton - kilometres (Passenger - kilometres) refers to the sum of the product of the volume of transported cargo (passengers) multiplied by the transport distance. It is an important indicator to reflect the achievement of the transportation industry. This is an important indicator to show the total results of the transport industry; to prepare and examine the transport plan; and to serve as the main basic data for calculating the efficiency, labour productivity and unit cost of transport. Normally, the shortest distance between the departure station and the destination station (i. e., the payable distance) is the basis in calculating the freight ton - kilometres. The formula is as follows:

$$\text{Freight ton - kilometres (passenger - kilometres)} = \sum \text{freight (passenger) traffic} \times \text{distance of transportation}$$

Possession of Civil Motor Vehicles refer to the total numbers of vehicles that are registered and received vehicles license tags according to the Work Standard for Motor Vehicles Registration formulated by the Transport Management Office under the department of public security at the end of the reference period. They are divided into categories. According to the structure of motor vehicles, they are divided into passenger vehicles, trucks and others; according to ownership into private vehicles and vehicles for the unit's use; according to kind of usage into working vehicles and non – working vehicles; and according to size of vehicles into large passenger vehicles, medium – sized passenger vehicles, small passenger vehicles and mini passenger vehicles, heavy trucks, light – heavy trucks, light trucks and mini – trucks.

Business Volume of Post and Telecommunications refers to the total amount of postal and telecommunication services, expressed in value terms, provided by the post and telecommunications departments for society. This indicator reflects the overall results of development of postal and telecommunication services. It can be classificated as postal services and telecommunication services. Business volume of post and telecommunications is the sum of all services in kind multiplying with the unit price (constant price) to get the total business value.

Mobile Telephone Subscribers refer to persons who have gone through registration procedures in the operation points of enterprises engaged in telecommunications and are hence connected with the mobile telephone communication network through the mobile telephone switchboards and occupy mobile phone numbers. Included are GSM digital mobile phone subscribers, CDMA digital mobile phone subscribers and subscribers to intelligent phone cards with roaming facility issued by telecommunications enterprises and which have been subscribed to and activated at the end of the reference period.

Internet Users refer to the number of Chinese citizens aged 6 and over who use the Internet at least for one hour each week.

Local Telephone Subscribers refer to all subscribers who have gone through registration procedures in the operation points of enterprises engaged in telecommunications and are hence connected to the local telecommunications service provider through fixed line network. Included are general subscribers, public telephones subscribers, N – ISDN subscribers and intelligent network terminal subscribers. They are also classified in terms of administrative districts as urban telephone subscribers and rural telephone subscribers according to location.

Urban Telephone Subscribers refer to the number of telephone subscribers, located at the different administrative districts of municipalities directly under the Central Government, cities under the jurisdiction of province, cities at prefecture level, downtown and suburb of city at county level town and county towns, that are connected to the public line telephone network, including rural mineral area, forest area, military area.

Rural Telephone Subscribers refer to telephone subscribers, located at the towns below the level of county town and villages that are connected to the public line telephone network.

Household Telephone Subscribers refer to telephone sets installed in the dwelling units of urban or rural residents, and registered as residence subscribers for payment, including three types of payment for the service: private payment, public payment and free service in accordance with relevant regulations.

Capacity of Long Distance Telephone Exchanges refers to the rated capacity of telephone exchanges to connect long distance telephone network, including capacity of international telephone exchanges.

Capacity of Office Telephone Exchanges refers to the capacity (measured in gate) of telephone exchanges installed in the offices of telecommunication service providers for communication between fixed telephones. It includes the capacity of both manual and automatic exchanges in use and for stand – by purpose. The capacity of subscriber exchanges is not included.

Capacity of Mobile Telephone Exchanges refers to the capacity of the maximum services provided to subscribers at any one time as computed based on a certain model of calls distribution and transacting capacity of the mobile telephone exchanges.

第 16 篇

CHAPTER 16

国内贸易

Domestic Trade

社会消费品零售总额及增速

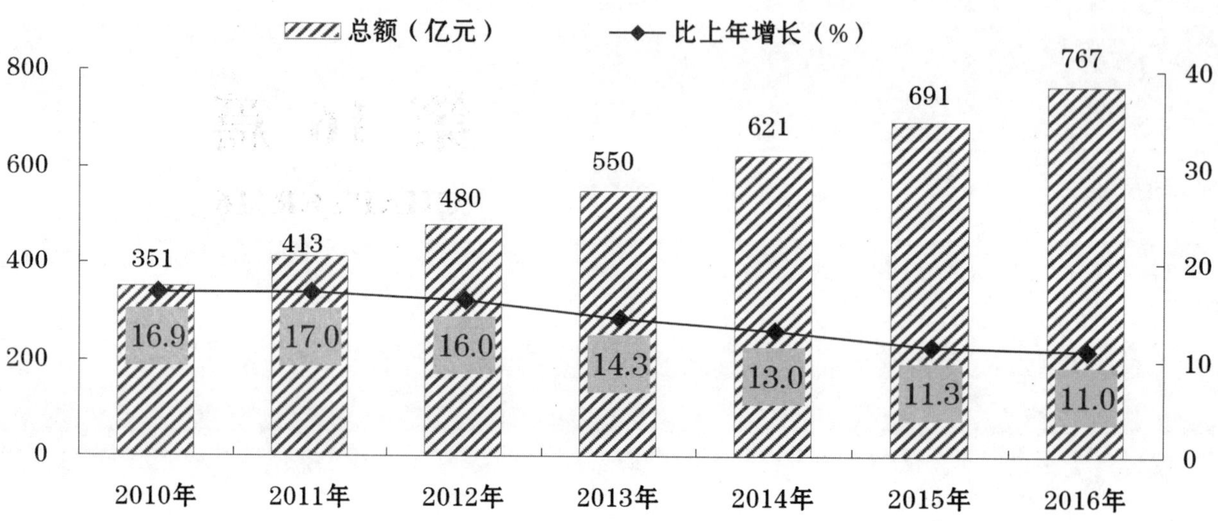

限额以上批发零售、住宿餐饮业基本情况

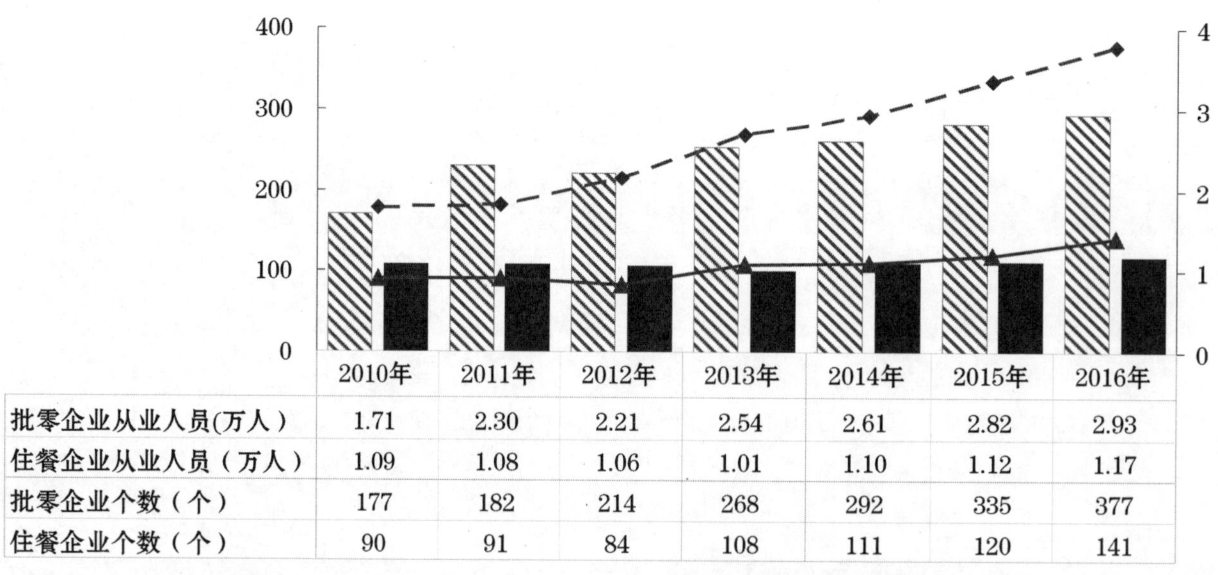

	2010年	2011年	2012年	2013年	2014年	2015年	2016年
批零企业从业人员(万人)	1.71	2.30	2.21	2.54	2.61	2.82	2.93
住餐企业从业人员（万人）	1.09	1.08	1.06	1.01	1.10	1.12	1.17
批零企业个数（个）	177	182	214	268	292	335	377
住餐企业个数（个）	90	91	84	108	111	120	141

16–1 2011–2016年国内贸易基本情况
Basic Statistics of Domestic Trade(2011-2016)

指 标	Item	2011	2012	2013	2014	2015	2016
法人机构 （个）	**Number of Corporation Enterprises (unit)**	**273**	**298**	**376**	**403**	**455**	**518**
批发和零售贸易业	Wholesale and Retail Trades	182	214	268	292	335	377
住宿和餐饮业	Hotels and Catering Services	91	84	108	111	120	141
从业人员 （万人）	**Engaged Persons (10 000 persons)**	**3.38**	**3.27**	**3.61**	**3.72**	**3.94**	**4.10**
批发和零售贸易业	Wholesale and Retail Trades	2.30	2.21	2.54	2.61	2.82	2.93
住宿和餐饮业	Hotels and Catering Services	1.08	1.06	1.07	1.10	1.12	1.17
批发和零售贸易业（亿元）	**Wholesale and Retail Trades (100 million yuan)**						
商品购进总额	Total Purchases	512.3	963.0	1243.0	1161.1	884.3	883.9
商品销售总额	Total Sales	665.2	1080.8	1329.7	1273.0	1029.8	1136.7
商品库存总额	Total Stocks	33.6	179.8	205.4	61.2	58.7	59.9
社会消费品零售总额	**Total Retail Sales of Consumer Goods**						
（亿元）	**(100 million yuan)**	**413.4**	**480.3**	**549.6**	**620.8**	**691.0**	**767.3**
限额以上单位零售额	Retail Sales of Enterprises above Designated Size	165.3	185.3	225.7	267.4	311.4	364.4
社会消费品零售总额增速	**Growth of Total Retail Sales of Consumer Goods**	**17.0**	**16.0**	**14.3**	**13.0**	**11.3**	**11.0**

注：1.2011–2012年社会消费品零售总额增加了“其他”零售额，即非批零住餐法人附营的限额以下产业活动单位零售额及非批零住餐法人单位消费品零售额。

2.2011–2014年社会消费品零售总额数为第三次经济普查修订数。

a) The Other Retail Sales have been increased in Total Retail Sales of Consumer Goods in 2011-2012. The Other Retail Sales refer to the retail sales of industrial activity unit below designated size attached to non-wholesale and retail trades, non-hotels and catering services legal person units. It also refer to the retail sales of Consumer Goods of non-wholesale and retail trades, non-hotels and catering services legal person units.

b)Data of Total Retail Sales of Consumer Goods in 2011-2014 have been amended based on the third economic census.

16-2 主要年份社会消费品零售总额
Total Retail Sales of Consumer Goods in Main Years

单位：万元 (10 000 yuan)

年 份	Year	社会消费品零售总额 Total Retail Sales of Consumer Goods	按销售单位所在地分 By Location		
地 区	Region		城镇 City	城区 County	乡村 Under County Level
1987		213758			
1988		267965			
1989		268978			
1990		287193			
1991		319869			
1992		352897			
1993		490480			
1994		595815			
1995		706331			
1996		763068			
1997		814859			
1998		862361			
1999		917987			
2000		1002576			
2001		1103644			
2002		1233703			
2003		1253967			
2004		1411984			
2005		1615902			
2006		1825969			
2007		2125428			
2008		2597274			
2009		3004652			
2010		3510347			
2011		4133523	3599676	277910	533847
2012		4802502	4201134	330301	601368
2013		5495816	4770290	3522396	725525
2014		6208264	5396764	3877805	811501
2015		6909798	6002201	4296608	907597
2016		7673039	6663123	3928317	1009916
西宁市	Xining City	5130676	4708857	3505078	421819
海东市	Haidong City	892193	574137	69209	318056
海北州	Haibei Zang A.P	209547	176240		33307
黄南州	Huangnan Zang A.P	94314	84248	12874	10066
海南州	Hainan Zang A.P	275787	183350		92437
果洛州	Golog Zang A.P	58890	50203		8687
玉树州	Yushu Zang A.P	113350	45871	530	67479
海西州	Haixi Mongolian &Zang A.P	898283	840217	340625	58065

注：1.2010—2012年社会消费品零售总额增加了“其他”零售额，即非批零住餐法人附营的限额以下产业活动单位零售额及非批零住餐法人单位消费品零售额。
2.2010年至2014年社会消费品零售总额数为第三次经济普查修订数。

a) The Other Retail Sales have been increased in Total Retail Sales of Consumer Goods in 2010-2012. The Other Retail Sales refer to the retail sales of industrial activity unit below designated size attached to non-wholesale and retail trades, non-hotels and catering services legal person units. It also refer to the retail sales of Consumer Goods of non-wholesale and retail trades, non-hotels and catering services legal person units.
b)Data of Total Retail Sales of Consumer Goods in 2010-2014 have been amended based on the third economic census.

16－3 限额以上批发零售贸易业基本情况(2016年)

Basic Conditions of Enterprises above Designated Size in Wholesale and Retail Trades(2016)

指 标	Item	法人企业数（个）Number of Corporation Enterprises (unit)	从业人员（人）Engaged Persons (person)	销售总额（万元）Total Sales Value (10 000 yuan)	批发 Wholesale Trade	零售 Retail Trade
总计	**Total**	**377**	**29337**	**11367016**	**8330734**	**3036283**
批发业	**Wholesale Trade**	**148**	**11566**	**9158634**	**8080315**	**1078319**
按登记注册类型分	**By Status of Registration**					
内资企业	Domestic Funded Enterprises	143	10838	8919109	7941638	977471
国有企业	State-owned Enterprises	11	1326	1041790	1034383	7407
集体企业	Collective-owned Enterprises	1	29	6179	1837	4342
股份合作企业	Cooperative Enterprises	1	5	1957	1073	884
有限责任公司	Limited Liability Corporations	53	3075	4322699	3967570	355129
国有独资公司	State Sole Funded Corporations	6	667	251049	148881	102168
其他有限责任公司	Other Limited Liability Corporations	47	2408	4071650	3818688	252961
股份有限公司	Share-holding Corporations Ltd.	7	4104	867271	327082	540189
私营企业	Private Enterprises	70	2299	2679214	2609694	69521
私营独资企业	Private-funded Enterprises	1	30	4409	2847	1562
私营有限责任公司	Private Limited Liability Corporations	68	2254	2672045	2604647	67399
私营股份有限公司	Private Partnership Enterprises	1	15	2760	2200	560
港、澳、台商投资企业	Enterprises with Funds from Hong Kong, Macao and Taiwan	4	653	236733	137806	98927
合资经营企业(港或澳、台资)	Joint-venture Enterprises	2	23	40228	40228	
港、澳、台商投资股份有限公司	Share-holding Corporations Ltd.	1	9	34700	34700	
其他港澳台投资企业	Other Hong Kong, Macao and Taiwan investment enterprises	1	621	161804	62877	98927
外商投资企业	Foreign Funded Enterprises	1	75	2792	872	1921
外商投资股份有限公司	Enterprises with Sole Fund	1	75	2792	872	1921
按国民经济行业分组	**Grouped by Sector**					
农林牧产品批发	Wholesale of Farming, Forestry, Animal Husbandry and Fishery Product	3	244	10810	7666	3144
食品、饮料及烟草制品批发	Wholesale of Food, Beverages and Tobaccos	26	2059	1263084	1228757	34327
纺织、服装及日用品批发	Wholesale of Textiles, Wearing Apparel and Household Articles	5	144	75419	74856	562
文化、体育用品及器材批发	Wholesale of Culture, Sports Appliances and Equipments	1	253	23712	16597	7115
医药及医疗器材批发	Wholesale of Medicines and Medical Appliances	15	1142	229244	200650	28594
矿产品、建材及化工产品批发	Wholesale of Mineral Products, Building Materials and Chemical Products	81	6990	6361293	5369108	992185
机械设备、五金交电及电子产品批发	Wholesale of Machinery, Hardware and Electronics	14	637	802990	790599	12392
其他批发业	Other Wholesale Trade	3	97	392082	392082	

注：限额以上批发业包括年主营业务收入在2000万元及以上的批发业企业及个体户；限额以上零售业包括年主营业务收入在500万元及以上的零售业企业及个体户。

a) Wholesale trade units above designated size include the wholesale enterprises and self-employed persons which annual revenue from principal business are 20 million yuan and above. Retail trade units above designated size include the retail enterprises and self-employed persons which annual revenue from principal business are 5 million yuan and above.

16-3 续表 Continued

指 标	Item	法人企业数(个) Number of Corporation Enterprises (unit)	从业人员(人) Engaged Persons (person)	销售总额(万元) Total Sales Value (10 000 yuan)	批发 Wholesale Trade	零售 Retail Trade
零售业	**Retail Trade**	**229**	**17771**	**2208382**	**250419**	**1957964**
按登记注册类型分组	**By Status of Registration**					
内资企业	Domestic Funded Enterprises	226	17313	2150871	250419	1900452
股份合作企业	Joint Ownership Enterprises	1	13	199.5	160.0	39.5
有限责任公司	State Joint Ownership Enterprises	85	10182	1188442	128896	1059546
国有独资公司	Limited Liability Corporations	4	457	173574	99533	74041
其他有限责任公司	Other Limited Liability Corporations	81	9725	1014867	29362	985505
股份有限公司	Share-holding Corporations Ltd.	8	889	133276	13397	119878
私营企业	Private Enterprises	130	6186	827423	107477	719947
私营独资企业	Private-funded Enterprises	2	37	1226		1226
私营有限责任公司	Private-funded Enterprises	121	5874	794643	105762	688881
私营股份有限公司	Private Partnership Enterprises	7	275	31555	1715	29841
其他企业	Private Limited Liability Corporations	2	43	1531	489	1042
港、澳、台商投资企业	Private Share-holding Corporations Ltd.	3	458	57511		57511
港澳台商合资经营企业	Other Enterprises	1	22	2372		2372
港澳台商独资企业	Hong Kong, Macao, taiwan-funded enterprises	2	436	55139		55139
按国民经济行业分组	**Grouped by Sector**					
综合零售	Integrated Retail	45	6828	494809	19727	475082
食品、饮料及烟草制品专门零售	Special Retail of Food, Beverages and Tobaccos	20	525	25521	8799	16722
纺织、服装及日用品专门零售	Special Retail of Textiles, Wearing Apparel and Household Articles	7	1062	60236	1735	58501
文化、体育用品及器材专门零售	Special Retail of Culture, Sports Appliances and Equipments	8	393	9946	1300	8646
医药及医疗器材专门零售	Special Retail of Medicines and Medical Appliances	17	1573	74942	11812	63130
汽车、摩托车、燃料及零配件专门零售	Special Retail of Motor Vehicles, Motorcycles, Fuel and Parts	107	5922	1339838	139563	1200275
家用电器及电子产品专门零售	Special Retail of Household Electric Appliances and Electronic Products	13	901	109884	2649	107235
五金、家具及室内装修材料专门零售	Special Retail of Hardware, Furniture and Interior Decoration Materials	3	181	68322	56731	11591
货摊、无店铺及其他零售业	Stalls, Non-shop and Other Retails	9	**386**	24885	8103	16782

16－4 限额以上批发零售贸易企业商品销售类值(2016年)

Total Sales of Enterprises above Designated Size in Wholesale and Retail Trades by Category of Commodities(2016)

单位：万元 (10 000 yuan)

项　目	Item	批发业 Wholesale		零售业 Retail	
		销售额 Sales Value	零售额 Retail Value	销售额 Sales Value	零售额 Retail Value
合计	**Total**	**10885071**	**1266750**	**2460816**	**2305442**
粮油、食品类	Grain and Oil, Food	35072	4795	232067	228558
饮料类	Beverages	45583	939	17011	16337
烟酒类	Tobacco and Liquor	1231463	31651	32644	29260
服装、鞋帽、针纺织品类	Clothing, Shoes, Hats and Textiles	36952		208397	207833
化妆品类	Cosmetics	941	73	42387	42387
金银珠宝类	Gold, Silver and Jewellery	8	8	37808	37808
日用品类	Articles for Daily Use	5298	915	61619	61475
五金、电料类	Hardware and Electrical Materials	130	27	1267	1267
体育、娱乐用品类	Sports and Recreation Articles			1366	1366
书报杂志类	Newspapers and Magazines	30870	9261	1847	1847
电子出版物及音像制品类	E-journals and Video Products	470	141	6628	6628
家用电器和音像器材类	Household Appliances and Video Appliances	29836	5	112973	112973
中西药品类	Traditional Chinese and Western Medicines	228623	40932	65282	57718
文化办公用品类	Cultural and Offices Appliances	7736	2148	5240	5240
家具类	Furniture			68236	66369
通讯器材类	Communication Appliances	224226		27354	24768
煤炭及制品类	Coal and Related Products	395657	2479	11459	11459
石油及制品类	Petroleum and Related Products	1990439	1105982	311521	177443
化工材料及制品类	Chemical Materials and Related Products	239377			
金属材料类	Metal Materials	4692728			
建筑及装潢材料类	Building and Decoration Materials	4267		774	774
机电产品及设备类	Mechanical and Electrical Products	333857	436	30	30
汽车类	Automobiles	19230	6084	1161504	1160501
种子饲料类	Seeds and Feedstuff	790			
其他类	Others	1331518	60874	53402	53402

16−5 限额以上批发零售贸易业财务状况(2016年)

单位：万元

指 标	Item	企业个数（个）Number of Enterprises (unit)
总计	**Total**	**377**
批发业	**Wholesale Trade**	**148**
按登记注册类型分组	**By Status of Registration**	
内资企业	Domestic Funded Enterprises	143
国有企业	State-owned Enterprises	11
集体企业	Collective-owned Enterprises	1
股份合作企业	Cooperative Enterprises	1
有限责任公司	Limited Liability Corporations	53
国有独资公司	State Sole Funded Corporations	6
其他有限责任公司	Other Limited Liability Corporations	47
股份有限公司	Share-holding Corporations Ltd.	7
私营企业	Private Enterprises	70
私营独资企业	Private-funded Enterprises	1
私营有限责任公司	Private Limited Liability Corporations	68
私营股份有限公司	Private Partnership Enterprises	1
港、澳、台商投资企业	Enterprises with Funds from Hong Kong, Macao and Taiwan	4
合资经营企业(港或澳、台资)	Joint-venture Enterprises	2
港、澳、台商投资股份有限公司	Share-holding Corporations Ltd.	1
其他港澳台投资企业	Other Hong Kong, Macao and Taiwan investment enterprises	1
外商投资企业	Foreign Funded Enterprises	1
外商投资股份有限公司	Enterprises with Sole Fund	1
按国民经济行业分组	**Grouped by Sector**	
农林牧产品批发	Wholesale of Farming,Forestry,Animal Husbandry and Fishery Product	3
食品、饮料及烟草制品批发	Wholesale Trade of Food, Beverages and Tobaccos	26
纺织、服装及家庭用品批发	Wholesale Trade of Textiles, Garments and Daily Consumer Articles	5
文化、体育用品及器材批发	Wholesale Trade of Culture, Sports Appliances and Equipments	1
医药及医疗器材批发	Wholesale Trade of Medicines and Medical Appliances	15
矿产品、建材及化工产品批发	Wholesale Trade of Mineral Products, Building Materials and Chemical Products	81
机械设备、五金交电及电子产品批发	Wholesale Trade of Mechanical Equipment, Hardware and Electronic Products	14
其他批发业	Other Wholesale Trade	3

Main Financial Indicators of Enterprises above Designated Size in Wholesale and Retail Trades(2016)

(10 000 yuan)

流动资产合计 Working Capitals	固定资产合计 Total Fixed Assets	累计折旧 Accumulated Depreciation	资产总计 Total Assets	负债合计 Total Liabilities	实收资本 Paid-in Capitals	主营业务收入 Revenue from Principal Business
16885818	**752221**	**568812**	**18804138**	**14852330**	**2325477**	**10872559**
16086430	**469631**	**476383**	**17595416**	**14002378**	**1101139**	**8812046**
15503715	445069	454615	16669111	13301428	852897	8600356
378816	20770	23873	422929	106806	17038	934898
2722	1851	326	4604	2537	1067	6179
880	1	6	1082	864	201	1480
1710630	73213	34231	2046417	1604944	184171	3607119
78357	24282	18934	117488	98367	8706	118287
1632273	48931	15297	1928930	1506577	175465	3488832
849322	139047	97244	1047458	473606	5555	1498947
12561345	210187	298936	13146620	11112671	644866	2551733
	229	1	785	524	262	4409
12560336	209358	298913	13144094	11111957	643404	2544024
1009	600	22	1740	190	1200	3300
581111	24471	21513	924589	698373	247787	208898
474014	433	272	779042	553795	241200	35877
5216			5216	2980		29831
101881	24038	21241	140331	141598	6587	143190
1605	91	256	1716	2577	455	2792
1605	91	256	1716	2577	455	2792
13434	4412	813	21466	9682	8460	11160
462889	30102	26168	522482	145028	36586	1142406
34113	704	728	37328	17000	4000	69881
28596	4971	5576	38971	30728	3070	23712
145226	2781	2218	163901	123125	22603	213143
15219487	418164	436521	16576391	13530269	979651	6277653
168984	5796	3227	205017	131829	44054	681727
13702	2701	1134	29860	14716	2714	392365

16−5 续表1

单位：万元

指 标	Item	主营业务成 本 Cost of Principal Business
总计	**Total**	**9819755**
批发业	**Wholesale Trade**	**7971952**
按登记注册类型分组	**By Status of Registration**	
内资企业	Domestic Funded Enterprises	7764345
国有企业	State-owned Enterprises	781770
集体企业	Collective-owned Enterprises	5732
股份合作企业	Cooperative Enterprises	1409
有限责任公司	Limited Liability Corporations	3199073
国有独资公司	State Sole Funded Corporations	107811
其他有限责任公司	Other Limited Liability Corporations	3091261
股份有限公司	Share-holding Corporations Ltd.	1385770
私营企业	Private Enterprises	2390592
私营独资企业	Private-funded Enterprises	3593
私营有限责任公司	Private Limited Liability Corporations	2384299
私营股份有限公司	Private Partnership Enterprises	2700
港、澳、台商投资企业	Enterprises with Funds from Hong Kong, Macao and Taiwan	205635
合资经营企业(港或澳、台资)	Joint-venture Enterprises	37839
港、澳、台商投资股份有限公司	Share-holding Corporations Ltd.	28113
其他港澳台投资企业	Other Hong Kong, Macao and Taiwan investment enterprises	139683
外商投资企业	Foreign Funded Enterprises	1972
外商投资股份有限公司	Enterprises with Sole Fund	1972
按国民经济行业分组	**Grouped by Sector**	
农林牧产品批发	Wholesale of Farming,Forestry,Animal Husbandry and Fishery Product	9666
食品、饮料及烟草制品批发	Wholesale Trade of Food, Beverages and Tobaccos	971953
纺织、服装及家庭用品批发	Wholesale Trade of Textiles, Garments and Daily Consumer Articles	66869
文化、体育用品及器材批发	Wholesale Trade of Culture, Sports Appliances and Equipments	15385
医药及医疗器材批发	Wholesale Trade of Medicines and Medical Appliances	194914
矿产品、建材及化工产品批发	Wholesale Trade of Mineral Products, Building Materials and Chemical Products	5796457
机械设备、五金交电及电子产品批发	Wholesale Trade of Mechanical Equipment, Hardware and Electronic Products	649515
其他批发业	Other Wholesale Trade	267192

Continued

(10 000 yuan)

销售费用 Selling Expenses	管理费用 Management Expenses	财务费用 Financial Expenses	营业利润 Business Profit	利润总额 Total Profits	应交 所得税 Income Tax Payable
321847	**163302**	**26383**	**427129**	**264918**	**90017**
197680	**83435**	**9945**	**412177**	**236424**	**85339**
193964	80814	7262	417185	245034	85288
12071	27568	-11456	60772	59996	11821
195	244	56	-56	22	2
29	4	34	4	4	1
25003	19100	6337	296166	144157	69894
6230	4939	128	738	1376	208
18773	14161	6209	295428	142781	69685
48188	18590	524	31216	40374	2610
108477	15308	11768	29084	481	961
	100		704	704	
108477	15108	11767	27880	-273	961
	100	0	500	50	
3188	2232	2679	-4892	-8494	51
2319	600	2890	-7793	-10705	
307	174	25	1184	1150	45
562	1458	-236	1717	1061	6
528	390	3	-116	-116	
528	390	3	-116	-116	
703	750	238	33	308	**263**
15107	31215	-10907	69762	69085	11854
816	1035	651	890	1196	56
5370	4112	-51	362	623	140
5009	5714	1287	5993	4656	599
165744	36395	16702	188357	140985	72121
4042	3813	1984	22960	19936	307
887	402	40	123820	-365	

16-5 续表2

单位：万元

指　标	Item	企业个数（个） Number of Enterprises (unit)	流动资产合计 Working Capitals
零售业	**Retail Trade**	**229**	**799387**
按登记注册类型分组	**By Status of Registration**		
内资企业	Domestic Funded Enterprises	226	789592
股份合作企业	Joint Ownership Enterprises	1	797
有限责任公司	State Joint Ownership Enterprises	85	488110
国有独资公司	Limited Liability Corporations	4	8933
其他有限责任公司	Other Limited Liability Corporations	81	479176
股份有限公司	Share-holding Corporations Ltd.	8	21452
私营企业	Private Enterprises	130	278766
私营独资企业	Private-funded Enterprises	2	441
私营有限责任公司	Private-funded Enterprises	121	263608
私营股份有限公司	Private Partnership Enterprises	7	14717
其他企业	Private Limited Liability Corporations	2	468
港、澳、台商投资企业	Private Share-holding Corporations Ltd.	3	9795
合资经营企业(港或澳、台资)	Other Enterprises	1	1998
港、澳、台商独资经营企业	Hong Kong, Macao, taiwan-funded enterprises	2	7797
按国民经济行业分组	**Grouped by Sector**		
综合零售	Integrated Retail	45	164323
食品、饮料及烟草制品专门零售	Special Retail of Food, Beverages and Tobaccos	20	19005
纺织、服装及日用品专门零售	Special Retail of Textiles, Wearing Apparel and Household Articles	7	25631
文化、体育用品及器材专门零售	Special Retail of Culture, Sports Appliances and Equipments	8	12006
医药及医疗器材专门零售	Special Retail of Medicines and Medical Appliances	17	71862
汽车、摩托车、燃料及零配件专门零售	Special Retail of Motor Vehicles, Motorcycles, Fuel and Parts	107	408593
家用电器及电子产品专门零售	Special Retail of Household Electric Appliances and Electronic Products	13	46888
五金、家具及室内装修材料专门零售	Special Retail of Hardware, Furniture and Interior Decoration Materials	3	1476
货摊、无店铺及其他零售业	Stalls, Non-shop and Other Retails	9	49604

Continued

(10 000 yuan)

固定资产 合　计 Total Fixed Assets	累计折旧 Accumulated Depreciation	资产总计 Total Assets	负债合计 Total Liabilities	实收资本 Paid-in Capitals	主营业务 收　入 Revenue from Principal Business
282590	**92429**	**1208722**	**849953**	**1224338**	**2060513**
275697	89531	1191473	838309	1220452	2004800
6	58	833	758	50	200
193526	59140	747244	540045	1104698	1111799
8725	8070	17764	8646	2055	133795
184802	51069	729479	531399	1102644	978004
39990	9542	68165	52073	11521	116563
41794	20765	374145	244995	103878	774744
129	27	658	529	201	1226
39242	20309	353105	229317	98259	740671
2423	428	20382	15149	5418	32847
381	27	1087	439	305	1495
6893	2898	17249	11643	3886	55713
106	514	2104	848	500	2372
6787	2383	15146	10796	3386	53341
140045	31914	342507	262058	45681	443390
7953	2252	37314	16517	8375	28220
19198	4233	55520	56839	9454	55284
3363	4357	16539	7829	4888	9605
6776	2531	79487	59174	18348	72874
78591	40041	536949	380099	1107057	1261803
3797	1151	53050	23673	12954	105857
322	153	4815	2684	10700	57794
22545	5798	82541	41080	6881	25686

16-5 续表3

单位：万元

指　标	Item	主营业务成　本 Cost of Principal Business	销售费用 Selling Expenses
零售业	**Retail Trade**	**1847803**	**124168**
按登记注册类型分组	**By Status of Registration**		
内资企业	Domestic Funded Enterprises	1799240	118705
股份合作企业	Joint Ownership Enterprises	168	
有限责任公司	State Joint Ownership Enterprises	980855	83528
国有独资公司	Limited Liability Corporations	125946	4586
其他有限责任公司	Other Limited Liability Corporations	854908	78942
股份有限公司	Share-holding Corporations Ltd.	108381	3283
私营企业	Private Enterprises	708830	31854
私营独资企业	Private-funded Enterprises	1021	68
私营有限责任公司	Private-funded Enterprises	677703	30272
私营股份有限公司	Private Partnership Enterprises	30106	1514
其他企业	Private Limited Liability Corporations	1007	41
港、澳、台商投资企业	Private Share-holding Corporations Ltd.	48563	5463
合资经营企业(港或澳、台资)	Other Enterprises	1418	276
港、澳、台商独资经营企业	Hong Kong, Macao, taiwan-funded enterprises	47145	5187
按国民经济行业分组	**Grouped by Sector**		
综合零售	Integrated Retail	375251	58233
食品、饮料及烟草制品专门零售	Special Retail of Food, Beverages and Tobaccos	21924	2091
纺织、服装及日用品专门零售	Special Retail of Textiles, Wearing Apparel and Household Articles	44965	6494
文化、体育用品及器材专门零售	Special Retail of Culture, Sports Appliances and Equipments	7342	1183
医药及医疗器材专门零售	Special Retail of Medicines and Medical Appliances	62473	5806
汽车、摩托车、燃料及零配件专门零售	Special Retail of Motor Vehicles, Motorcycles, Fuel and Parts	1174708	38972
家用电器及电子产品专门零售	Special Retail of Household Electric Appliances and Electronic Products	88185	7855
五金、家具及室内装修材料专门零售	Special Retail of Hardware, Furniture and Interior Decoration Materials	52178	2067
货摊、无店铺及其他零售业	Stalls, Non-shop and Other Retails	20779	1465

Continued

(10 000 yuan)

管理费用 Management Expenses	财务费用 Financial Expenses	营业利润 Business Profit	利润总额 Total Profits	应交所得税 Income Tax Payable
79867	**16438**	**14952**	**28494**	**4678**
79072	16401	13293	26783	4336
63		-33	-31	
51745	11676	3176	16318	3226
2111	140	883	676	104
49634	11536	2293	15642	3122
6112	554	2101	2039	339
21119	4171	7644	8090	740
99	1	44	44	
20189	3642.9	7716.2	8157	699
831	527	-117	-111	42
35		406	367	32
795	37	1658	1711	342
83	-11	596	596	89
712	49	1062	1115	252
31269	6746	-5231	6992	984
2236	216	1630	1884	6
6915	801	-731	234	51
1059	7	318	404	101
3147	1008	309	420	74
27662	7224	13962	14454	2617
4913	338	994	1155	341
1217	1.3	1224.1	439.7	0.2
1449	96.7	2477.3	2512.3	505.2

16-6 2015-2016年限额以上住宿餐饮业基本情况

Basic Conditions of Hotels and Catering Services Enterprises above Designated Size (2015-2016)

项 目	Item	法人企业数(个) Number of Corporation Enterprises (unit)		营业总收入(万元) Total Business Income (10 000 yuan)	
		2015	2016	2015	2016
总计	**Total**	**120**	**141**	**129571**	**134603**
住宿业	**Hotels**	**77**	**88**	**77621**	**80985**
按登记注册类型分组	**By Status of Registration**				
内资企业	Domestic Funded Enterprises	75	86	72138	75989
国有企业	State-owned Enterprises	12	11	14560	14592
集体企业	Collective-owned Enterprises	5	5	1225	3229
有限责任公司	Limited Liability Corporations	18	26	19663	22438
其他有限责任公司	Other Limited Liability Corporations	18	26	19663	22438
股份有限公司	Private Enterprises	1	2	9124	7804
私营企业	Private Enterprises	37	39	27187	26536
私营独资企业	Private-funded Enterprises	4	5	1435	1597
私营有限责任公司	Private Limited Liability Corporations	29	31	23404	23486
私营股份有限公司	Private Share-holding Corporations Ltd.	4	3	2348	1454
其他企业	Other Enterprises	2	3	379	1390
外商投资企业	Enterprises With Foreign Investment	2	2	5484	4996
中外合资经营企业	Joint-venture Enterprises	1	1	1826	1778
外资企业	Enterprises with Sole Fund	1	1	3658	3218
按国民经济行业分组	**Grouped by Sector**				
旅游饭店	Tourist Hotel	64	70	72432	72450
一般旅馆	Ordinary Hotel	10	15	3905	7053
其他住宿服务	Other Accommodation Services	3	3	1284	1483
餐饮业	**Catering Services**	**43**	**53**	**51950**	**53618**
按登记注册类型分组	**By Status of Registration**				
内资企业	Domestic Funded Enterprises	43	53	51950	53618
有限责任公司	Limited Liability Corporations	5	8	8828	14394
其他有限责任公司	Other Limited Liability Corporations	5	8	8828	14394
股份有限公司	Share-holding Corporations Ltd.	5	5	4618	5500
私营企业	Private Enterprises	33	40	38504	33724
私营独资企业	Private-funded Enterprises	5	2	4990	1717
私营合伙企业	Private partnership		1		295
私营有限责任公司	Private Limited Liability Corporations	26	34	31539	28910
私营股份有限公司	Private Share-holding Corporations Ltd.	2	3	1975	2802
按国民经济行业分组	**Grouped by Sector**				
正餐服务	Dinner services	43	52	51950	52970
快餐服务	Fast food services		1		649

注：限额以上住宿、餐饮业包括年主营业务收入在200万元及以上的住宿、餐饮业企业及个体户。

a)Hotels and catering services enterprises above designated size include hotels, catering enterprises and self-employed whose main business income is at 2 million yuan and above.business are 20 million yuan and above. Retail trade units above designated size include the retail enterprises and self-employed persons which annual revenue from principal business are 5 million yuan and above.

16−7 城乡私营企业基本情况(2016年)
Basic Statistics of Private Enterprises in Urban and Rural Areas(2016)

单位：个、万元 (unit，10 000 yuan)

项 目	Item	期末实有 Actually Number at End of Period					
		合计 Total			#城镇 Urban		
		单位数 Number of Enterprises	雇工人数 Registered Capital	注册资金 Registered Capital	单位数 Number of Enterprises	雇工人数 Registered Capital	注册资金 Number of Enterprises
合计	**Total**	**63654**	**182473**	**44253378**	**51610**	**94187**	**34289832**
农林牧渔业	Agriculture, Forestry, Animal Husbandry and Fishery	7089	21625	2771746	5563	13718	2149018
采矿业	Mining	683	5435	1089312	388	1392	462115
制造业	Manufacturing	4848	32902	4375533	3314	8630	2316028
电力、热力、燃气及水生产和供应业	Production and Supply of Electriaty, Heat and Gas	593	3611	1436608	396	1056	1211991
建筑业	Construction	6053	23617	4996830	5272	12498	3744670
批发和零售业	Wholesale and Retail Trades	20676	41524	9971784	16821	23044	7614580
交通运输、仓储和邮政业	Transport, Storage and Post	1396	4876	553217	1158	2990	437211
住宿和餐饮业	Hotels and Catering Services	2047	5571	1002613	1728	3194	877079
信息传输、软件和信息技术服务业	Information Transmission, Software, and Information Technology Services	2271	1955	779221	1881	1506	719799.5
金融业	Financial Intermediation	280	768	3029713	242	534	2908221
房地产业	Real Estate	1825	6619	2775891	1292	2716	1590709
租赁和商务服务业	Leasing and Business Services	8027	15637	7080643	7156	11716	6512845
科学研究和技术服务业	Scientific Research, and Technical Services	2228	3817	2051806	2000	2556	1851858
水利、环境和公共设施管理业	Management of Water Conservancy, Environment and Public Facilities	507	845	429668	442	620	390229
居民服务、修理和其他服务业	Residential Services, Repairs and Other Services	3328	8230	1028427	2715	4913	909940
教育	Education	140	386	49784	117	369	48539
卫生和社会工作	Health and Social Work	161	650	98240	138	562	91705
文化、体育和娱乐业	Culture, Sports and Entertainment	1047	2027	474601	925	1866	445194
其他	Other	455	2378	257743	62	307	8101

注：本表数据来源青海省工商行政管理局。
a)Data in this table are from Qinghai Province Administration for Industry.

16-8 零售业连锁经营情况综合表(2016年)

Statistics on Chain Business of Retail Trade(2016)

单位：个、人、万元 (unit，person，10 000 yuan)

指标	Item	连锁总店数 Number of General Chain Stores	门店数 Number of Branch Stores	年末从业人员数 Engaged Persons	连锁门店商品购进总额 Total Purchases Value of Branch Stores	统一配送商品购进额 Centralized Purchase and Delivery	连锁门店商品销售额 Sales of Commodities of Branch Stores
总计	**Total**	**10**	**194**	**6069**	**190215**	**71628**	**290858**
按登记注册类型分组	**By Status of Registration**						
内资企业	Domestic Funded Enterprises	**10**	**194**	**6069**	**190215**	**71628**	**290858**
有限责任公司	Limited Liability Corporations	**9**	**188**	**5060**	**152215**	**71628**	**224709**
其他有限责任公司	Other Limited Liability Corporations	9	188	5060	152215	71628	224709
股份有限公司	Private Enterprises	1	6	1009	38000		66149
按行业分	**By Sector**						
批发业	**Wholesale Trade**	**1**	**67**	**380**	**3564**	**3564**	**4086**
食品、饮料及烟草制品批发	Wholesale of Food, Beverages and Tobaccos	**1**	**67**	**380**	**3564**	**3564**	**4086**
零售业	**Retail Trade**	**9**	**127**	**5689**	**186651**	**68064**	**286772**
综合零售	Integrated Retail	4	63	4338	127937	30451	209476
纺织、服装及日用品专门零售	Special Retail of Textiles, Garments and Daily Consumer Articles	1	7	381	4101		15637
医药及医疗器材	Special Retail of Medicines and	**3**	**47**	**844**	**25249**	**8249**	**28784**
家用电器及电子产品专门零售	Special Retail of Household Electric Appliances and Electronic Products	1	10	126	29364	29364	32875
按批发零售连锁业态分组	**By Wholesale and Retail Trade Business Categories**						
超市	Supermarkets	1	50	809	1535	1535	37579
大型超市	Large Supermarkets	2	10	1580	66916	28916	101860
百货商店	Department Stores	1	3	1949	59486		70036
专业店	Specialty Stores	5	64	1351	58714	37613	77297
其他	Others	1	67	380	3564	3564	4086

16-9 商品交易市场情况(2016年)
Statistics on Commodity Exchange Markets(2016)

单位：个、平方米、万元　　(unit，sq.m，10 000 yuan)

指标	Item	市场数 Number of Markets	总摊位数 Number of Booths	营业面积 Operating Area	成交额 Turnover
总计	**Total**	**9**	**7882**	**543368**	**657421**
按市场类别分组	**By Markets Category**				
专业市场	Special Markets	9	7882	543368	657421
生产资料市场	Capital Goods Markets	1	22	1000	15654
金属材料市场	Metal Materials Markets	1	22	1000	15654
农产品市场	Farm Produce Markets	3	2285	393203	359235
蔬菜市场	Vegetables Markets	2	1885	277000	324235
其他农产品市场	Others	1	400	116203	35000
纺织、服装、鞋帽市场	Textiles, Clothing, Shoes and Hats Markets	3	3947	129000	99472
服装市场	Clothing Markets	1	320	19000	11486
其他纺织服装鞋帽市场	Others	2	3627	110000	87986
医药、医疗用品及器材市场	Medicine, Medical Materials and Medical Instruments Markets	1	50	8000	23000
中药材市场	Chinese Medicine Markets	1	50	8000	23000
家具、五金及装饰材料市场	Furniture, Hardware and Decoration Materials Markets	1	1578	12165	160060
其他装修市场	Others	1	1578	12165	160060
按营业状态分组	**By Operating Status**				
常年营业	Perennial Operation	9	7882	543368	657421
按经营方式分组	**By Operation Mode**				
以批发为主	Wholesale as the Main Mode	5	5334	494203	452057
以零售为主	Retail as the Main Mode	4	2548	49165	205364
按经营环境分组	**By Business Environment**				
露天式	Open Air	2	422	117203	50654
封闭式	Closed	7	7460	426165	606767

16-10 城乡个体工商业基本情况(2016年)

Basic Statistics of Individual Industry and Commerce in Urban and Rural Areas(2016)

项　目	Item	户　数 (个) Number of Stores (unit)	城镇 Urban	资金数额 (万元) Amount of Funds (10 000 yuan)	城镇 Urban
合计	**Total**	**243335**	**230480**	**2406115**	**2271652**
农林牧渔业	Agriculture, Forestry, Animal Husbandry and Fishery	5136	4037	189566	147184
采矿业	Mining	92	79	4156	2949
制造业	Manufacturing	12181	11143	106041	88480
电力、燃气及水的生产和供应业	Production and Supply of Electricity, Gas and Water	43	42	2220	2220
建筑业	Construction	485	458	6303	5771
交通运输、仓储和邮政业	Transport, Storage and Post	3378	3203	29666	28575
信息传输、计算机服务和软件业	Information Transmission, Computer Services and Software	648	598	4601	4354
批发和零售业	Wholesale and Retail Trades	147585	139966	1077299	1041455
住宿和餐饮业	Hotels and Catering Services	39581	37945	702739	675596
金融业		3	3	33	33
房地产业	Real Estate	38	37	518	428
租赁和商务服务业	Leasing and Business Services	1870	1748	22820	21534
科学研究、技术服务和地质勘查业	Scientific Research, Technical Service and Geologic Prospecting	295	288	2385	2360
水利、环境和公共设施管理业	Management of Water Conservancy, Environment and Public Facilities	11	10	173	153
居民服务和其他服务业	Services to Households and Other Services	26528	25629	190387	184680
教育	Education	55	53	1487	1467
卫生、社会保障和社会福利业	Health, Social Security and Social Welfare	1022	976	14138	13823
文化、体育和娱乐业	Culture, Sports and Entertainment	2322	2225	44373	43518
其他行业	Others	2062	2040	7210	7072

注：本表数据来源青海省工商行政管理局。

a)Data in this table are from Qinghai Province Administration for Industry.

主要统计指标解释

社会消费品零售总额 指国民经济各行业直接售给城乡居民和社会集团的消费品总额。它是反映各行业通过多种商品流通渠道向居民和社会集团供应的生活消费品总量，是研究国内零售市场变动情况、反映经济景气程度的重要指标。

社会消费品零售总额包括：⑴售给城乡居民作为生活用的商品和修建房屋用的建筑材料；⑵售给社会集团的各种办公用品和公用消费品；⑶售给机关、团体、学校、部队、企业、事业单位的职工食堂和旅店（招待所）附设专门供本店旅客食用，不对外营业的食堂的各种食品、燃料；企业、单位和国营农场直接售给本单位职工和职工食堂的自己生产的产品；⑷售给部队干部、战士生活用的粮食、副食品、衣着品、日用品、燃料；⑸售给来华的外国人、华侨、港澳台同胞的消费品；⑹居民自费购买的中、西药品、中药材及医疗用品；⑺报社、出版社直接售给居民和社会集团的报纸、图书、杂志，集邮公司出售的新、旧纪念邮票、特种邮票、首日封、集邮册、集邮工具等；⑻旧货寄售商店自购、自销部分的商品；⑼煤气公司、液化石油气站售给居民和社会集团的煤气灶具和罐装液化石油气；⑽农民售给非农业居民和社会集团的商品。不包括售给国民经济各部门企业、事业单位（包括国有经济的农场）生产经营用的各种原材料、燃料、设备、工具等和售给批发零售贸易业、餐饮业作为转卖用的商品，旧货寄售商店受托寄售卖出的商品，服务业的营业收入，邮局出售邮票的收入，自来水、电力、煤气生产（供应）单位的产品供应收入，也不包括农民之间的商品销售。

批发零售贸易业商品购、销、存总额 指各种登记注册类型的批发、零售贸易业（不包括个体）企业（单位）以本企业（单位）为总体的商品购进、销售、库存总额。

商品购进总额 指从本企业（单位）以外的单位和个人购进（包括从境外直接进口）作为转卖或加工后转卖的商品总额。它反映批发零售贸易业从国内、国外市场上购进商品的总量。商品购进总额包括：⑴从工农业生产者购进的商品；⑵从出版社、报社的出版发行部门购进的图书、杂志和报纸；⑶从各种登记注册类型的批发零售贸易企业（单位）购进的商品；⑷从其他单位购进的商品，如从机关、团体、企业等单位购进的剩余物资，从餐饮业、服务业购进的商品，从海关、市场管理部门购进的缉私和没收的商品，从居民手中收购的废旧商品等；⑸从国（境）外直接进口的商品。不包括企业（单位）为自身经营用和未通过买卖行为而收入的商品以及销售退回、商品升溢等。

商品销售总额 指对本企业（单位）以外的单位和个人出售（包括对境外直接出口）的商品总额（含增值税）。它反映批发零售贸易业在国内市场上销售商品以及出口商品的总量。商品销售总额包括：⑴售给城乡居民和社会集团消费用的商品；⑵售给工业、农业、建筑业、运输邮电业、批发零售贸易业、餐饮业、服务业等作为生产、经营使用的商品；⑶售给批发零售贸易业作为转卖或加工后转卖的商品；⑷对国（境）外直接出口的商品。不包括出售本企业（单位）自用的废旧包装用品；未通过买卖行为付出的商品；经本单位介绍，由买卖双方直接结算，本单位只收取手续费的业务；购货退出的商品以及商品损耗和损失等。

批发零售贸易业库存 指报告期末各种登记注册类型的批发零售贸易企业（单位）已取得所有权的商品。它反映批发零售贸易企业（单位）的商品库存情况和对市场商品供应的保证程度。期末库存包括：⑴存放在批发零售贸易业经营单位（如门市部、批发站、经营处）仓库、货场、货柜和货架中的商品；⑵挑选、整理、包装中的商品；⑶已记入购进而尚未运到本单位的商品，即发货单或银行承兑凭证已到而货未到的部分；⑷寄放他处的商品，如因购货方拒绝承付而暂时存放在购货方的商品和已办完加工成品收回手续而未提回的商品；⑸委托其他单位代销（未作销售或调出）尚未售出的商品；⑹代其他单位购进尚未交付的商品。不包括所有权不属于本单位的商品、拨付除批发零售贸易业以外的其他行业所属独立核算加工厂等加工生产尚未收回成品的商品、代国家物资储备部门保管的商品等。

住宿和餐饮业营业额 指住宿和餐饮业法人企业（单位）在经营活动中因提供服务或销售商品等取得的收入。包括：客房收入、餐费收入、商品销售额和其他收入。客房收入指住宿和餐饮业法人企业（单位）在经营活动中因提供住宿服务取得的收入。餐费收入指住宿和餐饮业法人企业、（单位）因为顾客提供就餐服务取得的收入，包括经烹饪、调制加工后出售的各种食品，如主食、炒菜、凉拌菜等的收入。商品销售额指住宿和餐饮业法人企业（单位）伴随服务而出售商品所取得的收入（含增值税）。其他收入指营业收入中除客房收入、餐费收入、商品销售额以外的其他收入，包括娱乐、健身和商务服务等。

Explanatory Notes on Main Statistical Indicators

Total Retail Sales of Consumer Goods refer to the sum of retail sales of commodities sold by Various industries of national economy to urban and rural households for household consumption and to social institutions for public consumption. It is a reflection of the industry through a variety of channels for commodity circulation to the residents and social group for the supply of consumer goods total, and it also is an important index for research of domestic retail market changes and reflecting the degree of economic boom.

Total retail sales of consumer goods include:

a) Sales sold to urban and rural residents as a commodity and the construction of housing construction materials.

b) Various office supplies and consumer goods sold to the social group;

c) Food, fuel sold to staff canteens of Organs, organizations, schools, military units, enterprises and institutions and canteen nearby hotels (Hospitality) specifically for the shop passenger edible and non – open to the public; products producing by enterprises, units and state farms sold directly to their employees and staff canteen own.

d) Food, non – staple food, clothing, daily necessities, fuel sold to military personnel, soldiers for living;

e) Consumer goods sold to foreigners, overseas Chinese, Hong Kong, Macao and Taiwan compatriots in China;

f) Chinese and Western medicine, Chinese herbal medicine and medical supplies purchased by residents purchased at their own expense;

g) Newspapers, books, magazines, new and old commemorative stamps sold by philatelic corporation , special stamps, FDC, stamps, stamp collecting tools, etc. sold by newspapers, publishing houses to residents and social groups;

h) Goods Since the purchase of second – hand shops;

i) Gas cooker and bottled liquefied petroleum gas sold by gas and liquefied petroleum gas stations to residents and social groups;

j) Goods sold by farmers to non – agricultural residents and social groups. It does not include all raw materials, fuel, equipment, tools etc. sold to national economic departments, enterprises and institutions (including farm of state – owned economy) for production and management and goods sold to wholesale and retail trade, catering industry as commodities, consignment selling goods commissioned by vintage consignment shop, services revenue of service industry, income of post on sell stamps, income of tap water, electricity, gas production and supply unit on the supply of products. It also does not include sales of commodities among farmers.

Purchase, Sales and Stock of Commodities by Wholesale and Retail Trades refer to the total volume of commodities purchased, total volume of sales and exports, and the stock of commodities by wholesale and retail enterprises (establishments) of different status of registration from domestic and overseas markets.

Total Purchases of Commodities refer to the total value of purchases of commodities by enterprises (establishments) from other establishments or individuals (including direct import from abroad) for the purpose of re – selling, either with or without further processing of the commodities purchased. This indicator is used to show the total value of purchases of commodities by wholesale and retail establishments from domestic and overseas markets. The purchases include: (1) agricultural and industrial products purchased from producers; (2) books, magazines and newspapers purchased from distribution departments of the publishers; (3) commodities purchased from wholesale and retail establishments of different status of registration; (4) commodities purchased from other units, such as surplus materials purchased from government agencies, enterprises or institutions, commodities purchased from hotels and catering services establishments, confiscated goods purchased from customs authorities or market management agencies, second – hand goods and wastes purchased from residents; and (5) commodities directly imported from abroad. Excluded are commodities purchased by enterprises (establishments) for use in their own business operation, commodities obtained without buying or selling procedures, rejected commodities, etc.

Total Sales of Commodities refer to value of commodities sold by the establishments to other establishments and individuals (including direct export to abroad). This indicator is used to show the total value of sales of commodities at domestic markets and export. The sales include: (1) commodities sold to urban and rural residents and social groups for their consumption; (2) commodities sold to establishments in industry, agriculture, construction, transportation, post and telecommunications, wholesale and retail trades, hotels and catering services, and public utility for their production and operation; (3) commodities sold to wholesale and retail establishments for re – selling, with or without further processing; and (4) commodities for direct export to abroad. Excluded are selling of waste packaging materials used by the establishments (units) themselves, commodities transferred without buying or selling procedures, commission income from brokerage in transactions for which settlement is directly handled by buyers and sellers, rejected commodities in the purchase, loss in commodities, etc.

Total Stock of Wholesale and Retail Trade refers to total commodities possessed by wholesale and retail enterprises (units) of various types of registration status at the end of the reference period, reflecting the commodity stock level of various wholesale and retail enterprises and the potential for market supply. It includes: (1) commodities located in storage, garages, counters, and shelves of operating units (such as sale stores, wholesale centres, and operating offices) of wholesale and retail enterprises; (2) commodities in the process of being selected, sorted, and packed; (3) commodities not arrived but recorded as purchase in the account, i. e. commodities not arrived but payment receipts for the commodities from the sellers or the banks arrived; (4) commodities deposited in other places rather than places mentioned above, for instance: commodities in the hold of purchasers temporarily due to the refusal of payment and commodities not taken back after going through the formalities; (5) commodities entrusted to other units to sell but not sold yet; (6) commodities purchased for other units but not delivered yet. Commodities not included as stock are those not owned by the enterprises (units), commodities on commission for processing but not yet delivered, imported commodities of agency of foreign trade enterprise but not yet delivered to ordering units and finally those put in stock on behalf of the state material reserves units.

Business Revenue of Hotels and Catering Services refers to revenue received from providing services or selling commodities by corporate enterprises and establishments engaged in hotels and catering services, including income from hotels, from catering services, from selling of commodities and from other services. Income from hotels refers to income of corporate enterprises and establishments engaged in hotels and catering services by providing lodging services. Income from catering services refers to income of corporate enterprises and establishments engaged in hotels and catering services by providing catering services, including selling of cooked or prepared foods such as staple food, cooked dishes or cold dishes. Income from selling of commodities refers to income of corporate enterprises and establishments engaged in hotels and catering services by selling commodities (including value – added tax) that accompany the services they provide. Income from other activities refers to income received other than income from hotels, catering services or selling of commodities, such as income from providing recreation, fitness or business services.

第 17 篇

CHAPTER 17

旅　游

Tourism

星级饭店发展情况

（个）

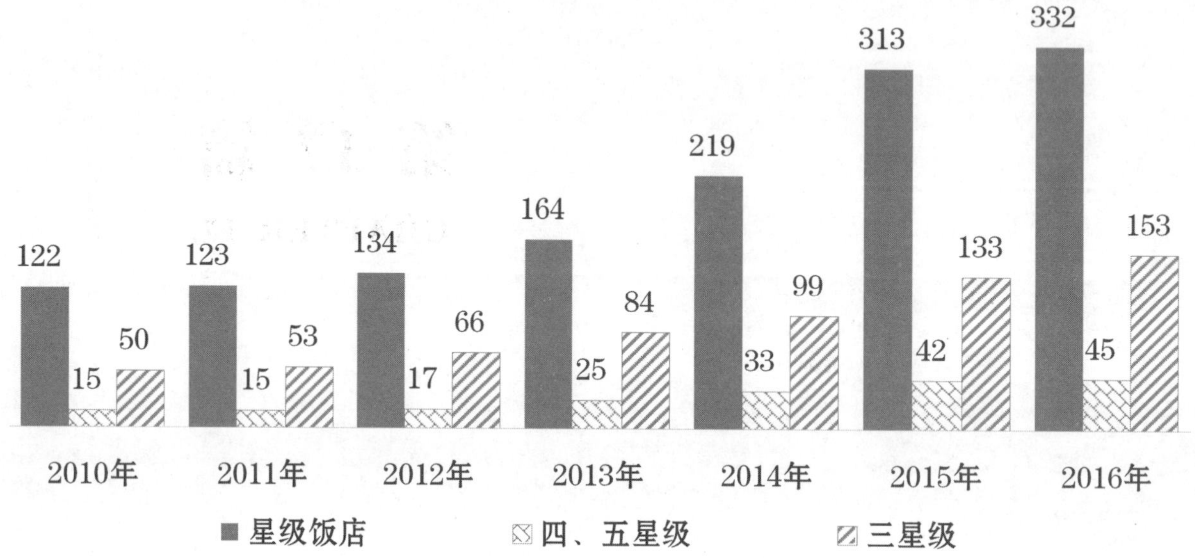

旅游收入

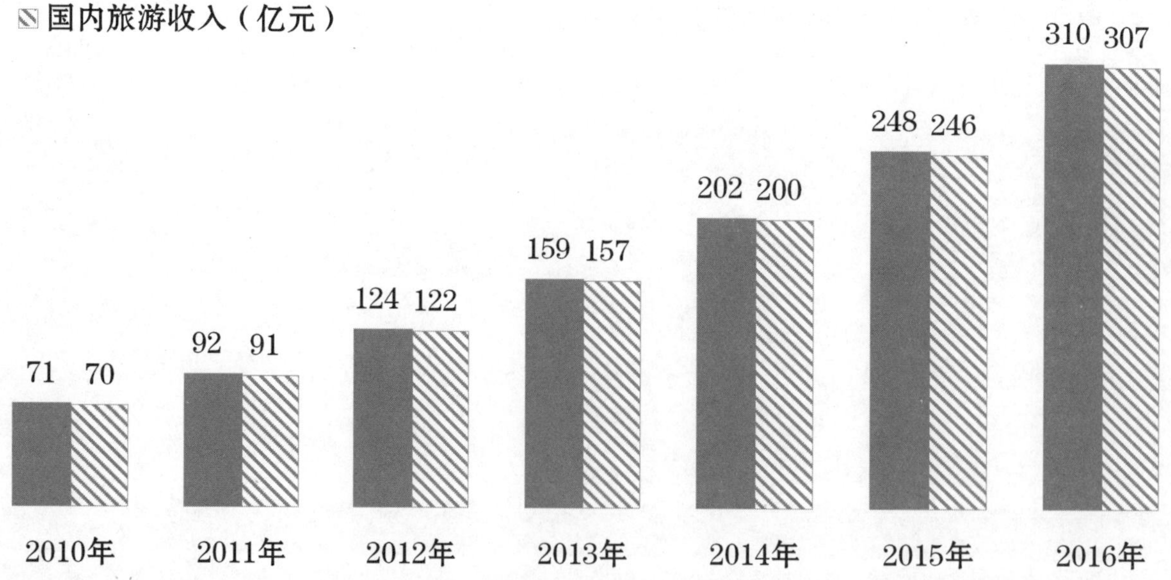

17-1 2012-2016年旅游事业发展情况
Development of Tourism (2012-2016)

指 标	Item	2012	2013	2014	2015	2016
年末旅行社数 （个）	**Number of Travel Agencies (unit)**	**229**	**245**	**247**	**238**	**273**
国际旅行社	International Travel Agencies	13	14	15	16	19
国内旅行社	Domestic Travel Agencies	216	231	232	222	254
年末旅行社从业人员 （人）	**Engaged Persons of Travel Agencies (person)**	**2391**	**2456**	**2480**	**2138**	**2057**
国际旅行社	International Travel Agencies	546	378	525	457	492
国内旅行社	Domestic Travel Agencies	1845	2078	1955	1681	1565
星级饭店总数 （个）	**Number of Star-rated Hotels (unit)**	**134**	**164**	**219**	**313**	**332**
旅游人次合计 （万人次）	**Number of Tourists (10 000 persons-time)**	**1581.5**	**1780.4**	**2005.6**	**2315.4**	**2876.9**
国际旅游者	Number of Overseas Visitor Arrivals	4.7	4.6	5.2	6.6	7.0
外国人	Foreigners	3.8	4.1	4.1	4.5	5.0
港、澳、台湾同胞	Chinese Compatriots From Hong Kong, Macao and Taiwan	0.9	0.5	1.1	2.0	2.0
国内旅游者	Number of Domestic Visitors	1576.8	1775.8	2000.4	2308.8	2869.9
旅游总收入 （亿元）	**Total Tourism Earnings (100 million yuan)**	**124**	**159**	**202**	**248**	**310**
国内旅游收入 （亿元）	Earnings from Domestic Tourism (100 million yuan)	122	157	200	246	307
国内旅游者人均花费 （元）	**Per Capita Expenditure from Domestic Tourism(yuan)**	**775**	**886**	**1007**	**1063**	**1071**
国际旅游外汇收入(万美元)	**Foreign Exchange Earnings from International Tourism (10 000 USD)**	**2432**	**1942**	**2574**	**3876**	**4416**
国际旅游者人均天花费(美元)	**Per Capita Expenditure from International Tourism (USD)**	**156**	**158**	**159**	**179**	**166**

注：本章数据来自青海省旅游发展委员会。
a)This data is from the Qinghai Provincial Committee for tourism development。

17－2　2015－2016年接待外国旅游人数(按国别分)

Number of Oversea Visitor Arrivals by Country(2015－2016)

单位：人次　　　　(person-time)

国家(地区) Country(Region)		2015	2016	国家(地区) Country(Region)		2015	2016
总　计	**Total**	**45241**	**50349**	德　国	Germany	2763	1580
亚洲小计	**Total Asia**	**21290**	**27340**	意大利	Italy	1685	1188
日　本	Japan	4296	4910	其　它	Others	1543	5041
韩　国	Republic of Korea	3932	5554	**美洲小计**	**Total America**	**8229**	**9352**
印度尼西亚	Indonesia	935	409	美　国	United States	5847	5232
马来西亚	Malaysia	2127	1697	加拿大	Canada	1871	1646
菲律宾	Philippines	269		其　它	Others	511	2474
新加坡	Singapore	1531	1479	**大洋洲小计**	**Total Oceanic**	**3315**	**2292**
泰　国	Thailand	2432	3037	澳大利亚	Australia	1709	1244
其　他	Others	5768	10254	新西兰	New Zealand	624	411
欧洲小计	**Total Europe**	**11380**	**10920**	其　它	Others	982	637
英　国	United Kingdom	2835	1669	**非洲小计**	**Total Africa**	**187**	**132**
法　国	France	2554	1442	**其　它**	**Others**	**840**	**313**

17-3 进入青海省自驾车量及排名(2016年)

Volume and Rank of Tourists by Self-driving Cars (2016)

车 源 地	Car Source	自驾车数量 (辆) Volume (unit)	比上年增长 (%) Increase Over the Previous Year (%)	排名 Rank
合计	**Total**	**863137**	**17.53**	
甘肃	Gansu	261422	77.67	1
陕西	Shaanxi	58732	4.11	2
四川	Sichuan	55516	50.39	3
宁夏	Ningxia	50033	-21.40	4
河南	Henan	36848	10.73	5
重庆	Chongqing	29870	19.48	6
北京	Beijing	26277	-3.31	7
山西	Shanxi	22595	-2.17	8
内蒙古	Inner Mongolia	22343	-20.32	9
西藏	Tibet	20658	-13.37	10
新疆	Xinjiang	17589	6.87	11
其他	Others	261254	3.10	

17-4 2016年入青游客主要客源地排名

Rank of the Main Source of Tourists into Qinghai(2016)

地 区	Region	省外游客(万人次) Foreign Province Tourists (10 000 person-times)	所占比重(%) Percentage (%)	排名 Rank
合计	**total**	**1401.80**	**100.0**	
甘肃	Gansu	212.30	15.1	1
陕西	Shaanxi	144.86	10.3	2
四川	Sichuan	144.86	10.3	3
上海	Shanghai	94.29	6.7	4
河南	Henan	72.43	5.2	5
山东	Shandong	66.81	4.8	6
北京	Beijing	62.44	4.5	7
江苏	Jiangsu	54.32	3.9	8
河北	Hebei	48.70	3.5	9
其他	Others	500.78	35.7	

17–5 星级饭店基本信息(2016年)

Basic Conditions of Star-rated Hotel (2016)

指标	Item	星级饭店 (个) Number of Star-rated Hotel (unit)	客房数 (间) Number of Rooms (unit)	床位数 (张) Number of Beds (unit)	从业人数 (人) Employed Persons (person)
合计	**Total**	**332**	**25322**	**47268**	**16979**
五星级	Five-star Hotel	2	766	1226	906
四星级	Four-star Hotel	43	6168	10994	6717
三星级	Three-star Hotel	153	11898	22693	6803
二星级	Two-star Hotel	130	6238	11852	2463
一星级	One-star Hotel	4	252	503	90

17–6 分地区旅游业发展情况(2013–2016年)

Development of Tourism by Region(2013-2016)

单位：亿元、万人次、元 (100 million yuan,10 000 person-times,yuan)

地 区	Region	旅游总收入 Total Tourism Earnings				旅游人数 Number of Tourists				人均花费 Per Capita Expenditure			
		2013	2014	2015	2016	2013	2014	2015	2016	2013	2014	2015	2016
西宁市	Xining City	100.8	126.8	156.5	195.8	1306.8	1443.2	1606.5	1852.5	771.0	878.6	973.9	1057.0
海东市	Haidong City	17.0	22.5	28.5	35.7	678.7	754.8	835.8	962.5	250.9	297.6	340.9	370.4
海北州	Haibei Zang A.P	8.4	12.7	16.5	20.5	446.4	563.8	636.3	733.5	189.1	226.0	259.8	278.8
黄南州	Huangnan Zang A.P	7.02	8.7	10.8	13.2	273.2	302.0	344.3	427.9	257.0	287.8	312.2	308.9
海南州	Hainan Zang A.P	7.0	8.6	13.1	16.6	278.0	322.4	476.0	657.8	252.5	268.0	275.0	251.9
果洛州	Golog Zang A.P	1.2	1.7	2.2	3.1	21.4	28.4	36.5	45.9	569.3	596.0	602.7	675.2
玉树州	Yushu Zang A.P	1.0	1.6	2.5	4.2	18.3	30.2	50.7	63.9	523.5	558.0	499.2	649.5
海西州	Haixi Mongolian &Zang A.P	18.8	25.0	31.6	58.0	466.3	556.3	646.3	1105.8	403.8	449.4	488.8	524.5
青海湖管理局	Qinghai Lake Administration Bureau	1.7	1.9	2.2	2.5	119.4	132.7	165.2	189.8	140.8	140.2	135.0	130.1

注：表中旅游人数合计存在重复统计因素(一日游、自驾游等)，旅游收入合计也只含入住、餐饮、景点门票等收入。因此，分地区指标除代表本地旅游发展情况外，只做全省旅游统计指标测算参考依据，各地简单合计不能准确代表全省旅游发展情况。

a) There is repeated statistical factors (day trips, driving, etc.)in Total Tourist Arrivals in the table , and total tourism revenues contains only staying, restaurants, attractions tickets and other revenue. Therefore, indicators by region represent the local tourism development of the region, and become only measuring reference of the province's tourism statistical indicators, simple total of all the regions can not accurately represent the provincial tourism development situation.

17-7 青海省A级旅游景区名录
Catalogue of State Class Scenic Spots of Qinghai

景区名称	Scenic Spot Name	地　址
5A级景区	**AAAAA State Class Scenic Spots**	
塔尔寺景区	Ta'er Lamasery	西宁市湟中县鲁沙尔镇
青海湖景区	Qinghai Lake	青海湖管理与保护局
4A级景区	**AAAA State Class Scenic Spots**	
青海省博物馆	Qinghai Museum	西宁市西关大街新宁广场
格尔木昆仑文化旅游区	Geermu Kunlun Culture Area	海西州格尔木市八一中路
互助土族故土园旅游区	Huzhu Tu Nationality Customs Theme Park	海东市互助县威远镇北大街
循化撒拉族绿色家园	Xunhua Sala Nationality Gardens	海东市循化县积石镇
金银滩景区	Jinyintan Pasture	海北州西海镇
青海藏医药文化博物馆	Qinghai Tibetan Medicine and Culture Museum	西宁市生物园区
门源百里油菜花海景区	Menyuan Hundred Miles of Rapeseeds Flower Field	海北州门源县东街
祁连风光旅游景区	Qilian Mountains	海北州祁连县祁连广场
热贡国家级历史文化名城旅游区	Regong State Historical and Cultural City	黄南州同仁县热贡宾馆
久治年宝玉则景区	Jiuzhi Nianbaoyuze Mountain	果洛州久治县智青松多镇
玉树称多拉布民俗村	Yushu Chengduo Labu Folk Customs Village	玉树州称多县拉布村
大通老爷山风景名胜区	Datong Laoyeshan Mountain	西宁市大通县桥头镇
湟源丹噶尔古城	the Ancient city of Dan Gar in Huangyuan County	西宁市湟源县
西宁乡趣农耕文化生态园	Xining Rural Farming Culture Ecological Park	西宁市城北区大堡子镇陶北村口
西宁市青藏高原野生动物园	Xining Qinghai-Tibet Plateau Wildlife Park	西宁市城西区行知路9号
贵德高原养生休闲度假区	Guide Highland Health and Leisure Resort	海南州贵德县
西宁市青海藏文化馆	Qinghai Tibetan Cultural Center	西宁市湟中县鲁沙尔镇
玛多黄河源旅游区	Maduo Yellow River Source Area	果洛州玛多县
坎布拉景区	Kanbula Area	黄南州尖扎县西北部
青海茶卡盐湖旅游景区	Qinghai Chaka Salt Lake	海西州乌兰县茶卡镇
3A级景区	**AAA State Class Scenic Spots**	
西宁市人民公园	Xining People's Park	西宁市胜利路
西宁市东关清真大寺	Xining Dongguan the Great Mosque	西宁市东关大街
西宁市南山旅游风景区	Xining South Hill	西宁市南山公园
北山土楼观旅游景区	Beishan Taoist Temple	西宁市祁连路
西宁市麒麟湾	Xining Kirin Bay	西宁市黄河路29号
浦宁之珠(高原明珠)	Pearl Puning (Plateau Pearl)	西宁市西山一巷
青海赞普林卡旅游景区	Qinghai Zanpulinka Palace	西宁市湟源县县城入口处
青海日月山旅游景区	Qinghai Riyue Mountain	西宁市湟源县
大通国家森林公园察汗河景区	Datong National Forest Park Chahanhe Scenic Area	西宁市大通县宝库乡油坊卡村224号
贵德黄河奇石苑	Guide the Yellow River Rare Stones Garden	海南州贵德县河西镇
龙羊峡旅游景区	Longyangxia Reservoir	海南州共和县龙羊峡库区
可鲁克湖—托素湖高原生态旅游景区	Keluke Lake-Tuosu Lake Plateau Ecological Area	海西州德令哈市
玉树新寨嘉那嘛呢景区	Yushu Xinzhai Jiana Mani Stones City	玉树州玉树市结古镇

17-7 续表 Continued

景区名称	Scenic Spot Name	地 址
西宁市中国工农红军西路军纪念馆	Xining Chinese Red Army Memorial Museum	西宁市城中区南川东路19号
西宁市红叶谷休闲生态旅游景区	Xining Hongyegu Leisure Ecological Area	西宁市经济技术开发区杨沟湾
平安峡群寺森林公园	Pingan Xiaqiong Temple Forest Park	海东市平安区国有林场
西宁市大通国家森林公园鹞子沟景区	Datong National Forest Park's Kite Ditch	西宁市大通县东峡镇衙门庄村
勒巴沟—文成公主庙景区	Lebagou Valley Stone Drawing-the Temple of Princess Wencheng	玉树州玉树市结古镇
玉树当卡寺旅游景区	Yushu Dangka Lamasery	玉树州玉树市结古镇
玉树结古寺旅游景区	Yushu Jiegu Lamasery	玉树州玉树市结古镇
民和药泉山旅游景区	Minghe Medical Spring	海东市民和县古鄯镇七里寺
民和金三川民俗风情游览区	Minghe Jin Sanchuan Folk Customs Tourist Area	海东市民和县官亭镇
乐都柳湾彩陶旅游景区	Ledu Liuwan Pottery Tourist Attractions	海东市乐都区高庙镇柳湾村
化隆夏琼寺景区	Hualong Xiaqiong Temple	海东市化隆县查普乡
乌兰金子海风景区	Wulan Jinzihai Senic Area	海西州乌兰县
囊谦尕尔寺大峡谷生态旅游景区	Nangqian Gaer Temple Grand Canyon Ecotourism	玉树州囊谦县
囊谦达那河谷生态旅游景区	Nangqian Dana Valley Ecotourism	玉树州囊谦县
称多尕朵觉悟神山旅游景区	Chengduo Gaduojuewu Mountain	玉树州称多县
玉树隆宝滩旅游景区	Yushu Longbao Shoal Senic Area	玉树州玉树市
玛柯河原始森林生态旅游景区	Make River Virgin Forest Ecotourism	果洛州班玛县
治多贡萨寺旅游景区	Yushu Zhiduo Gongsa Lamasery	玉树州治多县
天峻县神湖之源旅游风景区	the Source of God Lake Scenic Area in Tianjun County	海西州天峻县
狮龙宫殿旅游景区	Lion Dragon Palace Scenic Area	果洛州达日县
格萨尔林卡旅游景区	Gesar Linka Scenic Area	果洛州达日县
查郎寺旅游景区	Chalang Temple Scenic Area	果洛州达日县
星星海生态旅游景区	Sea Star Zoology Scenic Area	果洛州玛多县
东格措纳湖生态旅游区	Donggecuona Lake Zoology Scenic Area	果洛州玛多县
白扎寺旅游景区	Baizha Temple Scenic Area	果洛州班玛县
多尕麻格萨尔王莲花圣殿旅游景区	Duogama Lotus Temple of King Gesar Scenic Area	果洛州班玛县
官仓峡旅游景区	Guancang Gorge Scenic Area	果洛州甘德县
龙恩寺德尔文格萨尔文化史诗村旅游区	Long'en Temple De'erwen Gesar Epic Village Scenic Area	果洛州甘德县
阿尼玛卿雪山旅游景区	Animaqing Snow Mountain Scenic Area	果洛州玛沁县
兴海赛宗寺文化旅游区	Xinghai Saizong Lamasery Culture Scenic Area	海南州兴海县南38公里处赛宗寺
拉加寺旅游景区	Lajia Temple Scenic Area	果洛州玛沁县
青海可可西里工业旅游景区	Qinghai Kekexili Industrial Scenic Area	西宁市城中区同安路108号
兴海县图旦达杰民俗文化旅游景区	Xinghai Tudandajie Folk Culture Scenic Area	海南州兴海县城西大街
共和县千补录寺藏传佛教文化与民俗旅游景区	Gonghe Qianbulu Temple Tibetan Buddhist Culture and Folklore Scenic Area	海南州共和县廿地乡曲什纳村
西北骄集团	Xi Bei Jiao	西宁(国家级)经济开发区高新路7号
中华枸杞养生苑	Chinese Wolfberry Health Garden	西宁市经济技术开发区昆仑东路21号

17-7 续表2 Continued

景区名称	Scenic Spot Name	地　址
大通娘娘山景区	Datong Niangniang Mountain	西宁市大通县桥头镇
乐都区河湟碑林景区	Ledu District Hehuang Tablet Forest Area	海东市乐都区
久治县德合龙寺景区	Jiuzhi Dehelong Temple Area	果洛州久治县康赛乡
西宁锦熙丰生态旅游景区	Xining Jinxifeng Zoology Scenic Area	西宁市城东区
青海多巴国家高原体育训练基地	Qinghai Duoba National Plateau Sports Training Base	西宁市多巴镇
西宁湟源大黑沟旅游景区	Scenic Area Huangyuan Daheigou Scenic Area	西宁市湟源县
青海大漠红枸杞工业旅游景区	Qinghai Damohong Medlar Industrial Scenic Area	海西州都兰县
久治白玉旅游景区	Jiuzhi Baiyu Scenic Area	果洛州久治县
玛沁县喇日寺	Maqing Lari Temple Gesar	果洛州玛沁县
格萨尔文化产业园旅游景区	Cultural Industry Garden Scenic Area	
河南县静渡工业旅游景区	Henan Jingdu Industrial Scenic Area	黄南州河南县
民和县永录康格达景区	Minghe Yonglu Kangeda Scenic Area	民和县官亭镇
民和县七里寺景区	Minghe Qili Temple Area	民和县古鄯镇七里寺
乡趣卡阳户外旅游度假景区	Rural Interest Kayang Outdoor Tourism Scenic Arca	青海省西宁市市湟源县
力盟步行街文化旅游区	Limeng Pedestrian Street Cultural Tourism Area	青海省西宁市
青海牦牛文化博物馆暨	Qinghai Yak Culture Museum and	青海省西宁市
臧宝工业旅游景区	Tibetan Treasure Industrial Tourism Scenic Area	
青海玉生琨昆仑玉文化景区	Qinghai Yushengkun Kunlun Jade Culture Area	青海省西宁市
2A级景区	**AA State Class Scenic Spots**	
玉树称多赛巴寺旅游景区	Yushu Chengduo Saiba Lamasery	玉树州称多县拉布村
同德石藏文化旅游区	Tongde Shizang Culture Scenic Area	海南州同德县河北乡
乐都瞿昙寺旅游景区	Ledu Qutan Temple Scenic Area	海东市乐都区瞿昙镇
民和天井峡-松山原始森林风景区	Minghe Tianjingxia- Songshan Virgin Forest	海东市民和县官亭镇
化隆县雄先岗山生态旅游景区	Hualong Xiongxiangang Mountain Zoology Scenic Area	化隆县西部雄先森林公园内
化隆县阿河滩撒拉民俗村	Hualong Ahetan Salar Customs Village	海东市化隆县甘都镇
乐都区农业示范园旅游景区	Ledu Agricultural Demonstration Garden Area	海东市乐都区
乐都区杨宗林场旅游区	Ledu Yangzong Tree Farm Area	海东市乐都区中坝乡杨宗寺
乌兰县哈里哈图国家森林公园	Wulan Halihatu National Forest Park	海西州乌兰县城东北部约25公里处
都兰县海寺花海景区	Dulan Hai Temple Flower Sea Area	海西州都兰县东行15公里左右
甘德县直尕尔风景区	Gande Zhigaer Scenie Area	果洛州甘德县
泽库县麦秀国家森林公园	Zeku Mexiu National Forest Park	黄南州泽库县
阿尼格日佛景区	Anigerifo Scenie Area	黄南州泽库县
石沟寺景区	Shigou Temple Scenio Arca	海东市乐都区
水峡景区	Shuixia Scenic Area	海东市乐都区
药草台景区	Yaocaotai Scenic Area	海东市乐都区
上北山省级森林公园	Shangbeishan Provincial Forest Park	海东市乐都区
九寺掌旅游景区	Jiusizhang Scenic Area	海东市乐都区
黄河第一湾景区	First Gulf of the Yellow River Scenic Area	海东市化隆县

17-8 青海省对外开放山峰
Main Mountain Peaks Opened to the Outside

山峰名称 Names of Mountain Peak	海拔高程(米) Altitude(m)	所属山系 Mountain Range	地理位置 Geography of Place
阿尼玛卿峰	6282	昆仑山脉	果洛州玛沁县
格拉丹东峰	6621	唐古拉山脉	海西州格尔木市
雅拉达则峰	5215	昆仑山脉	果洛州玛多县
新青峰	6860	昆仑山脉	海西州与新疆交界处
年保玉则峰	5369	昆仑山脉	果洛州久治县
错日尕则峰	4610	昆仑山脉	果洛州玛多县
玉珠峰	6179	昆仑山脉	海西州格尔木市
玉虚峰	5933	昆仑山脉	海西州格尔木市
马阑山	6056	昆仑山脉	玉树州治多县
湖北冰峰	5769	昆仑山脉	海西州与玉树州交界处
五雪峰	5805	昆仑山脉	玉树州治多县
大雪峰	5863	昆仑山脉	玉树州治多县
唐古拉山	6205	唐古拉山脉	海西州格尔木市管辖区
龙亚拉峰	6104	唐古拉山脉	海西州格尔木市管辖区

17-9 各级政府驻地海拔高程
Altitude of the Government Locations by Region

县(市、行委)名称	Names of Cities and Counties	海拔高程(米) Altitude(m)	驻地名称 Names of Locations	备注 Remarks
西宁市	**Xining City**			
西宁市	Xining City	2250	西宁市	省政府驻地
大通县	Datong Hui&Tu County	2720	桥头镇	
湟中县	Huangzhong County	2645	鲁沙尔镇	
湟源县	Huangyuan County	2666	城关镇	
海东市	**Haidong City**			
平安区	Pingan County	2114	平安镇	海东市政府驻地
民和县	Minhe Hui&Tu County	1800	川口镇	
乐都区	Ledu County	2000	碾伯镇	
互助县	Huzhu Tu County	2520	威远镇	
化隆县	Hualong Hui County	2848	巴燕镇	
循化县	Xunhua Salar County	1860	积石镇	
海北州	**Haibei Zang A.P**			
海晏县	Haiyan County	3000	西海镇	海北州政府驻地
门源县	Menyuan Hui County	2880	浩门镇	
祁连县	Qilian County	2810	八宝镇	
海晏县	Haiyan County	3000	三角城镇	
刚察县	Gangcha County	3300	沙柳河镇	
黄南州	**Huangnan Zang A.P**			
同仁县	Tongren County	2480	隆务镇	黄南州政府驻地
尖扎县	Jianzha County	1990	马唐镇	
泽库县	Zeku County	3660	泽曲镇	
河南县	Henan Mengolian A.C.	3510	优干宁镇	
海南州	**Hainan Zang A.P**			
共和县	Gonghe County	2880	恰卜恰镇	海南州政府驻地
同德县	Tongde County	2980	尕巴松多镇	
贵德县	Guide County	2205	河阴镇	
兴海县	Xinghai County	3306	子科滩镇	
贵南县	Guinan County	3100	茫曲镇	
果洛州	**Golog Zang A.P**			
玛沁县	Maqin County	3730	大武镇	果洛州政府驻地
班玛县	Banma County	3560	赛来塘镇	
甘德县	Gande County	4020	柯曲镇	
达日县	Dari County	3970	吉迈镇	
久治县	Jiuzhi County	3628	智青松多镇	
玛多县	Maduo County	4300	玛查里镇	
玉树州	**Yushu Zang A.P**			
玉树市	Yushu County	3710	结古镇	玉树州政府驻地
杂多县	Zadou County	4080	萨呼腾镇	
称多县	Chengduo County	3825	称文镇	
治多县	Zhiduo County	4193	加吉博洛镇	
囊谦县	Nangqian County	3660	香达镇	
曲麻莱县	Qumalai County	4223	约改镇	
海西州	**Haixi Mongolian & Zang A.P**			
德令哈市	Delingha City	2980	德令哈市	海西州政府驻地
格尔木市	Geermu City	2850	格尔木市	
乌兰县	Wulan County	2960	希里沟镇	
都兰县	Dulan County	3180	察汗乌苏镇	
天峻县	Tianjun County	3408	新源镇	
大柴旦行委	Dachaidan	3176	柴旦镇	
冷湖行委	Lenghu	2755	冷湖镇	
茫崖行委	Mangya	2940	花土沟镇	

17-10 主要旅游景点海拔高程

Altitude of the Main Senics in the Province

旅游景点名称 Names of Scenic Spots	海拔高程(米) Altitude(m)	地理位置 Geography of Place
东关清真大寺	2230	西宁市
塔尔寺	2680	西宁市湟中县
青海湖	3190	海南州共和县、海北州刚察县交界处
瞿坛寺	2458	海东市乐都区
坎布拉国家森林公园	2630	黄南州尖扎县
十世班禅故居	2530	海东市循化县
孟达天池	2506	海东市循化县
隆宝滩黑颈鹤自然保护区	4352	玉树州玉树市
长江源头	6564	海西州格尔木市管辖区
察尔汗盐湖	2670	海西州格尔木市
鸟岛	3228	青海湖
互助北山国家森林公园	2290	海东市互助县
黄河源头	4780	玉树州曲麻莱县
阿尼玛卿山	6282	果洛州玛沁县
金银滩草原风光	3150	海北州海晏县
布喀达坂峰(昆仑山最高点)	6860	新疆与玉树交界处
昆仑山口	4771	海西州格尔木市与玉树州曲麻莱、治多县交界
北禅寺	2330	西宁市
青海博物馆	2270	西宁市
老爷山	2928	西宁市大通县
互助北山国家森林公园	2740(场部2290)	海东市互助县
街子清真大寺	1940	海东市循化县
文都寺	2540	海东市循化县
夏宗寺	2795	海东市平安区
夏琼寺	2900	海东市化隆县
佑宁寺	2640	海东市互助县
日月山	3520	西宁市湟源县
倒淌河	3280	青海湖旅游区
龙羊峡	2480	海南州共和县龙羊峡库区
青海湖度假村	3190	青海湖旅游区
玉皇阁	2219	海南州贵德县
茶卡盐湖	3061	海西州乌兰县
原子城	3010	海北州海晏县
李家峡	2060	黄南州尖扎县和海东市化隆县交界处
南宗寺	2320	黄南州尖扎县
隆务寺	2480	黄南州尖扎县
麦秀林场	2910	黄南州同仁县
土蕃葬墓	3225	海西州都兰县
都兰国际狩猎场	4930	海西州都兰县
可可西里无人区	5863--4750	海西州格尔木市

17-10 续表 Continued

旅游景点名称 Names of Scenic Spots	海拔高程(米) Altitude(m)	地理位置 Geography of Place
万丈盐桥	2670	海西州格尔木市
巴颜喀拉山	5267	果洛州玛多、玉树州称多县交界处
文城公主庙	4250	玉树州玉树市
西王母瑶池	4470	海西州格尔木市
结古寺	3780	玉树州玉树市
骆驼泉撒拉族风情	1920	海东市循化县
凤凰山公园	2420	西宁市
金塔寺	2253	西宁市
苏家堡城	2560	西宁市大通县
南佛山	3265	西宁市湟中县
哈城	3150	西宁市湟源县
城隍庙	2666	西宁市湟源县
七里寺药水泉	2465	海东市民和县
官亭古文化遗址	2150	海东市民和县
白马寺	2105	海东市互助县
五峰寺	2860	海东市互助县
却藏寺	3023	海东市互助县
西海度假村	2155	海东市平安区
十四世达赖故居	2850	海东市平安区
古雷寺	2630	海东市循化县
二郎剑	3190	青海湖旅游区
三块石	3211	青海湖旅游区
海心山	3266	青海湖旅游区
三角城	3215	青海湖旅游区
沙岛	3252--3195	青海湖旅游区
祁连山原始森林	3020	海北州祁连县
祁连山鹿场	2870	海北州祁连县
仙米寺	2990	海北州门源县
珠固寺	2590	海北州门源县
热贡艺术馆	2520	黄南州同仁县
二郎洞	3580	海西州天峻县
石油城	2940	海西州茫崖行委
扎陵湖	4610	果洛州玛多县
鄂陵湖	4309	果洛州玛多县
囊谦猕猴自然保护区	3974	玉树州囊谦县
晒经台	4120	玉树州玉树市
敦科尔寺	3170	西宁市湟源县
魔鬼城	2980	海西州德令哈市
柳湾墓地	2060	海东市乐都区

主要统计指标解释

旅游人数

（1）入境旅游人数　指报告期内来我国观光、度假、探亲访友、就医疗养、购物、参加会议或从事经济、文化、体育、宗教活动的外国人、港澳台同胞等入境游客。统计时，外国人、港澳台同胞每入境一次统计1人次。

（2）出境人数　指中国（大陆）居民因公或因私出境前往其他国家、中国香港特别行政区、澳门特别行政区和台湾省观光、度假、探亲访友、就医疗养、购物、参加会议或从事经济、文化、体育、宗教活动的人数，即出境游客。统计时，按每出境一次统计1人次。

（3）国内旅游人数　指在报告期内在中国（大陆）观光游览、度假、探亲访友、就医疗养、购物、参加会议或从事经济、文化、体育、宗教活动的中国（大陆）居民人数，其出游的目的不是通过所从事的活动谋取报酬。统计时，国内游客按每出游一次统计1人次。

国际旅游（外汇）收入　指入境游客在中国（大陆）境内旅行、游览过程中用于交通、参观游览、住宿、餐饮、购物、娱乐等全部花费。

国内旅游收入　又称旅游总花费指国内游客在国内旅行、游览过程中用于交通、参观游览、住宿、餐饮、购物、娱乐等全部花费。

国际旅行社　指经营业务范围包括入境旅游业务、出境旅游业务和国内旅游业务的旅行社。

国内旅行社　指经营范围仅限于国内旅游业务的旅行社。

星级饭店　指设备、设施、服务符合《旅游饭店星级的划分与评定》（GB/T14308－2003），通过相关旅游管理部门评定，并取得星级饭店称号的饭店（含预备星级饭店）。

Explanatory Notes on Main Statistical Indicators

Number of Tourists

(1) Visitor arrivals refer to the number of foreigners, Chinese compatriots from Hong Kong, Macao and Taiwan Chinese (mainland) who come to China (mainland) for sight－seeing, vacation, visiting relatives, medical treatment, shopping, attending conference, or to engage in economic, cultural, sports and religious activities. In compiling statistics, each time of entering China is counted as one person－time.

(2) Number of Chinese residents going abroad refer to the number of Chinese (mainland) residents going to other countries, Hong Kong Special Administrative region, Macao Special Administrative region and Taiwan for on official or private purposes, for sight－seeing, vacation, visiting relatives, medical treatment, shopping, attending conference, or to engage in economic, cultural, sports and religious activities. In compiling statistics, each time of leaving is counted as one person－time.

(3) Number of domestic tourists refers to the number of Chinese (mainland) residents who travel within China (mainland) for sight－seeing, vacation, visiting relatives, medical treatment, shopping, attending conference, or to engage in economic, cultural, sports and religious activities. In compiling statistics, each time of travelling is counted as one person－time.

Foreign Exchange Earnings from International Tourism refer to the total expenditure of foreigners, overseas Chinese, Chinese compatriots from Hong Kong, Macao and Taiwan during their stay in the mainland of China on transportation, sighting, accommodation, food, shopping and entertainment.

Income from Domestic Tourism refer to expenditure of domestic tourists on transportation, sighting, accommodation, food, shopping and entertainment while they travel.

International Travel Agencies refer to travel agencies engaged in tourism entering China, Chinese residents going abroad and domestic tourism.

Domestic Travel Agencies refer to travel agencies only engaged in domestic tourism.

Star－rated Hotels refer to hotels rated with stars as assessed by the relevant tourism authorities according to GB/T14308－2003 standard with reference to their infrastructure, facilities and service levels.

第 18 篇
CHAPTER 18

金 融 业
Financial Intermediation

金融机构基本情况

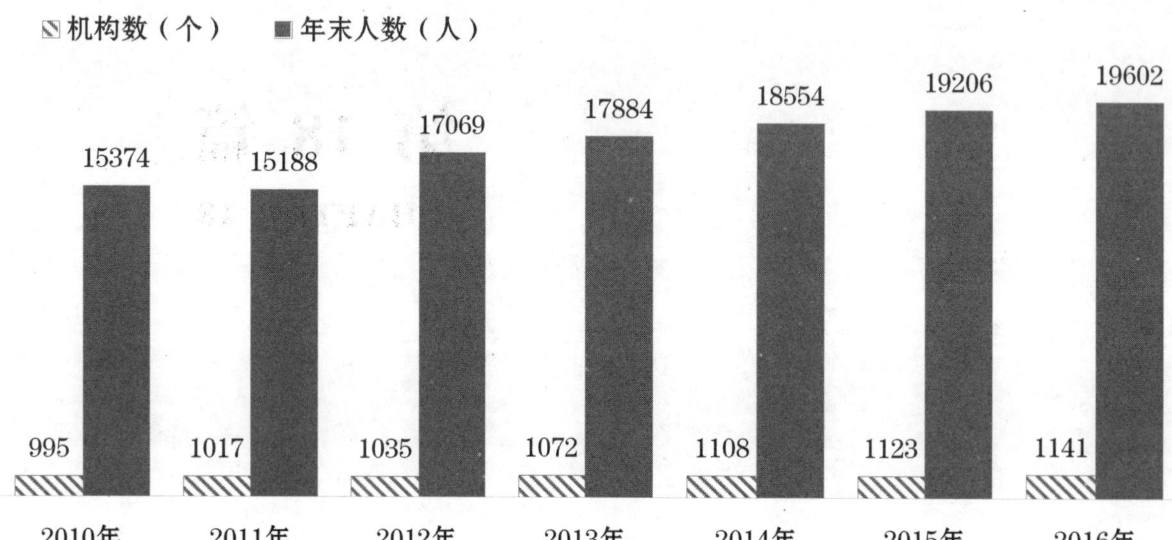

金融机构人民币存、贷款余额（亿元）

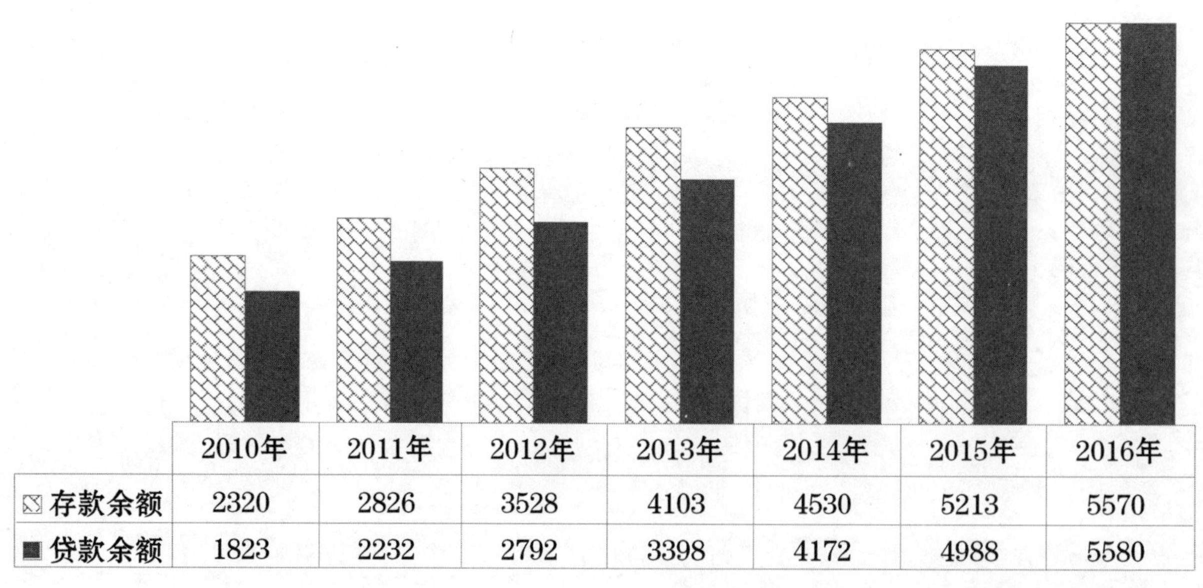

	2010年	2011年	2012年	2013年	2014年	2015年	2016年
存款余额	2320	2826	3528	4103	4530	5213	5570
贷款余额	1823	2232	2792	3398	4172	4988	5580

18-1 2012-2016年银行系统机构、人员数
Number of Institutions and Employees in Bank System(2012-2016)

项目	Item	机构数(个) Number of Institutions(unit)					年末人数(人) Number of Employees at Year-end (person)				
		2012	2013	2014	2015	2016	2012	2013	2014	2015	2016
全省金融机构合计	**Total Financial Institutions throughout the Province**	**1035**	**1072**	**1108**	**1123**	**1141**	**17069**	**17884**	**18554**	**19206**	**19602**
中国人民银行	People's Bank of China	18	18	18	18	18	1188	1231	1234	1400	1314
工商银行	Industrial and Commercial Bank of China	86	90	90	90	85	2250	2250	2250	2250	2239
农业银行	Agricultural Bank of China	170	174	176	177	177	3002	3144	3015	2936	2903
中国银行	Bank of China	45	46	46	46	46	1205	1196	1202	1210	1230
建设银行	China Construction Bank	108	112	114	114	114	2957	3091	3059	2989	2962
农业发展银行	Agricultural Development Bank of China	26	26	26	26	26	488	512	494	468	414
国家开发银行	China Development Bank	1	1	1	1	1	121	136	136	144	134
青海银行	Qinghai Bank	52	56	73	78	81	1101	1152	1530	1676	1561
农村信用社	Rural Credit Cooperatives	302	298	283	230	230	2758	2787	2769	2468	2697
农村商业银行	Rural Commercial Bank	50	64	80	133	146	554	675	905	1432	1647
邮储银行	Postal Savings Bank	170	177	181	181	181	905	921	937	926	961
中信银行	China Citic Bank		1	4	7	8		90	147	211	238
招商银行	China Merchants Bank	1	2	4	9	9	66	111	140	242	253
浦发银行	Shanghai Pudong Development Bank	1	1	3	4	7	69	83	125	158	190
交通银行	Bank of Communications	2	3	4	4	4	127	161	152	155	170
村镇银行	Rural Bank	1	1	2	2	4	42	41	54	58	118
财务公司	Finance Companies	1	1	1	1	1	26	27	28	27	29
五矿信托	Minmetals Trust	1	1	1	1	1	210	276	303	343	304
兴业银行	Industrial Bank			1	1	1			74	113	143
民生银行	China Minsheng Bank					1					95

注：金融数据来源人民银行西宁中心支行，以下表同。
a)financial data in this table are from the people's Bank of China, Xining central sub branch，the same below.

18-2 2015-2016年末金融机构人民币信贷收支

RMB Credit Balance of Financial Institutions at Year-end (2015-2016)

单位：亿元 (100 million yuan)

项　目	Item	2015	2016
各项存款	**Total Deposits**	**5212.80**	**5570.17**
境内存款	Domestic Deposits	5212.42	5569.74
住户存款	Individual Deposits	1816.76	2002.42
活期存款	Demand Deposits	967.97	1083.68
定期及其他存款	Fixed Deposits and others	848.79	918.74
非金融企业存款	Non Financial Enterprises Deposits	1632.77	1642.42
活期存款	Demand Deposits	1192.37	1125.09
定期及其他存款	Fixed Deposits and others	440.40	517.33
广义政府存款	General Government Deposits	1716.00	1885.57
财政性存款	Fiscal Deposits	181.91	241.64
机关团体存款	Organization Deposits	1534.09	1643.93
非银行业金融机构存款	Non Banking Financial Institutions Deposits	46.89	39.33
境外存款	Foreign Deposits	0.39	0.43
各项贷款	**Total Loans**	**4988.01**	**5579.76**
境内贷款	Domestic Loans	4987.93	5578.30
住户贷款	Individual Loans	449.81	518.38
短期贷款	Short-term Loans	154.49	167.46
消费贷款	Consumer Loans	52.25	58.96
经营贷款	Operating LoanS	102.23	108.50
中长期贷款	Medium & Long-term Loans	295.32	350.92
消费贷款	Consumer Loans	181.00	218.71
经营贷款	Operating LoanS	114.32	132.21
非金融企业及机关团体贷款	Non Financial Enterprises and Organization Loans	4538.12	5059.92
短期贷款	Short-term Loans	773.91	817.28
中长期贷款	Medium & Long-term Loans	3356.96	3581.89
票据融资	Bill Financing	402.18	655.55
融资租赁	Finance Lease		
各项垫款	Total Advances	5.08	5.20
非银行业金融机构贷款	Non Banking Financial Institutions Loans		
境外贷款	Foreign Loans	0.08	1.46

18-3 2016年金融机构人民币存款余额
RMB Deposits Balance of Financial Institutions(2016)

单位：万元 (10 000 yuan)

年 份 Year / 地 区 Region		合 计 Total	境 内 存 款 Domestic Deposits	住 户 存 款 Individual Deposits	非金融企业存款 Non Financial Enterprises Deposits	广 义 政府存款 General Government Deposits	非银行业金融机构存款 Non Banking Financial Institutions Deposits	境 外 存 款 Foreign Deposits
全 省	Provincial Total	55701687	55697393	20024207	16424167	18855692	393327	4294
西宁市	Xining City	37560141	37555999	12671813	13358986	11134869	390332	4142
海东市	Haidong City	5914926	5914875	2843601	904173	2166921	180	51
海北州	Haibei Zang A.P	1425039	1425028	548352	197928	678732	15	11
黄南州	Huangnan Zang A.P	1201591	1201591	432707	125820	643049	15	1
海南州	Hainan Zang A.P	2016427	2016425	785927	172746	1057746	7	2
果洛州	Golog Zang A.P	1008028	1008024	291479	31350	685195		4
玉树州	Yushu Zang A.P	1436624	1436596	492723	149842	794030		29
海西州	Haixi Mongolian & Zang A.P	5138909	5138855	1957606	1483322	1695150	2778	54

注：分地区数据为当年年度数，以下各表同。
a)Data by region is current year data.The same as in the following tables.

18-4 2016年金融机构人民币贷款余额
RMB Loans Balance of Financial Institutions(2016)

单位：万元 (10 000 yuan)

年 份 Year / 地 区 Region		合 计 Total	境 内 贷 款 Domestic Loans	住 户 贷 款 Individual Loans	非金融企业及机关团体贷款 Non Financial Enterprises and Organization Loans	非银行业金融机构贷款 Non Banking Financial Institutions Loans	境 外 贷 款 Foreign Loans
全 省	Provincial Total	55797561	55782984	5183822	50599162		14578
西宁市	Xining City	46334281	46319705	3527001	42792704		14576
海东市	Haidong City	2896541	2896541	552574	2343967		
海北州	Haibei Zang A.P	595673	595673	248510	347163		
黄南州	Huangnan Zang A.P	443195	443193	155239	287954		2
海南州	Hainan Zang A.P	808037	808037	319579	488458		
果洛州	Golog Zang A.P	176636	176636	37324	139312		
玉树州	Yushu Zang A.P	234221	234221	66941	167280		
海西州	Haixi Mongolian & Zang A.P	4308977	4308977	276654	4032323		

18-5　2015-2016年末农村信用社人民币存、贷款余额

RMB Deposits and Loans Balance of Rural Credit Cooperatives at Year-end (2015-2016)

单位：万元　(10 000 yuan)

项　目	Item	2015	2016
各项存款	**Total Deposits**	**3434521**	**3654734**
境内存款	Domestic Deposits	3434521	3654734
个人存款	Individual Deposits	1602012	1862295
活期储蓄存款	Demand Savings Deposits	929232	1049282
定期储蓄存款	Fixed Savings Deposits	665122	807256
结构性存款	Structured Deposits		
单位存款	Unit Deposits	1832509	1792439
活期存款	Demand Deposits	1743207	1685136
定期存款	Fixed Deposits	67679	80309
保证金存款	Margin Deposits	21623	26994
结构性存款	Structured Deposits		
国库定期存款	Treasury Fixed Deposits		
非存款类金融机构存款	Non Deposit Financial Institutions Deposits		
境外存款	Foreign Deposits		
各项贷款	**Total Loans**	**2200677**	**2505319**
境内贷款	Domestic Loans	2200677	2505319
短期贷款	Short-term Loans	582063	544585
中长期贷款	Medium & Long-term Loans	1164267	1143024
票据融资	Bill Financing	454347	817710
融资租赁	Finance Lease		
各项垫款	Total Advances		
境外贷款	Foreign Loans		

注：本表统计口径同金融机构人民币信贷收支表。

a) Statistical caliber in this table is the same as RMB loans of financial institutions balance sheet.

18-6 2011－2016年保险业务基本情况

Basic Statistics of Insurance Business(2011－2016)

单位：万元 (10 000 yuan)

项　　目	Item	2011	2012	2013	2014	2015	2016
财产保险公司保费收入	**Premium of Property Insurance Companies**	**142800**	**169676**	**214234**	**249273**	**279280**	**320450**
企业财产保险	Enterprise Property Insurance	11354	12888	14572	14279	15108	13517
家庭财产保险	Family Property Insurance	162	155	299	407	586	634
机动车辆保险	Motor Vehicle Insurance	104987	124456	151516	184281	209121	232242
责任保险	Liability Insurance	6628	8202	8946	10682	11118	14340
工程保险	Engineering Insurance	6320	5900	6431	5332	3570	3988
保证保险	Guarantee Insurance	98	153	149	253	145	2612
船舶保险	Ship Insurance	49	72	93	108	108	67
货运险	Freight Transport Insurance	573	747	551	478	494	468
特殊风险保险	Special Risks Insurance	8	22	25	33	25	24
农业保险	Agriculture Insurance	6944	8862	12507	14061	20803	28089
健康险	Health Insurance	1163	2828	12688	12940	11978	15343
意外伤害保险	Accident Injury Insurance	4454	5340	6435	6390	6112	8688
信用保险	Credit Insurance			31	-13	3	285
其　他	Other Insurance	60	52	-9	41	108	153
人寿保险公司保费收入	**Premium of Life Insurance Companies**	**136127**	**154331**	**175921**	**211618**	**283674**	**366833**
意外险	Personal Accident Insurance	4044	5229	6893	9126	10284	11635
健康险	Health Insurance	13476	17060	30817	36788	46739	66766
寿险	Life Insurance	118607	132042	138211	165703	226650	288432

注：本表数据来源青海保监局。

a) Data in this table are from Qinghai Securities Regulatory Bureau.

18-6 续表 Continued

单位：万元 (10 000 yuan)

项　目	Item	2011	2012	2013	2014	2015	2016
财产保险公司赔款支出	**Payment of Property Insurance Companies**	**56940**	**80978**	**104758**	**120839**	**136078**	**167412**
企业财产保险	Enterprise Property Insurance	4283	5390	6068	8538	4719	6396
家庭财产保险	Family Property Insurance	64	157	83	176	286	187
机动车辆保险	Motor Vehicle Insurance	43516	60393	70294	82053	91260	103492
责任保险	Liability Insurance	3591	4144	3335	4986	5553	6453
工程保险	Engineering Insurance	2153	1261	2417	2341	4028	4086
保证保险	Guarantee Insurance	1	1		15	12	47
船舶保险	Ship Insurance	9	9	6	31	17	8
货运险	Freight Transport Insurance	35	66	48	67	97	51
特殊风险保险	Special Risks Insurance				6	3	8
农业保险	Agriculture Insurance	1503	7205	8256	7066	14839	28125
健康险	Health Insurance	476	721	12196	12374	11007	13849
意外伤害保险	Accident Injury Insurance	1261	1544	2018	3164	4206	4636
信用保险	Credit Insurance						…
其　他	Other Insurance	48	87	35	22	50	75
人寿保险公司赔款支出与给付	**Payment of Life Insurance Companies**	**24667**	**27599**	**48044**	**59939**	**67120**	**106382**
意外险	Accident Insurance	1342	1477	1914	2851	3427	4081
健康险	Health Insurance	4644	5312	16562	14072	19343	25054
寿险	Life Insurance	18681	20810	29569	43015	44350	77248

18-7 证券业主要情况
General Statistics on Securities Industry

指　　标		Item		2014	2015	2016
上市公司情况		**Listed Companies**				
上市公司	(户)	Number of Listed Companies	(accounts)	10	10	12
# A　股	(只)	A Shares	(number)	10	10	12
上市公司总股本	(亿股)	Total Issued Capital of Listed Companies	(100 million shares)	75.80	95.77	129.59
# 流通股本		Negotiable Shares		69.31	85.43	89.10
上市公司股票市价总值(亿元)		Total Market Capitalization of Listed Companies(100 million yuan)		966.67	1409.80	1657.18
# 股票流通市值		Negotiable Market Capitalization		834.94	1191.80	1061.12
证券公司及交易情况		**Securities Companies and Trading**				
证券公司	(个)	Number of Securities Companies	(number)	1	1	1
证券营业部	(个)	Security Exchange	(number)	18	21	25
(含外地公司在青营业部)		(include Nonlocal Exchange in QingHai)				
证券交易开户数	(万户)	Total Stock Investors	(10 000 accounts)			
其中：在青		In Qinghai		17.85	22.86	26.96
辖外		Outside Jurisdiction		9.93	0.21	3.40
证券交易额	(亿元)	Trading Volume	(100 million yuan)			
其中：在青		In Qinghai		1243.47	5060.83	2830.17
辖外		Outside Jurisdiction		1401.51	1603.27	4211.16
# 股票、基金		Stocks and Funds				
其中：在青		In Qinghai		848.39	3433.24	1501.87
辖外		Outside Jurisdiction		1121.28	1442.45	979.66
期货交易情况		**Futures Trading**				
期货代理交易额	(亿元)	Agent's Turnover of Futures	(100 million yuan)	2983.18	5436.11	3288.43

注：本表数据来源青海证监局。
a) Data in this table are from Qinghai Securities Regulatory Bureau.

18-8 资金流量表(实物交易)(2013年)

单位：亿元

项目	Items	非金融企业部门 Non-financial Enterprises Departments					
		运用小计 Subtotal Use	来源小计 Subtotal Source	工业企业部门 Industrial Enterprise		其他非金融企业部门 Other non-financial Enterprises	
				运用 Use	来源 Source	运用 Use	来源 Source
一.净出口	Net Exports						
二.增加值	Added Value		1379.46		1132.01		247.45
三.劳动者报酬	Worker's Reward	280.44		83.54		196.90	
(一)工资及工资性收入	Wage and Salary Income	268.28		79.92		188.36	
(二)单位社会保险付款	Unit Social Security Payment	12.16		3.62		8.54	
四.生产税净额	Net Taxes on Production	124.46		203.08		-78.62	
(一)生产税	Production Tax	124.46		203.08		-78.62	
(二)生产补贴	Production Subsidies						
五.财产收入	Property Income	207.21	184.71	126.72	80.31	80.49	104.40
(一)利息	Interest	198.30	184.71	117.81	80.31	80.49	104.40
(二)红利	Bonus						
(三)土地租金	Land Rent						
(四)其他财产收入	Other Property Income	8.91		8.91			
六.初次分配总收入	Initial Distribution of Income		952.05		798.98		153.07
七.经常转移	Current Transfers	5.66		9.57		-3.91	
(一)收入税	Income Tax	3.26		7.17		-3.91	
(二)社会保险缴款	Social Insurance Contributions						
(三)社会保险福利	Social Insurance Benefits						
(四)社会补助	Social Assistance						
(五)其他经常转移	Other Current Transfers	2.40		2.40			
八.可支配总收入	Total Disposable Income		946.39		789.41		156.98
九.最终消费	Final Consumption						
(一)居民消费	Household Consumption						
(二)政府消费	Government Consumption						
十.总储蓄	Total Savings		946.39		789.41		156.98
十一.资本转移	Capital Transfers		18.51		9.65		8.86
(一)投资性补助	Investment Grant		18.51		9.65		8.86
(二)其他资本转移	Other Capital Transfers						
十二.资本形成总额	Gross Capital Formation	2128.73		1421.16		707.57	
(一)固定资本形成总额	Gross Fixed Capital Formation	2035.26		1380.96		654.30	
(二)存货增加	Increase in Inventories	93.47		40.20		53.27	
十三.其他非金融资产获得减处置	Other Non-financial Assets Gets Minus the Disposal						
十四.净金融投资	Net Financial Investment	-1163.83		-622.11		-541.72	
十五.统计误差	Statistical Error						

Flow of Funds Accounts (Barter) (2013)

(100 million yuan)

金融机构部门 Financial Enterprise Departments										政府部门 Governments	
运用小计 Subtotal Use	来源小计 Subtotal Source	银行部门 Banks		证券部门 Securities Department		保险部门 Insurance Department		其他金融企业部门 Other Financial Enterprise Departments		运用 Use	来源 Source
		运用 Use	来源 Source	运用 Use	来源 Source	运用 Use	来源 Source	运用 Use	来源 Source		
	145.23		116.33		0.17		10.29		18.44		226.25
22.02		18.67		0.74		2.57		0.04		364.06	
21.06		17.86		0.71		2.46		0.04		349.73	
0.96		0.81		0.03		0.11		0.00		14.33	
13.59		12.16		0.24		1.19				74.87	153.64
13.59		12.16		0.24		1.19				0.89	153.64
										73.98	
263.17	263.17	188.36	223.09	0.03	0.36		0.01	74.78	39.70	127.02	98.40
263.17	263.17	188.36	223.09	0.03	0.36		0.01	74.78	39.70	126.45	89.49
										0.57	8.91
	109.62		120.23		-0.48		6.54		-16.67		-87.66
11.65		10.65		0.08		0.01		0.91		225.20	83.30
11.65		10.65		0.08		0.01		0.91			19.63
										23.60	56.98
										54.83	
										146.77	
											6.69
	97.97		109.58		-0.56		6.53		-17.58		-229.56
										353.91	
										353.91	
	97.97		109.58		-0.56		6.53		-17.58		-583.47
										18.51	
										18.51	
4.00		4.00								346.72	
4.00		4.00								346.72	
93.97		105.58		-0.56		6.53		-17.58		-948.70	

18-8 续表

单位：亿元

项目	Items	住户部门 Households			
		运用 小计 Subtotal Use	来源 小计 Subtotal Source	城镇住户部门 Urban Households	
				运用 Use	来源 Source
一.净出口	Net Exports				
二.增加值	Added Value		350.12		203.54
三.劳动者报酬	Worker's Reward	365.05	1031.57	270.73	762.72
(一)工资及工资性收入	Wage and Salary Income	331.97	971.04	237.65	702.19
(二)单位社会保险付款	Unit Social Security Payment	33.08	60.53	33.08	60.53
四.生产税净额	Net Taxes on Production	14.70	73.98	14.70	
(一)生产税	Production Tax	14.70		14.70	
(二)生产补贴	Production Subsidies		73.98		2.78
五.财产收入	Property Income	21.89	102.36	15.18	93.63
(一)利息	Interest	21.89	101.79	15.18	93.16
(二)红利	Bonus				
(三)土地租金	Land Rent				
(四)其他财产收入	Other Property Income		0.57		0.48
六.初次分配总收入	Initial Distribution of Income		1156.39		759.29
七.经常转移	Current Transfers	42.38	201.60	38.35	165.71
(一)收入税	Income Tax	4.72		4.72	
(二)社会保险缴款	Social Insurance Contributions	33.38		29.35	
(三)社会保险福利	Social Insurance Benefits		54.83		33.62
(四)社会补助	Social Assistance		146.77		132.10
(五)其他经常转移	Other Current Transfers	4.28		4.28	
八.可支配总收入	Total Disposable Income		1315.61		886.65
九.最终消费	Final Consumption	694.58		486.41	
(一)居民消费	Household Consumption	694.58		486.41	
(二)政府消费	Government Consumption				
十.总储蓄	Total Savings		621.03		400.24
十一.资本转移	Capital Transfers				
(一)投资性补助	Investment Grant				
(二)其他资本转移	Other Capital Transfers				
十二.资本形成总额	Gross Capital Formation	399.16		315.74	
(一)固定资本形成总额	Gross Fixed Capital Formation	391.82		315.74	
(二)存货增加	Increase in Inventories	7.34			
十三.其他非金融资产获得减处置	Other Non-financial Assets Gets Minus the Disposal				
十四.净金融投资	Net Financial Investment	221.87		84.50	
十五.统计误差	Statistical Error				

Continued

(100 million yuan)

农村住户部门 Rural Households		省内合计 Total Province		国内省外 Domestic and out of Province		国外部门 Foreign		合计 Total	
运用 Use	来源 Source	运用 Use	来源 Source	运用 Use	来源 Source	运用 Use	来源 Source	运用 Use	来源 Source
					-1445.51				-1445.51
	146.58		2101.05						2101.05
94.32	268.85	1031.57	1031.57					1031.57	1031.57
94.32	268.85	971.04	971.04					971.04	971.04
		60.53	60.53					60.53	60.53
	71.20	227.62	227.62					227.62	227.62
		153.64	153.64					153.64	153.64
	71.20	73.98	73.98					73.98	73.98
6.71	8.73	619.28	648.63					619.28	648.63
6.71	8.64	609.80	639.15					609.80	639.15
	0.09	9.48	9.48					9.48	9.48
	394.32		2130.40						2130.40
	35.89	284.90	284.90					284.90	284.90
		19.63	19.63					19.63	19.63
4.03		56.98	56.98					56.98	56.98
	21.21	54.83	54.83					54.83	54.83
	14.68	146.77	146.77					146.77	146.77
		6.69	6.69					6.69	6.69
	430.20		2130.40						2130.40
208.17		1048.49						1048.49	
208.17		694.58						694.58	
		353.91						353.91	
	222.03		1081.91						1081.91
		18.51	18.51					18.51	18.51
		18.51	18.51					18.51	18.51
83.42		2878.61						2878.61	
76.08		2777.80						2777.80	
7.34		100.81						100.81	
138.61		-1796.69						-1796.69	

18-9　资金流量表(实物交易)(2014年)

单位：亿元

项目	Items	非金融企业部门 Non-financial Enterprises Departments					
		运用小计 Subtotal Use	来源小计 Subtotal Source	工业企业部门 Industrial Enterprise		其他非金融企业部门 Other non-financial Enterprises	
				运用 Use	来源 Source	运用 Use	来源 Source
一.净出口	Net Exports						
二.增加值	Added Value		1508.95		936.84		572.11
三.劳动者报酬	Worker's Reward	249.36		74.29		175.08	
(一)工资及工资性收入	Wage and Salary Income	237.68		70.80		166.87	
(二)单位社会保险付款	Unit Social Security Payment	11.69		3.48		8.21	
四.生产税净额	Net Taxes on Production	338.31		204.33		133.98	
(一)生产税	Production Tax	338.31		204.33		133.98	
(二)生产补贴	Production Subsidies						
五.财产收入	Property Income	243.17	56.41	132.18	80.31	110.99	-23.90
(一)利息	Interest	229.87	56.41	118.88	80.31	110.99	-23.90
(二)红利	Bonus						
(三)土地租金	Land Rent						
(四)其他财产收入	Other Property Income	13.30		13.30			
六.初次分配总收入	Initial Distribution of Income		734.51		606.35		128.16
七.经常转移	Current Transfers	4.78		9.63		-4.85	
(一)收入税	Income Tax	1.70		6.55		-4.85	
(二)社会保险缴款	Social Insurance Contributions						
(三)社会保险福利	Social Insurance Benefits						
(四)社会补助	Social Assistance						
(五)其他经常转移	Other Current Transfers	3.08		3.08			
八.可支配总收入	Total Disposable Income		729.74		596.73		133.01
九.最终消费	Final Consumption						
(一)居民消费	Household Consumption						
(二)政府消费	Government Consumption						
十.总储蓄	Total Savings		729.74		596.73		133.01
十一.资本转移	Capital Transfers		20.13		11.12		9.01
(一)投资性补助	Investment Grant		20.13		11.12		9.01
(二)其他资本转移	Other Capital Transfers						
十二.资本形成总额	Gross Capital Formation	2230.33		1766.95		463.38	
(一)固定资本形成总额	Gross Fixed Capital Formation	2187.33		1750.23		437.10	
(二)存货增加	Increase in Inventories	43.00		16.72		26.28	
十三.其他非金融资产获得减处置	Other Non-financial Assets Gets Minus the Disposal						
十四.净金融投资	Net Financial Investment	-1480.47		-1159.10		-321.37	
十五.统计误差	Statistical Error						

Flow of Funds Accounts (Barter) (2014)

(100 million yuan)

金融机构部门 Financial Enterprise Departments												政府部门 Governments	
运用小计 Subtotal Use	来源小计 Subtotal Source	银行部门 Banks		证券部门 Securities Department		保险部门 Insurance Department		其他金融企业部门 Other Financial Enterprise Departments		运用 Use	来源 Source
		运用 Use	来源 Source	运用 Use	来源 Source	运用 Use	来源 Source	运用 Use	来源 Source		
	175.21		139.47		1.09		13.18		21.47		236.18
38.63		29.88		0.66		3.88		4.21		400.57	
36.82		28.48		0.63		3.70		4.01		385.09	
1.81		1.40		0.03		0.18		0.20		15.48	
18.04		14.59		0.11		1.61		1.73		79.44	369.71
18.04		14.59		0.11		1.61		1.73		3.13	369.71
										76.31	
323.07	323.07	231.23	226.73	0.03	0.36		0.01	91.80	95.95	127.49	59.40
323.07	323.07	231.23	226.73	0.03	0.36		0.01	91.80	95.95	126.89	46.10
										0.61	13.30
	118.54		90.50		0.65		7.70		19.68		57.78
11.65		10.65		0.08		0.01		0.91		228.75	95.09
11.65		10.65		0.08		0.01		0.91			19.63
										27.80	67.62
										65.33	
										135.62	
											7.84
	106.89		79.85		0.57		7.69		18.77		-75.88
										368.63	
										368.63	
	106.89		79.85		0.57		7.69		18.77		-444.51
										20.13	
										20.13	
4.65		4.65								402.80	
4.65		4.65								402.80	
102.24		75.21		0.57		7.69		18.77		-867.44	

18-9 续表

单位：亿元

项目	Items	住户部门 Households 运用 小计 Subtotal Use	住户部门 Households 来源 小计 Subtotal Source	城镇住户部门 Urban Households 运用 Use	城镇住户部门 Urban Households 来源 Source
一.净出口	Net Exports				
二.增加值	Added Value		382.98		264.87
三.劳动者报酬	Worker's Reward	324.59	1013.16	230.27	756.65
(一)工资及工资性收入	Wage and Salary Income	289.12	948.71	194.80	692.20
(二)单位社会保险付款	Unit Social Security Payment	35.47	64.45	35.47	64.45
四.生产税净额	Net Taxes on Production	10.23	76.31	10.23	
(一)生产税	Production Tax	10.23		10.23	
(二)生产补贴	Production Subsidies		76.31		0.44
五.财产收入	Property Income	29.44	50.60	22.01	46.41
(一)利息	Interest	29.44	49.99	22.01	45.90
(二)红利	Bonus				
(三)土地租金	Land Rent				
(四)其他财产收入	Other Property Income		0.61		0.51
六.初次分配总收入	Initial Distribution of Income		1158.80		805.41
七.经常转移	Current Transfers	50.86	200.95	46.26	162.35
(一)收入税	Income Tax	6.28		6.28	
(二)社会保险缴款	Social Insurance Contributions	39.82		35.22	
(三)社会保险福利	Social Insurance Benefits		65.33		40.29
(四)社会补助	Social Assistance		135.62		122.06
(五)其他经常转移	Other Current Transfers	4.76		4.76	
八.可支配总收入	Total Disposable Income		1308.89		921.50
九.最终消费	Final Consumption	785.77		549.37	
(一)居民消费	Household Consumption	785.77		549.37	
(二)政府消费	Government Consumption				
十.总储蓄	Total Savings		523.12		372.13
十一.资本转移	Capital Transfers				
(一)投资性补助	Investment Grant				
(二)其他资本转移	Other Capital Transfers				
十二.资本形成总额	Gross Capital Formation	359.16		269.08	
(一)固定资本形成总额	Gross Fixed Capital Formation	351.24		269.08	
(二)存货增加	Increase in Inventories	7.92			
十三.其他非金融资产获得减处置	Other Non-financial Assets Gets Minus the Disposal				
十四.净金融投资	Net Financial Investment	163.96		103.05	
十五.统计误差	Statistical Error				

Continued

(100 million yuan)

农村住户部门 Rural Households		省内合计 Total Province		国内省外 Domestic and out of Province		国外部门 Foreign		合计 Total	
运用 Use	来源 Source	运用 Use	来源 Source	运用 Use	来源 Source	运用 Use	来源 Source	运用 Use	来源 Source
					-1855.52				-1855.52
	118.11		2303.32						2303.32
94.32	256.51	1013.16	1013.16					1013.16	1013.16
94.32	256.51	948.71	948.71					948.71	948.71
		64.45	64.45					64.45	64.45
	75.87	446.02	446.02					446.02	446.02
		369.71	369.71					369.71	369.71
	75.87	76.31	76.31					76.31	76.31
7.42	4.19	723.17	489.47					723.17	489.47
7.42	4.10	709.26	475.56					709.26	475.56
	0.10	13.91	13.91					13.91	13.91
	352.94		2069.63						2069.63
	38.60	296.04	296.04					296.04	296.04
		19.63	19.63					19.63	19.63
4.60		67.62	67.62					67.62	67.62
	25.04	65.33	65.33					65.33	65.33
	13.56	135.62	135.62					135.62	135.62
		7.84	7.84					7.84	7.84
	391.55		2069.63						2069.63
236.40		1154.40						1154.40	
236.40		785.77						785.77	
		368.63						368.63	
	155.15		915.23						915.23
		20.13	20.13					20.13	20.13
		20.13	20.13					20.13	20.13
90.08		2996.93						2996.93	
82.16		2946.01						2946.01	
7.92		50.92						50.92	
65.07		-2081.71						-2081.71	

18-10 资金流量表(实物交易)(2015年)

单位：亿元

项目	Items	非金融企业部门 Non-financial Enterprises Departments					
		运用小计 Subtotal Use	来源小计 Subtotal Source	工业企业部门 Industrial Enterprise		其他非金融企业部门 Other non-financial Enterprises	
				运用 Use	来源 Source	运用 Use	来源 Source
一.净出口	Net Exports						
二.增加值	Added Value		1504.26		880.87		623.39
三.劳动者报酬	Worker's Reward	358.70		106.86		251.84	
(一)工资及工资性收入	Wage and Salary Income	345.94		103.06		242.89	
(二)单位社会保险付款	Unit Social Security Payment	12.76		3.80		8.96	
四.生产税净额	Net Taxes on Production	263.84		182.80		81.04	
(一)生产税	Production Tax	263.84		182.80		81.04	
(二)生产补贴	Production Subsidies						
五.财产收入	Property Income	159.74	71.26	42.09	80.31	117.65	-9.05
(一)利息	Interest	146.44	71.26	28.79	80.31	117.65	-9.05
(二)红利	Bonus						
(三)土地租金	Land Rent						
(四)其他财产收入	Other Property Income	13.30		13.30			
六.初次分配总收入	Initial Distribution of Income		793.24		629.43		163.81
七.经常转移	Current Transfers	10.83		2.28		8.55	
(一)收入税	Income Tax	8.58		0.03		8.55	
(二)社会保险缴款	Social Insurance Contributions						
(三)社会保险福利	Social Insurance Benefits						
(四)社会补助	Social Assistance						
(五)其他经常转移	Other Current Transfers	2.26		2.26			
八.可支配总收入	Total Disposable Income		782.40		627.15		155.25
九.最终消费	Final Consumption						
(一)居民消费	Household Consumption						
(二)政府消费	Government Consumption						
十.总储蓄	Total Savings		782.40		627.15		155.25
十一.资本转移	Capital Transfers		686.56		289.68		396.88
(一)投资性补助	Investment Grant		686.56		289.68		396.88
(二)其他资本转移	Other Capital Transfers						
十二.资本形成总额	Gross Capital Formation	2971.75		1537.89		1433.86	
(一)固定资本形成总额	Gross Fixed Capital Formation	2902.57		1509.70		1392.87	
(二)存货增加	Increase in Inventories	69.18		28.19		40.99	
十三.其他非金融资产获得减处置	Other Non-financial Assets Gets Minus the Disposal						
十四.净金融投资	Net Financial Investment	-1502.79		-621.07		-881.72	
十五.统计误差	Statistical Error						

Flow of Funds Accounts (Barter) (2015)

(100 million yuan)

金融机构部门 Financial Enterprise Departments										政府部门 Governments	
运用小计 Subtotal Use	来源小计 Subtotal Source	银行部门 Banks		证券部门 Securities Department		保险部门 Insurance Department		其他金融企业部门 Other Financial Enterprise Departments		运用 Use	来源 Source
		运用 Use	来源 Source	运用 Use	来源 Source	运用 Use	来源 Source	运用 Use	来源 Source		
	220.87		174.23		6.14		13.68		26.82		310.12
49.12		37.33		2.24		4.29		5.26		518.41	
47.37		36.00		2.16		4.14		5.07		501.69	
1.75		1.33		0.08		0.15		0.19		16.72	
23.22		18.22		1.13		1.71		2.16		80.10	301.75
23.22		18.22		1.13		1.71		2.16		3.79	301.75
										76.31	
83.89	83.89	61.10	118.27	0.03	0.36		0.01	22.76	-34.76	127.99	37.49
83.89	83.89	61.10	118.27	0.03	0.36		0.01	22.76	-34.76	127.33	24.19
										0.66	13.30
	148.53		175.85		3.10		7.69		-38.12		-77.14
11.65		10.65		0.08		0.01		0.91		122.17	56.35
11.65		10.65		0.08		0.01		0.91			25.93
										21.72	22.22
										21.68	
										78.77	
											8.20
	136.88		165.20		3.02		7.68		-39.03		-142.96
										597.28	
										597.28	
	136.88		165.20		3.02		7.68		-39.03		-740.24
										686.56	
										686.56	
1.70		1.70								164.84	
1.70		1.70								164.84	
135.18		163.50		3.02		7.68		-39.03		-1591.64	

18-10 续表

单位：亿元

项目	Items	住户部门 Households			
				城镇住户部门 Urban Households	
		运用 小计 Subtotal Use	来源 小计 Subtotal Source	运用 Use	来源 Source
一.净出口	Net Exports				
二.增加值	Added Value		381.79		253.49
三.劳动者报酬	Worker's Reward	466.91	1393.15	372.59	1053.23
(一)工资及工资性收入	Wage and Salary Income	429.45	1324.46	335.13	984.54
(二)单位社会保险付款	Unit Social Security Payment	37.46	68.69	37.46	68.69
四.生产税净额	Net Taxes on Production	10.90	76.31	10.90	
(一)生产税	Production Tax	10.90		10.90	
(二)生产补贴	Production Subsidies		76.31		2.28
五.财产收入	Property Income	6.71	31.07	4.96	30.80
(一)利息	Interest	6.71	30.41	4.96	30.26
(二)红利	Bonus				
(三)土地租金	Land Rent				
(四)其他财产收入	Other Property Income		0.66		0.54
六.初次分配总收入	Initial Distribution of Income		1397.80		949.06
七.经常转移	Current Transfers	12.15	100.45	11.97	77.83
(一)收入税	Income Tax	5.70		5.70	
(二)社会保险缴款	Social Insurance Contributions	0.50		0.32	
(三)社会保险福利	Social Insurance Benefits		21.68		6.94
(四)社会补助	Social Assistance		78.77		70.89
(五)其他经常转移	Other Current Transfers	5.95		5.95	
八.可支配总收入	Total Disposable Income		1486.10		1014.93
九.最终消费	Final Consumption	888.70		622.05	
(一)居民消费	Household Consumption	888.70		622.05	
(二)政府消费	Government Consumption				
十.总储蓄	Total Savings		597.40		392.88
十一.资本转移	Capital Transfers				
(一)投资性补助	Investment Grant				
(二)其他资本转移	Other Capital Transfers				
十二.资本形成总额	Gross Capital Formation	401.31		333.55	
(一)固定资本形成总额	Gross Fixed Capital Formation	400.01		333.55	
(二)存货增加	Increase in Inventories	1.30			
十三.其他非金融资产获得减处置	Other Non-financial Assets Gets Minus the Disposal				
十四.净金融投资	Net Financial Investment	196.09		59.33	
十五.统计误差	Statistical Error				

Continued

(100 million yuan)

农村住户部门 Rural Households		省内合计 Total Province		国内省外 Domestic and out of Province		国外部门 Foreign		合计 Total	
运用 Use	来源 Source	运用 Use	来源 Source	运用 Use	来源 Source	运用 Use	来源 Source	运用 Use	来源 Source
					-2443.02				-2443.02
	128.30		2417.05						2417.05
94.32	339.92	1393.15	1393.15					1393.15	1393.15
94.32	339.92	1324.46	1324.46					1324.46	1324.46
		68.69	68.69					68.69	68.69
	74.03	378.06	378.06					378.06	378.06
		301.75	301.75					301.75	301.75
	74.03	76.31	76.31					76.31	76.31
1.75	0.27	378.34	223.71					378.34	223.71
1.75	0.15	364.37	209.74					364.37	209.74
	0.12	13.96	13.96					13.96	13.96
	446.46		2262.42						2262.42
	22.62	156.80	156.80					156.80	156.80
		25.93	25.93					25.93	25.93
0.18		22.22	22.22					22.22	22.22
	14.74	21.68	21.68					21.68	21.68
	7.88	78.77	78.77					78.77	78.77
		8.20	8.20					8.20	8.20
	469.08		2262.42						2262.42
266.65		1485.98						1485.98	
266.65		888.70						888.70	
		597.28						597.28	
	202.43		776.44						776.44
		686.56	686.56					686.56	686.56
		686.56	686.56					686.56	686.56
67.76		3539.60						3539.60	
66.46		3469.12						3469.12	
1.30		70.48						70.48	
134.67		-2763.16						-2763.16	

主要统计指标解释

信贷资金 指金融机构以信用方式积聚和分配的货币资金。金融机构信贷资金的来源有各项存款、金融债券、对国际金融机构负债、流通中现金、其他项目等；信贷资金的运用有各项贷款、有价证券及投资、金银占款、外汇占款、财政借款及在国际金融机构中的资产等。

存款 指企业、机关、团体或居民根据资金必须收回的原则，把货币资金存入银行或其他信贷机构保管并取得一定利息的一种信用活动形式。根据存款对象或性质的不同可划分为企业存款、财政存款、机关团体存款、城乡储蓄存款、农业存款、信托及委托类存款、其他存款等科目。它是银行信贷资金的主要来源。

贷款 指银行或其他信贷机构根据资金必须归还的原则，按一定利率，为企业、个人等提供资金的一种信用活动形式。我国银行贷款分为短期贷款、委托及信托类贷款、其他类贷款等。

保险公司 在中国境内的、经过保险监督管理部门批准设立，并依法登记注册的各类商业保险公司。

保险金额 指保险人承担赔偿或者给付保险金责任的最高限额。

保费 指投保人为取得保险人在约定范围内所承担赔偿责任而支付给保险人的费用。

赔款 指保险人根据保险合同的规定，向被保险人支付的赔偿保险责任损失的金额。

给付 包括死伤医疗给付和满期给付。死伤医疗给付是指保险人根据人寿保险及长期健康保险合同的规定，因被保险人在保险期内发生保险责任范围内的保险事故支付给被保险人（或受益人）的金额。满期给付是指被保险人生存期满，保险人按人寿保险合同规定支付给被保险人的满期保险金额。

机构单位 指有权拥有资产和承担负债，能够独立地从事经济活动并与其他实体进行交易的经济实体。

机构部门 将相同性质的机构单位归并在一起，就形成机构部门。资金流量核算将常住机构单位划分为以下四个机构部门：非金融企业部门、金融机构部门、政府部门、住户部门。与常住单位发生经济往来关系的非常住单位组成国外部门，在资金流量核算中也视同机构部门。

初次分配总收入 初次分配是生产活动形成的净成果在参与生产活动的生产要素的所有者及政府之间的分配。生产活动的净成果是增加值。生产要素包括劳动力、土地、资本。劳动力所有者因提供劳动而获得劳动报酬；土地所有者因出租土地而获得地租；资本的所有者因资本的形态不同而获得不同形式的收入：借贷资本所有者获得利息收入；股权所有者获得红利或未分配利润；政府因直接或间接介入生产过程而获得生产税或支付补贴。初次分配的结果形成各个机构部门的初次分配总收入。各部门的初次分配总收入之和就等于国民总收入，亦即国民生产总值。

经常转移 转移是一个机构单位向另一个机构单位提供货物、服务或资产，而同时并没有从后一机构单位获得任何货物、服务或资产作为回报的一种交易。经常转移包括扣除资本转移外的所有转移。其形式有收入税、社会保险付款、社会补助和其他经常转移。

可支配总收入 在初次分配总收入的基础上，通过经常转移的形式对初次分配总收入进行再次分配。再分配的结果形成各个机构部门的可支配总收入。各部门的可支配总收入之和称为国民可支配总收入。

总储蓄 指可支配总收入用于最终消费后的余额。各部门的总储蓄之和称为国民总储蓄。

资本转移 指一个部门无偿地向另一个部门支付用于非金融投资的资金，是一种不从对方获取任何对应物作为回报的交易。资本转移具有不同于经常转移的两个特征，一是转移的目的是用于投资，而不是用于消费；二是资本转移其实物形式往往涉及除存货和现金以外资产所有权的转移；其现金形式往往涉及除存货以外的资产的处置。资本转移包括投资性补助和其他资本转移。

Explanatory Notes on Main Statistical Indicators

Credit Funds refer to the monetary funds accumulated and distributed in the means of credit by the financial institutions. The sources of credit funds include various deposits, financial bonds, liabilities to international financial institutions, currency in circulation, other items. The uses of credit funds include loans, securities and investment, position for bullion and silver purchase, position for foreign exchange purchase, advances to treasury, and assets with international financial institutions.

Deposit is a form of credit by which enterprises, institutions, organizations or households can put money into banks and other credit institutions for safekeeping and interest earning under the principle of free withdrawal. According to different depositors, deposits are divided into enterprise deposits, fiscal deposits, deposits of government agencies and organizations, savings deposits of rural and urban households, agricultural savings deposits, entrusted deposits and other deposits. Deposits are major sources of the credit funds of banks.

Loan is a form of credit by which banks and other credit institutions provide funds at certain interest rate to enterprises and individuals in the light of the principle of unconditional repayment. Loans from Chinese banks include short – term loan, medium – term and long – term loans, entrusted loans, and other loans.

Insurance Companies refer to commercial insurance companies of various forms registered by law and established in China with the approval of insurance regulatory agencies.

Amount Insured refers to the maximum that the insurant will get for the claim of the case insured.

Premium is the fee paid by the insurant to the insurer to obtain the obligation of compensation from the insurance within the agreed terms.

Settled Claim is the compensation paid by the insurer to the insurant in accordance with the insurance contract.

Payment includes payment for death, injury or medical treatment and payment at maturity. Payment for death, injury or medical treatment refers to the money paid to the insurant (or the beneficiary) in accordance with the life or health insurance contract when the insurant encounters accidents within the insured period covered in the contract. Payment at maturity refers to the payment to the insurant in accordance with the life insurance contract at the end of the insured period.

Institutions Unit refer to economic entity which have the right to own assets and liabilities, to be able to engage in economic activities independently and to engage in transactions with other entities.

Institutional Departments refer to the consolidated institutional units with the same nature. Capital flow accounting will be permanent institutional units divided into the following four institutional sectors: non – financial corporate sector, financial institutions, government departments, household sector. The foreign departments composed by the non – resident units which occurred economic relations with resident units shall be deemed as departments and agencies in the flow of funds accounts .

Initial Distribution of Income initial distribution refer to the distribution between the owner of production factors the production activities and government in the net result of production activities. Net result of production activities is an added value. Production factors including labor, land, capital. Ownership of labor obtain labor remuneration for labor, while land owners obtain rent because of the leased land, owner of capital obtain different forms of income because of different forms of capital: loan capital owner obtain the interest income, equity holders receive dividends or undistributed profit and government obtained production tax or the payment of subsidies because of directly or indirectly involving in the production process. The initial distribution of the various institutional sectors form their total revenue. The total income of the initial distribution of the various institutional sector is equal to the gross national income, which is the gross national product.

Current Transfers Transfer refers to transaction that an institutional unit supply goods and services or assets to another unit, while does not obtain any goods, services or assets as a returns. Current transfers include all transfers excluding capital transfers. It is formed by income tax, social insurance payments, social assistance and other current transfer.

Total Disposable Income On the basis of initial distribution, the total income is allocated again by the form of the current transfer. The result of the redistribution forms the disposable income of the various institutional sectors. The total income of the various institutional sectors is the national disposable total income.

Total Savings refers to the balance of disposable income after final consumption. The total savings of the various institutional sectors is the national total savings.

Capital Transfers Refers to the funds a department pays gratis to another department for the payment of non – financial investment. The transaction isn't obtain any correspondence as a return . There are two capital characteristics that make the capital transfer different from the current transfer: one is that the transfer shifted to invest, but not for consumption and the other is capital transfer the kind often involve ownership transfer except for stock and cash assets and the form of cash often involves the disposal of assets except for stocks. Capital transfers include investment grants and other capital transfers.

第 19 篇
CHAPTER 19

教育和科技
Education, Science and Technology

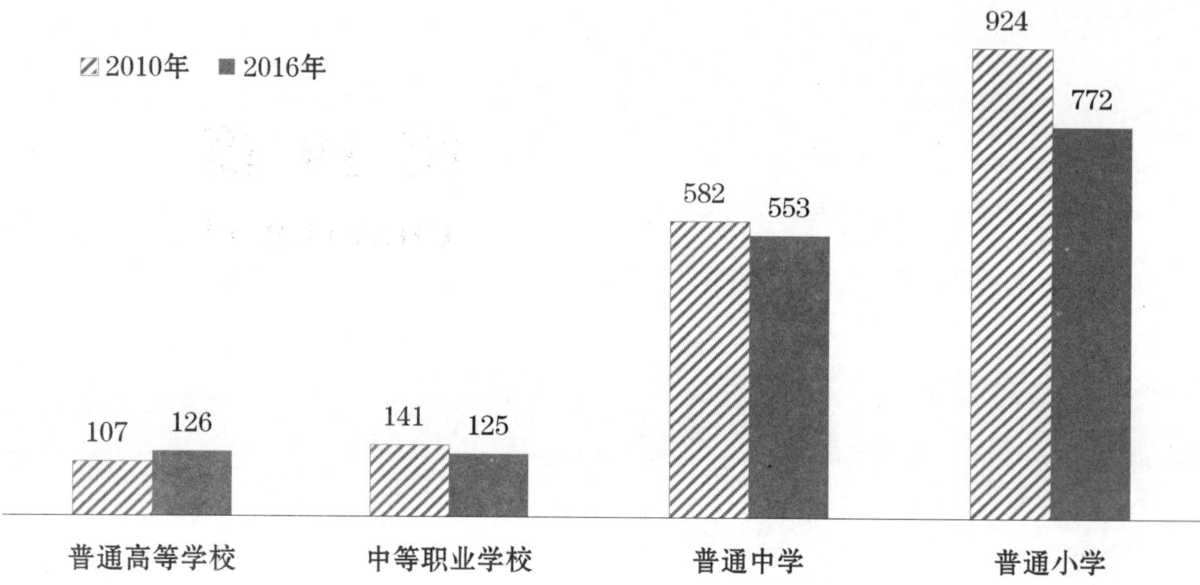
每万人口中在校学生数
（人）
2010年
2016年
924
772
582
553
107
126
141
125
普通高等学校
中等职业学校
普通中学
普通小学

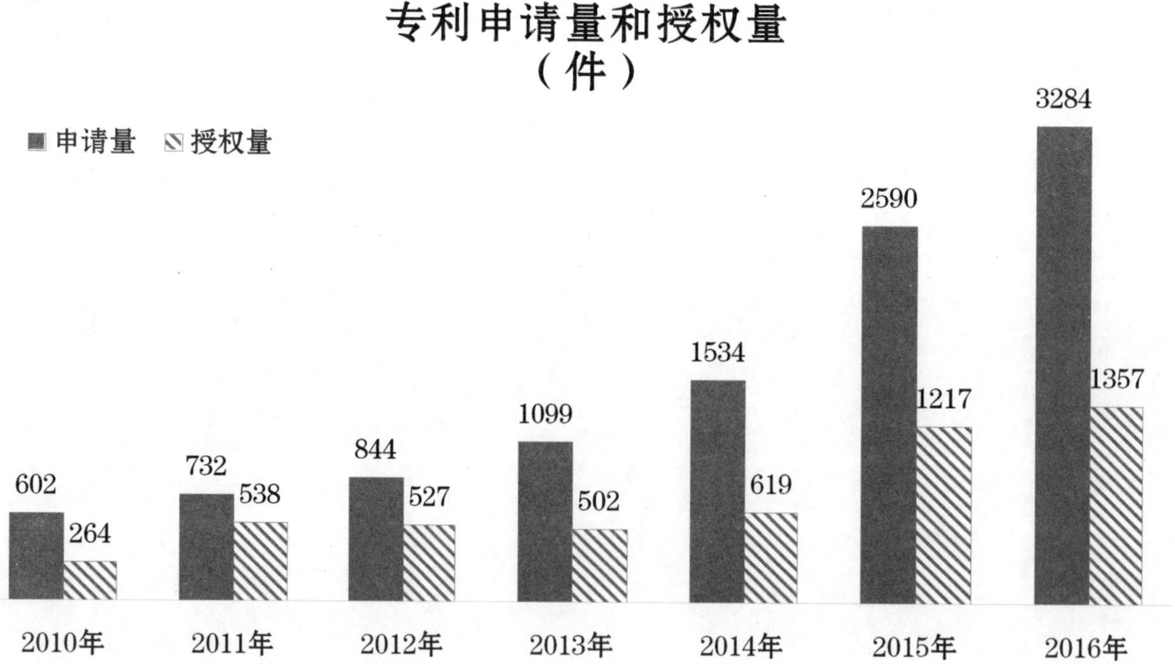
专利申请量和授权量
（件）
申请量
授权量
3284
2590
1534
1217
1357
1099
602
732
844
264
538
527
502
619
2010年
2011年
2012年
2013年
2014年
2015年
2016年

19−1 主要年份各级各类学校数

Number of Schools by Level and Type of School in Main Years

单位：所 (unit)

年 份 地 区	Year Region	普通高等学校 Regular Institutions of Higher Education	中等职业教育 Secondary Vocational Education	普通中学 Regular Secondary Schools	普通小学 Regular Primary Schools
1952			7	4	1065
1957		1	18	14	1441
1965		1	14	30	5847
1970		3	9	49	3097
1975		4	11	540	6531
1978		6	27	818	6577
1980		6	33	582	5207
1985		7	37	435	4256
1990		7	39	484	3839
1995		7	34	471	3437
1996		7	34	467	3451
1997		6	35	459	3473
1998		6	35	449	3465
1999		6	35	448	3448
2000		8	15	448	3429
2001		6	16	486	3159
2002		8	15	444	3120
2003		9	17	504	2998
2004		9	14	507	2995
2005		8	47	511	2898
2006		8	50	498	2841
2007		8	45	495	2727
2008		8	43	491	2556
2009		9	39	449	2047
2010		9	40	434	1792
2011		9	40	416	1533
2012		9	39	370	1425
2013		9	38	365	1250
2014		12	38	370	1114
2015		12	39	371	978
2016		12	39	374	889
西宁市	Xining City	10	20	140	151
海东市	Haidong City	1	6	100	297
海北州	Haibei Zang A.P		2	12	31
黄南州	Huangnan Zang A.P		1	17	147
海南州	Hainan Zang A.P		2	24	54
果洛州	Golog Zang A.P		5	12	54
玉树州	Yushu Zang A.P		1	17	113
海西州	Haixi Mongolian & Zang A.P	1	2	52	42

注：本表数据来源青海省教育厅，以下表同。
a)The data in this table are from the Qinghai Provincial Education Department, the same below.

19-2 主要年份普通高等学校基本情况
Basic Statistics on Regular Institution of Higher Education in Main Years

单位：人 (person)

年份 Year 地区 Region		毕业人数 Graduates	招生人数 New Enrollment	在校学生数 Total Enrollment	教职工人数 Teachers and Staff	专任教师 Full-time Teachers	生师比 Student-Teacher Ratio
1957			102	178	113	55	3.2
1965		297	176	566	634	326	1.7
1970		323	368	616	792	351	1.8
1975		688	861	2709	1350	625	4.3
1978		785	1314	3538	1663	819	4.3
1980		692	1208	4238	1970	999	4.2
1985		1159	2037	6414	2559	1253	5.1
1990		1930	1725	6241	2805	1470	4.2
1995		2133	2339	7332	2965	1410	5.2
1996		2033	2460	7780	2973	1398	5.6
1997		2135	2619	8202	3108	1587	5.2
1998		2241	2787	8691	3399	1678	5.2
1999		2490	3172	7347	3454	1711	5.5
2000		2130	6105	13307	4229	2107	6.3
2001		2561	7032	17918	4669	2094	8.6
2002		2763	7123	22198	5314	2580	8.6
2003		4771	9075	26124	5589	2769	9.9
2004		5802	9452	29483	5820	3079	9.6
2005		8344	12812	34374	5830	3051	11.3
2006		8773	12318	37146	6038	3296	11.3
2007		9842	12493	39066	6127	3156	12.4
2008		13986	20505	55792	6242	3368	16.6
2009		14626	18375	58229	6418	3757	15.5
2010		15000	18676	60384	6682	3731	14.4
2011		20748	19075	58661	6677	3735	13.6
2012		16422	20832	61858	6668	3717	15.4
2013		17327	20797	63918	6851	3785	16.9
2014		17740	22805	67533	6182	3920	15.8
2015		18404	23028	71387	6357	4127	16.1
2016		19937	24782	74631	6625	4340	16.0
西宁市	Xining City	19937	23055	71464	6440	4198	15.5
海东市	Haidong City		898	1521	125	96	17.1
海西州	Haixi Mongolian & Zang A.P		829	1646	60	46	21.9

注：1.2008年以后普通高校毕业生数、招生数、在校生数含成人本专科生。
2.生师比采用教育统计折算法测算，生师比=折合在校生数/教师总数.
折合在校生数=普通本、专科(高职)生数+硕士生数*1.5+博士生数*2+留学生数*3+预科生数+进修生数+成人脱产班学生数+夜大(业余)学生数*0.3+函授生数*0.1+自学助考生+中职在校生数
教师总数=专任教师数+聘请校外教师数*0.5

a) Graduates, new enrollment and total enrollment of regular institution of higher education after 2008 include adult undergraduates and adult college students.

b) The teacher-student ratio is calculated by education statistical conversion method.
Number of Reduced total enrollment =number of ordinary undergraduate,college(Higher Vocational) students+number of Masters*1.5, number of doctors*2 students*0.3,Student-teacher ratio is number of reduced total enrollment divide by total number of teacthers.
students*0.3+number of orrespondence students*0.1+number of self-study students+number of secondary vocational school students.
Total number of teacthers=number of Full-time teachers+ half of outside school teachers hired.

19-3 主要年份中等职业教育基本情况

Basic Statistics on Secondary Vocational Schools in Main Years

单位：人 (person)

年份 地区	Year Region	毕业人数 Graduates	招生人数 New Enrollment	在校学生数 Total Enrollment	教职工人数 Teachers and Staff	专任教师 Full-time Teachers	生师比 Student-Teacher Ratio
1952		134	499	1602	236	88	18.2
1957		465	1486	5856	862	330	17.8
1965		510	1644	3825	753	313	12.2
1970		970	1677	2210	578	261	8.5
1975		1502	2006	5703	989	436	13.1
1978		1778	3459	7966	1374	657	12.1
1980		2484	2922	9615	1917	955	10.5
1985		2872	4512	12159	2555	1283	9.5
1990		4216	3378	11286	3102	1670	6.8
1995		3280	4217	13643	3048	1691	8.1
1996		4296	4186	13479	3062	1701	7.9
1997		4121	3867	13215	3048	1719	7.7
1998		4215	4019	12925	3079	1758	7.4
1999		4252	4050	12600	3072	1777	7.1
2000		4093	4781	13406	2398	1363	9.8
2001		3477	3006	12296	2252	1307	9.4
2002		3266	2881	11382	1159	713	16.0
2003		4204	1829	8107	773	470	10.2
2004		2401	1466	5028	546	342	14.7
2005		5836	13216	24656	2227	1588	15.5
2006		7939	21173	36886	2408	1723	21.4
2007		9175	30861	54566	2569	1906	28.6
2008		13798	30968	67917	3100	2379	28.5
2009		19356	31892	76375	3140	2480	30.8
2010		19773	30713	79105	3157	2444	32.4
2011		21620	29600	80057	3222	2549	31.4
2012		23660	30143	76842	3188	2454	31.3
2013		22386	29277	77784	3234	2567	30.3
2014		20116	27303	77163	3022	2450	31.5
2015		19492	27047	76364	2931	2410	31.7
2016		19256	26852	74057	3058	2457	30.1
西宁市	Xining City	10436	11383	35503	1792	1462	24.3
海东市	Haidong City	3668	6893	17334	409	389	44.6
海北州	Haibei Zang A.P	394	1528	3082	147	113	27.3
黄南州	Huangnan Zang A.P	691	822	2211	30	28	79.0
海南州	Hainan Zang A.P	1342	1305	4116	80	73	56.4
果洛州	Golog Zang A.P	575	1298	2878	258	105	27.4
玉树州	Yushu Zang A.P	1002	1372	2889	172	150	19.3
海西州	Haixi Mongolian & Zang A.P	1148	2251	6044	170	137	44.1

19-4 主要年份普通中学基本情况
Basic Statistics on Regular Secondary Schools in Main Years

单位：人 (person)

年 份 Year / 地 区 Region		毕业人数 Graduates	招生人数 New Enrollment	在校学生数 Total Enrollment	教职工人数 Teachers and Staff	专任教师 Full-time Teachers	生师比 Student-Teacher Ratio
1952		193	454	1221	137	60	8.9
1957		1026	4111	9382	539	400	17.4
1965		2182	4403	11978	1122	767	10.7
1970		8096	14374	38913	1700	1375	22.9
1975		26410	53092	120724	7528	5857	16.0
1978		49600	78600	209100	11512	9791	18.2
1980		58600	70597	199200	14058	10779	18.5
1985		58200	76200	230700	16599	12917	17.9
1990		67074	76269	217470	20161	16023	13.6
1995		57835	69755	193862	19190	15691	12.4
1996		55389	67599	192854	19046	15638	12.3
1997		58488	70944	194628	19440	16089	12.1
1998		58703	72987	195037	18884	16009	12.2
1999		56712	78901	207214	19090	16260	12.7
2000		57812	86540	224660	19378	16645	13.5
2001		61357	93034	244629	19835	16857	14.5
2002		56820	85181	220921	16670	14801	14.9
2003		75421	110325	294400	21257	18613	15.8
2004		83727	111830	315284	21853	19402	16.3
2005		93478	116340	327502	22370	20050	16.3
2006		100558	111044	328027	23047	20765	15.8
2007		101883	112097	327039	23357	21038	15.5
2008		106574	106538	315371	23429	21194	14.9
2009		100108	114485	322666	23587	21308	15.1
2010		100291	115028	327178	23923	21875	14.9
2011		99746	111925	330309	24482	22422	14.7
2012		104354	111579	314728	24560	22526	14.0
2013		98110	116321	317121	25438	23598	13.4
2014		94044	112779	325464	24869	23346	13.9
2015		101220	112104	329793	26293	24796	13.3
2016		107779	112186	328241	26674	25094	13.1
西宁市	Xining City	40235	41687	122832	9714	9272	13.3
海东市	Haidong City	27834	28623	85010	6930	6778	12.5
海北州	Haibei Zang A.P	5841	5891	17688	1405	1302	13.6
黄南州	Huangnan Zang A.P	5171	6205	16698	1204	1114	15.0
海南州	Hainan Zang A.P	9067	9741	28319	2386	2272	12.5
果洛州	Golog Zang A.P	3808	3448	9638	999	706	13.7
玉树州	Yushu Zang A.P	7124	7512	20726	1587	1444	14.4
海西州	Haixi Mongolian & Zang A.P	8699	9079	27330	2449	2206	12.4

19-5 主要年份小学基本情况
Basic Statistics on Primary Schools in Main Years

单位：万人、人 (10 000 persons,person)

年份 地区	Year Region	毕业人数 Graduates	招生人数 New Enrollment	在校学生数 Total Enrollment	教职工人数 Teachers and Staff	专任教师 Full-time Teachers	生师比 Student-Teacher Ratio
1952		0.6	0.9	8.8	2542	2375	
1957		2.3	4.1	15.4	4661	4401	34.9
1965		1.7	14.8	31.0	11148	10812	28.6
1970		2.3	3.4	23.1	10196	10057	23.0
1975		4.8	18.3	54.1	20512	19485	27.7
1978		6.5	13.4	59.9	24933	23918	25.0
1980		6.3	11.5	57.5	27049	25162	22.8
1985		6.1	9.6	54.2	26818	24649	22.0
1990		6.5	7.7	49.0	28582	26515	18.5
1995		5.9	8.3	44.8	28810	26881	16.7
1996		5.9	8.7	46.0	29298	27350	16.8
1997		6.1	8.9	47.1	29490	27611	17.1
1998		6.3	9.1	48.7	29433	27702	17.6
1999		6.9	9.6	50.1	29130	27452	18.2
2000		7.6	9.4	50.5	29371	27706	18.2
2001		7.9	9.5	50.2	29377	27870	18.0
2002		8.1	10.3	50.7	29546	28215	18.0
2003		8.2	9.5	50.7	29692	28496	17.8
2004		8.1	9.9	51.3	28926	27832	18.4
2005		8.1	8.9	50.7	28551	27478	18.4
2006		7.6	10.2	52.2	29209	28124	18.6
2007		7.1	10.1	53.1	28393	27303	19.4
2008		6.9	9.3	53.8	28115	27318	19.7
2009		7.8	8.7	53.3	27814	26794	19.9
2010		8.2	8.1	51.9	27516	26584	19.5
2011		8.0	8.2	51.2	26542	25897	19.8
2012		8.1	8.3	49.9	27052	26103	19.1
2013		8.3	7.8	47.4	28002	26974	17.5
2014		7.8	7.6	46.1	26187	25224	18.3
2015		7.6	7.7	45.4	27406	26479	17.1
2016		7.2	8.2	45.8	27531	26408	17.3
西宁市	Xining City	2.5	2.6	14.8	8086	8074	18.4
海东市	Haidong City	1.8	2.2	11.8	7098	7064	16.7
海北州	Haibei Zang A.P	0.4	0.4	2.3	1454	1339	17.1
黄南州	Huangnan Zang A.P	0.4	0.5	2.6	1726	1706	15.2
海南州	Hainan Zang A.P	0.6	0.7	4.1	2601	2486	16.4
果洛州	Golog Zang A.P	0.3	0.3	1.8	1588	1075	16.8
玉树州	Yushu Zang A.P	0.6	0.8	4.5	2558	2339	19.2
海西州	Haixi Mongolian & Zang A.P	0.6	0.7	3.9	2420	2325	16.7

19-6 主要年份幼儿教育事业基本情况
Basic Statistics on Kindergartens in Main Years

单位：人 (person)

年份 Year 地区 Region		幼儿园数（所）Kindergartens (unit)	在园幼儿数 Total Enrollment	教职工人数 Teachers and Staff	幼师 Kindergarten Teachers	生师比 Student-Teacher Ratio
1952		3	560	46	25	22.4
1957		4	882	121	40	22.1
1965		13	2007	212	65	30.9
1980		46	15561	1053	408	38.1
1985		219	29140	1417	843	34.6
1990		203	44320	1820	1275	34.8
1995		203	72030	2694	1719	41.9
1996		192	70467	2443	1690	41.7
1997		185	73735	2947	2141	34.4
1998		192	70908	2643	1883	37.7
1999		189	66795	2784	1999	33.4
2000		201	63711	2721	2115	30.1
2001		183	67387	2646	1491	45.2
2002		215	69402	3079	1704	40.7
2003		220	74075	3243	1825	40.6
2004		240	77512	3518	1955	39.6
2005		284	82558	3978	2211	37.3
2006		317	88006	4265	2386	36.9
2007		318	88985	4384	2484	35.8
2008		374	94274	4701	2676	35.2
2009		466	101425	5356	3143	32.3
2010		599	111950	6202	3544	31.6
2011		980	134022	7334	4051	33.1
2012		1143	153340	7243	4361	35.2
2013		1245	166659	8047	4668	35.7
2014		1316	174980	9340	5276	28.4
2015		1525	184214	11711	6656	25.2
2016		1667	199804	17092	10158	18.3
西宁市	Xining City	519	78336	7940	4383	17.7
海东市	Haidong City	355	49877	3194	1937	21.1
海北州	Haibei Zang A.P	159	10087	996	636	15.7
黄南州	Huangnan Zang A.P	132	10928	447	331	28.3
海南州	Hainan Zang A.P	285	20144	1729	1081	18.4
果洛州	Golog Zang A.P	47	5022	282	215	17.1
玉树州	Yushu Zang A.P	84	9053	1045	688	12.7
海西州	Haixi Mongolian & Zang A.P	86	16357	1459	887	17.4

注：幼儿园生师比采用独立园生师比。

a) The kindergarten teacher-student ratio is calculated by independent kindergartens.

19－7 主要年份基础教育基本情况

Basic Statistics on Basic Education in Main Years

单位：% (%)

年 份 地 区	Year Region	初中毕业生升学率 Promotion Rate from Junior Secondary Schools to Senior Seconday Schools	小学毕业生升学率 Promotion Rate from Primary Schools to Junior Secondary Schools	小学学龄儿童入学率 Net Enrollment Ratio of Primany Schools
1952		82.1	45.1	
1957		113.0	58.1	
1965		93.7	106.7	73.1
1970		46.8	53.4	51.4
1975		63.0	89.5	89.8
1978		58.8	92.1	85.5
1980		40.2	86.9	82.4
1985		49.9	92.6	79.2
1990		48.4	88.9	81.5
1995		52.5	86.5	87.4
1996		66.5	87.9	89.6
1997		67.9	87.4	90.4
1998		60.1	91.1	92.1
1999		60.5	90.5	92.7
2000		66.4	88.7	94.2
2001		63.1	89.6	95.4
2002		65.5	92.0	95.4
2003		62.5	95.2	96.1
2004		66.5	96.9	96.6
2005		74.6	97.3	97.0
2006		75.1	97.3	97.1
2007		89.3	100.1	98.6
2008		85.0	97.5	99.4
2009		85.9	99.9	99.5
2010		86.5	95.6	99.6
2011		89.5	95.5	99.7
2012		86.1	90.6	99.7
2013		91.7	91.9	99.7
2014		92.4	94.3	99.7
2015		87.5	94.7	99.8
2016		87.7	96.2	99.8
西宁市	Xining City	101.1	99.8	100.0
海东市	Haidong City	85.8	95.6	100.0
海北州	Haibei Zang A.P	87.8	95.0	100.0
黄南州	Huangnan Zang A.P	88.7	93.9	99.2
海南州	Hainan Zang A.P	79.7	96.1	99.7
果洛州	Golog Zang A.P	73.5	84.1	99.1
玉树州	Yushu Zang A.P	62.3	90.9	99.0
海西州	Haixi Mongolian & Zang A.P	75.2	96.2	100.0

注：升学率测算不含异地就读学生。
a)Enrollment rates do not include students studying in different places.

19-8 主要年份全省每万人口中在校学生数

Students Enrollment per 10 Thousand People in Main Years

单位：人 (person)

年份 Year	普通高等学校 Regular Institutions of Higher Education	中等职业学校 Secondary Vocational Schools	普通中学 Regular Secondary Schools	普通小学 Primary Schools
1952		10.0	8.0	547.0
1957	0.9	30.0	46.0	749.0
1965	3.0	16.0	52.0	1343.0
1970	2.0	8.0	138.0	818.0
1975	8.0	17.0	358.0	1602.0
1978	10.0	22.0	573.0	1642.0
1980	11.0	25.0	529.0	1525.0
1985	15.9	30.3	556.4	1350.6
1990	14.0	25.4	489.9	1104.6
1995	15.4	28.6	406.0	938.2
1996	15.9	27.6	421.6	941.1
1997	16.5	26.7	392.7	951.2
1998	17.3	25.7	387.9	967.9
1999	18.3	24.7	406.5	982.1
2000	25.7	25.9	433.7	974.5
2001	34.2	23.5	467.6	959.2
2002	42.0	21.5	499.8	958.4
2003	48.9	19.7	551.5	949.6
2004	54.7	34.9	585.4	951.7
2005	63.3	45.4	602.9	933.1
2006	92.7	67.3	598.9	953.1
2007	92.4	98.9	592.9	963.1
2008	100.7	122.5	569.0	970.9
2009	104.5	137.0	578.9	956.9
2010	107.4	140.8	582.2	923.5
2011	103.2	140.9	581.4	900.6
2012	107.9	134.1	549.1	870.6
2013	110.6	134.6	548.9	820.2
2014	116.0	134.1	561.1	794.9
2015	121.4	130.0	560.9	772.1
2016	125.8	124.8	553.1	771.7

19-9 主要年份国有企业、事业单位各类专业技术人员情况

Scientific and Technical Personnel in State-owned Institutions and Enterprises in Main Years

单位：人 (person)

指 标	Item	2005	2010	2013	2014	2015	2016
总计	**Total**	**109589**	**117652**	**139471**	**138691**	**141419**	**132917**
#市(州)	City (Prefecture)	12726	15524	18294	17341	18727	15473
县(市、区)	County (City、District)	50722	47117	54573	53639	51952	51241
乡(镇)	Villages (Towns)	22221	25517	27999	27075	27225	24159
#高级职务	Senior technical position	7528	15344	18145	17771	18036	18755
正高级职务	Senior Technical Position	619	19	1507	1607	1643	1778
中级职务	Intermediate Technical Position	39222	48018	47560	45512	45103	46791
初级职务	Elementary Technical Position	56760	53222	61021	62346	64658	64274

注：1.本表数据来源青海省人力资源和社会保障厅，下表同。

2.正高级职务指标2010年统计口径为企业单位，其余年份统计口径均为企业、事业单位。

a) The data in this table are from the Provincial Department of human resources and social security.the same below.

b) The calibre of senior technical position personnel in 2010 is enterprise units. The libre in other year is enterprise units and state-owned institutions.

19−10 国有企、事业单位分行业专业技术人员情况(2016年)
Professional and Technical Personnel in State-owned Institutions and Enterprises by Sector(2016)

单位：人 (person)

行 业	Sector	合 计 Total 事业 Institutions	合 计 Total 企业 Enterprises
总计	**Total**	**114576**	**18341**
农林牧渔业	Farming, Forestry, Animal Husbandry and Fishery	9636	504
采矿业	Mining		1598
制造业	Manufacturing		9926
电力、燃气及水的生产和供应业	Production and Distribution of Electricity, Gas and Water	3	1132
建筑业	Construction	420	1344
交通运输仓储邮政业	Transport, Storage and Post	2220	770
信息传输计算机服务和软件业	Information Transmission, Computer Service and Software	105	777
批发和零售业	Wholesale and Retail Trades	1	73
住宿和餐饮业	Hotels and Catering Services	8	36
金融业	Financial Intermediation	69	122
房地产业	Real Estate	141	378
租赁和商务服务业	Leasing and Business Services	24	52
科学研究技术服务地质勘查业	Scientific Research, Technology Service and Geological Prospecting	4006	592
水利环境和公共设施管理业	Water Conservancy, Environment and Public Facility Management	2804	696
居民服务和其他服务业	Services to households and Other Services	208	123
教育	Education	60573	9
卫生社会保障和社会福利业	Health, Social Security and Social Welfare	26598	
文化体育和娱乐业	Culture, Sports and Entertainment	4183	203
公共管理和社会组织	Public Management and Social Organizations	3577	6

19-11 主要年份科协系统科技活动基本情况
Basic Statistics on Scientific and Technological Activities of Science and Technology Associations in Main Years

指　标	Item	2015	2016
举办科普宣讲活动(次)	Number of S&T Popularization Propaganda Activities (time)	479	496
院士科普报告会	Academician Science Popularization Report		30
举办专题展览	Thematic Exhibition	79	57
流动科技馆巡展	Mobile Technology Museum Itinerant Exhibition	12	10
开展科技咨询	Scientific and Technological Consultation	135	151
宣讲活动受众人数(人次)	Number of Participants in Propaganda Activities (person-time)	538747	763024
流动科技馆巡展受众人数	Number of Participants in Mobile Technology Museum Itinerant Exhibition	150000	113300
播放科技广播、影视节目(分钟)	Time for S&T Broadcasting, Film and Television Programs (minute)	100100	103320
电视台播放科技节目	Time for S&T Programs on TV Station	2635	1955
举办实用技术培训(次)	Number of Practical Technical Training (time)	1144	1405
实用技术培训人数(人次)	Number of Participants in Practical Technical Training (person-time)	61160	70287
推广新技术、新品种(项)	Number of New Technologies and Varieties for Popularization (unit)	48	52
参加活动科技人员总数(人次)	Number of S&T Personnel Participanting in Activities (person-time)	18332	9450
其中：专家人数	Number of Experts	543	765
参加活动的学会协会研究会(个次)	Number of Learned Society, Associations,and Research Institutes Participating in Activities (unit-time)	103	73
覆盖村(个)	Covered Villages (unit)	445	151
覆盖社区(个)	Covered Communities (unit)	125	105

注：本表数据来源青海省科学技术协会。
The data source of this table is Qinghai science and technology association.

19−12　2016年73−75行业科技机构主要人员指标情况

指标名称	Item	机构数(个) Number of Institutions (unit)	有R&D的机构数 Number of R&D Institutions (unit)
73−75行业全部机构	All 73-75 Sectors of Institutions	76	32
事业单位	Government-affiliated Institutions	59	25
1.自然科学研究机构	Natural Science Research Institution	18	6
2.社会人文研究机构	Society and Humanity Research Institution	5	3
3.信息文献研究机构	Information and Documentation Research Institution	2	
4.县属研究机构	County Research Institution	1	
5.其　　他	Others	33	16
企业单位	Enterprise	17	7

注：1.本表数据来源青海省科学技术厅。

2.73行业指研究和试验发展；74行业指专业技术服务业；75行业指科技推广和应用服务业。下表同。

Basic Situatics on 73-75 Sectors of S&T Institutions Major Personnels in 2016

全部科技活动人员(人) Total Personnels in S&T Activities (person)	大学本科及以上学历 University Degree or Above	R&D人员折合全时当量(人年) Full-time Equivalent of R&D Personnel (man-year)	研究人员 Resear-chers	R&D人员数(人) Number of R&D Personnels (person)	全时人员 Full-time Personnel	博士 Doctor
5857	4284	881	538	1450	618	244
4901	3494	802	505	1352	548	243
1405	1141	518	368	806	393	230
158	119	71	47	100	63	7
39	22					
16	10					
3283	2202	213	90	446	92	6
956	790	79	33	98	70	1

a)The data source of this table is Qinghai provincial science and Technology Department.
b)73 industry refers to the development of research and experimenta; 74 industry refers to professional and technical services; 75 industry refers to the promotion of science and technology and application services. The following table is the same as.

19−13　2016年73−75行业科技机构主要经费指标情况

单位：个、万元

指标名称	Item	有R&D的机构数 Number of R&D Institutions (unit)	科技活动经费收入总额中政府拨款 Government Appropriation in Total S&T Funds Income	科技活动经费内部支出 Internal Expenditure on S&T Activities	R&D经费内部支出 Intramural R&D Expenditure
73−75行业全部机构	All 73-75 Sectors of Institutions	32	142542.8	179872.9	27904.1
事业单位	Government-affiliated Institutions	25	131661.2	161625.4	26354.2
1.自然科学研究机构	Natural Science Research Institution	6	38703.0	38641.0	18729.2
2.社会人文研究机构	Society and Humanity Research Institution	3	4038.8	4135.1	2669.3
3.信息文献研究机构	Information and Documentation Research Institution		550.0	653.1	
4.县属研究机构	County Research Institution		156.0	156.0	
5.其　他	Others	16	88213.4	118040.2	4955.7
企业单位	Enterprise	7	10881.6	18247.5	1549.9

注：表中因四舍五入引起的误差未做配平调整。

Basic Situatics on 73-75 Sectors of S&T Institutions Major Funds in 2016

(unit,10 000yuan)

按来源分 by Source		按活动类型分 by Activity Type			R＆D课题经费	按活动类型分 by Activity Type			R＆D经费外部支出
政府资金 Government funds	企业资金 Enterprise funds	基础研究 Basic Research	应用研究 Applied Research	试验发展 Experimental Development	Expenditure on R＆D Topics	基础研究 Basic Research	应用研究 Applied Research	试验发展 Experimental Development	External Expenditure on R＆D
23729.1	2641.2	9388.6	8373.4	10142.1	12608.5	3477.8	3784.5	5346.0	63.8
23220.0	1600.4	9376.3	8266.7	8711.2	11171.6	3465.5	3677.8	4028.1	
17109.1	1600.4	7105.1	5719.5	5904.6	8250.6	2988.7	2713.3	2548.6	
1976.0		1827.3	772.4	69.6	438.8	264.6	105.0	69.2	
4134.9		443.9	1774.8	2737.0	2482.2	212.2	859.5	1410.3	
509.1	1040.8	12.3	106.7	1430.9	1436.9	12.3	106.7	1317.9	63.8

a)The errors caused by four to five entries in the table are not trimmed.

19-14 2016年自然领域研究机构R&D人员情况

指标名称	Item	机构数(个) Number of Institutions (unit)	有R&D的机构数(个) Number of R&D Institutions (unit)	全部科技活动人员(人) Total Personnels in S&T Activities (person)	大学本科及以上学历 University Degree or Above
合　计	**Total**	**18**	**6**	**1405**	**1141**
按地区分	**by Region**				
西宁市	Xining City	10	6	1242	1020
海北州	Haibei Zang A.P	2		46	41
黄南州	Huangnan Zang A.P	2		28	20
海南州	Hainan Zang A.P	1		14	10
果洛州	Golog Zang A.P	1		30	15
海西州	Haixi Mongolian & Zang A.P	2		45	35
按隶属分	**by Administrative**				
中央部门属	Central Department	2	2	716	651
地方部门属	Local Department	16	4	689	490

Basic Situatics on Natural Domain Research Institutions Personnels on R&D in 2016

R&D人员折合全时当量(人年) Full-time Equivalent of R&D Personnel (man-year)	研究人员 Researchers	R&D人员数(人) Number of R&D Personnels (person)	研究人员 Researchers	博士 Doctor	硕士 Master
518	**368**	**806**	**600**	**230**	**255**
518	368	806	600	230	255
446	347	702	565	225	213
72	21	104	35	5	42

19−15 2016年自然领域研究机构R&D经费情况

Basic Situatics on Natural Domain Research Institutions Funds on R&D in 2016

单位：个、万元 (unit,10 000yuan)

指标名称	Item	有R&D的机构数 Number of R&D Institutions	科技活动经费内部支出 Internal Expenditure on S&T Activities	科技收入中的政府资金 Government Funds in S&T Income	R&D经费内部支出 Intramural Expenditure on R&D	政府资金 Government Funds in S&T	R&D课题支出 Expenditure on R&D Topics
合　计	**Total**	**6**	**38641.0**	**38703.0**	**18729.2**	**17109.1**	**8250.6**
按地区分	**by Region**						
西宁市	Xining City	6	33109.8	32240.2	18729.2	17109.1	8250.6
海北州	Haibei Zang A.P		2395.5	2942.0			
黄南州	Huangnan Zang A.P		740.9	822.0			
海南州	Hainan Zang A.P		278.8	278.8			
果洛州	Golog Zang A.P		537.7	831.9			
海西州	Haixi Mongolian & Zang A.P		1578.3	1588.1			
按隶属分	**by Administrative**						
中央部门属	Central Department	2	19820.2	19178.6	17251.9	15966.6	7083.4
地方部门属	Local Department	4	18820.8	19524.4	1477.3	1142.5	1167.2

19−16 2015−2016年规模以上工业企业科技活动情况表

Basic Statistics on Scientific and Technological Activities of Industrial Enterprises above Designated Size(2015-2016)

指标	Item	2015	2016
有R&D活动的企业数　(个)	Number of Enterprises with R&D Activities(unit)	35	57
R&D人员　(人)	R&D Personnel　(person)	2065	3147
R&D经费内部支出　(万元)	Intramural R&D Expenditure　(10 000 yuan)	65029	77940
基础研究	Basic Research		45
应用研究	Applied Research	1001	1686
试验发展	Experimental Development	64028	76208
全部R&D项目　(项)	R&D Projects　(unit)	150	296
全部项目经费内部支出(万元)	Project Internal Expenditures　(10 000 yuan)	58801	61197
企业办研发机构　(个)	R&D Institutions Run by Enterprise　(unit)	41	46
研发机构人员　(人)	R&D Institutions Personnel　(person)	2132	2271

注：R&D指科学研究与试验发展。
a)R&D refers to Research and Development.

19−17 2015−2016年高等院校科技活动基本情况

Basic Statistics on Higher Education for Scientific Techological Activities (2015-2016)

指 标		Item		理工农医类 Engineering, Agriculture and Medicine		人文、社科类 Humanities and Social Science	
				2015	2016	2015	2016
从事科技活动人数	(人)	Number of Personnel Engaged in S&T Activities		4229	4360	1814	1999
研究与试验发展经费支出	(万元)	Expenditure on R&D	(10 000 yuan)	9682	19310	825	1600
研究与试验发展人员	(人)	Research and Development Personnel	(person)	550	539	786	931
研究与试验发展机构	(个)	R&D Institutions	(unit)	14	14	12	11
研究与试验发展课题	(项)	Questions for Discussion Research and Development	(item)	717	696	508	447
研究与试验发展成果		Research and Development Achievements					
出版科技著作	(种)	Monographs of Science Published	(unit)	26	17	32	28
发表科技论文	(篇)	Scientific Papers Issued	(piece)	1810	2334	451	245

19−18 2015−2016年全省科技活动情况

Basic Statistics of Scientific and Technological Activities (2015-2016)

指标		Item		2015	2016
科技活动人员	(人)	Scientific and Technological Activities Personnel	(person)	20207	23206
有R&D活动单位	(个)	Number of Institutions with R&D Activities	(unit)	102	118
R&D人员	(人)	R&D Personnel	(person)	6675	7378
博士毕业		Doctor's Degree		444	516
硕士毕业		Master's Degree		1141	1330
R&D人员折合全时当量	(人年)	Full-time Equivalent of R&D Personnel	(man-year)	4008	4166
R&D经费内部支出	(亿元)	Intramural R&D Expenditure	(100 million yuan)	11.58	14.00
基础研究		Basic Research		1.75	2.63
应用研究		Applied Research		2.01	1.83
试验发展		Experimental Development		7.82	9.54
专利申请数	(件)	Patent Applications	(piece)	593	906
项目(课题)数	(项)	Number of Projects	(unit)	2028	2143
项目(课题)经费内部支出	(亿元)	Project Intramural Expenditure	(100 million yuan)	9.13	9.97
机构数	(个)	Number of Institutions	(unit)	104	107

19−19 主要年份技术市场基本情况
Basic Statistics of Technical Market in Main Years

单位：项、万元 (Unit,10 000 yuan)

指 标	Item	2010	2013	2014	2015	2016
合同数	**Number of Contracts**	**464**	**747**	**805**	**953**	**986**
技术开发合同	Technology Development	68	74	99	115	66
技术转让合同	Technology Transfer	48	119	64	97	73
技术咨询合同	Technology Consultation	73	86	143	199	274
技术服务合同	Technology Service	275	468	499	542	573
技术合同成交额	**Transaction Value in Technical Market**	**114643.9**	**268862.6**	**354286.6**	**469488.7**	**569189.6**
技术开发合同	Technology Development	84930.4	17220.3	40663.9	40694.2	20480.7
技术转让合同	Technology Transfer	7634.1	11262.5	68152.6	8990.4	7810.3
技术咨询合同	Technology Consultation	1274.4	36202.9	14439.3	75680.4	120372.1
技术服务合同	Technology Service	20805.1	204177.0	231030.8	344123.7	420526.6

注：本表数据来源青海省科学技术开发中心。
a)The data in this table are from the Qinghai Provincial Science and Technology Development Center.

19-20 主要年份专利申请受理量及授权量

Number of Patent Applications Accepted and Granted in Main Years

单位：件 (piece)

年 份 Year	申请量 Application Accepted	发 明 Inventions	实用新型 Utility Models	外观设计 Designs	授权量 Application Granted	发 明 Inventions	实用新型 Utility Models	外观设计 Designs
1990	111	26	82	3	59	4	55	
1995	100	24	66	10	65	2	61	2
2000	174	36	90	48	117	16	67	34
2001	162	44	75	43	101	15	58	28
2002	151	40	56	55	85	14	48	23
2003	173	70	60	43	91	17	36	38
2004	124	49	44	31	70	21	30	19
2005	216	103	83	30	79	24	34	21
2006	325	79	98	148	97	30	45	22
2007	387	91	115	181	222	28	84	110
2008	431	148	120	163	228	23	100	105
2009	499	175	147	177	368	35	89	244
2010	602	193	129	280	264	41	134	89
2011	732	204	233	295	538	70	147	321
2012	844	298	283	263	527	101	218	208
2013	1099	520	364	215	502	91	285	126
2014	1534	660	590	284	619	110	357	152
2015	2590	1103	1183	304	1217	207	687	323
2016	3284	1381	1569	334	1357	271	883	203

注：本表数据来源青海省知识产权局。

a)The data source of this table is the Intellectual Property Office of Qinghai province.

19-21 全省重大科技成果登记基本情况(2016年)

Basic Conditions of Important Achievements in Scientific Research(2016)

单位：项、万元 (item, 10 000 yuan)

指 标	Item	合计 Total	科研机构 Scientific Research Institutes	大专院校 University and Colleges	企业 Enterprises	医疗机构 Medical Treatment Institutes	其他 Others
总计	**Total**	**470**	**100**	**80**	**114**	**101**	**75**
按应用技术成果水平分类	**By Application Technology Achievements Level**						
国际领先	International Leading	8	2	1	4		1
国际先进	International Advanced	37	8	8	11	2	8
国内领先	Domestic Leading	114	21	6	45	28	14
国内先进	Domestic Advanced	111	10	10	34	41	16
国内一般	Domestic Common	16	2	1	2	3	8
按应用技术成果行业分类	**By Application Technology Achievements Sector**						
农林牧渔业	Agriculture, Forestry, Animal Husbandry and Fishery	154	67	17	29		41
采矿业	Mining	10	1		4		5
制造业	Manufacturing	53	7	3	43		
电力燃气及水生产供应业	Production and Supply of Electricity, Gas and Water	12		1	9		2
建筑业	Construction	17	3	5	8		1
教育	Education	1		1			
信息传输、软件和信息技术服务业	Information Transmission, Software and Information Technology Services	7		1	3		3
公共管理、社会保障和社会组织	Public Administration, Social Security and Social Organizations						
科学研究和技术服务业	Scientific Research and Technical Services	11	1		4	1	5
水利、环境和公共设施管理业	Water Conservancy, Environment and Public Facilities Management	19	2	3	7		7
卫生和社会工作	Health, Social Security and Social Work	81	4	4		73	

注：本表数据来源青海省科技成果管理办公室。

a)The data in this table are from the Qinghai province science and technology achievement management office.

19－21 续表 Continued

单位：项、万元 (item, 10 000 yuan)

指标	Item	合计 Total	科研机构 Scientific Research Institutes	大专院校 Univer sity and Colleges	企业 Enter-prises	医疗机构 Medical Treatment Institutes	其他 Others
按应用技术成果情况分类	**By Application Condition of Application Technology Achievements**						
产业化应用项目数	Number of Application Projects of Industrialization	171	50	15	74	10	22
小批量或小范围应用项目数	Application Number of Items in Small Quantities or Small-scale	124	24	11	31	32	26
试用项目数	Number of Trial Projects	59	11	8	2	23	15
未应用项目数	Number of Not Applied Projects	11		1		9	1
资金问题	Capital Reason	1				1	
技术问题	Technique Reason	4				4	
市场问题	Market Reason	1		1			
管理问题	Manage Reason	3				2	1
政策因素	Policy Reason	2				2	
经济效益项目数	**Cost-effective Projects**	**69**	**7**	**4**	**48**	**1**	**9**
应用后本年度取得的经济效益	**Economic Profits Made after Application This year**						
净利润	Net Profits	672993	581	12130	659934	50	298
实交税金	Actual Tax Payments	270696		115	270553		28
出口创汇	Earning Foreign Exchange Through Exports	7558			7558		
节约资金	Saving Capital	43815		920	42895		
技术转让与许可收入	Technology Transfer and Licensing Income	609			609		

主要统计指标解释

普通高等学校 指按国家规定的设置标准和审批程序批准举办的，通过全国普通高等学校统一招生考试，招收高中毕业生为主要培养对象，实施高等学历教育的全日制大学、独立设置的学院和高等专科学校、高等职业学校及其他机构（独立学院和分校、大专班）。

大学、独立设置的学院主要实施本科层次以上教育。高等专科学校、高等职业学校实施专科层次教育。其他机构是承担国家普通招生计划任务不计校数的机构，包括独立学院、普通高等学校分校、大专班和批准筹建的普通高等学校等。

成人高等学校 指按照国家规定的设置标准和审批程序批准举办的，通过全国成人高等教育统一招生考试，招收具有高中毕业或同等学历的人员为主要培养对象，利用函授、业余、脱产等多种形式对其实施高等学历教育的学校。包括职工高等学校、农民高等学校、管理干部学院、教育学院、独立函授学院、广播电视大学、其他机构等。其他机构是承担国家成人招生计划任务不计校数的机构。

小学学龄儿童入学率 指调查范围内已入小学学习的学龄儿童占校内外学龄儿童总数（包括弱智儿童，不包括盲聋哑儿童）的比重。计算公式为：

$$小学学龄儿童入学率=\frac{已入学的小学学龄儿童数}{校内外小学学龄儿童总数}\times100\%$$

生师比采用教育统计折算法测算

1、折合在校生数 = 普通本、专科（高职）生数 + 硕士生数 * 1.5 + 傅士生数 * 2 + 留学生数 * 3 + 进修生数 + 成人脱产班学生数 + 夜大（业余）学生数 * 0.3 + 函授生数 * 0.1 + 自学助考生 + 中职在校生数。

2、教师总数 = 专任教师数 + 聘请校外教师数 * 0.5。

3、生师比 = 折合在校生数/教师总数。

科技活动 是指在自然科学、农业科学、医药科学、工程与技术科学、人文与社会科学领域（简称科学技术领域）中与科技知识的产生、发展、传播和应用密切相关的有组织的活动。为核算科技投入的需要，科技活动可分为科学研究与试验发展（R&D）、科学研究与试验发展成果应用及相关的科技服务三类活动。

R&D（科学研究与试验发展，简称“研发”） 是指在科学技术领域，为增加知识总量、以及运用这些知识去创造新的应用进行系统的创造性的活动，包括基础研究、应用研究、试验发展三类活动。

基础研究 是指为了获得关于现象和可观察事实的基本原理的新知识（揭示客观事物的本质、运动规律，获得新发现、新学说）而进行的实验性或理论性研究，它不以任何专门或特定的应用或使用为目的。其成果以科学论文和科学著作为主要形式。

应用研究 是指为获得新知识而进行的创造性研究，主要针对某一特定的目的或目标。应用研究是为了确定基础研究成果可能的用途，或是为达到预定的目标探索应采取的新方法（原理性）或新途径。其成果形式以科学论文、专著、原理性模型或发明专利为主。

试验发展 是指利用从基础研究、应用研究和实际经验所获得的现有知识，为产生新的产品、材料和装置，建立新的工艺、系统和服务，以及对已产生和建立的上述各项作实质性的改进而进行的系统性工作。其成果形式主要是专利、专有技术、具有新产品基本特征的产品原型或具有新装置基本特征的原始样机等。在社会科学领域，试验发展是指把通过基础研究、应用研究获得的知识转变成可以实施的计划（包括为进行检验和评估实施示范项目）的过程。人文科学领域没有对应的试验发展活动。

R&D 人员 指单位内部从事基础研究、应用研究和试验发展三类活动的人员。包括直接参加上述三类项目活动的人员以及这三类项目的管理人员和直接服务人员。为研发活动提供直接服务的人员包括直接为研发活动提供资料文献、材料供应、设备维护等服务的人员。

R&D 经费内部支出 指调查单位在报告年度用于内部开展 R&D 活动（基础研究、应用研究和试验发展）的实际支出。包括用于 R&D 项目（课题）活动的直接支出，以及间接用于 R&D 活动的管理费、服务费、与 R&D 有关的基本建设支出以及外协加工费等。不包括生产性活动支出、归还贷款支出以及与外单位合作或委托外单位进行 R&D 活动而转拨给对方的经费支出。

专业技术人员 指从事专业技术工作和专业技术管理工作的人员，即企事业单位中已经聘任专业技术职务从事专业技术工作和专业技术管理工作的人员，以及未聘任专业技术职务，现在专业技术岗位上工作的人员。包括工程技术人员、农业技术人员、科学研究人员、卫生技术人员、教学人员、经济人员、会计人员、统计人员、翻译人员、图书资料、档案、文博人员、新闻出版人员、律师、公证人员、广播电视播音人员、工艺美术人员、体育人员、艺术人员及企业政治思想工作人员，共十七个专业技术职务类别。用来反映科技人力资源情况。

专利 是专利权的简称，是对发明人的发明创造经审查合格后，由专利局依据专利法授予发明人和设计人对该项发明创造享有的专有权。包括发明、实用新型和外观设计。反映拥有自主知识产权的科技和设计成果情况。

发明（专利） 指对产品、方法或者其改进所提出的新的技术方案。是国际通行的反映拥有自主知识产权技术的核心指标。

实用新型（专利） 指对产品的形状、构造或者其结合所提出的适于实用的新的技术方案。反映具有一定技术含量的技术成果情况。

外观设计（专利） 指对产品的形状、图案、色彩或者其结合所作出的富有美感并适于工业上应用的新设计。反映拥有自主知识产权的外观设计成果情况。

Explanatory Notes on Main Statistical Indicators

Regular Institutions of Higher Education refer to educational establishments set up according to the government evaluation and approval procedures, recruiting graduates from senior secondary schools as the main target by National Matriculation TEST. They include full - time universities, colleges, institutions of higher professional education, institutions of higher vocational education, institutions of higher vocational education and others (non - university tertiary, branch schools and undergraduate classes).

Universities and colleges primarily provide undergraduate courses; institutions of higher professional education and institutions of higher vocational education primarily provide professional trainings; and others refer to educational establishments, which are responsible for enrolling higher education students under the State Plan but not enumerated in the total number of schools, including: branch schools of universities and colleges, and universities and colleges that have been approved and under plan for construction. Non - university tertiary refers to the regular undergraduate branch college which is running in new mechanism and mode, excluding the branch schools and other similar branches of educational institutions.

Institutions of Higher Education for Adults refer to educational establishments, set up in line with relevant rules approved by the government, enrolling staff and workers with senior secondary school or equivalent education, and providing higher education courses in many forms of correspondence, spare time, or full time for adults. Professionals thus trained receive a qualification equivalent to graduates studying regular courses at regular universities, colleges and professional colleges. Institutions of higher learning for adults include schools of higher education for staff and workers, schools of higher education for peasants, colleges for management cadres, pedagogical colleges, independent correspondence colleges, Radio and TV universities and other educational establishments. Other educational establishments have undertakings to enrol adult students but not enumerated in the schools under the State Plan.

Net Enrolment Ratio of Primary Schools refers to the proportion of school age children enrolled at schools to the total number of school age children both in and outside schools (including retarded children, but excluding blind, deaf and mute children). The formula is:

$$\text{Net Enrolment Ratio of Primary Schools} = \frac{\text{Total Primary School - age Children at Schools}}{\text{Total Primary School - age Children Whether or Not Attending School}} \times 100\%$$

The teacher - student ratio is calculated by education statistical conversion method.

Number of Reduced total enrollment = number of ordinary undergraduate, college(Higher Vocational) students + number of Masters * 1. 5, number of doctors * 2 + number of foreign students * 3 + number of preppies + number of advanced students + number of adult students + number of evening university and mater students * 0. 3 + number of correspondence students * 0. 1 + number of self - study students + number of secondary vocational school students.

Total number of teachers = number of Full - time teachers + half of outside school teachers hired.

Student - teacher ratio is number of reduced total enrollment divide by total number of teachers.

Scientific and Technological Activities (S&T Activities) refer to organized activities which are closely related with the creation, development, dissemination and application of the scientific and technical knowledge in the fields of natural sciences, agricultural science, medical science, engineering and technological science, humanities and social sciences (referred to as scientific and technological fields). S&T activities can be classified into 3 categories: research and development (R&D) activities, application of R&D results, and related S&T services. This statistical definition is made by UNICHIEF for scientific and technological activities to meet the need of carrying out statistical work in this field for its member countries particularly the developing countries.

Research and Development (R&D) refers to systematic and creative activities in the field of science and technology aiming at increasing the knowledge and using the knowledge for new application. R&D includes 3 categories of activities: basic research, applied research and experimentation for development. The scale and intensity of R&D are widely used internationally to reflect the strength of S&T and the core competitiveness of a country in the world.

Basic Research refers to empirical or theoretical research aiming at obtaining new knowledge on the fundamental principles regarding phenomena or observable facts to reveal the intrinsic nature and underlying laws and to acquire new discoveries or new theories. Basic research takes no specific or designated application as the aim of the research. Results of basic research are mainly released or disseminated in the form of scientific papers or monographs. This indicator reflects the innovation capacity for original knowledge.

Applied Research refers to creative research aiming at obtaining new knowledge on a specific objective or target. Purpose of the applied research is to identify the possible uses of results from basic research, or to explore new (fundamental) methods or new approaches. Results of applied research are expressed in the form of scientific papers, monographs, fundamental models or invention patents. This indicator reflects the exploration of ways to apply the results of basic research.

Experiments and Development refer to systematic activities aiming at using the knowledge from basic and applied researches or from practical experience to develop new products, materials and equipment, to establish new production process, systems and services, or to make substantial improvement on the existing products, process or services. Results of experiment and development activities are embodied in patents, exclusive technology, and monotype of new products or equipment. In social sciences, experiment and development activities refer to the process of converting the knowledge from basic or applied researches into feasible programs (including conduct of demonstration projects for assessment and evaluation). There are no experiment and development activities in the science of humanities. This indicator reflects the capability of transferring the results of S&T into technique and products, and measures the realization of S&T in spearheading the economic and social development.

R&D Personnel refer to persons engaged in research, management and supporting activities of R & D, including persons in the project teams, persons engaged in the management of S&T activities of enterprises and supporting staff providing direct service to the research projects. This indicator reflects the size of personnel engaged in R&D activities with independent intellectual property.

Funding for S&T Activities refers to funds obtained from various sources for S&T activities, including government funds, self - raised funds by enterprises, self - raised funds by institutions, loans from financial institutions, foreign funds and other funds. This indicator reflects the efforts made by various social economic entities in promoting the development of S&T.

Professional and Technical Personnel refer to persons engaged in professional and technical work or in the management of professional and technical activities, i. e. , people with professional or technical positions who are engaged in professional and technical work or in the management of professional and technical activities, and people without professional or technical positions but are working on professional or technical posts. They include professionals and technicians working in 17 categories of technical occupations including engineering, agriculture, scientific researches, medical service, teaching, economic research and application, accounting, statistics, translation, libraries, archives, cultural and museum service, journalism and publication, lawyers, notarization service, radio and television broadcasting, handicraft and fine arts, sports, performing art, and political workers in enterprises. This indicator reflects the condition of human resources in S&T.

Patent is an abbreviation for the patent right and refers to the exclusive right of ownership by the inventors or designers for the creation or inventions, given from the patent offices after due process of assessment and approval in accordance with the Patent Law. Patents are granted for inventions, utility models and designs. This indicator reflects the achievements of S&T and design with independent intellectual property.

Patented Inventions refer to new technical proposals to the products or methods or their modifications. This is universal core indicator reflecting the technologies with independent intellectual property.

Patented Utility Models refer to the practical and new technical proposals on the shape and structure of the product or the combination of both. This indicator reflects the condition of technological results with certain technical content.

Designs refer to the aesthetics and industrially applicable new designs for the shape, pattern and colour of the product, or their combinations. This indicator reflects the appearance design achievements with independent intellectual property.

第 20 篇

CHAPTER 20

卫生和社会服务

Public Health and Social Services

卫生机构情况

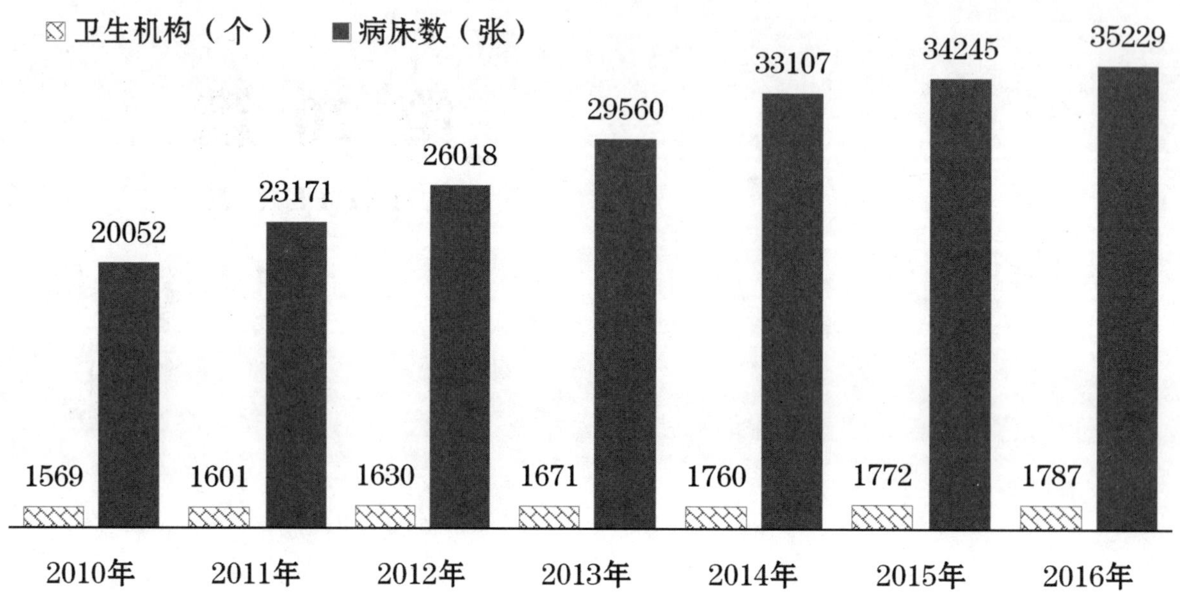

卫生技术人员情况

（人）

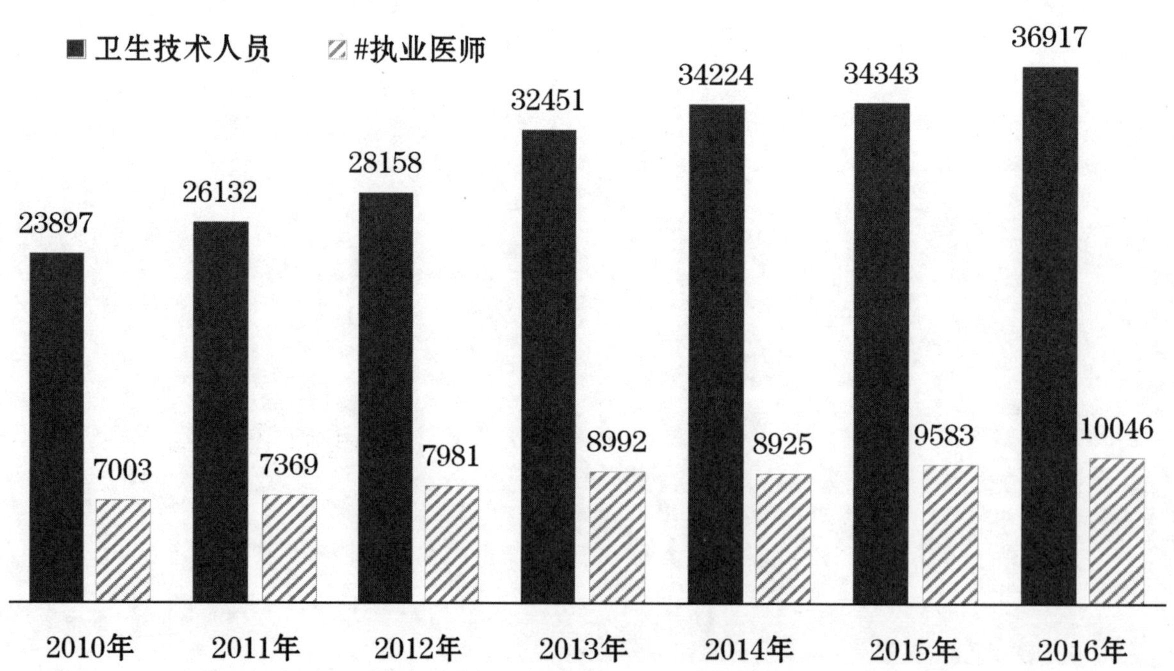

20-1 主要年份卫生事业机构、床位、人员数

Number of Health Care Institutions, Beds and Medical Technical Personnel in Main Years

年 份	卫生机构数 (个) Health Care Institutions (unit)	医疗机构 Medical Institutions	病床数 (张) Beds (unit)	卫生技术人员 (人) Medical Technical Personnel (person)
1952	67	28	529	513
1957	215	45	2115	2605
1965	822	63	6634	6114
1970	818	80	8212	8217
1975	920	499	10222	11390
1978	1032	507	10951	13090
1980	1047	511	11941	15115
1985	1253	518	13743	18031
1986	1282	454	14417	18906
1987	1302	433	15119	19759
1988	1276	445	15093	19780
1989	1226	436	15511	20103
1990	1218	446	15698	19893
1992	1187	510	16828	20239
1993	1172	494	16684	19891
1994	1177	592	16896	20116
1995	1176	592	17165	20233
1996	1201	590	17461	20216
1997	1201	592	17176	21418
1998	1263	591	17096	21159
1999	1259	586	16862	21825
2000	1847	577	16521	21502
2001	1437	564	16464	20119
2002	1411	549	16127	19294
2003	1408	536	16652	23036
2004	1434	535	16461	20002
2005	1478	562	16035	20771
2006	1613	687	16273	20119
2007	1640	688	16383	20347
2008	1643	713	17861	21973
2009	1598	734	19119	23440
2010	1569	734	20052	23897
2011	1601	748	23171	26132
2012	1630	764	26018	28158
2013	1671	771	29560	32451
2014	1760	836	33107	34224
2015	1772	863	34245	34343
2016	1787	899	35229	36917

注:1.本表数据来源青海省卫生和计划生育委员会，以下表同。
2.2000年及以后卫生机构数据由省卫生部门按统一口径进行了调整。
a)The data in this table are from the Qinghai provincial health and Planning Commission，the same below
b)The Health Care Institutions data were adjusted according to the unified caliber by Provincial Health Department since 2000 .

20−2 医疗机构、床位及人员数(2016年)

Number of Medical Institutions, Beds and Medical Technical Personnel(2016)

医疗机构	Medical Institutions	机构数(个) Number of Institutions (unit)	床位数(张) Beds (unit)	卫生技术人员(人) Medical Technical Personnel (person) 小计 Subtotal	执业医师 Licensed Doctors	助理医师 Assistant Doctors	注册护士 Registered Nurses	药剂人员 Pharmacist	技师(士) Technician	检验人员 Laboratory Technician	其他 Others
总　计	**Total**	**899**	**35229**	**33823**	**10046**	**1636**	**14001**	**1878**	**1837**	**1075**	**4425**
医　院	**Hospitals**	**198**	**29344**	**26311**	**7854**	**892**	**11849**	**1398**	**1484**	**845**	**2834**
综合医院	General Hospitals	113	20464	19268	5702	675	9034	868	992	562	1997
中医医院	Hospitals Specialized in Traditional Chinese Medicine	13	2432	2268	689	43	832	208	141	84	355
中西医结合医院	Hospitals Combining Chinese and Western Medicine	2	60	57	15	9	16	4	6	3	7
蒙藏民族医院	Mongolian and Tibetan Nationalities Hospitals	34	3282	1520	535	105	391	159	83	52	247
专科医院	Specialized Hospitals	36	3106	3198	913	60	1576	159	262	144	228
社区卫生服务中心(站)	**Community Health Service Centers(Stations)**	**235**	**1231**	**2079**	**663**	**121**	**748**	**208**	**75**	**41**	**264**
社区卫生服务中心	Community Health Service Centers	30	597	995	310	75	307	98	62	34	143
社区卫生服务站	Community Health Service Stations	205	634	1084	353	46	441	110	13	7	121
卫生院	**Health Care Centers**	**405**	**4235**	**4517**	**1206**	**555**	**1094**	**225**	**195**	**128**	**1242**
中心卫生院	Central Health Centers	91	1634	1506	361	163	375	82	70	44	455
专科疾病防治院(所、站)	**Specialized Disease Prevention & Treatment Institutions**	**1**	**40**	**29**	**9**	**2**	**9**	**3**	**4**	**3**	**2**
门诊部	**Clinics**	**5**	**4**	**14**	**3**	**3**	**4**	**1**	**1**	**1**	**2**
妇幼保健院(所、站)	**Women and Children Care Agencies (Stations)**	**55**	**375**	**873**	**311**	**63**	**297**	**43**	**78**	**57**	**81**

注：医疗机构不包括诊所、卫生所、医务室、村卫生室和采供血机构。

a) Medical Institutions don't include dispensary, health-center, infirmary, village health clinic and Blood collection agencies.

20-3 分地区村卫生室机构数(2016年)
Number of Health Institutions at Village Level by Region(2016)

单位：个 (unit)

地 区	Region	总 计 Total	按设置／主办单位分 By Setting / Host Unit					按行医方式分 By Way to Practice Medicine			
			村 办 Village Run	乡卫生院设点 Under the Township Hospital	联合办 Jointly Run	私人办 Privately Run	其 他 Others	西医为主 Western Medicine-oriented	中医为主 Traditional Chinese Medicine-oriented	中西医 Traditional Chinese and Western Medicine	民族医 National Medicine
机构数	**Number of Institutions**	**4493**	**1907**	**486**	**636**	**1147**	**317**	**1897**	**182**	**2370**	**44**
西宁市	Xining City	1158	392	169	30	535	32	390	23	742	3
海东市	Haidong City	1594	874	27	150	405	138	788	42	764	
海北州	Haibei Zang A.P	260	67	38	5	128	22	113	13	133	1
黄南州	Huangnan Zang A.P	286	66	36	117	61	6	111	9	160	6
海南州	Hainan Zang A.P	420	243	9	135	15	18	218	16	184	2
果洛州	Golog Zang A.P	188	68		62		58	38		150	
玉树州	Yushu Zang A.P	259	184	75				106	62	61	30
海西州	Haixi Mongolian & Zang A.P	328	13	132	137	3	43	133	17	176	2

20−4　2015−2016年残疾人事业基本情况
Basic Statistics of Disabled Persons(2015-2016)

指　标		Item		2015	2016
康复		**Rehabilitation**			
视力残疾康复		Rehabilitation of Persons with Sight Disability			
培训儿童家长	(人)	Parents Trained	(person)	281	776
盲人定向行走训练数	(人)	Blindman Trained with Direction Walking	(person)	1145	1271
聋儿康复		Rehabilitation of Children with Hearing Disability			
年收训聋儿	(人)	Hearing and Speech Training	(person)	135	139
培训家长	(人)	Parents Trained	(person)	147	209
机构数	(个)	Number of Institutions	(person)	6	7
在岗专业人员教师	(人)	Employed Special Personnel Teachers	(person)	28	33
资助贫困聋儿	(人)	Children with Hearing Disability Remained in Poverty Supported	(person)		
精神病防治康复		Prevention and Treatment of Mental Diseases			
开展精神病防治康复工作市县数	(个)	Counties Carried on the Works of Prevention and Treatment of Mental Diseases	(unit)	34	34
综合防治康复精神病人数	(人)	Prevention and Treatment Provided for Patients with Severe Mental Diseases	(person)	3562	1833
孤独症儿童训练数	(人)	Number of Autism Children Trained	(person)	195	193
肢体残疾康复	(人)	Rehabilitation of Persons with Physical Disability	(person)		
肢体残疾人社区康复训练数		Persons Rehabilitated at Community		1430	2840
肢体残疾儿童机构康复训练数		Children Rehabilitated at Institutions		243	435
智力残疾康复	(人)	Rehabilitation of Persons with Intellectual Disability	(person)		
智残儿童康复培训数		Children with Intellectual Disability Receiving Rehabilitated Training		698	822
智残儿童家长培训数		Parents Trained			
用品用具供应服务		Supply Services of Supplies Equipment			
发放辅助用具	(件)	Assistant Devices Provided	(piece)	21784	30450
普及型大小腿假肢装配总例数	(例)	Assemblage Popular Type Universal-type Leg Prosthetics	(cases)	234	424

注：本表数据来源青海省残疾人联合会。
a)The data in this table are from the Qinghai disabled persons' Federation.

20-4 续表 Continued

指　标	Item	2015	2016
教育	**Education**		
未入学适龄残疾儿童少年(人)	School-age Disabled Children Unable to Enter School (person)	498	464
就业	**Employment**		
城镇残疾人就业状况 (人)	Employment of Urban Handicapped Persons (person)		
当年安排就业	Persons Employed in the Year	1562	3356
按比例就业	Proportional Employment	163	1975
集中就业	Concentrated Employment	778	1779
个体就业	Self-employed	542	2654
未安排就业	Unemployed		
农村残疾人就业状况 (人)	Employment of Rural Handicapped Persons (person)		
就　业	Employed	46270	41333
未就业	Unemployed		
盲人医疗按摩员培训 (人)	Blind Medical Massage Personnel Training (person)	47	102
扶贫	**Poverty Alleviation**		
农村实际脱贫人数 (人)	Actual Number of Persons out of Poverty in Rural Areas(person)	3459	6279
农村贫困残疾人 (人)	Rural Poor Handicapped Persons (person)	34748	23366
农村贫困残疾人危房改造(户)	Dangerous House Transformation of Rural Poor Handicapped Persons (household)	1694	1026
残疾人工作者数 (人)	Workers for Handicapped (person)	453	492

主要统计指标解释

卫生机构 指从卫生行政部门取得《医疗机构执业许可证》,或从民政、工商行政、机构编制管理部门取得法人单位登记证书,为社会提供医疗保健、疾病控制、卫生监督服务或从事医学科研和教育等的单位。卫生机构包括医院、疗养院、社区卫生服务中心(站)、卫生院、门诊部、诊所(卫生所、医务室)、急救中心(站)、采供血机构、妇幼保健院(所、站)、专科疾病防治院(所、站)、疾病预防控制中心(防疫站)、卫生监督所、卫生监督检验(监测、检测)机构、医学科研机构、医学在职培训机构、健康教育所(站)等其他卫生机构。

医疗机构 指从卫生行政部门取得《医疗机构执业许可证》的机构,包括医院、疗养院、社区卫生服务中心(站)、卫生院、门诊部、诊所(卫生所、医务室)、妇幼保健院(所、站)、专科疾病防治院(所、站)、急救中心(站)和临床检验中心。

社区卫生服务中心(站) 指为本社区居民提供预防、医疗、保健、康复、健康教育、计划生育技术服务等的基层卫生机构。包括社区卫生服务中心和社区卫生服务站。

卫生技术人员 指卫生事业机构支付工资的全部固定职工和合同制职工中现任职务为卫生枝术工作的人员。包括中医师、西医师、中西医结合高级医师、护师、中药师、西药师、检验师、其他技师等。

执业医师 指具有《医师执业证》及其"级别"为"执业医师"且实际从事医疗、预防保健工作的人员,不包括实际从事管理工作的执业医师。执业医师类别分为临床、中医、口腔和公共卫生。

Explanatory Notes on Main Statistical Indicators

Health Care Institutions refer to the units which have been qualified the Certification of Health Care Institution by the administration of public health, or qualified the Certification of Corporate Unit by the civil affairs, administration for industry and commerce, commission office for public sector reform, and engaging in medical care, disease prevention and control, health supervision and inspection, medicine research and health education, etc., including: hospitals, sanatoriums, community health service centers (stations), health centers, clinics (health stations and infirmaries), first - aid centers (stations), blood gathering and supplying institutions, women and children care agencies (centers and stations), special disease prevention and curing agencies (centers and stations), disease prevention and control centers (epidemic prevention stations), health supervision and inspection agencies, sanitary inspection institutions, medicinal scientific research and on - job training institutions, health education centers and so on.

Medical Organizations refer to the institutions which have been qualified the Certification of Health Care Institution by the administration of public health, including: hospitals, sanatoriums, community health service centers (stations), health centers, clinics (health stations and infirmaries), women and children care agencies (centers and stations), special disease prevention and curing agencies (centers and stations), first - aid centers (stations) and clinic inspection centers.

Community Health Service Centers (stations) refer to the primary units that provide the health care for community residents, such as disease prevention and control, medical treatment, health care, rehabilitation, health education, family planning technical services, including community health service centers and community health service stations.

Health Care Employee refer to all employee engaged in the health care institutions, such as medical organizations, disease prevention and control centers, health care agencies, medicinal scientific research and on - job training institutions, including medical technical personnel, other technical personnel, manager and labor.

Licensed Doctors refer to the medical workers who have obtained the licenses of qualified doctors and are employed in medical treatment, disease prevention or healthcare institutions, excluding the licensed doctors engaged in management job. The classification of licensed doctors is clinician, Chinese medicine, dentist and public health.

第 21 篇
CHAPTER 21

文化和体育
Culture and Sports

广播、电视事业发展情况

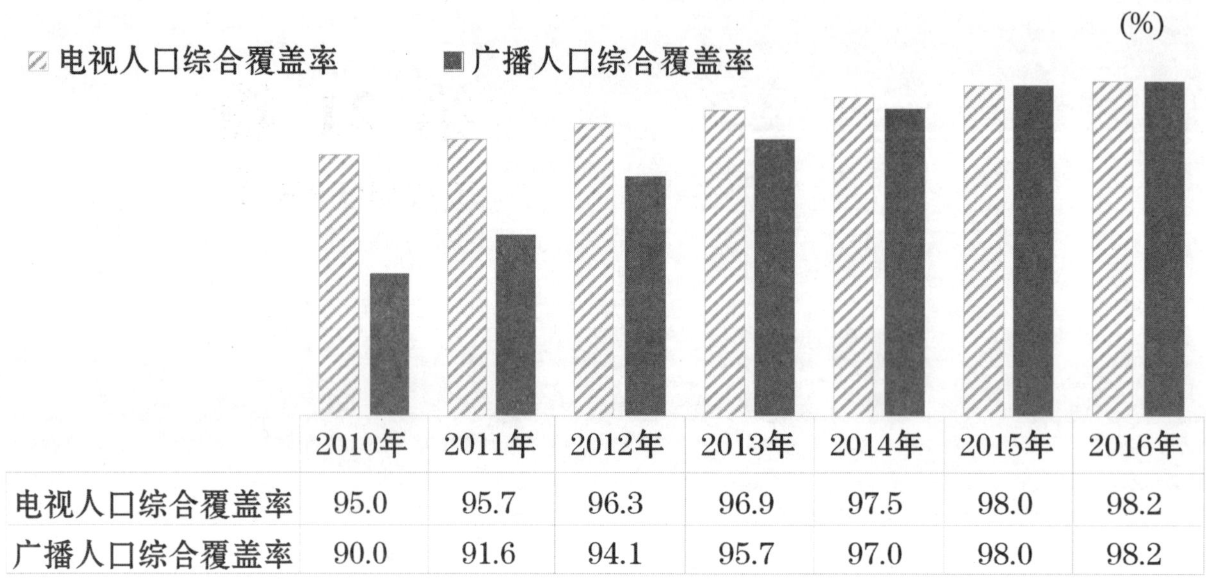

	2010年	2011年	2012年	2013年	2014年	2015年	2016年
电视人口综合覆盖率	95.0	95.7	96.3	96.9	97.5	98.0	98.2
广播人口综合覆盖率	90.0	91.6	94.1	95.7	97.0	98.0	98.2

青少年业余体校在校师生情况

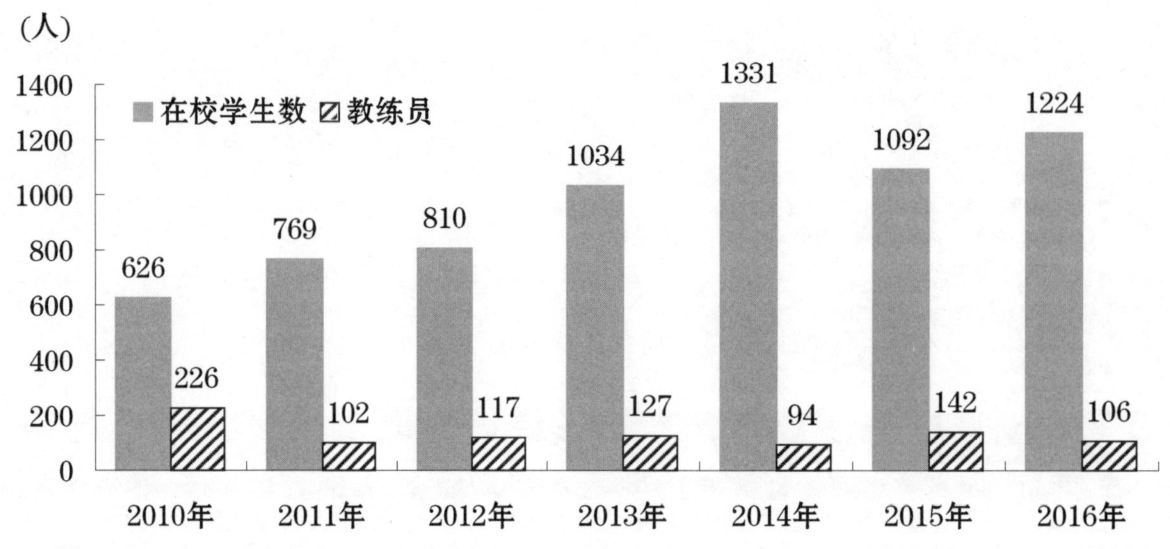

21-1 2015-2016年文化事业机构、人员情况

Basic Statistics on Cultural Institutions and Personnel(2015-2016)

类　别	Category	机构数(个) Number of Institutions (unit)		从业人员(人) Number of Employed Persons (person)	
		2015	2016	2015	2016
总　计	**Total**	**556**	**555**	**3024**	**3185**
艺术事业	**Arts**	**28**	**27**	**583**	**538**
艺术表演团体	Arts Performance Troupes	12	12	497	478
歌舞团、轻音乐团	Song and Dance Troupe, Light Music Troupe	12	12	497	478
艺术表演场所	Arts Performance Places	16	15	86	60
图书馆事业	**Public Libraries**	**49**	**49**	**411**	**425**
文物事业	**Cultural Relics**	**55**	**55**	**415**	**444**
文物机构	Historical Relics Agencies	30	30	97	109
文物保护机构	Agencies of Historical Relics Preservation	29	29	49	65
博物馆	Museums	23	23	262	281
文物商店	Cultural Relics Shops	1	1	8	10
其他文物	Others	1	1	48	44
群众文化事业	**Mass Culture**	**414**	**414**	**1197**	**1157**
群众艺术馆	Mass Art Centers	9	9	159	175
文化馆	Cultural Centers	46	46	568	493
文化站	Cultural Stations	359	359	470	489
艺术教育事业	**Art Education**	**1**	**1**	**96**	**93**
中等专业学校	Specialized Secondary Schools	1	1	96	93
其他文化事业	**Other Cultural Units**	**9**	**9**	**322**	**528**
艺术科研机构	Art Research Institutions	1	1	15	17
其他	Others	8	8	307	511

注：本表数据来源青海省文化和新闻出版厅，下表同。
a)The data sources of this table are from the Qinghai provincial culture and press and publication department，the same below.

21-2 主要年份报刊、杂志、图书出版情况
Basic Statistics on Newspapers, Magazines, Books Published in Main Years

年份 Year	报纸 Newspapers Published		杂志 Magazines Published		图书 Books Published	
	种数 (种) Number of Publication (item)	总印数 (万份) Total Printed Copies (10 000 Copies)	种数 (种) Number of Publication (item)	总印数 (万册) Total Printed Copies (10 000 Copies)	种数 (种) Number of Publication (item)	总印数 (万册) Total Printed Copies (10 000 Copies)
2000	21	4800.2	50	91.2	195	586.2
2001	19	4235.8	31	280.8	148	507.0
2002	20	4494.2	43	59.2	142	397.5
2003	20	4752.0	41	73.8	156	827.7
2004	21	4384.0	49	220.0	377	504.0
2005	19	4486.0	40	204.0	390	840.4
2006	27	4400.0	52	108.0	392	1077.0
2007	25	9757.0	52	196.0	576	1143.0
2008	26	8859.0	52	281.0	656	987.0
2009	26	9172.0	53	353.0	680	843.0
2010	27	9769.7	53	322.5	652	1002.9
2011	27	10825.0	53	460.0	781	1015.0
2012	28	11085.0	53	421.0	788	1115.0
2013	28	12426.4	53	379.5	1051	1331.3
2014	27	13737.5	53	378.1	1091	1213.0
2015	27	10554.4	53	299.3	1111	1213.4
2016	27	9573.5	54	317.6	1136	1128.4

21-3 主要年份广播、电视事业发展和普及情况

Basic Statistics on Development and Popularization of Radio and Television in Main Years

年 份 Year	广 播 电台数 (座) Number of Broadcasting Stations (set)	中短波发射台和转播台 (座) Medium and Short Wave Transmitting Station and Relay Station (set)	广 播 节 目 套 数 (套) Number of Radio Programs (set)	广 播 人 口 覆盖率 (%) Radio Coverage Rate of the Population (%)	电 视 台 数 (座) Number of Television Stations (set)	调频、电视 转播发射台 (座) FM and Television Rebroadcast and Transmitting Station (set)	电 视 节 目 套 数 (套) Number of Television Programs (set)	电 视 人 口 覆盖率 (%) TV Coverage Rate of the Population (%)	广 播 电视台数 (座) Radio and Television Station (set)
2000	4	7	8	63.0	5	1274	6	86.0	
2001	4	8	8	80.5	6	1206	11	87.8	
2002	4	8	8	84.4	8	1208	12	88.9	
2003	4	8	8	84.5	9	1415	13	90.4	
2004	4	8	8	86.4	9	1393	13	92.0	
2005	4	8	8	86.5	8	1495	13	92.5	
2006	4	8	8	87.5	8	1480	13	93.0	
2007	4	8	8	88.0	8	1440	13	93.5	
2008	4	8	9	88.5	8	1584	13	94.0	
2009	4	8	9	88.9	8	1449	13	94.3	
2010	4	9	9	90.0	8	1194	13	95.0	
2011	3	12	9	91.6	7	1187	13	95.7	
2012	3	21	10	94.1	8	1162	15	96.3	
2013	3	21	12	95.7	8	1134	16	96.9	
2014	3	21	12	97.0	8	1011	16	97.5	
2015	1	21	15	98.0	5	421	17	98.0	7
2016	1	26	15	98.2	5	436	17	98.2	7

注：本表数据来源青海省广播电影电视局。
a)The data in this table are from the Radio, film and Television Bureau of Qinghai province.

21−4 分项目在队优秀运动员达到等级运动员人数(2016年)
Number of Certified Athletes in the Team by Sports Item (2016)

单位：人 (person)

项 目	Item	合 计 Total	女 Female	国际级健将 International Master	女 Female	国家级运动健将 National Master	女 Female	一级 First Grade	女 Female	二级 Second Grade	女 Female
总 计	**Total**	**172**	**49**	**1**	**1**	**44**	**18**	**79**	**18**	**48**	**12**
田 径	Track and Field Events	27	14	1	1	6	3	11	6	9	4
中国式摔跤	Chinese Wrestling	29	6			9	4	13	1	7	1
跆拳道	Taekwondo	18	3			8	1	9	2	1	
足球	Football	9								9	
拳击	Boxing	3	1					2	1	1	
自行车	Cycling	4						4			
射击	Shooting	11	5			3	1	8	4		
柔道	Judo	20	3			4		11	1	5	2
武术	Wushu	21	7			4	4	8		9	3
散打	Free Combat	9	2			1		3		5	2
射箭	Archery	3	2			1	1	2	1		
篮球	Basketball	2								2	
网球	Tennis	5	1					5	1		
乒乓球	Ping-pong	11	5			8	4	3	1		

注：本表数据来源青海省体育局，下表同。
The data in this table are from Qinghai Sports Bureau，the same below.

21-5 主要年份青少年业余体校(2015年)
Juvenile Amateur Sports Schools in Main Years

年 份 Year	学 校 数 (所) Number of Schools (unit)	在校学生 (人) Enrollment (person)	教 练 员 (人) Full-time Coaches (person)	重点业余学校 Key Amateur Sports Schools 学 校 数 (所) Number of Schools (unit)	重点业余学校 Key Amateur Sports Schools 在校学生 (人) Enrollment (person)
1990	18	1329	113	3	352
1992	20	1409	124	1	90
1993	20	1352	114	1	156
1994	20	1374	110	3	664
1995	20	1274	109	3	670
1996	21	1351	105	1	70
1997	21	1248	114	1	95
1998	21	1157	125	1	117
1999	21	1211	201	1	39
2000	20	1120	109	1	49
2001	20	1783	112	1	98
2002	23	4059	138	15	2099
2003	22	2175	133	15	
2004	20	2647	128	20	2647
2005	19	2452	125	19	2452
2006	20	1874	133	20	1874
2007	17	1808	123	17	1808
2008	15	966	115	15	966
2009	18	721	99	18	721
2010	16	626	226	16	626
2011	16	769	102	16	769
2012	16	810	117	16	810
2013	15	1034	127	15	1034
2014	17	1331	94	17	1331
2015	17	1092	142	17	1092
2016	17	1224	106	17	1224

主要统计指标解释

艺术表演团体 由文化部门主办或实行行业管理(经文化市场行政部门审批或已申报登记并领取相关许可证),专门从事表演艺术等活动的各类专业艺术表演团体,含民间职业剧团。如话剧团、方言话剧团、滑稽剧团、儿童剧团、歌剧团、木偶团、皮影团等以及由若干剧种组成的综合性专业艺术表演团体。不包括半工半艺、半农半艺的剧团。

艺术表演场所 指由文化部门主办或实行行业管理(经文化市场行政部门审批或已申报登记并领取相关许可证),有观众席、舞台、灯光设备,公开售票、专供文艺团体演出的文化活动场所。包括剧院(场)、音乐厅、歌剧院(场)、舞剧院(场)、话剧院(场)、戏院、马戏场、影剧院等进行文艺表演的场所。不包括电影院、礼堂、体育场馆、美术馆及绘画、雕塑等艺术馆。

广播人口覆盖率 指根据国家广电总局制定的《广播电视人口覆盖率统计技术标准和方法》进行统计调查的,在对象区内采用无线、有线、卫星等技术手段能够收听到包括中央、省、地市、县广播节目其中任意一套的人口数占全省总人口数的百分比。

电视人口覆盖率 指根据国家广电总局制定的《广播电视人口覆盖率统计技术标准和方法》进行统计调查的,在对象区内采用无线、有线、卫星等技术手段能够收看到包括中央、省、地市、县级电视节目中任意一套的人口数占全省总人口数的百分比。

Explanatory Notes on Main Statistical Indicators

Arts Performance Troupes refer to the various professional performing arts groups, which sponsored by the cultural sectors or guided by the cultural society (approved by the cultural market administration, or registered and permitted with the relative certificate), including non – governmental troupes, such as drama troupes, dialect troupes, comedy troupes, children troupes, Opera troupes, puppetry troupes, Shadowgraph troupes, etc., comprehensive professional arts performance troupes. The semi – working and semi – farming arts troupes are not included.

Arts Performance Places refer to the various sites for cultural activities, which sponsored by the cultural sectors or guided by the cultural society (approved by the cultural market administration, or registered and permitted with the relative certificate), with the facility of auditorium, stage, and lighting, and selling tickets in public, specially performed by arts troupes, including theatre, concert halls, opera halls, dance halls, drama halls, cinemas, circus fields, and other showplaces for the performing arts. The cinemas, auditoriums, stadiums, and arts museums, such as art galleries, painting houses, sculpture houses, are not included.

Radio Coverage of Population refers to the percentage of population, which can listen to one of central, provincial, city, prefecture, and county radio programs by wireless, cable, satellite and other technical means, in the surveying area, to national total population, according to Statistical Standard and Method on Television and Radio Coverage of Population established by the State Administration of Broadcasting, Film and Television.

Television Coverage of Population refers to the percentage of population, which can watch one of central, provincial, city, prefecture, and county television programs by wireless, cable, satellite and other technical means, in the surveying area, to national total population, according to Statistical Standard and Method on Television and Radio Coverage of Population established by the State Administration of Broadcasting, Film and Television.

第 22 篇
CHAPTER 22

公共管理、社会保障和其他
Public Management, Social Security and Others

中国共产党与共青团员人数

（万人）

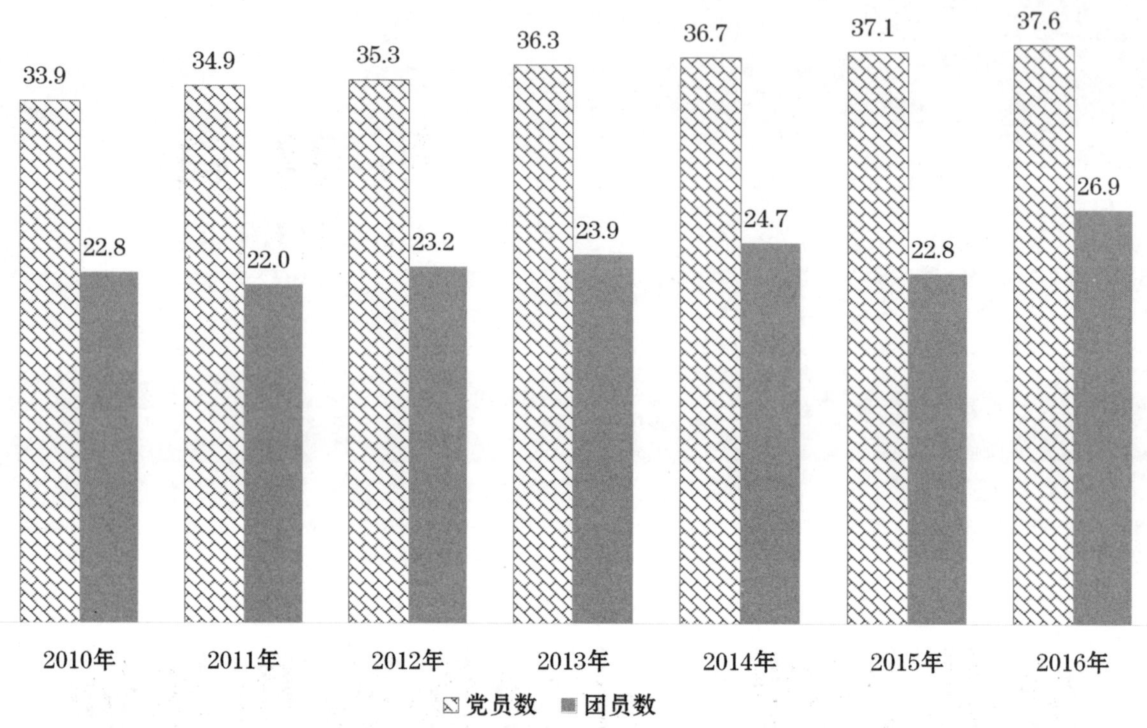

律师工作者与公证人员

（人）

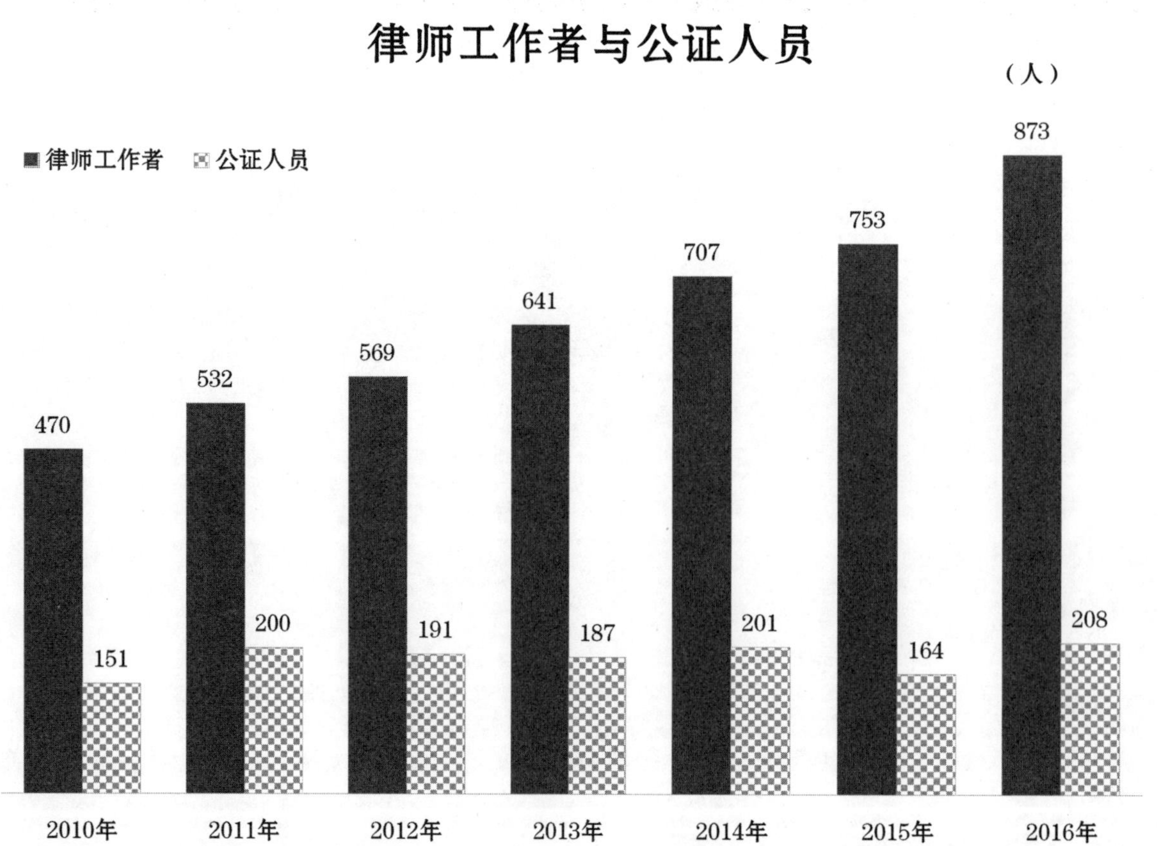

22-1 主要年份各党派党员(成员)数

Number of Members of Parties in Main Years

单位：人 (person)

名 称	Name	2010	2011	2012	2013	2014	2015	2016
中国共产党 （万人）	Communist Party of China (10 000 persons)	33.9	34.9	35.3	36.3	36.7	37.1	37.6
中国国民党革命委员会	Revolutionary Committee of Chinese Kuomintang	420	434	458	511	539	561	583
中国民主同盟	China Democratic League	1419	1502	1587	1677	1750	1845	1929
中国民主建国会	China Democratic National Construction Association	689	775	841	893	957	1015	1107
中国农工民主党	Peasants and Workers Democratic Party	898	1013	1091	1180	1230	1281	1405
九三学社	Jiu San Society	1190	1236	1302	1386	1457	1551	1638

注：本表数据分别来源青海省委组织部和统战部。
a)The data in this table are from the Party Committee Organization department and Committee of United Front Work department of Qinghai provincial.

22-2 历届青海省人民代表大会的代表人数

Number of Deputies to All the Previous People's Congresses of Qinghai Province

单位：人、% (person,%)

届 别	Congress	年份 Year	代表总数 Total Number of Deputies	女代表 Female Deputies	少数民族代表 Ethnic Minority Deputies	占代表总数的比重 As Percentage to Total Deputies: 女代表 Female Deputies	占代表总数的比重 As Percentage to Total Deputies: 少数民族代表 Ethnic Minority Deputies
一届	First Congress	1954	300	21	152	7.0	50.7
二届	Second Congress	1958	303				
三届	Third Congress	1963	355	48	127	13.5	35.8
五届	Fifth Congress	1977	715	157	277	22.0	38.7
六届	Sixth Congress	1983	450	97	182	21.6	40.4
七届	Seventh Congress	1988	381	71	148	18.6	38.8
八届	Eighth Congress	1993	376	71	169	18.9	44.9
九届	Ninth Congress	1998	392	77	174	19.6	44.4
十届	Tenth Congress	2003	391	75	157	19.2	40.2
十一届	Eleventh Congress	2008	394	77	167	19.5	42.4
十二届	Twelfth Congress	2013	398	79	162	19.8	40.7

注：本表数据来源青海省人民代表大会常务委员会。
a)The data in this table are from the Standing Committee of Qinghai Provincial People's Congress.

22-3 历届青海省政治协商会议的委员人数
Number of Deputies to All the Previous People's Political Consultative Conferences of Qinghai Province

单位：人、% (person，%)

届别 Congress		年份 Year	委员总数 Total Number of Deputies	女委员 Female Deputies	少数民族委员 Ethnic Minority Deputies	占委员总数的比重 As Percentage to Total Deputies	
						女委员 Female Deputies	少数民族委员 Ethnic Minority Deputies
一届	First Congress	1949	77		30		39.0
二届	Second Congress	1954	64		32		50.0
三届	Third Congress	1959	139		70		50.4
四届	Fourth Congress	1979	177				
五届	Fifth Congress	1983	275		134		48.7
六届	Sixth Congress	1988	275	30	138	10.9	50.2
七届	Seventh Congress	1993	289	30	136	10.4	47.1
八届	Eighth Congress	1998	289	39	116	13.5	40.1
九届	Ninth Congress	2003	344	57	139	16.6	40.4
十届	Tenth Congress	2008	390	82	158	21.0	40.5
十一届	Eleventh Congress	2013	399	95	166	23.8	41.6

注：本表数据来源中国人民政治协商会议青海省委员会。

a)The data in this table are from the Qinghai Provincial Committee of the Chinese people's Political Consultative Conference.

22-4 2011-2016年妇联干部情况

Basic Statistics on Cadres of the Women's Federation(2011-2016)

单位：人 (person)

项　目	Item	2011	2012	2013	2014	2015	2016
干部总数	**Total Number of Cadres**	**701**	**693**	**700**	**721**	**640**	**648**
其中:少数民族干部	Number of Ethnic Minority Cadres	338	397	398	279	380	392
按行政级别分	By Administration Level						
司局级	Department/Bureau Level	5	6	6	5	6	7
县处级	County Level	42	38	38	43	33	35
科以下	Section Level and Below	551	649	656	673	601	606
按干部年龄分	By Age Group						
35岁以下	35 and Below	302	262	222	249	279	281
36－45岁	36-45	289	272	272	329	230	424
46－55岁	46-55	103	137	169	118	123	119
56岁以上	56 and Over	7	22	37	25	8	6
按干部政治面貌分	By Political Status						
共产党员	Chinese Communist Party	523	467	525	532	510	529
共青团员	Communist Youth League	39	41	13	44	12	9
民主党派	Democratic Parties		2		7	3	3
群众	Mass	139	183	162	138	115	107
按干部文化程度分	By Education Attainments						
博士生	Doctor Degree						
研究生	Master Degree	23	26	30	20	55	48
大学本科	University	389	371	350	396	461	485
大专或同等学历	College or Equal	234	207	246	219	50	52
高中、中专及以下	Senior Middle School and Below	55	89	74	86	74	63
按行政编制分	By Organization Types						
行政编制	Administration	518	422	505	457	228	228
事业编制	Institution	88	103	76	132	33	21
其他	Others	95	168	119	132	379	399
干部参加学历教育情况	**Cadres Attending the Formal Education**						
博士生	Doctor Degree						
研究生	Master Degree	9	5	15	15	1	
大学本科	University	54	15		51		
大专及同等学历	College or Equal	18	9	39	21		
干部流动	**Movement of Cadres**						
调入	In	76	64	9	34	72	52
调出	Out	60	57	2	28	54	48

注：本表数据来源青海省妇女联合会。
a)The data in this table are from the women's federations of Qinghai.

22-5 主要年份各级在职女领导干部情况

Basic Statistics on Women Leaders at All Levels in Main Years

单位：人 、% (person，%)

年 份 Year	总 数 Total	省 级 Provincial Level		厅局级 Department/Bureau Level		县(处)级 County Level		科 级 Section Level	
		女干部数 Female Cadres	占同级数的比重 As Percentage to the Same Level Total	女干部数 Female Cadres	占同级数的比重 As Percentage to the Same Level Total	女干部数 Female Cadres	占同级数的比重 As Percentage to the Same Level Total	女干部数 Female Cadres	占同级数的比重 As Percentage to the Same Level Total
1998	4537	3	5.8	48	7.9	540	11.9	3946	21.3
1999	4909	3	7.5	46	9.3	595	16.6	4265	42.8
2000	4927	3	7.1	50	10.0	554	12.5	4320	21.8
2001	5293	3	7.1	63	10.5	611	13.2	4616	22.4
2002	5260	2	5.4	63	9.9	632	13.9	4563	23.6
2003	5415	3	7.3	69	10.4	673	14.1	4670	23.9
2004	5971	4	9.1	67	9.8	730	14.4	5170	24.9
2005	6446	3	6.5	68	9.7	786	14.8	5589	25.5
2006	6908	3	6.5	82	10.7	832	14.9	5991	25.9
2007	7236	3	6.9	78	10.8	898	15.8	6257	26.2
2008	8524	4	8.6	76	10.7	1038	16.4	7406	28.5
2009	9272	3	7.5	75	10.4	1130	17.1	8064	28.0
2010	9254	3	7.5	75	10.4	1112	16.9	8064	28.0
2011	9770	3	8.3	90	11.2	1295	18.4	8382	29.5
2012	10282	3	8.0	95	11.4	1369	18.5	8815	30.0
2013	10539	4	10.8	99	11.7	1413	19.0	9023	30.7
2014	10810	4	9.8	103	12.2	1413	19.1	9290	31.1
2015	10533	4	9.8	104	12.3	1403	19.3	9022	30.9
2016	10334	4	10.0	106	12.3	1404	19.9	8820	31.0

注：本表数据来源青海省委组织部。

a)Data source, Qinghai provincial Party Committee Organization department.

22-6 主要年份共青团组织情况

Basic Statistics on the Communist Youth League in Main Years

年 份 Year	共青团基层组织个数（个） Number of Grassroot Organizations (unit)	青年人数（万人） Number of Youth (10 000 persons)	团员人数（万人） Number of Communist Youth League (10 000 persons)	女团员 Female	专职团干部（人） Full-time Cadres of Communist Youth League (person)
1991	1004	109.2	26.9	10.3	1266
1992	1020	107.6	27.2	10.2	1323
1993	1013	103.8	25.1	9.7	1197
1994	1038	108.5	26.0	9.8	1109
1995	1118	103.0	26.4	9.3	1098
1996	1059	107.4	27.2	10.1	1181
1997	1134	107.3	28.3	10.0	1231
1998	1016	111.0	28.9	10.4	1231
1999	816	100.6	25.3	10.2	596
2000	1010	134.8	26.2	9.9	540
2001	875	135.9	27.0	10.7	480
2002	1882	146.2	36.7	17.4	667
2003	1894	146.1	37.1	17.3	566
2004	1994	206.3	37.6	17.3	700
2005	8824	210.3	38.2	17.6	700
2006	8824	212.4	42.8	18.1	930
2007	8824	163.1	40.9	17.7	904
2008	8816	200.9	37.1	16.9	770
2009	9272	116.5	19.0	8.1	432
2010	9291	90.4	22.8		432
2011	9416	63.5	22.0	10.3	388
2012	10411	60.8	23.2	10.2	392
2013	18331	65.6	23.9	10.4	417
2014	21373	65.6	24.7	10.5	503
2015	22344	66.3	22.8	9.4	259
2016	21920		26.9		247

注：1.本表数据来源共青团青海省委。

2.2009年及以后数据按新口径统计，自2016年起不再统计青年和女团员人数。

a)The data source of this table is the Qinghai Provincial Committee of the Communist Youth League。

b) Data since 2009 have been on new calibers.Number of youth and female Communist Youth League have not been compiled since 2016.

22-7 2015-2016年律师、公证工作基本情况
Basic Statistics on Lawyers and Notarization (2015-2016)

项目		Item		2015	2016
律师工作		**Lawyers**			
律师事务所	(个)	Number of Law Offices	(unit)	85	107
律师工作者	(人)	Lawyers	(person)	753	873
专职律师		Full-time Lawyers		624	708
兼职律师		Part-time Lawyers		85	73
公职律师		Public Lawyers		20	48
法律援助律师		Legal Aid Lawyers		24	44
聘请担任常年法律顾问的单位	(处)	Number of Units With Permanent Legal Advisors	(unit)	955	1074
刑事诉讼辩护及代理	(件)	Agent and Defender of Criminal Cases	(case)	1977	2390
民事案件诉讼代理	(件)	Agent of Civil Cases	(case)	5372	6991
行政案件诉讼代理	(件)	Agent of Administrative Cases	(case)	278	293
非诉讼法律事务	(件)	Agent of Non-Litigious Legal Affairs	(case)	701	708
代写法律事务文书	(件)	Agent of Legal Documents Written on Behalf of Clients	(case)	32104	29710
公证工作		**Notarization**			
公证处	(个)	Number of Notary Offices	(unit)	30	32
办理涉外的公证处	(个)	Number of Foreign-related Notary Offices	(unit)	2	2
公证人员	(人)	Notarial Personnel	(person)	164	208
公证员	(人)	Notaries	(person)	112	116
办理国内公证	(件)	Domestic Notarization	(case)	26128	36534
办理涉外公证	(件)	Foreign-related Notarization	(case)	2860	3121
办理涉港、澳、台公证	(件)	Hong Kong, Macao, Taiwan-related Notarization	(case)	83	48
接待来访	(人次)	Receipted Visits	(person-time)	40039	33236
处理来信	(件)	Handled Letters	(case)	81	75
外地公证处委托	(件)	Notarization Entrusted Outside	(case)	87	97
公证费收入	(万元)	Notary Fees	(10 000 yuan)	1080.0	1543.3
国内公证收费		Domestic Notarization		1044.8	1505.4
涉外公证收费		Foreign-related Notarization		35.2	37.9

注：本表数据来源青海省司法厅。
a)Data from Qinghai Provincial Department of Justice.

22-8 收养、低保、服务、老龄基本情况
Basic Statistics on Adoption, Subsistence Allowances, Service and Aging

项　目	Item	2014	2015	2016
城市居民最低生活保障　（人）	Number of Persons Receiving Minimum Living Allowance in Urban Areas (person)	203014	177427	163219
城市居民最低生活保障家庭数(户)	Number of Households Receiving Minimum Living Allowance in Urban Areas (household)	96891	86576	80959
农村居民最低生活保障　（人）	Number of Persons Receiving Minimum Living Allowance in Rural Areas (person)	372005	317797	515877
农村居民最低生活保障家庭数(户)	Number of Households Receiving Minimum Living Allowance in Rural Areas (household)	147386	111744	153780
农村五保供养人数　（人）	Number of Persons Receiving the Five Guarantees in Rural Areas (person)	23419	23505	23906
收养孤儿数　（人）	Numbers of Adopted Orphans (person)	15991	16268	15771
医疗救助情况人数　（人次）	Number of Persons Receiving Medical Assistance(person)	147989	832292	889008
抚恤、补助优抚对象总人数（人）	Total Number of Entitled Groups Receiving Pension and Subsidy (person)	14705	15011	14350
提供住宿养老服务机构数　（个）	Numbers of Pension Services Institution Accommodation-provided (unit)	200	210	291
60岁以上老年人口数　（人）	Population Aged 60 and Over (person)	653908	697662	724957

注：本表数据来源青海省民政厅。
a)The data source of this table is the Civil Affairs Department of Qinghai.

22-9 各级各类档案馆(2016年)

项　目	Item	数　量 (个) Institutions	人　员 (人) Personnels	馆藏档案(卷) Number of	案卷排架长度 (米) Length of Shelfs	馆　藏 资　料 (册) Information Stored
省级国家综合档案馆	National Comprehensive Archives of Provincial Level	1	14	238286	4779	44236
地级国家综合档案馆	National Comprehensive Archives of Prefectural Level	8	40	599656	52064	47634
县级国家综合档案馆	National Comprehensive Archives of County level	46	160	1278817	26191	221272

注：本表数据来源青海省档案局。
a)The data in this table are from the Qinghai Provincial Bureau of Archives.

22-10 2015－2016年各类事故
Classification of Accidents(2015－2016)

类　别	Type	2015				2016			
		事故起数 (起) Number of Accidents (case)	死亡人数 (人) Number of Deaths (person)	受伤人数 (人) Number of Injuries (person)	直接经济损失 (万元) Direct Economic Losses (10 000 yuan)	事故起数 (起) Number of Accidents (case)	死亡人数 (人) Number of Deaths (person)	受伤人数 (人) Number of Injuries (person)	直接经济损失 (万元) Direct Economic Losses (10 000 yuan)
工矿商贸事故工伤事故	Work Accidents of Industry, Mining and Business	48	58	14	3872.0	62	72	51	6644.5
农机肇事	Farm Machinery Accidents	9	7	2	3.1	3	3		10.3
铁路路外事故	Rail-road Outside Accidents	3	3		91.2	9		4	18.5
火灾事故	Fire Accidents	1529	1	1	3836.2	1380	3	1	1384.9
交通事故	Traffic Accidents	1036	531	1182	614.2	1023	529	1124	750.7

注：1. 本表数据分别来源青海省安全生产监督管理局、青海省公安厅交通警察总队、青海省公安消防总队。
2. 工矿商贸事故包括县以下集体企业和私营企业伤亡情况。
3. 交通、火灾事故按全口径统计。
a)The data in this table are from the Qinghai Provincial Bureau of Safe production supervision,Qinghai Public Security Traffic Police Corps and Qinghai provincial public security fire brigade.
b) Work Accidents of Industry, Mining and Business include casualties of collective-owned enterprises and private enterprises below county.
c) Traffic and Fire Accidents statistics by the full caliber.

22-11　2016年基本养老保险情况
Statistics on Basic Pension Insurance(2016)

单位：人、万元　　　(Person,10 000yuan)

指　标	Item	参保职工 Insurance Participants of Employees	离休退休退职人员 Retirees	应发养老金 Pension Payable	实发养老金 Mature Pension
参保职工期末人数	Insurance Participants of Employees at Year-end	908723	414380	1848791	1848791
城镇企业职工参保人数	Insurance Participants of Urban Enterprises Employees	720717	310580	1195741	1195741
企业	Enterprises	468668	236672	1041661	1041661
国有企业	State-owned Enterprises	203485	193010	858816	858816
集体企业	Collective-owned Enterprises	11536	37429	150664	150664
其他企业	Other Enterprises	251704	6233	32181	32181
港、澳、台及外资企业	Enterprises with Funds from Hong Kong, Macao, Taiwan and Foreign Countries	1943			
其他人员	Others personnel	252049	73908	154080	154080
机关事业单位参保人数	Insurance Participants of Organs and Public Institutions	188006	103800	653050	653050
机关	Organs	75144	43774	287686	287686
事业	Public Institutions	112132	59616	362808	362808
其他单位	Other Institutions	730	410	2556	2556

注：本表数据来源青海省人力资源和社会保障厅，下表同。
a)The data in this table are from the Provincial Department of human resources and social security, the same below.

22-12　2011－2016年失业保险基本情况
Statistics of Unemployment Insurance(2011－2016)

项　目	Item	2011	2012	2013	2014	2015	2016
参保人数(万人)	**Contributors (10 000 persons)**	**37.25**	**37.88**	**38.51**	**39.31**	**40.11**	**40.77**
企业	Enterprises	24.69	25.28	25.73	27.68	27.74	28.83
事业	Institutions	11.62	11.65	11.56	10.5	10.64	10.77
其他	Others	0.94	0.95	1.22	1.13	1.73	1.17
在参保人数中:	In Contributors:						
农民合同制工人	Farmers Contract Workers	0.34	0.33	0.41	0.37	0.33	0.18

22－13　2011－2016年参加生育保险人员情况
Number of Contributors of Maternity Insurance (2011-2016)

单位：人、人次　　(person)

指　　标	Item	2011	2012	2013	2014	2015	2016
参保人员	**Contributors**	**66759**	**337637**	**428220**	**458160**	**479675**	**496520**
女性	Female	30691	141757	179181	182509	196311	209071
本期享受生育保险待遇人次	**Beneficiaries of Maternity Insurance**	**1541**	**3293**	**17001**	**34422**	**49759**	**36696**
按待遇类别分	By Treatment Category						
本期生育人数	Number of Births at Year-end	872	2583	10541	6879	6479	10705
计划生育手术人次	Number of Family Planning Operations	669	637	938	1301	906	956

22－14　2011－2016年参加工伤保险人员
Number of Contributors of Work Injury Insurance(2011-2016)

单位：户、人　　(household,person)

指　　标	Item	2011	2012	2013	2014	2015	2016
参保单位户数	**Contributors of Units**	**7483**	**8534**	**9288**	**9949**	**10815**	**12497**
参保人员	**Contributors of Personnels**	**455741**	**492007**	**522630**	**546917**	**580039**	**597527**
享受工伤保险待遇人数	**Beneficiaries of Injured Insurance**	**4629**	**5648**	**5654**	**5993**	**4897**	**4894**
#享受伤残待遇人数	Beneficiaries of Disability Treatment	2443	3218	3186	3457	2672	2646
因公死亡人数	Deaths for Official Reason	187	218	145	151	151	149
供养亲属人数	Number of Dependent Relatives	1999	2212	2323	2385	2074	2099

22−15　2011−2016年城镇职工参加基本医疗保险人员及特殊人员情况
Statistics on Urban Staff and Workers Contributors and Specials of Basic Medical Care Insurance (2011-2016)

单位：人　(person)

项　目	Item	2011	2012	2013	2014	2015	2016
城镇职工参加医疗保险人数	**Number of Contributors of Urban Staff and Workers**	**824391**	**861462**	**897072**	**933030**	**955938**	**978843**
实施统帐结合	**Implementation of a Combination of Social Pooling and Individual Accounts**	**767420**	**807452**	**845137**	**882012**	**905071**	**929296**
期末职工人数	Number of Staff and Workers Contributors at Year-end	510518	541989	570959	593198	603009	612925
期末退休人员	Number of Retirees at Year-end	256902	265463	274178	288814	302062	316371
单建统筹基金	**Single-built Pool Fund**	**56971**	**54010**	**51935**	**51018**	**50867**	**49547**
期末职工人数	Number of Staff and Workers Contributors at Year-end	55187	52118	49719	48714	48477	47441
期末退休人员	Number of Retirees at Year-end	1784	1892	2216	2304	2390	2106
特殊人员人数	**Number of Specials**	**5800**	**5377**	**4926**	**4454**	**4010**	**3809**
医疗照顾人员	Personnel Enjoying Special Medical Care		53	43	37	50	279
离休及老红军	Retirees and Red Army Soldier	5540	5061	4628	4154	3713	3285
1−6级革命伤残军人	1-6 Level Revolution Disabled Soldiers	260	263	255	263	247	245

22−16　2011−2016年城市居民最低生活保障情况
Minimum Living Allowance in Urban Areas(2011-2016)

项　目	Item	2011	2012	2013	2014	2015	2016
保障对象户数　（户）	**Number of Households of Security Object　(household)**	**106374**	**106222**	**105059**	**96780**	**86576**	**80959**
年末保障对象人数　（人）	**Number of Security Object at Year-end　(person)**	**235048**	**230399**	**225153**	**203014**	**177427**	**163219**
在职职工	Staff and Workers	5843	5548	4308	3316	1848	2354
学生	Students	52109	49661	45612	39977	33463	10471
三无对象	Object of Three Non-target	3517	4053	3159	2980	2891	2498
其他人员	Others	173579	171137	172074	156741	139225	147896
全年补助资金支出（万元）	**Grant Capital Expenditures throughout the Year(10 000yuan)**	**63486**	**63485**	**67350**	**67781**	**62288**	**74060**
月人均补助水平　（元）	**Amount of Subsidy Every Month One Person　(yuan)**	**227**	**231**	**247**	**263**	**281**	**320**
低保标准　（元）	**Minimum Living Allowance Standards　(yuan)**	**235**	**310**	**330**	**350**	**370**	**400**

注：本表数据来源青海省民政厅。
a)The data source of this table is the Civil Affairs Department of Qinghai.

主要统计指标解释

律　　师　指受聘参加法律顾问处工作,担任法律顾问、刑(民)事代理人、刑事辩护人,办理非诉讼事件、解答法律询问,代写法律事务文书等主要从事律师业务的专职法律工作者和兼职律师。

公证人员　指在公证处工作的人员总称,包括公证处主任、副主任、公证员、公证员助理(助理公证员)和其他从事辅助性工作的人员。

城市居民最低生活保障人数　指在报告期末家庭平均收入在当地规定的最低生活保障线以下的城镇居民数。包括"三无"对象,失业人员和在职、下岗、退休人员等。

农村居民最低生活保障人数　指报告期末在建立农村最低生活保障制度的地区,得到当地政府或集体给予最低生活保障的农业人口家庭人数。

农村集中五保供养户数(户)　指无法定抚养义务人,或者虽有法定抚养义务人,但是抚养人无抚养能力的;无劳动能力的;无生活来源的老年人、残疾人和未成年人。

Explanatory Notes on Main Statistical Indicators

Lawyers refers to full - time legal workers and part - time lawyers mainly engaged in lawyer business, who are employed in the legal advisory office, served as legal adviser, punishment (people) agent, defenders in criminal cases, for non - lawsuit cases, answers to legal questions and write legal affairs documents.

Notary Personnel refers to people working for notary offices including: directors, deputy directors, notaries, assistant notaries and other people providing assistance.

Number of Urban Residents Entitled to Minimum Living Allowances refers to the number of those whose average family income is below a minimum local standard by the end of the reporting period, including both the employed and unemployed, laid off and retired, and those jobless people without stable residence or valid IDs.

Number of Rural Residents Entitled to Minimum Living Allowances refers to the number of those receiving the minimum living allowances from the local government or community in the rural areas where this allowances system is in place as of the end of the reporting period.

Households Enjoying Five Guarantees refers to those senior citizens, handicapped or under - aged who, without labour ability, can not make a living by themselves and whose statutory providers are unable to support them or who have no statutory providers at all.

第 23 篇

CHAPTER 23

全国各地区主要经济指标

Main Economy Indices and Order of the Different Parts of the Country

23-1 全国各地区生产总值和增长率及排序(2016年)

Growth Rate of Gross Domestic Product and Its Order by Region of the Whole Country(2016)

单位：亿元、%　　(100 million yuan, %)

地 区	Region	国内(地区)生产总值 Region Gross Domestic Product				第一产业增加值 Value Added of the Primary Industry			
		数 量 Amount	位 次 Rank	增长率 Growth Rate	位 次 Rank	数 量 Amount	位 次 Rank	增长率 Growth Rate	位 次 Rank
全 国	**National Total**	**744127.2**		**6.7**		**63670.7**		**3.3**	
北 京	Beijing	24899.3	12	6.7	28	129.6	29	-8.8	31
天 津	Tianjin	17885.4	19	9.0	4	220.2	28	3.0	23
河 北	Hebei	31827.9	8	6.8	26	3492.8	8	3.5	19
山 西	Shanxi	12928.3	24	4.5	30	784.6	25	2.9	25
内蒙古	Inner Mongolia	18632.6	16	7.2	24	1628.7	20	3.0	23
辽 宁	Liaoning	22037.9	14	-2.5	31	2173.0	14	-4.6	29
吉 林	Jilin	14886.2	22	6.9	25	1498.5	21	3.8	16
黑龙江	Heilongjiang	15386.1	21	6.1	29	2670.5	10	5.3	6
上 海	Shanghai	27466.2	11	6.8	26	109.5	30	-6.6	30
江 苏	Jiangsu	76086.2	2	7.8	14	4078.5	3	0.7	28
浙 江	Zhejiang	46485.0	4	7.5	20	1966.5	15	2.7	26
安 徽	Anhui	24117.9	13	8.7	6	2567.7	11	3.6	18
福 建	Fujian	28519.2	10	8.4	8	2364.1	12	2.7	26
江 西	Jiangxi	18364.4	17	9.0	4	1904.5	16	4.1	10
山 东	Shandong	67008.2	3	7.6	16	4929.1	1	3.9	14
河 南	Henan	40160.0	5	8.1	9	4286.3	2	4.2	9
湖 北	Hubei	32297.9	7	8.1	9	3499.3	7	3.9	14
湖 南	Hunan	31244.7	9	7.9	13	3578.4	6	3.3	21
广 东	Guangdong	79512.1	1	7.5	20	3693.6	5	3.1	22
广 西	Guangxi	18245.1	18	7.3	23	2798.6	9	3.4	20
海 南	Hainan	4044.5	28	7.5	20	970.9	24	4.1	10
重 庆	Chongqing	17558.8	20	10.7	1	1303.2	22	4.6	7
四 川	Sichuan	32680.5	6	7.7	15	3924.1	4	3.8	16
贵 州	Guizhou	11734.4	25	10.5	2	1846.5	17	6.0	1
云 南	Yunnan	14870.0	23	8.7	6	2195.0	13	5.6	3
西 藏	Tibet	1150.1	31	10.0	3	105.0	31	4.0	12
陕 西	Shaanxi	19165.4	15	7.6	16	1693.8	18	4.0	12
甘 肃	Gansu	7152.0	27	7.6	16	973.5	23	5.5	4
青 海	**Qinghai**	**2572.5**	**30**	**8.0**	**12**	**221.2**	**27**	**5.4**	**5**
宁 夏	Ningxia	3150.1	29	8.1	9	240.0	26	4.5	8
新 疆	Xinjiang	9617.2	26	7.6	16	1649.0	19	5.8	2

注：1.地区生产总值、三次产业增加值及人均生产总值绝对数按当年价格计算，增长速度按不变价计算。
2.各地区三次产业增加值增速为2016年快报数。
3.执行《国民经济行业分类》(GB/T4754-2011)和《三次产业划分规定》(2012)。

a) The amount of Region Gross Domestic Product, three industrial added value and Per Capita GDP are calculated at current prices. The growth rate are calculated at constant prices.

b) The growth rate of regional three industrial added value of 2016 are from express report forms.

c) It implement in accordance with the national economic industry classification (GB/T4754-2011) standards and the three industry classification standards of 2012.

23-2 全国各地区第二、三产业增加值及排序(2016年)

Value-added of Secondary and Tertiary Industry and Their Orders by Region of the Whole Country (2016)

单位：亿元 (100 million yuan)

地区	Region	第二产业增加值 Value Added of the Secondary Industry				第三产业增加值 Value Added of the Tertiary Industry			
		数量 Amount	位次 Rank	增长率 Growth Rate	位次 Rank	数量 Amount	位次 Rank	增长率 Growth Rate	位次 Rank
全国	**National Total**	**296236.0**		**6.1**		**384220.5**		**7.8**	
北京	Beijing	4774.4	23	5.6	25	19995.3	5	7.1	29
天津	Tianjin	8003.9	17	8.0	8	9661.3	15	10.0	8
河北	Hebei	15058.5	6	4.9	27	13276.5	11	9.9	9
山西	Shanxi	4926.4	22	1.5	29	7217.4	22	7.0	30
内蒙古	Inner Mongolia	9078.9	13	6.9	17	7925.1	19	8.3	27
辽宁	Liaoning	8504.8	15	-7.9	31	11360.0	13	2.4	31
吉林	Jilin	7147.2	20	6.1	22	6240.5	24	8.9	22
黑龙江	Heilongjiang	4441.4	25	2.5	28	8274.3	17	8.6	25
上海	Shanghai	7994.3	18	1.2	30	19362.3	6	9.5	13
江苏	Jiangsu	33855.7	2	7.1	16	38152.0	2	9.2	18
浙江	Zhejiang	20517.8	4	5.8	24	24000.6	4	9.4	16
安徽	Anhui	11666.6	11	7.3	14	9883.6	14	10.7	5
福建	Fujian	13912.7	9	8.3	7	12242.3	12	10.9	4
江西	Jiangxi	9032.1	14	8.5	5	7427.8	20	11.0	2
山东	Shandong	30410.0	3	6.5	20	31669.0	3	9.3	17
河南	Henan	19055.4	5	7.5	11	16818.3	7	9.9	9
湖北	Hubei	14375.1	7	7.8	9	14423.5	10	9.5	13
湖南	Hunan	13181.0	10	6.6	19	14485.3	9	10.5	6
广东	Guangdong	34372.5	1	6.2	21	41446.0	1	9.1	19
广西	Guangxi	8219.9	16	7.4	13	7226.6	21	8.6	25
海南	Hainan	901.7	30	5.1	26	2171.9	28	10.1	7
重庆	Chongqing	7755.2	19	11.3	2	8500.4	16	11.0	2
四川	Sichuan	13924.7	8	7.5	11	14831.7	8	9.1	19
贵州	Guizhou	4636.7	24	11.1	3	5251.2	25	11.5	1
云南	Yunnan	5799.3	21	8.9	4	6875.6	23	9.5	13
西藏	Tibet	429.9	31	12.1	1	615.2	31	9.6	12
陕西	Shaanxi	9390.9	12	7.3	14	8080.7	18	8.7	24
甘肃	Gansu	2491.5	27	6.8	18	3687.0	27	8.9	22
青海	**Qinghai**	**1250.0**	**29**	**8.5**	**5**	**1101.3**	**30**	**8.0**	**28**
宁夏	Ningxia	1475.5	28	7.8	9	1434.6	29	9.1	19
新疆	Xinjiang	3585.2	26	5.9	23	4383.0	26	9.7	11

23-3 全国各地区人均GDP和增长率及排序(2015-2016年)
Per Capita GDP and Their Orders by Region of the Whole Country (2015-2016)

单位：元、% (yuan, %)

地区	Region	人均生产总值 Per Capita GDP							
		2015				2016			
		数量 Amount	位次 Rank	增长率 Growth Rate	位次 Rank	数量 Amount	位次 Rank	增长率 Growth Rate	位次 Rank
全国	**National Average**	**50980**		**6.4**		**53980**		**6.1**	
北京	Beijing	106497	2	5.5	29	114653	2	6.2	27
天津	Tianjin	107960	1	6.6	24	115053	1	7.4	11
河北	Hebei	40255	19	6.1	27	42736	19	6.1	28
山西	Shanxi	34919	27	2.6	31	35198	27	4.0	30
内蒙古	Inner Mongolia	71101	6	7.4	15	74069	6	6.8	20
辽宁	Liaoning	65354	9	3.1	30	50314	14	-2.4	31
吉林	Jilin	51086	12	6.3	26	54266	12	7.3	12
黑龙江	Heilongjiang	39462	21	6.0	28	40432	21	6.5	24
上海	Shanghai	103796	3	6.9	21	113615	3	6.9	19
江苏	Jiangsu	87995	4	8.3	6	95257	4	7.5	7
浙江	Zhejiang	77644	5	7.6	13	83538	5	6.7	21
安徽	Anhui	35997	25	7.7	11	39092	25	7.7	6
福建	Fujian	67966	7	8.0	7	73951	7	7.5	7
江西	Jiangxi	36724	24	8.5	4	40106	23	8.4	3
山东	Shandong	64168	10	7.3	16	67706	9	6.7	21
河南	Henan	39123	22	7.9	9	42247	20	7.5	7
湖北	Hubei	50654	13	8.4	5	55038	11	7.5	7
湖南	Hunan	42754	16	7.8	9	45931	16	7.3	12
广东	Guangdong	67503	8	7.0	20	72787	8	6.2	26
广西	Guangxi	35190	26	7.2	17	37876	26	6.3	25
海南	Hainan	40818	18	6.9	21	44252	17	6.7	21
重庆	Chongqing	52321	11	10.1	2	57902	10	9.6	2
四川	Sichuan	36775	23	7.2	17	39695	24	7.0	16
贵州	Guizhou	29847	29	10.3	1	33127	29	9.8	1
云南	Yunnan	28806	30	8.0	7	31265	30	8.0	4
西藏	Tibet	31999	28	8.9	3	35143	28	7.8	5
陕西	Shaanxi	47626	14	7.5	13	50398	13	7.0	16
甘肃	Gansu	26165	31	7.7	11	27458	31	7.2	14
青海	**Qinghai**	**41252**	**17**	**7.2**	**17**	**43531**	**18**	**7.1**	**15**
宁夏	Ningxia	43805	15	6.9	21	46918	15	7.0	16
新疆	Xinjiang	40036	20	6.6	24	40427	22	5.3	29

23-4 全国各地区常住人口规模(2010-2016年)
Population by Region of the Whole Country (2010-2016)

单位：万人 (10 000 Persons)

地 区	Region	年末常住人口 Population at Year-end						
		2010	2011	2012	2013	2014	2015	2016
全 国	**National Total**	**134091**	**134735**	**135404**	**136072**	**136782**	**137462**	**138271**
北 京	Beijing	1962	2019	2069	2115	2152	2171	2173
天 津	Tianjin	1299	1355	1413	1472	1517	1547	1562
河 北	Hebei	7194	7241	7288	7333	7384	7425	7470
山 西	Shanxi	3574	3593	3611	3630	3648	3664	3682
内蒙古	Inner Mongolia	2472	2482	2490	2498	2505	2511	2520
辽 宁	Liaoning	4375	4383	4389	4390	4391	4382	4378
吉 林	Jilin	2747	2749	2750	2751	2752	2753	2733
黑龙江	Heilongjiang	3833	3834	3834	3835	3833	3812	3799
上 海	Shanghai	2303	2347	2380	2415	2426	2415	2420
江 苏	Jiangsu	7869	7899	7920	7939	7960	7976	7999
浙 江	Zhejiang	5447	5463	5477	5498	5508	5539	5590
安 徽	Anhui	5957	5968	5988	6030	6083	6144	6196
福 建	Fujian	3693	3720	3748	3774	3806	3839	3874
江 西	Jiangxi	4462	4488	4504	4522	4542	4566	4592
山 东	Shandong	9588	9637	9685	9733	9789	9847	9947
河 南	Henan	9405	9388	9406	9413	9436	9480	9532
湖 北	Hubei	5728	5758	5779	5799	5816	5852	5885
湖 南	Hunan	6570	6596	6639	6691	6737	6783	6822
广 东	Guangdong	10441	10505	10594	10644	10724	10849	10999
广 西	Guangxi	4610	4645	4682	4719	4754	4796	4838
海 南	Hainan	869	877	887	895	903	911	917
重 庆	Chongqing	2885	2919	2945	2970	2991	3017	3048
四 川	Sichuan	8045	8050	8076	8107	8140	8204	8262
贵 州	Guizhou	3479	3469	3484	3502	3508	3530	3555
云 南	Yunnan	4602	4631	4659	4687	4714	4742	4771
西 藏	Tibet	300	303	308	312	318	324	331
陕 西	Shaanxi	3735	3743	3753	3764	3775	3793	3813
甘 肃	Gansu	2560	2564	2578	2582	2591	2600	2610
青 海	**Qinghai**	**563**	**568**	**573**	**578**	**583**	**588**	**593**
宁 夏	Ningxia	633	639	647	654	662	668	675
新 疆	Xinjiang	2185	2209	2233	2264	2298	2360	2398

注：1.全国数据包括中国人民解放军现役军人数，但不包括香港、澳门特别行政区和台湾地区数据；分省数据中未包括中国人民解放军现役军人数。
2.2010年数据为当年人口普查数据推算数；其余年份数据根据年度人口抽样调查推算。
a) National data includes the number of military personnel, but excluding Hong Kong and Macao Special Administrative Regions and Taiwan data.Provincial data does not include the number of military personnel.
b) Data in 2010 estimated on the basis of census data for the year; remaining year data based on annual sample survey of population projections.

23-5 全国各地区城镇人口比重(2010-2016年)

Proportion of Urban Population by Region of the Whole Country (2010-2016)

单位：% (%)

地 区	Region	城镇人口比重 Proportion of Urban Population						
		2010	2011	2012	2013	2014	2015	2016
全 国	**National Total**	**49.95**	**51.27**	**52.57**	**53.73**	**54.77**	**56.10**	**57.35**
北 京	Beijing	85.96	86.20	86.20	86.30	86.35	86.50	86.50
天 津	Tianjin	79.55	80.50	81.55	82.01	82.27	82.64	82.93
河 北	Hebei	44.50	45.60	46.80	48.12	49.33	51.33	53.32
山 西	Shanxi	48.05	49.68	51.26	52.56	53.79	55.03	56.21
内蒙古	Inner Mongolia	55.50	56.62	57.74	58.71	59.51	60.30	61.19
辽 宁	Liaoning	62.10	64.05	65.65	66.45	67.05	67.35	67.37
吉 林	Jilin	53.35	53.40	53.70	54.20	54.81	55.31	55.97
黑龙江	Heilongjiang	55.66	56.50	56.90	57.40	58.01	58.80	59.20
上 海	Shanghai	89.30	89.30	89.30	89.60	89.60	87.60	87.90
江 苏	Jiangsu	60.58	61.90	63.00	64.11	65.21	66.52	67.72
浙 江	Zhejiang	61.62	62.30	63.20	64.00	64.87	65.80	67.00
安 徽	Anhui	43.01	44.80	46.50	47.86	49.15	50.50	51.99
福 建	Fujian	57.10	58.10	59.60	60.77	61.80	62.60	63.60
江 西	Jiangxi	44.06	45.70	47.51	48.87	50.22	51.62	53.10
山 东	Shandong	49.70	50.95	52.43	53.75	55.01	57.01	59.02
河 南	Henan	38.50	40.57	42.43	43.80	45.20	46.85	48.50
湖 北	Hubei	49.70	51.83	53.50	54.51	55.67	56.85	58.10
湖 南	Hunan	43.30	45.10	46.65	47.96	49.28	50.89	52.75
广 东	Guangdong	66.18	66.50	67.40	67.76	68.00	68.71	69.20
广 西	Guangxi	40.00	41.80	43.53	44.81	46.01	47.06	48.08
海 南	Hainan	49.80	50.50	51.60	52.74	53.76	55.12	56.78
重 庆	Chongqing	53.02	55.02	56.98	58.34	59.60	60.94	62.60
四 川	Sichuan	40.18	41.83	43.53	44.90	46.30	47.69	49.21
贵 州	Guizhou	33.81	34.96	36.41	37.83	40.01	42.01	44.15
云 南	Yunnan	34.70	36.80	39.31	40.48	41.73	43.33	45.03
西 藏	Tibet	22.67	22.71	22.75	23.71	25.75	27.74	29.56
陕 西	Shaanxi	45.76	47.30	50.02	51.31	52.57	53.92	55.34
甘 肃	Gansu	36.12	37.15	38.75	40.13	41.68	43.19	44.69
青 海	**Qinghai**	**44.72**	**46.22**	**47.44**	**48.51**	**49.78**	**50.30**	**51.63**
宁 夏	Ningxia	47.90	49.82	50.67	52.01	53.61	55.23	56.29
新 疆	Xinjiang	43.01	43.54	43.98	44.47	46.07	47.23	48.35

注：2010年数据为当年人口普查数据推算数；其余年份数据根据年度人口抽样调查推算。
Data in 2010 estimated on the basis of census data for the year; remaining year data based on annual sample survey of population projections.

23-6 全国各地区农业总产值和增长率及排序(2016年)
Gross Agricultural Value and Its Growth Rate and Order by Region of the Whole Country (2016)

单位：亿元、% (100 million yuan，%)

地 区	Region	农林牧渔业总产值 Gross Output Value of Farming,Forestry, Animal Husbandry and Fishery				农业产值 Output Value of Farming		牧业产值 Output Value of Animal Husbandry	
		数 量 Amount	位 次 Rank	增长率 Growth Rate	位 次 Rank	数 量 Amount	位 次 Rank	数 量 Growth Rate	位 次 Rank
全 国	**National Total**	**112091.3**		**3.5**		**59287.8**		**31703.2**	
北 京	Beijing	338.1	29	-9.9	31	145.2	30	122.7	29
天 津	Tianjin	494.4	26	3.3	21	244.3	27	140.9	27
河 北	Hebei	6083.9	6	3.5	19	3459.4	5	1939.2	4
山 西	Shanxi	1534.0	24	3.2	24	958.1	24	376.2	23
内蒙古	Inner Mongolia	2794.2	20	3.1	25	1415.1	20	1202.9	14
辽 宁	Liaoning	4421.8	12	-2.6	29	1859.5	16	1575.7	8
吉 林	Jilin	2724.9	21	3.2	23	1232.0	22	1252.8	12
黑龙江	Heilongjiang	5197.8	9	5.5	5	2873.9	9	1854.8	5
上 海	Shanghai	285.1	30	-9.2	30	148.5	29	62.6	31
江 苏	Jiangsu	7235.1	3	0.8	28	3714.6	3	1331.5	10
浙 江	Zhejiang	3146.1	15	2.5	27	1521.2	18	434.3	22
安 徽	Anhui	4655.5	10	3.4	20	2234.1	11	1375.7	9
福 建	Fujian	4155.7	13	3.7	17	1782.0	17	681.7	19
江 西	Jiangxi	3130.3	16	4.1	14	1446.9	19	788.6	17
山 东	Shandong	9325.9	1	4.4	11	4641.3	1	2540.8	3
河 南	Henan	7799.7	2	4.5	9	4577.2	2	2611.3	1
湖 北	Hubei	6278.4	5	4.9	7	2921.3	8	1715.2	7
湖 南	Hunan	6081.9	7	3.6	18	3255.1	6	1762.7	6
广 东	Guangdong	6078.4	8	2.9	26	3134.4	7	1221.8	13
广 西	Guangxi	4591.4	11	3.3	22	2347.9	10	1266.4	11
海 南	Hainan	1470.4	25	4.3	12	695.6	25	267.1	25
重 庆	Chongqing	1968.3	22	4.5	8	1151.8	23	627.4	21
四 川	Sichuan	6831.1	4	4.0	16	3711.0	4	2551.7	2
贵 州	Guizhou	3097.2	17	6.2	2	1888.6	15	797.2	16
云 南	Yunnan	3633.1	14	5.8	4	1943.6	14	1141.8	15
西 藏	Tibet	173.0	31	12.6	1	52.2	31	113.8	30
陕 西	Shaanxi	2985.8	18	4.1	15	2027.6	13	695.9	18
甘 肃	Gansu	1778.0	23	4.2	13	1274.7	21	299.7	24
青 海	**Qinghai**	**338.8**	**28**	**5.4**	**6**	**155.5**	**28**	**165.7**	**26**
宁 夏	Ningxia	493.6	27	4.4	10	311.9	26	131.7	28
新 疆	Xinjiang	2969.7	19	6.0	3	2163.1	12	653.2	20

注：本表绝对数按当年价格计算，增长速度按可比价格计算。

a) Level data in this table are calculated at current prices, while growth rate data are calculated at constant prices.

23—7 全国各地区主要农产品产量、人均产量及排序(2016年)
Output, Per Capita Output of Main Agricultural Products and Its Order by Region of the Whole Country (2016)

单位：万吨、千克 (10 000 tons、kg)

地区	Region	粮食 Grain			油料 Oil-bearing Crops		
		总产量 Amount	人均产量 Per Capita Output	位次 Rank	总产量 Amount	人均产量 Per Capita Output	位次 Rank
全国	**National Total**	**61625.0**	**446.99**		**3629.5**	**26.33**	
北京	Beijing	53.7	24.72	31	0.6	0.26	31
天津	Tianjin	196.4	126.32	28	1.6	1.03	29
河北	Hebei	3460.2	464.62	11	156.5	21.01	15
山西	Shanxi	1318.5	358.97	19	15.4	4.20	28
内蒙古	Inner Mongolia	2780.3	1105.21	3	220.0	87.46	1
辽宁	Liaoning	2100.6	479.58	8	81.3	18.57	18
吉林	Jilin	3717.2	1355.08	2	82.5	30.09	9
黑龙江	Heilongjiang	6058.5	1592.05	1	21.7	5.71	26
上海	Shanghai	99.2	41.02	30	0.9	0.37	30
江苏	Jiangsu	3466.0	433.93	15	131.9	16.52	20
浙江	Zhejiang	752.2	135.18	27	29.1	5.23	27
安徽	Anhui	3417.4	553.91	6	214.8	34.82	7
福建	Fujian	650.9	168.77	26	31.0	8.05	25
江西	Jiangxi	2138.1	466.94	10	122.0	26.65	13
山东	Shandong	4700.7	474.97	9	326.8	33.02	8
河南	Henan	5946.6	625.56	5	619.1	65.13	2
湖北	Hubei	2554.1	435.24	13	329.8	56.19	3
湖南	Hunan	2953.2	434.13	14	242.9	35.70	6
广东	Guangdong	1360.2	124.52	29	113.3	10.37	24
广西	Guangxi	1521.3	315.82	22	68.9	14.31	22
海南	Hainan	177.9	194.61	24	11.2	12.23	23
重庆	Chongqing	1166.0	384.50	18	62.7	20.68	16
四川	Sichuan	3483.5	423.11	16	311.3	37.81	5
贵州	Guizhou	1192.4	336.62	20	103.4	29.20	11
云南	Yunnan	1902.9	400.09	17	68.5	14.40	21
西藏	Tibet	101.9	311.41	23	6.2	18.99	17
陕西	Shaanxi	1228.3	323.00	21	63.8	16.78	19
甘肃	Gansu	1140.6	437.89	12	76.0	29.18	12
青海	**Qinghai**	**103.5**	**175.06**	**25**	**30.0**	**50.83**	**4**
宁夏	Ningxia	370.6	551.99	7	14.7	21.83	14
新疆	Xinjiang	1512.3	635.70	4	71.4	30.01	10

注：人均产量均按年平均常住人口计算。
a) The Per Capita Output are calculated according annual average population.

23-8 全国各地区主要牧业产品产量、人均产量及排序(2016年)
Output, Per Capita Output of Main Livestock Products and Its Order by Region of the Whole Country (2016)

单位：万吨、千克 (10 000 tons、kg)

地 区	Region	肉类 Meat 总产量 Amount	人均产量 Per Capita Output	位次 Rank	奶类 Milk 总产量 Amount	人均产量 Per Capita Output	位次 Rank
全 国	**National Total**	**8537.8**	**61.9**		**3712.1**	**26.9**	
北 京	Beijing	30.4	14.0	30	45.7	21.0	14
天 津	Tianjin	45.5	29.3	27	68.0	43.8	9
河 北	Hebei	457.7	61.5	17	448.0	60.2	6
山 西	Shanxi	84.4	23.0	28	95.9	26.1	13
内蒙古	Inner Mongolia	258.9	102.9	1	741.3	294.7	1
辽 宁	Liaoning	430.9	98.4	2	144.2	32.9	11
吉 林	Jilin	260.4	94.9	3	53.4	19.5	15
黑龙江	Heilongjiang	231.2	60.7	19	548.6	144.2	3
上 海	Shanghai	17.4	7.2	31	26.0	10.8	18
江 苏	Jiangsu	355.6	44.5	23	59.0	7.4	20
浙 江	Zhejiang	118.1	21.2	29	15.3	2.8	25
安 徽	Anhui	411.4	66.7	16	32.7	5.3	21
福 建	Fujian	225.6	58.5	20	15.9	4.1	22
江 西	Jiangxi	330.9	72.3	13	13.5	2.9	23
山 东	Shandong	777.5	78.6	9	276.8	28.0	12
河 南	Henan	697.0	73.3	11	336.6	35.4	10
湖 北	Hubei	425.2	72.5	12	16.9	2.9	24
湖 南	Hunan	529.8	77.9	10	10.1	1.5	29
广 东	Guangdong	415.5	38.0	24	13.0	1.2	30
广 西	Guangxi	411.2	85.4	4	9.7	2.0	26
海 南	Hainan	76.3	83.5	7	0.2	0.2	31
重 庆	Chongqing	210.8	69.5	14	5.5	1.8	28
四 川	Sichuan	696.3	84.6	6	62.8	7.6	19
贵 州	Guizhou	199.3	56.3	21	6.4	1.8	27
云 南	Yunnan	375.6	79.0	8	64.1	13.5	17
西 藏	Tibet	27.7	84.7	5	34.7	106.0	4
陕 西	Shaanxi	111.7	29.4	26	189.1	49.7	8
甘 肃	Gansu	97.3	37.4	25	40.7	15.6	16
青 海	**Qinghai**	**36.0**	**61.0**	**18**	**34.2**	**57.9**	**7**
宁 夏	Ningxia	30.9	46.0	22	139.5	207.7	2
新 疆	Xinjiang	161.0	67.7	15	164.4	69.1	5

23-9 全国各地区工业企业主要产品产量、人均产量及排序(2016年)

Output, Per Capita Output of Major Industrial Products and Its Order by Region of the Whole Country (2016)

地区	Region	农用化肥(万吨) Chemical Fertilizers (10 000 tons)			发电量(亿千瓦小时) Electricity (100 million kw·h)		
		总产量 Amount	人均产量 Per Capita Output 千克 Kg	人均产量 Per Capita Output 位次 Rank	总产量 Amount	人均产量 Per Capita Output 千瓦时 KWh	人均产量 Per Capita Output 位次 Rank
全国	**National Total**	**7128.6**	**52**		**61424.9**	**4455**	
北京	Beijing				434.4	2000	30
天津	Tianjin	13.4	8.6	25	617.5	3973	17
河北	Hebei	226.2	30.4	17	2630.6	3532	20
山西	Shanxi	438.7	119.4	5	2535.1	6902	5
内蒙古	Inner Mongolia	250.2	99.5	6	3949.8	15701	2
辽宁	Liaoning	58.8	13.4	23	1778.8	4061	15
吉林	Jilin	15.9	5.8	28	760.3	2771	25
黑龙江	Heilongjiang	63.5	16.7	20	900.4	2366	27
上海	Shanghai	1.8	0.7	29	807.3	3339	21
江苏	Jiangsu	210.1	26.3	18	4709.4	5896	6
浙江	Zhejiang	32.3	5.8	27	3197.7	5747	7
安徽	Anhui	291.7	47.3	14	2252.7	3651	19
福建	Fujian	52.0	13.5	22	2007.4	5205	11
江西	Jiangxi	149.4	32.6	16	1085.4	2370	26
山东	Shandong	531.4	53.7	13	5329.3	5385	9
河南	Henan	542.1	57.0	11	2652.7	2791	24
湖北	Hubei	1164.9	198.5	2	2479.0	4224	14
湖南	Hunan	109.5	16.1	21	1385.1	2036	29
广东	Guangdong	69.5	6.4	26	4263.7	3903	18
广西	Guangxi	94.3	19.6	19	1346.5	2795	23
海南	Hainan	51.7	56.5	12	287.7	3148	22
重庆	Chongqing	182.0	60.0	9	701.2	2312	28
四川	Sichuan	531.0	64.5	8	3273.9	3977	16
贵州	Guizhou	639.7	180.6	3	1904.0	5375	10
云南	Yunnan	279.5	58.8	10	2692.5	5661	8
西藏	Tibet				54.5	1665	31
陕西	Shaanxi	153.4	40.3	15	1757.4	4621	13
甘肃	Gansu	32.1	12.3	24	1214.3	4662	12
青海	**Qinghai**	**552.4**	**934.7**	**1**	**553.0**	**9357**	**4**
宁夏	Ningxia	55.0	81.9	7	1144.4	17045	1
新疆	Xinjiang	336.3	141.4	4	2719.1	11430	3

23−9 续表 Contined

地 区	Region	钢材(万吨) Rolled Steel (10 000 tons)			水泥(万吨) Cement (10 000 tons)		
		总产量 Amount	人均产量 Per Capita Output 千克 Kg	位 次 Rank	总产量 Amount	人均产量 Per Capita Output 千克 Kg	位 次 Rank
全 国	**National Total**	**113801.2**	**825**		**241352.6**	**1751**	
北 京	Beijing	162.8	75	29	510.3	235	30
天 津	Tianjin	8667.1	5575	1	788.6	507	29
河 北	Hebei	26150.4	3511	2	9898.6	1329	24
山 西	Shanxi	4279.0	1165	5	3851.5	1049	26
内蒙古	Inner Mongolia	2016.8	802	8	6298.4	2504	4
辽 宁	Liaoning	5906.3	1348	4	4011.0	916	27
吉 林	Jilin	961.4	350	19	3086.8	1125	25
黑龙江	Heilongjiang	332.8	87	28	3381.0	888	28
上 海	Shanghai	2080.1	860	7	418.4	173	31
江 苏	Jiangsu	13469.7	1686	3	18038.1	2258	8
浙 江	Zhejiang	3760.9	676	11	10848.0	1950	14
安 徽	Anhui	3225.8	523	14	13584.1	2202	10
福 建	Fujian	2859.6	741	10	8106.0	2102	11
江 西	Jiangxi	2585.0	565	13	9553.3	2086	12
山 东	Shandong	9788.2	989	6	16156.1	1632	22
河 南	Henan	4667.9	491	15	15672.1	1649	21
湖 北	Hubei	3563.8	607	12	11600.5	1977	13
湖 南	Hunan	1998.7	294	23	12239.7	1799	17
广 东	Guangdong	4113.3	377	18	15080.6	1381	23
广 西	Guangxi	3644.7	757	9	12034.9	2498	5
海 南	Hainan	36.3	40	30	2227.9	2438	6
重 庆	Chongqing	1234.2	407	17	6790.2	2239	9
四 川	Sichuan	2837.2	345	21	14615.5	1775	20
贵 州	Guizhou	526.2	149	27	10798.5	3048	2
云 南	Yunnan	1654.7	348	20	11104.4	2335	7
西 藏	Tibet	1.8	6	31	623.3	1905	16
陕 西	Shaanxi	1233.8	324	22	7264.0	1910	15
甘 肃	Gansu	665.9	256	24	4640.4	1782	19
青 海	**Qinghai**	**125.1**	**212**	**26**	**1895.4**	**3207**	**1**
宁 夏	Ningxia	164.1	244	25	1984.7	2956	3
新 疆	Xinjiang	1087.6	457	16	4250.2	1787	18

23-10 全国各地区规模以上工业企业主要效益指标及排序(2016年)

Main Indicators on Economic Benefit of Industrial Enterprises above Designated Size by Region of the Whole Country (2016)

单位：%，亿元 (%，100 million yuan)

地 区	Region	工业增加值 Value-added of Industry		利润总额 Total Profits		主营业务收入 Prime Operating Revenue	
		增长率 Growth Rate	位 次 Rank	数 量 Amount	位 次 Rank	数 量 Amount	位 次 Rank
全 国	**National Total**	**6.0**		**68803.2**		**1151617.5**	
北 京	Beijing	5.1	24	1549.3	16	19413.6	21
天 津	Tianjin	8.4	6	1984.9	13	27835.8	14
河 北	Hebei	4.8	25	2610.0	8	46729.4	6
山 西	Shanxi	1.1	29	208.7	26	13957.0	22
内蒙古	Inner Mongolia	7.2	15	1242.1	19	19797.9	19
辽 宁	Liaoning	-15.2	31	657.6	22	23802.0	15
吉 林	Jilin	6.3	21	1241.8	20	23268.3	16
黑龙江	Heilongjiang	2.0	28	244.0	25	11166.5	23
上 海	Shanghai	1.1	29	2906.2	6	33844.3	13
江 苏	Jiangsu	7.7	10	10525.8	1	157789.5	1
浙 江	Zhejiang	6.2	22	4322.7	5	65307.6	5
安 徽	Anhui	8.8	5	2078.9	12	41645.9	9
福 建	Fujian	7.6	11	2643.3	7	42124.1	8
江 西	Jiangxi	9.0	4	2399.4	10	35518.7	12
山 东	Shandong	6.8	18	8643.1	2	150034.9	2
河 南	Henan	8.0	7	5174.1	4	79195.7	4
湖 北	Hubei	8.0	7	2441.4	9	45169.9	7
湖 南	Hunan	6.9	16	1620.5	14	37686.5	11
广 东	Guangdong	6.7	19	8025.4	3	127363.1	3
广 西	Guangxi	7.5	12	1287.7	18	21978.4	18
海 南	Hainan	2.6	27	103.5	29	1660.3	30
重 庆	Chongqing	10.3	2	1584.2	15	22947.6	17
四 川	Sichuan	7.9	9	2176.1	11	40639.3	10
贵 州	Guizhou	9.9	3	658.7	21	10654.9	24
云 南	Yunnan	6.5	20	309.1	24	10342.0	25
西 藏	Tibet	12.7	1	16.5	31	170.7	31
陕 西	Shaanxi	6.9	16	1472.4	17	19776.8	20
甘 肃	Gansu	6.2	22	116.1	28	7711.5	27
青 海	**Qinghai**	**7.5**	**12**	**76.9**	**30**	**2227.1**	**29**
宁 夏	Ningxia	7.5	12	137.7	27	3636.1	28
新 疆	Xinjiang	3.7	26	345.1	23	8222.3	26

注：1.规模以上工业统计口径为年主营业务收入2000万元及以上工业企业。
2.本表为2016年快报数据(下表同)。
a) The statistical caliber of industry is industrial enterprises with the annual sales income from main business of 20 million yuan and above.
b)Data in this table in 2015 are from express report forms. The same applies to the tables following.

23-11 全国各地区固定资产投资和增长率及排序(2016年)
Investment in Fixed Assets and Its Growth Rate and Order by Region of the Whole Country (2016)

单位：亿元、%、万平方米 (100 million yuan，%，10 000 sq.m)

地区	Region	固定资产投资(不含农户) Investment in Fixed Assets (Excluding Rural Households)				房地产开发投资额 Investment of Real Estate Development		商品房销售面积 Floor Space of Commercial Buildings Sold	
		数量 Amount	位次 Rank	增长率 Growth Rate	位次 Rank	数量 Amount	位次 Rank	数量 Amount	位次 Rank
全国	**National Total**	**596500.8**		**9.2**		**102580.6**		**157348.5**	
北京	Beijing	7888.7	25	5.9	27	4000.6	11	1658.9	27
天津	Tianjin	12756.4	21	8.0	24	2300.0	18	2711.1	19
河北	Hebei	31340.1	5	8.4	22	4695.6	7	6682.3	10
山西	Shanxi	13859.4	18	0.8	29	1597.4	23	2061.1	23
内蒙古	Inner Mongolia	14894.0	17	10.1	18	1133.5	24	2527.9	21
辽宁	Liaoning	6436.3	27	-63.5	31	2094.8	20	3711.9	16
吉林	Jilin	13773.2	19	10.1	17	1016.8	25	1919.3	24
黑龙江	Heilongjiang	10432.6	22	5.5	28	864.8	27	2117.3	22
上海	Shanghai	6751.7	26	6.3	26	3709.0	13	2705.7	20
江苏	Jiangsu	49370.9	2	7.5	25	8956.4	2	13962.1	2
浙江	Zhejiang	29571.0	6	10.9	14	7469.4	3	8636.8	6
安徽	Anhui	26577.4	10	11.7	13	4603.6	8	8499.7	7
福建	Fujian	22928.0	11	9.3	21	4588.8	9	4915.3	12
江西	Jiangxi	19378.7	13	14.0	4	1770.9	22	4691.8	13
山东	Shandong	52364.5	1	10.5	16	6323.4	4	11789.9	3
河南	Henan	39753.9	3	13.7	6	6179.1	5	11306.3	4
湖北	Hubei	29503.9	7	13.1	7	4296.4	10	7427.2	9
湖南	Hunan	27688.4	9	13.8	5	2957.0	14	8085.4	8
广东	Guangdong	32947.3	4	10.0	19	10307.8	1	14611.6	1
广西	Guangxi	17652.9	14	12.8	9	2398.0	17	4215.4	14
海南	Hainan	3747.0	28	11.7	12	1787.6	21	1508.5	28
重庆	Chongqing	15931.8	15	12.1	11	3725.9	12	6257.1	11
四川	Sichuan	28229.8	8	13.1	8	5282.6	6	9300.5	5
贵州	Guizhou	12929.2	20	21.1	2	2149.0	19	4156.9	15
云南	Yunnan	15662.5	16	19.8	3	2688.3	16	3639.7	17
西藏	Tibet	1596.0	31	23.2	1	48.5	31	74.6	31
陕西	Shaanxi	20474.9	12	12.3	10	2736.8	15	3262.7	18
甘肃	Gansu	9534.1	24	10.5	15	850.0	28	1679.5	26
青海	**Qinghai**	**3455.5**	**30**	**9.9**	**20**	**396.9**	**30**	**437.9**	**30**
宁夏	Ningxia	3709.0	29	8.2	23	728.2	29	966.1	29
新疆	Xinjiang	9983.9	23	-5.1	30	923.4	26	1828.2	25

注：1.固定资产投资(不含农户)统计口径指计划总投资500万元及以上固定资产投资、项目投资和所有房地产开发投资。
2.本表增速按当年价计算。

a) Fixed assets investment (excluding Rural Households) statistical caliber refers to the total investment of 5 million yuan and above, fixed assets investment, project investment and all real estate development investment.

b) The growth rate in this table are calculated at current prices.

23-12 全国各地区建筑业总产值和施工、竣工面积及排序(2016年)
Output Value, Area of Construction and Completion and Their Orders by Region of the Whole Country (2016)

单位：亿元、万平方米 (100 million yuan，10 000 sq.m)

地 区	Region	建筑业总产值 Gross Output Value		施工面积 Floor Space of Buildings Under Construction		竣工面积 Floor Space of Buildings Completed	
		数 量 Amount	位 次 Rank	数 量 Amount	位 次 Rank	数 量 Amount	位 次 Rank
全 国	**National Total**	**193566.8**		**1264219.9**		**422375.7**	
北 京	Beijing	8841.2	7	61097.5	6	10703.5	14
天 津	Tianjin	4891.8	17	17036.2	21	3428.7	24
河 北	Hebei	5517.7	14	34616.1	13	11145.1	13
山 西	Shanxi	3318.5	21	14620.6	22	3353.3	25
内蒙古	Inner Mongolia	1220.8	27	6296.0	26	2538.6	27
辽 宁	Liaoning	3926.7	18	20390.7	18	6852.5	18
吉 林	Jilin	2283.6	23	10634.4	24	5211.4	20
黑龙江	Heilongjiang	1716.6	26	5404.1	27	2747.0	26
上 海	Shanghai	6046.2	13	36019.7	12	7481.2	16
江 苏	Jiangsu	25791.8	1	221493.6	1	74990.3	1
浙 江	Zhejiang	24989.4	2	198401.2	2	68818.5	2
安 徽	Anhui	6047.3	12	40130.0	11	14588.4	11
福 建	Fujian	8531.5	9	62920.7	5	18121.2	8
江 西	Jiangxi	5179.0	16	28446.2	15	14835.8	10
山 东	Shandong	10087.4	4	72090.6	4	23721.3	4
河 南	Henan	8808.0	8	55784.0	7	19425.8	6
湖 北	Hubei	11862.4	3	72835.1	3	28613.5	3
湖 南	Hunan	7304.2	10	50329.0	10	18629.2	7
广 东	Guangdong	9652.3	6	54358.3	8	15661.7	9
广 西	Guangxi	3449.2	20	26531.9	16	7998.0	15
海 南	Hainan	307.8	30	2085.4	29	652.4	29
重 庆	Chongqing	7035.8	11	32077.1	14	13751.6	12
四 川	Sichuan	9959.7	5	54048.3	9	21084.9	5
贵 州	Guizhou	2363.0	22	19354.6	19	4112.1	22
云 南	Yunnan	3867.2	19	17052.9	20	7102.0	17
西 藏	Tibet	111.3	31	244.2	31	144.0	31
陕 西	Shaanxi	5329.2	15	24528.3	17	6758.9	19
甘 肃	Gansu	1947.2	25	10422.4	25	3915.2	23
青 海	**Qinghai**	**410.6**	**29**	**886.8**	**30**	**301.9**	**30**
宁 夏	Ningxia	511.3	28	2771.3	28	1017.8	28
新 疆	Xinjiang	2258.2	24	11312.6	23	4669.9	21

注：建筑业数据统计口径为具有资质等级的施工总承包、专业承包建筑业企业(不含劳务分包建筑业企业)数据。

a)Construction industry data statistics include construction general contracting, professional contracting construction enterprises having qualification grade (exclude labor subcontracting construction enterprise).

23-13 全国各地区社会消费品零售额和进出口总额及排序(2016年)

Retail Sales of Consumer Goods, Total Value of Imports and Exports and Their Orders by Region of the Whole Country (2016)

单位：亿元、亿美元、% (100 million yuan，USD 100 million，%)

地 区	Region	社会消费品零售总额 Total Retail Sales of Consumer Goods				海关进出口贸易总额 Total Imports and Exports			
		数 量 Amount	位 次 Rank	增长率 Growth Rate	位 次 Rank	数 量 Amount	位 次 Rank	增长率 Growth Rate	位 次 Rank
全 国	**National Total**	**332316.3**		**10.4**		**36855.7**		**-6.8**	
北 京	Beijing	11005.1	12	6.5	30	2820.3	5	-11.7	21
天 津	Tianjin	5635.8	24	7.2	29	1026.5	8	-10.2	18
河 北	Hebei	14364.7	8	10.6	17	466.2	14	-9.5	16
山 西	Shanxi	6480.5	22	7.4	28	166.4	23	13.4	1
内蒙古	Inner Mongolia	6700.8	20	9.7	22	116.2	25	-8.8	15
辽 宁	Liaoning	13414.1	10	4.9	31	865.2	9	-9.8	17
吉 林	Jilin	7310.4	17	9.9	21	184.4	21	-2.3	3
黑龙江	Heilongjiang	8402.5	15	10.0	20	165.4	24	-21.3	29
上 海	Shanghai	10946.6	13	8.0	26	4338.4	3	-3.4	6
江 苏	Jiangsu	28707.1	3	10.9	15	5095.3	2	-6.6	12
浙 江	Zhejiang	21970.8	4	11.0	13	3365.0	4	-3.0	5
安 徽	Anhui	10000.2	14	12.3	5	443.3	15	-7.3	14
福 建	Fujian	11674.5	11	11.1	12	1568.5	7	-7.1	13
江 西	Jiangxi	6634.6	21	12.0	8	400.8	16	-5.5	9
山 东	Shandong	30645.8	2	10.4	18	2342.1	6	-2.7	4
河 南	Henan	17618.4	5	11.9	9	711.9	10	-3.5	7
湖 北	Hubei	15649.2	6	11.8	10	393.5	17	-13.6	24
湖 南	Hunan	13436.5	9	11.7	11	262.5	19	-10.4	20
广 东	Guangdong	34739.1	1	10.2	19	9555.1	1	-6.6	11
广 西	Guangxi	7027.3	19	10.7	16	478.3	13	-6.4	10
海 南	Hainan	1453.7	28	9.7	23	113.3	26	-18.9	28
重 庆	Chongqing	7271.4	18	13.2	1	627.7	11	-15.7	26
四 川	Sichuan	15601.9	7	12.4	4	493.2	12	-3.7	8
贵 州	Guizhou	3709.0	25	13.0	2	56.9	28	-53.4	31
云 南	Yunnan	5722.9	23	12.1	6	198.9	20	-18.8	27
西 藏	Tibet	459.4	31	12.5	3	7.8	31	-14.4	25
陕 西	Shaanxi	7367.6	16	12.0	7	299.2	18	-1.9	2
甘 肃	Gansu	3184.4	26	9.5	24	68.8	27	-13.5	23
青 海	**Qinghai**	**767.3**	**30**	**11.0**	**14**	**15.2**	**30**	**-21.7**	**30**
宁 夏	Ningxia	850.1	29	7.7	27	32.7	29	-12.5	22
新 疆	Xinjiang	2825.9	27	8.4	25	176.6	22	-10.2	19

23-14 全国各地区全社会客货运量和周转量及排序(2016年)

Freight and Passenger Traffic and Their Turnovers and Orders by Region of the Whole Country (2016)

地 区	Region	货运量(万吨) Total Freight Traffic (10 000 tons)		货物周转量(亿吨公里) Total Freight Ton-kilometers (100 million ton-km)		客运量(万人) Total Passenger Traffic (10 000 persons)		旅客周转量(亿人公里) Total Passenger-Kilometers (10 million passenger-km)	
		数 量 Amount	位 次 Rank	数 量 Amount	位 次 Rank	数 量 Amount	位 次 Rank	数 量 Amount	位 次 Rank
全 国	**National Total**	**4386762**		**186629**		**1900194**		**31258**	
北 京	Beijing	20734	29	825	28	61519	14	268	25
天 津	Tianjin	50506	25	2302	20	18377	25	262	26
河 北	Hebei	210586	5	12333	3	50701	17	1238	5
山 西	Shanxi	167076	11	3565	16	26374	24	361	24
内蒙古	Inner Mongolia	186726	10	4342	12	15735	26	375	23
辽 宁	Liaoning	207064	6	12113	4	73632	10	936	12
吉 林	Jilin	45060	26	1479	26	34910	22	431	22
黑龙江	Heilongjiang	53569	24	1533	24	39386	21	471	19
上 海	Shanghai	88324	21	19318	2	14416	27	214	27
江 苏	Jiangsu	202070	9	7654	8	133580	1	1468	4
浙 江	Zhejiang	215558	4	9789	6	105018	6	1075	9
安 徽	Anhui	364567	2	10896	5	81106	9	1187	8
福 建	Fujian	120352	17	6071	10	51649	16	593	17
江 西	Jiangxi	138118	16	3898	15	62876	13	971	10
山 东	Shandong	285386	3	8884	7	63463	12	1189	7
河 南	Henan	206087	8	7384	9	120528	5	1684	2
湖 北	Hubei	162460	12	5923	11	102990	7	1232	6
湖 南	Hunan	206527	7	4057	14	121760	4	1501	3
广 东	Guangdong	366839	1	21802	1	130345	2	1887	1
广 西	Guangxi	160761	14	4260	13	48699	18	744	14
海 南	Hainan	21786	28	1061	27	13912	28	120	29
重 庆	Chongqing	107966	19	2968	18	61255	15	506	18
四 川	Sichuan	160970	13	2504	19	123746	3	942	11
贵 州	Guizhou	89526	20	1482	25	89464	8	675	15
云 南	Yunnan	115505	18	1600	23	46519	19	446	21
西 藏	Tibet	1971	31	125	31	1155	31	40	31
陕 西	Shaanxi	149046	15	3445	17	69820	11	756	13
甘 肃	Gansu	60661	23	2170	21	41626	20	613	16
青 海	**Qinghai**	**16881**	**30**	**476**	**30**	**5934**	**30**	**125**	**28**
宁 夏	Ningxia	43260	27	820	29	8757	29	110	30
新 疆	Xinjiang	71961	22	1804	22	32148	23	458	20
不分地区	Not Classified by Region	88863		19747		48796		8378	

注：1.货运不分地区合计中包括管道运输企业、民航运输企业、中远集团海外公司及中海集团香港有限公司完成数。
2.客运不分地区数据为民航完成数。

a)The freight traffic not classified by region includes, civil aviation, pipelines and that completed by companies abroad under the China Ocean Shipping (Group) Company and China Shipping (Group) Hong Kong Co Ltd.

b)The total passenger traffic not classified by region refers to that completed by civil aviation.

23-15 全国各地区各类价格指数(2016年)

Consumer Price Indices and Its order by Region of the Whole Country (2016)

(上年=100) (preceding year=100)

地　区	Resion	居民消费价格指数 Consumer Price Indices	食品 Food	农业生产资料价格指数 Price Index for Means of Agricultural Production	农产品生产者价格指数 Producer Price Indices for Farm Products	固定资产投资价格指数 Price Index for Investment in Fixed Assets
全　国	**National Average**	**102.0**	**103.8**	**100.1**	**103.4**	**99.4**
北　京	Beijing	101.4	103.0		99.7	99.7
天　津	Tianjin	102.1	102.1		103.0	99.4
河　北	Hebei	101.5	102.6	100.0	96.8	99.4
山　西	Shanxi	101.1	102.8	99.8	95.2	100.0
内蒙古	Inner Mongolia	101.2	102.2	96.4	95.1	99.5
辽　宁	Liaoning	101.6	102.5	100.4	100.7	99.2
吉　林	Jilin	101.6	103.2	97.4	93.1	98.7
黑龙江	Heilongjiang	101.5	102.6	100.0	93.6	99.4
上　海	Shanghai	103.2	103.7		106.6	99.6
江　苏	Jiangsu	102.3	103.8	99.9	104.0	98.8
浙　江	Zhejiang	101.9	104.4	99.5	104.5	99.5
安　徽	Anhui	101.8	103.7	99.4	101.0	99.2
福　建	Fujian	101.7	103.9	100.2	108.3	100.0
江　西	Jiangxi	102.0	104.4	101.3	104.1	100.0
山　东	Shandong	102.1	103.6	98.9	102.8	99.1
河　南	Henan	101.9	103.2	100.8	103.2	99.2
湖　北	Hubei	102.2	104.0	100.3	106.2	100.1
湖　南	Hunan	101.9	104.3	101.7	104.7	100.4
广　东	Guangdong	102.3	104.8	102.0	106.5	100.3
广　西	Guangxi	101.6	103.4	100.7	106.1	99.5
海　南	Hainan	102.8	105.1	100.1	106.7	100.1
重　庆	Chongqing	101.8	103.6		109.8	98.9
四　川	Sichuan	101.9	104.1	103.7	105.6	99.8
贵　州	Guizhou	101.4	103.6	103.0	108.7	98.6
云　南	Yunnan	101.5	103.5	102.8	103.9	100.1
西　藏	Tibet	102.5	104.9	100.4		
陕　西	Shaanxi	101.3	103.1	99.7	98.0	99.9
甘　肃	Gansu	101.3	103.2	99.9	99.2	98.7
青　海	**Qinghai**	**101.8**	**102.3**	**101.5**	**104.5**	**99.6**
宁　夏	Ningxia	101.5	102.4	98.3	98.7	99.6
新　疆	Xinjiang	101.4	101.9	98.2	107.6	99.9

23-16 各地区城镇居民人均收支及排序(2016年)

Per Capita Annual Income and Expenditure of Urban Households and Their Orders by Region of the Whole Country (2016)

单位：元、% (yuan，%)

地区	Region	人均可支配收入 Per Capita Annual Disposable Income				人均消费性支出 Per Capita Annual Consumption Expenditure			
		数量 Amount	位次 Rank	增长率 Growth Rate	位次 Rank	数量 Amount	位次 Rank	增长率 Growth Rate	位次 Rank
全 国	**National Average**	**33616**		**7.8**		**23079**		**7.9**	
北 京	Beijing	57275	2	8.4	11	38256	2	4.4	29
天 津	Tianjin	37110	6	8.8	4	28345	5	8.1	13
河 北	Hebei	28249	22	8.0	19	19106	24	8.6	10
山 西	Shanxi	27352	24	5.9	30	16993	31	7.4	15
内蒙古	Inner Mongolia	32975	9	7.8	24	22744	9	4.0	30
辽 宁	Liaoning	32876	10	5.6	31	24996	8	16.0	1
吉 林	Jilin	26530	29	6.5	27	19166	23	6.6	18
黑龙江	Heilongjiang	25736	30	6.3	29	18145	27	5.8	23
上 海	Shanghai	57692	1	8.9	3	39857	1	7.9	14
江 苏	Jiangsu	40152	4	8.0	20	26433	6	5.9	21
浙 江	Zhejiang	47237	3	8.1	18	30068	3	4.9	27
安 徽	Anhui	29156	14	8.2	13	19606	18	13.8	3
福 建	Fujian	36014	7	8.2	14	25006	7	6.3	20
江 西	Jiangxi	28673	15	8.2	15	17696	29	5.8	24
山 东	Shandong	34012	8	7.8	22	21495	10	8.3	12
河 南	Henan	27233	25	6.5	28	18088	28	5.4	25
湖 北	Hubei	29386	13	8.6	7	20040	17	10.2	7
湖 南	Hunan	31284	11	8.5	9	21420	11	9.8	8
广 东	Guangdong	37684	5	8.4	10	28613	4	11.5	6
广 西	Guangxi	28324	21	7.2	26	17268	30	5.8	22
海 南	Hainan	28453	18	8.0	21	19015	25	3.1	31
重 庆	Chongqing	29610	12	8.7	6	21031	13	6.5	19
四 川	Sichuan	28335	20	8.1	16	20660	15	7.2	17
贵 州	Guizhou	26743	28	8.8	5	19202	22	13.5	4
云 南	Yunnan	28611	16	8.5	8	18622	26	5.4	26
西 藏	Tibet	27802	23	9.2	1	19440	20	14.2	2
陕 西	Shaanxi	28440	19	7.6	25	19369	21	4.9	28
甘 肃	Gansu	25693	31	8.1	17	19539	19	12.0	5
青 海	**Qinghai**	**26757**	**27**	**9.0**	**2**	**20853**	**14**	**8.6**	**11**
宁 夏	Ningxia	27153	26	7.8	23	20364	16	7.3	16
新 疆	Xinjiang	28463	17	8.3	12	21229	12	9.3	9

注：1.本表增速为名义增速。
2.从2013年起，国家统计局开展了城乡一体化住户收支与生活状况调查，本表数据来源于此调查，与2013年前的分城镇和农村住户调查的调查范围、调查方法、指标口径有所不同(下表同)。

a) The growth rate in this table are nominal growth.

b) The NBS have started an integrated household living condition, income and expenditure survey since 2013,including both urban and rural households.The data in this table are compiled on the basis of the survey. The coverage, methodology and indicator caliber used in the survey are different from those used for separate urban and rural household surveys prior to 2013.The same applies to the tables following.

23-17 全国各地区农村居民人均收支及排序(2016年)

Per Capita Annual Income and Expenditure of Rural Households and Their Orders by Region of the Whole Country(2016)

单位：元、% (yuan, %)

地区	Region	人均可支配收入 Per Capita Annual Disposable Income				人均消费性支出 Per Capita Annual Consumption Expenditure			
		数量 Amount	位次 Rank	增长率 Growth Rate	位次 Rank	数量 Amount	位次 Rank	增长率 Growth Rate	位次 Rank
全国	**National Average**	**12363**		**8.2**		**10130**		**9.8**	
北京	Beijing	22310	3	8.5	15	17329	2	9.6	13
天津	Tianjin	20076	4	8.6	12	15912	4	8.0	23
河北	Hebei	11919	14	7.9	23	9798	15	8.6	19
山西	Shanxi	10082	24	6.6	30	8029	27	8.2	22
内蒙古	Inner Mongolia	11609	19	7.7	25	11463	8	7.8	26
辽宁	Liaoning	12881	9	6.8	29	9953	14	12.2	4
吉林	Jilin	12123	12	7.0	28	9521	16	8.4	21
黑龙江	Heilongjiang	11832	16	6.6	31	9424	18	12.3	3
上海	Shanghai	25520	1	10.0	2	17071	3	5.7	31
江苏	Jiangsu	17606	5	8.3	17	14428	5	12.0	5
浙江	Zhejiang	22866	2	8.2	18	17359	1	7.8	25
安徽	Anhui	11720	17	8.3	16	10287	11	14.6	1
福建	Fujian	14999	6	8.7	11	12911	6	7.9	24
江西	Jiangxi	12138	11	9.0	10	9128	21	7.6	28
山东	Shandong	13954	8	7.9	22	9519	17	8.8	15
河南	Henan	11697	18	7.8	24	8587	23	8.9	14
湖北	Hubei	12725	10	7.4	27	10938	9	11.6	7
湖南	Hunan	11930	13	8.5	14	10630	10	9.7	11
广东	Guangdong	14512	7	8.6	13	12415	7	11.8	6
广西	Guangxi	10359	22	9.4	6	8351	25	10.1	10
海南	Hainan	11843	15	9.1	9	8921	22	8.7	17
重庆	Chongqing	11549	20	9.9	3	9954	13	11.4	8
四川	Sichuan	11203	21	9.3	7	10192	12	10.2	9
贵州	Guizhou	8090	30	9.5	4	7533	28	13.4	2
云南	Yunnan	9020	28	9.4	5	7331	30	7.3	30
西藏	Tibet	9094	27	10.3	1	6070	31	8.8	16
陕西	Shaanxi	9396	26	8.1	19	8568	24	8.4	20
甘肃	Gansu	7457	31	7.5	26	7487	29	9.6	12
青海	**Qinghai**	**8664**	**29**	**9.2**	**8**	**9222**	**19**	**7.7**	**27**
宁夏	Ningxia	9852	25	8.0	21	9138	20	8.6	18
新疆	Xinjiang	10183	23	8.0	20	8277	26	7.5	29

注：本表增速为名义增速。

a) The growth rate in this table are nominal growth.

中国统计出版社最新图书简目

（仅供参考，以实际出版为准）

统计资料

中国统计年鉴　中国统计摘要　中国发展报告
中国经济普查年鉴　国际统计年鉴　金砖国家联合统计手册
中国-东盟国家统计手册　中国农村统计年鉴　中国县域统计年鉴
中国城市统计年鉴　中国对外直接投资统计公报　中国地区经济监测报告
中国贸易外经统计年鉴　中国零售和餐饮连锁企业统计年鉴　中国商品交易市场统计年鉴
大中型批发零售和住宿餐饮企业统计年鉴　中国农产品价格调查年鉴　中国住户调查年鉴
中国价格统计年鉴　中国能源统计年鉴　全国农产品成本收益资料汇编
中国环境统计年鉴　中国建筑业统计年鉴　国外资源、能源和环境统计资料汇编
中国工业统计年鉴　中国城乡建设统计年鉴　中国县城建设统计年鉴
中国城市建设统计年鉴　中国科技统计年鉴　中国房地产统计年鉴
中国证券期货统计年鉴　中国劳动统计年鉴　中国第三产业统计年鉴
工业企业科技活动资料　中国社会统计年鉴　中国高技术产业统计年鉴
中国人才资源统计报告　中国教育统计年鉴　中国人口和就业统计年鉴
文化及相关产业统计概览　中国文化及相关产业统计年鉴　中国教育经费统计年鉴
中国民族统计年鉴　中国残疾人事业统计年鉴　中国民政统计年鉴
中国乡镇街道行政区域简册　中国基本单位统计年鉴　中国妇女儿童状况统计资料（英）

省级综合统计年鉴系列

北京 天津 河北 山西 内蒙古 辽宁 吉林 黑龙江 上海 江苏 浙江 安徽 福建 江西 山东 河南 湖北 湖南
广东 广西 海南 重庆 四川 贵州 云南 西藏 陕西 甘肃 青海 宁夏 新疆 新疆生产建设兵团

市(县)级综合统计年鉴系列

滨海新区 石家庄 唐山 邯郸 保定 沧州 邢台 廊坊 承德 衡水 秦皇岛 张家口 太原 大同 阳泉 长治 晋城
朔州 晋中 运城 忻州 临汾 吕梁 呼和浩特 呼和浩特新城区 鄂尔多斯 包头 沈阳 大连 长春 吉林 延吉 四平
通化 松原 哈尔滨 齐齐哈尔 黑龙江垦区 上海浦东新区 南京 无锡 徐州 常州 苏州 南通 连云港 淮安 盐城
扬州 镇江 泰州 宿迁 江阴 丹阳 海门 杭州 宁波 温州 嘉兴 湖州 绍兴 金华 衢州 舟山 台州 丽水 合肥
安庆 马鞍山 福州 厦门 宁德 漳州 龙岩 南昌 九江 上饶 新余 抚州 萍乡 赣州 吉安 景德镇 济南 青岛 潍坊
枣庄 日照 滕州 郑州 洛阳 平顶山 三门峡 商丘 信阳 济源 汝州 武汉 十堰 荆州 宜昌 荆门 咸宁 长沙 广州
深圳 惠州 东莞 汕尾 南宁 柳州 桂林 来宾 河池 防城港 海口 三亚 成都 贵阳 黔南 毕节 昆明 西安 咸阳
延安 宝鸡 安康 铜川 汉中 榆林 兰州 庆阳 银川 乌鲁木齐 兵团一师 兵团十师

调查年鉴系列

天津 山西 内蒙古 辽宁 吉林 上海　福建 江西 河南 湖北 湖南 广西　重庆 四川 云南 甘肃 宁夏 新疆

统计方法应用/实用手册

实用SAS统计分析教程　马克威统计分析与数据挖掘应用案例　统计公文知识问答
乡镇统计人员岗位知识培训系列教材：辅助调查员岗位基础知识　乡镇统计人员岗位基础知识
县级统计人员岗位知识培训系列教材：Excel在统计工作中的应用　简明统计分析
地市级统计人员岗位知识培训系列教材：统计报告与演示　Excel在统计工作中的应用

统计通俗读物/统计科普图书

国家统计局核心统计指标变迁　货架上的统计　账本里的统计

重点图书

砥砺奋进的五年——从十八大到十九大　新编英汉汉英统计大词典　中华医学统计百科全书
新常态下的中国服务业：理论与实践　新动能新产业发展报告-2017
挑大学选专业2018—考研择校指南　挑大学选专业2018—高考志愿填报指南